中国年鉴精品工程
High Quality Project of China's Yearbook

仙游年鉴

2023

中共仙游县委党史研究和地方志编纂办公室 编

方志出版社
Publishing House of Local Records

图书在版编目（CIP）数据

仙游年鉴. 2023 / 中共仙游县委党史研究和地方志编纂办公室编. —北京 ：方志出版社，2023.12

ISBN 978-7-5144-6013-1

Ⅰ. ①仙… Ⅱ. ①中… Ⅲ. ①仙游县－2023－年鉴
Ⅳ. ①Z525.74

中国国家版本馆CIP数据核字(2023)第253003号

责任编辑：王娜
责任校对：张玉霞
责任印制：梅中英
出 版 者：方志出版社
地　　址：北京市朝阳区潘家园东里９号（国家方志馆4层）
邮　　编：100021
网　　址：http://www.zgfzcb.cn
发　　行：方志出版社图书营销中心（010-67110500）
印　　刷：福州远榕印刷有限公司
开　　本：889毫米×1194毫米　1/16
印　　张：26
字　　数：810千字
版　　次：2023年12月第1版
印　　次：2023年12月第1次印刷
定　　价：288.00元

序

国务院办公厅2015年8月印发的《全国地方志事业发展规划纲要（2015—2020年）》（以下简称《规划纲要》）要求，到2020年要做到地方综合年鉴一年一鉴，公开出版，实现省、市、县三级综合年鉴全覆盖。《规划纲要》还要求，坚持存真求实，正确处理质量与进度的关系，将精品意识贯穿于年鉴编纂出版工作全过程。2015年12月，中国地方志指导小组办公室启动中国年鉴精品工程，将其与先期实施的中国志书精品工程视为姊妹工程，一道作为加强地方志质量建设的重要抓手。

实施中国年鉴精品工程有助于推动中华优秀传统文化传承发展。近年来，在党中央、国务院的高度重视和关心支持下，全国地方志事业发展迎来最好的发展时期。年鉴编纂发端于欧洲，鸦片战争后被引入我国，在我国走过了100多年的发展历史。在长期的编纂中，年鉴在内容和形式上不断发展，逐渐演变成为适合反映中国国情、具有鲜明中国特色的一种文化载体，并在改革开放后出现了快速发展的局面。2006年5月，国务院《地方志工作条例》颁布施行，明确将地方综合年鉴纳入地方志工作范畴，年鉴工作走上了有法可依的轨道。《规划纲要》出台，为从依法编鉴转变到依法治鉴指明了方向。2016年12月，中国地方志指导小组印发《全国年鉴事业发展规划（2016—2020年）》，更进一步明确了到2020年全国年鉴事业的任务书、时间表、路线图。经过多年的发展，年鉴工作已经成为地方志工作的重要组成部分，成为中华民族优秀文化传统的有机组成部分，其存史、育人、资政作用日益彰显。实施中国年鉴精品工程，是年鉴工作者紧扣时代脉搏、坚持创新发展的一项重要举措，对于坚定文化自信，传承弘扬好中华优秀传统文化意义重大。

实施中国年鉴精品工程有助于为全面建成小康社会提供更多智力支持和历史借鉴。党的十八大作出全面建成小康社会的战略部署。党的十八届五中全会提出到2020年如期实现全面建成小康社会的目标要求。完成《规划纲要》确定的目标任务是年鉴工作者的神圣使命，更是年鉴工作者以自身力量为全面建成小康社会献上的厚礼。一方面，可以更好地利用年鉴这种年度资料性文献，及时记录各地区在全面建成小康社会伟大征程中每年取得的新成绩和新经验、出现的新情况和新问题、涌现的优秀人物和典型事迹等；另一方面，可以更好地积累地情、国情资料，为推动经济社会发展和深化改革提供智力支持，为推进国家治理体系和治理能力现代化提供历史借鉴。

实施中国年鉴精品工程有助于全面推进地方志事业转型升级。地方志不是单纯修志编鉴工作，而是全体方志人“修志问道，以启未来”的一项事业，这项事业包含着巨大的时代担当与使命追求。地方志工作要在“五大建设”总体布局和“四个全面”战略布局中发挥与其自身价值、功能相匹配的作用，就要因时而谋、乘势而上、顺势而为，全面推进地方志事业转型升级。转型升级，当下最重要的目标就是完成“两全”目标，包括“年鉴全覆盖”目标；长远的目标就是基本形成地方志编修体系、理论研究和学科建设体系、质量保障体系、资源开发利用体系、工作保障体系“五位一体”的地方志事业发展综合体系，包括“五位一体”的年鉴事业发展综合体系。中国年鉴精品工程是一项探索工程，也是一项创新工程，是推进地方志事业转型升级的重要内容。通过实施中国年鉴精品工程，不仅有助于确保年鉴质量，不断编纂出版具有鲜明时代特征、年度特点和地域特色的精品年鉴，也有助于推动年鉴工作适应经济社会发展形势和时代需要，不断改革创新，与时俱进。

多年来，在中国地方志指导小组办公室的指导和全国各级地方志工作机构的共同努力下，年鉴种类数量快速增长，年鉴成果粲然可观，为实施中国年鉴精品工程奠定了坚实的基础。实施中国年鉴精品工程，就是要在全国地方志系统起到示范作用，进一步培育精品意识，打造精品年鉴，以点带面，在提高年鉴质量方面探索出一条切实可行之路，使这项探索工程和创新工程能够积累经验，发挥引领作用。

“万山磅礴，必有主峰；龙衮九章，但挈一领。”实施中国年鉴精品工程，是筑牢地方志事业特别是年鉴事业发展根基之举，其意义与价值不言而喻。但编修出年鉴精品佳作，绝非朝夕之功，需要付出长期艰辛的努力。希望通过实施中国年鉴精品工程，能够进一步推进年鉴质量建设，使年鉴真正成为传承中华民族优秀传统文化的重要载体，成为展示中国国情、地情的重要窗口，成为“为当代提供资政辅治之参考、为后世留下堪存堪鉴之记述”的资源宝库，在全面建成小康社会过程中作出更大贡献。

是为序。

中国社会科学院原副院长
原中国地方志指导小组常务副组长

编辑说明

一、《仙游年鉴》是由中共仙游县委员会、仙游县人民政府主办，中共仙游县委党史研究和地方志编纂办公室编纂的年度资料文献。于2012年首次出版，《仙游年鉴（2023）》为第12卷。

二、《仙游年鉴（2023）》以马克思列宁主义、毛泽东思想、邓小平理论、“三个代表”重要思想、科学发展观、习近平新时代中国特色社会主义思想为指导，坚持辩证唯物主义和历史唯物主义的立场、观点和方法，全面、系统地记载2022年仙游县自然、政治、经济、文化、社会等方面的情况，为了解和研究仙游提供信息资料。

三、《仙游年鉴（2023）》记述时限为2022年1月1日至2022年12月31日，个别事项的记述时间适当上溯或下延。

四、《仙游年鉴（2023）》卷首设有彩色照片69帧，文中另有160帧图片。主体部分有类目、分目、条目3个层次。条目为基本记述单元，一事一目。设特载、专文、大事记、县情概览、世界中式古典家具之都、中国共产党仙游县委员会、仙游县人民代表大会、仙游县人民政府、中国人民政治协商会议仙游县委员会、中国共产党仙游县纪律检查委员会 仙游县监察委员会、民主党派 工商联、人民团体、法治、军事、外事 侨务 台港澳事务、经济管理、园区 新区、农业 水利、工业、商贸服务业、金融业、旅游业、交通 邮政 通信、城乡建设与管理、乡村振兴、生态环境保护、应急管理、科学技术、教育、文化、卫生健康、体育、社会生活、街道 乡镇、人物 荣誉、附录、索引37个类目，237个分目，1464个条目，42个表格。在《仙游年鉴（2022）》的框架基础上，将旅游业、乡村振兴、科学技术、教育、体育分目提升为类目。

五、《仙游年鉴（2023）》采用规范现代汉语记述。除引文外，一律用第三人称记述。数字用法、标点符号用法分别采用国家标准《出版物上数字用法》（GB/T 15835—2011）、《标点符号用法》（GB/T 15834—2011），计量单位采用国家技术监督局1993年12月发布的《量和单位》系列国家标准。特载、附录等内容基于习惯，保留使用单位“亩”“公里”“公斤”等。

六、《仙游年鉴（2023）》资料均由各承编单位领导审核后提供，统计数据由各相关单位和仙游县统计局提供。

仙游县地图

比例尺1:280 000

编制单位：福建省地图出版社　审图号：莆S〔2023〕5号　资料截至：2022年12月

数字仙游2022

辖区面积：	1851.50 平方千米
地区生产总值：	626.99 亿元
第一产业增加值：	24.90 亿元
第二产业增加值：	318.25 亿元
第三产业增加值：	283.84 亿元
年末常住人口：	90.30 万人
年末户籍人口：	117.68 万人
一般公共预算总收入：	47.23 亿元
农林牧渔业总产值：	46.77 亿元
粮食产量：	8.49 万吨
肉蛋奶总产量：	3.81 万吨
水产品产量：	1.63 万吨
工业增加值：	271.16 亿元
规模以上工业企业利润总额：	97.52 亿元
工艺产业产值：	610 亿元

社会消费品零售总额:	359.48 亿元
交通运输、仓储和邮政业增加值:	14.48 亿元
公路通车里程:	3384 千米
货物周转量:	10.17 亿吨千米
客运量:	11.19 万人次
旅客周转量:	853.99 万人千米
年末汽车保有量:	10.04 万辆
接待游客人数:	349.80 万人次
金融机构存款余额:	576.18 亿元
金融机构贷款余额:	382.91 亿元
居民人均可支配收入:	29440 元
农村居民人均可支配收入:	22418 元
城镇居民人均可支配收入:	40098 元
农村居民人均生活消费支出:	18105 元
城镇居民人均生活消费支出:	25518 元

全国首批最美家乡河——木兰溪

仙游县委、县政府坚持贯彻落实习近平总书记治理木兰溪的重要理念，按照水资源、水生态、水环境、水灾害统筹治理的治水新思路，围绕打造“河畅、水清、岸绿、景美”的美丽木兰溪，高起点、高标准规划建设仙游县木兰溪防洪生态景观工程，纵深推进木兰溪流域系统治理，助力创建全国生态文明示范市，打造践行习近平生态文明思想的木兰溪样本。2017 年，木兰溪获评全国首批最美家乡河。木兰溪防洪工程为全国 244 条重点中小河流治理计划之一。木兰溪防洪景观工程仙游段自 2013 年动工，工程计划总投资 21.10 亿元，其中防洪工程总投资 11.50 亿元、景观部分 9.60 亿元，建设堤线总长 102.60 千米。

木兰溪与瑞溪汇合口（朱彬颖供图）

木兰溪廉政主题公园
（张力供图）

木兰溪状元榜浮雕广场
（张力供图）

木兰溪南门橡皮坝至肖厝大桥左岸 （张力供图）

木兰溪沿岸南桥段改造前
（摄于1998年 县生态环境局供图）

木兰溪沿岸南桥段改造后
（摄于2022年 县生态环境局供图）

木兰溪沿岸东门段改造前
（摄于2012年 县生态环境局供图）

木兰溪沿岸东门段改造后
（摄于2022年 县生态环境局供图）

木兰溪沿岸金凤桥段改造前
（摄于2012年 县生态环境局供图）

木兰溪沿岸金凤桥段改造后
（摄于2022年 县生态环境局供图）

仙游木兰溪北岸城区旧貌　　（摄于 1998 年 县生态环境局供图）

仙游木兰溪北岸城区新貌　　（摄于 2022 年 县生态环境局供图）

仙游县重视对木兰溪上游的保护，从木兰溪源头的生态保护到沿线地区的畜禽饲养整治，以及河道周边的污水收集处理、垃圾清理、卫生保洁、截污清淤、景观建设等方面统筹考虑，全面实施、各个攻破，并建立长效管理机制，使木兰溪上游水质明显好转，改善区域环境质量，提升水环境质量。

仙游县在木兰溪上游开展植树造林、桉树林改造（摄于 2014 年 县生态环境局供图）

2012 年，木兰溪省级自然保护区成立，总面积 1.80 万公顷，涉及 4 个乡镇和 1 个国有林场。主要保护山地森林生态系统、木兰溪水源涵养林区及区内珍稀野生动植物资源　　（县生态环境局供图）

仙游·仙作

仙游县古典工艺家具制作技艺（仙作），源于唐宋，兴于明清，盛于当代，是第四批国家非物质文化遗产，入选第一批国家传统工艺振兴名录、新华社民族品牌工程（全国首个入选县域品牌），2020 年、2021 年两度入编《中华人民共和国年鉴》，率先发布业界第一个指数“新华·仙游仙作产业发展指数”，仙作劳务品牌入选人社部劳务品牌，是福建省唯一入选的产业劳务品牌。2022 年，仙作产业实现产值 610 亿元，入选福建省中小企业特色产业集群。仙游县获得“世界中式古典家具之都”“中国古典工艺家具之都”称号。仙作臻品先后在北京 APEC（亚太经合组织）峰会、米兰世博会、厦门金砖会晤、第五届世界佛教论坛、第 44 届世界遗产大会上亮相，并多次被选作国礼。

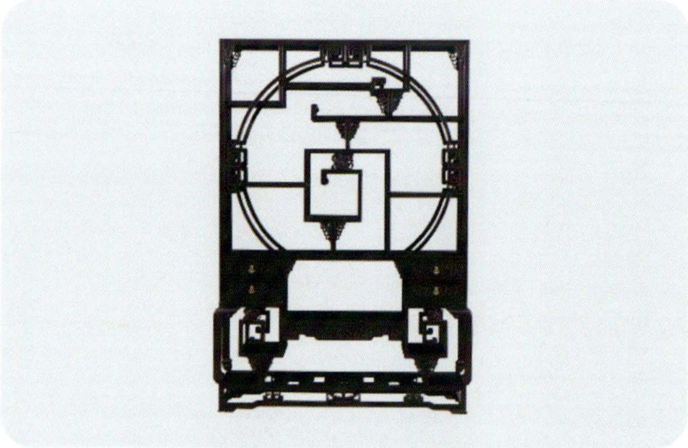

2022 年 2 月，仙作外方内圆博古架被选为国礼，赠予俄罗斯总统普京　　（县工艺美术中心供图）

2016 年 1 月，国家主席习近平对埃及展开国事访问期间，赠予埃及总统一套仙作水龙纹宝座（县工艺美术中心供图）

2016 年 3 月，国家主席习近平对捷克展开国事访问期间，赠予捷克总统一套仙作明式交椅（县工艺美术中心供图）

仙作寒雀图罗汉床　　（县工艺美术中心供图）

仙作带托泥梅花形高束腰花架

（县工艺美术中心供图）

仙作修文书房四件套 （县工艺美术中心供图）

仙作国色天香沙发八件套

（县工艺美术中心供图）

仙作家具在结构结合的方式上，以精细的榫卯结构名扬于世。榫卯结构是榫和卯的结合，是木件之间多与少、高与低、长与短之间的组合，可有效限制木件向各个方向的扭动。无论仙作家具的尺度、线条和设计如何，其结合方式都是简单的槽接、榫卯及木销，由工艺师们一刀一锯一刨手工制作而成，讲究整体艺术上和谐统一。

楔钉榫　插肩榫　夹头榫　粽角榫　抄手榫　走马销

（县工艺美术中心供图）

香文化产业是仙游县工艺美术产业细分领域的一张新名片。至2022年底，仙游从事原材料种植、香料交易、香制品加工、销售等香文化产业企业500余家，从业人员1.20万人，年产值60亿元，形成中国香博园、环球工艺城、中国古典工艺博览城等产城集聚平台，榜头镇度顶村、仙水村等香产业专业村，香产业初具规模。2022年5月30日，仙游县委、县政府联合香魁公司打造中国香博园项目，10月1日投入试运营。中国香博园项目占地1.07公顷，总投资2亿元，建筑面积1.50万平方米。园区设有国家香检仙游办事处、非遗展示区、香行业大数据平台、香文化博物馆、香道文化电商基地等场馆，致力于打造国内香文化行业头部示范园区，是全国功能性较为齐全的香文化园区。

中国香博园内的传统香制作技艺（仙游枫髓香制作技艺）传习所
（中国香博园供图）

2022年12月16日，中国香博园内的研发人员在调制香方
（中国香博园供图）

2022 年 11 月 25 日，首届中国仙游香文化产业峰会在仙游县京闽大酒店举行

（县工艺美术中心供图）

2022 年 6 月 18 日，海峡两岸香文化合作交流活动在中国香博园举行。图为香片制作培训

（中国香博园供图）

全国电商百强县

近年来，仙游县委、县政府高度重视电子商务工作，立足工艺美术、鞋服、农特产品等优势产业，完善产业配套，强化设施建设，坚持把电子商务作为推动县域经济转型、推动乡村振兴的重要抓手，取得一定成效。至 2022 年底，全县电商店铺数超过 2 万间，电商企业超 9000 家，电商从业人员超 6 万人，拥有抖音直播基地、京东（仙游）数字经济产业园、海峡艺雕智慧产业园、铭动直播电商园等电商直播基地；连续 7 年被列为全国“电商百强县”，全县有淘宝镇 9 个、淘宝村 37 个；获批国家级电子商务进农村综合示范县并在绩效评价中获优秀等次；仙游抖音直播基地被评为全国十大抖音产业直播基地之一；仙游县入选首批省级数字乡村试点县；京东（仙游）数字经济产业园成功获批国家级电子商务示范基地，在商务部 2022 年国家电子商务示范基地综合评价中获得全省唯一 A 级评价。

仙游县电子商务公共服务中心展示仙游县农特产品及特色旅游、传统文化、民俗风情、美食等，以“电商 + 农旅 + 新媒体”产业融合，助力农村产品线上销售　（县商务局供图）

2022 年，仙游县建立县、乡、村三级服务站点体系、三级物流配送体系，助力电商经济。图为仙游县邮政农村电商物流集散中心　（县商务局供图）

2022 年 9 月 28 日，仙游县副县长蒋庆和（中）在福建省融媒体中心开展 2022 年仙游县农民丰收节暨度尾镇第六届文旦柚文化旅游节带货直播　　（县商务局供图）

2022 年 11 月 8 日，辉特公司主播在进行鞋服直播　　（县商务局供图）

2022 年 11 月，仙游县商户直播带货工艺产品　　　　（唐伟供图）

2022 年 10 月，钟山镇南兴村党支部书记蒋锋隆（右）化身“带货主播”为家乡大米代言
（朱红供图）

2022 年 9 月，“庆丰收 迎盛会”2022 年福建省中国农民丰收节暨“云上莆田 直播嗨购”助农活动在仙游县钟山镇举行。图为主播在带货农特产品

（县商务局供图）

2022 年 12 月，仙游县抖音直播基地举办短视频制作等业务培训　　（县商务局供图）

2022 年 8 月，抖音电商珠宝潮奢行业在仙游县抖音电商直播基地启动云帆计划第一期活动。图为获奖商户领取证书和奖金

（县商务局供图）

“宋元南戏活化石”——莆仙戏

2022 年 12 月 10 日，仙游县鲤声剧团建团 70 周年艺术展演活动开幕式在莆田市仙游县举办。莆仙戏被誉为“宋元南戏活化石”，是福建五大地方剧种之一，在国务院公布的中国首批非物质文化遗产名录传统戏剧类中排名第三，具有深厚的文化底蕴和珍贵的艺术价值。仙游县鲤声剧团作为莆仙戏重要的专业艺术表演团体，享誉全国。

2022 年 12 月 10 日，仙游县鲤声剧团举行建团 70 周年艺术展演。图为省、市、县领导与演员合影

（鲤声艺术中心供图）

2022 年 12 月 10 日，仙游县鲤声剧团举行建团 70 周年艺术展演。图为被誉为“中国当代十大悲剧”——《团圆之后》演出照 （鲤声艺术中心供图）

2022 年 12 月 10 日，仙游县鲤声剧团举行建团 70 周年艺术展演。图为“中国当代十大喜剧”——《春草闯堂》演出照 （鲤声艺术中心供图）

1979 年 2 月，《春草闯堂》赴京参加中华人民共和国成立 30 周年献礼演出，获创作一等奖、演出一等奖。图为演出剧照 （鲤声艺术中心供图）

2000 年 5 月，王少媛获中国戏剧梅花奖。图为 1999 年 8 月王少媛演出《叶李娘》剧照 （鲤声艺术中心供图）

有一种旅游叫仙游

2022年，仙游县委、县政府聚焦城市定位，拓展全域旅游，规范旅游民宿，推动农旅融合，增强文化赋能，打造每一个景点、每一个景区的“精彩四季”，打造仙游旅游的“精彩四季”，培育文化和旅游消费新业态，在全国叫响“有一种旅游叫仙游”，推动旅游业“接二连三带一”，加快融合发展，促进文旅产业高质量发展，创建国家全域旅游示范区。全年接待游客349.80万人次，旅游收入28.56亿元。

莆田四大名果之一——书峰枇杷
（县文旅局供图）

石苍乡济川村文化与自然交融，获“中国历史文化名村”“中国传统村落”“中国最美村镇”等称号，是莆田市唯一获6枚国字金牌和6枚省级金牌的乡村
（县文旅局供图）

春览“仙境”——踏青游春的“康养福地”

在万物复苏的春天，可游览九鲤蓬莱胜地，体验祈梦仙境；观麦斜云岫，赏云海日出；春光下，山村静好，可游览中国历史文化名村济川村，感受陶渊明笔下的世外桃源。暮春时节，还是体验前溪高山草甸、观赏十八股头杜鹃花的最美时节，漫山遍野山花欲燃，美不胜收。亦可品尝莆田名果书峰枇杷。

九鲤湖是国家 AAAA 级旅游景区、国家级水利风景区、省级风景名胜区，是中国祈梦文化发源地，被称为“中国梦文化之乡”。图为九鲤飞瀑，与武夷山、玉华洞并称福建三绝 （县文旅局供图）

麦斜岩是国家 AAA 级旅游景区，以“峰险、石奇、洞幽、雾幻”四绝著称，有“小武夷”之美誉，日出和佛光令人神往，这里还是中国工农红军一〇八团革命遗址。图为麦斜云岫 （县文旅局供图）

十八股头杜鹃花开放 （县文旅局供图）

中国十大露营基地——西苑乡前溪村 （张力供图）

夏享“仙水”——避暑疗养的“夏日凉都”

炎炎夏日，可以沉浸于仙水洋的悠闲清凉，享受避暑疗养的惬意；体验石人头露营，观赏云海日出；感受湄溪、木兰溪源头的清澈凉爽，远离城市的酷热喧嚣；还可游览九座寺、无尘塔，近距离感受全国重点文保单位、南少林发源地的魅力，亦可品尝风味独特的树葡萄，让心灵“冷静一夏”。

仙水洋是国家AAA级旅游景区，海拔871米，盛夏凉爽如秋，拥有长650米、总面积15万平方米的“世界稀有浅水河床”，是避暑疗养的“夏日凉都”（张颖供图）

仙游县盛产树葡萄，又名珍宝果、嘉宝果，口味独特、细腻多汁、香甜可口

（县文旅局供图）

距今1100余年的全国重点文保单位——无尘塔，是福建省最古老的空心石塔（张力供图）

石人头露营基地 （张力供图）

西苑乡凤顶村九座寺原名太平院，始建于唐代，系南少林发源地 （县文旅局供图）

秋游“仙谷”——与秋共舞的“运动天堂”

秋高气爽的日子，最适合攀刺刀峡谷、登天马悬梯，赏蜚山秋色、享露营野趣。还可参观游洋上宫第一支部、麦斜岩景区等革命遗址，接受红色文化的洗礼；游览兴山兴角祖宫，感受吴圣天妃非遗文化。亦可体验钟山朗桥浪漫的田园风光，品尝文旦柚、甜柿等美味“仙果”。

兴角宫位于游洋镇兴山村，始建于唐代，主祭吴圣天妃，是全球800余座吴妈宫的发祥地

（县文旅局供图）

度尾文旦柚是莆田四大名果之一，气味芬芳、肉嫩汁醇、无籽少籽、清香爽口、风味独特

（县文旅局供图）

甜柿是从台湾移栽到仙游的优质水果，具有改善肠胃、美容和保健的功能，被誉为“有益心脏健康的水果王”

（县文旅局供图）

岐坪自然村保存着较完整的古村落风貌，依山而建，村中层层梯田，民居错落其中　（县文旅局供图）

刺刀峡谷位于西苑乡，有落差80米的天然洞穴式幽谷瀑布、浅水浅滩、一线天、百丈高千米宽天然崖壁及悬空洞，是户外运动爱好者的天堂

（县文旅局供图）

联二线（仙游段）全长65千米，纵贯生态资源丰富的仙游北部山区，森林、平原、湖泊、云海等景色，有“最美骑行公路”的美称

（县文旅局供图）

大蜚山森林公园是省级森林公园，因夏无酷暑、冬无严寒的独特小气候环境，享有“小庐山”之美誉。图为蜚山秋色

（县文旅局供图）

天马山是仙游四大景之一，山径旁崖临涧，盘桓陡直宛如“天梯”

（县文旅局供图）

中共上宫支部旧址是仙游党组织的诞生地，是仙游革命红色基因的发源地 （县文旅局供图）

冬赏“仙山”——南国冬韵的“心动乐园”

秋月扬明恽，冬岭秀寒松。寒风凛冽的冬日，可以前往菜溪岩游览心动乐园，领略南方少见的“雪山”风景；欣赏石谷解、草山风电场、十八股头、柳园村的雾凇雪景，体验独特的南国冬韵后，泡万佳温泉。亦可摘游洋橘柚、天妃脐橙，品味冬日里的爽口鲜甜。

石谷解位于西苑乡前溪村，主峰1803.30米，为莆田市境内最高峰，被称为“闽中屋脊”。图为石谷解雾凇 （县文旅局供图）

草山风电场雪景 （县文旅局供图）

十八股头位于西苑凤顶村，山上石群盘踞、形态万千，堪称天然地质奇观，具有独特的观赏价值和研究价值。春季映山红遍，冬季银妆素裹。图为十八股头冬景 （县文旅局供图）

西苑乡柳园村远离喧嚣，有保存完好的清代古民居建筑，仿佛世外桃源，是夏日避暑、冬日赏雪的绝佳去处 （县文旅局供图）

万佳温泉度假村以八闽风情为主题风格，是集温泉文化、生态度假、健康养生、美食文化及水上娱乐等多功能于一体的山水人文复合型生态休闲旅游区（县文旅局供图）

菜溪岩是国家AAAA级旅游景区、省级风景名胜区，八闽第一奇石“心动石”耸立于此（县文旅局供图）

龙华双塔（县文旅局供图）

游洋橘柚结合橘子的多汁和柚子的香气，果实无核、细腻无渣、饱满多汁，吃起来似橘非橘、清甜爽口（县文旅局供图）

天妃脐橙营养丰富，含有大量的维生素C和胡萝卜素，色泽鲜艳、肉质脆嫩、口感酸甜适度（县文旅局供图）

特载

专 文

大事记

县情概览

世界中式古典家具之都

中国共产党仙游县委员会

仙游县人民代表大会

仙游县人民政府

中国人民政治协商会议仙游县委员会

中国共产党仙游县纪律检查委员会 仙游县监察委员会

民主党派　工商联

人民团体

法 治

军 事

外事 侨务 台港澳事务

经济管理

农业 水利

工 业

商贸服务业

金融业

旅游业

交通 邮政 通信

城乡建设与管理

乡村振兴

生态环境保护

应急管理

科学技术

教育

文化

卫生健康

体 育

社会生活

街道 乡镇

人物 荣誉

附 录

索 引

在县委经济工作会议上的讲话

县委书记 吴文恩

同志们：

这次县委经济工作会议的主要任务是，以习近平新时代中国特色社会主义思想为指导，全面贯彻落实党的二十大精神，按照中央和省委、市委经济工作会议部署，落实省委十一届三次全会、市委八届四次全会、县委十四届三次全会要求，总结2022年我县经济工作，分析当前经济形势，部署2023年经济工作，奋力开创“加快融合发展，打造美丽仙游”新局面。等下志挺县长将作具体工作部署，大家要抓好落实。这里，我讲三点意见。

一、提高站位、提振信心，把牢全方位高质量发展正确方向

过去一年，在上级党委政府的坚强领导下，全县上下坚持以县委“1299”为工作抓手，高效统筹疫情防控和经济社会发展，各项工作稳中有进、稳中向好。一是综合实力交出崭新答卷。GDP、规上工业增加值、财政总收入、外贸出口总额等主要经济指标增幅均居全市第一位，得到市委高度肯定，推动城市美誉度、知名度持续提升，获全国第五批节水型社会建设达标县、全国农产品数字化百强县、全国乡村建设评价样本县等荣誉。二是产业发展交出高分答卷。新增“个转企”2696家、“下转上”83家（工业24家、商贸业55家、服务业4家），市场主体近20万户，总量、增量均居全市第一位。297家规模以上工业企业完成产值892.42亿元、增速位居全市第一位，产值超亿元企业172家。连续7年位列全国“电商百强县”，仙游抖音基地成为全省首批TikTok跨境电商运营商，累计销售额居全国第一位。文旦柚入选全国名特优新农产品名录，度尾镇湘溪村、龙华镇金溪村入选全国乡村特色产业超亿元村。三是项目招商交出精彩答卷。国城三元正极、紫京科技、福硅半导体、和拓新材料等一批投资额超50亿元、100亿元项目相继实现签约落地，“3+1”产业微集群逐步形成，前三季度项目签约数和投资额均居全市第一，三季度项目工作正向激励综合考评居全省第八，3个省级重大招商项目均实现开工、开工率居全市第一位。四是民生保障交出靓丽答卷。16件为民办实事项目全面落实，福建师范大学仙游附属学校落地仙游、县总医院入选国家第二批县级医院医疗服务能力名单，民生事业短板加快补齐，信访工作考评排名居全市5个县区第一位，社会大局持续和谐稳定。五是氛围营造交出满意答卷。各级领导干部率先垂范、靠前指挥，各级各部门上下联动、密切协作，为全方位推进高质量发展积蓄了力量、赢得了主动，全县上下思发展、谋发展、求发展的热情空前高涨，心齐、气顺、风正、劲足的氛围更加浓厚。

二、勇毅突破、勇立潮头，筑牢全方位高质量发展深厚基础

今年是全面贯彻落实党的二十大精神的开局之

年，按照党中央决策部署和上级要求，结合仙游实际，我县经济工作的总体要求是，以习近平新时代中国特色社会主义思想为指导，全面贯彻落实党的二十大精神和中央、省委、市委经济工作会议部署，紧扣“四个更大”重要要求，坚持稳中求进工作总基调，完整、准确、全面贯彻新发展理念，积极服务和融入新发展格局，坚持以县委“1299”为工作抓手，更好统筹疫情防控和经济社会发展，更好统筹发展和安全，全面深化改革开放，大力提振市场信心，把实施扩大内需战略与深化供给侧结构性改革有机结合起来，突出做好稳增长、稳就业、稳物价工作，有效防范化解重大风险，推动经济运行整体好转，实现质的有效提升和量的合理增长，加快融合发展，打造美丽仙游，为在推进中国式现代化中展现仙游作为开好局、起好步。

围绕这一总体要求，县委、县政府研究提出了经济社会发展的主要预期目标，各级各部门要结合实际，科学制定目标任务，确保全年经济工作目标的实现，为全省、全市大局多作贡献。

今年经济工作千头万绪，要从战略全局出发，正确处理好稳和进、质和量、存量和增量、政府和市场的关系，重点围绕县两会审议通过的政府工作报告定下的目标任务，不折不扣抓好落实。①要强落实。县政府工作报告通过的目标任务是实现县第十四次党代会和“十四五”规划目标的重要保证，也是县委、县政府对全县百万人民的庄重承诺。当前，报告的目标任务已经逐一分解下去，各乡镇（街道、管委会）和部门要主动认领，对号入座，认真制定切实可行的工作计划和实施方案，按季度、月份细化工作内容，加强沟通协作，主动担当作为，保质保量如期完成。②要严督查。县政府要定期听取工作进展情况汇报，对进展情况实行月调度、季通报、半年评估，县效能办及县政府督查室要跟踪督查，县人大、政协要开展专项视察评议，确保工作任务高质量完成。③要优考核。要加强对《政府工作报告》重点任务落实情况的考核工作，考核结果作为各相关单位年终绩效考评的重要依据。同时，在2024年县两会的审议材料中，要把2023年《政府工作报告》任务分解落实情况作为附件，供县人大代表、政协委员审议，切实传导压力，真正让争先进位成为仙游发展的主旋律和党员干部的精气神。

今年经济工作，具体要做到“五个全力”，推动实现“五个新”：

一要全力扩大有效需求，蓄积提质提量“新动能”。要全面落实扩大内需战略，坚持内需外需一起抓、投资消费齐发力。①要进一步发挥投资关键作用。要强化项目策划，聚焦国家一系列稳经济一揽子政策和资金投向，加大项目策划力度，积极争取更多地方专项债、中央预算内补助等政策性支持。要强化项目攻坚，县、乡镇抓紧成立项目前期办，持续强化专班专责、分级协调、合力推进、正向激励等攻坚机制，推行“清单管理”“挂图作战”。学习借鉴晋江“工业项目‘五证同发’新模式”，探索创新项目“拿地即开工”审批模式，在工业园区内多规合一、提前开展安评、能评、环评、水保、施工图设计等工程全周期流程，并签订投资合同，含投资强度、容积率为前置，亩均产值、税收等设置的监管条件完成后，待出让拿地即可开工，全力以赴促进度。②要进一步恢复和扩大消费。要深化“全闽乐购”促消费活动，推动受疫情影响较大的住宿、餐饮、文旅等行业加快活跃，大力发展直播电商等新业态，带动消费和服务业走出低谷、健康发展。③要进一步巩固外贸增长态势。要鼓励企业组团“出海”、抱团“抢单”，重点抢抓抖音基地首批获得全省TikTok跨境电商运营服务商资质机遇，加快建设数字仙游产业园，鼓励每个乡镇引进发展跨境电商，深化培育市场采购、跨境电商、转口贸易等外贸新型业态，推动实现“仙游制造”“品质仙货”“卖全国”“卖全球”。

二要全力升级产业体系，掀起做大做强“新热潮”。要坚持把发展经济的着力点放在实体经济上，全面提升产业体系现代化水平。①要做强二产。要聚焦九大重点产业体系，以“三转一市”“四换四名”“四个一批”为抓手，深入实施实体企业梯次培育计划，全力拓展“一心两翼八园”产业发展空间，培育壮大锂电新能源新材料、电子信息新材料、工艺美术和跨境电商等“3+1”产业微集群；研究出台进一步促进工业、商贸服务企业升规纳统激励措施，在信贷融资、要素保障、创新发展等方面加大政策倾斜力度；重点推进海安集团今年挂牌上市，加大新万鑫、意达科技等上市后备企业全周期辅导、精准帮扶，深入挖掘东亚机械、给力机械、中裕新材料、辉特鞋业、赛隆科技等企业资源，做深做实规改股、股上市工作。同时，制定出台小微企业园建设管理方案和招商入园退园政策，加快8个小微企业园建设进度，为产业微集群发展提供平台，推动实现“一镇一业”。②要做实三产。聚焦扩增量，抓紧成立第三产业发展领导小组，加快推进现代服务业发展，积极做旺方圆荟、中骏、天博等城市综合体，加快美食城招商，大力招引品牌连锁便利店，做大鸿昌物流、胜北物流、京东辉特电商物流基地，以及物泊科技、智慧U站等平台，加大物泊星级酒店建设力度，加快郊尾城市综合体（含四星酒店）项目签约落地，鲤城、榜头、枫亭、盖尾、赖店、度尾、钟山等镇街要积极引进、培育星级酒店，做大做活集镇商圈，强化发展后劲。要强化土地招拍挂，结合我县规划、集中优势资源举办专题土地招商推介会，制定相关房产投资政策和良性传递政策导向，吸引优质房地产企业积极投资。聚焦优存量，紧盯环球工艺城、海峡艺雕城等入驻企业以及家庭作坊、个体户等，认真研究、扎实推进，根据企业用工用电、纳税等情况，充分排查摸底，建立梯次培育库，进一步抓实抓细升规纳统工作。③要做大一产。落实最严格的耕地保护制度和“田长制”，坚决遏制耕地“非农化”、防止耕地“非粮化”。突出“一镇一业”“一村一品”，加快实施农业“四名工程”，重点推动度尾文旦柚、钟山甜柿、奇楠沉香、牛樟芝、工业辣椒等农产品从种苗、种植、生产、销售全产业链条发展，加快实施特色现代农业高质量发展行动，做优做精休闲农业、生态观光、民宿旅游、农村电商等新业态，补齐精深加工、冷链配送等短板，构建从“田头”到“餐桌”再到“休闲”的全产业链。

三要全力强化招商引资，实现铸链强链“新突破”。今年县委县政府的工作重心就是拼发展、拼经济、拼项目，落脚点还是靠招商。①强化招商主体意识。招商工作是一项全局性工作，没有局外人，人人都是招商主体，都要主动参与进来。要坚持一切要素、一切资源、一切力量向招商倾斜，全面掀起全社会参与招商的热潮，营造“全域招商、全员招商、全面招商”的浓厚氛围。②强化链式招商导向。要聚焦九大重点产业体系，绘制产业链招商图谱，精准引进一批“头部”企业和创新型、强链型、补链型项目，重点推进“3+1”产业链集群招商，特别要紧紧扭住锂电新能源、电子新材料等新风口、新赛道，千方百计引进产业链关联配套项目，打造2—3个千亿产业微集群。其中，锂电新能源新材料产业，围绕国城三元正极、紫京科技、和拓新材料等一批龙头企业，精准引进锂电池隔膜、电解液、复合铜箔等产业链上游，延伸锂电池壳体等产业链中下游，沿链聚合、集群打造锂电新能源新材料产业园区；电子信息新材料产业，重点推进时速国际半导体、信唐微GPU芯片研发项目建设，链式布局半导体溅射靶材、电子特气、切片抛光等关键配套项目；工艺美术产业，围绕生产规范化、品质标准化、品牌价值化、产品层次化、销售多元化，招引红木原材料、古典工艺与文化创意、数字平台经济等跨界融合项目和天然香全产业链项目，集成推进“四平台一基地”建设，打造中国红木古典家具品牌中心和国家级中小企业特色产业集群；跨境电商平台，重点抢抓抖音基地首批获得全省TikTok跨境电商运营服务商资质机遇，加快建设数字仙游产业园，鼓励每个乡镇引进发展跨境电商，深化培育市场采购、跨境电商、转口贸易等外贸新型业态，推动实现“仙游制造”“品质仙货”“卖全国”“卖全球”。同步加快建设一批产业公共服务、创新平台，设立新能源动力电池材料公共检测服务平台及沉香、红木原材料检测平台。③创新招商工作机制。坚持“以亩均效益论英雄”的导向，建立重大招商项目事前评估咨询机制，创新“基金+项目”招商模式，积极引进央企、国企股权投资基金，加快建立县级产业发展基金，加强与各地仙游商会、行业协会、专业招商机构合作，深入研究分析这些区域大型国企、民企的资本流向和产业转移动向。对于重大项目要成立专班，做深做实前期工作，提前掌握项目选址、土地收储、规划指标、土地成本、立项审批等情况，结合客商的投资需求和发展需要，制定有针对性的招商方案，切实提高招商引资的科学性和成功率。

四要全力推进城乡建设，绘就宜居宜业“新图景”。要坚持城乡统筹、新城建设与旧城更新并重，不断提高协调发展的平衡性、协调性、充分性。①城市建设要精美精细。要树立“经营城市”理念，系统推进老城有机更新，争创县城更新省级样板工程，全面提升城市功能品质。要以绣花功夫推进城市精细化治理，大力实施城市序化、洁化、美化、绿化、亮化“五化”工程，重点攻坚木兰大道项目，逐步解决好停车位、充电桩、农贸市场、背街小巷等群众有感问题。要坚持以大团块模式加快土地出让，突出各团块特色产业支撑，促进人流、商流、物流集聚。②乡村振兴要提质提效。要积极筹建仙北旅游开发区管委会，以乡村振兴研究院为引领，以发展绿色经济、文旅经济为抓手，积极引进省旅投集团、厦门建发等，系统开发、运营仙游“春、夏、秋、冬”四季全域旅游产品，谋划推进开春文旅项目，加快推出镇域两日游、县域三日、四日、七日游精品旅游线路，推动一产“接二连三”、旅游业“接二连三带一”，打响“有一种旅游叫仙游”品牌。要深入实施乡村建设行动，扎实推进校地结对共建，着力创建一批宜居宜业和美乡村示范点。③生态环保要用心用情。要持续深化木兰溪综合治理，用心保护好木兰溪源头，大力开展“五水共治”，深入实施“四治”工程，创新推广“县级主导、镇街主责、村居主体、群众参与、规范运维”的农村污水治理模式，建设美丽仙游。

五要全力提升治理效能，打造共建共享“新格局”。要坚持总体国家安全观，统筹发展和安全，建设更高水平的平安仙游。①要防风险、守底线。要坚决落实“房子是用来住的、不是用来炒的”，保障行业合理融资需求，稳妥推进问题楼盘处置，扎实做好保交楼、保民生、保稳定各项工作，确保房地产市场平稳发展。要加强政府债务全链条、全方位管理，坚决遏制增量、化解存量，有效化解隐性债务风险。②要谋民利、解民忧。要全力办好12件为民办实事项目，加大民生三个“十大工程”实施力度，重点推动县总医院迁建项目竣工投用、福师大仙游附属学校实现招生，全力补齐民生事业短板。要落实好就业优先、困难群众基本生活保障、农民工欠薪问题排解等工作，织牢民生兜底保障网。③要优治理、提效能。要深入实施“党建引领、夯基惠民”工程，优化县基层治理指挥调度平台运行管理，探索推进“镇村警民”四级联动的“共建共治”工作模式，推动实现“一村一警”全覆盖，同步建立村、镇、企业各级会商机制，确保小事不出村、大事不出镇、难事不出县、矛盾不上交，夯实社会治理根基。

三、加强领导、加大合力，夯牢全方位高质量发展坚强保障

做好经济工作，必须加强党对经济工作的全面领导，始终以“第一责任”领导和保障“第一要务”。

一要尽职尽责抓落实。各级领导干部要坚持以上率下，既当“指挥员”、又当“战斗员”，真正把功夫下到察实情、出实招、办实事上，坚决打通“中梗阻”，解决好落实“最后一公里”问题，扎实有力推动各项工作行稳致远。

二要同心同德抓落实。各级各部门要紧紧围绕县委县政府的中心工作，做到分工不分家、分责不分力，找准切入点和突破口，深入研究谋划、拿出硬招实招，创造性地抓好各项工作落实。全县广大党员要迅速行动起来，心往一处想、劲往一处使，形成众志成城推进发展的生动局面。

三要督考督促抓落实。要持续开展“能力作风建设”三年行动，节后就要举办城镇、平原、山区乡镇擂台赛，县直部门也要分系统分行业进行评比，实行“上评下、下评上”，干没干事、干了多少事、干成了多少事，让自己说，由组织评，给群众看，通过部门评乡镇、乡镇评部门、企业家评部门评乡镇，形成比学赶超、争先创优的浓厚氛围。要全面提高干部干事创业能力，分批次选派更多干部上挂、外挂、下挂锻炼学习。要全面推行“一线工作法”，强化考评结果运用，彻底解决“能上不能下，干好干坏一个样”的问题，真正形成责任分解、考核监督、倒查追责的完整链条，让愿担当、敢担当、善担当蔚然成风。

同志们，路虽远，行则将至；事虽难，做则必成。让我们更加紧密地团结在以习近平同志为核心的党中央周围，勠力同心、团结奋斗，踔厉奋发、勇毅前行，全方位推进高质量发展，为谱写全面建设社会主义现代化国家福建篇章作出仙游贡献。

政府工作报告

——2022年12月27日在仙游县第十八届人民代表大会第二次会议上

代县长 陈志挺

各位代表：

现在，我代表仙游县人民政府向大会报告工作，请予审议，并请县政协委员和其他列席人员提出意见。

2022年工作回顾

2022年，县政府坚持以习近平新时代中国特色社会主义思想为指导，全面贯彻落实党的十九大、十九届历次全会和党的二十大精神，深入贯彻落实习近平总书记对福建工作的重要讲话重要指示批示精神，在上级党委、政府和县委的正确领导下，以县委“1299”为工作总抓手，着力战疫情、稳经济、促就业、惠民生、防风险、保稳定，较好完成了县十八届人大一次会议确定的目标任务。初步预计，全年实现地区生产总值609亿元，增长7%；规模以上工业增加值255.2亿元，增长7.5%；全社会固定资产投资300亿元，增长11.2%；一般公共预算总收入47.26亿元，增长9.2%，其中地方一般公共预算收入29.7亿元，增长11.2%；实际利用外资2500万美元；外贸出口总额36亿元，增长45.2%；社会消费品零售总额380亿元，增长10.6%；农林牧渔业总产值47.2亿元，增长5%；居民人均可支配收入29900元，增长8.5%。

在战“疫”大考中，广大人民群众识大体、顾大局，给予了最大的理解支持，将涓滴之力汇聚成磅礴伟力，展示了团结一心、战无不胜的仙游力量，每个人都很了不起！在此，我代表县人民政府，向参与抗疫的医护人员、干部职工、村（居）干部、志愿者、社会各界群众，表示衷心的感谢、致以崇高的敬意！

一年来的主要工作和成效：

抓产业、调结构，动能转换不断提速。三次产业结构调整为4.1∶49.1∶46.8。落实高质量纳统工作要求，“三转一市”“四换四名”“四个一批”工程有效推进，新增“个转企”2696家、“下转上”92家。市场主体总量达19.73万户、新增4.5万户，总量、增量均居全市第一位。实施技改项目29个、完成投资20亿元。新认证“三品一标”农产品17个。处置批而未供土地1499亩，盘活闲置厂房10万平方米、低效用地100亩。出台69条稳住经济一揽子政策措施，兑现惠企资金1.9亿元，累计新增减税降费及退税缓税缓费7.4亿元。新增县级“白名单”企业375家，获得纾困贷4.7亿元、技改贷1.7亿元。工业经济提速升级。296家规模以上工业企业完成产值895.5亿元、增速位居全市第一位，产值超亿元企业172家。设立了9个产业专班，由四套班子领导分别挂帅，全力推进九大重点产业高质量发展。工艺美术产业创新搭建工美生活家产业生态链、红木共享交易中心、集中监管仓、中国香博园等4个平台并实现运行，有效破解库存、原材料、成品融资问题，共授信3.6亿元。第十届红博会、首届香文化产业峰会、首届古典家具创新设计大赛成功举办。鞋服纺织产业建成标准化厂房10万平方米，培育5家企业7个自主品牌。机械装备、电子信息新材料等产业发展瓶颈有效突破、提档升级，高性能软磁新材料技改项目、信唐微GPU芯片研发项目有序推进。紫京科技等一批锂电池新材料重大项目陆续落地开工。新增国家级专精特新“小巨人”企业1家、省级“科技小巨人”领军企业5家、省级“专精特新”中小企业3家、省级众创空间3家，组织申报国家级高新技术企业28家。海安集团创建国家级博士后科研工作站并完成上市申报。第三产业提档进位。国家级电子商务进农村示范县创建工作有序推进，连续7年位列全国“电商百强县”，淘宝镇数量居全市第一位。仙游抖音基地年度销售额超45亿元、稳居全国同类抖音基地第一位，并首批获得全省TikTok跨境电商运营服务商资质。京东（仙游）数字经济产业园典型经验获商务部推广。游洋镇龙山村、天马村、兴山村获评中国传统村落。西苑乡前溪村跻身“中国十大露营地”。现代农业提质增效。出台稳定粮食综合生产能力17条措施，完成补充耕地1043亩，治理撂荒地 1.6 万亩，粮食播种面积超 20.7 万亩。文旦柚入选全国名特优新农产品名录。台湾农民创业园连续 6 年在国家考评中居优秀等级。获评全国农产品数字化百强县，度尾镇湘溪村、龙华镇金溪村入选全国乡村特色产业超亿元村。

抓项目、促攻坚，发展后劲不断增强。项目建设全力推进，省市县重点项目均超额完成年度投资任务，累计开竣工项目 89 个，第三季度项目工作正向激励综合考评位居全省第八并获得项目前期工作奖励。招商引资成效明显，新增对接产业项目 111 个、总投资 1486 亿元，实现签约项目 38 个、总投资 489.8 亿元，前三季度项目签约数和投资额均居全市第一位。围绕锂电新能源新材料产业微集群，积极布局引进锂电池三元正极材料产业链，紫京科技、国城三元正极、木兰抽蓄等一批投资超 100 亿元的重点项目实现签约、开工。瑞博、巨石、禄驰、胜龙等 4 个项目盘活闲置厂房 3.8 万平方米，实现当年度对接洽谈、签约落地、建成投产、升规纳统。木兰抽蓄预可研报告、“三大专题”报告通过评审。鑫瑞新材料、南佯生物等项目实现试投产，智胜半导体项目加快建设，瑞声数码、省储备粮公司仙游粮库等项目实现开工。要素保障不断加强，完成征地 3394 亩、拆迁 18.46 万平方米。获批林地 308 亩、土地 3514.5 亩。亚洲开发银行贷款木兰溪流域生态环境综合治理及提升项目成功落地，成为全市第一个由县级主导实施的国家主权贷款项目。全年共争取专项债券资金 39.96 亿元，资金量超过前两年的总和；积极统筹 23.36 亿元用于农村污水管网建设、土地整治开发、县总医院迁建项目。

抓品质、拓功能，城乡面貌不断改观。实施城市品质提升项目 130 个、完成投资 60 亿元，综合排名位居全市第一位，获评省级城乡建设品质提升综合绩效优异县，仙糖绿色社区样板工程考评居全省第一位。18 个老旧小区完成改造，开工率和改造进度均居全市第一位，荣获省级单项工作绩效优异县。县国土空间总体规划编制形成初步成果，完成“三区三线”划定、中心城区总体概念性城市设计、59 个村庄规划编制。165 个城建项目有序推进。全面落实“保交楼”，推进 4 个楼盘复工建设。商品房销售面积达 75.74 万平方米。纵三线游洋沽山至梧椿段、慈岳中路动工建设，龙泉街、迎勋街改造工程及枫秀西路、法庭路、仙源路竣工通车，新改扩建市政道路 10.8 公里。新建木兰溪防洪景观工程 11 公里。城市“五化”扎实推进，设置便民服务摊点 125 个，整治店外经营、乱摆摊 3300 多处；在全市率先建成垃圾分类指挥平台，新建垃圾分类屋（亭）145 座；新改造公园绿地 10 公顷、福道 6 公里，完成主干道绿化景观花化彩化提升 3 公里；实施路灯节能智能改造 1130 盏。深入实施乡村振兴战略，入选全国乡村建设评价样本县。省委统战部挂钩联系的乡村振兴工作有序推进。成立由温铁军教授担任名誉院长的乡村振兴研究院，探索乡村振兴新路径。引进省内 9 所高校与 11 个乡镇结对，精准编制村庄规划及产业发展规划，打造乡村振兴校地共建合作新模式。2 个镇、30 个村入选第二批“省级乡村治理示范村镇”。创成 32 个“绿盈乡村”。游洋镇兴山村、社硎乡田利村入选“全国第三批红色美丽村庄”。

抓改革、破难题，创新活力不断迸发。积极探索创新，全力突破一批瓶颈约束，打造一批仙游模式。推行村（居）集体出资成立公司代建小规模工程建设新模式，4 个试点乡镇 78 个村实现村财增收 317 万元。率先出台“五回一新”政策，30 个村回乡资本注册企业 32 家、新增纳税 2100 万元。综合行政执法改革全面推进，在全市率先开展“一支队伍管执法”工作。“放管服”改革持续深化，“一趟不用跑”“最多跑一趟”事项占比分别达 75.68%、98.99%。启动县属国有企业重组整合改革，木兰投资集团获评AA级信用国有企业。仙游经济开发区管委会被国家发改委、生态环境部列入第一批全国清洁生产审核创新试点项目单位。探索开展公益林、天然林等质押贷款和林地经营权抵押贷款，获评省级林下经济重点县。在全省率先建立“森林 110”工作机制。“党建引领、夯基惠民”工程深入开展，建立“六级七长”单元网格管理体系，开发线上激励评价智能化管理平台，创新融入社会信用体系评价、村规民约及户长作用板块，基层服务群众能力和社会治理能力显著增强，让群众有更多的参与感、获得感。

抓源头、严治理，生态环境不断优化。木兰溪源头获评全省第一批“河湖文化遗产”。荣获“莆田市河长制教育基地”。在全市率先建成县级林长制指挥调度中心。空气质量达标率达到 99.7%。河长制深入推进，重点河流考核断面水质均 100% 达标。创新推广“县级主导、镇街主责、村居主体、群众参与、规范运维”的农村污水治理模式，完成 32 个试点村建设，新建主干管 82 公里、接户管 322 公里。建立跨境流域河湖管理保护协作机制。木兰溪流域 7 座水质自动监测站动工建设。完成10个木兰溪沿线“污水零直排区”示范村建设。经济开发区污水处理厂一期提标改造工程、第二污水处理厂二期项目竣工投用。完成188个农村“千人以下”饮用水源地划定工作。土壤污染防治水平有效提升。完成植树造林1.7万亩、森林抚育5.4万亩、封山育林3.1万亩，水土流失治理2.63万亩。互花米草基本得到除治。

抓民生、增福祉，群众生活不断改善。43件为民办实事项目完成投资24.37亿元。民生相关支出占一般公共预算支出的81%。脱贫攻坚成果持续巩固。新实施棚户区改造5431套，安置房竣工38.9万平方米，荣获省级单项工作评价绩效优异县。城镇登记失业率3%以内。“仙作劳务”品牌作为全省唯一代表在全国劳务品牌发展大会上展示推广。城乡居民养老保险、基本医疗保险参保率实现双提升。城乡低保标准实现一体化，低保边缘户在全市率先实现清零。共发放城乡低保、残疾人“两项补贴”等补助1.6亿元。建成长者之家24家，新增养老床位469张。新购纯电动公交车32部。“路长制”全面实施，完成农村公路养护提升100公里，改造危桥6座。城乡供水一体化深入实施，3家民营自来水公司完成评估整合，经济开发区水厂、城区第一水厂迁建项目实现通水运行。实施110千伏城关变等4个输变电项目，新改建10千伏电力线路179.8公里。灾后重建、地灾点整治工作有序推进，防灾减灾及应急救援体系不断完善。

抓统筹、兜底线，社会事业不断进步。教育强县建设不断推进，21个教育类项目完成投资8600万元，建成小学、幼儿园项目8个，新增学位1940个。仙游一中创成全省首批示范性普通高中。福建师范大学仙游附属学校签约落地。仙游电大工作站升格为仙游开放大学。基础教育质量进一步提升，295名学生考取“双一流”学校，中考总分平均分跃居全市各县区第二位。县教师进修学校创成省级示范性教师进修学校。卫健事业不断加强。县总医院入选国家第二批县级医院医疗服务能力名单，与省立医院结对共建。文体事业繁荣发展。建成15个莆阳文化驿站，新增省级非遗代表性项目名录5项。举办鲤声剧团建团70周年系列活动。获评省级全民运动健身模范县。中共仙游上宫支部列入“省委党校现场教学点”“省级爱国主义教育基地”。金融风险有效防控，不良贷款率降至1.07%。安全生产专项整治三年行动深入开展，安全生产形势总体平稳，获评全市安全生产和消防工作目标责任考核优秀等次。“平安仙游”建设扎实推进。扫黑除恶斗争常态化推进，巩固深化政法队伍教育整顿、禁毒工作成果，涉诈重点人员劝返工作取得明显成效，开展信访积案化解攻坚，化解“治重化积”信访件476件。党的二十大期间安保维稳工作圆满完成。食品药品监管扎实有效。“八五”普法全面推进。新时代文明实践中心、所、站实现全覆盖。国防动员、民兵预备役部队建设、退役军人服务保障、海防、人防等工作不断加强，荣获省级“双拥模范县”称号，征兵工作圆满完成。人事人才、编制、保密、档案、物价、气象、外事侨务、民族宗教、地方志、慈善、社会诚信、红十字会等工作取得新进步，港澳台事务、工青妇、老龄、关心下一代、残疾人等事业取得新发展。

抓作风、提效能，政府建设不断加强。深入学习宣传贯彻党的二十大精神，坚定拥护“两个确立”、坚决做到“两个维护”。意识形态工作责任制有效落实。坚决服从县委领导，自觉接受人大法律监督、工作监督和政协民主监督，办理人大代表建议163件、政协委员提案163件，答复率均为100%。“12345”平台受理群众诉求42079件，网评满意率99.31%。修订完善政府工作规则，公开政务信息5507件，政府运行更加规范高效。深入开展“三提三效”行动和“能力作风建设”三年行动，常态化推进“一周一碰头、半月一会商”重点工作协调机制，让“说了就算、定了就干、干就干好”成为仙游干部的鲜明特质。全面从严治党纵深推进，审计监督不断深化，驰而不息纠治“四风”，整肃“庸懒怠”，破除“中梗阻”，机关效能问责28人次，干部作风有较大改变，政治生态更加风清气正。

各位代表，即将过去的一年，我们遇到的困难比预料的要多，经受的压力比预想的要大，取得的成绩比预期的要好，这些成绩都源自于习近平新时代中国特色社会主义思想的科学指引，来自县委的坚强领导、人大政协的团结协作，得益于历届班子打下的坚实基础，倾注着全体人大代表、政协委员的鼎力支持，饱含着离退休老领导、老同志的关心厚爱，积淀着商贾贤达的信任投入，归功于全县人民的拼搏奉献。在此，我代表县人民政府，向全县人民，向全体人大代表、政协委员、各民主党派、工商联、无党派人士、各人民团体、离退休老同志和社会各界人士，向驻仙单位、驻仙游部队和公安民警，向所有关心支持仙游发展的港澳台同胞、广大侨胞和海内外朋友，表示衷心的感谢！

在看到成绩的同时，我们也清醒地看到当前发展中还存在不少困难和问题，主要是：外部“大环境”复杂严峻，县域发展“小气候”仍有波动，经济持续增长面临较大压力；产业集群不强，腰部企业不多，发展基础仍需夯实；土地资源约束趋紧，人才支撑不足，财政收支压力较大；城市管理精细化水平有待提升，老城更新力度还需加大；优质教育、医疗、养老等资源供给与群众的期望还有差距；社会治理现代化、智慧化水平不够高；少数干部攻坚克难、开拓创新的精气神还需提升，等等。对此，我们将采取有效措施，在今后的工作中加以解决。

2023 年工作任务

2023 年是全面贯彻落实党的二十大精神的开局之年，也是实施“十四五”规划承上启下的关键一年。政府工作的总体要求是：以习近平新时代中国特色社会主义思想为指导，全面学习贯彻党的二十大精神，深入贯彻习近平总书记系列重要讲话重要指示批示精神，坚持稳中求进工作总基调，立足新发展阶段、贯彻新发展理念、服务和融入新发展格局，更好统筹疫情防控和经济社会发展，更好统筹发展和安全，紧扣“四个更大”重要要求，围绕“加快融合发展，打造美丽仙游”目标，坚持以“1299”为工作总抓手，做好产业发展、城市建设、乡村振兴、基层治理、民生保障等工作，推动产业跨界融合、城乡互动融合、改革开放融合、人文生态融合、民生平安融合，全方位推进高质量发展，为奋力谱写全面建设社会主义现代化国家福建篇章作出仙游贡献。

全县经济社会发展的主要预期目标是：地区生产总值 665 亿元，增长 7%；规模以上工业增加值 293 亿元，增长 7.6%；全社会固定资产投资 324 亿元，增长 8%；一般公共预算总收入 50.76 亿元，增长 7.4%，其中地方一般公共预算收入 30.83 亿元，增长 3.8%；实际利用外资 2750 万美元，增长 10%；外贸出口总额 38.16 亿元，增长 6%；社会消费品零售总额 414.2 亿元，增长 9%；农林牧渔业总产值 50.7 亿元，增长 6.5%；居民人均可支配收入 32450 元，增长 8.5%；完成节能减排降碳任务。

实现上述目标，重点抓好以下七个方面的工作：

一、更强合力扩大有效投资

强化项目攻坚。把项目建设作为经济工作的主抓手，精准把握国家和省市投资政策导向，谋划储备一批支撑性、引领性、带动性强的优质项目，积极申报省市重点、中央预算内和政府专项债券项目，争取更多项目纳入上级重大项目库。强化项目全生命周期跟踪管理，推动形成更多实物工作量。全年策划生成省市县重点项目 340 个，总投资 1910.1 亿元，年计划投资 221.3 亿元。围绕“项目工作正向激励”考评保持全市前列、力争进入全省前十目标，重点突破用林、用地、资金等关键要素制约，全年开竣工项目 100 个。重点打造绿色低碳新能源产业园、仙北国际旅游度假区，推动国城三元正极、木兰抽蓄等一批重大项目开工，加快绿色纤维二期、瑞声数码等一批项目建设，促进紫京科技、和拓新材料、智胜半导体等一批项目竣工投产。

强化招商引资。强化链式招商思维，绘制产业链招商图谱，精准引进一批“头部”企业和创新型、强链型、补链型项目。依托“6·18”“9·8”等平台，发挥异地商会、招商顾问和产业龙头作用，瞄准京津冀、长三角、粤港澳、福厦泉等重点区域，紧盯央企、行业领军企业、“链主”型企业和实力仙商企业，加大招商推介力度，力争全年引进亿元以上项目 30 个、30亿元以上项目3个，计划总投资超600亿元。坚持“亩产论英雄”，编制全县低效产业用地再开发专项规划和年度实施计划，把好高税性、集约用地等前端关口，提升项目招商质效。优化招商服务，探索建立产业发展基金，完善九大产业专班、重大项目跟踪服务机制，实行“一企一策一专班”，精耕细作每一个项目，推动项目早落地、早投产、早见效。

强化设施建设。构建现代化基础设施体系，推进一批支撑性重大工程项目。推进福龙铁路仙游设站，加快甬莞高速榜头互通及连接线工程、仙菜线、仙德公路前期工作，动工建设木兰大道大济溪口至度尾石牌兜段、纵三线游洋梧椿至镇区段，建成纵三线沽山至梧椿段。加快推进城乡供水一体化，续建城区第二水厂二期、度尾水厂，动工建设民安水厂、菜溪水厂。全面推行农村公路“路长制”，提升“四好农村路”，新改建农村公路 10 公里、危桥改造 6 座、生命防护工程 10 公里。新扩建 220 千伏林宅变等 2 个工程，续建 220 千伏书峰输变电等 4 个工程，新建改造 10 千伏电力线路 185.7 公里。加快 5G、千兆光网、物联网等新型基础设施建设，融入“全市一张图、全域数字化”平台，建设“一张图”更多应用场景。

二、更高质量推进产业升级

增强工业经济支撑力。加快建设现代化产业体系，紧扣九大产业高质量发展，狠抓传统产业改造升级和战略性新兴产业培育壮大，以“三转一市”“四换四名”“四个一批”为抓手，加快产业扩链成群。持续推进“三转一市”工程。实施实体企业梯次培育计划，把市场主体培育作为产业发展的基础工作，新增“个转企”2500 家；培育“下转上”120 家，规上工业企业 30 家、限额以上商贸业企业 80 家、规上服务业企业 10 家；推进海安集团实现挂牌上市。持续实施“四换四名”工程。开展新一轮技术改造行动，力争全年完成工业投资 185 亿元、技改投资 150 亿元；鼓励企业开展工贸分离、“触网”拓销，争取全年线上交易额突破 140 亿元；处置批而未供土地 1000 亩，盘活闲置厂房 8 万平方米、低效用地 100 亩；新认证“三品一标”农产品 5 个。持续深化“四个一批”工程。全力拓展“一心两翼八园”产业发展空间，完善园区基础设施建设，提升承载能力，厚植发展势能。着力推进一批小微企业园建设，加快用地征迁、项目招商，细化建设、运营、管理模式，落实用地、用林和融资保障，促进小微企业集聚发展。着力打造一批专业化、特色化、智能化产业园区和龙头企业，实施制造业数字化转型专项行动，选派企业数字服务专员，推进三福产业园和海安橡胶、中裕新材料、嘉源鞋业、新万鑫等 10 家企业实现数字化转型，带动企业研发设计平台化建设、生产车间智能化改造、资源要素数字化管理，开发个性化定制、柔性制造以及共享制造等新模式，实现生产制造和产品营销逐步向智能智造迭代升级。着力培育一批特色产业集群，加快推进工艺美术、锂电新能源新材料、电子信息新材料三大产业微集群建设。工艺美术产业，围绕生产规范化、品质标准化、品牌价值化、产品层次化、销售多元化，招引红木原材料、古典工艺与文化创意、数字平台经济等跨界融合项目和天然香全产业链项目，集成推进“四平台一基地”建设，打造中国红木古典家具品牌中心和国家级中小企业特色产业集群；锂电新能源新材料产业，围绕国城三元正极、紫京科技、和拓新材料等一批龙头企业，精准引进锂电池隔膜、电解液、复合铜箔等产业链上游，延伸锂电池制造壳体等产业链中下游，沿链聚合、集群打造锂电新能源新材料产业园区；电子信息新材料产业，重点推进时速国际半导体、信唐微 GPU 芯片研发项目建设，链式布局半导体溅射靶材、电子特气、切片抛光等关键配套项目；鞋服纺织产业，重点推进鞋服标准化产业园招商入驻，加快建设“中国李宁”鞋类产品研发中心及生产基地、歌士玮新材料等项目，支持鼓励企业创建自主品牌、并购国内品牌或海外品牌；高端装备产业，重点推进海安高端装备产业园动工建设，推动新万鑫、鑫瑞新材料股份制改革；统筹抓好食品生命健康产业、数字经济、绿色经济、文旅经济。着力建设一批产业公共服务、创新平台，策划设立新能源动力电池材料公共检测服务平台及沉香、红木原材料检测平台。持续加大企业帮扶力度。建立健全企业服务全流程闭环机制，深化领导干部挂钩联系企业制度，完善“常态挂钩、跟踪指导、驻点服务”机制，及时推出更多“合身”“解渴”“原创”惠企政策，推进政策集成直达、免申即享、快速兑现，以高效优质服务致敬企业家、投资者、纳税人。

增强第三产业竞争力。推进现代服务业加快发展，加大创新型、龙头型企业的培育和招引。推动生产性服务业高端化、专业化。发展壮大现代物流产业，完善城乡冷链物流设施，做大鸿昌物流、胜北物流、京东辉特电商物流基地。深化“优势产业 + 平台”发展模式，做大物泊科技、智慧 U 站等平台，搭建油画版权交易平台。完善电商公共服务体系，加快发展跨境电商，做强抖音、快手等直播基地，打造县域电商公共品牌。力促国家级电子商务进农村综合示范县中期通过验收。推动生活性服务业实现高品质、多样化。深化“全闽乐购”促消费活动，加快建设物泊星级酒店，盘活美食城，繁荣首店经济、夜间经济、小店经济，积极培育医疗健康、养老托育、家政服务等消费热点。扶持建筑业发展壮大，坚持“房住不炒”，推动房地产业向新发展模式平稳过渡。

增强现代农业驱动力。扛牢粮食安全政治责任，全面落实“田长制”，推进抛荒地整治利用，坚决遏制耕地“非农化”“非粮化”，建设高标准农田 5000 亩，粮食播种面积稳定在 20.7 万亩以上，切实端牢仙游人民的“饭碗”。加快建设省储备粮公司仙游粮库建设项目，竣工县中心粮库二期。实施特色现代农业高质量发展行动，做优做精休闲农业、生态观光、民宿旅游、农村电商等新业态，补齐精深加工、冷链配送等短板，构建从“田头”到“餐桌”再到“休闲”的全产业链。新增一批市级以上农业龙头企业、农业专业合作社示范社、家庭农场示范场，打造一批智慧农场。创建全国“文旦柚科技小院”。加快建设奇楠沉香育苗研发基地、仙茶产业园、枇杷现代产业园、青黛标准产业园、增光公司蛋鸡养殖项目。落实重大动物疫病防控措施。

三、更大力度提升城市能级

提升城市品质。推进以县城为重要载体的城镇化建设，大力实施“东拓南进北联西优中修”城市发展战略，拓展城市空间，完善配套功能，提升内涵品质。强化山水格局、风貌分区、景观廊道、建筑立面等整体管控，完成县国土空间总体规划、城市更新专项规划、乡镇级国土空间总体规划编制，铺展“山水相融、城景相依”的美好画卷。推动老城蝶变、新城崛起，以“五化”为抓手，创建县城更新省级样板工程，实施城建项目150个，年度计划投资110亿元。推动中心城区六大片区综合开发。建成北三环东段、贵峰路、锦程街、温南路等一批市政道路，打通党校北街、玉田大道、公园街等一批“断头路”，新改扩建城市道路10公里，畅通城市微循环。推进一批商住小区建设，全年竣工商品房90万平方米以上。推动城市管理领域标准规范全覆盖。新建改造提升兰溪公园、5个口袋公园，新增公园绿地10公顷。实施主干道景观花化彩化3.5公里。开展生活垃圾分类攻坚行动，新建垃圾分类屋15座，新改建公厕34座。实施3万盏路灯节能改造及配套设施项目。疏堵结合解决停车难问题，新增停车泊位500个。规范小区物业管理，抓好市容环卫、交通秩序、农贸市场、文明夜市常态化整治，打造“数字城管+”城市综合管理模式，以家的情怀建设城市、经营城市、治理城市，传递城市温度。

建设特色城镇。推进以人为核心的新型城镇化，坚持城乡融合发展，加快公共服务、环境卫生、市政公用等设施提级扩能，积极打造功能互补、协同发展、各美其美的特色小城镇，带动农村人口就近就地城镇化。枫亭镇围绕打造现代化滨海新城，推进高铁、湄工校等片区土地开发建设，动工建设公园东路等一批基础设施。支持榜头镇、大济镇、龙华镇、赖店镇在基础配套、产业布局方面与中心城区互联互通，融城发展、为城服务，打造现代化经济强镇。盖尾镇、郊尾镇、园庄镇依托鞋服纺织、电子信息、新型功能材料、食品加工等专业园区以及民营经济资源，打造新型工贸强镇。度尾镇发挥生态资源、特色农业优势和“艺雕之乡”集聚效应，加快完善功能、做强产业、集聚人气，打造区域中心镇、产城融合示范镇。北部山区乡镇要立足资源禀赋，做深“生态+”“文旅+”“农业+”文章，打造生态旅游综合示范区。

推进乡村振兴。坚持农业农村优先发展，围绕乡村类别、功能定位、发展方向，盘活资源资产，发展农村集体经济，全面推进乡村振兴。突出“一镇一业”，依托大济度尾木质工艺品小微园、榜头沉香小微企业园、鲤城东软科创园（仙游一中校友创新园）、龙华绿色食品小微企业园、赖店农特产业园、郊尾智慧能源（非油品）微集群小微企业园、盖尾新材料产业园、鲤南数字产业园，激活特色产业，打造一批乡村振兴产业样板乡镇。发挥乡村振兴研究院智囊作用和台湾农民创业园辐射带动作用，加快编制北部山区振兴发展战略规划，围绕建设“木兰溪源头”“北部休闲农业”“党建+”“美丽乡村+”“旅游+”“文化+”等6个乡村振兴示范带，钟山镇聚力深化中心集镇规划，打造综合服务区域中心；游洋镇聚力打响“兴化古邑、红色上宫、吴妈福地、清新游洋”地域特色品牌；石苍乡聚力打造温泉度假胜地、人文历史名乡；菜溪乡聚力树立“仙北第一门户”；书峰乡聚力提升枇杷、青黛特色产业，孵化福果、福礼、福技、福忆、福地为主题的“五福”乡村振兴品牌；社硎乡聚力创建集红色教育、研学拓展、生态休闲为一体的山居慢生活体验基地；西苑乡聚力推进前溪、柳园等古村落旅游开发，建设山地康养度假小镇，培育一批乡村样板。巩固拓展脱贫攻坚成果，坚决防止出现规模性返贫。发挥9所高校挂钩联系乡镇智库平台作用，指导村庄规划、产业规划、生态保护等工作，提升农村功能品质。深入实施农村人居环境整治和乡村建设行动，强化农村住宅规划建设管理，“零容忍”整治“两违”，严厉打击违法占用耕地行为，建设宜居宜业和美乡村，打造“一户一处景、一村一幅画、一线一风景”的“乡愁”守望地。常态化推进移风易俗，倡导乡村文明新风。

四、更可持续推动绿色发展

系统推进环境治理。深入贯彻落实习近平生态文明思想和治理木兰溪重要理念，全面落实建设绿色高质量发展先行市要求，系统推进木兰溪综合治理。深入打好污染防治攻坚战，抓好中央、省生态环保督察反馈问题整改。深化大气污染防治，确保全年空气质量优良天数比例不低于99%。实施木兰溪流域水生态环境综合整治，完成粗溪象山段等4个中小河流综合治理和松坂溪安全生态水系项目，治理河长25公里。续建木兰溪防洪景观工程仙度段。推进海绵城市建设，改造城区雨污分流管道30公里。加快农村污水管网建设，新建管网1277公里，加大污水处理站投用运维力度，提升农村生活污水治理率。加强农业面源污染整治，严厉打击“反弹复建”畜禽养殖场。启动寨岭生活垃圾填埋场综合治理项目。常态化开展海漂垃圾治理。落实好领导干部自然资源资产离任审计，完善生态保护补偿、生态损害赔偿、公益诉讼等制度，让仙游的天更蓝、水更清、山更绿、空气更清新！

提升低碳发展水平。实施全面节约战略，统筹做好“双控”“双碳”工作，严守“三线一单”，加快重点行业和重要领域绿色化改造，加快发展方式绿色转型。科学开展大规模国土绿化行动，落实林长制，实施植树造林1万亩、森林抚育3万亩、封山育林3万亩、重点生态区位商品林赎买1300亩，治理水土流失1.52万亩，提升生态系统碳汇能力。探索建立生态产品价值实现机制，推动生态产品价值有效转化。建设低碳城市，深入实施国家整县屋顶分布式光伏开发试点县项目，新建一批公共充电设施，推广新能源汽车，倡导简约适度、绿色低碳生活方式，让绿色成为仙游高质量发展的最靓丽底色。

大力发展全域旅游。以“四提升、四打造”为抓手，营造仙境、仙水、仙谷、仙山“四仙”圣境，编制北部山区国际度假区总体规划，一体打造清新福建旅游新名片、国际山地旅游度假目的地、周边城市群的“云上花园”。九鲤湖景区围绕创建国家AAAAA级旅游景区，加快实施智慧景区、步游道、索道、迎宾路等项目，推进中国道医基地、太极健身文化基地建设。菜溪岩景区重点推进郑侨状元文化园、景区入口工程等建设。仙水洋景区围绕创建国家AAAA级旅游景区，重点推进补水工程、水上娱乐项目建设，开发建设刺刀峡谷景区、仙北大峡谷品牌中心，打造上市公司总部服务区。同步推进游洋天马、社硎塘西古村落等景区开发建设。启动“仙游开春：开山、开营、开村”，策划“一间房、一亩地、一片树”休闲体验游活动和全域旅游节庆活动，推出一批旅游热点爆点，系统开发、运营春夏秋冬皆有奇景的九仙文旅产品，加快推出镇域两日游、县域三日、四日、七日游精品旅游线路，发展微旅游、周末游、周边游，推动一产“接二连三”、旅游业“接二连三带一”，打响“有一种旅游叫仙游”品牌。完善旅游公共服务体系和设施配套，推动城区至凤山旅游公路开工建设，实现“引流入城”，提升“吃住行游购娱”全链条服务。引进优质旅行社、专业导游人才，加强旅游市场监管，提升服务质量。

五、更深层次扩大改革开放

深化重点领域改革。深化事业单位改革，加快政事分开、事企分开、管办分离。完成基层综合行政执法体制改革，推进行政执法权限和力量向基层延伸和下沉。加快管委会整合，筹建仙北旅游开发区管委会。深化零基预算，推动财政预算和绩效管理一体化，兜牢“三保”底线。深入推进财源建设，盘活闲置国有资产，提升国有资产管理水平。深化供销社综合改革，全面完成县属国有企业重组，组建城投、产投、旅投三大集团，推动国有企业现代公司治理。创新投融资体制，探索运用产业基金、资产证券化等融资方式。深化农业农村综合改革、集体林权制度改革。统筹推进教育、文化、医疗卫生、社会治理等重点领域和关键环节改革，让高质量发展的动力更强、活力更足。

持续扩大对外开放。加快融入国内国际双循环发展新格局，深化与共建“一带一路”国家、RCEP国家经贸合作，支持企业发展海外仓，推进数字产业园开工建设，引导仙货品牌开拓国际市场，新增外贸自营出口权企业15家以上，力争引育10家跨境电商企业。主动融入全国统一大市场、福州都市圈、闽东北协同发展区，积极对接厦漳泉都市圈，发挥比较优势，实现产业协同、要素融合、资源共享。深化与福州鼓楼区结对帮扶。发挥国家级台湾农民创业园“窗口效应”，积极探索仙台融合发展新路，落实增进台胞福祉政策措施，推动更多台湾人才、创业项目落户仙游。深化仙港澳合作，推动侨商回归、侨智回乡、侨资回流。

增强科技创新能力。全面落实创新驱动发展战略，建设创新型县城。强化企业创新主体地位，鼓励、引导重点企业与高等院校、科研院所联合建设工程中心、重点实验室、科研工作站。实施新一轮高新技术企业倍增计划，新增国家级高新技术企业20家、省级“科技小巨人”领军企业3家、省级众创空间1家，推进紫京科技建立省级创新实验室，力争全县研发经费支出增长20%以上。完善“蜚山兰水”计划，用好“五回一新”政策，推动创新链产业链资金链人才链深度融合，引进培养一批高层次、高技能人才。深入推进新时代科技特派员制度和新时期产业工人队伍建设改革工作。加强知识产权全链条保护，让创新创造活力在仙游大地竞相迸发。

六、更有担当增进民生福祉

让为民实事更暖心。坚持尽力而为、量力而行，计划投资23.12亿元实施12项42件为民办实事项目。

建设全民健身基础设施、全民健身中心，新建城乡福道 4 公里。实施 17 个老旧小区改造。推进榜头市场改造升级。深入实施鲤城、鲤南安居项目，新建、续建安置房 97 栋 138.4 万平方米。扩大保障性住房供给，动工建设棚户区改造 3021 套。治理“餐桌污染”，推进食品安全“一品一码”全过程追溯体系建设。推进综合执法和服务治理网格化，深化“雪亮工程”建设。实施防汛气象站网优化提升项目，新改建防汛自动气象站 43 套，把每一件实事办实、每一件好事办好。

让社会保障更贴心。扎实推进共同富裕，落实落细就业优先政策，深入实施“四大群体”增收计划，鼓励勤劳致富，帮助更多低收入群众迈进中等收入门槛，优化分配结构，新增城镇就业 2400 人以上。深化劳动纠纷多元化解机制，构建和谐稳定的劳动关系。实施全民参保计划，完善养老、工伤、失业等社会保险制度，推进社会救助提标扩面。探索医养结合服务新模式，优化社区养老服务，新建一批农村幸福院、养老服务照料中心，满足多元化养老需求。推进城市公益性公墓区、农村骨灰楼堂建设。实施妇女儿童发展纲要，完善三孩生育配套支持措施，增加普惠性托育服务供给，积极应对人口老龄化少子化。统筹推进社会福利、慈善事业、优抚安置等工作。

让健康仙游更放心。推进重大传染病综合防控，因时因势优化疫情防控措施，强化医疗救治能力，筑牢免疫屏障，最大程度保护人民生命安全和身体健康。深化县域紧密型医共体建设，竣工县总医院迁建项目，动工 2 个卫生院迁建项目。大力发展中医药事业，建设度尾分院精品中医馆，提升鲤城、鲤南分院中医馆建设项目，实现基层卫生院中医馆建设项目全覆盖。提升公共卫生服务水平，加强医疗人才队伍和医德医风建设，强化与省级医院合作共建，促进优质医疗资源下沉，推动县总医院成为临床教学基地、附属医院。深入开展爱国卫生运动。

七、更加全面发展社会事业

推进教育强县。坚持教育优先发展，实施教育高质量发展行动，优化教育资源配置，新改扩建幼儿园、小学、中职项目 9 个，建设校舍面积 34.8 万平方米，新增学位 8710 个。创建省级“义务教育管理标准化学校”16 所。推进华侨中学争创省级普通高中课程改革基地，仙游二中晋升省一级达标校。福建师范大学仙游附属学校实现招生。落实“双减”政策，提高教育教学和校内课后服务质量。规范民办教育发展，巩固提升教师进修学校省级示范性创建成果。加强职业教育职普融通、产教融合、科教融汇，推进仙游职业教育整合扩容提升工程建设。加强师德师风建设，培育高素质教师队伍。积极推进“县管校聘”。成立县级奖教基金，推动奖教奖学基金会县乡村三级全覆盖。统筹发展老年教育、特殊教育和继续教育，推动教育事业再创新辉煌。

繁荣文体事业。深入实施文化惠民工程，丰富群众性文化活动。启动县档案馆二次装修，推动县博物馆、图书馆、文化馆投用。实施优秀传统文化传承提升工程和莆仙戏高质量发展行动，强化莆仙戏后备人才培养，提升以李耕为代表的仙游画派影响力。成立专业性文化遗产保护机构，做好仙游文庙等文物保护与活化利用。健全现代文化产业体系和市场体系，积极培育文化龙头企业，提高文化创意产业增加值占 GDP 比重。规范文化市场经营秩序。办好第十一届红博会。全力创建国家级全民运动健身模范县，筹办第十六届县运会。建成双桂山、塔斗山智慧体育公园。弘扬社会主义核心价值观，深化新时代文明实践中心、所、站建设，广泛开展群众性精神文明创建活动。争创新一轮省级文明县城。

维护社会和谐。坚持安全第一、预防为主，有效防范和化解各领域风险。完善应急管理体系，提高防灾减灾救灾能力。严格落实安全生产责任制，加强安全生产专项整治，坚决防范遏制重特大事故。深入实施“党建引领、夯基惠民”工程，深化基层治理指挥调度平台运行管理，推进镇村警民四级联动“共建共治”工作模式。新改扩建鲤城、赖店、盖尾派出所，投用县车驾管理中心。争创全国第二批“智慧矫正中心”。健全领导干部接访下访制度，强化矛盾纠纷和信访积案化解。推动扫黑除恶斗争、禁毒工作长效常治，加大反诈防骗力度。启动第五次全国经济普查。支持驻仙游部队建设，加强国防动员、民兵预备役、人防、海防、拥军优属、退役军人服务保障等工作。做好人事、编制、保密、档案、物价、民族宗教、地方志、慈善、社会诚信、红十字会等工作，推进气象、外事侨务、港澳台事务、工青妇、老干部、老促会、关心下一代、残疾人等工作。

全面加强政府自身建设

各位代表！开局之年看大势，关键之年显担当。

我们要深刻领悟“两个确立”的决定性意义，增强“四个意识”、坚定“四个自信”、做到“两个维护”，始终把党的二十大精神不折不扣贯彻到政府各项工作中，以“时时放心不下”的责任感，“事事落实到位”的执行力，“致广大而尽精微”的精气神敢为善为，撸起袖子加油干、风雨无阻向前行，打造人民满意政府。

坚决把对党忠诚融入血脉。全面学习宣传贯彻党的二十大精神，坚持以习近平新时代中国特色社会主义思想武装头脑、指导实践、推动工作，不断提高政治判断力、政治领悟力、政治执行力，做绝对忠诚的表率、干事创业的先锋。坚持把党的全面领导落实到政府工作各领域、各环节，做到县委有部署有要求，政府就有行动有成效，用经得起历史和人民检验的实绩，诠释对党的忠诚、对人民的忠诚、对事业的忠诚。推动理想信念教育常态化制度化，严格落实意识形态工作责任制，牢牢把握正确政治方向。

坚决把依法行政推向深入。深入践行习近平法治思想，自觉运用法治思维推动工作，争创全国“八五”普法工作先进单位。深化政务公开，让权力在阳光下运行。加强基层执法队伍建设，深化乡镇“一支队伍管执法”工作，完善跨部门跨领域综合执法。积极发展全过程人民民主，依法接受县人大及其常委会监督，主动接受县政协民主监督，自觉接受社会各界和舆论监督，广泛听取工商联、无党派人士和人民团体意见，把各方“建言”变为施政“良方”。高质高效办好人大代表建议和政协委员提案。坚持“新官理旧账”，打造诚信政府、法治政府。

坚决把担当实干贯穿始终。坚持“干”字当头，大力弘扬“马上就办、真抓实干”优良作风，知责于心、担责于身、履责于行，发扬斗争精神，增强斗争本领，在新征程上敢为、敢闯、敢干、敢首创，激发全社会干事创业活力。坚持“实”字托底，把脚踩在泥土里、踩到硬地上，开展清单式交办、专班式推进、节点式督查，以“干在实处”推动“走在前列”。坚持“效”字为要，深化“放管服”改革，推出更多“一件事”集成套餐，实现群众办事网上申报率 60% 以上、全程网办率 75% 以上、当日即办率 70% 以上。优化营商环境，树牢“用户思维、客户体验”，做到政府服务既“无处不在”又“无事不扰”。落实“两个毫不动摇”，实施民营经济壮大工程，坚持项目不论大小、投资不论内外、企业不论新老，做到一视同仁、公平对待。

坚决把纪律规矩挺在前面。深入落实全面从严治党要求，严格落实中央八项规定及其实施细则精神，持续加强政府系统党风廉政建设，力戒形式主义、官僚主义。牢记穿皮鞋的时代也要有“草鞋记忆”，发扬艰苦奋斗、勤俭节约的优良传统。严控“三公”经费和一般性支出，提高财政资金使用效率。一体推进不敢腐、不能腐、不想腐，强化征地拆迁、工程建设、政府采购、民生资金、政府性奖励资金等重点领域监管，充分发挥巡察利剑作用，推进审计监督全覆盖，保持亲清政商关系，营造干部清正、政府清廉、政治清明的政治生态。

各位代表，放眼这片 1835 平方公里广袤厚重、生机勃发的仙游大地，我们豪情满怀、壮志在胸；背靠 118 万勤劳勇敢、质朴聪慧的仙游人民，我们底气十足、斗志昂扬！让我们更加紧密地团结在以习近平同志为核心的党中央周围，在县委的坚强领导下，坚定信心、团结奋斗，埋头苦干、奋勇前进，全方位推进高质量发展，奋力开创“加快融合发展，打造美丽仙游”新局面，为奋力谱写全面建设社会主义现代化国家福建篇章作出仙游贡献！

部分名词注释

1.“1299”：“1”指党建引领；“2”指能力建设和作风建设；第一个“9”指九大产业，即工艺美术产业（含产业集群培育、工业旅游）、食品、生命健康产业、鞋服纺织产业、新型功能材料、电子信息产业（含园区高质量发展）、高端装备产业、数字经济产业（含平台经济）、绿色经济产业（含新能源）、文旅经济产业、现代服务业；第二个“9”指九项需要突破的工作，即乡村振兴（含台湾农民创业园）、生态环保（木兰溪流域绿色发展、源头保护和治理，城市、农村污水治理）、产业升级［“四个一批”“四换四名”“三转一市”（小微企业园、跨境电商）］、社会治理（安全生产、疫情防控、信访等）、要素保障（人才、融资、土地整理）、城市建设（片区改造，安置房建设、回迁，土地出让）、城市品质提升、项目攻坚（省、市、县重点项目）、民生保障（教育、医疗、养老、为民办实事项目）。

2.“三个坚定不移”：指坚定不移坚持人民至上、生命至上；坚定不移落实“外防输入、内防反弹”总策略；坚定不移贯彻“动态清零”总方针。

3.“四方”：指全面落实属地、部门、单位、个人四方责任。

4.“三转一市”：指个体工商户转企业、规模以下工业企业转规模以上工业企业、有限责任公司转股份有限公司、推动企业上市。

5.“四换四名”：“四换”即机器换工、电商换市、腾笼换鸟、空间换地；“四名”即名品、名牌、名企、名产地。

6.“四个一批”：指建设一批小微企业园，打造一批专业化、特色化、智能化产业园区，培育一批特色产业集群，建设一批产业公共服务、创新平台。

7.“个转企”：指个体工商户向现代企业转型升级。

8.“下转上”：指规模以下、限下企业转为规模以上、限上企业。

9.“三品一标”：指无公害农产品、绿色食品、有机农产品和农产品地理标志。

10.“白名单”：一般指一些市场信用好、生产经营规范的企业。莆田市“白名单”企业指的是由莆田市直相关行业主管部门公布的各类“白名单”企业，可向莆田市中小企业融资再担保有限公司、仙游县中小企业融资担保有限公司申请融资担保；仙游县“白名单”企业指的是由仙游县政府公布的“白名单”企业，可向仙游县中小企业融资担保有限公司申请融资担保。列入“白名单”的企业，将叠加享受省、市及县（区）惠企政策。

11.“三大专题”：指抽水蓄能电站可行性研究阶段枢纽布置格局、正常蓄水位选择、施工总布置规划。

12.“三区三线”：指城镇空间、农业空间、生态空间3种类型空间所对应的区域，以及分别对应划定的城镇开发边界、永久基本农田保护红线、生态保护红线3条控制线。

13.“五化”：指城市序化、洁化、美化、绿化、亮化工作。

14.“五回一新”：指人才回归、资金回流、项目回迁、信息回乡、技术回村、服务新市民。

15.“放管服”：就是简政放权、放管结合、优化服务的简称。

16.“一趟不用跑”“最多跑一趟”：指群众可以通过信息化手段办理业务，不用到现场去办理；有的需要当场确认的，最多跑一趟办理。

17.“六级七长”：“六级”指“县—乡镇（街道）—村（社区）—网格—单元—户”六级管理模式。“七长”指县指挥长、乡镇（街道）指挥长、驻村（社区）指挥长、村（社区）指挥长、网格长、单元长、户长。

18.“互花米草”：是全球最危险的100种外来物入侵的物种之一，对滨海湿地的生物安全和生态系统的稳定危害极大。

19.“两项补贴”：指困难残疾人生活补贴和重度残疾人护理补贴。

20.“路长制”：是为了落实县级人民政府对农村公路管理的主体责任而建立的“总路长+三级路长”责任体系。

21.“‘八五’普法”：指中央宣传部、司法部关于开展法治宣传教育的第八个五年规划（2021—2025年）。

22.“两个确立”：指党确立习近平同志党中央的核心、全党的核心地位，确立习近平新时代中国特色社会主义思想的指导地位。

23.“两个维护”：即坚决维护习近平总书记党中央的核心、全党的核心地位，坚决维护党中央权威和集中统一领导。

24.“三提三效”：2022年2月，省委部署开展“提高效率、提升效能、提增效益”行动。

25.“四风”：即形式主义、官僚主义、享乐主义和奢靡之风。

26.“十四五”：指中华人民共和国国民经济和社会发展第十四个五年规划和2035年远景目标纲要。

27.“四个更大”：2021年3月，习近平总书记来闽考察时对福建提出“四个更大”新要求，即在加快建设现代化经济体系上取得更大进步，在服务和融入新发展格局上展现更大作为，在探索海峡两岸融合发展新路上迈出更大步伐，在创造高品质生活上实现更大突破。

28.“‘链主’型企业”：指处于产业链关键环节，具有较强的核心竞争力、较高的行业市场占有率、较好可持续发展力，能主导行业生态和资源整合的龙头企业。

29.“一心两翼八园”：①“一心”即以鲤城街道、鲤南镇和榜头镇部分区域为主的现代服务业发展中心；②“两翼”即以枫亭镇、经济开发区以及郊尾镇部分区域为主，重点发展新型功能材料、高端装备的东南工业发展翼；以西北8个山区乡镇、台湾农民创业园为主，重点发展文旅康养、绿色经济、高效农业的西北文旅经济发展翼；③“八园”指大济度尾木质工艺品小微园、榜头沉香小微企业园、鲤城东软科创园（仙游一中校友创新园）、龙华绿色食品小微企业园、赖店农特产业园、郊尾智慧能源（非油品）微集群小微企业园、盖尾新材料产业园、鲤南数字产业园。

30.“四平台一基地”：指原材料批发市场、原材料质押仓储平台、红木家具共享交易平台、产业生态链平台、跨境电商基地。

31.“田长制”：指为落实所有耕地保护而建立的以村（社区）为单位的网格化管理机制。

32.“东拓南进北联西优中修”：以南一环、北蜚山、西一环、东榜头（莆永高速榜头城区段）为中心框架，明晰城市空间布局和发展理念。

33.“六大片区”：鲤城东片区、美食城片区、鲤城西片区、金凤片区、玉田片区、体育中心片区。

34.“双控”：指能源消费强度和能源消费总量的控制。

35.“双碳”：碳达峰与碳中和的简称。

36.“三线一单”：指生态保护红线、环境质量底线、资源利用上线和生态环境准入清单。

37.“四提升、四打造”：一是以中国祈梦文化发源地、宋代王希孟孤作《千里江山图》四叠瀑布取景地——九鲤湖为代表，提升打造全国最具影响的传统祈梦文化“仙境”。二是以“世界稀有浅水河床”著称的仙水洋为代表，提升打造全国最具特色的“仙水”体验基地。三是以素有“南方小张家界”美称、全长16公里的刺刀峡谷为代表，提升打造全国最具活力的“仙谷”户外攀岩、探险基地。四是以“闽中第一高峰”石谷解、十八股头、菜溪岩为代表，提升打造全国最具浪漫的“仙山”婚庆打卡地。

38.“三保”：即保工资、保运转、保基本民生。

39.“一带一路”：指“丝绸之路经济带”和“21世纪海上丝绸之路”。

40.“RCEP”：《区域全面经济伙伴关系协定》，是2012年由东盟发起，历时八年，由包括中国、日本、韩国、澳大利亚、新西兰和东盟十国共15方成员制定的协定，于2020年11月15日正式签署。

41.“双减”：指要有效减轻义务教育阶段学生过重作业负担和校外培训负担。

42.“县管校聘”：指全体公办义务教育学校教师和校长全部都实行县级政府统一管理，特别是统一定期强制流动到县域内的义务教育学校，从而将教师和校长从过去的某学校的“学校人”改变为县义务教育系统的“系统人”。

43.“四个意识”：即政治意识、大局意识、核心意识、看齐意识。

44.“四个自信”：即中国特色社会主义道路自信、理论自信、制度自信、文化自信。

45.“两个毫不动摇”：即毫不动摇巩固和发展公有制经济，毫不动摇鼓励、支持、引导非公有制经济发展。

践行新理念 谱写新篇章

——新时代仙游这十年

党的十八大以来，仙游县委、县政府坚持以习近平新时代中国特色社会主义思想为指导，适应和引领经济发展新常态，贯彻落实党中央、国务院决策部署和省委、省政府，市委、市政府工作要求，以加快转变经济发展方式为主线，坚持稳中求进工作总基调，攻坚克难、精准发力，创造性地开展工作，稳增长、调结构、促改革、惠民生、防风险、保稳定，强产业助转型，扩投资增后劲，促消费激活力。育新兴添动力，防风险守底线，稳预期提信心，全县经济社会发展实现新突破。

一、综合经济实力增强

经济高质量发展。党的十八大以来，仙游县经济从高速增长迈向高质量发展，面对新形势、新情况，县委、县政府先后出台一系列稳增长政策措施，全县经济保持稳定发展，经济总量稳步扩大，综合实力显著提升。2022 年，全县生产总值 626.99 亿元，比 2013 年的 287.73 亿元增长 93.5%，年均增长 7.6%。第一产业增加值由 2013 年的 16.85 亿元增加到 2022 年的 24.90 亿元，年均增长 4.1%；第二产业增加值由 157.74 亿元增加到 318.25 亿元，年均增长 6.9%；第三产业增加值由 113.14 亿元增加到 283.84 亿元，年均增长 9.1%。2022 年，人均生产总值 69242 元，比 2013 年的 33476 元增长 93.8%，年均增长 7.4%。

经济结构优化。党的十八大以来，县委、县政府把调结构、转方式放在更加突出的位置，经济结构不断优化调整。城镇化水平稳步提升，经济发展内生动力明显增强。全县三次产业比重由 2013 年的 6.50 ∶ 52.40 ∶ 41.10 调整为 4 ∶ 50.70 ∶ 45.30，与 2013 年相比，第一产业下降 2.50 个百分点，第二产业下降 1.70 个百分点；第三产业提升 4.20 个百分点。经济结构由国有集体经济向多元化转变，民营经济高质量发展，民营企业增加值占地区生产总值比重 72.5%，民营经济为仙游县贡献 70% 以上的税收、70% 以上的 GDP、70% 以上的技术创新成果、80% 以上的城镇劳动就业、90% 以上的企业数量。城镇化水平稳步提升。2022 年，全县常住人口 90.30 万人，其中城镇人口 48.58 万人，常住人口城镇化率 53.8%，比 2013 年提高 15.30 个百分点。

经济发展质量提高。党的十八大以来，县委、县政府在提高经济发展效益的同时，紧抓发展质量，财政实力增强，内生动力增强。2022 年，全县财政总收入由 2013 年的 21.52 亿元增加到 2022 年的 47.23 亿元，年均增长 9.1%；地方财政收入由 13.83 亿元增加到 31.61 亿元，年均增长 9.6%。随着经济发展和地方财力的增加，全县公共财政支出能力增强。十年来，全县财政支出在促进经济发展、改善民生条件、构建和谐仙游等方面做出贡献。2022 年，财政支出 65.84 亿元，比 2013 年增长 95.46%，年均增长 9.5%，其中民生支出56亿元，比2013年增长107.97%，年均增长10.8%。

二、三次产业竞相发展

现代农业提质增效。2022年，全县农林牧渔业总产值46.76亿元，比2013年的31.14亿元增长30.5%，年均增长3%。压实粮食生产工作责任，守好“米袋子”，完成高标准农田建设7033.33公顷，粮食种植面积1.37万公顷，产量8.49万吨，粮食生产实现双增长；蔬菜、水果、畜禽产品、水产品等稳产保供、量足质优。全县培育24个“一村一品”特色产业示范村镇和专业村，包括1个国家级示范镇（钟山镇）、4个国家级示范村（度尾镇湘溪村、书峰乡书峰村和兰石村、龙华镇金溪村）。提升了“国家农产品质量安全县”建设水平，加强了品牌农业建设。有市级及以上农业农村部门认定的农业产业化龙头企业39家（其中市级29家，省级10家）。出台稳定粮食综合生产能力17条措施，完成补充耕地23.31公顷，治理撂荒地1066.67公顷。文旦柚入选全国“名特优新”农产品名录。台湾农民创业园连续六年在国家考评中居优秀等级。获评全国农产品数字化百强县，度尾镇湘溪村、龙华镇金溪村入选全国乡村特色产业超亿元村。

工业转型升级向高端化演进。党的十八大以来，仙游工业主动适应经济发展新常态，落实稳增长、促改革、调结构等各项政策措施，顶住经济下行压力，为全县经济保持稳步发展发挥支撑作用。2022年，全县工业增加值271.16亿元，占全县地区生产总值的43.2%，规模以上工业增加值比2013年增长185.4%，年均增长7.1%。规模以上工业企业由2013年的231家增加到2022年的297家，其中产值超亿元企业有156家、超10亿元企业有15家。

服务业领域扩张。党的十八大以来，仙游县服务业全面快速发展，规模持续扩大，在传统行业稳步增长的同时，金融、房地产等新兴服务业发展壮大，服务业在国民经济中的地位和作用日益显著。2022年，全县第二产业增加值对经济增长贡献率56.1%，超过第三产业贡献率16.70个百分点，第二产业依然是对经济增长贡献最大的产业。第三产业占比比2013年提高6个百分点。信息服务、科技服务、电子商务等新兴业态蓬勃发展，限上网上零售额占限上零售额比重由2015年的3.1%提高至2022年的58.7%。生态旅游县加快建设，建成AAAA级旅游景区2个，2022年接待游客349.80万人次，比2013年增长74.8%，年均增长8.3%，旅游产业总收入28.56亿元，比2013年增长58.67%，年均增长6.52%。交通运输建设成效突出。公路通车里程3249千米，货运运输周转量10.17亿吨千米，旅客运输周转量853.99万人千米，汽车保有量10.04万辆。金融业快速增长。2022年末，金融机构本外币各项存款余额576.18亿元，比2013年末增长142.4%，年均增长10.3%；金融机构本外币各项贷款余额382.91亿元，比2013年末增长131.6%，年均增长9.8%。随着现代通信技术的普及，2022年，全县固定电话用户11万户，移动电话用户94万户，互联网宽带用户26万户。

三、投资、消费互促两旺

固定资产投资规模扩大。党的十八大以来，固定资产投资发挥调节供给和需求的双重功能，是经济增长的重要拉动力和产业结构调整的有效手段。全县不断优化布局，突出重点，加强和完善基础设施，重点投向工业、水利、环境、城市基础设施等发展，投资主体呈现多元化格局。2022年，全县固定资产投资完成301.68亿元，比2013年197.17亿元增长53%，年均增长11.75%。

消费市场繁荣。党的十八大以来，在国家扩大内需政策的推动下，全县出台促销费稳增长一系列政策措施，提振城乡消费，引导夜间经济等消费新热点，推进线上与线下互动、传统商贸与电子商务融合，释放消费潜力，扩大市场规模。社会消费品零售总额由2013年的172.37亿元增加到2022年的359.48亿元，年均增长9.13%。全县基本生活必需品保持稳定增长，限上粮油食品类、日用品类零售额年均分别增长24.4%和67.2%；消费升级类发展势头良好，线上通信器材类、化妆品类、中西药品类年均分别增长94.2%、-12.1%和-3.8%；出行类商品稳定支撑作用明显，汽车类年均增长8.6%。

四、人民生活水平显著提高

城乡居民收入增加。2022年，全县城镇居民可支配收入40098元，比2013年的21329元增长88%，年均增长7.3%；农村居民可支配收入22418元，比2013年的10529元增长112.9%，年均增长8.8%；城乡收入比由2013年的2.03缩小到2022年的1.79，差距进一步缩小。2022年，城乡居民住户储蓄存款余额459.78亿元，比2013年的179.42亿元增长156.3%，年均增长11%。

城乡居民生活改善。党的十八大以来，仙游县推动84个老旧小区改造和69个棚改项目，圆了4.66万户群众的“安居梦”。物价控制在合理区间，十年间，仙游县居民消费价格指数涨幅均在3%以内，2022年涨幅1%。

脱贫攻坚成果巩固拓展。6174户贫困户2017年全部脱贫，38个贫困村2019年全部“摘帽”，提前完成脱贫任务，确保在小康路上“一个不落”。2022年，仙游县贯彻落实过渡期“四个不摘”要求，加强对“三保障”和饮水安全的常态化跟踪；继续落实医疗综合补助、产业奖补和就业扶持等政策，防止规划性返贫致贫，脱贫人口人均纯收入20666.67元，比上年增长11.2%；38个脱贫村集体经济平均收入27.65万元，比2015年增长772.24%。

五、社会民生进一步改善

教育质量提升。党的十八大以来，仙游县全面推进教育综合改革，提升教学质量，教育发展进入更加注重质量和内涵新阶段。全县各类学校数由2013年的267所发展到2022年的409所，在校生15.32万人。其中，普通中学由59所减少到54所，在校生6.04万人；小学由153所增加到195所，在校生6.59万人。各类学校教职工数由2013年的11450人，增加到2022年的11491人。九年义务教育巩固率为99.4%（2013年97.5%），高中阶段毛入学率为96%（2013年43.6%）。发展学前教育，幼儿园数量由2013年的53所增加到2022年的157所，幼儿园专任教师由2013年的1025人增加到2022年的2321人。

卫生事业健康发展。党的十八大以来，仙游县实施医疗体制改革和全民医保政策，县镇村三级医疗机构不断健全，医疗资源共享机制逐步完善，医疗水平明显提高。2022年底，全县有各级各类医疗卫生机构423个，比2013年增加31个，增长7.93%。其中，医院22个，卫生院18个，村卫生室306个。2022年底，全县有卫生技术人员4346人，比2013年底增长11.44%。其中，执业（助理）医生1716人，注册护士2420人。2022年底，全县医疗机构床位4294张，比2013年底增长61.67%。

社会保障健全。党的十八大以来，仙游县养老保险、医疗保险体系不断健全。2022年底，全县参加城镇职工基本养老保险人数12.15万人，比2013年底增加6.63万人。参加职工基本养老保险离退休人员2.16万人，全部实现养老金按时足额发放。参加失业保险人数4.53万人，比2013年底增加2.29万人。纳入城市最低生活保障的居民253人，比2013年底下降94%；纳入农村最低生活保障的居民2.01万人，比2013年底下降49%。养老服务机构和设施床位数增至7322张，养老机构护理型床位占比61.7%。建立各类城乡社区服务机构和设施1039个，其中城乡社区服务中心（站）325个。

六、绿色发展取得新成效

生态文明建设取得新进展。贯彻落实习近平生态文明思想和治理木兰溪重要理念，落实建设绿色高质量发展先行市要求，系统推进木兰溪综合治理。2022年，仙游县打好污染防治攻坚战，抓好中央、省生态环保督察反馈问题整改。深化大气污染防治，确保全年空气质量优良天数比例不低于99%。实施木兰溪流域水生态环境综合整治，完成粗溪象山段等4个中小河流综合治理和松坂溪安全生态水系项目，治理河长25千米。续建木兰溪防洪景观工程仙度段。推进海绵城市建设，改造城区雨污分流管道30千米。加快农村污水管网建设，新建管网1277千米，加大污水处理站投用运维力度，提升农村生活污水治理率。加强农业面源污染整治，打击“反弹复建”畜禽养殖场。启动寨岭生活垃圾填埋场综合治理项目。常态化开展海漂垃圾治理。落实好领导干部自然资源资产离任审计，完善生态保护补偿、生态损害赔偿、公益诉讼等制度。

能源资源利用优化。党的十八大以来，仙游县围绕节能减排目标，调整高耗能产业结构，加大节能技术改造力度，在淘汰落后行业和化解产能过剩过程中，高耗能能源利用效率提高。2022年，全县规模以上工业单位工业增加值能耗比2013年下降20.4%，风力和水力发电量5.30亿千瓦时，比2013年增长1.80倍。其中，风力发电2.10亿千瓦时，比2013年增长2.04倍；水力发电3.20亿千瓦时，增长1.64倍。

七、文化建设欣欣向荣

公共服务发展壮大。2022年底，仙游县文化系统有艺术表演团体8个，各级各类档案馆1个，公共图书馆1个，文化馆1个，博物馆4个。文化系统各类艺术表演团体演出1855场次，年度首演剧目1个，观众38.05万人次。有数字影院8家，银幕36块，年度电影票房1533.19万元。电视台1家，广电网络公司1家。有线电视用户13.70万户，数字化率100%，高清用户8.50万户。广播节目综合覆盖率100%；电视节目综合覆盖率100%。

历史文化成果丰硕。2022年，仙游县有文物保护单位570处，其中国保4处、省保21处、县保183处、未定级文物点362处，列入福建省第一批革命文物名录19处；有非物质文化遗产146项，其中国家级2项、省级12项、市级70项、县级62项。有老区基点村186个，登记在册的解放前牺牲的革命烈士156人，红色文化遗存备案名录79处。

精神文明建设成效突出。仙游县蝉联省级文明县城。创新实施“党建引领、夯基惠民”工程，把便民服务、安全生产、矛盾化解等工作落到最后责任主体和最小治理单元，一批反映强烈的突出问题得到解决，群众安全感满意率98.17%。

这十年，仙游县经济社会发展成就辉煌，一个经济繁荣、生态优美、社会和谐、人民富足的新仙游，展现在仙游人民面前。十年来的发展实践和成果，彰显了以习近平同志为核心的党中央的坚强领导、高瞻远瞩、运筹帷幄，彰显各级领导干部担当作为、真抓实干、攻坚克难的工作作风，体现了全县人民艰苦奋斗、团结协作、锐意进取的创新精神。

共忆百廿情 一起向未来

——仙游第一中学庆祝建校 120 周年

2022 年 12 月 11 日，“共忆百廿情，一起向未来”仙游第一中学建校 120 周年庆祝大会举行。市委常委、宣传部部长陈惠黔，福建水利电力职业技术学院党委书记庄伟廉，原省监察厅副厅长、正厅级监察专员曾元益，国家能源局华东监管局二级巡视员刘平凡，县委书记吴文恩，县委副书记、代县长陈志挺、县人大常委会主任黄一敏、县政协主席林志良等嘉宾出席庆祝大会。县委常委、宣传部部长林宗储主持庆祝大会。仙游一中 79 届校友、北京大学校长龚旗煌视频致辞，他说，四十多年前，曾在母校度过两年的美好时光，他将始终铭记母校的恩情，持续关注母校的发展，期待更多的同学考入北京大学，并希望母校在党的二十大精神的指引下，朝着建设全省一流、全国知名现代化学校的目标阔步迈进。

会上，厦门市宝太生物科技有限公司董事长张国锋，莆田市涵隆实业有限公司董事长林建华，福建省莆田川盛轮胎有限公司总经理陈志，荣誉校友、苏油化工股份有限公司董事长阮建武，荣誉校友、福建省三福古典家具有限公司董事长黄福华，福州嘉凯电力建设集团有限公司董事长杨锋，金圆统一证券总经理、中莆天下（福建）投资有限公司总经理郑朝晖，荣誉校友、新万鑫（福建）精密薄板有限公司董事长张维林，仙游厦门商会会长颜建生等仙游第一中学历届校友纷纷向母校捐赠回馈。各届校友、各界企业家也纷纷通过仙游一中教育发展基金和一中慈善信托基金进行线上捐赠，累计收到捐赠钱物价值超 2000 万元。

福建省仙游第一中学坐落于仙游县城东北隅的金石山，大蜚山屏其后，木兰溪绕其前。南唐升元年间（938—943 年），吕祖仙宫内设帐讲学。北宋庆历年间（1041—1048 年），著名大学者陈襄在仙宫西厢授徒课经，时问道者千余人，襄独赞傅楫“金石人也”。山因此得名，石篆“敲金戛石”。南宋绍兴二年（1132 年），理学大师朱熹到此讲学。元至正年间（1341—1368 年），傅氏族人在此兴办“匾之以金石”的学堂。明天启三年（1623 年），名士唐大章与福清名儒陈濂等在此讲学二十多年。自唐至清，金石山讲学授徒风气之盛，既为当时仙游重教兴学、书堂林立之缩影，亦是仙游科甲蝉联、簪缨鼎盛、人文炳蔚之根由。清乾隆十四年（1749 年），仙游知县陈兴祚在金石山兴建金石书院。从办学规模、师资、设备看，金石书院堪称仙游历代书院之最，为仙游之最高学府。

清光绪二十八年（1902 年），金石书院奉诏改办仙游官立金石小学堂，为仙游一中前身。仙游县令王士俊兼任堂长，首任监督为副榜举人黄桂新（星）。民国 6 年（1917 年），仙游县立中学成立，为四年制，人称“旧制中学”，由清末遗老举人郑田龙任校长，建起西式双层楼（即胜利楼）和双层宿舍（即县中楼）各 1 座。是仙游县的第一个中学。民国 13 年（1924 年），学制改变，不设高中，改名仙游县立初级中学。民国 23 年（1934 年）9 月，度尾人余震把学校改办为仙游初级农业学校［民国 26 年（1937 年），改为仙游简易师范学校；民国 28 年（1939 年），从金石山迁址度尾石牌兜，为仙游师范前身］。民国 23 年（1934 年），仙游县立初级中学被改为仙游初级农业学校。民国 24 年（1935 年），西门兜青云第的私立尚公初中、城内孔庙的私立现代初中和东门三官堂的私立仙溪农职 3 个学校组办一所仙游县立初级中学，人称“新县中”，在青云

2022 年 12 月 11 日，“共忆百廿情，一起向未来”仙游一中建校 120 周年庆祝大会举行（仙游一中供图）

仙游一中东大门 （摄于 2022 年 12 月 仙游一中供图）

第上课，校长李暾。第二年迁孔庙。1938 年迁东屏山。

抗日战争期间，金石山先后被“闽纵司令部”“师管区司令部”占用，后经地方人士要求恢复学府用地，军队退出金石山。民国 31 年（1942 年），“万寿观”于武庙一角开办私立金石中学，并建“储轩楼”1 座。民国 33 年（1944 年），金石山办起国立海疆学校和省立仙游高级中学。不久，国立海疆学校迁到南安九都，校舍归省立仙游高级中学。民国 34 年（1945 年）后，在东屏山的县立初级中学迁回城关，暂在东门内陈祠（今莆田学院附属小学）上课。

1950 年，仙游县政府接管仙游县立初级中学、省立仙游高中，并把两校合并为仙游中学。1952 年，仙游中学再与私立金石中学合并，命名为福建省仙游第一中学。1959 年，为首批省重点中学；1999 年，为福建省一级达标中学；2008 年，通过福建省一级达标中学复评。自中华人民共和国成立以来，学校培养的初、高中毕业生有 80 万余人。先后夺得高考全省理科总分第一名有 3 人。自 1977 年恢复高考以来，考上清华大学、北京大学 120 余人；获得高考总分莆田市第一名有 13 人，其中理工类 11 人、文史类 2 人。学校校友众多，英才辈出，许多校友成为各界精英、国之栋梁。有“两院”（中国科学院、中国工程院）院士 5 人，享受国务院政府特殊津贴的专家 200 余人，科学家、将军、作家、企业家及党政重要领导人等校友 2000 余人。

近六年，仙游一中以创建省级示范性高中学校为契机，以“敲金戛石，弘毅拓新”为校训，以“以人为本，让每个人的个性和才能都得到充分和谐发展”为办学理念，以“科普教育”为办学特色，学校各项事业取得新成效。2017 年，完成福建省省级示范性高中建设学校申报工作；2018 年，被评定为首批 43 所福建省省级示范性高中建设学校之一；2022 年，被评定为首批 34 所福建省省级示范性高中学校。入选福建省示范性普通高中建设学校之后，学校围绕立德树人的根本任务，聚集核心素养，在课程体系创新、教学方式改革、教学管理制度重建等方面进行探索和尝试，促进学校的内涵发展。学校在全员发展的前提下，注重学生的个性发展。重视学科尖子培养和各类竞赛辅导，提升办学水平和办学实效。学校办学特色鲜明，形成以航模、防震减灾、机器人等特色校本课程为品牌的科普教育办学特色。学校连续多年获莆田市高中教育教学进步奖，2 次获莆田市高中教育教学优质管理奖。奥赛学科竞赛成绩喜人，获省一、二等奖 50 余人次，市一等奖 120 余人次，2022 届的陈照烨获奥林匹克数学竞赛全国金牌，2023 届的林天宇获奥林匹克数学竞赛全国银牌，成绩居全省同类学校前茅。高考成绩喜人，2020 届的谢涛以总分 707 分居物理类全市第一名、全省第二名，苏北南也以优异的成绩被北京大学录取。

（刘炳东）

薪火相传七十年

——仙游县鲤声剧团建团70周年

2022年12月10日，仙游县鲤声剧团建团70周年艺术展演活动开幕式在莆田市仙游县举办。该次活动由中国戏曲学会、中国艺术研究院戏曲研究所、福建省文化和旅游厅、福建省文联、中共莆田市委宣传部共同指导，福建省艺术研究院、省戏剧家协会、莆田市文旅局、莆田市文联、中共仙游县委、仙游县人民政府联合主办。中国艺术头条、《人民日报》、《福建日报》、福建文艺网等媒体在网络平台、媒体上进行报道，在一通文化、抖音、福建电视台旅游频道直播2场演出，观众50万人。

莆仙戏被誉为“宋元南戏的活化石”，是福建五大地方剧种之一，在国务院公布的中国首批非物质文化遗产名录传统戏剧类中排名第三，具有深厚的文化底蕴和珍贵的艺术价值。

仙游县鲤声剧团作为莆仙戏重要的专业艺术表演团体，享誉全国，涌现出陈仁鉴、郑怀兴等全国知名剧作家，推出林栋志、朱石凤、谢宝燊、王国金、王少媛等一大批优秀表导演艺术家和戏曲音乐家。创排出《团圆之后》《春草闯堂》等一批经典剧目，《团圆之后》《春草闯堂》分别入选“中国当代十大悲剧”“中国当代十大喜剧”。在《20世纪中国文艺图文志·戏曲卷》所选的百年全国67部优秀剧目作品中，鲤声剧团《春草闯堂》《新亭泪》入选。

鲤声建团

1952年9月，县文化馆戏曲改进会通知郑牡丹、陈志勇、刘文池、林九泉负责召集陈金溪、邱铜、朱石凤、傅起云、傅清莲等12个戏班艺人组成“老艺人剧团”。排练《追上梁山》《打登州》等剧目，于春节前夕在榜头下明村彩排演出。以“群声剧团”名义参加县首届戏剧会演，演出《追上梁山》等传统剧目。会演后，县文教科组织在文化馆集中学习戏改精神，将剧团定名为“仙游县鲤声剧团”（为共和制性质的剧团）。

一鸣惊人动京城（20世纪50年代）

1954年9月，与仙游县实验剧团合作，排演《琴挑》等剧目，参加福建省第二届地方戏曲观摩会演，《琴挑》获演出奖；11月，参加福建省莆仙戏代表队，赴上海参加华东区戏曲观摩演出大会，《琴挑》获演出奖、1个二等奖和2个三等奖。1959年1月，鲤声剧团参加省第三届戏曲观摩会演，福建省文化局选定《团圆之后》为国庆十周年献演剧目。10月，鲤声剧团在北京公演，朱德、周恩来、陈毅等党和国家领导人以及郭沫若、茅盾、周扬、梅兰芳、林默涵等观看演出。

推陈出新留典范（20世纪60年代）

1960年1月，鲤声剧团赴长春电影制片厂拍摄戏曲片莆仙戏《团圆之后》，为期3个月。4月，鲤声剧团获省委颁发的“推陈出新典范”锦旗。5月，鲤声剧团获国务院颁发的“先进单位”奖状。

1962年3月，田汉、曹禺、老舍等戏剧专家在福州观看鲤声剧团演出的《春草闯堂》，演出后老舍挥毫赋诗，写下“可爱莆仙戏，风流世代传。弦歌八百曲，珠玉五千篇。魂断团圆后，神移笑语前，春风芳草碧，莺转艳阳天”的名句。10月，中国文联主席郭沫若在泉州观看鲤声剧团演出的《春草闯堂》。

改革开放再辉煌（20世纪70年代）

1979年2月，《春草闯堂》赴京参加新中国成立30周年献礼演出，获创作一等奖、演出一等奖。中央电视台和中央人民广播电台实况转播。返途到上海等地巡回演出，上海戏剧学院赠送剧团“推陈出新”锦旗留念。在上海期间，全国35个省、市文艺界、剧团组织观摩队伍赴沪观剧，而后全国有几十个剧种、600余个剧团移植上演《春草闯堂》。4月，鲤声剧团向省委、省政府汇报演出，《福建日报》头版发表《春草闯堂誉满京沪杭》。

1980 年 1 月，中国戏曲学院教授祝肇年、秦学仁携法国留学生到仙游考察莆仙戏，观看《团圆之后》。文化部和中国艺术研究所录制鲤声剧团《团圆之后》和《百花亭》等 10 个传统折子戏。12 月，剧团排演现代剧《遗珠记》参加福建省第四届戏曲现代戏会演，获剧本创作一等奖、导演奖、音乐设计奖，获 3 个演员奖。

古艺创新获佳绩（20 世纪 80 年代）

1981 年，陈仁鉴调往省戏曲研究所工作。新编历史剧《新亭泪》参加福建省剧目调演，获剧本创作一等奖、演出奖、导演奖、音乐设计奖和 3 个演员奖；剧本被文化部评为 1980—1981 年度全国优秀剧本。同年，《春草闯堂》舞美设计获省首届舞台美术展览一等奖。

1983 年 9 月，郑怀兴新编历史剧《新亭泪》获全国第一届优秀剧本奖。

1984 年 10 月，现代戏《鸭子丑小传》参加市首届戏剧节获剧本一等奖、演出一等奖、导演奖、音乐设计奖、舞美设计奖和 2 个演员奖。年底，中国戏剧出版社到仙游拍摄莆仙戏《团圆之后》连环画素材。

1985 年 4 月，《鸭子丑小传》参加省第十六届戏剧会演，获剧本创作一等奖、导演奖、舞美设计奖、音乐设计奖、优秀演员奖和演员奖。5 月，郑怀兴获省“五一劳动奖章”。12 月，福建省省长胡平观看《鸭子丑小传》，文化部部长朱穆之在仙游县观看《鸭子丑小传》，并题词“南国花朵”赠予剧团留念。

1986 年 6 月，郑怀兴创作现代戏《鸭子丑小传》获全国第三届优秀剧本奖。11 月，剧团三度赴京演出郑怀兴创作的剧目《新亭泪》《鸭子丑小传》《晋宫寒月》，召开郑怀兴剧作研讨会，与会同志认为“一个剧团、一个剧种，同时晋京演出一个作家的三部作品，并为之举行专题研讨会，这在中国是个创举”。剧团进入人民大会堂演出，全国人大常委会副委员长陈丕显、彭冲、叶飞与项南等观看演出，并合影留念。

1987 年 8 月，现代戏《阿桂相亲记》参加省第十七届戏剧会演，获剧本创作二等奖、演出奖、导演奖、音乐设计奖、舞美设计奖、优秀演员奖、演员奖。

1988 年 1 月，郑怀兴创作的《青蛙记》剧本获省首届“水仙花”剧本奖。

1989 年 1 月，省第二届“水仙花”演员戏曲唱腔比赛，鲤声剧团获优秀组织奖。4 月，中国戏剧出版社出版《陈仁鉴评传》。

梅花香自苦寒来（20 世纪 90 年代）

1990 年 10 月，新编历史剧《要离与庆忌》参加省第十八届戏剧会演，获演出奖、剧本三等奖和 2 个演员奖。会演期间，北京《新剧本》编辑部、省文化厅在福州联合召开“郑怀兴剧作研讨会”。同月，省文化厅、省戏研所召开“陈仁鉴同志从事戏剧活动五十周年”纪念活动。

1991 年 2 月，中国艺术研究院戏曲研究所、中国戏曲文学学会、省文化厅、省艺术研究所联合主办“中国南戏暨目连戏国际学术研讨会”，鲤声剧团展演古南戏《目连救母》选场。7 月，郑怀兴获评全国首批享受国务院政府特殊津贴的专家。

1996 年，《乾佑山天书》参加福建省第二十届戏剧会演，获剧本一等奖、导演奖、音乐设计奖、3 个舞美设计奖和演员奖等奖项。

1998 年 11 月，鲤声剧团与泉州梨园戏、木偶戏剧团代表福建省古老剧种晋京汇报演出，鲤声剧团演出郑怀兴创作的《乾佑山天书》和改编的传统戏《叶李娘》，全国政协副主席罗豪才、张克辉、中国文联主席巍峙、中国剧协副主席张庚等观看演出。

1999 年，传统剧目《叶李娘》参加省第二十一届戏剧会演，获剧本一等奖、导演奖、优秀音乐设计奖、舞美设计奖、最佳演员奖和 2 个演员奖。8 月，参加中国第十七届梅花奖评选活动，演出《叶李娘》《戏巫记》剧目，鲤声剧团演员王少媛于 2000 年 5 月获梅花奖，实现莆仙戏梅花奖“零的突破”。2000 年，王少媛获“全国先进工作者”称号。

鲤声代有人才出（新世纪）

2002 年，传统名剧《蒋世隆》参加省第二十二届戏剧会演，获剧目奖、剧本二等奖、导演奖、音乐设计奖、舞美设计奖和 3 个演员奖。

2005 年 4 月，莆仙现代小戏《搭渡》参加在山东举行的“第三届中国滨州国际小戏艺术节”，获得优秀剧目奖；6 月，莆仙戏《妈祖——林默娘》剧目在天津、北京展演，10 余名全国著名戏剧专家观看演出，出席“莆仙戏《妈祖——林默娘》剧目展演座谈会”。

2006 年 10 月，《妈祖——林默娘》参加全省第二十三届戏剧会演，获剧本奖、导演奖、演员奖、帮唱奖。

2009 年 9 月，莆仙戏《白兔记》参加福建省第二十四届戏剧会演，获剧目奖、演出奖、剧本奖、优秀音乐设计奖、舞美设计奖、优秀演员奖和 2 个演员奖；12 月，莆仙戏《春堂闯堂》获文化部颁发的“全国优秀保留剧目大奖”，全国有 2000 余个剧目竞选，18 个剧目获奖，《春堂闯堂》名列第三。

2010 年 9—10 月，《春草闯堂》在北京、天津、上海等各大城市巡回演出。12 月底，中国艺术研究院戏曲研究所、《剧本》杂志社和福建省文联主办的“郑怀兴剧作学术研讨会”在北京举行。

2011 年 1 月，莆仙现代小戏《搭渡》被评为 2008—2009 年度国家舞台艺术精品工程剧目，全国仅有 2 台小戏入选，实现莆仙戏获国家舞台艺术精品工程剧目奖“零的突破”。12 月，莆仙戏传统剧目《白兔记》赴法国参加第五届法国巴黎中国戏曲节，获“最佳传统剧目”奖。

2012 年 12 月，莆仙戏《荆钗记》参加福建省第二十五届戏剧会演，获剧目奖、导演奖、音乐设计奖、演员奖等多项大奖。2013 年 11 月，莆仙戏传统剧目《目连救母》之《开荤咒誓》二次应邀赴法国参加第六届法国巴黎中国戏曲节，再获“最佳传统剧目”奖。2014 年 5 月，莆仙戏《白兔记》参加第七届百花文艺奖评选，获得荣誉奖。9 月，莆仙戏传统剧目《叶李娘》第七度晋京献演。

2015 年 11 月，莆仙戏《魂断鳌头》参加福建省第二十六届戏剧会演，获得优秀剧目一等奖、剧本荣誉奖、导演一等奖、音乐一等奖、表演一等奖、服装设计荣誉奖和 2 个表演二等奖、1 个表演三等奖。

2016 年 7 月初，莆仙戏《魂断鳌头》代表福建省地方基层院团参加中宣部、文化部办公厅举办的“全国基层院团戏曲展演”。9 月中旬，《春草坐轿》《百花亭》《敬德画像》3 个折子戏参加福建省文化厅举办的福建省地方戏经典折子晋京展演。

2022 年 1 月，莆仙戏《借新娘》剧目获得优秀剧目奖。图为《借新娘》宣传照　　（鲤声剧团供图）

2017 年 9 月，《魂断鳌头》参加福建省第八届百花文艺奖评选，获得二等奖。10 月，《魂断鳌头》获省委宣传部颁发的第十四届精神文明建设“五个一工程”（一部好的戏剧作品，一部好的电视剧作品，一部好的电影，一部好的图书，一部好的理论文案）贡献奖。2018 年 11 月，《林龙江》参加福建省第二十七届戏剧会演，获剧目二等奖、编剧荣誉奖、音乐二等奖、2 个表演一等奖、1 个表演二等奖、1 个表演三等奖。

2019 年 10 月上旬，《春草闯堂》《团圆之后》《魂断鳌头》等传统剧目选段及《敬德画像》《千里送》《朱朝连》等折子戏晋京参加文旅部、北京市政府共同主办的“中国戏曲文化周”演出。

2020 年 10 月，《林龙江》参加福建省第九届百花文艺奖评选，获三等奖。11 月，获中宣部、文旅部颁发的第八届全国服务农民、服务基层文化建设先进集体。2021 年，莆仙戏经典剧目《叶李娘》被文旅部列入中国戏曲音像工程。12 月，莆仙戏《借新娘》剧目参加省第二十八届戏曲会演。2022 年 1 月，莆仙戏《借新娘》剧目获得优秀剧目奖，郑怀兴获得剧本荣誉奖，欧阳明获得导演荣誉奖和音乐设计一等奖、服装设计一等奖、2 个表演一等奖，1 个表演二等奖，2 个表演三等奖。

（黄永志）

1月

1日，仙游县首届非遗文创精品展在赖店镇古玩城举行。

1日，仙游国家基本气象站新址启用。

1日，仙游县凯泽科技有限责任公司法人领取县市场监督管理局颁发的全县首张“无纸化”营业执照。

1日，仙游县首个智能立体停车库在县总医院投用。

1日，仙游县第四实验小学、大济汾阳小学、郊尾古店小学等16所学校上榜福建省“义务教育管理标准化学校”。

1日，仙游县鲤声剧团排演的莆仙戏《借新娘》在第28届全省戏剧会演中获“优秀剧目奖”，为全省第八届艺术节最高奖项。

1日，仙游县在莆田市2021年度河湖长制工作考评中获第一名。

1日，游洋镇双峰村、菜溪乡溪边村、枫亭镇建国村、西苑乡仙西村、鲤南镇象林村、石苍乡高阳村和钟山镇南兴村、香山村上榜2021年度福建省森林村庄。

1日，仙游青瓷传统烧制技艺、莆田干咩羊肉制作技艺、郑宅茶传统制作技艺入选第七批省级非物质文化遗产代表性项目名录。

4日，郊尾镇伍狮村、龙华镇金溪村、榜头镇光埔村、西苑乡仙西村、石苍乡潭头村上榜建省实施乡村振兴战略乡村生态振兴专项小组公布的第二批高级版“绿盈乡村”名单。

18日，县公安局交警大队向1名市民兑现举报奖励金3000元，是仙游县开展举报酒醉驾违法犯罪行为以来的首起奖励。

21日，仙游农商银行被授予“福建农信2021年度业务增长十佳”称号。

22日，2022年仙游县文化科技卫生“三下乡”集中服务活动在石苍乡石苍村举行。

22日，“全闽乐购”仙游年货节暨仙优汇公共品牌启动仪式在县城商场方圆荟举行。

22日，仙游县第二中学、仙游县私立一中、仙游金石中学、仙游县第二道德中学、仙游县第二实验幼儿园和仙游县鲤中幼儿园上榜莆田市第二批师范教育实践基地校名单。

2月

9日，县委农村工作视频会议召开，研究部署年度“三农”（农业、农村、农民）工作。

9日，仙游县举行民营经济暨产业发展大会。仙游农商银行以上年度缴纳各项税收8409万元，连续11年蝉联全县金融机构纳税榜第一名。

10日，仙游一中上榜福建省首批示范性普通高中。

16日，县检察院在2021年度全省检察机关新闻宣传工作“百优”评选中获“优秀新媒体账号”“优秀检察宣传工作者”等4个奖项。

18日，仙游县首个牛樟芝培育运营中心——位于钟山镇麦斜村的牛樟芝培育运营中心投入使用。

20日，民盟福建省委会盟员、仙游李耕画院院长、画家李清达创作巨幅长卷《精正大医图》，捐赠福建中医药大学文化博物馆。

23日，仙游县城乡供水一体化项目、木兰大道仙游段大济溪口至度尾石牌兜段道路工程、仙游鲤北万福61号地安置区项目、莆田鑫瑞高性能环保超临界发泡新材料产业化项目、瑞声数码蓝牙智能终端全产业链项目、莆田赛隆科技年产30万吨绿色纤维产业园项目、福建旺威材料科技产业园项目入选2022年度省重点项目名单。

28日，县十八届人大常委会第一次会议召开。会议表决通过有关人事任免事项，举行任命书颁发和宪法宣誓仪式。

28日，位于鲤城街道洪桥社区的宫边老旧小区改造项目动工建设。

3月

2日，《福建日报》、省广播影视集团、东南网、《海峡都市报》、《湄洲日报》等省、市媒体记者到仙游县开展联合采访。

2日，县总医院骨科完成仙游县首例经腋窝入路治疗肩胛盂前下缘骨折手术。

3日，县检察院办理的“陈某某非法采砂刑事附带民事公益诉讼案”“卓某某侵犯公民个人信息刑事附带民事公益诉讼案”获评“2021年度全省检察机关公益诉讼和生态检察优秀案例”。

20日，仙游县启动平价商店销售机制，在鲤城街道、鲤南镇3家大型超市门店设立“政府指定平价商品销售区”，对粮、油、肉、蛋、菜等农副产品实行政府补助平价销售。

26日，仙游农商银行为榜头镇吾仁发果树种植专业合作社发放全省农信系统首批次“乡村振兴贷”100万元。

4月

12日，蜚山幼儿园、木兰幼儿园和兰溪幼儿园被市教育局确认为“莆田市示范性幼儿园”。

13日，县公安局与县法院、检察院举行县公安局执法办案管理中心、县法院刑事速裁法庭、县检察院和公安局侦查监督与协作配合办公室揭牌启用仪式。

20日，“创和”诉前人民调解委员会在县法院揭牌成立，是莆田市首家诉前人民调解委员会。

20日，仙游县总医院入选国家卫健委发布的“千县工程”县医院综合能力提升工作县医院名单。

30日，仙游县皇冠古典家具有限公司的“华闽皇冠”红木家具被省商务厅授予第六批“福建老字号”（莆田市唯一一家）。

5月

5日，度尾文旦柚入选农业农村部公布的2022年第一批209个全国名特优新农产品名单，为莆田市唯一入选的农产品。

8日，仙游县总医院红十字会成立。

16日，仙游县召开学习贯彻习近平总书记在庆祝中国共产主义青年团成立100周年大会上的重要讲话精神座谈会，学习贯彻习近平总书记在庆祝中国共产主义青年团成立100周年大会上的重要讲话精神，以及全省、全市庆祝建团100周年座谈会精神。

22—27日，县总工会联合县工艺美术中心等举办首届直播带货暨短视频制作技能竞赛活动。

30日，仙游县与福建省香魁投资有限公司签约建设“香魁文化艺术生活馆”，该项目集检测、体验、培训、研学、香疗于一体，建筑面积1.20万平方米，总投资2亿元以上。

30日，仙游县上榜北京大学新农村发展研究院、阿里研究院数字乡村项目组联合发布的“县域数字乡村指数报告2020”。仙游县县域数字乡村指数名列全国第24位。

6月

9日，仙游农商银行与县农业农村局签订“福农综合服务平台”战略合作协议。

13日，仙游县文旦柚种植专业户刘坤泳上榜“首届福建最美乡土专家（种植类）”。

14日，由福建莆田台创农业综合开发有限公司和福建师范大学共同推动建设的“两岸嘉宝果产业标准共通试点”项目被省市场监管局确定为两岸标准共通试点项目。

16日，“仙游—泉港”两地法院特邀调解员资源共享和调解互认工作协议在仙游县签订，这标志着全省首个跨市域特邀调解员资源共享机制建立。

18日，仙游县首届妈祖文化节启动仪式在中骏世界城召开。

21日，莆田市红十字生命教育宣传暨生命接力志愿服务队仙游支队在鲤城街道举行成立揭牌仪式。

21日，游洋镇兴山村中共仙游上宫支部培训中心投用。

28日，仙游农商银行依托福建金融服务云平台向仙游台创园里的莆田台创农业综合开发有限公司发放“福工·台企快服贷”100万元，标志着福建首笔“福工·台企快服贷”在仙游县率先落地。

28—29日，福建省仙游县木兰溪流域生态环境综合治理及提升项目入围亚行贷款计划。该次亚洲开发银行贷款金额确定为1.90亿欧元（人民币13.39亿元）。

29日，仙游县“礼赞劳动美 喜迎二十大”暨庆“七一”文艺会演活动在鲤城街道木兰社区举办。

30日，鲤城街道退役军人服务站现场为退役军人发放优待证，此为全县为退役军人首批发放的优待证。

7月

1日，度尾镇砺山寨红色教育展览馆开馆。

2日，2022年仙游文化和旅游消费季启动仪式在中骏世界城举行。

4—5日，省委常委、统战部部长王永礼到仙游县（挂钩联系的乡村振兴重点县）开展助推乡村振兴工作调研。

12日，县晋龙农机农民专业合作社理事长陈晋龙与人保财险仙游支公司签订全市首单商业性野猪侵害农作物种植保险。

15日，华侨中学“艺体高中（体育·武术）”项目被省教育厅确定为福建省普通高中特色示范项目。

15日，仙游台湾农民创业园管委会组织台商参加第十四届海峡论坛·两岸特色乡镇交流对接暨乡村融合发展论坛。其间，仙游县嘉兴农业开发有限公司与莆田市中森生态农业科技有限公司的中药材种植项目对接并上台签约。

21日，由省中华职业教育社、省温暖工程促进会主办的温暖工程助力乡村振兴——首场直播人才技能培训活动在钟山镇举办开班仪式。

22日，仙游法院受理一起非法集资、自洗钱案件，于25日公开审理并当庭宣判该起案件，以非法吸收公众存款罪、洗钱罪对被告人数罪并罚。该案是开展打击治理洗钱违法犯罪三年行动以来，莆田市首例自洗钱犯罪。

26日，仙游县首家村级通信合作社在盖尾镇仙潭村挂牌成立，首批102户入社村民拿到会员证。

29日，台湾农民创业园园区台青企业——福建莆田台创农业综合开发有限公司在仙游台创园召开“两岸嘉宝果产业标准共通试点”项目启动会。

8月

2日，仙游县举行乡镇（街道）消防应急专职队伍技能比武竞赛。18个乡镇（街道）消防应急专职队100余人参加比武。

5日，大济镇乌石村福农驿站24小时无人值守超市开始营业，为莆田市首家无人超市。

13日，由县委宣传部、县总工会、团县委等共同主办的香文化、香艺、香修培训班在度尾海峡艺雕城举办，从事香文化产业人士和中国传统香文化、香艺、香修兴趣爱好者80人参加培训。

17日，县司法局会同县人民调解员协会，举办人民调解员等级评定授牌颁证仪式。全县首批94人获评三级调解员、四级调解员，调解员代表现场领证。

19日，县法院上线全省首个执行诉求管理系统。

21日，仙游县陈世峰的《五方佛》、徐元宝的《福禄寿禧盒》、黄福忠的《镶百宝嵌四出头官帽椅》上榜第二届中国工艺美术博览会“百鹤杯”工艺美术设计创新奖。

26日，仙游县政府主办的主权贷款项——木兰溪流域生态环境综合治理及提升项目，通过亚洲开发银行董事会审批，获得亚洲开发银行正式授信2亿美元等值外币（约合13.50亿元人民币）。

30日，县民政局和县财政局联合下发《关于提高城乡低保保障标准、补助水平和特困供养水平的通知》，仙游县低保、特困补助水平再提高。惠及全县低保、特困对象2万余人。

31日，仙游县书峰乡四黄村和石苍乡潭头村被列入“2022年度产业振兴示范村”项目省级奖补补助范围，分别补助200万元。

9月

6日，“喜迎二十大 欢乐常相逢”——莆田市文艺轻骑兵文艺首站会演活动在游洋镇天马村天马古厝举行。

6日，郊尾镇政府与仙游农商银行签订乡村振兴暨“党建引领夯基惠民”战略合作协议，授信10亿元。

7日，泉港区涂岭镇、仙游县园庄镇、洛江区罗溪镇三地“党建+”联域邻里中心在园庄镇举行揭牌仪式。

9日，鲤城街道东门片区改造项目动员会召开，东门片区改造项目指挥部挂牌成立。

9日，仙游县在县委党校举行第38个教师节庆祝表扬活动暨“迎接党的二十大，培根铸魂育新人”教育强县工作推进会。

13日，仙游县在县行政中心举行乡村振兴研究院专家受聘仪式，为仙游县乡村振兴研究院专家授予聘书，并邀请中国人民大学温铁军教授作题为《“三新”思想下的生态化乡村振兴》的专题辅导讲座。

16日，仙游县方庆奖的书法作品入选中国书协2022“中国书法·年展”全国篆书、隶书、篆刻作品展入展公示名单，是福建省唯一入展作品。

17日，赖店樟林小学举行“八一爱民学校”挂牌揭牌暨捐资助学仪式。军地领导向学校捐赠助学款10万元。

18日，“喜迎二十大 科普向未来”第二届仙游县青少年人工智能、机器人现场搭建与编程大赛在龙华中学举行。全县中小学生、幼儿选手162人同台竞技。

23日，2022年莆田市第五届“中国农民丰收节”市级主会场、福建省省级分会场活动在仙游县钟山镇朗桥村举行。

23日，由省工信厅、市政府指导，市工信局、县政府主办，县工信局、仙游抖音电商直播基地、仙游红木交易中心承办的2022年中国（莆田）“匠心智造”红木家具消费季活动在仙游红木交易中心举行启动仪式。

27日，仙游县在兰溪文化休闲中心广场举行“喜迎二十大 筑梦木兰溪”启动仪式暨“河长日”活动，展示仙游县五年来全面推行河长制取得的工作成效。

28日，仙游县农民丰收节暨第六届度尾镇文旦柚文化旅游节在度尾镇艺雕智慧产业园开幕。

30日，福建省储备粮管理有限公司仙游储备粮库迁建工程（省重点项目）在郊尾镇开工。

30日，三福古典家具有限公司获第十一届“福建省文化企业十强”；天材古典工艺有限公司获评第五届“福建省最具成长性文化企业”。

30日，县财政局下达2022年稳定粮食生产项目补助资金315万元。其中，山垅复垦复耕种粮示范片补助资金300万元，大豆增产增效示范片补助资金15万元。

30日，仙游县建成全市首个生活垃圾分类指挥平台。

30日，西苑乡仙西村木兰溪源头入选福建省第一批河湖文化遗产。

30日，海安橡胶集团股份有限公司入选2021年度福建省重点上市后备企业股改奖励名单。

30日，通用（福建）电梯有限公司等9家企业入选福建省2022年第七批入库的科技型中小企业名单。

10月

1日，菜溪供销综合服务社开业，为莆田市首个乡镇供销综合服务社。

1日，莆田市枇杷叶茶、枇杷花茶第一张SC证（食品生产许可证）落户仙游县润芝昌食品有限公司。

13日，仙游县行政执法赋权承接确认书签约仪式在县司法局举行。

14日，中共福建省委党校、福建行政学院现场教学点签约授牌仪式在县委党校（县行政学校）举行。

16日，仙游县组织党员干部和各界群众代表在县委党校礼堂收听收看党的二十大开幕会直播。

19日，仙游一中学生林天宇、吴嘉明、邱易良3人上榜中国数学会公示的2022年全国中学生数学奥林匹克竞赛（预赛）暨全国高中数学联赛省一获奖名单。其中，林天宇入选全国中学生数学联赛省队，为莆田市唯一入选者。

22日，仙游县启动适龄女性HPV（人乳头瘤病毒）疫苗免费接种项目，惠及全县适龄女性8200余人。

31日，海安橡胶集团股份公司入选福建省2022年第一批新设立博士后科研工作站单位名单。

11月

11日，仙游县工商业联合会（总商会）第十二次代表大会在县委党校召开，选举产生新一届领导班子。

11日，2022年度“莆田工匠”技能大赛、莆田市第四届“海峡艺雕杯”工艺品雕刻工职业技能竞赛在度尾镇海峡艺雕城开赛，来自全省的57名选手参赛。

12日，鲤城街道商会成立大会暨第一次会员大会在鲤城街道召开。

25日，首届中国仙游香文化产业峰会在京闽大酒店举行。来自全国香文化领域的专家学者、行业协会会长与福建省天然香文化协会会长、仙游香行业企业家、工艺大师等37人参会。

26日，2022年第十届中国（仙游）红木家具精品博览会在中国·仙游红木共享交易中心开幕。

30日，仙游县9个乡镇、37个村居入选南京大学空间规划研究中心、阿里研究院发布2022年“淘宝镇”“淘宝村”名单。

30日，中共仙游上宫支部旧址上榜第七批福建省爱国主义教育基地，为该批莆田市唯一入选的单位。

12月

6日，仙游县电力设施矛盾纠纷调解室在国网仙游县供电公司揭牌成立。

6日，西苑乡柳园村甜槠古树群上榜福建省林业厅发布的第二批福建最美古树群。

10—11日，仙游县鲤声剧团莆仙戏艺术保护传承中心举办建团70周年艺术展演活动。

11日，“共忆百廿情，一起向未来”仙游一中建校120周年庆祝大会在仙游一中举行。

15日，福建省2022年人体器官捐献宣传季暨莆田市仙游县枫亭镇红十字志愿服务队成立揭牌仪式在枫亭镇举行。

16日，仙游县慈善总会第二次会员代表大会在县委党校召开。

17日，仙游县森林火灾扑救能力提升专题会议和2022年度消防安全工作总结会议暨冬春火灾防控部署会在县委党校召开。

22日，仙游县青年联合会第四届委员会第一次全体会议在县委党校召开。

26—28日，仙游县政协十四届二次会议在县委党校召开。

27—29日，仙游县第十八届人民代表大会第二次会议在县委党校召开。

29日，仙游县第十八届人大二次会议举行第三次全体会议，会议进行选举事项。陈志挺当选仙游县人民政府县长。

建置区划

【位置面积】 仙游县位于福建省东南沿海中部，北纬25° 09′—25° 43′、东经118° 27′—118° 56′，东与莆田市城厢区、涵江区接壤，南与泉州市泉港区、洛江区毗邻，西与南安市、永春县、德化县相连，北与福州市永泰县交界。东西宽48.40千米，南北长62.90千米，辖区面积1851.50平方千米。东南濒临湄洲湾，海岸线长5千米。境内最东端为游洋镇霞峰村笔架山，最西端为度尾镇仙竹村尾洋蜈蚣岐山，最南端为园庄镇东坪村龙坪头，最北端为游洋镇里洋村石壁岭。

【建置沿革】 春秋战国时期境内属越国地，秦时属闽中郡，汉武帝至三国时属会稽郡、建安郡，南北朝时属梁南安郡。南朝陈光大二年（568年）起，属莆田县。隋开皇九年（589年），改丰州为泉州，仙游隶属泉州。隋大业三年（607年）起，属建安郡南安县。唐武德五年（622年），复属莆田县。武周圣历二年（699年），析莆田县西部，以俞潭（今盖尾镇仙潭村）为界设清源县，属武荣洲（今南安丰州）。唐景云二年（711年），清源县属泉州。唐天宝元年（742年），泉州改称清源郡，因郡县同名，清源县更名为仙游县，仙游县属清源郡。北宋乾德二年（964年），清源郡改称平海军，仙游县属于平海军。

太平兴国三年（978年），平海节度使陈洪进（今仙游县枫亭镇人）将漳泉二州和其所属的14个县（包括仙游县）正式纳入宋廷版图。太平兴国四年（979年），析莆田、仙游、永泰、福清四县之部分属地置兴化县，县治设在古邑（游洋），同时设太平军领莆田、仙游、兴化3个县，军治地设在游洋。太平兴国五年（980年），改太平军为兴化军，仙游属兴化军。南宋景炎二年（1277年），改兴化军为兴安州，仙游县属兴安州。元至元十五年（1278年），改兴安州为兴化路，仙游县属兴化路。元皇庆二年（1313年），兴化县县治从游洋迁往莆田县广业里湘溪村（今涵江区新县镇）。明洪武二年（1369年），改兴化路为兴化府，仙游县属兴化府。清沿明制，仙游县属兴化府。民国元年（1912年），仙游属南路道。民国3年（1914年），南路道改称厦门道，仙游县属厦门道。民国16年（1927年），废道，仙游县直属福建省。民国23年（1934年），仙游县属第四行政督察区（驻今仙游鲤城），直至1949年8月25日仙游解放。

1950年起，仙游县隶属福建省第五行政督察专员公署。之后，依次隶属晋江专员公署、晋江专区革命委员会、闽侯专区、闽侯地区、莆田地区。1983年9月至2022年底，隶属福建省莆田市。

【行政区划】 2022年，仙游县辖区设1个街道、12个镇、5个乡，54个居委会、271个村委会。

自然地理

【地质地貌】 仙游县地处戴云山脉东坡，地势总体自西北向东南倾斜，地貌主体呈向东南开口的马蹄形。境内以中低山及丘陵为主，盆地、河谷错杂其间。各地海拔差别大，西北边境的石谷解海拔1803.30米，是仙游县最高峰；东南部枫亭海滨海拔5米，是仙游县最低点。

境内分成4个不同地貌。山地主要分布于西北部、东北部及东、西、南部边境；丘陵主要分布于中部及南部盆地、谷地周围，海拔多

2022年仙游县乡镇（街道）居民委员会和村民委员会一览表

表1

乡 镇	居民委员会	村民委员会
鲤城街道	洪桥、十字、城内、北宝峰、木兰、南桥、仙糖、坝垄、龙泉、东门、万福、玉井、来洋、蜚山、金井、白塔	富洋
鲤南镇	柳坑、仙安、大坂、西埔、玉田、圣泉、平原、霞苑	玉塔、象运、下楼、涵井、象林、象坂、温泉、横塘、东山、瑞园
榜头镇	上壠、东桥、赤荷、下明、莲壠、紫泽、坝下、泉山、龙腾、溪东、溪尾、望厝、紫洋、上昆、下昆、灵山	后庄、洋山、何麓、仙水、南溪、昆仑、云庄、象山、梧店、后南溪、后坑、岭下、后坂、桃源、芹山、象塘、后堡、官舍、东宫、新郑、度顶、象洋、光埔
枫亭镇	学士、兰友、铺头、霞街、霞桥	锦湖、秀峰、耕丰、辉煌、东宅、斗北、山头、下社、建国、溪南、九社、和平、溪北、麟山、上浒、荷珠、海安、海滨、沧溪
郊尾镇	郊尾	宝坑、阳谷、塘边、伍狮、染厝、西山、后面、古店、湖宅、梅塘、东湖、三埔、埕边、后沈、长安、新和、后溪、阮庄、长岭、沙溪
度尾镇	度峰、潭边、下洲	圣山、洋坂、中岳、帽山、霞溪、云水、后埔、埔尾、云居、砺山、中峰、湘溪、剑山、屏山、仙竹、东峰
大济镇	大济	阮里、垅溪、溪车、洋坑、尾坂、汾阳、乌石、北山、三会、溪口、蒲峰、文殊、古濑、虎垄、山岑、蒲山、坑北、钟峰、龙坂、东井、后林、西南
龙华镇	灯塔	金溪、金沙、金山、金建、建华、东方、红旗、爱和、团结、东岐、龙西林、新峰、貂峰、红星、林内
赖店镇	土山	罗峰、锦田、新周、龙兴、玉墩、玉山、岐山、赖店、象岭、留仙、坂头、张埔、前埔、溪埔、樟林、山尾、潘硎、林田
盖尾镇	南宝峰	昌山、义店、石马、东井宫、后山、杉尾、芹林、瑞沟、莲井、琼峰、仙华、盖尾、前连、湖坂、仙潭、仙溪、聚仙、岭头、星庄、后井、东许、斜尾、盖南、新窑
钟山镇		朗桥、麦斜、钟山、卓泉、湖亭、南湖、临水、新莲、天珠、梅洋、东溪、鸣和、西林、香山、南兴、汾山
游洋镇		兴山、石山、霞峰、游洋、梧椿、鲁头、金石、天马、双峰、里洋、桥光、龙溪、石里、河星、龙山、沽山、五星
园庄镇	园庄	后蔡、高峰、土楼、枫林、霞山、六户、东坪、义路、岭北、东石、泗洋、塔兜、大埔、宫兜、云峰、洋尾
西苑乡		仙山、仙东、仙西、西苑、广桥、半岭、凤顶、凤山、前县、白岩、顶东湖、前溪、柳园、岭峰、前洋、西墘
石苍乡		济川、高阳、老山、霞湖、田坑、石苍、五湖、潭头、隔壁、石阳
社硎乡		社硎、湖洋、白硎、修园、卓林、仙头、田利、塘西、上旱、田楼、厝洋、沈楼、白洋、半岭
书峰乡		书峰、锦峰、百松、兰石、鲤岭、四黄
菜溪乡		黄洋、园宅、溪边、菜溪、石满、象星、石峰、北象山

在500米以下；山间盆地与河谷平原主要分布于中部；河谷平原主要分布于木兰溪干流上游及支流两岸，以及枫慈溪、粗溪、九鲤湖溪、九溪沿岸等。境内北部山岭受新华夏系构造影响，多呈北东—北北东走向；中部山岭由径流沿北西向张性、张扭性断裂侵蚀而成，多呈北西向展布；中南部受漳平—仙游纬向断裂影响，以东西走向为主；东北部在上述3组不同走向断裂互相交汇折冲下，呈多种复合的走向。

【山峰山脉】　仙游境内有158座山、尖、寨、坑，有白玉岩、双桂岩、白露岭、下头岭、壶岐岭、古门岭、红土岭、马鼻岭、清枫岭、何岭、天翁岭11座岩、岭。其中，中山峰（海拔1000—3500米）30座，为洋太师山、菜溪山、古岭山、铁尖山、葫芦旗、白鸽岭山、鼓头山、朝天马山、屏山山脉、年头山、面阳山、五股山脉、社硎乡修园村塔头顶、九云寨、社硎乡社硎村塔头顶、车草池山、雪山、九龙山、白岩尖、东湖尖、云头尖、岩尖、龙面山、老狮坑、马顶头、石谷解、五雷山、云居山（钟山）、红山、龙岩；低山峰（海拔1000米以下）140座。位于西苑乡前溪村境内的石谷解，海拔1803.30米，系五雷山中最高峰，亦是闽中第一高峰，地处仙游、德化、永泰三县交界。

（黄元镭）

【河流湖泊】　仙游境内有木兰溪、延寿溪、萩芦溪3条市级河流，其中木兰溪发源于仙游县西苑乡，仙游县境内主河道长64.50千米，流域面积1072平方千米；干流经西苑、度尾、大济、龙华、鲤城、鲤南、榜头、盖尾8个乡镇，支流经书峰、社硎、赖店3个乡镇。延寿溪发源于仙游县钟山镇新莲村，经九鲤湖流入城厢区境内，在常太镇境内称莒溪。延寿溪（仙游段）主河道长16.60千米，集雨面积109平方千米。萩芦溪仙游段汇水河道有2条，分别为游洋镇金石、天马、石山段和游洋镇兴山、霞峰、鲁头段，仙游境内长8.20千米，集雨面积37.10平方千米，下游流入涵江区外渡水库。有粗溪、仙水溪、九溪、枫慈溪、大济溪、龙华溪、柴桥头溪、沧溪、苦溪、院里溪10条县级河流，其中粗溪流域隶属大樟溪支流，粗溪仙游县境内干流主河道长50千米，流域面积259平方千米。仙水溪主河道长39.60千米，集雨面积235平方千米。九溪（青龙溪）隶属粗溪流域支流，主河道长41千米，流域面积174平方千米。枫慈溪流域主河道长30.80千米，流域面积146.10平方千米。大济溪隶属木兰溪支流，主河道长31.80千米，集雨面积116平方千米。龙华溪隶属木兰溪支流，主河道长26千米，集雨面积113平方千米。柴桥头溪隶属木兰溪流域支流，主河道长20千米，集雨面积85.40平方千米。沧溪河道长度18.30千米，流域面积61.10平方千米。苦溪隶属木兰溪支流，主河道长12.33千米，集雨面积37.43平方千米。院里溪主河道长9.29千米，集雨面积23.36平方千米。有盖尾镇后井溪、瑞沟溪、芹林溪，度尾镇秦宅溪、朝天溪、仙竹溪，大济镇松阪溪、红哗溪，游洋镇沽溪、天马溪、鲁头溪、龙溪、游洋溪，榜头镇星潭溪、佛光溪，鲤城街道九龙岩溪，书峰乡红河溪、赤石溪、白坑溪19条乡镇级河流。

境内有金钟湖1个湖泊。金钟湖省级水利风景区，流域面积200平方千米，总库容1.06亿立方米，年均来水量约2亿立方米，是一座具有多种调节功能的湖泊（大型水库）。

（陈国武）

【气候】　2022年，仙游县年平均气温正常，年降水量正常，年日照时数正常。季风明显，冬季以偏北风为主，夏季以偏南风为主。多雨湿润，夏无酷热，冬无严寒，无霜期长，达358天。灾害性天气主要有低温霜冻、强对流、暴雨、高温、干旱等。2022年，月平均气温在11.10℃—29.30℃，极端最高气温和最低气温分别为39.90℃（7月23日）和1.80℃（12月19日）。年平均气温20.90℃，较历年偏低0.20℃，属正常。其中，3月显著偏高；8月、11月偏高；2月偏低；5月异常偏低；1月、4月、6月、7月、9月、10月、12月均正常。

2022年，降水量1607.90毫米，较历年偏少11%，属偏少。分布在0.20—439.80毫米，其中1月、7月偏少；2月、11月异常偏多；3月、5月正常；4月、8月、9月显著偏少；6月、12月显著偏多；10月异常偏少。年日照时数1914.70小时，较历年偏多49.10小时，属正常。其中，3月、4月、9月显著偏多；5月、6月偏少；11月显著偏少；8月异常偏多；其余月份均正常。

【水文】　2022年，仙游县平均降水量为1607.90毫米，折合水量29.23亿立方米，比上年减少4.78%，比多年平均值少11%，水文部门实测最大年降水量为仙游县西苑乡的前县雨量站2050.50毫米。仙游县降水量年内分配不均，从各代表站的年降水量情况来看，汛期

（4—9月）降水量占全年降水量的比值在74.9%—79.4%，最大连续4个月降水量占全年降水量的比值在57.5%—63.8%。月降水量最大的是6月，各代表站平均降水量452.70毫米，占年降水量的29.5%；月降水量最少的是10月，各代表站平均降水量3毫米，占年降水量的0.2%。2022年，仙游县的地表水资源量14.56亿立方米，位居全市各行政区之首，比上年增长20%，占全市地表水资源总量的48.6%；水资源总量14.56亿立方米，居全市各行政区之首，增长20%，占全市总水资源量的47.9%；人均拥有水资源总量1612立方米。地下水4.16亿立方米（仙游县地下水均为地表水渗透），增长2.97%，占全市地下水总量的49.3%。

自然灾害

【气象灾害】 2022年2月21—25日，仙游县连续5天日平均气温≤12℃，仙游县低温阴雨天气过程。10月10—12日，连续3天日平均气温＜23℃，达“23型”秋寒标准。6月5—18日，有明显降水过程，仙游县出现特大暴雨的天气过程，统计6月5日8时至16日15时降水实况，全县有17个乡镇降水量超过300毫米，其中最大为西苑乡的436.10毫米。7月7日至8月24日，连续49天未出现有效降水，出现气象中旱；9月20日至11月21日，连续63天未出现有效降水，出现气象中旱。

（郑建伟）

【地质灾害】 2022年初，仙游县有地质灾害点24处，分布在9个乡镇（街道）21个村（社区）。通过建设挡土墙，结合现场实际地形设置截排水沟等工程措施，核销2处地质灾害点，保障26户86人的生命财产安全。2022年，未发生地质灾害，没有新增地质灾害点。

（杨 斌）

【地震灾害】 2022年，仙游县发生3级以下地震1次，没有发生3级以上有感地震。2022年1月31日0时49分，仙游县发生2级地震（震中位置：北纬25.64度，东经118.69度），微有感，未收到地震对仙游县造成损失和重大影响的情况。

（黄海清）

【农作物生物灾害】 2022年，仙游县中稻灾害发生3次，范围面积3.33公顷，损失37.17吨。晚稻灾害发生1次，范围面积0.60公顷，损失3.75吨。晚季经济作物灾害发生2次，范围面积3.67公顷，损失32.85吨。

（林 志、林 莉）

【森林生物灾害】 2022年，仙游县抓好森林病虫害防治。开展林业有害生物监测及预警工作，确保松材线虫病的普查覆盖率100%。对不明原因的松枯死树，按照规定取样并送检，建立松枯死树取样检测的完整档案。加强松材线虫病防控，全年完成松材线虫病除治性采伐212.53公顷，完成防治性采伐300.80公顷，完成松墨天牛诱捕器挂设140套，完成以菌治虫86.67公顷，完成噻虫啉喷施766.67公顷。2022年秋季，全县普查上报松材线虫病发生面积121.13公顷。

（刘鸿儒、李 强）

【森林火灾】 2022年10月27日18时30分，仙游县鲤南镇东山村发生1起森林火灾，火场陆续投入923人（其中森林消防队伍432人，消防救援队伍38人，仙游县各半专业森林消防队伍184人，镇村干部、民兵269人）、直升机2架参与火灾扑救，消防救援部门供水约720吨，直升机吊桶泼水100余吨。10月29日6时，火场明火全线扑灭。过火面积10公顷。

（李 健）

自然资源

【矿产资源】 2022年，仙游县矿产资源以非金属矿为主，金属矿资源相对匮乏。境内矿产资源有饰面用石材、建筑用石料、建筑用砂、砖瓦用黏土、高岭土、叶蜡石、石英、钾长石、明矾石、地下热水、矿泉水、钼、金等，其中钾长石、高岭土2种被列入福建省矿产资源储量表（仙游郊尾镇东湖钾长石、钟山高岭土）；探明有资源储量，未被列入福建省矿产资源储量表的有叶蜡石、石英、建筑用石料、砖瓦用黏土4种矿产。境内高岭土储量2000万吨以上，花岗石储量1亿立方米，可形成规模开发。金属矿产铅、锌、金、银、钼等有一定的储量；能源矿产、地下热水储量较丰富，开发利用前景良好。除几种非金属矿产，以及少量金属矿外，其他的重要矿产很少。相对优势矿产中非金属矿居多，但无明显优势。资源分布不均，零星分布居多，开采难度大。

【森林资源】 2022年，仙游县林地面积13.32万公顷，占土地总面积的72.5%，乔木林面积10.37万公顷，经济林（乔木经济林加灌木经济林）面积1.37万公顷，竹林面积1.09万公顷。全县森林覆盖率71.43%，森林蓄积量935万立方米。

【野生动植物资源】 2022年，仙游县野生动植物资源丰富，有维管束植物209科、802属、1772种。其中，蕨类植物有37科、71属、143种，裸子植物共有8科、13属、15种，被子植物164科、718属、1614种，其中双子叶植物137科、549属、1261种，单子叶植物27科、169属、353种。国家一级保护植物有水松、南方红豆杉2种，国家二级保护植物有蛇足石杉、闽浙马尾杉、金毛狗等31种。脊椎动物有48目、141科、503种，其中鱼类17目、54科、142种，两栖类2目、7科、34种，爬行类3目、13科、73种，鸟类18目、46科、195种，兽类8目、21科、59种。国家一级保护野生动物有穿山甲、黑嘴鸥、云豹等9种，国家二级保护野生动物有猕猴、赤狐、黑熊等56种。

【土壤植被】 仙游县境内土壤以红壤，红壤、砖红壤性红壤、黄壤、草甸土、紫色土、新成土、滨海风沙土、滨海岩土和水稻土等11个土类20个亚类，53个土属。仙游县地带性土壤以花岗岩发育而成的红壤，广泛分布于园地和旱地，土层较深厚，有机质丰富，肥力较高。耕地土壤以水稻土为主，分为潴育型水稻土、渗育型水稻土、潜育型水稻土和盐渍型水稻土4个亚类。由于受海洋性气候的影响，土体发育不彻底，土层厚度不均，质地多为砂壤土，结构为团粒结构，保水和渗透能力差。

仙游县所在区域植被类型主要南亚热带常绿阔叶林带、常绿针叶林、针阔混交林、经济林、灌木林、荒山草坡。山地原生植被属山地常绿楮类照叶林小区，由于长期受人为破坏，原始植被几乎为人工林所代替，多为人工林和次生林。主要植被类型为湿地松、马尾松、桉树、杉树、枫树等，乔木层树种单一，林分结构简单。灌、草植物以芒萁骨、胡枝子、映山红、五节芒、早熟禾、芦苇等为主。

（刘鸿儒、陈国武、叶 新）

人口 民族 宗教

【人口】 在4000年前的新石器时代晚期，仙游县就有人类居住。西周时期（约前11世纪至前771年），七闽先民入仙。秦汉之际，北方居民进入仙游居住。西汉元狩年间（前122年至前117年）安徽庐江何氏九兄弟为避淮南王刘安叛汉之祸，到九鲤湖隐居。西晋、南北朝时，中原地区战事频发，北方居民大量南迁，有的进入仙游居住。东晋咸和八年（333年），晋人南迁入仙。唐初至五代，先后有跟随陈政、陈元光父子以及王潮、王审知兄弟征战入闽的中原汉人士兵，战争结束后在仙游定居。北宋末年，金兵南下，中原不少庶民官宦迁入仙游。随着汉人南移，原居住在仙游境内的闽越族和其他少数民族逐渐被“同化”。至近代，境内居民以汉族占绝对多数，少数民族少。在民国及其以前几千年的封建社会里，由于封建统治阶级的残酷剥削，人民群众生活水平低下。加上自然灾害频繁，卫生条件极差，传染病经常流行，仙游的人口增长缓慢，人口素质低。中华人民共和国成立后，经济迅速发展，人民生活水平不断提高，医疗卫生条件日趋改善，人民群众的健康水平提高，人口的素质、结构也发生很大变化。但人口的增长过于迅速，20世纪60年代开始，县人民政府推行计划生育，特别是80年代以后，政府将计划生育列为基本国策之一，抓计划生育工作，人口增长的势头有所控制，但由于全县人口基数大，每年增加的绝对数仍然相当大。1949年，全县人口33.39万人；2005年底，仙游县人口总量101.05万人，年均递增8.02‰，为全省乃至全国人口密集的地区之一。至2022年底，仙游县有34.16万户，户籍人口117.68万人，比上年减少2837人，减少2.41‰。其中，年内出生人口9487人，年度出生率8.06‰（男性4984人，占52.54%；女性4503人，占47.46%）。死亡6207人，死亡率5.27‰（男性3513人，占56.6%；女性2694人，占43.4%），人口自然增长率2.79‰。户籍人口中，男性61万人，占51.8%；女性56.68万人，占48.2%。男性比女性多4.31万人。性别比为108（女＝100）。城镇人口53.01万人，占总人口的45.05%。按年龄分，18岁以下（不含18岁）24.71万人，占总人口的21%；18—35岁（不含35岁）28.66万人，占24.35%；35—60岁（不含60岁）43.70万人，占总人口的37.13%；60岁以上20.61万人，占总人口的17.52%。外来人口迁入仙游8235人（省内迁入6961人、省外迁入1274人），仙游人口迁出外地14365人（迁往省内12769人、迁往省外1596人），人口机械增长

率 -5.21‰。

【民族】 2022 年，仙游县有 38 个民族，其中 37 个少数民族，人口 2.22 万人。回族起源于历代泉州等地回民同仙游人通婚，留下万余人，至 2022 年底，回族主要分布在度尾、榜头、盖尾、西苑、枫亭、游洋、龙华、鲤城等 17 个乡镇，人口 1.76 万人。畲族祖籍系广东潮州凤凰山，起源于历代“畲民”同仙游人通婚；仙游县博物馆存有一块皇帝对畲民“免征免役”石碑；至 2022 年底，畲族分布游洋、钟山镇为多，还有枫亭辉煌、龙华金溪、石苍隔壁、菜溪、园庄东石等 18 个行政村，人口 2487 人。20 世纪 80 年代起，嫁到仙游的土家族人口逐渐增加，至 2022 年底，土家族主要分布在游洋、大济、盖尾、度尾、鲤城等 13 个乡镇，人口 445 人。80 年代起，部分乡镇苗族人口逐渐增加，至 2022 年底，主要分布榜头、鲤城、郊尾、园庄、度尾、盖尾、龙华、游洋等 17 个乡镇，人口 699 人。蒙古族主要分布在枫亭九社村，人口少，生活习惯早已与汉族相融合。朝鲜族等其他少数民族多因婚姻嫁娶进入仙游县。

【宗教】 2022 年，仙游县宗教主要有佛教、道教、天主教、基督教；民间信仰有“三一教”。登记宗教团体 5 个，即仙游县佛教协会、仙游县道教协会、仙游县天主教爱国会、仙游县基督教三自爱国会、仙游县基督教协会；登记民间信仰团体 1 个，即仙游县“三一教”协会。至 2022 年底，全县登记的佛教活动场所 213 个，僧尼 1600 余人。仙游佛教知名寺庙有九鲤湖寺、龙华寺、三会寺、九座寺、会元寺、广化堂、诚贤堂、灵山寺、鸣峰寺、菜溪寺、仙门寺、圆通寺、正觉寺等。登记的天主教活动场所 4 个，信徒 1500 余人。登记的基督教活动场所 78 个，信徒 5 万余人。登记的道教活动场所 21 个，信众 2 万余人。民间信仰“三一教”试点登记场所中，省级民间信仰联系点 7 处，市级民间信仰联系点 29 处，县级民间信仰联系点 222 处，堂祠书院 752 座，门人 8 万余人。

历史人文

【历史文化】 仙游人文积淀丰厚，素有“文献名邦”“海滨邹鲁”美誉，仙游也是全国著名的“国画之乡”“戏剧之乡”“田径之乡”“武术之乡”“中国民间文化艺术之乡”。全县有文物保护单位 570 处，其中全国重点文物保护单位 4 处、省级文物保护单位 21 处、县级文物保护单位 183 处、未定级文物点 362 处，被列入福建省第一批革命文物名录 19 处；有非物质文化遗产 146 项，其中国家级 2 项，省级 12 项，市级 70 项，县级 62 项。仙游是闽中游击区重要组成部分。有老区基点村 186 个，登记在册的解放前牺牲的革命烈士 156 人，红色文化遗存备案名录 79 处。

【非物质文化遗产】 2022 年 1 月，仙游县报送仙游青瓷传统烧制技艺、莆田干咩羊肉制作技艺、郑宅茶传统制作技艺 3 个项目入选福建省人民政府公布的第七批省级非物质文化遗产代表性项目名录，传统香制作技艺（仙游枫髓香制作技艺）、古琴制作技艺（仙游）2 项入选扩展项目名录。

【民俗】 仙游民间习俗源远流长。本地先民同北方中原地区衣冠南来的河南、河北、山西、山东和江苏地方的民间习俗，在长期的生活劳作、文化和礼仪习俗交融合一，形成南北合一的地方特色风俗。许多传承沿袭中原之风，也有不少独具仙游本地雅俗，经久不衰，传承至今。

岁时节令风俗有春节（初一游春、初二不登门、初三“做十”、初五“做大岁”）、元宵节游灯、二月二“头福”（俗称“头牙”）、清明节（传统的踏青、扫墓的节日）、端午节（从五月初一至初五，俗称“五日节”，与春节、中秋、冬至是仙游民间的四大节日）、中元节（俗称七月半，祭祀祖先的节日）、中秋节（俗称“栽秋”，是民间较隆重的节日之一，有“送秋”的传统习俗）、冬至（俗称冬节，民间习惯于冬至晚合家搓“圆子”，冬节也是祭墓的日子）、过年“做岁”（农历十二月廿三送年送神，十二月廿六日起，开始贴春联，挂年画。做“红团”蒸年粿，俗称过“年暝”）、除夕夜（全家聚餐，围炉爆盐，表示团圆，来年日子旺火，民间有留“隔年饭”的习惯）。

婚嫁风俗有相亲、定聘（俗称“订婚”“贺定”“放定”“讲定”）、择日（俗称“看日子”）、送嫁（女子定婚后，出嫁前，亲人朋友为其“送嫁”，表示祝贺）、催妆（表示婚期在即）、迎亲、拜堂（俗称“压拜”）、闹洞房［民间通常有“送孩儿”“抱出丁”“撒帐”“做经文”喊四句（赞句）］、换花（婚后第三天，女方家备办“换花盘”，由小舅等亲人送到夫家，看望新郎新娘）、转马（因古时骑马回家故

仙游风味小吃——海蛎饼 （县文旅局供图）

称“转马”，也称“回门”“回车”或“请女婿”）。喜庆风俗有乔迁（俗称“过厝”“贺厝”）、贺喜（民间为亲友祝贺新喜的礼仪习俗，统称“贺喜”“走喜”）、做晬（婴儿诞生一周岁，举行“做周岁”仪式，俗称“做晬”）。丧葬风俗有制寿衣、送终、出殡（俗称“出寿”“出葬”）、做七、百日，旧时，百日之后还有“周年”“三年”的俗制。

饮食习俗，仙游人三餐多以稀饭为主，逢年过节、婚丧喜庆或特事、祭祀、待客时才食干饭、面食和米粉等。一般节日或招待客人时，食干饭、面条、鱼肉，较隆重的喜庆活动，如结婚、乔迁、寿庆等一般要办酒宴。宴席菜肴富有民间风味，结婚宴席末道菜以甜汤作毕宴菜，一改换口感，二寓日后生活甜美。传统名菜佳肴有焖羊肉（俗称干焖羊肉，为宴席首道佳品）、“瑞祥”（俗称“水龙”，含吉祥之意）、芋泥、八宝饭、肉丸（俗称“麻丸”）、鸡卷、糖醋鱼、“蚝猴”（即牡蛎汤）、扁肉（俗称“扁食”）等。仙游民间风味小吃品种繁多，著名的风味小吃有蓼花、赤饼、烧卖、海蛎饼、葱饼、来古扁食、松糕、豆花、锅边、仁丹饽、“秃头粿”、芜糕、焖煎糕、仙草、大肠饭（又称肠粽）、薏粿 、麦煎等。

仙游建筑习俗繁多，尤以建房为甚。一般先请地理先生择定福地，以罗盘测定方向，讲究“风水”，再择吉日下石奠基。建筑开工要择定吉日，避免“鲁班煞”。基建期间，每逢初二、十六日，均要“做牙”（祭祀），一则祈求神灵保佑建设平安，二则慰劳工人。

社交礼仪有迎送、饯行（亦称“送顺风”）、下马（俗称“脱草鞋”）、回礼、作客、谢师、生育（女人生育子女，一般调养一个月，俗称“坐月子”，亲戚朋友送礼）、称呼、请帖、宴客、生日、探病等。

【方言】 仙游方言属莆仙方言（俗称“兴化话、莆仙话”）范围语系，在中华语言方言中别具地域性，范围小、语调多，古典独特，可谓与众不同。仙游方言表达独特，境内方言与普通话、邻近方言表达明显差异；用词与普通话不同，叠词与普通话差异极大，普通话里不可叠用的，方言里却叠用了，但语意非凡，外人难以明白，有些叠词比普通话的意思表达更深一层；方言表达词序与普通话不同。声调独特，普通话有 5 个声调：阴平、阳平、上声、去声、轻声，仙游方言有 7 个声调：阴平、阳平、上声、阴去、阳去、阴入、阳入，方言中几乎没有去声和轻声。仙游方言与普通话音义存在差别。

【遗址遗迹】 仙游县遗址主要有新石器时代至商周时期的溪尾山遗址、观音山遗址、土城埔遗址、宝幢山遗址、蜚乌寨遗址、吴仓遗址、钟峰遗址；汉代的鸡子城遗址、蛇湾城遗址、龙穿城遗址。古窑址有云居窑址、碗边窑址、圣山窑址、溪车窑址、新塔村窑址。古战场有虎啸潭遗址、十八战和九战尾遗址；古府第亭寺遗址有古濑叶颙府第遗址、活水亭遗址、岩里寺遗址、九峰寺遗址。古墓葬有唐五代的郑良士墓、陈峤墓、凤山舍利塔；两宋有蔡襄墓、陈谠墓、蔡京墓、陈可大墓；明清有郑纪墓、林兰友墓、陈经邦墓、郑远墓。建筑庙宫寺观有仙游文庙、三会寺、龙华寺、龙纪寺、九座寺、菜溪岩、天马山寺、仙门寺、鸣峰岩、东山寺、灵山寺、圆通寺、塔斗寺、观音亭、西隐寺、圣泉宫、杨角宫、东坡宫、杨泗官、西亭宫、南潮官、天后宫、兴贤庙、东门纠察庙、天地坛、赖店白石院、园庄青龙寺、涌泉寺、文龙宫、灵济官，郊尾放光岩、榜头出米岩、天柱岩。亭堂书院有迎春亭、重兴亭、普明书院、玉山祠、珠光书院、普光书院、玉辉书院、保和堂、玉林书院、庄山书院、龙头书社。民居祠堂有飞钱旧居、仙水大厅、李尚芬祠、蔡襄祠、郑侨祠、陈可大祠、郑纪祠、余立丰祠、林兰友祠、黄朝尊孝子祠。古塔有天中万寿塔、无尘塔、龙华双塔、望夫塔、雁塔、东渡塔。古桥有南门桥、惠政桥、石马桥、金凤桥、济川宋桥。古城寨土楼有大埔城、东石土楼。古陂

仙游文庙 （县文旅局供图）

井有太平陂、井亭官龙井。古碑坊有东门石坊、吴瑛碑亭、孝节坊、乐善好施坊。石刻、碑刻有摩崖石刻九鲤湖石刻、麦斜岩石刻、罗汉岩石刻、“万岁山”石刻、“第一山”石刻、蓝溪捣月石刻；重要碑刻有朱瀚墓碑、叶颙丞相神道碣、忠孝门闾碑、崇勋祠碑记、戚继光碑、重修太平桥碑记、反日会碑刻、赖店醒桥亭宋碑、芹峰明代李御史碑和承德郎碑。

【历史名人】 仙游县历史上曾孕育8名宰相（宰辅）、5名状元、13名尚书、28名侍郎、732名进士，出现“科甲冠八闽”和“一族九进士，兄弟两宰相”的盛况。历史名人有北宋名臣蔡襄、宋朝开国功臣陈洪进、宋朝“清廉公忠”宰相叶颙、南宋文状元郑侨、明朝“三朝元老”郑纪等。以李霞、李耕、黄羲为代表的仙游画派在全国占有一席之地，特别是李耕与齐白石齐名，素有“北齐南李”之称，曾为人民大会堂国宾厅绘制巨屏《松青鹤白东方红》，其作品《达摩》《春夜宴桃李园》分别被故宫博物院、中国美术馆收藏。还有“八闽雕刻始祖”郭怀、抗倭民勇魏昇、少林高僧释智广等名人。

【风景名胜】 仙游县有国家AAAA级旅游景区2个（九鲤湖和菜溪岩）、国家AAA级旅游景区5个、国家AA级旅游景区4个。有2项国家级非物质文化遗产、1个国家水利风景区、1个中国传统村落、1个全国休闲农业与乡村旅游示范点、1处省级森林公园、2处省级生态旅游示范区。

土特名产

【桂圆】 桂圆俗名龙眼。仙游传统名果。果形美，肉厚、质脆、味甜，果核墨黑，又称龙目。成熟期在8—10月。龙眼加工成干品后，俗称桂圆干。仙游莆田所产的桂圆干统称“兴化桂圆”。“仙游溪货”的桂圆干以其品质优良而驰名国内外，有“兴化桂圆甲天下”之美誉。兴化桂圆曾北上京城作贡品，销往江淮，南渡重洋远销南亚各国。兴化桂圆曾被评为福建省名牌产品。

【度尾文旦柚】 度尾文旦柚为莆田四大名果之一，果肉分为粉红和乳白两种颜色，果形似大秤砣，色泽青黄，产量较高，果肉细软，具有清香爽口、汁多肉嫩、无籽无渣、芳香扑鼻等特点。清末栽培成功后，民众用高压法育苗传邻村，曾被作为贡品上贡朝廷。1983年，经福建省科委鉴评，认定为优良柚类品种，被农业部、中国科学院、中国植物研究所确认为是柚类中的佳品。1983年11月，国家主席李先念到福建考察时尝过度尾文旦柚，因为文旦柚无籽，李先念将其称为“无籽蜜柚”。2019年12月，度尾文旦柚还被授予“福建农产品区域公用品牌”称号。2020年，度尾文旦柚被农业农村部列为第一批农产品地理标志登记产品，获得农产品地理标志证书。2022年，度尾文旦柚被全国名特优新农产品名录收集登录。

【书峰枇杷】 书峰枇杷果实一般呈卵形或长椭圆形，成熟期在2—5月。1978年起，枇杷在仙游得到发展。1992年后，仙游推行山地综合开发，枇杷产业开始全面发展，引进“解放钟”“早钟6号”“长红”“贵妃白”等新优质良种。这些良种枇杷具有果大、皮薄、核小、肉厚、甜度高、酸度低、产量高等优点，枇杷果实除鲜食外，还可以制成罐头、果酒、果汁、果酱、果冻、果膏等产品。2002年，书峰枇杷获国家绿色食品标志使用权和原产地标志注册；2003年，获“福建省名牌产品”称号；2005年，获“中国名优品牌”称号。2017年初，仙游“书峰枇杷”被国家工商总局商标局核准为国家地理标志证明商标。2020年，仙游枇杷特优区被列为省级特优区，书峰枇杷被中国林业生态发展促进会授予中国森林食品认证证书和准予使用中国森林食品标识。

【龙华薏米】 龙华薏米粒果腹沟深，粒圆，精制薏米外观颜色鲜艳，不含杂质，净度高。龙华“四金”（金溪、金沙、金建、金山4个村）的独特气候，培育出独特的薏米品质。仙游县生产薏米历史悠久，明代贵为朝廷贡品。2001年，仙游金沙薏米注册“金沙薏米”商标；2002年3月，获“福建名牌农产品”称号；2020年，获国家农产品地理标志；2022年，获评福建十大农产品区域公共品牌。

【书峰青黛】 书峰乡独特的生态环境，适宜种植福建地道中药材马蓝。书峰乡生产的建青黛，经医药部门鉴定，符合卫生部颁发的药典规定，由医药部门监制包销。仙游靛染厂建立“建青黛”CAP（中药材生产质量管理规范）药材基地，被天津、上海等多家制药厂定为青黛原料药生产基地。

【大济松花皮蛋】 仙游县拥有多家无泥无铅松花皮蛋加工企业，其中仙游中源食品有限公司、建福食品有限公司、大老古食品有限公司，以独特科学配方加工的松花皮蛋质地透明、有弹性、花纹清晰、风味别致、清润可口，有解毒、帮助消化之功效。2001年11月和2002年1月，仙游的“大家发”等松花皮蛋和红心咸蛋获国家名牌产品和国家绿色食品标志使用权。产品出口美国、日本、加拿大，以及东南亚等国家和地区。

【姬松茸（巴西菇）】 姬松茸（巴西菇）主要以干牛粪、稻草、芦苇等作为培养料，其生物学特性与蘑菇相似。1993年，仙游县从省农科院引进姬松茸菌种，栽培试验，取得成功后在全县推广，得到发展，形成规模。仙游姬松茸产品各项理化和感观指标均优于其他地区同类产品，卫生指标优于国家标准。2001年5月，“绿冠”牌姬松茸被评为“福建省名牌产品”。2005年，全县姬松茸年产量1000吨，占全国总产量的70%，出口量占全国总量的80%，在日本市场上占有率60%。仙游形成全国姬松茸生产的基地和销售中心。2022年，仙游姬松茸产量1350吨。

龙华镇金沙村薏米成品 （摄于2022年10月 陈国松供图）

【金溪茶叶】 仙游地处闽中南亚热带北缘，是茶叶生产的适宜区，宜茶山地面积广阔，自然条件优越，茶叶品种优良，种类繁多。福建金溪茶业有限公司创建于1985年，是仙游县唯一一家集茶叶种植、研发、生产、销售、出口、茶文化传播于一体的省级农业产业化重点龙头企业。公司采用机械化、洁净化、标准化和规模化生产的金溪茶叶主要有乌龙茶、绿茶、红茶、白茶、花茶，产品通过FSSC22000食品安全体系、ISO 9000质量管理体系、雨林联盟、农业部良好农业规范（GAP）认证、无公害农产品、有机食品等认证。金溪茶叶以耐泡性、芳香持久性的特色远销欧洲、美国、日本、东南亚、澳大利亚等50余个国家和地区，特别是所产的“忠惠仙韵”名优茶备受市场认可。

【仙游九条贡茶】 仙游九条贡茶是从无土的石缝中冒芽生长的“九条茶”，是一种属于红毛榉科的乔木植物，叶嫩味酸。主要生长于海拔800米以上的高山之上，特殊地理气候条件使得仙游九条贡茶拥有独特的品质。仙游九条贡茶亦茶亦药，具有养生药用价值，有消积健胃、治疗肠胃小病、明目利胆、醒酒明肝奇效。清茶初入口，有一股淡淡的橄榄味，微酸；滑入喉，两颊生风，岩韵十足，口内生津回甘。2018年3月，九条贡茶制作技艺被认定为莆田市第六批非物质文化遗产。

【钟山大米】 钟山大米一年收成一季，种植期为每年5—10月，生长周期较长，灌浆期时充足的光照和适宜的气温环境提高水稻的光合效率，促进碳水化合物和蛋白质的形成，营养物质得到持续的积累，使得仙游钟山大米具有有机质含量高、颗粒饱满、米质上乘、色泽油浸、米香浓郁、松软醇香的品质。

2022年经济社会发展

【经济建设】 2022年，仙游县地区生产总值上半年、前三季度增幅均居全市第一位。三次产业进一步优化，产业结构比例调整为4.1∶49.1∶46.8。第一产业完成增加值25亿元，比上年增长4.6%。仙游台湾农民创业园获评国家级农村创新创业园区，连续六年获全国优秀等级。完成复耕撂荒面积1095.46公顷。发放种粮农民一次性补贴和耕地地力保护补贴2673万元。新认证“三品一标”（无公害农产品、绿色食品、有机农产品和农产品地理标志）农产品17个，新增县级以上示范社8家，县级以上示范家庭农场5家。度尾花卉创意农业园、增光蛋鸡养殖场等项目加快建设。获评全国农产品数字化百强县、省级主要农作物生产全程机械化示范县。度尾镇文旦柚被列入全国名特优新农产品名录。“金沙薏米”入选2022年度福建十大农产品区域公用品牌。中药材种植林下经济示范基地被国家林草局列入第五批国家级林下经济示范基地名单。296家规模以上工业企业完成产值895.50亿元，比上年增长7.5%。东亚机械获评国家级专精特新“小巨人”企业，日晶玻璃、赛隆科技等3家企业获评省级“专精特新”中小企业，益明纺织获评福建省工业龙头企业。完成工业投资170亿元。制订推进工业实体“三转一市”（个体工商户转企业、规模以下工业企业转规模以上工业企业、有限责任公司转股份有限公司、推动企业上市）实施方案，筛选143家企业纳入“小升规”（小微企业升级为规模以上企业）企业培育名录库，工业实现新增入库纳统25家。新增375家县级“白名单”企业获得专项纾困贷4.70亿元、技改贷1.70亿元。第三产业增加值实现285亿元，比上年增长7%，商贸服务业实现新增入库纳统67家。连续7年被列为全国“电商百强县”，抖音电商直播基地获得全省首批抖音跨境电商运营服务商资质，基地综合服务能力排名全国第一、木作行业全国第一。开展“全闽乐购 爱上仙游”促消费行动，发放消费券885万元，直接带动消费1.35亿元。举办首届中国仙游香文化产业峰会，第十届中国（仙游）红木家具精品展览会（线上）带动线上线下交易成交额超2.20亿元。全年旅游接待超349.80万人次，游洋镇兴山村入选省级“金牌旅游村”。推进全县政务服务标准化、规范化、便利化，公布行政许可事项清单（2022年版），全县政务服务场所名称及标识完成调整，“一趟不用跑”占比提升至75.68%，全程网办事项占比提高至78.1%，其中网上可办率98.48%，营商环境绩效考评连续3年综合排名居全市第一位。新增市场主体4.50万户，全县市场主体突破19.73万户，市场主体总量和增量均保持全市第一位。推行“三服务”（服务领导、服务基层、服务群众）助力数字经济产业高质量发展典型经验做法被省效能办在全省肯定并推广。

【政治建设】 2022年，仙游县抓好省委、市委主体责任检查反馈问题整改，全年省对市落实主体责任检查中涉及仙游县问题13个均完成整改；市对县落实主体责任检查发现问题46个，完成整改41个、按序时推进整改5个；抓好59个省委、市委涉粮专项巡视、巡察反馈问题整改，统筹抓好各级巡视巡察、督察、检查反馈问题的整改落实。在仙游电视台建立“监督就在身边”融合监督平台，定期曝光巡察发现问题、整改落实情况及整改工作成效。

仙游县推动政治监督具体化、精准化、常态化，完善“分级分类、责任到人”的监督网络，加强对“一把手”和领导班子的监督。纠“四风”（形式主义、官僚主义、享乐主义和奢靡之风）树新风，全年查处违反中央八项规定精神问题41起、处理88人（其中给予党纪政务处分72人）。聚焦群众反映强烈的突出问题，巩固提升“点题整治”，查处群众身边腐败和作风问题70个、处理132人（其中给予党纪政务处分104人）。查处国企、粮食购销等领域腐败问题，立案审查调查264件，给予党纪政务处分284人，移送检察机关审查起诉4人。发挥巡察综合监督和标本兼治作用，科学谋划第十四届县委巡察五年规划，开展两轮对10个单位党组织的常规巡察，对18个村级组织、120家国有企业开展专项巡察。

【文化建设】 2022年，仙游县建成15个莆阳文化驿站，新增省级非遗代表性项目名录5项。举办鲤声剧团建团70周年系列活动。

实施文化惠民工程，丰富群众性文化活动。启动县档案馆二次装修，推动县博物馆、图书馆、文化馆投用。实施优秀传统文化传承提升工程和莆仙戏高质量发展行动，强化莆仙戏后备人才培养，提升以李耕为代表的仙游画派影响力。成立专业性文化遗产保护机构，做好仙游文庙等文物保护与活化利用。健全现代文化产业体系和市场体系，培育文化龙头企业，提高文化创意产业增加值占地区生产总值比重。规范文化市场经营秩序。举办第十一届红博会。县融媒体中心进入全省县级融媒体30强；放映农村公益电影3500场，观众10万人次；弘扬社会主义核心价值观，深化新时代文明实践中心、所、站建设，开展群众性精神文明创建活动。新增国家级专精特新“小巨人”企业1家、省级“科技小巨人”领军企业5家、省级“专精特新”中小企业3家、省级众创空间3家，组织申报国家级高新技术企业28家。海安集团创建国家级博士后科研工作站并完成上市申报。21个教育类项目完成投资8600万元，建成小学、幼儿园项目8个，新增学位1940个。仙游一中创成全省首批示范性普通高中。福建师范大学仙游附属学校签约落地。仙游电大工作站升格为仙游开放大学。基础教育质量进一步提升，295名学生考取“双一流”学校，中考总分平均分跃居全市各县区第二位。县教师进修学校创成省级示范性教师进修学校。

【社会建设】 2022年，仙游县16件43个为民办实事项目完成投资24.37亿元。创建21所省级“义务教育管理标准化学校”，创建第三批中小学创客教育基地校17所；仙游开放大学获批成立，县教师进修学校跻身福建省示范性县级教师进修学校；仙游一中入选福建省首批示范性普通高中学校，华侨中学艺体高中（体育·武术）项目被评为“福建省普通高中特色示范项目”；中考总分平均分位列全市县区第二，2名学生被清华大学录取；深化科技创新，新增“科技小巨人”领军企业5家，新增入库科技型中小企业22家；28家企业申报2022年国家高新技术企业，6家企业申报与中国科学院合作（STS）项目。完成仙游县全民健身中心（改造）工程，完成全民健身运动15个项目比赛任务；获评福建省全民运动健身模范县，创建国家级全民运动健身模范县，筹办第十六届县运会。建成双桂山、塔斗山智慧体育公园。实现人均体育占有面积2.48平方米。县总医院迁建项目进行室内外装修，度尾卫生院被列为精品中医馆建设，建成2家基层中医馆；县总医院入选国家卫健委公布的符合县级医院医疗服务能力推荐标准的县级医院名单，鲤南、鲤城卫生院依托县总医院技术力量建设联合病房；24个长者食堂完工，新建农村幸福院4所，提升改造幸福院48所，完成450户居家适老化改造；居家养老专业化服务城乡覆盖人口2万人。新增城镇就业人员2425人、城镇失业人员再就业465人，帮助企业招工1.64万人；城乡居民社会养老保险参保74.95万人，基本养老保险参保率98%，为企业及个人减免失业保险降费1758.64万元；为企业发放生产稳定就业奖补135.32万元，企业稳岗奖补157.98万元，以工代训补贴347.50万元；开发491个公益性岗位，发放公益性补贴资金325.89万元。推进扫黑除恶“回头看”专项工作及平安仙游、法治仙游建设，刑事案件破案率比上年上升8.6%、查处犯罪嫌疑人上升4.2%，交通事故起数下降20%。

【生态文明建设】 2022年，仙游县完成木兰溪防洪生态景观工程4千米，经济开发区水厂、城区第一水厂迁建项目投入运行，推进城区第二水厂二期、度尾水厂项目建设。粗溪桥光段、象山段2条河道整治工程完工。推进农村污水管网建设，全县51个试点村建设主管网82千米，接户管322千米。实施“碧水工程”，71个排污口完成排查整治工作，完成10个“污水零直排区”示范村建设；完成27.15千米城区污水管网深度排查检测。实施“净土工程”，推进污染地块的安全利用，完成2块污染地块治理；动态更新土壤污染重点监管单位名录，强化监管和执法检查；规范处置涉疫医疗废物482.24吨，设床位的医疗机构医疗废物集中处置率100%。实施“蓝天工程”，加强对移动源、建筑和道路施工工地等污染源的监管，强化44家涉挥发性有机物企业帮扶指导。全年植树造林1133.33公顷，森林覆盖率71.43%，森林蓄积量935万立方米以上，森林覆盖率居全市第一位；公园绿地面积451公顷，比上年增长0.7%；治理水土流失1753.33公顷。木兰溪干流4个国控、省控考核断面水质均达到年度水质目标要求；12个乡镇级以上集中式饮用水水源地水质全部达到Ⅲ类以上，水质优良比例100%。环境空气质量优良率99.7%，排名保持全市第一位。“仙游县布局循环产业推动绿色经济发展”入选福建省绿色经济发展典型案例。

（朱颜媛）

综 述

【工艺产业发展】 仙游县是“世界中式古典家具之都”“中国古典工艺家具之都”“中国仙作红木家具产业基地”“中国古典家具收藏文化名城”“全国红木古典家具产业知名品牌创建示范区”“中国红木家具质量创新提升县”。2022年，仙游县工艺企业2200余家，从业人员近20万人，实现产值610亿元，比上年增长15.1%；用电量8106.21万千瓦时，增长2.26%；规模以上工艺企业144家（占仙游县规上企业51.3%），产值366.40亿元，增长17%；税收4183.01万元。

【国礼臻品】 仙作技艺被列入国家非物质文化遗产保护名录，入选第一批国家传统工艺振兴名录、新华社民族品牌工程（全国首个入选县域品牌），2020年、2021年两度入编《中华人民共和国年鉴》，率先发布业界第一个指数“新华·仙游仙作产业发展指数”，仙作劳务品牌入选人社部劳务品牌，是福建省唯一入选的产业劳务品牌。仙作臻品先后在北京APEC（亚太经合组织）峰会、米兰世博会、厦门金砖会晤、第五届世界佛教论坛、第44届世界遗产大会上亮相，并多次被选作国礼。

【千亿集群】 2022年，仙游县有古典工艺家具、“六编六雕”（“六编”：竹编、草编、藤编、芝编、塑编、棕编；“六雕”：木雕、竹雕、石雕、铜雕、骨雕、玉雕）、古玩、布艺、国画、油画、漆画、唐卡等产业集群，古典工艺高端家具占全国的70%以上，大众化和新中式家具占全国的25%以上，是引领中国红木古典工艺家具市场重要的风向标和晴雨表；油画产业年产值30亿元，是全国三大油画生产基地之一；香文化产业年产值80亿元，是全国最大沉檀香集散地；小件工艺品市场全国最大、品种最全；工艺美术电商年销售额80亿元，是全国“电商百强县”。

【大师荟萃】 至2022年12月，仙游县有中国工艺美术大师2人、中国木雕艺术大师4人、中国传统工艺美术大师12人、省工艺美术大师51人、省工艺美术名人95人、省雕刻艺术大师21人、市工艺美术大师111人、中级工艺美术师706人、技师264人，工艺设计人员6000余人。仙游县形成街、园、城、行业协会等融合发展的产业平台。

仙作历史

【概况】 仙游古典家具制作技艺，简称为“仙作”，意取仙人之作。仙作源于唐宋，兴于明清，盛于当代，是一个具有独特艺术风格的古老工艺流派，被称为“东方艺术家具”，与京作、苏作、广作并称为中国古典家具“四大流派”。

仙作古典家具有“巧、雅、美、优”四大特性：巧，即巧夺天工。注重传承创新，其工艺汲取国画艺术、雕刻艺术之精华，运用传统家具榫卯结构制作技艺，融入当代文化理念和时尚元素，取法自然，巧夺天工。雅，即精致高雅。仙游古典家具的款式样式、规格尺寸、装饰图案均承载历史背景与文化背景，饱含普罗大众对追求美好生活的丰富寓意和文人墨客追求雅致生活的情感寄托。美，即美观大气。注重在变化中求统一，雕饰精细，线条流畅，既有简洁大方的仿明式，又有雕龙画凤、精心雕琢的仿清式，适合不同群体的审美需求。优，即优质典藏。仙作古典家具用料考究、品质高超，加之材质资源稀缺性，集实用、观赏、保值于一体，成为中外收藏家梦寐以求的珍品，可用、可藏、可传家。仙作古典家具种类齐全、自成体系，有厅堂、书房、卧室、餐厅等诸多系列的床、橱、柜、桌、椅、几、案、沙发等产品160余种。

【唐宋时期】 仙作最初是古代的一种建筑雕刻艺术，到唐代实现飞跃发展。南宋宝祐年间《仙溪志》记载，唐代，佛教开始在仙游传播和蔓延。当时仙游境内寺庙林立，“僧乡佛国”名闻遐迩。寺院庙宇的栋梁、屋椽、门楣及家具装饰就开始植入雕刻艺术，尤其是木雕佛像造型简练、刀法娴熟、线条流畅，风格独异，具有较高的艺术水平。到宋代，仙游雕刻艺术由建筑装饰逐渐融入家具制作技艺，民间木雕工匠们运用传统木雕艺术雕刻和装饰硬木家具。宋代丞相蔡京酷爱的“太师椅”就是由仙游民间木雕工匠设计和制作。“太师椅”造型“上圆下方”，承载着中国古代“承天象地”“天圆地方”的哲学概念，浸漫着浓郁的儒家思想。当时从仙游制作运抵京师进贡的“太师椅”、宝座、条案、条桌等深受皇家王室和宫廷贵胄们的喜爱，因而成为历代皇城和宫殿之宝物。仙游民间雕刻的人物、花卉等题材的围屏、栏杆、木雕古玩、乐器、家具等广为流传。

【明清时期】 明清时期，仙作经过工匠们的薪火相传、推陈出新，民间雕刻的人物、花卉等题材的围屏、栏杆、木雕古玩、乐器、家具等，深受皇家王室和宫廷贵胄们的喜爱。其间，仙游的艺术雕刻家具和红木雕刻家具，无论木工制作造型及雕刻装饰的图案、花纹都日臻完美，雕刻技艺精湛，图案花纹细腻精微，可与皇城下的北京木雕家具、苏州红木雕刻家具、浙江东阳木雕家具相媲美，形成别具一格的仙作风格。

【民国时期】 民国时期，仙作雕刻工艺流派纷呈，诞生出洋塘雕花派、坝下雕刻派、木作营造派等风格各异的艺术门派。洋塘雕花派和坝下雕花派作为雕刻类门派，丰富仙作的雕刻技艺。木作营造派作为木工门派，把精湛的榫卯技艺演绎得炉火纯青。

【中华人民共和国成立后】 中华人民共和国成立早期，仙游地区木作工艺严格区分为“大木”和“细木”，“大木”指的是建造木质结构房屋，“细木”则是打造家具，打造家具又分小木作及雕花两种工艺。“细木”主要为眠床、综合柜等家具的制作、雕花和上漆。受当地民风民俗影响，民间木雕艺人把仙游的国画艺术与精湛的木雕艺术融为一体，雕刻多种山水、人物，饰以黄金装饰在床、橱、桌、椅等木家具上。

从二十世纪五六十年代起，仙游民间工艺按地理位置分为东乡（县城往东从金凤桥往榜头方向）、西乡（县城往西经大济、度尾）。东乡的工艺史称坝下雕刻派，主要指榜头镇的民间工艺，坝下雕刻派又分粗茶派和紫洋派；西乡的工艺史称洋塘雕花派，主要指度尾、大济等乡镇的民间工艺。

1978年12月，仙游的泥、石、竹、木、根、玉、铜雕塑艺术迅速发展。榜头形成“六编六雕”特色产业而著名。

1985—1995年，东南亚地区和中国台湾、香港、澳门地区的经济持续发展，佛教及家居工艺品市场繁荣，驱动了全国工艺品产业的发展。而妈祖文化作为闽台文化交流的一个重要平台，妈祖故乡的手工艺人赶上千载难逢的好机缘。仙游民间手工艺者纷纷自立门户，涌现出个人办厂潮。他们游走于中国闽南、台湾地区和东南亚等地，从事寺庙、古建筑等与木雕相关的建造与修复工作。榜头镇坝下、紫洋、仙水、溪尾、东桥、泉山、象塘等村，先后办起木雕厂，生产仿古家具、茶具、人物像、屏风及天然巧雕根艺等产品销往国外。台湾商人到坝下采购雕刻工艺品，坝下村成了木雕和仿古家具的集散地和仙作发展的发源地。

1996年6月，时任福建省省委副书记的习近平到仙游考察工艺家具时提出，要努力发挥传统文化优势，发展木雕特色经济，拓展文化商品生产。之后，仙游历届党委、政府始终把仙作古典家具产业作为特色产业、富民产业扶持、培育壮大，产业迅猛发展。

红木文化

【概况】 2022年11月25—29日，第十届中国（仙游）红木家具精品博览会、首届中国仙游香产业峰会举办。仙游县举办2022年中国·海峡第一届“仙作杯”古典家具创新设计大赛、莆田市第四届“海峡艺雕杯”手工木工职业技能竞赛、“中国好沉香”短视频制作技能竞赛，促进仙游、仙作文化的传播交流。

仙游县有从事原材料种植、香料交易、香制品加工、销售等香文化产业企业500余家，从业人员1.20万人，形成中国香博园、环球工艺城、中国古典工艺博览城等产城集聚平

2022年11月26日，第十届中国（仙游）红木家具精品博览会在中国·仙游仙作共享交易中心开幕。图为与会者参观雕刻作品　（唐伟供图）

2022年5月22日，仙游县举办首届直播带货暨短视频制作技能竞赛，310家沉香商家开启直播带货模式。图为商家直播现场　（唐伟供图）

2022年11月11日，莆田市第四届“海峡艺雕杯”工艺品雕刻工职业技能竞赛在仙游度尾海峡艺雕旅游城开幕。图为选手比赛现场

（县工艺办供图）

台，以及榜头镇度顶村、仙水村等香产业专业村，香产业初具规模。

【展览展销】 2022年11月26—29日，仙游县举办第十届中国（仙游）红木家具精品博览会（简称红博会）。该届红博会由中国家具协会、中国工艺美术协会主办，福建省古典工艺家具协会、中国·仙游仙作红木共享交易中心承办。

红博会为期4天，以“文化仙作　数创未来”为主题，抖音、京东等多平台协同，线上线下深度融合。主要有莆田市第四届“海峡艺雕杯”工艺品雕刻工职业技能竞赛、2022年中国·海峡第一届“鲁艺杯”古典家具创新设计大赛、首届中国仙游香文化产业峰会、网红主播带你逛仙作、全平台直播汇展、“中国仙作·红博会”短视频挑战赛等线上线下活动。主会场3万余平方米，近1200家企业参展，设有花梨紫檀馆、大红酸枝馆、缅花馆、血檀馆、金丝楠木馆、工艺精品馆、茶空间等九大展馆，汇聚上万件工艺美术精品展示，涵盖家具、木雕、根雕、油画等艺术领域。

开幕式上，中国·仙游红木共享交易中心、仙游跨境电商产业园、红木原材料交易平台及共享生产产业园、天然香文化小微产业园4个产业项目达成框架合作签约，4个项目总投资约45亿元。该届红博会达成意向销售额11亿元，实现线上线下销售额9.50亿元。

【技能大赛】 2022年12月24日，中国·海峡第一届“鲁艺杯”古典家具创新设计大赛闭幕，该次大赛由中国家具协会、福建省工艺美术行业发展促进中心、仙游县人民政府主办。大赛征集参赛作品192件，

2022年10月，中国香博园试运营。图为园区内景（中国香博园供图）

评出图像类、实物类作品特等奖各1人、金奖各3人、银奖各5人、铜奖各8人、优秀奖各13人，以及人气奖10人。

11月11日，“莆田工匠”技能大赛、莆田市第四届“海峡艺雕杯”工艺品雕刻工职业技能竞赛在海峡艺雕城开赛，吸引来自全省的57名选手参赛。

【交流研讨】 2022年11月25日，首届中国仙游香文化产业峰会在仙游县举行。该次香文化产业峰会由仙游县人民政府主办，仙游县工艺美术中心、福建省天然香文化协会承办，世界中医药学会联合会沉香产业分会、东莞市沉香协会、中国林业与环境促进会沉香产业联合委员会、茂名市电白区沉香协会协办。峰会上，世界中医药学会联合会沉香产业分会会长、博士生导师王守东，全国工商联民间文物艺术沉香专委会秘书长钱国富，中国沉香文化博物馆执行馆长巫松青，世界中联沉香分会执行会长汪科元，东莞市沉香协会会长尹丰田，深圳市沉香行业协会会长苏六河先后作香产业发展和沉香药用方面的经验交流。

中国工艺美术大师林庆财作品《仙道》（县工艺办供图）

中国工艺美术大师黄福华作品《莲花宝座》（县工艺办供图）

仙作人物

【概况】 2022年，仙游县有中国工艺美术大师2人、中国木雕艺术大师4人、中国传统工艺美术大师12人、省工艺美术大师51人、省工艺美术名人95人、省雕刻艺术大师21人、市工艺美术大师111人、中级工艺美术师706人、技师264人，工艺设计人员6000余人，建立福建省木雕古典家具产品质量监督检测中心、省级企业技术中心2家、市级企业技术中心5家，拥有创新产品外观设计专利1.20万项。近年，在“百花奖”“山花奖”“争艳杯”大赛和国内各类展览展销中，获得金、银、铜奖2600余枚，居全国县域前列，有48件工艺美术作品分别被中国国家博物馆、中国美术馆、中国工艺美术馆收藏。

【古代人物】

郭怀　清乾隆年间仙游度尾人。仙游石雕大匠郭怀被誉为“八闽雕刻始祖”。他雕刻的龙柱被称为花岗石雕杰作。龙柱上的八仙神态各异、腾云驾雾，尤其是龙身飘逸欲飞、触角如真；八仙的表情带有面对巨龙腾空飞跃之势的惊诧神情。郭怀的石雕艺术传遍闽中，并形成仙游独具特色的石雕艺术流派——“南派”。

【现代人物】

林庆财　1961年出生，仙游榜头人。中国工艺美术大师、高级工艺美术师、中国红木家具行业风云人物、福建省古典家具协会名誉会长、北京大家之家古典家具有限公司董事长。林庆财雕刻刀法细腻，简洁新颖，创意独到，每一件作品都有丰富的题材内容。1994年创作的黄杨木雕《采茶舞女》和1995年创作的檀香木雕《弥勒佛》分别获省级金奖；2002年创作的《九莲观音》《十三姐妹》获第四届中国国家级工艺美术大师精品展传统艺术金奖；2006年创作的越南黄花梨家具《架子床》获首届中国海峡工艺品博览会金奖；2011年创作的木雕作品《百鸟朝凤》《琴棋书画》被中国木雕艺术馆收藏。

黄福华　1968年出生，仙游榜头人。中国工艺美术大师、中国明清家具专业艺术委员会副主任、福建省古典工艺家具协会会长、仙作古典家具制作技艺代表性传承人之一、中国政协文史馆工艺美术研究院副院长、中国经济社会理事会理事、福建省人大代表、三福集团董事长。黄福华设计的作品意境悠远、形象丰满、刚中有柔、光洁无瑕、气质高贵，显示出作者高超的艺术表现能力。他制作的《小叶檀云龙纹顶箱柜》《满雕云龙纹宝座（九件套）》获中国工艺美术“百花奖”优秀作品评选大赛金奖；《龙凤花鸟多宝格柜》获第二届海峡工艺博览会优秀作品评比金奖；《人物顶箱柜》获中国红木古典家具展览会金奖；木雕作品《降龙达摩》获全国省级工艺美术大师作品展金奖。

林庆全　1957年出生，仙游榜头人。中国木雕艺术大师、福建省工艺美术大师、高级工艺美术大师、中国工艺美术学会会员、中国工艺美术学会雕塑专业委员会会员、中国工艺美术学会木雕艺术委员会副秘书长。他的雕刻具有鲜明文化特征和不朽魅力，博采众长，逐渐形成集造型、绘画、篆刻、雕塑于一体的雕刻艺术。创作百余件优秀作品，获国家级金奖21件、银奖13件、铜奖15件。2008年10月，福建电视台公共频道《西岸窗》栏目聘请其为艺术导师。2012年，林庆全创作的木雕作品《苏小妹》被中国工艺博物馆收藏。

徐元宝　1972年出生，仙游度尾人。中国木雕艺术大师、福建省工艺美术大师、福建省木雕非遗传承人、全国五一劳动奖章获得者、全国劳动模范、莆田市人大代表、莆田学院客座教授、书潭珍藏坊主人。徐元宝拥有7件套发明专利与实用新型专利证书和3件作品外观专利。作品获得国家级、省级等各类奖项60余次，多件作品被中国国家博物馆、中国工艺美术馆收藏。坚持撰写创作手记，在许多专业杂志、书籍中刊登10余篇论文；2016年3月，出版专著《几案之珍》。热心公益，先后为美丽乡村建设、奖教助学等捐资60余万元。先后培养徒弟200余人。

游良照　1951年出生，仙游郊尾人。福建省工艺美术大师、高级工艺美术师、省非遗保护项目木作传承人、中国优秀建筑营造木作大师、联合国国际民间工艺美术家、福建仙游龙威工艺品有限公司董事长。擅长木雕，作品多次在国家、省、市级及海外展出并获得大奖。2004年，创作木雕作品《钟馗出巡》《霸王别姬》分别获中国第五、第六届民间工艺品博览会中国民间文艺山花奖民间工艺铜奖和中国民间工艺品博览会特等奖；同年10月，在福建省首届民间艺术精品展上获福建省首届民间工艺银奖，并被授予第三届“福建省民间艺术家”称号。游良照主持并参与漳州南山寺、厦门观音寺、马祖天后宫、马来西亚鹤山极乐寺等一批大型寺庙建筑装饰设计和佛像雕刻，享有“南国神雕”称号。《人民日报》、中央电视台、中央人民广播电台等媒体宣传和报道其事迹。

品牌建设

【概况】　至2022年底，仙游县有集体商标1枚（“仙作”）、中国驰名商标6个、省级著名商标55个、省名牌产品53个。2022年，仙游·仙作再度入编《中华人民共和国年鉴（2021）》；发布4期“新华·仙游仙作产业发展指数”；与新华社合作打造仙作信用，制定《仙游工艺美术产业未来五年信用体系建设顶层设计规划》，100家“诚信示范企业”入驻新华信用平台；开展仙游县工艺美术行业放心消费单位评定工作，首期评定339家；“仙作劳务”品牌入选人社部劳务品牌，是福建省唯一入选的产业劳务品牌。

【仙作再次入编《中华人民共和国年鉴（2021）》】　2022年，《中华人民共和国年鉴（2021）》收录“仙游·仙作”图文材料。这是继“仙游·仙作”入编《中华人民共和国年鉴（2020）》后，再次被收录。

【工艺美术产业信用监管体系编制】　2022年，仙游县与新华社民族品牌工程办公室合作，强化政府在信用监管体系建设中的主导推动作用。编制《仙游工艺美术产业未来五年信用体系建设顶层设计规划》，完善信用承诺制度、守信激励与失信惩戒机制、信用分级分类管理、信用修复制度等一系列政策制度，促进仙作产业规范发展。

从300余家仙作企业中评选出

首批 100 家诚信示范企业，入驻新华信用平台。新华信用为入驻的仙作信用企业提供信用建档、信用路演、企业资讯发布等一系列服务，通过“一体化信用服务体系”和“一站式生产者服务平台”等，帮助企业进行品牌传播和信用建设，做好仙作企业的“信用管家”，加强诚信政策宣传和技术引导，打造仙作信用名片，增强企业主体诚信意识。

12 月，仙游县政府联合中国经济信息社开展的“首届仙作信用示范企业星级评定”结果揭晓，评选出五星级信用企业 11 家、四星级信用企业 40 家、三星级信用企业 23 家和二星级信用企业 26 家。

【“仙作劳务”品牌打造】 2022 年 11 月 17 日，“仙作劳务”品牌作为福建省唯一代表，亮相全国劳务品牌发展大会，进行线上精品展示推介。仙游县把“仙作劳务”作为支柱产业来谋划推进，树立品牌发展理念。县相关部门采取措施，为有创业意愿的“仙作”从业人员提供项目推介、创业培训指导及小额担保贷款等创业服务。实施“柔性引才”“名校优生引进”等重点人才工程，聚集一批工艺精湛、技术超群的工艺美术高级技术人才，打造属于仙游的名家大师队伍，提高仙游在工艺美术行业的知名度，发挥“仙作劳务”的品牌优势。至年底，“仙作”产业带动周边县区就业岗位 5 万余个，省外 3 万余人到仙游就业创业。

产业发展

【政策扶持】 2022 年，仙游县制定出台《关于支持工艺美术产业平台发展的实施意见》（简称《实施意见》），《实施意见》坚持问题导向、需求导向、结果导向，围绕当前仙游县工艺美术产业公共服务不足问题，鼓励发展红木原材料仓储代管融资平台、红木家具共享交易中心、线上电商供应链平台、工段共享服务平台 4 个产业发展平台，通过平台建设帮助企业去库存、降成本、拓市场。引导发展前景好、带动性强的平台项目嫁接落地，为产业发展拓展新空间、注入新活力。

【创新融合】 2022 年，仙游县推进“建链、补链、强链、延链”，培育新增长极，打造优势产业集群。推动中国香博园项目签约落地，规划建设香产业小微企业园，种植奇楠沉香 55.33 公顷，举办首届中国仙游香产业峰会，制定《沉香木制品感官验货规范》。有香文化产业企业 800 余家，从业人员 2 万人，形成中国香博园、环球工艺城、中国古典工艺博览城等产城集聚平台，榜头镇度顶村、仙水村等香产业专业村，全年天然香产业实现产值 100 亿元，比上年增长 25%。仙游抖音电商直播基地全年网络销售额 48.65 亿元。其中，木作文玩销售指数值 38.29 亿元，比上年增长 63.1%，销售指数居全国同类基地前五位、木作基地第一位。京东（仙游）数字经济产业实现入库纳统产值 37.10 亿元。依托“工美生活家”产业生态链平台，整合碧桂园现代筑美 20 余家渠道房地产及 20 万套房地产资源，建立标准化的产品设计，拓宽行业营销渠道，试点建设中国·仙游红木共享交易中心，集中仙作产业滞销库存及优质产品，形成中国最大的高端红木家具交易市场、全国首家集红木家具融资、销售、代管平台。

【开拓市场】 2022 年，仙游县引导工艺企业研发面向大众、适销对路、款式新颖的新家居产品、旅游工艺品和红木标准件，满足中低消费群体，提高市场占有率。发挥抖音、京东、淘宝、快手等仙游产业带直播基地带动辐射作用，加强跨境电商营销。鼓励与嘉德、保利等国内知名拍卖机构合作，中国嘉德首次推出仙作家具《匠心妙契——仙作家具及工艺品》专场，拍卖成交额 1212 万元。仙作高端市场占有率 75% 以上，大众化占有率 30%，比上年增长 5%。

【服务企业】 2022 年，仙游县创新金融服务，对接仙游兴业银行、农商银行开展红木家具及原材料仓储质押融资业务，支持建立中国·仙游红木共享交易中心（放贷 4340 万元）、胜北红木原材料仓储代管融资平台，县财政给予年贴息补助 0.2%。全县红木产业企业放贷 7740 万元，红木产业企业存量贷款 46 亿元。以“政府 + 企业”方式筹集 400 万元资金，在京广线、京沪线、沪深线等精品线路投放 70 组动车宣传广告，制作拍摄《仙作之缘》公益微电影和 30 集《仙工开物》宣传短视频，宣传仙作品牌、企业、大师，提升行业知名度和影响力。

仙作园区建设

【概况】 2022 年，仙游县坚持产业与城市融合发展，从以产兴城、以城促产的定位统一规划，以城关为核心，两乡为两翼，以点聚线，以线带面，促进单点集群与多点联动相辅相成，以线面汇聚产生产业间协作共赢的化学反应，规划建设天然香小微企业园、度尾、大济木制工艺品小微产业园等产业园。

【中国·仙游红木共享交易中心】 中国·仙游红木共享交易中心位于仙港工业园，是由福建省仙作云中小企业服务有限公司牵头搭建的开放共享产业平台。在政府支持、银行加持、产业背书驱动下，红木企业从竞争走向抱团。项目投资总额5亿元，规划总面积7万平方米，设有精品馆、金丝楠木馆、茶空间、紫檀花梨馆、大红酸枝馆、缅花馆等9个展馆，打造中国最大高端红木家具交易市场，是集红木家具融资、销售于一体的代管平台。一期项目面积3万平方米，入驻厂商222家，开发完成云商系统并投入使用。

【中国香博园】 2022年，仙游县携手福建省香魁投资有限公司，在鲤城街道坝垄社区建设中国香博园项目，总投资2亿元，建筑面积超1万平方米，建有产品检测鉴定服务中心、香魁旗舰店、香产业品牌旗舰店销售中心、香文化博物馆、沉香茶酒空间、香道空间、电商直播间、电商直播选品中心、线上产业服务培训中心等。10月，中国香博园试运营，入驻企业17家（境外企业1家、境内企业16家）。

【工美生活家产业生态链平台】 2022年4月，县政府与广州格瑞集团、艺融精创（仙游）投资发展有限公司签约合作，建立工美生活家产业生态链平台，总投资5亿元，分两期建设，第一期在仙游县美术馆（面积5000平方米）建设同城采购平台，建立标准化定制及诚信化体系建设，投入运营。第二期建设全国红木原材料交易公共服务平台、仙游工艺美术产业立体电商平台、仙游家具行业“精品数字博物馆”、工艺美术产业基金、产教融合平台等。

2022年10月，中国香博园内的国家香检中心仙游业务中心，工作人员在检查发货（郑丽供图）

【天然香小微企业园】 天然香小微企业园由福建省香魁投资有限公司投资建设，选址榜头镇，总用地面积14.84公顷，计划总投资5.50亿元，建设集育苗、种植、生产、加工、包装于一体的标准化厂房。可入驻企业50家，年创产值10亿元，创税300万元，创造就业岗位500个，就业人数1000人，补齐仙游县天然香文化产业链条，促进产业集聚发展、做大做强，打造成为中国天然香产业示范园。至2022年底，完成园区土地办理选址意见函、发改备案、征地预公告发布及签订土地征收协议，办理社保审批手续和林地审批手续。

【度尾、大济木制工艺品小微产业园】 度尾、大济木制工艺品小微产业园占地13.33公顷，总投资约3亿元，园区以规划原材料销售、家具生产、电商、物流为主，配套开料、雕刻、油漆、烘干等具体的细分功能区，主要生产大众化产品。可入驻企业100家，年创产值5亿元，创税500万元，创造就业岗位1000个，就业人数2000人，促进带动度尾镇、大济镇工艺小件、根雕、佛事用品、国画等行业发展，形成“西乡”特色文化产业集群。至2022年底，完成园区红线内地块土石比勘测报告、项目建议书及建筑设计编制、项目选址意见函及项目备案、土地开发方案编制、地块控制性规划待入库，组建公墓安置区的林地报批材料。

（陈洪志）

综 述

【学深悟透"新思想"】 2022年，仙游县把学习宣传贯彻党的二十大精神作为首要政治任务，召开县委常委会（扩大）会议、理论学习中心组学习会等传达学习贯彻；出台有关文件，召开县委全会，制定《关于深入学习宣传贯彻党的二十大精神 为奋力谱写全面建设社会主义现代化国家福建篇章作出仙游贡献的决定》，部署学习宣传贯彻工作。县委常委带头到基层一线宣讲，做好市委宣讲团到仙游宣讲工作，组建县委宣讲团和"福小宣·仙讲队"宣讲小分队48支，到机关、企业、村居、学校等开展宣讲。把学习贯彻党的二十大精神纳入党校（行政学院）的必修课，分期分批对党员干部进行系统轮训。全县各级新闻媒体策划、报道，开展系列宣传。全县各级基层党组织开展学习活动。

2022年，仙游县坚持"第一议题"制度，跟进学习、贯彻习近平总书记重要讲话重要指示批示精神，全年召开31次县委理论学习中心组会议。推动党史学习教育常态化长效化，实施习近平新时代中国特色社会主义思想教育培训工程，举办学习贯彻党的二十大和十九届六中全会精神专题研讨班等，实现全县党员干部轮训全覆盖。中共仙游上宫支部旧址被列为"省级爱国主义教育基地""省委党校现场教学点"。

【改革开放】 2022年，仙游县深化"放管服"改革，加快政事分开、事企分开、管办分离，91.91%的事项实现"一趟不用跑"，优化营商环境。推进基层综合行政执法体制改革，推进行政执法权限和力量向基层延伸和下沉。加快筹建仙北旅游开发区管委会，深化供销社综合改革，启动县属国有企业重组整合，组建两大AA国企集团。探索先行开展生态公益林补偿、天然林停伐管护补助、林业碳汇收益权等质押贷款和林地经营权抵押贷款试点，创成省级林下经济重点县。以仙游抖音基地获授全省唯一抖音跨境电商运营服务商资质为契机，深化与共建"一带一路"国家、RCEP（区域全面经济伙伴关系）国家经贸合作，支持企业发展海外仓，推进跨境电商产业园，新增外贸自营出口权企业22家。融入《福州大都市圈发展规划》，深化与福州鼓楼区结对帮扶，形成区域经济发展新优势。组织企业参加"6·18"海峡创新项目成果交易会，对接项目80个、总投资6.20亿元；全县出口额比上年增长50.56%。举办第十届红博会、首届中国仙游香文化产业峰会，城市影响力、美誉度不断扩大。发挥国家级台湾农民创业园优势，落实国台办"31条"、省"66条"、市"35条"和县"18条"惠台利民政策措施，加强仙游县省级台湾青年就业创业基地建设，谋划打造台湾农创科技小镇，打造台农、台青、台商的创新高地、创业福地，探索海峡两岸融合发展。

【产业发展】 2022年，仙游县聚焦九大重点产业体系，实施实体企业梯次培育计划，以"三转一市""四换四名"（机器换工、电商换市、腾笼换鸟、空间换地；名品、名牌、名企、名产地）、"四个一批"（谋划一批、签约一批、开工一批、投产一批）为抓手，打好产业转型升级、绿色高质量发展组合拳，加快构建现代化经济体系。围绕打造"一镇一业"（一个乡镇、一个产业），系统谋划、拓展"一心两翼八园"［以鲤城街道、鲤南镇、榜头镇部分区域为主的现代服务业发展中心；以枫亭镇、经济开发区以及郊尾镇部分区域为主，重点发展新型功能材料、高端装备的东南工业发展翼；以西北八个乡镇、仙游台湾农民创业园为主，重点发展文旅康养、绿色经济、高效农业的西北文旅经济发展翼；大济、度尾木制工艺品小微园、榜头城乡小微企业园、鲤城车软科创园、龙华绿色食品小微企业园、赖店农特产业园、郊尾智慧能源（非油品）微集群小微企业园、盖尾新材料产业园、鲤南数字产业园］产业发展空间，处置批而未供土地99.93公顷，盘活闲置厂房10万平方米、低效用地124.53公顷，为产业微集群发展提供平台和空间。抢抓产业发展的窗口和机遇，通过早布局、引龙头、铸链条，培育形成动力电池新能源材料产业、电子信息新材料产业等产业微集群，开辟产业发展新赛道。总投资102亿元的国城三元正极、总投资110亿元的紫京科技、总投资50亿元的和拓新材料等一批重大产业项目加快建设；推动总投资70亿元的时速半导体项目落地，填补国内空白；创新搭建并推动4个平台投入运营，举办第十届红博会、首届中国仙游香文化产业峰会、首届古典家具创新设计大赛；加快仙游数字产业园落地建设，仙游抖音基地成为全省首家抖音跨境电商运营商、销售额居全国第一位。稳住经济基本盘，落实国务院33条、省48条、市60条等稳经济系列政策措施，配套出台仙游县稳经济一揽子政策措施69条，办理减税降费及退税缓税缓费超8.80亿元。全县市场主体突破19万家，居全市第一位，新增“个转企”（个体工商户向现代企业转型升级）2696家、“下转上”（规模以下、限下企业转为规模以上、限上企业）92家。针对赛隆、新万鑫、意达科技等上市后备企业，组织力量开展全周期辅导、精准帮扶，推动海安集团创建国家级博士后科研工作站并完成上市申报。

2022年11月26日，第十届中国（仙游）红木家具精品博览会在仙游县博览城开幕。图为仙游县工艺美术行业放心消费单位授牌仪式

（县工艺办供图）

【项目招商】 2022年，仙游县抓项目、抓招商、抓攻坚，以好项目、大项目的推进为产业发展塑造新动能、新优势。突出“一把手”招商、产业链招商、第三方招商、以商引商等，创新“1+3”（1个项目由1位县处级领导挂钩、1个服务专班服务、1份前期工作清单推进）服务模式，坚持把“风投理念”贯穿项目对接、招商洽谈全过程，聚焦产业链薄弱环节，瞄准细分领域龙头企业，引链补链强链，全年签约项目38个、总投资489.80亿元，项目签约数和投资额均居全市第一位；紫京新能源科技材料、国城三元正极材料、木兰抽水蓄能电站等一批投资超100亿元的重点项目实现签约开工。强化项目攻坚，260个省市县重点项目完成投资194.30亿元，超序时进度1.30个百分点，三季度项目工作正向激励综合考评居全省第8名，总投资70亿元的海安高端装备一期项目被列为全省第二季度重大项目视频连线集中开工项目。探索创新项目“拿地即开工”模式，县委常委带头每周至少安排两天到重点项目、镇村一线调研督促、现场办公，协调解决项目推进问题。全年完成征地226.27公顷、拆迁18.46万平方米，谋划设立产业基金，争取专项债券资金39.96亿元。

【城市建设】 2022年，仙游县融入莆田城乡一体化发展蓝图、《福州都市圈发展规划》，拓展城市空间、完善配套功能，提升城市环境质量、城市品位、城市竞争力。做实、做优、做活、做旺城市，完成“三区三线”（城镇空间、农业空间、生态空间3种类型空间所对应的区域，以及分别对应的城镇开发边界、永久基本农田保护的红线、生态保护红线3条控制线）划定、59个村庄规划编制，开展中心城区总体概念性城市设计，推进片区征迁扫尾工作，建成区面积扩大至34.10平方千米，城镇化率提高到53.8%。实施城市“五化”（序化、洁化、美化、绿化、亮化）工程，组织策划项目130个、完成投资60亿元，18个老旧小区改造开工率和进度均居全市第一位，获评省级城乡建设品质提升综合绩效优异县、省级单项工作绩效优异县，仙糖绿色社区样板工程考评居全省第一位。推进 165 个城建固投项目、9 个棚改项目、6 个安置区项目建设。以发展现代服务业为重点，立足产业基础和文化基因“两基结合”，推动产城融合发展，组建现代服务业工作专班，提升基础设施，发展数字经济、星级酒店等新业态新模式，第三产业增加值比上年增长 5.1%。坚持以大团块模式加快土地出让，突出各团块特色产业支撑，加大宣传推介力度，全年出让经营性土地 6 宗 15.33 公顷。

【乡村振兴】 2022 年，仙游县推动乡村振兴格局一新、举措一新、面貌一新。谋划并成立全国第二家县级乡村振兴研究院，聘请“三农”领域著名专家温铁军担任荣誉院长，高起点谋划乡村振兴。创新校地结对共建机制，华侨大学等 9 所省内高校在 11 个乡镇（一校一镇）建立实习实践、创新创业基地，定人定时精准指导、编制接地气、可落地的村庄规划、产业规划。创新实施“五回一新”（人才回归、资金回流、项目回迁、信息回乡、技术回村，新市民理念）政策，提升农村农业的要素吸引力、资源承载力。坚持以文旅经济为引擎，一体营造仙境、仙水、仙谷、仙山的“四仙”圣境，对接引进省旅投集团、厦门建发等有实力、有经验的大型旅游开发集团，系统开发、运营仙游“春、夏、秋、冬”四季全域旅游产品，策划开春文旅项目，推动一产“接二连三”（接二产，连三产）、旅游业“接二连三带一”（接二产，连三产，带一产），打响“有一种旅游叫仙游”的福建旅游新名片。全年接待游客量 349.80 万人次、实现主要景区门票收入 1495.18 万元。游洋镇龙山村、天马村、兴山村获评中国传统村落，西苑乡前溪村入选“中国十大露营地”，度尾镇湘溪村、龙华镇金溪村入选全国乡村特色产业超亿元村。省委统战部挂钩联系仙游县乡村振兴，坚持“每周一调度、每旬一对接、每月一汇报”，对接制定、组织推进 13 个大类 52 个帮扶项目落实落细、见行见效。扛起保障粮食安全、耕地保护政治责任，落实“田长制”，遏制耕地“非农化”“非粮化”。

【民生福祉】 2022 年，仙游县坚持民生投入优先保障，落实 16 件为民办实事项目，完成投资 21.62 亿元。加大援企稳岗促就业力度，城镇新增就业 2425 人，城镇登记失业率控制在 3% 以内。城乡低保标准实现一体化，全市率先开展低保边缘户认定工作，社会救助力度加大，发放低保、临时救助等补贴 1.62 亿元、医疗救助 6000 万元。依法实施全面三孩政策，新增省级普惠托育数 435 个。

创新实施教育强县建设十大机制，加快推进与北京大学等优质学校结对共建，推动福建师大仙游附属学校落地建设，结束“中心城区鲤南片区没有高中校”的历史。推动仙游一中入选福建省首批示范性普通高中学校，新建小学及幼儿园项目 15 个、新增学位 4550 个。县教师进修学校创成省级示范性教师进修学校。仙游电大工作站升格为仙游开放大学。推动奖教奖学基金会县乡村三级全覆盖。补强医疗短板，加快县总医院迁建项目建设，对接福建中医药大学、省人民医院、省立医院等，加强合作、精准帮扶，县总医院入选国家第二批县级医院医疗服务能力名单。获评省级全民运动健身模范县。

贯彻落实总体国家安全观，信访工作考评居全市 5 个县区第一位。实施“党建引领、夯基惠民”工程，激励评价做法以文件的形式在全市推广，仙游县经验在全市现场会上交流并在省委办公厅《八闽快讯》专刊 68 期上刊登。实体化推进“镇村警民”四级联动的“共建共治”工作模式，推动“一村一警”全覆盖、镇干部定时驻村。落实安全生产责任制，深化安全生产“五清”（理

2022 年 10 月，游洋镇龙山村、天马村、兴山村获评第六批中国传统村落。图为天马村（县文旅局供图）

清职责、查清底数、亮清举措、扫清隐患、补清短板）行动，全县生产安全事故起数比上年下降40%，全市考评获优秀等次。应对、防范、化解金融、房地产等重点领域风险，全县不良贷款率降至1.11%。常态化开展扫黑除恶斗争，涉诈工作排名由全国第19名降至第172名，平安建设考评获优秀等次。

【生态建设】 2022年，仙游县践行习近平生态文明思想，突出用心保护、用力管护、用情呵护木兰溪源头，规划建成“两山”（绿水青山就是金山银山）转化教育基地和“源党建”培训基地等，木兰溪源头获评全省第一批“河湖文化遗产”。推进木兰溪综合治理，融入全市“千古木兰溪、百里江山图、十里风光带”工程，以开展“五水共治”（治污水、防洪水、排涝水、保供水、抓节水）为抓手，创新推行“县级主导、镇街主责、村居主体、群众参与、规范运维”的农村污水治理模式，推进污水管网建设，强化涉河项目建设，加快推进木兰溪防洪生态景观工程建设，加大木兰溪流域畜禽养殖场检查整治力度，木兰溪流域6个国省考断面和8个省控小流域考核断面、12个集中式饮用水水源地水质功能达标率100%。落实河湖长制、河长日等机制，仙游县获“莆田市河长制教育基地”。实施“四治”（治水、治气、治水、治废）工程，打好蓝天、碧水、碧海、净土保卫战，10个主要流域考核断面Ⅲ类以上水质比例100%，污染地块安全利用率100%。推行林长制，在全市率先建成县级林长制指挥调度中心，完成植树造林1126.67公顷、森林抚育3493.33公顷，森林覆盖率、林地保有量、林木蓄积量、空气质量优良天数比例均居全市第一位。落实碳达峰、碳中和政策，谋划建设绿色低碳新能源材料产业园，把好产业入口关、环保关，推进生产生活方式绿色转型。

【民主法治建设】 2022年，仙游县践行习近平法治思想，坚持法治仙游、法治政府、法治社会建设一体推进，出台法治政府、法治社会建设等系列实施方案，推进“一支队伍管执法”改革工作。支持和保证县人大及其常委会依法履行监督、决定、任免等各项法定职责，探索实行“人大+纪委”联合监督新模式，组织开展人大代表视察21次、专题调研5次、执法检查4次。支持县政协加强专门协商机构建设，提高政协党的建设质量，搭建“莆事好商量、汇聚正能量”协商议事新平台，开展15场协商议政活动。完善大统战工作格局，完成县工商联（总工会）换届，做好民族宗教工作，加强与港澳同胞及侨胞重点代表人士联系联谊，凝聚发展强大共识。发挥工会、共青团、妇联桥梁纽带作用。加强党管武装工作，推动实现村（社区）党组织书记兼任村（社区）民兵营长全覆盖，创新出台《关于构建仙游县军人军属、民兵“3+2”服务保障体系的实施意见》，做好退役军人安置和双拥工作，获评省级“双拥模范县”称号。

【文化建设】 2022年，仙游县融媒体中心获“全省优秀县级融媒体中心30强”二等奖（全市唯一）。弘扬社会主义核心价值观，新时代文明实践中心实现全覆盖。完善基层公共文化服务体系，建成15个莆阳文化驿站，加快县“六馆”（图书馆、文化馆、美术馆、档案馆、博物馆、科技馆）等公共文化场馆投入使用，村村通广播和视频会议系统实现全覆盖。加强文艺工作队伍建设，落实人才、待遇等政策保障，推动莆仙戏守正创新、焕发生机。

【干部能力作风建设】 2022年，仙游县开展“能力作风建设”三年行动，分批次选派干部上挂、下挂、外挂锻炼学习，创新“上下联动”工作机制，全县18个乡镇（街道）、7个管委会划分为五大片区并成立片区指挥部，组团作战、比学赶超，推动各项工作落实；创新“下评上”倒逼机制，组织村（社区）书记、乡镇主官、企业代表、人大代表、政协委员对县直部门进行现场测评，邀请市直部门对县直部门的业务能力、工作成效进行测评，倒逼县直部门提高效能、主动履职；创新“上评下”倒逼机制，策划开展城建、平原、山区乡镇（街道）同一赛道的擂台赛，进行现场测评，激发干部干事创业的精气神。完成县直单位（管委会）领导班子任期考核工作。树立鲜明选人用人导向，突出实干实绩，在一线考察、识别、使用优秀干部，提拔重用27人，交流使用县管领导干部31人，晋升职级41人。强化党管人才，召开县委人才工作会议，迭代升级“蜚山兰水计划”，健全完善人才要素保障，兑现各类人才补助480万元，新增高层次人才151人，经验做法在全市交流。

【基层组织建设】 2022年，仙游县组织推荐党的二十大代表，基层党组织参与率100%、党员参与率99.36%。压实基层党建责任制，突出问题导向，对上年度市委点评提出的抓党建促基层治理、流动党员管理2个问题，细化22项92条措施，全程督导、对账销号，整改到位。推进各领域基层党建提质增效，完善党建强企“联合行动”机制。抓党建促乡村振兴，重点探索以乡镇为单位、村（社区）为股东，成立工程管理服务公司，推行村级小规模工程代建新模式。开展村居换届“回头看”，建立50项“小微权力”清单和12条村（社区）干部履职红线。加强村级组织建设。开展“机关+村（社区）”结对共建，建立导师“帮带学”制度，选派第六批驻村第一书记33人，推进薄弱村整顿转化，党支部整体达标率99.6%。

（郑　锋）

重要会议

【县委全委会议】 2022年12月29日，中国共产党仙游县第十四届委员会第三次全体会议召开。全会由县委常委会主持。全会听取和讨论县委书记吴文恩受县委常委会委托作的工作报告，审议通过《中共仙游县关于深入学习宣传贯彻党的二十大精神，为奋力谱写全面建设社会主义现代化国家福建篇章作出仙游贡献的决定》。吴文恩就该决定（讨论稿）向全会作说明。

【县委常委会会议】 2022年，仙游县委书记吴文恩先后主持召开49次县委常委会会议（含县委常委会扩大会议），研究全县政治、经济、社会、民生、生态等相关工作。

【县委议事协调机构会议】 2022年，县委审计委员会召开县委审计委员会会议3次。5月5日，县委书记、县委审计委员会主任吴文恩主持召开十四届县委审计委员会第三次会议。会议学习习近平总书记关于审计工作的重要讲话和重要指示批示精神以及上级有关会议、文件精神，听取和审议《2021年度领导干部经济责任审计情况综合报告》《县委审计办2021年度审计工作报告》《2022年度经济责任审计对象建议名单》《仙游县2022年度审计项目计划》，研究部署下一步审计工作，研究部署全年审计工作。8月22日，县委书记、县委审计委员会主任吴文恩主持召开十四届县委审计委员会第四次会议。会议传达学习上级审计委员会的主要会议精神，听取和审议《2021年度县级预算执行和其他的财政支出情况的审计报告》《2021年度领导干部经济责任审计整改情况的综合报告》，研究部署下一步审计工作。12月5日，县委书记、县委审计委员会主任吴文恩主持召开十四届县委审计委员会第五次会议。会议传达学习市委审计委员会会议精神，听取和审议《2021年度县本级预算执行和其他财政收支审计查出问题整改情况的报告》，研究部署下一步审计工作。

（李雨欣）

8月2日，县委书记、县委全面依法治县委员会主任吴文恩主持召开中共仙游县委全面依法治县委员会第五次会议，传达学习贯彻省委全面依法治省、市委全面依法治市工作会议主要精神，审议通过《县委全面依法治县委员会2022年工作要点（送审稿）》，并对2022年县委全面依法治县重点工作进行全面部署。11月21日，县委书记、县委全面依法治县委员会主任吴文恩主持召开中共仙游县委全面依法治县委员会第六次会议，听取仙游县2022年全面依法治县主要工作情况、存在问题和下一步工作计划，研究《仙游县贯彻落实〈法治社会建设实施纲（2020—2025年）〉实施方案（送审稿）》和《仙游县贯彻落实〈法治政府建设实施纲（2021—2025年）〉实施方案（送审稿）》。

（林宇苒）

2022年，县委书记、县委军全面深化改革委员会主任吴文恩先后主持召开8次县委全面深化改革委员会会议。1月10日，县委全面深化改革委员会召开会议，传达学习贯彻十一届省委全面深化改革委员会第一次会议精神；2月28日，召开会议传达学习贯彻十一届省委全面深化改革委员会第二次会议精神；3月7日，召开会议传达学习中央全面深化改革委员会第二十四次会议、市委全面深化改革委员会会议精神；4月26日，召开会议传达学习中央全面深化改革委员会第二十五次会议精神、十一届省委全面深化改革委员会第三次会议精神、市委全面深化改革委员会会议精神；5月16日，召开会议传达学习市委全面深化改革委员会会议、市委全面深化改革委员会专项工作小组联络员会议精神；6月27日，召开会议传达学习中央全面深化改革委员会第二十六次会议精神；8月29日，召开会议传达学习十一届省委全面深化改革委员会第四次会议精神；9月19日，召开会议传达学习中央全面深化改革委员会第二十七次会议、市委全面深化改革委员会会议精神；12月19日，召开会议传达学习十一届省委全面深化改革委员会第五次会议精神。

（李智明）

7月15日，县委书记、县委

国家安全委员会主任吴文恩主持召开县委国家安全委员会第三次全体会议，传达上级有关会议精神，审议仙游县有关文件，总结全县国家安全工作，研究部署下一步工作。

（庄志刚）

5月16日，县委书记、县委财经委员会主任吴文恩主持召开县委财经委员会会议，传达学习上级有关会议精神，研究仙游县贯彻落实意见。

（严 炼）

9月2日，县委教育工作领导小组听取2022年教育工作情况汇报，部署下一步工作（含教师节庆祝大会有关事宜）。12月29日，县委教育工作领导小组听取仙游县中小学思政课建设工作情况汇报，研究《2022年度仙游县教育“两项督导”问题清单整改方案（送审稿）》。

（张元顺）

7月15日，县委书记、县委军民融合发展委员会主任吴文恩主持召开县委军民融合发展委员会会议，传达上级有关会议精神，审议仙游县有关文件，研究部署下一步工作。

（李智明）

2月9日，仙游县委农村工作会议召开，会议由县长吴海端主持，会议书面传达学习中央、省委、市委农村工作会议精神，县委副书记陈志挺部署2022年农业农村重点工作，县委书记吴文恩讲话。

（林 志）

2022年县委常委会会议一览表

表2

会议时间	议题
1月4日	听取仙游县2021年信访工作情况汇报
1月10日	传达学习市政协八届一次会议、市人大八届一次会议精神
1月10日	传达学习全市推荐党的二十大代表候选人初步人选部署会精神
1月10日	传达学习习近平总书记关于国防和军队重要论述等文件精神；研究武装工作等有关事宜
1月17日	听取仙游县2021年度“五促一保一防一控”工作开展情况等；传达学习全国、全省和全市安全生产电视电话会议，上级老干部工作有关会议精神等有关事宜
1月26日	传达学习省委、市委农村工作会议精神，研究仙游县贯彻意见；研究《中共仙游县委关于2021年宣传思想工作情况的报告（送审稿）》
1月29日	传达学习十九届中央纪委六次全会、省纪委十一届二次全会和市纪委八届二次全会，省两会，全省、全市2021年度抓基层党建工作述职评议会议精神等；研究《县纪委十四届二次全会工作报告（送审稿）》
2月7日	听取2021年度仙游县党政领导平安建设责任书存在问题情况汇报；研究2022年度仙游县各乡镇（街道）党政领导平安建设责任书；表彰2021年度突出经济贡献企业有关事宜
3月2日	研究《中共仙游县委关于实施“提高效率、提升效能、提增效益”行动方案（送审稿）》等有关事宜；传达学习贯彻全国、全省组织部长、宣传部长、统战部长会议精神和全市组织工作会议精神，研究仙游县贯彻意见；听取县人大常委会党组、县政府党组、县政协党组、县法院党组、县检察院党组工作汇报
3月7日	研究《仙游县农村生活污水提升治理攻坚实施方案（2021—2025年）（送审稿）》；传达学习全省、全市机关党的工作会议精神；听取2021年巡察工作情况汇报，县总工会、团县委、县妇联工作汇报，研究巡察有关工作
3月10日	听取省委、市委涉粮专项巡视巡察整改进展情况汇报；传达学习上级有关环保工作问题、市委主要领导批示精神和《莆田市2021年度党政领导生态环境保护目标责任书存在问题整改方案》精神等有关事宜；研究《仙游县“1299”专项工作实施方案（送审稿）》
4月11日	传达学习习近平总书记关于安全生产工作重要指示和全国、全省、全市安全生产电视电话会议精神，听取一季度全县安全生产总体情况汇报；听取仙游县落实“莆田市创建国家食品安全示范城市”工作开展情况汇报；研究2021年度党管武装绩效考评反馈问题的整改意见；部署创建食品卫生城市、生态环保问题整改、粮食安全涉及问题整改工作等有关事宜

续表 2

会议时间	议题
4 月 18 日	传达学习全国、全省、全市打击治理电信网络新型违法犯罪工作电视电话会议精神，通报仙游县打击治理电信网络新型违法犯罪、道安工作存在问题；“莆田市创建国家食品安全示范城市”迎检工作仙游县推进情况等有关事宜，部署下一步工作；研究党的有关文件；听取 2021 年县委党校（行政学校）工作情况汇报等有关事宜
4 月 26 日	传达学习有关工作会议精神；听取 2021 年度有关责任制专项督查情况汇报等有关事宜
5 月 9 日	传达学习贯彻习近平总书记在 5 月 5 日中共中央政治局常务委员会会议上关于新冠疫情防控工作重要讲话和 5 月 5 日福建省委常委会会议精神
5 月 16 日	听取 2021 年禁毒工作情况汇报；研究乡村振兴有关文件、《关于省禁毒委验收组意见和建议任务分解方案（送审稿）》、《关于开展党内法规制度执行情况基层观测的工作方案（送审稿）》、《中共仙游县委常委会 2022 年工作要点（送审稿）》；传达学习市委人才工作会议精神
5 月 30 日	部署打击治理电信网络诈骗等工作；传达学习贯彻全国稳住经济大盘工作电视电话会议、5 月 29 日省政府专题会议精神和 5 月 26 日市委付书记调研传统产业工作要求，部署贯彻意见
5 月 30 日	传达学习省委常委、组织部部长邢善萍到仙调研精神，中央、省委、市委政法工作会议精神，《省纪委监委“双化解双促进”专项行动督导组督导意见及我市落实建议》精神，研究仙游县贯彻落实意见；研究《中共仙游县委关于开展能力作风建设的实施方案（送审稿）》《仙游县直单位 2022 年平安建设责任书（送审稿）》、县委政法委有关文件和 2021 年度平安乡镇（街道）、平安单位有关事宜；研究《仙游县水土保持工作领导小组关于深入贯彻习近平总书记重要讲话重要指示批示精神进一步推进水土保持高质量发展的实施意见（送审稿）》和调整充实仙游县水土保持工作领导小组组成人员名单有关事宜；听取村（社区）集体出资成立有限责任公司代建小规模工程建设项目工作推进情况汇报
6 月 20 日	研究县食品安全有关工作、《中共仙游县委全面深化改革委员会 2022 年工作要点（送审稿）》《关于调整充实中共仙游县委全面深化改革委员会各专项工作小组成员名单的通知（送审稿）》《省纪委监委 2022 年第一季度政治监督问题清单整改任务分解方案（送审稿）》；传达学习省市两级巡视巡察办主任培训班、县级巡察工作指导督导培训会精神
7 月 15 日	研究《仙游县实施“党建引领　夯基惠民”工程提升基层社会治理现代化水平试点方案（送审稿）》《仙游县实施“党建引领　夯基惠民”工程领导小组（送审稿）》《仙游县实施“党建引领　夯基惠民”工程 2022 年板块任务清单（送审稿）》《关于调整充实中共仙游县委人才工作领导小组成员单位及组成人员的通知（送审稿）》《县委人才工作领导小组工作规则（送审稿）》《县委人才工作领导小组办公室工作细则（送审稿）》《2022 年仙游县人才工作要点及分工方案（送审稿）》《仙游县妇女发展纲要（2021—2030）（送审稿）》《仙游县儿童发展纲要（2021—2030）（送审稿）》
8 月 2 日	传达学习 7 月 11 日全国、全省、全市安全生产电视电话会议精神，第九次全国信访工作会议、全省信访工作联席会议、2022 年上半年全市信访工作会议精神；研究《仙游县关于深入“五回一新”促进乡村振兴工作的意见（送审稿）》，共建仙游县乡村振兴研究院合作有关事宜，2022 年仙游县劳动模范推荐评选有关事宜，《县委党建工作领导小组 2022 年工作要点（送审稿）》等有关事宜
8 月 15 日	听取省委、市委涉粮巡视巡察整改工作情况汇报；研究《仙游县贯彻落实中共福建省委组织部　中共福建省委党校　福建行政学院关于印发〔推进全省县级党校（行政学校）分类建设的实施方案〕的通知的实施方案（送审稿）》等有关事宜
9 月 2 日	听取 2022 年以来教育工作和思政课开展情况汇报，研究《仙游县提升教育质量八举措（送审稿）》；研究第二十二届中国国际投资贸易洽谈会仙游县分团筹备工作有关事宜

续表 2

会议时间	议题
9 月 26 日	研究《关于持续提升村级集体经济发展水平的实施方案（送审稿）》、《仙游县发展壮大村级集体经济十条政策措施（送审稿）》、2022 年仙游县劳动模范推荐评选有关事宜、《关于优化生育政策促进人口长期均衡发展的实施意见（送审稿）》；传达学习全省、全市党委秘书长、办公厅（室）主任暨整治形式主义为基层减负专项工作机制会议和市委常委会会议、市级领导班子秘书长联席会议精神；听取全县预防未成年人违法犯罪三年专项行动工作情况汇报
9 月 30 日	传达学习中央、省委、市委统战工作会议精神
10 月 17 日	听取中央信访联席办交办件和仙游县重点信访事项化解情况汇报
10 月 25 日	传达学习党的十九届七中全会和二十大精神，提出初步贯彻意见；传达学习市委全面从严治党主体责任检查组到仙集体约谈反馈会和有关文件精神，全省“两新”组织党建工作调研座谈会精神；研究《2022 年市委全面从严治党主体责任落实情况检查反馈意见整改任务分解方案（送审稿）》《2022 年县委全面从严治党主体责任落实情况检查方案（送审稿）》等有关事宜
11 月 8 日	研究仙游县工商联（总商会）第十二次代表大会、《中共仙游县委关于认真学习宣传贯彻党的二十大精神的通知（送审稿）》等有关事宜
11 月 14 日	传达学习上级有关文件精神，研究有关事宜
11 月 21 日	研究《2022 年县委、县政府民生三个“十大工程”（送审稿）》、仙游县青年联合会第四届委员会第一次全体会议等有关事宜
12 月 7 日	传达学习八届市委第三轮巡察工作动员部署会精神；研究《持续深化集体林权制度改革推进仙游林业高质量发展的实施方案（送审稿）》、仙游县慈善总会换届大会有关事宜
12 月 19 日	审议县两会相关工作报告、日程安排等事宜；研究《2021 年绩效管理考评情况汇报（送审稿）》《2022 年度仙游县经济社会运行和高质量发展监测与绩效管理工作方案（送审稿）》、预发绩效奖金、中共仙游县委十四届三次全体会议、仙游县青年联合会第四届委员会第一次全体会议、研究仙游县残疾人联合会第七次代表大会换届选举等有关事宜
12 月 29 日	听取 2022 年度党政领导生态环境保护目标责任书完成情况汇报、仙游县 2022 年巩固拓展脱贫攻坚成果同乡村振兴有效衔接工作汇报、仙游县中小学思政课建设工作情况汇报、2022 年党支部建设工作汇报；研究《仙游县耕地保护“田长制”实施方案（送审稿）》《仙游县县域共青团基层组织改革方案（送审稿）》《2022 年度仙游县教育“两项督导”问题清单整改方案（送审稿）》；传达学习中小学思政课建设工作有关会议及文件精神，全市基层党建工作调度会精神等有关事宜

组织工作

【概况】 中共仙游县委组织部（简称县委组织部）推进干部队伍建设、基层党建组织建设、党员队伍建设、人才队伍建设。全年招录公务员（参公人员）54 人，选派 11 名科级干部到乡镇（街道）挂任党（工）委副书记，推动 3154 名县直部门党员到社区服务。

【领导班子建设】 2022 年，仙游县做好乡镇换届“后半篇”文章，加强换届后领导班子思想政治建设，完成县直单位（管委会）领导班子及领导干部任期考核工作，统筹做好县委工作部门和县政府工作部门领导班子调配。统筹做好年轻干部和女干部、少数民族干部、党外干部的培养选拔工作。全年提拔使用 22 人、进一步使用 5 人、交流轮岗 28 人，其中选配县委工作部门正职 1 人、县政府工作部门正职 17 人、县直部门领导班子副职 13 人。

【干部队伍建设】 2022 年，仙游县新录用公务员（参公人员）54 人，新聘用事业单位工作人员 116 人，接收选调生 3 人，引进干部人才 15 人。县委组织部开展能力作风攻克攻坚年行动。在全县推行“每周学习日”制度，坚持一周学理论、一周学业务，促进广大干部加快知识更新。开展“创新创优创强”活动，引导全县上下聚焦创新增特色、创优补短板、创强树品牌。实施干部实战大练兵，选派22名干部成立工作服务队下沉4个乡镇（街道）服务发展，抽调136名干部到一线加强历练。建立“平战转换”干部保障机制，新冠疫情期间，抽调6400余名县直机关干部职工投身抗疫。充实基层新冠疫情防控工作力量。树立重一线、重担当、重实干的用人导向，一线提拔重用的干部占59.3%。

【公务员管理】 2022年，仙游县贯彻落实公务员职务与职级并行制度，为42名公务员晋升职级。县委组织部牵头制定《仙游县事业单位管理岗位职员等级晋升制度工作实施方案》。注重在推动高质量发展中培育和选树先进典型，郑武进获评全国“人民满意的公务员”称号。

【干部日常监管】 2022年，仙游县抓干部日常监督。规范干部在企业、社团兼职行为；抓好干部因私出国（境）管理和出国（境）证件登记备案工作，更新备案登记信息61条；加强群众举报问题查核，受理群众反映问题51件；加强干部监督工作联席会议成员单位信息交流，收集干部立案和处分问责信息80余条；委托审计部门进行经济责任、自然资源资产责任审计18人次。对干部选拔任用工作全程监督，任前公示69人次，对公示期间群众来电、来信、来访反映问题及时查核；抓好干部任前考试工作，组织干部任前党章知识测试2批26人次、任前廉政知识及法律知识测试2批22人次。

【党建引领城市治理】 2022年，仙游县打造“社区党委—网格（小区）党支部—单元（楼栋）党小组”和“村党组织—网格党小组—党员联系户”等末端党组织体系，建立2350个网格党支部（党小组）、1169个单元党小组、9146个党员联系户。开展“机关+社区”和“部门包村、干部驻村”共建共治活动，组织20个县直部门结对街道、社区，74个驻区单位领办网格、单元治理工作，推动3154名县直部门党员到社区报到服务，协调解决各类问题1123个，实现干部力量、服务资源“双下沉”。搭建末端党建服务平台，建立城乡党群服务中心—网格（小区）“睦邻客厅”“议事厅”—单元（楼栋）议事角等末端服务体系，建成党群服务中心53个、睦邻客厅27个、网格议事厅（议事角）1679个，开通睦邻“825”服务热线，构建全覆盖的末端服务网络。推行“一中心一主题”（一个党群服务中心、一个主题）的活动模式，举办132期“德”“爱”“福”等系列党群活动，吸引44个单位、3820人次参与。

【抓党建促乡村振兴】 2022年，仙游县推进抓党建促乡村振兴工作，制定“一肩挑”人员权力运行监督管理十二条措施，创新“五议两公开”（村“两委”负责人建议、村党支部会提议、村“两委”会商议、党员大会审议、村民代表会议或村民会议决议；决议公开、实施结果公开）村级决策制度，规范权力运行。开展乡镇、村班子届中分析，分析人员1937人，排查8个软弱涣散村并建立台账推动整顿。举办5期导师“帮带学”课堂、书记培训班，深化65个“机关+农村”结对共建，强化乡村一线力量。成立乡村振兴研究院，对接9所省内高校建立11个实习实践、创新创业基地，兑现人才奖励补助300余万元，开展12期3420人次职业农民培训。制定发展壮大村级集体经济十条政策措施和配套实施方案，建立资金扶持、税收优惠、金融支撑等一系列“政策包”，创新联建、联购、联办、联设等“四联”12类抱团发展模式，提升村级集体后继增收能力。建立“守初心、担使命”27项党员“初心使命”指数和25项村党支部“达标”指数，配套出台“两优一先”（优秀党员、党务工作者，先进基层党组织）表彰获得者金融贷款激励政策。抓好2个红色美丽村庄试点和20个省级壮大集体经济试点村工作，2个红色美丽村跨村带动5个邻近村抱团发展旅游、农特等产业，试点村平均增收6万元以上，发挥牵引作用，带动其他村集体经济做强做大。创新特色模式，基层治理“345”（三网联通、四级穿透、五星联动）、富美乡村“四民”（夯基惠民、产业富民、生态利民、文化育民）、产业发展“五福”（福果、福礼、福技、福忆、福地）等党建引领模式。针对仙港大道沿线抓党建促乡村振兴工作相对薄弱、典型较少问题，打造光埔“四带”（带强力量、带动产业、带出生态、带活治理）、枫亭“六福”（福目标、福阵地、福网格、福队伍、福评价、福保障）等一批党建典型，以典型引路带动整体提升。打造以兴山、朗桥等为主的北部山区党建特色群，以貂峰、圣山等为主的西乡平原党建特色群，逐步串点连线扩面，引导乡村全面振兴。

【党员发展工作】 2022年，仙游县制定年度发展党员规划和结构指标，动态掌握各基层党组织发展党员工作进度。发展新党员439人（市“壶兰计划”人才1人），超额完成19人。建立入党积极分子队伍定期分析制度，确保每发展1名党员，至少储备2名入党积极分子、3名入党申请人。健全完善发展党员制度机制，落实“一纪实两报告”（全程纪实表，接受为预备党员票决结果报告单、转正票决结果报告单）“村主干亲属入党报告制度”“公示制”“票决制”等一系列发展党员工作制度，把好发展党员“程序关”。列出11条发展党员政治审查负面清单，严把发展党员“入口关”。明确政治审查环节的主体、时间、主要内容和方式方法等，落实政治审查、执纪执法部门政审联审制度。开展第二批农村发展党员违规违纪问题排查整顿工作，发现问题，认定处理，把“严的要求、严的标准、严的纪律”传导到基层，规范发展党员程序步骤。

【基层党建工作推进会】 2022年7月12日，仙游县“党建引领 夯基惠民”工作现场推进会在榜头镇光埔村举行。县委书记吴文恩出席并讲话。

【能力作风建设提升会议】 2022年11月7日，仙游县召开能力作风建设提升会议。会议学习贯彻落实党的二十大精神，县委书记吴文恩在会上讲话，代县长陈志挺主持会议。会议通报县第十四次党代会以来全县干部能力和作风建设工作开展情况，并部署下一步工作。

【“两新”党建】 2022年，仙游“两新”（新经济组织、新社会组织）工委履行管党职责，提升“两新”组织党建工作水平，制定落实2022年全县非公有制企业和社会组织党组织活动计划和党建重点任务及清单，组织党的二十大精神宣讲活动进“两新”，举办党组织书记、党建指导员、党龄逢十党员培训班和技能培训班，开展“支部定议题、党员找问题、党群破难题”主题党日活动，举办书画展，组织参观红色教育基地，实现学习教育全覆盖。推进“党建入章”，推进党组织与管理层“双向进入、交叉任职”，完善“‘两新’党支部（党委）—党小组（党支部）—党员先锋岗”组织架构。深化“党建强企”行动，开展“问题帮办、助企发展”活动，建立“企业吹哨、部门报到”服务机制。实施工委委员单位、涉企部门主要领导及县处级党员领导干部挂钩“两新”组织并兼任党建指导员制度，仙游县经验做法在全省县处级党员领导干部兼任党建指导员工作座谈会上作交流。开展岗位练兵、“金点子”“微创新”等活动，深化党员示范岗、党员责任区等创建活动，成立“外卖骑手志愿服务队”等，引导新业态新就业群体党员参与基层治理，发挥“两新”组织党员先锋模范作用。抓好抖音基地、好家风等6个党建示范点建设，推进3个快递小哥红色驿站建设，融入社区“党建+”邻里中心范畴。《全国非公有制企业党建》《八闽快讯》和省委组织部《组工信息》及全省“两新”党建微信公众号等媒体多次刊登仙游县“两新”党建特色做法。

【人才工作】 2022年，仙游县召开县委人才工作会议，出台《关于推进人才“1356”要素保障工作实施方案》，推动各级人才政策落地见效，新增省高层次B类人才1人、正高级工艺美术师1人、省高级工艺美术师9人、省特级教师2人，入选市“壶兰计划”140件，确认“蜚山兰水”人才项目31件。推进“名校优生引进计划”“仙游籍在外人才回归工程”等系列举措，吸引382名大学生返仙实习，“校地合作促乡村振兴”等人才工作经验做法先后在《中国组织人事报》《人民日报》等中央主流媒体上刊登。选树69个人才项目及平台建设进行跟踪培育，完成国家级博士后科研工作站、省级众创空间等10个省级以上创新平台建设，完善县总医院和妇幼保健院等民生领域5个“名医师带徒”工作室建设，推荐海安橡胶、东方机械等4家企业申报市级产教融合型企业，赛隆、佰合、抽水蓄能3家企业获STS（中国科学院科技服务网络）项目立项。创新校企协同、工学结合人才培养模式，与福州大学、福建农林大学等签订合作协议，建设仙游县乡村振兴研究院，由国家级“三农”专家温铁军团队运作，实现校地共建与品牌孵化一体化服务。联手京东、抖音等电商头部企业，定制特色冠名班，开展各类电商培训4000余人次。围绕产业发展，邀请省委统战部11名党外干部人才到仙游挂职，选派315名干部到项目一线服务产业发展，完成25期1755人次高素质农民培训和267名社会工作者专题培训。兑现发放各类人才资金及配套补助480余万元，探索推进人才公寓建设，为12名高层次人才提供安居保障，高层次人才子女入转学保障率100%。落实党委、政府联系专家机制，走访慰问人才209人次，解决各类人才诉求64件。建成“凤苑仙居人才驿站”等5个市、县人才驿站，在政务服务中心设立人才服务专窗，在县总院、第二医院开通人才就医绿色通道，开展青年人才论坛、交友会等暖心活动6场。

【老干部工作】 2022年，仙游县通过报告会、读书班、座谈交流等方式，组织离退休干部学习党的二十大精神和习近平新时代中国特色社会主义思想。加强组织建设，成立乡镇级离退休干部党组织2个（榜头镇离退休干部服务站党支部、菜溪乡离退休干部党支部），扩大组织覆盖面。举办全县离退休干部支部书记培训班，提升党建业务能力水平。落实离退休干部支部班子成员工作补贴待遇，支部书记每人每月300元，其他班子成员每人每月150元。出台干部荣誉退休制度，通过谈心交流、举办仪式、发放纪念品等方式，增强退休干部荣誉感和自豪感。开展“建言二十大”“我看中国特色社会主义新时代”系列活动，通过座谈会、书面征求意见等方式，收集老干部有关中国特色社会主义取得新成就、社会发展变化等方面的感想体会、意见建议。建立“银发人才库”，收集党建党务、教师、医师、农村农业等领域退休专业人才98人。落实绩效奖金待遇，离休、“5·12”退休干部从2022年1月1日起，享受与同级在职干部同等绩效奖金，并按月随离退休费发放。调整提高离休干部无工作遗偶定期定额生活补助标准，从每人每月1570元提高到每人每月1810元。

（林晓东）

宣传工作

【概况】 2022年，中共仙游县委宣传部（简称县委宣传部）围绕迎接、宣传、贯彻党的二十大这条主线，推动理论武装、舆论引导、思想教育、文化建设、文明培育、基层宣传等工作。中共仙游上宫支部旧址入选第七批福建省爱国主义教育基地，为莆田市唯一。2批次5名外宣专项工作人员获省委宣传部通报表扬。

【理论武装】 2022年，仙游县重视发挥县委理论学习中心组示范引领作用，制订《县委理论学习中心组学习计划》，开展县委理论学习中心组集中学习45场次、研讨交流7次，带动全县各级中心组学习1000余场次。县委宣传部组织全县领导干部参加相关领域领导专家作“以文旅推动乡村振兴”等专题辅导报告13场次。组织开展“喜迎二十大 奋进新征程”“学习宣传贯彻党的二十大精神”征文活动，引领全县各行各业的一线工作者和理论工作者深入调查研究，把学习成果转化为推进工作的实际成效。举办“喜迎党的二十大 强国复兴有我”理论宣讲比赛，从28名宣讲员中选送3人参加全市比赛，1人获三等奖；推荐20名优秀宣讲人才入选全市“理响莆阳”宣讲队，石苍乡济川村入选全市“理响莆阳”宣讲队宣讲示范基地。组建学习贯彻党的二十大精神县委宣讲团，统筹各级各类宣讲力量，到机关、农村、社区、企业、学校等开展各类宣讲活动900余场次，受众超4万人次。开展网络宣讲活动，策划录制莆仙方言赞句宣讲短视频、快板表演唱等。把开展好党史学习教育作为一项长期政治任务，总结经验，建立健全长效机制，巩固拓展深化党史学习教育成果。用好红色资源，加强革命历史类纪念设施、遗址遗迹、爱国主义教育基地等规范管理。

【主题宣传】 2022年，仙游县推动学习贯彻党的二十大等重大主题宣传，开设“新时代 新征程 新伟业——学习贯彻党的二十大精神”等专题专栏。县委宣传部协助省、市媒体到仙游开展“县区委书记谈文旅经济”“教育惠民”等大型联合采访5场次，各级媒体采写（制作）相关报道、短视频150余篇（条）。组织开展“真知笃行谱新篇 砥砺奋进新征程 学习宣传贯彻党的二十大精神”“党建引领、夯基惠民”等主题联合采访4场次，蹲点式采访报道18个乡镇（街道）、12个典型示范村（社区）、10余个科局，通过电视、报纸、微信公众号等全媒体播发，在市级以上传统主要媒体以及省级新媒体平台刊播发相关稿件60余篇。

【抗疫宣传】 2022年，中央、省、市媒体刊播发仙游县新冠疫情防控报道2000篇（条）次。制作短视频《仙游重启，感谢有你》、典型报道《吴颂希：医心为民 平凡岗位显担当》。用好用活公共领域宣传载体，采用无人机喊话、“村村响”广播、“流动宣传车”等方式组织文艺界投身抗击新冠疫情创作，创作抗疫诗文100余篇；举办抗疫主题书法作品展6辑、美术作品展3辑，推出抗疫摄影图片专栏，县摄影家协会的图片新闻多次被人民网等媒体采用。

【融媒宣传】 2022年，中央、省、市主流媒体刊播发仙游新闻2516篇（条），其中中央级82篇（条）；仙游广播电视台采写的《夯实基层医疗“网底” 守牢农村居民健康》登上央视《新闻联播》，单条时长1分15秒。实施县融媒体中心提质增效工程，打造融合“一报一台一网”（党报、电视台、政府网）、“两微一端”（微博、微信、客户端）的全媒体矩阵。推出101件原创融媒体爆款产品（微信公众号点击量10万余人次的14条、央媒矩阵50万余人次的13条、抖音平台100万余人次的31条、视频号10万余人次的41条、今日头条30万余人次的2条），位居全市前列；选送25件新闻作品参加2020—2021年度莆田新闻奖作品系列评选活动，获奖作品16件，其中4件获一等奖。建立“媒体＋政务＋服务＋商务”运营模式，成立仙游县融媒文化传播有限公司，承接各类短视频拍摄、政府性活动宣传报道等业务。用好用活智融服务平台、县行政中心主楼LED屏，拓宽宣传新阵地。

【对外宣传】 2022年，仙游县在新华社客户端《千城百县看中国》栏目播发专题片30余条，新媒体点击量2200万人次。与华人头条客户端合作打造“工艺名乡 美丽仙游”对外宣传专题，推送中文稿件350余条。成立贵峰公益宣传联盟，整合民间自媒体宣传力量，推出系列文旅短视频20余条。策划《百集直播看仙游》项目，发挥“自媒体＋”传播优势，实现文旅、乡村推介等业态整合，讲好仙游故事，展现仙游形象。

【社会宣传】 2022年1月22日，县委宣传部联合县委政法委、卫健局、农业农村局等20余家单位在石苍乡石苍村组织开展2022年文化科技卫生“三下乡”惠民活动，为山区群众带去实用的农技咨询、医疗义诊、文艺惠民演出，捐赠物资及现金30万元，提升石苍乡新时代文明实践所、站建设。部署开展“强国复兴有我”群众性主题宣传教育活动，开展“喜迎二十大 奋进新征程”主题征文、“喜迎二十大 文化公益行”“读好书，诵经典——喜迎党的二十大”等群众性惠民文化活动。做好禁毒、反电诈、党管武装、乡村振兴、“八五”普法、禁毒、预防未成年人违法犯罪、交通安全等主题宣传，做好国家生态文明建设示范县、省级文明县城、新一届省级双拥模范县城、国家食品安全示范城市等各项工作宣传。

【文化文艺】 2022年，仙游县文化产业产值实现610亿元，比上年增长15.1%。仙游·仙作继2020年后再度入编《中华人民共和国年鉴（2021年度）》，发布4期“新华·仙游仙作产业发展指数”，仙作劳务品牌入选国家人社部劳务品牌；全媒体宣传推广仙作产业，投放京广线、京沪线等精品线路列车70组宣传仙作，拍摄公益微电影《仙作之缘》《仙工开物》系列短视频30条，开辟“仙工开物”专栏；举办以“文化仙作 数创未来”为主题的第十届红博会、首届中国仙游香产业峰会；推荐14件仙作臻品被中国工艺美术馆收藏，新增16名省级工艺美术大师。推动“福”文化传承创新发展，打造“福文化家具”等系列精品项目。县委宣传部组织文艺工作者到乡镇开展系列主题采风活动，提升文艺作品质量，8件文学作品在市级以上征文中获奖，9件书画作品入选入展全国书画展，仙游竹木人家艺术创作基地入选第一批“福建省新时代特色文艺示范基地”。组织开展2022年文化科技卫生“三下乡”集中示范服务活动，举办“喜迎二十大 欢乐常相逢”——莆田市文艺轻骑兵文艺会演活动。

【网络信息安全】 2022年，仙游县开展网络信息发布和舆情应对处置工作，发现和处置涉仙游县舆情信息。贯彻落实对重大主题或重大活动的相关网络宣传。加强网络综合治理体系建设，开展网络“清朗”系列专项行动，整治网络乱象。开展网络安全应急演练工作、网络安全宣传周活动，提高网络安全保障能力。落实属地管理原则和主管主办责任，强化讲坛、讲座、课堂、报告会、研讨会等阵地管理。组织开展公共领域宣传载体自查整改工作，推动公共领域宣传载体管理制度化、规范化、科学化。加强文化市场监管，强化文化市场执法巡查、提前介入引导。深化“扫黄打非”工作，开展出版物、印刷市场及娱乐场所专项整治。

【党史学习教育总结会】 2022年1月17日，仙游县召开全县党史学习教育总结会。市委党史学习教育第一巡回指导组副组长乔国运、陈立跃到会指导，县委书记、县委党史学习教育领导小组组长吴文恩出席会议并讲话，县委副书记、县长、领导小组副组长吴海端主持。

（陈林霞）

统一战线工作

【概况】 2022年，仙游县把握大团结大联盟主题，加强对民主党派、非公有制经济、宗教人士的思想政治引领，夯实共同思想基础。开展“喜迎二十大，同心谱新篇”等主题教育，强化统战议事形态阵地建设，构建大统战格局。推动少数民族村经济社会发展，申请上级补助138.40万元。帮助企业解决新冠疫情防控紧缺物资和解读政策，促进复工复产。

【共同思想政治基础巩固】 2022年，中共仙游县委统战部（简称县委统战部）紧扣“大团结、大联合”主题，贯彻党的二十大精神。引导各民主党派、宗教团体、新联会、知联会等开展党的创新理论宣讲活动，筑牢团结奋斗的共同思想政治基础。运用仙游电视台、《仙游今报》等媒体对仙游县统一战线工作进行跟踪报道，巩固统一战线舆论主阵地；通过“仙游统战信息”微信公众号，更新最新统战信息，传达统战有关政策、精神，实现随时随地信息同步共享；向省、市各类统战媒体上报信息，展示仙游县统战工作情况和统一战线精神风貌。举办2022年统战系统暑期读书班1期、各民主党派暑期读书班7期，开展党的二十大精神宣讲2场，激发统一战线广大成员活力，凝聚统一战线新时期共同奋斗的共识和力量。

【民主党派统战】 2022年，县委统战部引导各民主党派、无党派代表人士参政议政，撰写各类提案议案（意见建议）90余篇，完成市级调研课题4个等被市政协采用。指导民革、民进建设“党员之家”（会员之家），指导成立“民盟仙游艺术院”。民盟盟员李清达向福建中医药大学捐赠长幅作品《精正大医图》，郑怀兴创作莆仙戏《钱四娘》剧本。设立“仙游县党外干部实践锻炼基地”。6月底，首批10名党外挂职干部分别安排到县农业农村局、文旅局、卫健局等单位任职。组织“喜迎二十大，同心谱新篇”系列活动，指导各民主党派仙游县基层组织、党外挂职干部开展“矢志不渝跟党走，携手奋进新时代”主题教育11场。组织各民主党派参与“我在乡间有亩田”活动，认领石苍乡五湖村撂荒地0.60公顷。

【民族宗教统战】 2022年，县委统战部指导协助少数民族村申请并获得上级补助资金138.40万元，用于砺山村四生果生态园、新窑村非遗修缮等项目；资助少数民族学生123人次6.20万元。在砺山村举办“铸牢中华民族共同体意识，同心共迎二十大”暨莆田市2022年民族团结进步宣传活动，开展惠民义诊，惠及群众500余人次；把砺山村、柳园村纳入“万企兴万村——莆商在行动”示范村结对名单。组织召开宗教团体会议、理论专题学习会议等4场，开展“推进宗教中国化”主题月活动，交流“推进宗教中国化”心得体会。开展宗教活动场所安全隐患排查整治，建立安全隐患自查台账307册；开展宗教领域房屋结构安全隐患排查整治“回头看”专项行动工作，发现存在房屋结构重大隐患的场所4处。撰写《仙游县“三个着力”全面提升宗教管理服务水平》，得到市委统战部领导肯定。

【民营经济统战】 2022年，县委统战部开展“万企兴万村——莆商在行动”，落实安排35个商会（企业）挂钩35个乡村振兴示范村，以产业帮扶为抓手，突出帮扶成效。福州市仙游商会对接度尾镇砺山村，以农业生态园、文旦柚等产业基地为支撑，传统农业与休闲观光有机结合，实现村财政年收入15万元，农民人均纯收入1.20万元；厦门市仙游商会对接游洋镇里洋村，帮助销售茶籽油、笋干等农产品9万余元。做好省、市、县工商联换届筹备工作，完成民营经济代表人士综合评价100余人次。11月中旬，县工商联完成换届；11月，指导鲤城街道成立鲤城街道商会。协助省、市相关部门单位做好第七届世界闽商大会的筹备工作，张维林［新万鑫（福建）精密薄板有限公司董事长］、苏庆灿（厦门大学附属厦门眼科中心董事长）代表仙游县参会，并受表彰。

【新的社会阶层人士和党外知识分子统战】 2022年，县委统战部引导县新联会、县知联会参政议政，撰写提案议案（意见建议）12篇。组织广大新的社会阶层人士和党外知识分子学习习近平总书记来闽考察重要讲话精神，开展《闽山闽水物华新——习近平福建足迹》专题研讨1场。指导县新联会开展帮扶助学活动1场，发放慰问品（慰问金）价值0.90万元；选派2名新的社会阶层人士参加省新联会举办的“新动八闽杯定向越野赛”；指导县新联会、县知联会开展“凝聚新力量·筑梦新时代”文艺作品线上展、“喜迎二十大 同心跟党走”主题教育5场次（期次）。4月，县新联会理事林玉镇登“中国好人榜”、理事林益群获评省妇联表彰“最美基层妇联执委”。

【港澳台统战】 2022年，仙游县申报2023年度老龄、困难台胞“两补”（生活补贴、生活补助）补助66人、23.16万元，保障在仙台胞基本生产生活；做好2022年度仙游县定居台胞个人信息采集工作，建立健全仙游县台胞信息库。至2022年底，在仙定居台胞登记在册638人，其中改籍223人，未改籍415人。新冠疫情期间，香港同乡会及澳门同胞组织向仙游县捐赠抗疫物资、资金100余万元。春节前，县委、县政府向仙游香港同乡会发送贺信贺卡，祝福同胞新春快乐。全年仙游县向香港同乡会免费赠阅《仙游今报》140余期。

【侨务统战】 2022年，县委统战部推进《仙游华侨志》编纂工作，完成初稿；构建展示华侨文化对外交流的平台，筹建仙游华侨文化陈列馆，完成前期规划。开展“喜迎二十大 传承红色基因‘情暖侨乡 呵护成长’关爱侨乡留守儿童”活动，为82名侨界留守儿童发放学习慰问品1.56万元。维护侨胞合法权益，解决涉侨纠纷1件。协助市侨办做好“三侨生”（归侨青年、归侨子女、华侨在华子女）升学照顾身份证明办理工作，办理涉侨相关业务7件。其中，开具不具备华侨身份认定书6份，华侨身份证明1份；申请2022年度归侨退休职工生活补贴15人、1.76万元。

（陈舒悦）

机构编制工作

【概况】 2022年，中共仙游县委机构编制委员会办公室（简称县委编办）巩固和深化机构改革成果，统筹推进5个单位行政体制改革，6个事业单位改革；优化4所学校机构编制资源配置；重新明确33家参照公务员法管理事业单位（不含综合执法事业单位）财政核拨事业编制170人；完成事业单位年审307家，变更登记33家，推动机构编制工作服务改革发展大局。

【行政体制改革】 2022年，仙游县增设仙游县公安局交通警察大队鲤南中队，机构规格为股级，主要负责鲤南行政辖区内交通管理职能，提升城区道路交通管理水平；增设仙游县公安局机关党委、纪委，作为县公安局内设专职抓机关党建工作机构，规格为股级；设立仙游县禁毒委员会办公室，在县公安局机关单独办公。调整县委国家安全委员会办公室机构编制事项，县委国家安全委员会办公室依托县委办公室实行综合设置；县委国安办主任由县委分管县委办公室的领导兼任，县委国安办专职副主任由县委办分管国安股的副主任兼任；确定县委国家安全委员会办公室主要职责。县司法局为县人民政府的行政复议机构，依法办理县人民政府行政复议事项，以县人民政府的名义作出行政复议决定；县司法局设置行政复议应诉股，具体承担行政复议有关工作，机构规格为正股级，并确定其主要职责。

【事业单位改革】 2022年，仙游县将福建广播电视大学仙游县工作站更名为仙游开放大学，为仙游县教育局管理的副科级事业法人单位，其功能定位为服务区域全民终身学习。成立仙游县乡村振兴研究院，为县农业农村局（县乡村振兴局）管理的公益一类事业法人单位。成立福建师范大学仙游附属学校，为直属仙游县教育局管理的财政核拨事业单位。成立仙游县消毒消杀站，为县卫健局管理的公益一类股级事业单位，核定财政核拨事业编制3人，设站长1人。更名部分事业单位，将仙游县卫生健康评估中心更名恢复为仙游县卫生计生监督所建制；将仙游县劳动保障中心更名恢复为仙游县劳动保障监察大队建制。重新明确33家参照公务员法管理事业单位（不含综合执法事业单位）财政核拨事业编制170人。优化教育资源配置，撤销仙游县度尾职业中学、仙游县度尾剑山小学、仙游县度尾屏山小学、仙游县度尾云水小学，成立仙游县度尾第二中心小学、仙游县度尾镇第二中心幼儿园。仙游县度尾中心小学更名为仙游县度尾第一中心小学，仙游县度尾镇中心幼儿园更名为仙游县度尾镇第一中心幼儿园。调整后，仙游县度尾第一中心小学、仙游县度尾第二中心小学隶属县教育局管理，仙游县度尾镇第一中心幼儿园隶属仙游县度尾第一中心小学，仙游县度尾镇第二中心幼儿园隶属仙游县第二中心小学。

【事业单位登记管理】 2022年，仙游县开展事业单位法人注销和双重法人登记清理工作。至年底，完成年审307家，变更登记33家；推动登记赋码服务水平升级，完成变更登记24家。

（郑晨懋）

县直机关党建

【概况】 2022年，中共仙游县委县直机关工作委员会（简称县直机关党工委）下辖县直机关系统党委8个，其中基层党委13个，党总支11个，党支部307个，党员6933人。县直机关党工委督促指导机关6个党委、1个总支和81个支部换届。县直机关党工委加强全县党员思想

2022 年 11 月 17 日，“青春勇担当 奋进新征程”仙游县直青年学习讲堂第一讲在县教育局举办（唐伟供图）

政治建设，实施党建项目化管理，促进“党业融合”。

【机关党的政治建设】 2022 年，仙游县学习宣传贯彻党的二十大精神和习近平总书记关于加强机关党建工作的重要论述，按照新时代党的建设总要求和新时代党的组织路线，巩固党史学习教育成果和实施“提高效率、提升效能、提增效益”行动，开展能力作风建设三年行动，创建模范机关，开创机关党建工作新局面，以高质量机关党建助推绿色高质量发展，经验做法在全省交流。执行新形势下党内政治生活若干准则，推动严肃党内政治生活融入常态。健全组织生活会、民主评议党员等制度，完善党员“政治生日”、新党员入党宣誓、重温入党誓词等机制，组织 60 余名县直机关新党员到龙华镇金沙村廉政教育基地开展入党宣誓仪式和党性锻炼教育，开展机关党支部标准化规范化建设示范点创建活动，延伸建立 323 个党支部工作联系点，推动机关党组（党委）书记和班子成员联系基层党支部。举办党务培训班 6 场，培训党组织书记、党务干部 600 余人次。督促指导机关党组织按期换届，全年有 6 个党委、1 个总支和 81 个支部换届，18 个党委、15 个总支、21 个支部补选委员。建强机关党支部，下拨党建经费支持基层党支部的党建阵地建设。开展“模范机关先进单位”评选活动，评选 8 个机关党建先进典型，采取拉练观摩、互比互学、典型示范等形式，抓点促面、辐射引领，带动机关各级党组织进步、提升。组织开展“全面推动机关党的建设高质量发展，为奋进新征程提供坚强政治保证”机关党建课题调研活动和第五届“推进机制活、建设新福建”全省机关体制机制创新优秀案例征集评选活动，县直机关 4 篇调研优秀文稿得到市委党建工作领导小组表彰。

【机关党的思想建设】 2022 年，仙游县掀起学习热潮。围绕“喜迎党的二十大，强国复兴有我”主题，举办理论宣讲比赛和县直青年学习讲堂系列活动，组织机关党员干部观看党的二十大主题艺术党课和党的二十大开幕会，掀起学习宣传贯彻党的二十大精神热潮；举办《闽山闽水物华新——习近平福建足迹》青春读书分享会，引导党员干部进一步坚定理想信念。开展“严家教、正家风、传美德、促文明”主题党日活动 300 余场，通过故事分享会、参观家教家风现场教学点等形式，强化党员干部家风建设；举办“写一封家书”活动，倡议县直机关党员干部撰写家书 118 封，推动形成社会主义家庭文明新风尚。加强对“仙游机关党建”微信公众号、工作群等阵地的更新和管理，组织 75 家县直机关企事业单位和 8 家企业、社会组织开展公共领域宣传载体自查工作。

【机关党风廉政建设】 2022 年，仙游县筑牢“制度防线”。督促县直机关各级党组织按照党风廉政建设责任制规定，建立主要领导亲自抓、分管领导具体抓、有关部门落实的领导机制，促进各级领导干部特别是一把手主动承担起本单位、本部门党风廉政建设的责任，把党风廉政建设工作纳入机关党建工作的总体部署，形成一级抓一级，层层抓落实的工作格局。牵头组织检查 6 家县直单位党组（党委）落实全面从严治党主体责任情况，排查整治问题 40 个，跟踪督促整改落实，推动全面从严治党主体责任由“软约束”变成“硬任务”。完成机关党员违纪案件审理 14 件 17 人次，公职人员政务违法案件 4 件 4 人次。坚持党组织书记抓党建述职评议考核制度，强化机关党建工作绩效考核结果运用，推动各项工作深抓实做。组织机关党员干部观看警示教育片，组织 70 余名县直机关党组织书记开展党风廉政警示教育会，把廉政教育作为入党积极分子和发展对象考核的一项重要内

2022 年 8 月 11 日，县直机关党工委、团县委联合在兰溪书苑青年之家开展《闽山闽水物华新——习近平福建足迹》青春读书分享会

（彭丽程供图）

容，把“防线”前移。

【机关作风建设】 2022 年，县直机关党工委突出品牌创建。创新工作方式方法，深化“党建 +”品牌培优，开展机关党建“创新创优创强”活动，探索推进“机关 + 农村、机关 + 社区、机关 + 企业”等结对共建机制，带动 27 名党员县处级领导、95 个县直单位挂钩联系 170 个村、小区、企业，735 名“三官一律”（法官、检察官、警官和律师）下沉基层，协调解决群众“急难愁盼”问题 2300 余个，推进机关党建与业务工作在部署上相互配合、在实施中相互促进。用活“时间银行”管理平台等志愿服务活动载体，组建 165 人的防汛抢险应急队伍，组织 3100 余名机关党员下沉一线、服务一线。融入城市基层党建，引导机关党组织下沉服务建立 20 个“邻街”驿站，为居民提供便捷服务。践行社会主义核心价值观，组织发动县直机关志愿者开展志愿服务，推进“讲文明树新风”行动。推进抓党建促乡村振兴、粮食安全工作，县直机关各级开展“我在乡间有亩田”认领活动，62 个县直机关单位签订认领协议书，3500 余名机关干部职工认领 10.67 公顷，认领金额 40 余万元。

（李君申）

关工委工作

【概况】 2022 年，仙游县关心下一代工作委员会（简称县关工委）举办关工委系统干部暑期读书班。全县 18 个乡镇（街道）、282 个村（社区）成立关工委组织，形成“横到边、纵到底”的三级关工委组织机构网络，乡镇（街道）、村（社区）关工委班子调整充实到位。县关工委开展“五好”（领导班子好、党员队伍好、工作机制好、工作业绩好、群众反映好）基层关工委创建活动，做到“四有”（有领导班子、有议事场所、有规章制度、有开展活动）。与县委宣传部、文明办、教育局、总工会等县直相关部门联合开展“喜迎二十大”“大手牵小手，永远跟党走”以及学习宣传党的二十大精神报告会等活动。

【下一代助学帮扶】 2022 年，县关工委协调县农商银行、一鼎（福建）生态工程有限公司等单位，筹集资金 20 余万元，在县老干局举行第八期以“帮你圆梦、助你成长”为主题的资助贫困学生的现场助学活动，100 余名大、中、小学生受赠。12 月，县关工委发动关工委工作志愿者 20 余人在西苑学校开展“关爱成长微心愿”活动，为 30 名贫困山区儿童实现心愿，送去价值 8000 余元的学习、生活用品。

【下一代就业帮扶】 2022 年，榜头、龙华、园庄等基层关工委开展红木电子商务销售、茶叶种植制作、面点制作等各类实用技术培训 6 场次，培训农村青少年 600 余人次。年内，县关工委与福建省湄洲湾职业技术学院结对，开展“院地共建”活动，发动园庄、枫亭、盖尾等 7 个乡镇关工委与湄洲湾职业技术学院签订共建协议，输送 60 余名贫困学生入校免费就读，毕业后由学院推荐到合作企业就业。

【青少年“模拟法庭”活动】 2022 年 10 月 11 日，县关工委与县法院少年庭、教育局创新法治教育载体，在仙游二中开展“模拟法庭”活动，参与学生 200 余人，通过现场角色扮演、场景演练的形式，还原法院开庭场景，发挥以案释法作用，提高青少年法律意识。

（洪　新、林晓东）

保密工作

【概况】 2022 年，中共仙游县委保密委员会办公室、仙游县国家保密局（简称县保密局）坚持总体国家安全观，统筹发展和安全，强化重点领域区域保密管理，防范化解重大泄密风险，加固保密防线，开展保密常态化自查自评，抓好国家统一考试保密监管，开展各级单位涉密培训，开展为期1个月的保密宣传，推动新时代全县保密事业发展。

【保密自查自评】 2022年，仙游县把保密监督检查与日常监管相结合，围绕定密管理、涉密人员管理、网络保密管理等工作情况，制定下发年度自查自评工作方案，督促指导全县各机关、单位按照《机关、单位保密自查自评工作办法》有关要求开展自查整改工作，推进保密自查自评工作常态化、规范化。

【保密专项检查】 2022年，仙游县抓好国家统一考试保密监管工作。6月，县保密局组织人员到湄洲湾职业技术学院检查二级建造师考试存放试卷保密室，组织人员到县教育局检查中考、高考存放试卷保密室。

【保密业务培训】 2022年，仙游县组织讲授保密专题课，开展保密警示教育，利用“保密观”App和“中国保密在线”网站培训系统，组织全县各级党政机关、涉密单位涉密人员及其他工作人员参与保密教育线上培训。

【保密宣传】 2022年，仙游县组织全县89家单位开展为期1个月的保密宣传教育月活动，运用多种宣传平台，教育引导全县广大干部群众树立总体国家安全观，增强保护国家秘密和工作秘密安全的责任和意识。

（林 城）

党校工作

【概况】 2022年，中共仙游县委党校（简称县委党校）举办主体班次6期，培训学员274人；举办专题班14期，培训学员8000余人次。开展市、县宣讲活动，送教下乡20余场次，受众2000余人次。10月，中共仙游上宫支部旧址挂牌福建省委党校（福建行政学院）现场教学点。

【干部教育培训】 2022年，县委党校举办主体班次6期，邀请省市有关部门、县处级领导到主体班次授课13场，培训学员274人；联合相关部门举办专题班14期，培训学员8000余人次。打造“仙游系列”教学点，依托县域资源优势，规范提升原有的11个现场教学点。开发设计“习近平总书记治理木兰溪重要理念”“党性教育和党性锻炼”“社区治理”现场教学线路3条。做好教学点宣传推介工作，对接其他县（区）委党校到仙游开展现场教学8次。

【教学管理】 2022年，县委党校实行“理论教育和党性教育”双百考核制，量化学员培训；与组织部门在学员调训、学员管理、学习监督上形成良性互动；实行“班主任跟班、科级领导带班”制，加强班次管理；学员填报学员考核登记表和党性锻炼分析表或学习情况分析表，存入干部个人档案和党校教务室，作为组织部门干部培养、考察、识别、运用和意见征求的重要参考；综合运用入学教育、主题班会、党性锻炼活动、学员临时党支部、班小组管理、学员座谈等方式，培育学风校风。

【教学科研成果】 2022年，县委党校1名教师入选市委党校名师工作室；获全省校（院）系统课题立项1个、结项2个，市级精品课二等奖1人、三等奖1人，1名教师代表莆田市参加省校（院）比赛获优秀奖；在市级以上刊物发表文章6篇。

【省、市校（院）领导调研】 2022年，省、市校（院）领导先后6次到仙游县调研指导。2月15日，

2022年10月15日，中共福建省委党校（福建行政学院）仙游现场教学点签约授牌仪式在仙游县委党校举行 （郑志忠供图）

省委党校、行政学院副校（院）长陈雪梅到仙游调研县委党校分类指导建设工作；3月11日，市委党校（院）常务副校（院）长施金冷、副校（院）长郑美如、陈天喜、姚玉章等校（院）领导，带领40余名干部教职工到仙游县园庄镇东石村，与县委党校10余名干部教职工联合开展“义务植树暨乡村党史教育主题党日”活动；4月26日，市委党校（市行政学院）常务副校（院）长施金冷带队到县委党校调研指导办学质量评估迎评工作；7月4日，市委党校（市行政学院）机关党委到仙游中共上宫支部旧址开展现场教学点调研暨“七一”主题党日活动；8月3日，省委党校（省行政学院）干部教师进修学院（继续教育学院）副院长吴闽川一行到仙游考察凤山新村现场教学点；10月15日，省委党校（省行政学院）一级巡视员徐小佶，市委常委、组织部部长袁素玲，省委党校（省行政学院）公务员培训处副处长林永煌，市委党校（市行政学院）常务副校（院）长施金冷到仙游县出席共建教学点签约仪式。

（阮清娴）

党史编研

【概况】 2022年，中共仙游县委党史研究和地方志编纂办公室（简称县委党史方志办）推进党史编研、红色资源保护等工作。编纂《仙游英烈传》，完成《仙游革命老区发展史》修编，督促指导5个县级党史教育基地完善提升布馆展陈。

【党史资料编纂】 至2022年底，县委党史方志办完成《仙游英烈传》第19稿修正；整理完成仙游革命史脉络，厘清仙游革命发展历程；完成《福建红色文旅》仙游篇撰稿，整理完成革命历史类纪念设施、遗址和爱国主义教育基地目录及工作台账，报送市委史志室；完成《仙游县革命老区发展史》修编。

【革命遗址保护】 2022年底，仙游县普查确认革命遗址80处，立碑挂牌56处，其中立碑10处、挂牌46处。开展革命遗址立碑挂牌常态化保护工作。定期组织人员前往革命遗址点检查立碑挂牌保护情况，针对部分遗址石碑铜牌未摆放、悬挂到位的情况，督促有关乡镇整改。开展党史革命遗址巡察活动。前往全县革命遗址点指导相关乡镇（街道）做好革命遗址修缮保护，推进革命遗址布馆展陈工作，重点督促指导中共福建省委上湖底旧址、中共福建省委高阳旧址、中共福建省委东湖旧址、仙游革命烈士陵园、大类战斗遗址、五座厝交通站旧址、砺山寨反“清剿”斗争旧址等遗址做好布馆展陈提升。协助县委宣传部开展仙游革命史布展相关事宜及加强遗址管理系列工作；协助仙游革命烈士陵园打造仙游革命遗址长廊，于9月投入展览使用，日均客流量210人次。7月1日，砺山寨红色教育展览馆开馆；10月，大济镇尾坂村五座厝交通站布馆展陈竣工投用。

【党史基地建设】 2022年，县委党史方志办督促、指导中共福建省委上湖底旧址、中共福建省委高阳旧址、中共福建省委东湖旧址、中共闽南（闽中）特委旧址、大类战斗遗址5个县级党史教育基地完善提升布馆展陈，做好申报市级党史教育基地的准备工作。至年底，全县建成党史教育基地11个，其中省级4个、市级1个、县级6个。11月，中共仙游上宫支部旧址获评莆田市廉洁文化示范基地。

【红色遗产保护】 2022年，县委党史方志办协助县委宣传部开展经常性红色遗产保护工作，对革命遗址和革命人物进行排查，排查革命遗址是否修旧如旧、是否存在扩建翻建等情况，排查认定的革命人物是否存在过度虚假宣传情况等；协助县委宣传部开展红色遗存保护利用相关工作，撰写《红色文化遗存保护利用相关工作分工方案》；先后协助县委宣传部、县纪委监委、县民政局、县文旅局、县退役军人事务局、县老促会等相关单位，完成革命遗址巡察、教育基地考评、史料挖掘、文物普查等；开展中共抗日战争口述史料征集、整理与研究。

（陈淑梅）

综 述

【助推经济社会发展】 2022年，县人大常委会抓工艺美术产业发展，牵头挂钩工艺美术产业专班，扶持建设仙作红木共享交易中心，召开红博会暨红木全国经销商大会，推广“共享”经营模式。推进格瑞“工美生活家”产业生态链建设。挖掘工艺美术产业新增长点，帮助培育天然香产业，中国香博园国庆期间开业运营。推进大济—度尾、榜头沉香微集群产业园前期工作。扶持仙游跨境电商抖音直播基地建设并实现开播。盘活新艺都大酒店项目，规划建设五星级大酒店。协调政府出台《关于支持工艺美术产业平台发展的实施意见》。抓好全国红木产业协调年会暨生物经济研讨年会、中国仙游香文化产业峰会等全国性活动举办，研究起草仙作红木家具动车宣传方案，提升仙作的品牌力。发出倡议动员各级人大代表投身抗疫，为抗疫捐款捐物。承担县委安排的挂钩乡镇、挂钩项目、挂钩企业以及片区改造和防电信诈骗工作任务，实施“党建引领、夯基惠民”行动，以常委会领导挂钩、人大常委会机关结对共建为抓手，做好挂钩帮扶村（社区）党建和挂钩服务重点项目、重点企业等工作，推动完善共建共治共享的社会治理制度。

【县人大代表构成】 2022年，县十八届人大二次会议补选县人大代表3人，共有县人大代表377人。其中，中共党员240人，非中共党员137人，妇女106人，少数民族10人，分别占代表总数的63.7%、36.3%、28.1%、2.7%。一线工人代表12人，占3.2%；农民代表165人，占43.8%；专业技术人员代表17人，占4.5%；公务员代表87人，占23.1%；国有企业负责人2人，占0.5%；非公有制经济人士代表39人，占10.3%；事业单位负责人5人，占1.3%；解放军和武警代表2人，占0.5%；其他代表48人，占12.7%；新的社会阶层人士代表2人，占0.5%；社区工作者代表35人，占9.21%。

【人大常委会自身建设】 2022年，县人大常委会抓好自身建设，为依法履职提供坚强的政治、组织和制度保证。突出党建引领，强化理论武装，坚持落实县委理论学习中心组、常委会党组理论学习中心组、机关党支部集体学习制度，举办常委会暑期读书班，巩固党史学习教育，推动理论学习制度化、常态化。落实从严治党主体责任，完成机关党支部换届选举工作，开展“喜迎二十大”等每月主题党日活动，推进机关党的各项工作有效落实。加强人大新闻舆论队伍、阵地建设，开展喜迎党的二十大系列活动，参与书画摄影展，讲好人大故事。严肃党内生活，推进党风廉政建设，支持和保障县纪委监委派驻县人大常委会机关纪检监察组工作，执行中央八项规定及实施细则精神和省市县实施办法，统筹抓好文明创建、综治平安等工作，提高机关效能。常委会党组获市抗击新冠疫情先进集体称号。注重制度建设，强化业务学习制度，提高人大干部解决问题、推动发展的能力，把视察调查、执法检查前的业务学习作为一种习惯，提升常委会会议审议水平。建立健全常委会运行、机关管理工作制度，推进人大工作制度化、规范化。强化机关干部队伍建设，健全交流学习制度，培养年轻干部，注重选派干部到一线锻炼，激发干事创业、担当作为的工作热情，推动新时代人大工作实现高质量发展。强化宣传交流，接受省、市人大常委会的监督和指导，配合做好三级人大联动执法检查、视察、调研等工作。加强与乡镇人大的工作联系，邀请乡镇人大主席列席常委会会议、参加执法检查和视察调查等活动，围绕重要监督议题，密切工作协同，凝聚工作合力，形成全县人大工作“一盘棋”，提升人大工作整体水平。加强人大对外宣传工作，在各类媒体平台推送人大工作信息50余篇，传递人大声音，展现代表风采。对接做好考察交流调研活动，接待省内外兄弟县（区）人大常委会到仙游县交流学习考察200余人次，宣传和推介仙游。

【法治建设】 2022年，县人大常委会首次听取审议县监察委关于扫黑除恶斗争监督调查处置工作情况报告。听取审议打击治理电信网络新型违法犯罪工作情况报告，推动各方压紧压实责任，强化协同配合，增强技术支撑，形成治理合力，构建“全民参与、全社会参与”的防诈格局。听取审议经济金融犯罪检察工作情况报告，督促检察机关强化队伍建设，提高办案质量，筑牢金融安全司法防线，打造法治化营商环境。实施规范性文件备案审查工作办法，听取审议本年度规范性文件备案审查情况的报告，维护法治统一。参与立法工作，个别委员受聘为市人大立法咨询委员，基层立法联系点发挥作用。开展“12·4”国家宪法日活动。开展《信访工作条例》执法检查，常委会领导参与接访121人次，多次带队做好党的二十大等重大会议、重要活动的信访工作。受理来信23件，批转办结20件，跟踪督促解决群众合理诉求，化解部分信访积案。

重要会议

【概况】 2022年，仙游县第十八届人民代表大会召开会议1次。会议听取“一府一委两院”（人民政府、监察委员会、人民法院、人民检察院）工作报告，听取和审议县有关年度国民经济和社会发展计划执行情况与国民经济和社会发展计划等报告，并审查、批准。县人大常委会召开常委会会议7次，听取和审议有关政治、经济、文化、社会、生态等方面情况报告，进行专题询问。会议还审议有关人事任免议案等。

【县十八届人大二次会议】 2022年12月27—29日，仙游县第十八届人民代表大会第二次会议在县委党校召开，应到代表377人，实到代表272人。大会举行4次全体会议。会议听取和审议县长吴海端所作的县人民政府工作报告、县人大常委会主任黄一敏所作的县人大常委会工作报告、县人民法院院长董金勇所作的县人民法院工作报告、县人民检察院检察长陈宗协所作的县人民检察院工作报告；书面审议县2022年国民经济和社会发展计划执行情况及2023年国民经济和社会发展计划草案的报告、县2022年预算执行情况及2023年预算草案的报告，并作出决议。大会选举陈志挺为仙游县人民政府县长，陈镇贤、林娟、官金华为仙游县人大常委会委员，补选出席莆田市第八届人民代表大会代表6人。

【县十八届人大常委会会议】 2022年，仙游县人大常委会召开7次常委会会议。

2月28日，县十八届人大常委会第一次会议召开，县人大常委会主任黄一敏主持会议，会期半天。县人大常委会组成人员39人，实到会39人。会议书面传达学习省人大十三届六次、市人大八届一次和市委人大工作会议精神。审议、表决通过有关人事任免事项。

5月1日，县十八届人大常委会第二次会议召开，县人大常委会主任黄一敏主持会议，会期半天。县人大常委会组成人员36人，实到会34人。会议接受吴海端辞去仙游县人民政府县长职务的请求。会议选举任命陈志挺为仙游县人民政府副县长、代理仙游县人民政府县长职务。会议表决通过其他有关人事任免事项。听取和审议县政府关于建筑业发展工作情况的报告；听取和审议县政府关于社会救助工作情况的报告；书面传达十三届全国人大五次会议精神。

6月29日，县十八届人大常委会第三次会议召开，县人大常委会主任黄一敏主持会议，会期1天。县人大常委会组成人员36人，实到会33人。会议通过有关人事任免。听取和审议县人大常委会执法检查组关于仙游县贯彻实施《中华人民共和国环境保护法》情况的报告；听取和审议县人大常委会执法检查组关于仙游县贯彻实施《中华人民共和国促进科技成果转化法》情况的报告；听取和审议县政府关于国有资产管理情况的报告；听取和审议县政府关于少数民族特色村保护与发展工作情况的报告；听取和审议县人大常委会执法检查组关于仙游县贯彻实施《中华人民共和国就业促进法》情况的报告；听取和审议县政府、县法院、县检察院关于打击治理电信网络新型违法犯罪工作情况的报告；听取和审议县政府关于乡村振兴工作情况的报告。

8月31日，县十八届人大常委会第四次会议召开，县人大常委会主任黄一敏主持会议，会期1天。县人大常委会组成人员36人，上午实到会31人，下午实到会30人。会议通过有关人事任免。听取和审议县政府关于仙游县2022年上半年计划（含重点建设项目）执行情况的报告；听取和审议县政府关于仙游县2021年县本级决算和2022年上半年预算执行情况的报告，审查和批准2021年县本级决算；听取和审议县政府关于2021年度县本级预算执行及其他财政收支的审计工作情况的报告；听取和审议县政府关于医疗卫生监督管理和服务质量工作情况的报告；听取和审议县政府关于土地整治工作情况的报告；书面听取和审议县人大常委会调研组关于仙游县宗教活动场所管理情况的调研报告。

11月3日，县十八届人大常委会第五次会议召开，县人大常委会主任黄一敏主持会议，会期半天。县人大常委会组成人员36人，实到会33人。审议表决通过有关人事任免事项。听取和审议县监委关于开展扫黑除恶斗争监督调查处置工作情况的报告、县人大常委会执法检查组关于仙游县贯彻实施《中华人民共和国城乡规划法》情况的检查报告、县人大常委会关于规范性文件备案审查工作情况的报告、县检察院关于经济金融犯罪检查工作情况的报告。会议还表决批准2022年县本级预算调整议案。

12月14日，县十八届人大常委会第六次会议召开，县人大常委会主任黄一敏主持会议，会期半天。县人大常委会组成人员36人，实到会33人。会议听取和审议县政府关于2022年计划（含重点建设项目）执行情况和2023年计划草案的报告；听取和审议县政府关于2022年预算执行情况和2023年预算草案的报告；听取和审议县政府关于2021年度县本级预算执行情况及其他财政收支审计问题整改落实情况的报告，并开展满意度测评；听取和审议县人大常委会执法检查组关于仙游县贯彻实施《信访条例》情况的检查报告；听取和审议县政府关于县十八届人大一次会议代表建议意见办理情况的报告，并开展满意度测评；听取和审议县第十八届人大代表资格审查委员会关于个别代表的代表资格的报告；听取和审议仙游县人大常委会工作报告（稿）；听取和审议县人大常委会关于仙游县第十八届人大代表大会第二次会议安排意见的报告。会议表决通过《仙游县2022年国民经济和社会发展计划执行情况与2023年国民经济和社会发展计划（草案）》、《仙游县2022年预算执行情况和2023年预算的报告（草案）》、《2022年新增地方政府专项债券资金预算调整方案（草案）的议案》、县人大常委会工作报告（草案）、县十八届人大二次会议的有关事项。会议还对县十八届人大一次会议代表建议意见办理情况进行满意度测评；对审计问题整改情况进行满意度测评。

12月19日，县十八届人大常委会第七次会议召开，县人大常委会主任黄一敏主持会议，会期半天。县人大常委会组成人员36人，实到会22人。会议表决通过有关人事任免。

人事任免

【概况】 2022年，仙游县第十八届人大常委会依法任免国家机关工作人员64人次。

【县十八届人大二次会议人事任免】 2022年12月27—29日，仙游县第十八届人民代表大会第二次会议在县委党校召开，大会选举陈志挺为仙游县人民政府县长，陈镇贤、林娟、官金华为仙游县人大常委会委员，补选出席莆田市第八届人民代表大会代表6人。

【县十八届人大常委会会议人事任免】 2022年，仙游县人大召开7次常委会会议，分别举行人事任免。

2月28日，县十八届人大常委会第一次会议召开，会议选举任命黄志雄为仙游县人民政府办公室主任、林金涛为仙游县发展和改革局局长、黄朝阳为仙游县教育局局长、潘玉森为仙游县公安局局长、严华鸣为仙游县民政局局长、陈浪动为仙游县司法局局长、林有记为仙游县财政局局长、郑小舵为仙游县人力资源和社会保障局局长、陈洪伟为仙游县自然资源局局长、柯新建为仙游县交通运输局局长、郭玉湖为仙游县住建局局长、林庆凡为仙游县水务局局长、胡建新为仙游县文旅局局长、吕清水为仙游县农业农村局局长、林爱新为仙游县商务局局长、黄祥武为仙游县卫健局局长、郑海福为仙游县应急管理局局长、黄明华为仙游县审计局局长、刘文鑫为仙游县统计局局长、邱金宇为仙游县林业局局长、蔡振锋为仙游县市场监督管理局局长、阮俊杰为仙游县退役军人事务局局长、余丽钦为仙游县信访局局长、曾庆定为仙游县城市管理局局长；会议选举任命郑日欣为县人大常委会环城工委主任、张志光为县人大常委会华侨工委主任、傅朝阳为县人大常委会人事代表室主任；会议选举任命陈梅文为县人民法院审判员、陈苍森为县人民检察院副检察长。会议免去刘元洪县人大常委会人事代表室主任、严宗伙县人大常委会环城工委主任、陈予栅县人大常委会华侨工委主任职务，免去陈伟洪县人民检察院副院长职务。会议表决接受严华鸣、黄祥武、曾庆定县十八届代表辞职的决定。

5月1日，县十八届人大常委会第二次会议召开，会议选举任命陈志挺为仙游县人民政府副县长、代理仙游县人民政府县长职务。会议选举任命陈德建为仙游县第十八届人大常委会代表资格审查委员会主任委员；林茂钎、傅朝阳、李明清、卢国海、马丽娜、郑金辉为仙游县第十八届人大常委会代表资格审查委员会委员。会议选举任命陈德春为仙游县工业和信息化局局长；郑炳素为仙游县人民法院副院长、审判委员会委员、审判员；杨福新、郑瑞忠为仙游县人民检察院检察委员会委员。免去张鹏辉的仙游县人民法院审判委员会委员、审判员职务，柯志东的仙游县人民检察院检察委员会委员职务。

6月29日，县十八届人大常委会第三次会议召开，会议任命蔡雅妮为县人民法院刑事审判庭庭长，免去其县人民法院刑事审判庭副庭长的职务；任命胡志铿为县人民法院榜头人民法庭庭长，免去其县人民法院榜头人民法庭副庭长的职务。任命周亚杰为县人民检察院副检察长。

8月31日，县十八届人大常委会第四次会议召开，会议决定接受黄少敏辞去仙游县人民政府副县长职务的请求，任命张荣鑫、郑晓琳、林晓霞为仙游县人民法院审判员，任命高甜甜、苏顺福为仙游县人民检察院检察员，免去林子高的仙游县人民检察院检察委员会委员、检察员职务。

11月3日，县十八届人大常委会第五次会议召开，会议决定任命张建庚为仙游县人民政府副县长；任命蔡国民为仙游县人民政府副县长、县公安局局长；任命林宁为仙游县人民政府副县长（挂职，任期两年）；免去潘玉森的仙游县人民政府副县长、县公安局局长职务。

12月14日，县十八届人大常委会第六次会议召开，会议决定任命陈伟为仙游县科学技术局局长，任命余金灿为仙游县人民法院副院长、审判委员会委员、审判员；决定接受朱晖、陈建红辞去莆田市第八届人民代表大会代表职务的请求，张志东辞去仙游县人民政府副县长职务的请求；免去林德生的县人民法院副院长、审判委员会委员、审判员职务，免去林国概的县人民法院审判员职务，免去曾俊龙的县人民检察院检察员职务。

12月19日，县十八届人大常委会第七次会议召开，会议听取和审议并表决同意郭雄飞因工作岗位变动原因而辞去市八届人大代表职务的请求。

调研视察和检查监督

【专项调研】 2022年4月12—13日，县人大常委会组织专题调研组，通过听取汇报、实地察看、入户走访、召开座谈会等形式，就全县社会救助工作情况进行调研。调研组撰写《关于仙游县社会救助工作情况的调研报告》。报告于4月29日在仙游县第十八届人民代表大会常务委员会第二次会议上审议。

5月下旬至6月上旬，成立以县人大常委会副主任张慧敏为组长，以华侨工委和部分人大代表为成员的视察调查组。组织视察调查，通过召开专题汇报座谈会，听取县政府及县直有关部门的工作情况汇报和意见建议，到盖尾镇、度尾镇、钟山镇、榜头镇等地视察调查，重点了解少数民族村特色文化、特色产业传承保护与开发情况。调研组撰写《关于仙游县少数民族特色村保护与发展工作情况视察调查报告》。报告于6月29日在仙游县第十八届人民代表大会常务委员会第三次会议上审议。

【专题视察】 2022年4月中旬，县人大常委会成立以县人大常委会副主任陈德建为组长的视察调查组，视察调查组由环城工委成员和部分业内人大代表组成。对仙游县建筑行业发展情况进行视察检查，召开座谈会，听取县住建局等18家部门（单位）工作情况汇报，到部分建筑企业、建筑工地视察检查，重点了解近年来仙游县建筑行业发展情况。视察调查组撰写《关于仙游县建筑行业发展情况视察检查的报告》。报告于4月29日在仙游县第十八届人民代表大会常务委员会第二次会议上审议。

5月下旬至6月上旬，成立以县人大常委会副主任张慧敏为组长的视察调查组，调查组由财经审查委员会成员和部分人大代表组成。对仙游县国有资产管理情况进行调查，召开座谈会，听取县财政局等22家部门（单位）工作情况汇报，并到企业总部服务中心、美食城、宋桥安置区、瑞峰电子标准化厂房、元生智汇厂区、枫亭3C产业园、塔头山公园等实地视察，重点了解近年来仙游县国有资产建设、管理使用情况。视察调查组撰写《仙游县国有资产管理情况视察调查报告》。报告于6月29日在仙游县第十八届人民代表大会常务委员会第三次会议上审议。

5月下旬至6月上旬，成立以县人大常委会副主任、县人大监察和司法委员会主任委员王新奖担任组长的视察调查组，成员由县人大常委会监察和司法工委、人事代表工作室、社会工委主任及部分委员、人大代表组成。视察调查组召开仙游县打击治理电信网络新型违法犯罪工作情况汇报会，听取县政府、公安局、法院、检察院等部门以及榜头、鲤城、度尾等乡镇（街道）的工作汇报。视察调查组实地走访县公安局、法院、检察院，并与县公安局反诈大队、部分乡镇（街道）、村（社区）干部、中小学校长进行座谈。视察调查组撰写《关于仙游县打击治理电信网络新型违法犯罪工作情况视察调查报告》。报告于6月29日在仙游县第十八届人民代表大会常务委员会第三次会议上审议。

5月下旬至6月上旬，成立以县人大常委会副主任林敬柏为组长的视察调查组，开展仙游县乡村振兴工作情况视察调查。视察调查组采取实地调查、听取汇报、座谈讨论和市县联动等方式进行，到游洋镇兴山村、天马村、郊尾镇后溪村、伍狮村和书峰乡兰石村、四黄村等乡村实地察看乡村振兴工作情况，听取各方面的意见建议；召开汇报座谈会，听取县政府、县委乡村振兴办及相关政府部门的工作情况汇报，探讨分析仙游县乡村振兴工作现状，研究提出解决主要问题的意见建议。视察调查组撰写《关于仙游县乡村振兴工作情况视察调查的报告》。报告于6月29日在仙游县第十八届人民代表大会常务委员会第三次会议上审议。

7月中旬，成立以县人大常委会副主任林敬柏为组长的视察调查组，对全县近三年来土地整治工作情况进行视察调查。视察调查组采取实地察看、听取汇报、座谈讨论、个别走访、查阅资料等方式进行，实地察看赖店镇锦田村高标准农田建设、大济镇古濑村县级土地开发、尾坂村旧村复垦和社硎乡修园村县级开发等项目，分别听取县政府和园庄镇、游洋镇、龙华镇、社硎乡、大济镇、西苑乡6个乡镇政府关于开展土地整治工作情况的汇报，召开由县自然资源局、农业农村局、林业局、财政局等部门负责人参加的座谈会，听取各方面意见。视察调查组撰写《关于仙游县土地整治工作情况视察调查的报告》。报告于8月31日在仙游县第十八届人民代表大会常务委员会第四次会议上审议。

7月中下旬，县人大常委会成立专题视察调查组，对县宗教活动场所管理情况开展视察调查，调查组到枫亭镇、赖店镇、龙华镇、鲤城街道等宗教活动场所实地视察，召开会议听取县政府及县直有关部门的工作情况汇报、座谈。视察调查组撰写《关于对仙游县宗教活动场所管理情况进行视察调查的报告》。报告于8月31日在仙游县第十八届人民代表大会常务委员会第四次会议上审议。

7月19日，县人大常委会成立视察调查组，对全县2022年上半年计划执行情况进行视察调查。视察调查组到部分乡镇、管委会实地察看仙游县部分重点项目进展情况，于7月20日召开汇报座谈会，集中听取县发改局关于仙游县2022年上半年计划执行情况的汇报，与有关部门座谈，听取意见建议。视察调查组撰写《关于仙游县2022年上半年计划执行情况的视察调查报告》。报告于8月31日在仙游县第十八届人民代表大会常务委员会第四次会议上审议。

8月上中旬，成立以县人大常委会副主任林敬柏为组长，部分人大常委会委员和县人大代表为成员的视察调查组，开展医疗卫生监督管理专项视察调查。视察调查组进行相关法律法规和业务知识学习辅导，分别听取县政府和县卫健局、财政局等6个县直职能部门的工作情况汇报，视察组采取听取汇报、座谈讨论、实地察看、查阅资料等方式，先后视察县总医院、榜头卫生院、南桥社区卫生所等公立医疗机构和爱牙口腔民办诊所，到县卫生计生监督所了解监管机构的建设发展和工作开展情况。视察调查组撰写《关于对仙游县“加强医疗卫生监督管理，规范医疗从业行为，提升医疗服务水平”工作情况的视察调查报告》。报告于8月31日在仙游县第十八届人民代表大会常务委员会第四次会议上审议。

10月中旬，成立县人大常委会副主任张慧敏为组长的视察调查组，通过听取汇报、座谈讨论、走访调研等方式开展视察调查，听取县工信局、发改局、商务局等相关部门单位的工作汇报，到香博园、红木共享交易中心、巨石新能源、给力机械、金溪茶叶等实地查看，听取各方面意见建议。视察调查组撰写《关于仙游县“四个一批、四换四名、三转一市”工作开展情况的视察调查报告》。报告于10月25日在仙游县第十八届人民代表大会常务委员会第五次会议上审议。

10月中旬，成立以县人大常委会副主任张慧敏为组长的专项视察调查组，在集中学习领会、辅导解读“双减”文件政策的基础上，听取县教育局等8个县直部门的工作情况汇报，实地察看仙游实验小学、华文学校和学探、彩虹2家培训中心，通过座谈交流、查阅资料、问卷调查和现场问询等方式，向学校、校外培训机构、教师、学生、家长等群体征求意见建议，了解校内减负增效、校外培训治理等“双减”工作落实情况。视察调查组撰写《关于仙游县义务教育阶段“双减”工作开展情况的视察调查报告》。报告于10月25日在仙游县第十八届人民代表大会常务委员会第五次会议上审议。

10月中旬，成立以县人大常委会副主任陈德建为组长的视察调查组，就县应急管理体系建设情况进行视察调查。通过听取汇报、座谈讨论、实地察看等方式，了解县应急管理体系建设存在的主要问题，探讨工作对策。视察调查组撰写《关于仙游县应急管理体系建设情况的视察调查报告》。报告于10月25日在仙游县第十八届人民代表大会常务委员会第五次会议上审议。

10月中旬，成立以县人大常委会副主任、县人大监察和司法委员会主任委员王新奖为组长的视察调查组，成员由县人大常委会监察和司法工委、人代室主任及部分委员、县人大监察和司法委员会委员组成。县监察委员会指派委员邱建军全程参加视察调查工作。召开“仙游县开展扫黑除恶专项斗争监督调查处置工作情况汇报会”，听取县监察委员会专项工作情况汇报，并与县委政法委、县法院、检察院、公安局、司法局等单位负责人进行座谈，听取意见建议。视察调查组撰写《关于仙游县开展扫黑除恶专项斗争监督调查处置工作情况视察调查报告》。报告于10月25日在仙游县第十八届人民代表大会常务委员会第五次会议上审议。

10月中旬，成立以县人大常委会副主任、县人大监察和司法委员会主任委员王新奖为组长的视察调查组，成员由县人大常委会监察和司法工委、人代室、社会工委主任和部分委员、县人大监察和司法委员会委员组成。召开“仙游县经济金融犯罪检察工作情况汇报会”，听取县人民检察院开展经济金融犯罪检察工作情况汇报，并与县政府办、县委政法委、县法院、公安局、司法局、工信局、财政局、金融办、人行等单位负责人进行座谈，听取各方面的意见建议。视察调查组撰写《关于仙游县开展经济金融犯罪检察工作情况视察调查报告》。报告于10月25日在仙游县第十八届人民代表大会常务委员会第五次会议上审议。

11月下旬至12月上旬，县人大常委会成立视察调查组对仙游县2022年国民经济和社会发展计划执行情况及2023年计划草案进行调查。11月29日，到相关乡镇、管委会实地察看部分重点项目进展情况。12月7日，召开汇报座谈会，听取县发展和改革局《关于仙游县2022年国民经济和社会发展计划执行情况与2023年国民经济和社会发展计划草案的报告》和有关部门的工作汇报，并进行座谈，征求意见建议。视察调查组撰写《关于仙游县2022年国民经济和社会发展计划执行情况与2023年国民经济和社会发展计划草案的调查报告》。报告于12月14日在仙游县第十八届人民代表大会常务委员会第六次会议上审议。

2022年8月15日，县人大常委会组成医疗卫生监督管理专项视察调查组到县总医院视察（县人大办供图）

【执法检查】 2022年5月下旬，县人大常委会组成执法检查组对《中华人民共和国环境保护法》（简称《环境保护法》）实施情况进行执法检查。成立以县人大常委会主任黄一敏担任组长，副主任陈德建担任副组长的执法检查组，成员由部分常委会委员及县人大代表组成，对全县贯彻实施《中华人民共和国环境保护法》情况进行执法检查。听取县政府和县生态环境局等15个单位的汇报座谈后，到城区污水处理厂、赖店万辉鳗鱼养殖场、盖尾新窑村（农村污水管网建设）、郊尾后沈矿山石场、鲤南柴桥头溪（水流域治理）、榜头佛珠加工集中区（粉尘治理）和仙游兴鸿环保电力有限公司等地视察检查，进一步了解属地政府、企业环境保护责任履行情况。执法检查组撰写《关于〈中华人民共和国环境保护法〉实施情况的执法检查报告》。报告于6月29日在仙游县第十八届人民代表大会常务委员会第三次会议上审议。

5月中旬，成立以县人大常委会副主任林敬柏为组长，部分人大常委会委员和县人大代表为成员的执法检查组，开展《中华人民共和国促进科技成果转化法》及《福建省促进科技成果转化条例》（简称"一法一例"）贯彻情况执法检查。检查期间，执法检查组进行相关法律法规学习辅导，分别听取县政府及县科技局、发改局、财政局等7个县直职能部门就贯彻实施"一法一例"的情况汇报，实地察看莆田市佰合生物科技有限公司、福建省意达科技股份有限公司等4家企业的科技成果转化主体作用发挥情况。执法检查组撰写《关于〈中华人民共和国促进科技成果转化法〉及〈福建省促进科技成果转化条例〉实施情况的检查报告》。报告于6月29日在仙游县第十八届人民代表大会常务委员会第三次会议上审议。

5月下旬，县人大常委会执法检查组通过听取汇报、座谈交流、查看资料、深入企业、走访群众等形式，对贯彻实施《中华人民共和国就业促进法》情况进行执法检查。执法检查组撰写《关于〈中华人民共和国就业促进法〉贯彻实施情况的执法检查报告》。报告于6月29日在仙游县第十八届人民代表大会常务委员会第三次会议上审议。

9月下旬，成立以县人大常委会主任黄一敏担任组长，副主任陈德建担任副组长，成员由部分常委会组成人员和县人大代表组成的执法检查组，对《中华人民共和国城乡规划法》实施情况进行执法检查，重点检查2017年以来城乡经济社会发展项目、规划编制情况和实施情况。听取县政府和县自然资源局等19个单位的汇报座谈后，到县城中心区对部分经营性房地产项目、公益性投资项目、历史文化名村、乡村振兴试点村、重点工业企业等单位视察检查，进一步了解属地政府、相关部门贯彻落实《中华人民共和国城乡规划法》情况。执法检查组撰写《关于〈中华人民共和国城乡规划法〉实施情况的执法检查报告》。报告于10月25日在仙游县第十八届人民代表大会常务委员会第五次会议上审议。

11月，县人大常委会组成执法检查组对贯彻实施《信访工作条例》情况进行专项执法检查，通过实地查看部分单位信访接待设施建设，查阅相关部门、单位开展处理群众信访问题工作的有关资料，听取榜头镇、盖尾镇、县市场监管局、人社局、自然资源局、公安局、法院等单位工作情况的汇报，邀请信访工作人员进行座谈交流，收集对贯彻实施《信访工作条例》的意见建议。执法检查组撰写《关于〈信访工作条例〉贯彻实施情况的执法检查报告》。报告于12月14日在仙游县第十八届人民代表大会常务委员会第六次会议上审议。

【预决算监督】 2022年7月20日，县人大常委会组成视察调查组，召开汇报座谈会，听取县财政局《关于2021年财政决算和2022年上半年预算执行情况报告》和县审计局《关于2021年县级预算执行和其他财政收支情况审计工作报告》，以及县直有关单位上半年工作情况报告。视察调查组撰写《关于2021年县本级决算、预算执行情况审计和2022年上半年预算执行情况的视察调查报告》。报告于8月31日在仙游县第十八届人民代表大会常务委员会第四次会议上审议。

11月下旬至12月上旬，县人大常委会调研组对全县2022年预算执行情况及2023年预算草案进行调查。12月7日，调研组召开汇报座谈会，听取县财政局《关于仙游县2022年预算执行和2023年预算草案的报告》和有关部门的工作汇报，并进行座谈，征求意见，调研组撰写《关于仙游县2022年预算执行情况和2023年预算草案的调查报告》。报告于12月14日在仙游县第十八届人民代表大会常务委员会第六次会议上审议。

议案和建议

【概况】 仙游县第十八届人民代表大会第一次会议期间，县人大代表10人以上联名提出的议案31件，经大会主席团研究，认为不属于县人大及其常委会职权范围，转为建议办理；收到代表建议132件；闭会期间收到代表建议1件，三项合并164件。其中，公路交通类28件，科教文卫类34件，城建环保类23件，农林水利类34件，旅游开发类10件，国土规划类6件，财税商贸类6件，政法类1件，其他类22件。会后，县人大常委会对164件建议以交办函的形式交由县政府及有关机关组织办理（其中交由县政府办理163件，县法院办理1件），并书面答复代表，办复率99.5%，代表反馈率99.5%，其中满意159件，基本满意4件，不满意1件，满意率97%。

【关于进一步完善山区交通的建议】 2022年，凌成等4名县人大代表提出《关于进一步完善山区交通的建议》。县交通局收到代表建议后研究安排，于4月在岭峰村等新增3个公交停靠站，安排每日发车12班，公交车平均载客率15%，基本满足群众出行需求。

【关于加快在公共领域推广应用新能源汽车及充电基础设施建设的建议】 2022年，何永群等3名县人大代表提出《关于加快在公共领域推广应用新能源汽车及充电基础设施建设的建议》。县工信局牵头，县供电公司负责，组织开展《仙游县电动汽车充电网络规划（2021—2030）》的编制工作，加大政策支持力度以及充电桩的建设力度，完成县行政服务中心、南桥停车场以及石鼓山公园的电动汽车充电站建设，投入使用。

【关于木兰溪城区两岸园林绿化景观建设后续管护提升加强的建议】 2022年，林玉镇等5名县人大代表提出《关于木兰溪城区两岸园林绿化景观建设后续管护提升加强的建议》。县水利局组织人员对代表建议进行研究讨论，要求管护公司加强绿化卫生清理力度，做到日产日清，督促其做好设施维护工作，在涉及的木兰溪城区段堤顶路和步道旁及部分广场设置矮凳及避雨亭，基本满足行人休息及遮阴避雨要求。

【关于仙游县职业教育发展的议案】 2022年，郑庆灿等10名县人大代表提出《关于仙游县职业教育发展的议案》。县教育局从扩大招生、优化专业化设置、加大经费投入力度等方面加强职业教育工作，结合仙游县职业教育发展的具体要求和实际，配合相关部门，加强与企业、社会的联系与协调。

【关于落实施工企业征用生产基地的建议】 2022年，曾文山等10名县人大代表提出《关于落实施工企业征用生产基地的建议》。县住建局开展前期调研，拟选址原精致农业报批地块（地块性质为工业用地），编制概念方案，待方案批准后，净地并组织挂牌出让。

【关于适当调整各类保障性住房准入条件的建议】 2022年，郑建忠等4名县人大代表提出《关于适当调整各类保障性住房准入条件的建议》。县住建局与赖店镇村建站沟通咨询，代表所提建议中的位置属于规划预留地，不属于农村个人建房禁建区，不具备申请各类保障性住房的准入条件。

【关于社区卫生保洁一并纳入城市管理的建议】 2022年，张建洪等4名县人大代表提出《关于社区卫生保洁一并纳入城市管理的建议》。根据《仙游县主城区卫生保洁管理1+N服务项目监管协议》的文件要求，16个社区包含鲤南4个社区被列入城区范畴，若城市管理规划中再添加4个社区，与文件规定不符。

代表工作

【代表履职】 2022年，县人大常委会发挥人大代表履职服务网络平台作用，提供更加优质高效的履职保障服务，完善代表履职档案，掌握代表履职情况，增强代表履职意识。调整充实新一届市、县、乡三级人大代表队伍，成立81个人大代表小组，完善代表联系群众制度，强化代表履职跟踪管理。为代表订阅《人民政坛》等相关刊物和学习资料，组织市人大代表参加首期初任履职培训，提升代表的政治素养和履职能力。做好全国、省人大代表到仙调研服务保障工作，加强对代表履职、代表工作先进典型的宣传，讲好代表履职故事。落实常委会联系代表制度，邀请代表列席常委会会议60人次，邀请代表参与执法检查、视察调查、专题调研和市人大立法工作等120余人次，向代表通报常委会重要工作，推动代表与“一府一委两院”的工作联系，拓宽代表知情知政渠道。常委会组成人员走访基层代表，解决履职中的困难和问题。做好代表履职宣传保障工作，推荐优秀代表接受各级媒体采访，激发代表履职积极性。开展各级人大代表监督实施河湖长制工作，按照“每条河、每个湖至少有市、县、乡三级人大代表各1人参与监督”的原则，选聘适合的代表担任监督员挂钩相应河湖，助推河湖保护管理工作落到实处。创新代表与人民群众的联系方式，每月开展“代表活动日”活动，构建新的活动模式和机制，打造代表工作品牌。

【代表建议监督办理】 2022年，县人大常委会推行代表意见建议督办机制，推行全面督办、联合督办等做法，结合“问题清单式”监督和“分段跟进式”监督方式，开展代表建议办理情况专项视察检查，听取办理情况工作汇报。县十八届人大一次会议期间和闭会期间收到代表建议164件。会后，县人大常委会做好交办和督办工作，并选取部分单位办理情况进行满意度测评。

【代表履职机制保障】 2022年，县人大常委会做好代表服务保障工作，坚持常委会组成人员、县级领导干部中的代表联系代表制度，定期开展走访，帮助解决代表履职和工作生活中的实际困难和问题。组织代表培训，加强工作对接，为代表持证视察、依法约见提供方便。加强代表履职宣传，在《仙游今报》、仙游广播电视台等媒体报道代表履职风采，提升代表履职影响力。

人大专门委员会工作

【概况】 2022年，根据《中华人民共和国地方各级人民代表大会和地方各级人民政府组织法》第三十条的规定和工作需要，仙游县第十八届人民代表大会第二次会议设立监察和司法委员会、财政经济委员会、社会建设委员会。

【仙游县第十八届人民代表大会监察和司法委员会】 2022年，仙游县第十八届人民代表大会监察和司法委员会听取审议县监察委关于扫黑除恶斗争监督调查处置工作情况报告。听取审议打击治理电信网络新型违法犯罪工作情况报告，推动各方压紧压实责任，强化协同配合，增强技术支撑，形成治理合力，构建“全民参与、全社会参与”的防诈格局。紧盯各类经济金融犯罪，听取审议经济金融犯罪检察工作情况报告，督促检察机关强化队伍建设，提高办案质量，筑牢金融安全司法防线，打造更优法治化营商环境。实施规范性文件备案审查工作办法，听取审议本年度规范性文件备案审查情况的报告，维护法治统一。参与立法工作，个别委员受聘为市人大立法咨询委员，基层立法联系点进一步发挥作用。

【仙游县第十八届人民代表大会财政经济委员会】 2022年，仙游县第十八届人民代表大会财政经济委员会与县人大常委会财政经济工作委员会联合组织开展仙游县2022年上半年国民经济和社会发展计划、预算执行情况，仙游县2022年国民经济和社会发展计划、预算执行情况及2023年国民经济和社会发展计划、预算草案，仙游县“四个一批、四换四名、三转一市”工作情况视察调查活动，以及仙游县国有资产专题调研活动，分别形成视察调查报告或专题调研报告，审查2021年县本级决算草案和2022年县本级预算调整以及新增地方政府债券分配等议案，为常委会会议提供参考意见。审查仙游县2022年国民经济和社会发展计划、预算执行情况及2023年国民经济和社会发展计划、预算草案，向县十八人民代表大会第二次会议提交审查报告。

【仙游县第十八届人民代表大会社会建设委员会】 2022年，仙游县第十八届人民代表大会社会建设委员会开展《中华人民共和国妇女权益保障法》贯彻实施情况的执法检查，维护妇女权益。开展社会优抚工作情况的视察调查，维护退役军人合法权益。围绕县委、县政府“1299”（“1”指党建引领；“2”指能力建设和作风建设；第一个“9”指九大产业；第二个“9”指九项需要突破的工作）工作目标，7月中旬，对现代服务业发展情况进行专题调研，了解现代服务业发展现状、存在的主要问题，探讨发展对策。

（林金全）

仙游县人民政府

综述

【经济发展】　2022年，仙游县实现地区生产总值626.99亿元，比上年增长6%；规模以上工业增加值245.70亿元，增长8.4%；全社会固定资产投资301.68亿元，增长11.9%；一般公共预算总收入47.23亿元，增长14%，其中地方一般公共预算收入31.61亿元，增长14.9%；实际利用外资2533万美元；外贸出口总额36.75亿元，增长48.3%；社会消费品零售总额359.48亿元，增长4.6%；农林牧渔业总产值46.77亿元，增长7.3%；居民人均可支配收入29440元，增长6.8%。2022年，地区生产总值（高于全省1.3个百分点、全市2个百分点）、财政总收入、一产增加值、农业总产值、工业增加值、规上工业增加值、外贸出口总额等7个主要经济指标增幅均居全市第一位，其中财政总收入突破50亿元大关。市场主体总量、增量均居全市第一位。固投、工业用电量等经济先行指标实现双位数增长。

【改革创新】　2022年，仙游县探索创新，突破一批瓶颈约束，打造一批仙游模式。推行村（社区）集体出资成立公司代建小规模工程建设新模式，4个试点乡镇78个村实现村财增收317万元。率先出台“五回一新”政策，30个村回乡资本注册企业32家、新增纳税2100万元。推进综合行政执法改革，在全市率先开展“一支队伍管执法”工作。深化“放管服”改革，“一趟不用跑”“最多跑一趟”事项分别占比75.68%、98.99%。启动县属国有企业重组整合改革，木兰投资集团获评AA级信用国有企业。仙游经济开发区管委会被国家发改委、生态环境部被列为第一批全国清洁生产审核创新试点项目单位。探索开展公益林、天然林等质押贷款和林地经营权抵押贷款，获评省级林下经济重点县。在全省率先建立“森林110”工作机制。“党建引领、夯基惠民”工程开展，建立“六级七长”［“六级”指“县—乡镇（街道）—村（社区）—网格—单元—户”六级管理模式；“七长”指县指挥长、乡镇（街道）指挥长、驻村（社区）指挥长、村（社区）指挥长、网格长、单元长、户长］单元网格管理体系，开发线上激励评价智能化管理平台，创新融入社会信用体系评价、村规民约及户长作用板块，增强基层服务群众能力和社会治理能力。

【项目攻坚】　2022年，仙游县超额完成省、市、县重点项目年度投资任务，累计开竣工项目89个，第三季度项目工作正向激励综合考评位居全省第八名，获得项目前期工作奖励。招商引资新增对接产业项目111个、总投资1486亿元，实现签约项目38个、总投资489.80亿元，前三季度项目签约数和投资额均居全市第一位。围绕锂电新能源新材料产业微集群，布局引进锂电池三元正极材料产业链，紫京科技、国城三元正极、木兰抽蓄等一批投资超100亿元的重点项目实现签约、开工。瑞博、巨石、禄驰、胜龙4个项目盘活闲置厂房3.80万平方米，实现当年度对接洽谈、签约落地、建成投产、升规纳统。木兰抽蓄预可研报告、“三大专题”（可行性研究阶段枢纽布置格局、正常蓄水位选择、施工总布置规划）报告通过评审。鑫瑞新材料、南伴生物等项目实现试投产，智胜半导体项目加快建设，瑞声数码、省储备粮公司仙游粮库等项目实现开工。加强要素保障，完成征地226.27公顷、拆迁18.46万平方米；获批林地20.53公顷、土地234.30公顷。亚洲开发银行贷款木兰溪流域生态环境综合治理及提升项目落地，成为全市第一个由县级主导实施的国家主权贷款项目。全年争取专项债券资金39.96亿元；统筹23.36亿元用于农村污水管网建设、土地整治开发、县总医院迁建项目。

【产业结构】 2022年，仙游县三次产业结构调整为4.1∶49.1∶46.8。落实高质量纳统工作要求，“三转一市”“四换四名”“四个一批”工程推进，新增“个转企”2696家、“下转上”92家。市场主体总量19.73万户、新增4.50万户，总量、增量均居全市第一位。实施技改项目29个、完成投资20亿元。新认证“三品一标”农产品17个。处置批而未供土地99.93公顷，盘活闲置厂房10万平方米、低效用地6.67公顷。出台69条稳住经济一揽子政策措施，兑现惠企资金1.90亿元，新增减税降费及退税缓税缓费7.40亿元。新增县级“白名单”企业375家，获得纾困贷4.70亿元、技改贷1.70亿元。296家规模以上工业企业完成产值895.50亿元、增速居全市第一位，产值超亿元企业172家。设立9个产业专班，四套班子领导分别挂帅，推进九大重点产业高质量发展。工艺美术产业创新搭建工美生活家产业生态链、红木共享交易中心、集中监管仓、中国香博园4个平台并实现运行，破解库存、原材料、成品融资问题，授信3.60亿元。举办第十届红博会、首届香文化产业峰会、首届古典家具创新设计大赛。鞋服纺织产业建成标准化厂房10万平方米，培育5家企业7个自主品牌。机械装备、电子信息新材料等产业发展瓶颈有效突破、提档升级，高性能软磁新材料技改项目、信唐微GPU（图形处理器）芯片研发项目有序推进。紫京科技等一批锂电池新材料重大项目落地开工。新增国家级专精特新“小巨人”企业1家、省级“科技小巨人”领军企业5家、省级“专精特新”中小企业3家、省级众创空间3家，组织申报国家级高新技术企业28家。海安集团创建国家级博士后科研工作站并完成上市申报。推进国家级电子商务进农村示范县创建工作，连续7年位列全国“电商百强县”，淘宝镇数量居全市第一位。仙游抖音基地年度销售额超45亿元，稳居全国同类抖音基地第一位，首批获得全省抖音跨境电商运营服务商资质。京东（仙游）数字经济产业园典型经验获商务部推广。游洋镇龙山村、天马村、兴山村获评中国传统村落。西苑乡前溪村跻身“中国十大露营地”。出台稳定粮食综合生产能力17条措施，完成补充耕地69.53公顷，治理撂荒地1066.67公顷，粮食播种面积超1.38万公顷。文旦柚入选全国名特优新农产品名录。台湾农民创业园连续六年在国家考评中居优秀等级。仙游县获评全国农产品数字化百强县，度尾镇湘溪村、龙华镇金溪村入选全国乡村特色产业超亿元村。

【城乡建设】 2022年，仙游县实施城市品质提升项目130个、完成投资60亿元，综合排名居全市第一位，获评省级城乡建设品质提升综合绩效优异县，仙糖绿色社区样板工程考评居全省第一名。18个老旧小区完成改造，开工率和改造进度均居全市第一位，获省级单项工作绩效优异县。县国土空间总体规划编制形成初步成果，完成“三区三线”划定、中心城区总体概念性城市设计、59个村庄规划编制。推进165个城建项目。落实“保交楼”，推进4个楼盘复工建设。商品房销售面积75.74万平方米。纵三线游洋沽山至梧椿段、慈岳中路动工建设，龙泉街、迎勋街改造工程及枫秀西路、法庭路、仙源路竣工通车，新改扩建市政道路10.80千米。新建木兰溪防洪景观工程11千米。推进城市“五化”，设置便民服务摊点125个，整治店外经营、乱摆摊3300余处；在全市率先建成垃圾分类指挥平台，新建垃圾分类屋（亭）145座；新改造公园绿地10公顷、福道6千米，完成主干道绿化景观花化彩化提升3千米；实施路灯节能智能改造1130盏。实施乡村振兴战略，入选全国乡村建设评价样本县。推进省委统战部挂钩联系的乡村振兴工作。成立由“三农”问题专家温铁军教授担任名誉院长的乡村振兴研究院，探索乡村振兴新路径。引进省内9所高校与11个乡镇结对，精准编制村庄规划及产业发展规划，打造乡村振兴校地共建合作新模式。2个镇、30个村入选第二批“省级乡村治理示范村镇”。创成32个“绿盈乡村”。游洋镇兴山村、社硎乡田利村入选“全国第三批红色美丽村庄”。

【生态环境】 2022年，仙游县木兰溪源头获评全省第一批“河湖文化遗产”，获莆田市河长制教育基地。在全市率先建成县级林长制指挥调度中心。空气质量达标率99.7%。推进河长制，重点河流考核断面水质100%达标。创新推广“县级主导、镇街主责、村居主体、群众参与、规范运维”的农村污水治理模式，完成32个试点村建设，新建主干管 82 千米、接户管 322 千米。建立跨境流域河湖管理保护协作机制。木兰溪流域 7 座水质自动监测站动工建设。完成 10 个木兰溪沿线“污水零直排区”示范村建设。经济开发区污水处理厂一期提标改造工程、第二污水处理厂二期项目竣工投用。完成 188 个农村“千人以下”饮用水水源地划定工作。提升土壤污染防治水平。完成植树造林 1133.33 公顷、森林抚育 3600 公顷、封山育林 2066.67 公顷，水土流失治理 1753.33 公顷。除治互花米草。

【民生保障】 2022 年，仙游县 43 件为民办实事项目完成投资 24.37 亿元。民生相关支出占一般公共预算支出的 81%。巩固脱贫攻坚成果。新实施棚户区改造 5431 套，安置房竣工 38.90 万平方米，获评省级单项工作评价绩效优异县。城镇登记失业率 3% 以内。“仙作劳务”品牌作为全省唯一代表在全国劳务品牌发展大会上展示推广。城乡居民养老保险、基本医疗保险参保率双提升。城乡低保标准实现一体化，低保边缘户在全市率先实现清零。发放城乡低保、残疾人“两项补贴”等补助 1.60 亿元。建成“长者之家”24 家，新增养老床位 469 张。新购纯电动公交车 32 部。实施“路长制”，完成农村公路养护提升 100 千米，改造危桥 6 座。实施城乡供水一体化，3 家民营自来水公司完成评估整合，经济开发区水厂、城区第一水厂迁建项目实现通水运行。实施 110 千伏城关变电站等 4 个输变电项目，新改建 10 千伏电力线路 179.80 千米。推进灾后重建、地质灾害隐患点整治工作，完善防灾减灾及应急救援体系。

【社会事业】 2022 年，仙游县推进教育强县建设，21 个教育类项目完成投资 8600 万元，建成小学、幼儿园项目 8 个，新增学位 1940 个。仙游一中创成全省首批示范性普通高中。福建师范大学仙游附属学校签约落地。仙游电大工作站升格为仙游开放大学。提升基础教育质量，295 名学生考取“双一流”（世界一流大学、世界一流学科）学校，中考总分平均分跃居全市各县区第二位。县教师进修学校创成省级示范性教师进修学校。县总医院入选国家第二批县级医院医疗服务能力名单，与省立医院结对共建。建成 15 个莆阳文化驿站，新增省级非遗代表性项目名录 5 项。举办鲤声剧团建团 70 周年系列活动。获评省级全民运动健身模范县。中共仙游上宫支部旧址被列为“省委党校现场教学点”“省级爱国主义教育基地”。防控金融风险，不良贷款率降至 1.07%。开展安全生产专项整治三年行动，安全生产形势平稳，获评全市安全生产和消防工作目标责任考核优秀等次。推进“平安仙游”建设。推进扫黑除恶斗争常态化，巩固深化政法队伍教育整顿、禁毒工作成果，涉诈重点人员劝返工作取得成效，开展信访积案化解攻坚，化解“治重化积”信访件 476 件。开展食品药品监管。推进“八五”普法。新时代文明实践中心、所、站实现全覆盖。加强国防动员、民兵预备役部队建设、退役军人服务保障、海防、人防等工作，获省级“双拥模范县”称号，完成征兵工作。

（颜俊涵）

重要会议

【县政府全体会议】 2022 年 1 月 10 日，县长吴海端主持召开 2022 年县政府第一次全体会议，会议传达市政府第一次全体会议精神，并就做好 2022 年政府工作提出意见。县领导黄少敏、李振海、林宇家、蒋庆和、张志东、赖宇贞，各乡镇（街道）、县直部门负责人等参加会议。

2 月 28 日，县长吴海端主持召开 2022 年县政府第二次全体会议。会议传达市政府第二次全体会议精神，审议并表决通过《仙游县人民政府工作规则（修订草案）》。县领导潘玉森、林宇家、蒋庆和，各乡镇（街道）、县直部门负责人参加会议。

【县政府常务会议】 2022 年，仙游县人民政府召开 16 次常务会议。其中，1—5 次会议由县委副书记、县长吴海端主持，6—16 次会议由县委副书记、代县长陈志挺主持。

【县长办公会议】 2022 年，仙游县人民政府召开 14 次县长办公会议。其中，1—4 次会议由县委副书记、县长吴海端主持，5—14 次会议由县委副书记、代县长陈志挺主持。

2022年仙游县政府常务会议一览表

表3

会议名称	会议内容	会议时间
第1次常务会议	研究《2020年莆田市（仙游县）5G专项规划（送审稿）》《仙游县关于扶持第三产业发展的若干措施（送审稿）》《仙游县关于进一步促进建筑业发展的若干措施（送审稿）》有关事宜	1月3日
第2次常务会议	研究《仙游县“十四五”生态环境保护专项规划（送审稿）》有关事宜	1月18日
第3次常务会议	研究《仙游县补充耕地指标管理暂行办法（送审稿）》《仙游县农村生活污水提升治理工作的实施方案（2021—2025年）（送审稿）》有关事宜	1月28日
第4次常务会议	听取2021年全县禁毒工作汇报暨禁毒预警通告地区迎检工作有关事宜，研究《关于规范仙游县地方水利建设基金征收使用管理工作的通知（送审稿）》有关事宜	2月22日
第5次常务会议	研究《仙游县“十四五”食品安全专项规划（送审稿）》《关于切实抓好2022年造林绿化工作的通知（送审稿）》等有关事宜，听取涉粮专项巡视巡察整改、全县违法用地专项清理整治工作进展情况汇报，研究部署下一步工作	3月17日
第6次常务会议	研究《仙游县“十四五”特色现代农业发展专项规划（送审稿）》《仙游县“十四五”文化体育旅游事业发展专项规划（送审稿）》《关于深入贯彻习近平总书记重要讲话重要指示批示精神进一步推进水土保持高质量发展的实施意见（送审稿）》《仙游经济开发区管理委员会权责事项清单（送审稿）》《仙游县关于推行村（居）集体出资成立有限责任公司代建小规模工程建设项目的工作方案（试行）（送审稿）》、2021年度平安乡镇（街道）、平安单位推荐分类评定建议、设立仙游县乡村振兴研究院等有关事宜	5月23日
第7次常务会议	研究《仙游县实施“党建引领 夯基惠民”工程提升基层社会治理现代化水平试点方案（送审稿）》《仙游县“十四五”民政事业发展专项规划（送审稿）》《仙游县妇女发展纲要（2021—2030）（送审稿）》《仙游县儿童发展纲要（2021—2030）（送审稿）》《关于支持工艺美术产业平台发展的实施意见（送审稿）》等有关事宜	7月1日
第8次常务会议	研究《仙游县贯彻落实扎实稳住经济一揽子政策措施的实施方案（试行）（送审稿）》《仙游县关于深入“五回一新”促进乡村振兴工作的意见（送审稿）》《仙游县休闲农业发展规划（2021—2025年）（送审稿）》《仙游县发展休闲农业三年行动实施方案（2022—2024年）（送审稿）》有关事宜，传达学习7月11日全国全省全市安全生产电视电话会议精神、2022上半年全市信访工作会议精神，听取仙游县上半年安全生产、仙游县乡村振兴相关政策和资金市级审计整改等工作情况汇报，并部署下一步工作	7月15日
第9次常务会议	研究《仙游县桉树林改造实施方案（送审稿）》《仙游县奇楠沉香种植基地建设方案（送审稿）》《关于加强村级疫情防控队伍建设的实施意见（送审稿）》《仙游县村（社区）防疫员绩效考核细则（试行）（送审稿）》《仙游县“十四五”人力资源和社会保障事业发展专项规划（送审稿）》有关事宜	8月14日
第10次常务会议	传达学习公安部到仙游镇督导夏季治安打击整治“百日行动”精神，听取仙游县夏季治安打击整治“百日行动”工作、全县涉诈重点人员工作情况汇报，研究部署下一步工作；研究《仙游县赋予乡镇人民政府、街道办事处部分行政执法事项目录（送审稿）》、《仙游县“十四五”残疾人保障和发展规划（送审稿）》、2021年度县级预算执行和其他财政收支审计整改任务分解、《关于持续提升村级集体经济发展水平的实施方案(送审稿)》、《仙游县发展壮大村级集体经济十条政策措施（送审稿）》有关事宜	9月3日

续表 3

会议名称	会议内容	会议时间
第 11 次常务会议	研究《关于优化生育政策促进人口长期均衡发展的实施意见（送审稿）》《仙游县小型水库山塘安全管理实施细则（送审稿）》《仙游县“十四五”应急管理专项规划（送审稿）》有关事宜	9 月 18 日
第 12 次常务会议	研究《2022 年县委、县政府民生三个“十大工程”实施方案（送审稿）》、废止部分规范性文件、《仙游县“十四五”科技创新发展专项规划（送审稿）》等有关事宜	10 月 22 日
第 13 次常务会议	研究《仙游县鳗鱼养殖场尾水治理提升改造实施方案（送审稿）》有关事宜	11 月 2 日
第 14 次常务会议	听取“两稳一保一防”政策落实跟踪审计问题整改情况汇报，研究部署下一步工作，研究《持续深化集体林权制度改革推进仙游林业高质量发展的实施方案（送审稿）》有关事宜	11 月 19 日
第 15 次常务会议	研究《仙游县 2022 年预算执行情况和 2023 年预算草案的报告（送审稿）》、《仙游县耕地保护“田长制”实施方案（送审稿）》、《关于仙游县 2022 年国民经济和社会发展计划执行情况与 2023 年国民经济和社会发展计划草案的报告》、《仙游县 2023 年重点项目概况表（送审稿）》、2023 年县委县政府为民办实事项目、2023 年《政府工作报告》等有关事宜	12 月 14 日
第 16 次常务会议	研究《仙游县“十四五”生态文明建设专项规划（送审稿）》《仙游经济开发区鞋服标准化产业园项目招商与企业管理暂行办法（送审稿）》《仙游县城区生活垃圾处理费收缴和使用管理规定（修订版）》《仙游县“十四五”防震减灾专项规划（送审稿）》《仙游县“十四五”教育发展专项规划（送审稿）》有关事宜，听取全县林长制工作及松材线虫病防控除治情况汇报，研究部署下一步工作	12 月 18 日

2022 年仙游县县长办公会议一览表

表 4

会议名称	会议内容	会议时间
第 1 次县长办公会议	研究万鑫、新万鑫企业搬迁收储遗留问题处置，仙游抖音电商直播基地奖补政策兑现，仙游县供销合作社联合社关于申请划转旧法院闲置办公楼作为县供销合作社联合社办公场所，仙游县美术馆、档案馆和科技馆及地下配套设施工程变更等有关事宜	1 月 3 日
第 2 次县长办公会议	研究 2022 年 1 月财政资金调度及安排有关事宜	1 月 18 日
第 3 次县长办公会议	研究调整网格队伍工资，县公安局赖店派出所迁建、石苍派出所新建综合技术用房，表彰 2021 年度突出经济贡献企业，拨付绿色纤维产业园项目支持资金等有关事宜	1 月 28 日
第 4 次县长办公会议	研究木兰抽蓄电站项目前期工作及项目勘察设计招标、《“艺术生活家”产业生态链（仙作）平台框架合作协议（送审稿）》等有关事宜	3 月 17 日
第 5 次县长办公会议	研究《香魁文化艺术生活馆项目框架合作协议（送审稿）》、抗疫应急贷款、仙游县鞋服标准化厂房项目融资、信唐微电子 GPU（图形处理器）芯片项目第一期设计研发补助款及 1000 平方米产业用房、拨付 2021 年京东（仙游）数字经济产业园项目及新华社民族品牌工程“仙作”品牌推介项目资金等有关事宜	5 月 23 日
第 6 次县长办公会议	研究福建省仙游县木兰溪流域生态环境综合治理及提升项目办理主权贷款、历史建筑测绘建档和保护图则编制技术服务等有关事宜	7 月 1 日
第 7 次县长办公会议	研究共建仙游县乡村振兴研究院、《省储备粮管理有限公司仙游储备库搬迁重建项目协议书（送审稿）》《仙游县永鸿大剧院委托运营项目实施方案（送审稿）》《仙游县体育中心部分场馆设施委托第三方运营服务方案（送审稿）》、仙游县木兰溪流域农村生活污水提升治理项目贷款、《仙游物泊科技有限公司补充协议（送审稿）》等有关事宜	7 月 15 日

续表 4

会议名称	会议内容	会议时间
第 8 次县长办公会议	研究仙游县城区污水处理厂污水处理服务费调价，拨付坝垄社区 44 号地块生产生活备用地补助资金，拨付鲤南片区 63 号地 2A、3A、3B 幢安置房等 6 个安置区项目划拨补办出让资金，听取仙游县土地综合开发项目融资、福建省九仙产业投资发展集团有限公司流动性资金融资、鲤北万福 61 号地块安置区项目融资等有关事宜	8 月 14 日
第 9 次县长办公会议	研究《福建和拓环保科技项目合同书》有关事宜	8 月 22 日
第 10 次县长办公会议	研究《紫京三元前驱体生产（一期）项目合同书（送审稿）》、《华思光电科技产业化生产项目合同书（送审稿）》、《巨石新能源汽车锂电池托盘项目合同书（送审稿）》、京东（仙游）数字经济产业园运营有关事宜	9 月 3 日
第 11 次县长办公会议	研究新艺都大酒店项目招商盘活、推进安置房项目配套电力基础设施工程建设、65—69 周岁老年人免费乘坐公交车补助和建制村通客车资金补助列入财政预算等有关事宜	9 月 18 日
第 12 次县长办公会议	研究仙游木兰抽蓄电站项目地质勘察硐探工程 TBM（隧洞掘进机）施工方案、仙游县 PS-2020-22 号地块安置房回购项目（鲤北龙号安置区二期）融资有关事宜	10 月 22 日
第 13 次县长办公会议	研究《国城正极材料生产项目（一期）合同书（送审稿）》有关事宜	11 月 19 日
第 14 次县长办公会议	研究《“中国李宁”鞋类产品研发中心及生产基地项目合同书》《协晟智造新材料项目合同书（送审稿）》、福建省木兰投资集团有限公司流动性资金融资有关事宜	12 月 18 日

（颜俊涵）

民生实事工程

【概况】 2022 年，仙游县为民办实事项目 16 件 43 个，主办单位涉及 22 个部门、18 个乡镇（街道）、3 个管委会、1 家企业，年度计划总投资 27.57 亿元，完成投资 24.37 亿元，占年计划投资的 88.39%。

【教育强县工程】 2022 年，仙游县教育强县工程主要包括鲤中实验幼儿园分园、蜚山幼儿园综合楼、枫亭中心幼儿园南校区、实验幼儿园南校区、第二实验幼儿园、大济龙坂幼儿园、城西中心小学综合楼、枫亭海滨小学综合楼等项目。

鲤中实验幼儿园分园年计划投资 1800 万元，建设教学综合楼 1 幢，建筑面积 7000 平方米，新增学位 510 个。2022 年，完成投资 2500 万元，占年计划投资的 138%，建成投用。

蜚山幼儿园综合楼年计划投资 700 万元，建设教学综合楼 1 幢，建筑面积 2850 平方米，新增学位 360 个。2022 年，完成投资 420 万元，占年计划投资的 60%。

枫亭中心幼儿园南校区年计划投资 1200 万元，建设教学综合楼 1 幢，建筑面积 4500 平方米，新增学位 360 个。2022 年，完成投资 1420 万元，占年计划投资的 118%，建成投用。

实验幼儿园南校区年计划投资 1300 万元，建设教学综合楼 1 幢，建筑面积 4800 平方米，新增学位 270 个。2022 年，完成投资 1600 万元，占年计划投资的 123%，建

2022 年，鲤中实验幼儿园分园完成投资 2500 万元，建设教学综合楼 1 幢。图为教学综合楼外景　（摄于 2022 年 10 月　黄伟供图）

成投用。

第二实验幼儿园年计划投资1700万元，建设教学综合楼1幢，建筑面积6385平方米，新增学位150个。2022年，完成投资1700万元，占年计划投资的100%，建成投用。

大济龙坂幼儿园年计划投资367万元，建设教学综合楼1幢，建筑面积1860平方米，新增学位90个。2022年，完成投资367万元，占年计划投资的100%，建成投用。

城西中心小学综合楼年计划投资750万元，建设教学综合楼1幢，建筑面积3200平方米。2022年，完成投资800万元，占年计划投资的107%，建成投用。

枫亭海滨小学综合楼年计划投资600万元，建设教学综合楼1幢，建筑面积2500平方米。2022年，完成投资600万元，占年计划投资的100%，建成投用。

【人居环境提升工程】 2022年，仙游县老旧小区改造建设项目，年计划投资6900万元，实施鲤城街道洪桥社区宫边、洪桥社区龙宫、十字社区五星、十字社区田岭底、城内社区鲤声、城内社区东风、南桥社区文贤、南桥社区迎薰、南桥社区燕池9个老旧小区改造建设，建设内容包括雨污分流、路面更新、通信下地、小区美化及其他配套设施改造等。2022年，完成投资6900万元，占年计划投资的100%。

【粮食安全保障工程】 2022年，省储备粮公司仙游粮库建设仓库9座和综合楼、药品库、机械器材库、生产辅助用房、消防水池等配套设施。2022年，完成投资2100万元，占年计划投资的15%。

2022年1月1日，县公交总站32辆崭新的金旅牌纯电动新能源公交车启用 （彭丽程供图）

【道路安全隐患整治和交通便民工程】 2022年，仙游县道路安全隐患整治和交通便民工程主要包括石马至义店路灯提升工程、公交车购置项目。

石马至义店路灯提升工程年计划投资75万元，改善道路夜间照明条件，长2.10千米，新增70盏路灯；路面硬化、设置护栏等。2022年，完成投资75万元，占年计划投资的100%，建成投用。

公交车购置项目年计划投资2056万元，购置纯电动新能源公交车32部，投放山区和平原乡镇（街道）部分公交线路。2022年，完成投资2056万元，占年计划投资的100%，建成投用。

【电力“双满意”工程】 2022年，仙游县电力“双满意”工程主要包括输变电项目、10千伏配网项目。

输变电项目年计划投资7797万元，续建城关110千伏变电站改造工程；新开工书峰（大蜚）220千伏输变电项目变电站工程、书峰（大蜚）220千伏输变电项目110千伏线路工程、象坂—度峰Ⅱ路π入大蜚变电站110千伏线路工程、石苍35千伏输变电工程；新增容量318.60兆伏安，线路长度67.70千米。2022年，完成投资7797万元，占年计划投资的100%。

10千伏配网项目年计划投资9364万元，新建改造10千伏配变171台，容量67.17兆伏安；新建改造10千伏线路长度179.82千米，0.4千伏线路长度180.63千米；新建改造环网柜41座，柱上开关104台。2022年，完成投资9364万元，占年计划投资的100%。

【道路提升工程】 2022年，仙游县道路提升工程主要包括农村公路硬化项目、县乡道养护提升项目、危桥改造项目、鲤城片区道路建设项目、鲤南片区道路建设项目。

农村公路硬化项目年计划投资600万元，新改建农村公路10千米。2022年，完成投资900万元，占年计划投资的150%，建成投用。

县乡道养护提升项目年计划投资400万元，实施养护农村公路提升项目60千米。2022年，完成投资800万元，占年计划投资的200%，建成投用。

危桥改造项目年计划投资600

万元，实施危桥改造5座。2022年，完成投资600万元，占年计划投资的100%，建成投用。

鲤城片区道路建设项目年计划投资3000万元，建设仙源路长244米、宽12米，贵峰路（迎勋路至东二环路）长1561米、宽30米，北三环路（东大路至东二环）长860米、宽30米，育英路长212米、宽24米，法庭路（学府路北侧）长150米、宽24米。2022年，完成投资3013万元，占年计划投资的100%，完成年度任务。

鲤南片区道路建设项目年计划投资5137.20万元，建设玉田大道（东一环—仙郊路）长618米、宽45米，完成沥青路面、人行道、绿化、路灯、交通安全设施等建设并交付使用；仙郊路（新厝路—解放南路）长700米、宽30米，完成路面、人行道、绿化、路灯、交通安全设施等建设并交付使用。2022年，完成投资3600万元，占年计划投资的70%。

【保障性安居工程】 2022年，仙游县保障性安居工程主要包括鲤城片区安居项目、鲤南片区安居项目。

鲤城片区安居项目年计划投资6亿元，续建育英花园6幢、龙号安置区二期2幢、万福61号地块安置区15幢、土寨双桥安置区5幢、坝垅度下安置区2幢、鲤城19号地安置区4幢共34幢，总建筑面积56.23万平方米；新建蜚山安置区二期10幢、鲤城85号地安置区5幢、鲤城17号地南侧安置区8幢，总建筑面积33.13万平方米。2022年，完成投资6.01亿元，占年计划投资的100%。

鲤南片区安居项目年计划投资5.50亿元，石鼓山安置房二期用地面积3.67公顷，新建安置房5幢，总建筑面积8.63万平方米；乌头新村安置小区3—6号楼用地面积1.33公顷，新建安置房4幢，总建筑面积3.52万平方米；华洋新苑安置区用地面积1.53公顷，新建安置房5幢，总建筑面积4.80万平方米；工艺产业园二期安置房3—6号楼用地面积1.33公顷，新建4幢17层的安置房，总建筑面积4.63万平方米；金凤小区安置房用地面积1.47公顷，新建3幢11层的安置房，总建筑面积4.20万平方米；海亭花园A区安置房规划总用地面积2.93公顷，设计7幢24—26层安置房，总建筑面积11.10万平方米；海亭花园B区安置房规划总用地面积3.67公顷，设计8幢24—26层安置房，总建筑面积13.96万平方米。2022年，完成投资6.48亿元，占年计划投资的118%。

【养老服务工程】 2022年，仙游县养老服务工程主要包括区域性养老服务中心、特殊困难老年人居家适老化改造、农村幸福院质量提升。

区域性养老服务中心年计划投资200万元，按四星级建设标准，改扩建1个区域性养老服务中心，配有办公室、厨房、洗衣房、棋牌室、多功能活动室、健身室等功能间。2022年，完成投资200万元，占年计划投资的100%，建成投用。

特殊困难老年人居家适老化改造年计划投资26万元，由第三方技术单位提供技术支撑，施工单位改造建设，为261户困难老年人家庭提供住房适老化改造。2022年，完成投资45万元，占年计划投资的173.08%，建成投用。

农村幸福院质量提升年计划投资300万元，提升改造全县46个农村幸福院品质。2022年，完成投资300万元，占年计划投资的100%，建成投用。

【民政暖民工程】 2022年，仙游县民政暖民工程主要包括困难群众最低生活保障、孤儿及事实无人抚养儿童基本生活保障、落实残疾人“两项补贴”（困难残疾人生活补贴、重度残疾人护理补贴）政策。

困难群众最低生活保障年计划投资1.03亿元，按月发放低保金，确保城乡低保对象基本生活得到保障。2022年，完成投资1.23亿元，占年计划投资的119.42%。

孤儿及事实无人抚养儿童基本生活保障年计划投资960万元，按月发放孤儿及事实无人抚养儿童基本生活费，每人每月1400元。2022年，完成投资823.82万元，占年计划投资的85.81%。

落实残疾人“两项补贴”政策年计划投资3787万元，按月发放残疾人补贴资金。2022年，完成投资3908.85万元，占年计划投资的103.22%。

【水利惠民工程】 2022年，仙游县水利惠民工程主要包括城乡供水一体化项目（续建）、木兰溪防洪工程仙游段（续建）、枫亭镇供水主管道改造工程（梅岭至五里岭）。

城乡供水一体化项目（续建）年计划投资1.60亿元，建成城区第一水厂迁建项目并投入运行；续建第二水厂工程（二期）；完成赖店5个村、城中村10个村管网建设及一户一表改造；动工建设龙华镇4个村管网建设及一户一表改造；续建仙游城区至龙华管网延伸工程；动工建设度尾水厂、仙游民安水厂工程。2022年，完成投资1.60亿元，占年计划投资的100%。

木兰溪防洪工程仙游段（续建）年计划投资5200万元，续建木兰溪防洪工程仙度段：动工建设木兰溪防洪工程仙度段D3-1标，新建堤线长度0.50千米；续建仙度段D2标，完成堤线长度1.50千米。2022年，完成投资5280万元，占年计划投资的101.54%。

枫亭镇供水主管道改造工程（梅岭至五里岭）年计划投资1600万元，更新改造DN（管道公称直径）400—500毫米供水主管道7500米、DN200—300毫米的支管道连接2000米。2022年，完成投资90万元，占年计划投资的5.63%。

【平安仙游工程】 2022年，仙游县平安仙游工程包括“综治+”社区治理中心建设、城乡综合执法和服务治理网格化、“雪亮工程”视频监控项目。

“综治+”社区治理中心建设年计划投资100万元，建成10个集综治网格、治安防控、矛盾纠纷调解、法律服务、平安志愿服务、应急处置等于一体的“综治+”社区治理中心。2022年，完成投资100万元，占年计划投资的100%，建成投用。

城乡综合执法和服务治理网格化年计划投资2634.92万元，为全县325个村（社区）基础网格站建设和运营提供经费保障。2022年，完成投资2634.92万元，占年计划投资的100%，建成投用。

“雪亮工程”视频监控项目年计划投资983.95万元。2022年，完成投资73.10万元，占年计划投资的7.43%。

2022年底，仙游县总医院迁建项目现场　（县卫健局供图）

【健康仙游工程】 2022年，仙游县健康仙游工程主要包括仙游县总医院迁建项目（续建）、仙游县远程视频会诊平台项目。

仙游县总医院迁建项目（续建）年计划投资2亿元，地下室部分标识标牌（含停车位，交通标志）、照明灯具安装完成；1号门诊医技楼装饰装修收尾、暖通设备安装、消防设施安装、智能化安装，净化完成装修部分；2号住院楼10—15层地面铺装、吊顶完工、暖通设施安装，净化工程安装施工，智能化完成前期系统安装；3号综合楼装饰装修施工，设施安装。2022年，完成投资2亿元，占年计划投资的100%。

仙游县远程视频会诊平台项目年计划投资526万元，建立以县总医院为龙头，上连接上级医院，下连接18个基层分院、村（社区）卫生所的远程会诊系统，先行先试，逐步扩大覆盖面，实行远程会诊、预约、健康教育、业务培训等远程医学活动，实现“上级医院—县总医院—基层分院、村（社区）卫生所”三级远程会诊工作模式，与分级诊疗、双向转诊、医疗扶贫、慢性病管理等工作结合，把优质医疗服务资源下移，提高全县整体医疗服务能力和水平，实现“小病不出乡、大病不出县”的目标，缓解“看病难、看病贵”问题。2022年，完成投资458.80万元，占年计划投资的87%。

【文化体育休闲工程】 2022年，仙游县文化体育休闲工程主要包括应急广播体系建设（续建）、县署遗址公园保护工程。

应急广播体系建设（续建）年计划投资2766万元，完成全县209个行政村应急广播联网及1个应急广播指挥播控平台建设，应急广播联网按照每个村7个广播点覆盖。2022年，完成投资2624万元，占年计划投资的95%。

县署遗址公园保护工程年计划投资200万元，以旧县衙办公楼为中心，结合周边古树及古民居保护，建设县署遗址公园，规划调整范围50公顷。2022年，完成投资50万元，占年计划投资的25%。

【乡村振兴试点示范项目工程】 2022年，仙游县乡村振兴试点示范项目工程，年计划投资4429.56万元，推动22个省级乡村振兴试点示范村策划生成一批高质量的试点示范项目50个以上，完善乡村基础设施，提升公共服务水平，改善民生福祉。2022年，完成投资4187.20万元，占年计划投资的95%。

（陈鹏洲）

信访工作

【概况】 2022年，仙游县人民政府信访局（简称县信访局，县委信访局和县政府信访局合署办公）贯彻落实习近平总书记关于加强和改进人民信访工作的重要指示，加大《信访工作条例》宣传力度，实行18个乡镇（街道）信访工作量化考评“一周一通报一排名”机制；深化治重化积专项工作。仙游县在调解评理、初信初访和接访下访方面创新机制、改进办法，呈现特色亮点，分别在《人民日报》、《福建法制报》、《福建信访》、民主与法制网、《湄洲日报》等报刊网络刊载。

【领导接访下访】 2022年，仙游县常态化落实领导干部接访下访制度，推进领导在基层一线接待群众、现场办公、调查研究、宣传政策。创新每月15日县领导干部接待群众来访活动，县主要领导每月15日轮流在县信访局开展定点接访活动，其他县处级领导到挂钩乡镇（街道）开展现场接访。按照“本月带着问题回，次月奔着化解去”的要求，解决各辖区各领域重点突出问题，减少矛盾上行问题。深化“四门四访”（开门接访、进门下访、登门走访、上门回访）机制，落实领导阅批重点信件和涉疫事项“四个第一时间”（第一时间赶赴现场、第一时间采取措施、第一时间报告情况、第一时间发布信息）办理机制。全年县领导阅批重要来信24件次。开展“四门四访”活动接待群众3298批次；市、县主要领导定点接访46件，息访40件。

【信访秩序维持】 2022年，仙游县组织开展治重化积专项工作。采取调解帮扶方式，解决信访人生产生活遇到的实际困难。全年省、县信访化解基金支付67万元，化解18件信访事项。

【信访机制创新】 2022年，仙游县坚持发展新时代“枫桥经验”，探索信访事项与多元调解衔接的工作机制，开展信访事项评理。完善信访“评理＋调解”机制，通过开展“评理示范室”“黄金评理室”等活动，发挥评理室在信访矛盾调处中的作用，统筹利用各种资源，发挥访调对接、诉访对接、公调对接等优势，做到“小事不出村，大事不出镇，矛盾不上交”。全年县级开展评理8件，化解7件；乡镇（街道）开展评理87件，化解77件；村（社区）开展评理188件，化解171件。18个乡镇（街道）常态化落实乡级信访工作联席会议制度，加强跟踪协调落实，增强工作执行力，凝聚工作合力。研究基层社会治理，信访工作被列为重点业务板块，依托基层群众工作平台和网格化管理，协调解决群众合理诉求，提高信访事项办理质量。

（黄建烟）

人力资源

【概况】 2022年，仙游县人力资源和社会保障局（简称县人社局）落实就业政策，强化各项社会保障，构建和谐劳动关系，做好人事人才管理，推进人社系统各项工作。至年底，仙游县各类人才1.50万人。其中党政机关管理人才352人，专业技术人才1.30万人，国有企业单位管理人才311人，其他各类专业技术人才246人。专业技术人才高级职称1066人，中级职称4783人，初级职称7369人。事业单位公开招聘478人；中小学幼儿园招聘教师303人；卫生系统备案制招聘42人。

【人事管理】 2022年，县人社局指导做好仙游县162个政府序列事业单位年度考核工作，完成4000余人次年度考核工作，招录事业单位工作人员115人，完成123人次的学历备案，104人次学历更改。组织专业技术人员和工勤人员参加继续教育培训，为1.34万名专业技术人员办理继续教育学时验证手续。协助海安橡胶股份公司获批全县首家省级“博士后创新实践基地”和“博士后科研工作站”。

【职称管理】 2022年，仙游县重新核准或微调92家事业单位的岗位设置，组织评审确认初级专业技术职务785人，审核推荐参加省市中、高级专业技术职务评审284人，办理高级、中级、初级职称聘任3086人，为56名在职人员办理解聘备案手续。

【工资福利】 2022年，仙游县完成事业单位工作人员（含行政工勤人员）工资变动审批3799人次，为111名机关事业单位工作人员办理到龄退休手续。4月，调整县困难遗属定额生活补助标准，由原来785元/月提高到905元/月。

【企业用工】 2022年，仙游县城镇新增就业人员2505人，城镇失业人员再就业614人，城镇登记失业率2.75%。新冠疫情防控期间，开设“就业直通车”。开展“春风行动”“就业援助月”等系列招聘活动。全年举办各类线上线下服务企业用工专场招聘会5场，发布用工岗位8783个，线上浏览量358.36万人次，求职人员投递简历3045人次。11月15—17日，“仙作劳务”品牌作为福建省唯一代表，在全国劳务品牌发展大会上展示推广。

【就业促进】 2022年，仙游县把技能培训作为促进就业、提升劳务质量的抓手。结合仙游县特色产业发展和企业用工需求等实际情况，将技能培训作为扩大和稳定就业的根本性措施。开展电商、育婴员、养老护理员和企业岗位技能提升等各类培训班，发放职业培训技能补贴8378人次、435.06万元。

【技能竞赛】 2022年11月11日，莆田市第四届“海峡艺雕杯”工艺品雕刻工职业技能竞赛在仙游县举办，仙游县获得“莆田市技术能手”1人、技师2人、高级工33人。

【劳务托底安置】 2022年，仙游县对无法输送到企业就业的贫困劳动力，开发卫生保洁员、保安员等社会服务类公益性就业岗位505个；对超过法定退休年龄、有劳动能力和意愿的银发脱贫人口，以劳务服务形式吸纳就业120人，并按仙游县最低工资标准（1810元/月）给予用人单位发放岗位补贴。为505名在公益性岗位就业的精准扶贫劳动力发放补贴资金519.27万元，为120名银发脱贫人口发放银发脱贫劳务服务补贴115.13万元。

【青年就业】 2022年，仙游县实施“三支一扶”（大学生毕业后到农村基层从事支农、支教、支医和扶贫工作）、见习生等基层服务项目，新增省、市级“三支一扶”46人；扩大就业见习规模，支持企事业单位、社会组织等设立见习岗位，给予就业见习补贴，全年新增见习基地30家，新增见习人员351人。

【稳企稳岗】 2022年，仙游县实施稳岗位、提技能、保就业二十一条措施，打好“降、缓、返、补”（“降”“缓”是降低和缓缴社会保险费用；“返”是失业保险稳岗返还；“补”是企业吸纳就业补给、社保补贴等各类惠企补贴政策）政策组合拳，确保阶段性降低社保费率、失业保险稳岗返还、企业吸纳就业补贴、社保补贴等援企稳岗政策落地见效，支持企业吸纳更多高校毕业生就业。全年县人社局发放各类稳就业惠企稳岗补贴1420.52万元。

【自主创业】 2022年，仙游县加强仙游县大学生创业中心吸纳创业实体、创业项目等创业实体帮扶；组织申报省、市级大中专毕业生创业项目评选资助，全县2个大中专毕业生创业项目获得省、市资助；落实好创业担保贷款等优惠政策，为45名自主创业人员发放创业担保贷款458万元，为2家小微企业发放创业担保贷款600万元。

（林志猛、林倪颖）

政务服务

【概况】 2022年，仙游县政务服务中心（简称县政务服务中心）深化政务服务“一窗、一网、一门、一次、一站”（实行行政审批受审分离，推动集中受理“只到一窗”；聚焦线上线下深度融合，线上办事“只需一网”；搭建市级三个中心平台，集成套餐服务“只进一门”；明确四个层级功能定位，企业群众办事“只跑一次”；一站式服务）改革，提升仙游县政务服务水平。全年办理各类审批服务事项1848项，服务大厅受理事项40.27万件，其中网上申报办件29.54万件、全程网办件29.23万件，当日办结率95.74%，电子证照应用率99.84%。

【“互联网+”政务服务】 2022年，仙游县推进“互联网+”政务服务建设。至年底，行政许可事项“一趟不用跑”占比提升至95.21%，全程网办事项占比提高至87.19%，“即办件”事项占比62.86%。推进实施“一件事”（一次告知、一套材料、一窗受理、一次联办、一口出件）套餐服务，按照市政务服务中心、市审改办统一部署配置41个高频“一件事”集成套餐服务审批事项要素，办理5056件。12月，县政务服务中心统一采购22台“e政务”自助一体机，发放至各乡镇（街道）便民服务中心及分中心，实现乡镇级全覆盖，推进集成跨域服务。

【项目审批制度改革】 2022年，仙游县深化工程建设项目审批制度改革。推进并联审批和“两制三多四联”（区域评估制、告知承诺制；

多规合一、多评合一、多测合一；联合踏勘、联合审图、联合验收、联合监管）应用，优化审批服务，提升审批效率。全年工程建设项目审批服务办件总数 641 个，网办率 100%，告知承诺制办件 118 个、联合验收办件 54 个、多规合一项目 16 个、联合踏勘项目 33 个、多测合一项目 22 个。推进项目审批全流程无纸化试点改革，重新梳理并公布工程审批服务清单 71 个，收集工改系统各单位用户人员信息，事项办理流程信息，组织莆田市工程建设项目审批管理系统二期业务培训，推动各审批事项从业主提交材料到审批事项办结出证流程全过程网上在线无纸化办理，完成新系统上线运行。

【审批服务效能督查】 2022 年，县政务服务中心开展常态化督查，发出督查通报 12 期，发现问题 4 类 28 个，处理人员 1 人。2 月 16 日至 3 月 2 日，联合县效能办对 18 个乡镇（街道）的便民服务情况进行明察暗访，发现存在普遍性问题 5 类 10 个，整改到位。督查省远程视频监督系统二期建设及使用情况，发出 5 期专项督查通报，其中线上系统巡查 568 次、发现问题 84 个、整改 84 个、警告批评 18 人次。

【“好差评”系统应用】 2022 年，县政务服务中心收到 30.83 万条政务服务评价，其中“非常满意”评价 30.83 万条，“满意”9 条，“基本满意”3 条，满意率 100%；主动评价 30.49 万条，主动评价率 98.9%。18 个乡镇（街道）采用省统一格式的纸质“好差评”表格进行“一事一评”，其中鲤城街道便民服务中心现采用微信小程序的电子表单二维码开展“好差评”服务评价。

【公共资源交易】 2022 年，仙游县完成工程项目进场 82 个，实际中标金额 27.31 亿元，节约造价 2.43 亿元，节约率 8.89%；政府采购进场交易项目 84 个，执行财政集中采购预算 1.86 亿元，实际采购金额 1.73 亿元，节约资金 1293 万元，资金节约率 7%；产权进场交易项目 13 个，交易总额 4198.12 万元，增值额 335.85 万元，增值率 8%；国有土地出让 6 宗，成交出让金 6.06 亿元，溢价 1.05 亿元，溢价率 17.3%。

【办公场所标识调整】 2022 年 12 月，县政务服务中心按照省行政审批制度改革办公室、省效能办统一部署，仙游县行政服务中心更名为仙游县政务服务中心，场所标识一并更换到位。县级政务服务中心、乡镇（街道）便民服务中心和各村（社区）便民服务站按规范要求调整名称、标识。

（林歆晨）

行政效能建设

【概况】 2022 年，仙游县机关效能建设领导小组办公室（简称县效能办）开展效能督查 100 余人次，发出效能通报 22 期。11 月，市对县绩效考评 2021 年度位居全市第三名。县内绩效考评 2021 年度 10 个平原乡镇取优秀等次 4 名（鲤城、郊尾、鲤南、赖店）；8 个山区乡镇取优秀等次 3 名（钟山、书峰、西苑）；18 个乡镇（街道）单项评优（党的建设工作、意识形态工作、招商与项目工作、营商环境工作、社会安定稳定工作、信访工作、安全管理工作、生态文明工作、民生社会事业工作、乡村振兴战略）各取前 3 名；7 个管委会取优秀等次 3 名（经济开发区管委会、大蜚山管委会、仙港工业园管委会）；30 个县直政府部门取优秀等次 12 名（县发改局、公安局、工信局、审计局、教育局、农业农村局、司法局、民政局、商务局、财政局、市场监督管理局、统计局）；10 个县直党群类部门取前 4 名为优秀等次（县委文明办、总工会、党校、机关党工委）；10 个垂管单位取前 5 名为优秀等次（县检察院、法院、税务局、仙游调查队、消防救援大队）；22 个公共服务部门设置公共服务部门服务地方发展贡献奖 9 名（仙游农村信用联社、建行、工行、移动公司、供电公司、仙游广播电视台、《仙游今报》、邮政集团仙游分公司、兴业银行）。

【政务服务监督】 2022 年，仙游县完善政务服务“好差评”制度，做好配合市统一政务服务管理平台与省网上办事大厅、“闽政通”App 的统筹衔接，通过以评促改提升政务服务质量。聚焦作风纪律、办事效率、人员管理等方面，加强行政服务中心日常视频监督，加大对县、乡两级行政服务中心规范化管理的暗访力度，优化窗口规范化服务。全年开展效能督查 100 余人次，发出效能通报 22 期，强化行政服务中心及分中心、乡镇（街道）便民服务中心窗口远程视频监控督查，开展远程视频监控督查 487 次、发现问题 94 个，督促整改到位问题 94 个，警告批评 98 人次（含效能问责 2 人次）。责任倒查影响营商环境等不良行为，效能问责 33

人次。

【效能督查创新】 2022 年，仙游县对照省、市、县政府重点工作任务，为民办实事项目，安全生产，新冠疫情防控，政府债券使用，“一季度开门红、二季度结果好、三季度态势稳、四季度冲劲足”，重点产业发展暨招商等重点工作，督导各级各部门量化目标任务、细化阶段安排、明确项目支撑，实行清单管理，提高落实穿透性，形成工作闭环。会同省、市效能办开展效能督查，督查发现问题 99 个，督促整改到位问题 90 个、整改中 9 个。

【行政绩效管理】 2022 年，仙游县坚持目标导向、过程导向、结果导向，紧扣市考评指标和县委、县政府工作重点，优化指标体系，将“提高效率、提升效能、提增效益”行动重点工作清单等纳入考评。根据各乡镇（街道、管委会）发展定位，资源禀赋和县直单位职能职责，乡镇考评系列增设“城建乡镇”考评类，通过“打擂台”“红黑榜”等方式，强化指标跟踪督促，加大差异化力度。

【效能投诉办理】 2022 年，仙游县办理群众投诉，提高办理质量，促进工作机制和行政方式的转变。涉及发展环境和群众利益的问题受理一起，查处一起，教化一批，督促有关单位抓好整改落实，解决侵害企业和群众利益突出问题。全年受理机关效能投诉件 40 件，办结 40 件，办结率 100%。

【“12345”热线平台建设】 2022 年，仙游县完善“12345”热线运行机制和工作格局，推动“12345”热线与机关效能建设相促相融，依托广播电视、报刊、新媒体等载体，打造“媒体 + 热线”新模式，总结推广好经验好做法。全年受理有效诉求 4.48 万件，处理完毕 4.28 万件，办理中 1970 件，其中举报类 332 件，投诉类 3.71 万件，建议类 1792 件，咨询类 3185 件，求助类 2406 件，回访满意率 97.29%。

【百姓监督】 2022 年，县效能办联合县电视台、政务服务中心在每周一期的“百姓监督”栏目中开设“美丽进行时”“执法进行时”“马上就办”专栏。通过曝光群众反映强烈的热点难点问题，以及部门、乡镇存在不作为、慢作为等作风问题，加强跟踪督办；报道仙游县在营商环境建设方面推出的各种措施，在全县树立“马上就办”的工作理念，营造“马上就办、真抓实干”的干事创业发展氛围。全年播出 39 期，曝光反映问题 22 个，整改到位 20 个。

【效能问责】 2022 年，仙游县加大对“中梗阻”“庸懒散拖”等行为的整治力度，做到有责必问，有错必纠。全年县效能办对“两违”（违法用地、违法建设）、信访、安全生产、机关效能、作风纪律、会风会纪等方面工作落实不到位、违反作风纪律规定等行为的 33 人次给予效能问责。

（赵令钱）

数字政务

【概况】 2022 年，数字仙游信息中心组织实施“数字仙游”建设工作，指导、审核各部门各行业数字化发展规划及实施计划；组织和指导全县政务信息网络的规划、建设、维护和管理；建设、维护、更新县政府网站；指导和协调全县政务信息资源的整合与开发应用；指导全县公务员办公自动化应用培训。建设覆盖县、乡镇（街道）、村（社区）近 500 个节点会场并投入使用，电子证照入库 160 万条、互联网平台带动线上线下交易额472.10亿元，开工数字经济项目 5 个，推广“八闽健康码”。

【电子政务】 2022 年，仙游县贯彻落实“全市一张图、全域数字化”工作部署，主动融入全市“一张图”建设，推进社会治理“一张图”“智慧监督一张图”等智慧系统建设；做好全县政务网络的建设和管理维护工作，完成省信息中心部署的“一张网”机房容量扩建工作任务；强化政务网络技术支撑和服务，提供机房的网络资源、平台资源，保障全县政务信息网、电子政务外网畅通运行；推行政务协同办公系统应用，推进协同办公系统升级，打造移动端办公应用；完成全县新冠肺炎疫情防控应急指挥视频会议系统建设，建设覆盖县、乡镇（街道）、村（社区）近 500 个节点会场并投入使用；做好网络信息安全保障工作。

【“互联网 + 政务”】 2022 年，仙游县推进政务服务“一张网”建设，协同行政服务中心等单位打造整体联动、部门协同、入口统一、一网办理的“互联网 + 政务”服务体系；推进政务数据汇聚共享应用，指导督促县直有关部门加强政务数据汇聚，向上争取政务数据回流市政务数据共享平台；推进电子证照汇集入库和应用工作，全县电子证照入库160万条，电子证照引用率99.84%；推广政务服务移动办公应用，推广应用“马上就办”掌上便民服务、“互联网+监管”小程序应用、“闽政通”App、“惠民宝”App等移动端应用，提高服务效能。

【数字经济】 2022年，仙游县推进平台经济发展，全县互联网平台带动线上线下交易额472.10亿元，比上年增长12.6%；税收10.87亿元，增长341.3%；对接数字中国建设峰会，征集一批数字技术创新应用场景、数字经济创新企业，智云威客（福建）科技有限公司成功申报瞪羚企业，成品红木材质AI识别、红木智能客服平台（RPA）2个项目入选应用场景优秀技术、产品和解决方案；推进新型基础设施和重点项目，全年开工数字经济项目5个，洽谈项目3个，分别计划投资14.50亿元、3.60亿元；新建4G基站120个、5G基站324个、光缆铺设367千米。

（郑建胜）

县直机关事务服务

【概况】 2022年，仙游县直机关事务管理处（简称县直机关事务管理处）深化改革、细化管理、优化服务、强化建设，保障公车出行需求，保障会务服务，做好县公务大楼的安保工作，推动公共机构节能工作。全年公务出行6354辆次，保障会务1272场次。

【公车保障】 2022年，仙游县公务用车平台实行信息化、智能化管理，全县公务出行6354车次，行驶里程55.90万千米。公车服务中心编制车辆60辆，实有43辆，其中19座中巴2辆，11座旅行车3辆，7座商务车5辆，皮卡车5辆，越野车8辆，轿车20辆。每辆公务车辆配备1张加油卡、1部闽通卡设备。公车有关证件、保险资料、备用钥匙、原现单位交接单、维修清单等统一归档保存，形成“一车一档”。把全县公务用车统一纳入“全省一张网”，动态登记管理保留公车的基础信息、调度派遣、实时监控、费用管理、大数据分析等，通过信息化手段，对公务用车配备使用情况进行约束和监督。平台安装录入车辆信息43部，终端设备安装率100%。

【会务保障】 2022年，县直机关事务管理处保障会务服务1272场次，完成县委全委会、县两会等大型会议保障工作。承担会场布置、卫生、音响等会务工作。

【安全保卫】 2022年，县直机关事务管理处维护办公秩序。对上访人员进行政策宣传，做好解释工作，引导上访群众到县信访局。下发《关于进一步加强县行政中心道路交通秩序管理的通知》，要求所有车辆进入县行政中心必须做到规范通行、停放。建立车辆管理诚信制度，把违规停放车辆列入“黄牌”或“红牌”名单之列，性质严重的，移交公安机关依法处置，并抄送县委文明办。全年被列入“黄牌”“红牌”之列车辆分别为65辆、3辆。做好日常消防安全检查巡查，检查登记大楼消防设施、设备，督促物业公司落实消防“三定”（定责任人、定整改时间、定整改措施），落实消防设施维保委托第三方消防维保公司检查维护设备。更新行政中心办公楼600个到期灭火器。

【公共机构节能】 2022年，县直机关事务管理处开展全国节能宣传月活动。聚焦办公用房、公务用车、公共机构节能、反对餐饮浪费等行为，控制机关运行成本，提高资金使用效率，推进节约型机关建设。全年公共机构人均综合能耗、人均用电量消耗、人均水资源消耗比上年分别下降5.2%、6.5%、6.3%。39家公共机构完成节约型机关创建工作，完成创建率73.6%（超目标任务3.60个百分点），创建节水型单位34家。

【办公用房管理】 2022年，仙游县完成全县党政机关办公用房信息统计、录入等工作。收集汇总全县18个乡镇（街道）、1个管委会、55个县直单位（不含垂管部门）党政机关办公用房信息，联合县政府办纪检组对全县县直单位进行核实、督查，发现违规使用办公用房的单位或个人，当场发放8份整改通知单，收回8份整改情况反馈报告，整改到位。

（戴元晁）

中国人民政治协商会议仙游县委员会

综述

【突出政治引领】 2022年，政协仙游县委员会（简称县政协）发挥党组理论学习中心组示范引领作用，创新学习方法，组织党组理论学习中心组学习23次、常委会专题学习4次、委员专题学习培训1期。开展学习党的二十大精神、《习近平谈治国理政》第四卷、《闽山闽水物华新——习近平福建足迹》等专题研讨7次，推动理论学习由“读与听”向“思与说”转变。落实党建工作、党风廉政建设、意识形态“三个责任”，健全党的组织、制度、责任“三个体系”。落实谈心谈话制度，开展政治监督集体谈话1次、个人谈话18人次。县政协党组主动向县委报告政协常委会的工作，推动政协协商纳入决策程序。加强政协党组对机关党支部和专委会的领导，专题听取机关全面从严治党、作风能力建设、支部建设和专委会工作等情况汇报，研究解决存在的困难和问题。制定印发《关于加强和改进人民政协凝聚共识工作的实施意见》，发挥委员在凝聚共识中的桥梁纽带作用。县政协党组坚持县委领导，全年召开党组会议15次，讨论决定重要事项20项。巩固深化党史学习教育成果。召开党风廉政建设专题会议，对标对表找差距，立足本职提能力，针对问题转作风，校准偏差，强化底线思维，提高风险防控能力。突出政协政治功能，强化政治引领，落实政协党组成员联系党员委员、党员委员联系党外委员制度，推动党的工作在政协系统全覆盖。

【聚焦发展大局】 2022年，县政协聚焦中心工作协商议政。开展全会协商，聚焦“十四五”规划、县委、县政府中心工作等重大决策部署，开展界别座谈和分组讨论，协商建言，形成一批意见建议。定期组织常委会协商，就高效能培优民营经济、加快培育数字经济产业、落实完善河长制等议题进行专题协商，提出的意见建议得到县委、县政府重视，并批转相关部门研究办理。组织委员就“俯下身子抓产业、一心一意谋发展”、粮食安全、“十四五”规划实施等工作落实情况进行视察，促进相关问题解决。着眼木兰溪源建设性保护、农产品质量安全监管开展对口协商、界别协商。主动融入全县乡村振兴大局，助推巩固拓展脱贫攻坚成果同乡村振兴有效衔接。围绕农业标准化生产、农产品质量安全与源头赋码、木兰溪源规划、产业、人才等问题提出意见建议30余条。组织开展挂钩帮扶工作，落实落细帮扶各项政策。联合委员企业党组织到兴山村开展“我在乡间有亩田”志愿活动，认筹认种抛荒农田，助力粮食安全和乡村振兴。围绕实施“党建引领、夯基惠民”工程，搭建“莆事好商量、汇聚正能量”协商议事新平台，推动政协协商向基层延伸。调整完善乡镇（街道）政协委员联络组11个、成立基层委员联系群众活动室1个、建立委员联系点11个。围绕基层社会救助、鲤城街道东南小区综合整治与长效管理等工作，召开协商座谈会，就弱势群体保障、小区综合管理提升提出建设性意见，推动政协制度优势更好转化为基层治理效能。遴选5件重点提案，县政协班子成员挂钩督办，引领示范面上提案办理工作。

【坚持履职为民】 2022年，县政协聚焦“加强双师型教育队伍和实训基地建设，推动职业教育高质量发展”，开展对口协商和民主监督。围绕加大职业技能培训力度、健全完善社会保障救助机制、完善家庭教育服务体系等议题，开展专题协商。关注居民小区消防安全管理，组织开展“民生论坛”。开展县委、县政府为民办实事项目专题视察，助推解决有关问题。围绕群众切身利益，组织委员撰写民生类提案108件，全部办结。注重发挥反映社情民意信息建言资政和凝聚共识功能，收集涉及平安建设、深化医改、教育公平等热点难点问题信息156篇，市政协采用17篇，省政协采用18篇，《多方整治让孩子远离“有毒书包”》等2篇信息被全国政协采用，社情民意信息考评位列全市第一。县政协班子成员、委员和机关干部到新冠疫情前线，通过专题调研、大会发言、提案、社情民意信息等形式，就加强源头管理等建言。县政协系统新冠疫情防控工作得到市委市政府、县委县政府的肯定，县政协党组获“莆田市抗击新冠肺炎疫情及时奖励集体”称号。融入全县经济社会发展大局，县政协班子成员分别挂钩食品、生命健康、电子信息、新型功能材料、数字经济、绿色经济、文旅经济等产业并担任民生保障专项工作领导小组正、副组长，主动下沉一线，掌握情况，推进各项任务落实，服务县委、县政府中心工作。建立走访委员制度，到委员企业、委员单位，了解企业和委员诉求，帮助解决困难、化解矛盾、理顺情绪。

【统战交流】 2022年，县政协强化政协统一战线组织功能，搭建多党合作平台，完善团结协作机制。邀请各党派团体和无党派人士参与政协调研视察、协商座谈等活动。同党外知识分子、非公有制经济人士、新的社会阶层人士等交流联谊，为他们参与协商、表达诉求搭建平台。全年各民主党派、工商联和无党派人士提交提案14件、大会发言材料8份，参与调研视察活动58人次。民主党派提出的《关于加强营养午餐和课后服务监管，促进学生健康成长的建议》等提案被列为年度重点提案，助推承办部门强化监管，促进教育规范发展。通过调研、走访、慰问等形式，加强与各界人士的联系。支持配合职能部门做好民族宗教工作，帮助界别群众排忧解难。协助开展华侨捐赠公益性建筑闲置情况和特色侨房利用情况专项调研。鼓励支持“三胞”（港澳同胞、台湾同胞、海外侨胞）及其眷属发挥自身优势，助力仙游县改革开放。主动与省、市政协对接联系，争取工作支持。加强与各地市县区政协横向交流，先后接待青海省、江西省、宁德市等地政协组织学习考察10余批次，交流工艺美术产业发展、农村人居环境整治等课题。

【常委会自身建设】 2022年，县政协第十四届委员会有委员310人，常委会组成人员60人。加强常委会自身建设。修订完善县政协《全体会议工作规则》《常务委员会工作规则》《主席会议工作规则》等，健全规范政协会议的全链条程序。建立常委提交年度履职报告工作制度，规范常委年度履职基本要求。健全常委会专题学习制度，围绕工作重点确定专题学习内容，提升政策理论水平。突出专题议政性常委会会议引领作用，常委会组成人员带头遵守政协章程、执行政协决议，发挥示范表率作用。制定《关于强化委员责任担当的实施意见》，完善《委员管理办法》《委员履职量化评分办法》，建立健全履职考核、经费保障、监督约束等机制，加强委员管理。举办委员履职能力提升培训班，组织委员听取县政府、法院、检察院工作情况通报和生态环境治理、耕地非农化非粮化等政情通报5次。邀请委员担任特约监督员，协助有关部门开展民主监督，找准工作难点和薄弱环节，多角度建言献策。修订完善《政协党组工作规则》、机关党建和内部运行等21项制度机制，规范机关各项履职活动管理。修订《专门委员会通则》，发挥专委会在组织委员履职和联系服务委员中的基础性作用。支持派驻政协机关纪检监察组履行监督责任，开展机关“能力作风建设攻坚年”活动，推动机关干部改进工作作风、提升工作效能。倡导“爱岗敬业、忠诚服务”工作理念，引导机关干部提升履职能力和服务保障水平。

【文史资料征编】 2022年，县政协挖掘整理仙游县非遗工艺技艺资源，出版《仙游非遗工艺技艺篇》文史专辑，启动《乡村巨变》文史资料收集工作。

【喜迎党的二十大系列活动】 2022年，县政协举办“笔墨同心、政协情怀”喜迎二十大书法展和“百名委员齐行动，走进乡村看发展”喜迎党的二十大主题实践活动，展示委员履职风采。配合市政协做好“民族脊梁——喜迎党的二十大书画展”书画征集、“墨韵木兰溪”采风写生等活动。

【县政协暑期读书班】 2022年8月24—26日，县政协暑期读书班在西苑乡凤山村举行，县政协主席林志良，副主席王建煌、林金涛、陈伟、练光灿，部分十四届县政协

2022 年 9 月 30 日，县政协在兰溪书苑开展“笔墨同心、政协情怀”喜迎二十大书法展活动（县政协办供图）

常委、各界别召集人和社情民意信息员以及政协机关副科级以上干部 70 余人参加。该次读书班采取实地现场教学和邀请教授专题辅导相结合的方式进行。

重要会议

【概况】 2022 年，县政协召开全体会议 1 次、民生论坛 1 次、主席会议 14 次、常务委员会会议 4 次。

【政协全体会议】 2022 年 12 月 25—28 日，召开中国人民政治协商会议第十四届仙游县委员会第二次会议。听取并审议主席林志良代表政协仙游县第十四届委员会常务委员会所作的工作报告、副主席王建煌代表政协仙游县第十四届委员会常务委员会所作的提案工作情况报告，委员们列席县第十八届人民代表大会第二次会议，听取并讨论代县长陈志挺所作的政府工作报告，听取并讨论县法院、检察院工作报告以及其他有关报告。会议通过十四届二次会议决议、提案审查情况报告。会议选举产生杨玉水等 5 人为政协第十四届委员会常务委员会委员。县委、县人大、县政府领导出席开、闭幕会。县委书记吴文恩在闭幕会上讲话。

【政协主席会议】 2022 年，县政协召开主席会议 14 次。

1 月 10 日，十四届县政协第一次主席会议召开。研究《中国人民政治协商会议仙游县委员会全体会议工作规则（送审稿）》《中国人民政治协商会议仙游县委员会常务委员会工作规则（送审稿）》《中国人民政治协商会议仙游县委员会主席会议工作规则（送审稿）》《中国人民政治协商会议仙游县委员会专门委员会通则》有关事宜；研究县政协机关科级干部和事业工勤人员 2021 年度考核等次有关事宜。

2 月 21 日，十四届县政协二次主席会议召开。研究《县政协规章制度》修订、县政协十四届一次会议提案梳理交办有关事宜、县政协机关办公家具、办公电脑采购有关事宜。

3 月 9 日，十四届县政协三次主席会议召开。研究《县政协十四届常务委员会第一次会议议程（草案）》《县政协十四届一次会议重点提案督办分工方案（送审稿）》；通报县政协十四届一次会议费结算情况。

4 月 12 日，十四届县政协四次主席会议召开。研究《政协仙游县委员会委员管理办法（试行）（送审稿）》《县政协十四届一次会议重点提案督办分工方案（送审稿）》。

5 月 23 日，十四届县政协五次主席会议召开。研究《政协仙游县委员会关于加强和促进人民政协凝聚共识工作的实施意见（送审稿）》《政协委员联系群众活动室和十四届县政协委员联系点工作办法及第一批名单（送审稿）》。

6 月 6 日，十四届县政协六次主席会议召开。研究十四届县政协常委会第二次会议建议方案、《十四届县政协委员增补名单（草案）》。

7 月 4 日，十四届县政协七次主席会议召开。研究《县委、县政府上半年为民办实事项目落实情况视察方案（送审稿）》《县政协 2022 年度暑期读书班方案（送审稿）》。

7 月 18 日，十四届县政协八次主席会议召开。研究《开展“走进乡村看发展、百名委员进百村”喜迎党的二十大主题实践活动方案（送审稿）》《举办“喜迎二十大 书写好家风”书法作品展活动方案（送审稿）》、派遣工蔡群英工资调整有关事宜。

8 月 1 日，十四届县政协九次主席会议召开。传达学习全国政协文史工作座谈会、全国政协书画工作座谈会、全国地方政协秘书长工作座谈会、全市市县（区）政协主席联席会议、市政协 2022 年度暑期读书班主要精神；研究《仙游县政协常委提交年度履职报告工作制度（试行）（送审稿）》《政协仙游县委员会乡镇（街道）委员联络组工作制度（送审稿）》。

9 月 5 日，十四届县政协十次主席会议召开。研究《政协仙游县委员会关于加强和改进政协委员学习工作的意见（送审稿）》。

9 月 19 日，十四届县政协十一次主席会议召开。研究《十四届县政协常委会第三次会议方案（送审稿）》《十四届县政协第一期民生论坛活动方案（送审稿）》《关于"落实完善河长制，推动水环境保护治理"专题调研的报告（送审稿）》《关于十四届县政协第一期民生论坛活动情况的报告（居民小区消防安全管理工作专题）（送审稿）》。

10 月 24 日，十四届县政协十二次主席会议召开。听取《仙游非遗技艺篇》印刷出版经费核减有关事宜。

11 月 7 日，十四届县政协十三次主席会议召开。研究县政协十四届二次会议筹备工作方案。

12 月 5 日，十四届县政协十四次主席会议召开。研究《十四届县政协常委会第四次会议方案（送审稿）》、县政协十四届二次会议费用预算、拨补机关工会经费及政协机关相关费用支出有关事项。

【政协常务委员会会议】 2022 年，十四届县政协常务委员会举行会议 4 次。

4 月 14 日，县政协主席林志良主持召开县政协十四届常委会第一次会议，举行十四届县政协常委授牌仪式；传达学习全国、省、市政协全会和中纪委、省纪委、市纪委、县纪委全会以及《中共中央办公厅印发〈关于加强和改进新时代市县政协工作的意见〉的通知》等精神；通报县政协领导班子成员工作分工、县政协党组党史学习教育专题民主生活会情况、县政协十四届一次会议重点提案督办分工等有关事项；审议 2022 年度县政协工作要点；修订县政协全体会议工作规则、常务委员会工作规则、专委会通则和委员管理办法等文件。

6 月 23 日，县政协主席林志良主持召开县政协十四届常委会第二次会议，传达学习《中国共产党政治协商工作条例》、全国政协第 139 期干部培训班暨加强和改进新时代市县政协工作专题研讨班主要精神等；听取县生态环境局关于生态环境工作落实情况的通报；审议《县政协关于强化政协委员责任担当的实施意见》、县政协港澳委员增补情况等事项；开展"加快培育数字经济产业，推动仙游高质量发展超越"专题协商。

9 月 21 日，县政协主席林志良主持召开县政协十四届常委会第三次会议，传达学习《习近平谈治国理政》第四卷和《闽山闽水物华新——习近平福建足迹》等内容；听取县自然资源局关于耕地"非农化""非粮化"整治工作进展情况的通报；开展"落实完善河长制，推动水环境保护治理"专题协商。

12 月 16 日，县政协主席林志良主持召开县政协十四届常委会第四次会议，听取县政府关于政协提案办理情况的通报和县法院、检察院工作情况通报；传达学习党的二十大和省委十一届三次全会精神；听取十四届县政协委员 2022 年度履职情况和提案办理先进单位、优秀提案和优秀社情民意信息情况通报；审议下年度民主协商活动计划和县政协十四届二次会议的有关程序性文件。

政治协商

【概况】 2022 年，县政协常委会围绕"加快融合发展、打造美丽仙游"目标，聚焦"十四五"规划、县委、县政府中心工作等重大决策部署，确定重点课题 10 个，开展重点协商、调研、视察 20 余次，向县委、县政府提交专题报告 12 篇。

【专题协商】 2022 年，县政协组织开展专题协商活动 4 次。

"完善家庭教育服务体系，提升家庭教育水平"专题协商 3 月中旬至 4 月中旬，县政协调研组到鲤城街道、榜头镇和部分中小学，了解家庭教育工作开展情况，并召开专题协商会，听取县委宣传部、县检察院、法院、妇联、教育局等相关单位促进家庭教育工作的介绍及意见建议，组织委员探讨，形成协商建议。

"加快培育数字经济产业，推动仙游高质量发展超越"专题协商 6 月 23 日，县政协组织开展"加快培育数字经济产业，推动仙游高质量发展超越"专题协商。会前，调研组通过实地考察、座谈交流，并与县数字信息中心、商务局等单位协商，形成协商建议。

"加强非物质文化遗产保护和利用"专题协商 8 月，县政协调研组到盖尾、书峰、大济等乡镇，实地察看三福艺术馆、土龙泉青瓷研究所等单位非物质文化遗产保护和利用情况，通过听取情况介绍、实地考察、现场交流等形式开展专题协商调研，形成协商建议。

"落实完善河长制，推进水环境保护治理"专题协商 9月21日，

县政协组织开展“落实完善河长制，推进水环境保护治理”专题协商。会前，调研组通过到鲤城、榜头、盖尾、郊尾、枫亭等乡镇（街道）实地考察，开展座谈交流，形成协商建议。

【对口协商】 2022年，仙游县政协开展对口协商、界别协商活动6次。

“大力加强‘双师型’教师队伍和实训基地建设，推动仙游县职业教育高质量发展”对口协商 4月下旬至5月上旬，县政协教科卫体和文化文史学习委组织对口协商课题调研组到仙游职业中专学校、东软技术学院等实地调研，召开协商座谈会，听取县教育局、人社局、财政局、编办等部门的有关情况介绍，重点探讨制约仙游县职业教育发展的“双师型”教师队伍和实训基地建设，形成协商建议。

“加强职业技能培训，培育新时代仙游工匠”对口协商 5月中下旬，县政协社会法制民族宗教和港澳台侨外事委员会组织调研组先后到海都职业技能培训学校、鲁班职业技能培训学校、三福产业园、海安橡胶集团股份公司、赛隆科技有限公司（华峰集团）等了解仙游县职业技能培训开展情况，并召开对口协商座谈会，听取县工信局、应急管理局、退役军人事务局、农业农村局、商务局、民政局、教育局、人社局、残联等单位的工作介绍，进行分析和探讨，形成协商建议。

“健全完善新时代社会救助体系，巩固拓展脱贫攻坚成果”对口协商 7月上旬，县政协组织专题课题调研组开展调研活动，通过实地考察、座谈交流，并与县社会救助工作联席会议成员单位、鲤城街道等单位进行协商，分析仙游县社会救助工作的现状，提出健全完善社会救助机制的意见建议。

“高效能培优民营经济 全力推动民营经济高质量发展”对口协商 9月，县政协组织部分常委、委员和有关单位负责人，就“高效能培优民营经济”进行对口协商，召开座谈会分析和探讨，形成协商建议。

“加强仙游县农产品质量安全监管”对口协商 9月，县政协组织部分委员，到鲤城、鲤南、大济、度尾等乡镇（街道）就“加强仙游县农产品质量安全监管”课题开展调研活动。调研组采取实地察看、专题座谈等形式，就如何加强仙游县农产品质量安全监管工作开展对口协商活动，召集县直有关部门和乡镇（街道）召开座谈会探讨和分析，提出协商建议。

“加快推进木兰溪源保护性建设”对口协商 11月，县政协组织部分委员，到西苑乡就“加快推进木兰溪源保护性建设”课题开展调研活动，召开协商座谈会，召集县直有关部门和乡镇（街道）召开座谈会探讨和分析，提出协商建议。

监督与视察调研

【概况】 2022年，县政协围绕市委“党建引领、夯基惠民”工程和县委、县政府中心工作等，收集社情民意信息156篇，开展专项监督。围绕县委、县政府为民办实事项目开展专项视察。围绕民生工作开展专题调研，提出意见建议。

【专项监督】 2022年，县政协注重发挥反映社情民意信息监督功能，收集涉及平安建设、深化医改、教育公平等热点难点问题信息156篇，被市政协采用17篇，省政协采用18篇，《多方整治让孩子远离“有毒书包”》等2篇信息被全国政协采用，社情民意信息考评居全市第一位。

【专题视察】 2022年7月6日，县政协组织政协常委成立专题视察组，对2022年县委、县政府为民办实事项目1—6月实施情况开展视察活动，委员们实地察看贵峰路等8个项目，现场听取项目推进落实情况介绍，召开协商座谈会，听取县教育局等22个责任单位项目推进情况的汇报，就下一步项目推进讨论分析，提出意见和建议，形成协商建议。

11月29日，县政协组织部分常委、委员成立视察组，对部分上年度为民办实事项目开展“回头看”活动，就2022年县委、县政府为民办实事项目实施情况开展视察活动。视察组先后实地察看仙游县驾考管理中心、洪桥社区龙宫老旧小区改造等项目，召开协商座谈会，了解项目推进过程中遇到的困难和问题，提出意见和建议，形成协商建议。

【专题调研】 2022年8月下旬，县政协组织部分委员成立专题调研组，采用集体座谈、个别访谈、实地走访等形式，开展“居民住宅小区消防安全管理”专题调研。调研组到鲤城街道香港财富二期、鲤南皇庭美域一期等住宅小区开展专题调研，听取县消防救援大队和相关县直单位的意见建议。9月21日，县政协召开十四届政协第一期民生论坛，邀请县政府分管领导、县直有关部门负责人与委员进行面对面交流，梳理全县居民住宅小区消防安全管理情况，商讨下一步措施和对策，形成调研报告。

提案工作

【概况】 县政协十四届一次会议以来，收到提案187件，经审查立案163件，其中团体提案14件、委员提案149件，不予立案24件，立案提案分别由42个单位办理，全部办结。所提提案解决或基本解决94件，解决中或被列入分步解决62件，暂时不能解决或待逐步解决7件。

【“依法科学利用土地，助力乡村产业振兴”建议】 2022年，县政协收到“依法科学利用土地，助力乡村产业振兴”建议。近年来，土地成乡村产业发展的“紧箍咒”，设施农用地不得用于农产品深加工、农家乐、餐饮、住宿用地等；甚至一些有备案已建好的设施农用地也被列入土地整治范畴。建议精细统计好各种土地利用现状，特别是乡村产业当前及未来所需的各种用地，为“多规合一”（国民经济和社会发展规划、城乡规划、土地利用规划、生态环境保护规划等多个规划融合到一个区域上）的村庄规划编制奠定基础；加快统筹推进“多规合一”的实用性村庄规划编制工作，依法公开；明确各种土地用途；县、乡自然资源等部门靠前服务乡村产业主体，从源头上规避因乡村产业主体不知情、不了解、不熟悉土地用途而导致的违法占地、违法建设等行为；加强对村庄低效用地、闲置房屋、“空心村”整治，节余农村建设用地指标优先用于改善农村生产条件，支持农村一、二、三产业融合发展；依法科学用好5%建设用地机动指标，发挥点状供地灵活作用，配套给形成一定历史、一定规模的乡村产业发展乡村文旅设施及农业农村新产业建设用地。在全市率先设立“农村综合产权交易中心”，在县政务服务中心窗口挂牌办公。县财政连续多年安排专项资金补助农村土地流转，累计补助资金100余万元，促进农村土地流转发展。针对撂荒问题，县委、县政府出台《稳定粮食综合生产能力十七条措施》，引导农村撂荒耕地复耕复种。办理结果满意。

【“建立仙台农业科技成果转化合作平台”建议】 2022年，县政协收到“建立仙台农业科技成果转化合作平台”建议。仙游县仙台农业科技交流合作取得成效，但发展较慢。仙台农业科技合作机制尚未建立，缺乏服务组织或机构；仙台农业科技合作层次较低，科技含量不高；仙台农业科技水平差距较大，仙台农业科技成果的转化对接出现困难；仙台农业科技合作保障体系尚未建立，农业科技成果的引入与转化减少；先进的农业技术交流受到限制，影响仙台农业科技的高层次合作和高新技术成果的转化。建议以产业合作为契机，促进仙台农业科技成果转化；以项目为支撑，推动仙台农业科技成果转化平台建设；鼓励台资农业企业建立研究机构，开展农业科技研发，承担科技成果转化；完善仙台农业科技合作政策保障制度；建立仙台知识产权保护机制；举办仙台农业科技合作论坛，制定促进仙台农业科技合作交流的激励政策。办理结果满意。

【“完善河湖长制”建议】 2022年，县政协收到“完善河湖长制”建议。近年来，仙游县全面压实河长责任，加大河湖治理力度，全县境内河流水质达标率明显提高，河湖生态环境改善。但个别乡镇特别是少数村居的基层河湖（段）长因为日常事务繁多，履责尽职受到牵制；部门和部门之间、乡镇和乡镇之间上下左右联动不畅，统筹推进上下游、左右岸治理还需加强；受全县污水处理工程建设滞后的影响，部分河流水污染情况仍然较为突出；群众参与河湖治理积极性不高，整个社会在河湖长制工作上还缺乏凝聚力。建议创新河湖长管理考核激励机制。除强化正常的督查考核问责机制外，还可通过将河长治水绩效作为评先评优、晋职晋级的重要依据，营造乡镇之间、涉水部门之间、河长之间力争上游的氛围，统筹提升河长制工作绩效；发挥好河长办的平台作用，河长办在日常工作中，要善于将一个部门管不了、办不好、困难多的工作，纳入河长制平台进行统筹协调；强化科学治水理念。组织专门力量，分析研究当前仙游县域内河流水体现状情况，多方听取意见，组织专家论证后科学制定仙游县流域内木兰溪等重要河流的全面治理方案；营造良好宣传舆论氛围。向公众推送县域内治水工作动态，组织开展丰富多样的河长制系列宣传活动，不断增强公众对河湖保护的责任意识和参与意识。办理结果满意。

【“加强营养午餐和课后服务监管，促进学生健康成长”建议】 2022年，县政协收到“加强营养午餐和课后服务监管，促进学生健康成长”建议。营养午餐和课后服务是件利民的好事，让学生的营养午餐吃得放心、吃得开心，还将关注如何让学生在用餐过程成为育人的生动教材，帮助学生养成良好的行为习惯。建议组织相关职能部门甄选出餐饮行业中的精英团队为学生做好营养配餐；制定《关于做好学生餐供应及食品安全工作的意见》，实行营养餐教育行政部门督导、卫生部门监管、学校监督、家长学生共同参与的管理模式，并建立督察制度；各餐饮公司要配备专业的营养师，根据各不同年龄段的孩子的营养需要和身体成长发育的基本要求，确定用餐中食物种类、营养素供给量等；建立集中用餐陪餐制度，有关部门领导、业务主管要定期到学校与学生共同用餐，做好陪餐记录，定期组织学生对营养餐进行评价，收集意见建议反馈给配餐公司；打造育人阵地，培养学生良好的用餐习惯；通过学生轮流参与分餐服务、餐具课桌清洁等，强化劳动教育。办理结果满意。

【“仙游县鞋服产业数字化智能转型升级”建议】 2022年，县政协收到“仙游县鞋服产业数字化智能转型升级”建议。受国际外贸环境影响，仙游县部分企业开始探索培育自主品牌，如新协胜的WALSH、PINNIP、辉特的KUX、谜巢等，但基本都处于电商起步阶段，未形成品牌规模效应，销量一般。建议以打造鞋业C2M（用户直连制造）大规模定制公共服务平台为起点，推动产品向高端化、差异化、功能化发展，提升鞋服产业集聚水平，促进纺织鞋服产业集群建设和发展，打造先进鞋业生产基地，打造个性化定制莆田鞋服区域品牌；赋能更多鞋业生产企业，成立鞋业创新联盟，整合县内鞋业公共资源平台数据，建立鞋业行业数据中心，为行业研发设计提供数字支撑；通过3年左右的运作，争取县内企业创下3—5个国内知名自主品牌，打造仙游名片。9月下旬，县政协组织部分委员、提案人和承办部门通过实地调研、座谈协商等形式，开展《关于我县鞋服产业数字化智能化转型升级的建议》提案办理协商，听取承办部门情况介绍，了解仙游县鞋服产业转型升级情况、存在的困难和问题，并对下一步的工作提出意见建议，形成协商报告。办理结果满意。

政协专门委员会工作

【概况】 2022年，十四届政协专门委员会内设5个专门委员会，即提案委员会、经济和人口资源环境委员会、社会法制民族宗教和港澳台侨外事委员会、教科卫体和文化文史学习委员会、农业和农村委员会。

【提案委员会】 2022年，提案委员会主任委员为吴栋平。提案委员会开展县政协委员提案的收集、整理、立案、交办工作；协调配合有关部门对委员提案工作的跟踪、反馈落实；组织政协委员开展调研、参政议政，提出意见和建议。

【经济和人口资源环境委员会】 2022年，经济和人口资源环境委员会主任委员为林元辉。对全县经济和人口资源环境方面的重要问题进行调研，提出意见和建议。

【教科卫体和文化文史学习委员会】 2022年，教科卫体和文化文史学习委员会主任委员为杨金展。对全县文化、教育、卫生、体育和政协理论与实践宣传等方面的重要问题进行调研，提出意见和建议；组织收集、整理有关社会历史和文化生活方面资料，编纂出版《仙游文史资料》专辑。

【社会法制民族宗教和港澳台侨外事委员会】 2022年，社会法制民族宗教和港澳台侨外事委员会主任委员为陈玉苍。对全县政法、民族宗教和港澳台侨等方面的重要问题进行调研，提出意见和建议；加强与港澳台同胞、归侨侨眷和海外侨胞的联系及其意见、建议的收集、整理、反馈。

【农业和农村委员会】 2022年，农业和农村委员会主任委员为朱扬发。组织委员学习宣传党和国家农业农村方面的方针政策和法律法规，就“三农”问题开展调查研究，提出意见、建议，团结和联系农业和农村界委员反映社情民意。

（蔡冠宇）

中国共产党仙游县纪律检查委员会 仙游县监察委员会

综　述

【深化国家监察体制改革】　2022年，仙游县监察委员会向县人大常委会报告专项工作。加强对派驻机构直接领导和统一管理，着眼日常监督提质增效，将掌握政治生态状况作为切入点，摸清各乡镇（街道）政治生态状况，推动修复改善、巩固提升。坚持抓早抓小、关口前移，坚持纪法情理贯通融合，全县纪检监察机关运用“四种形态”（经常开展批评和自我批评、约谈函询，让“红红脸、出出汗”成为常态；党纪轻处分、组织调整成为违纪处理的大多数；党纪重处分、重大职务调整的成为少数；严重违纪涉嫌违法立案审查的成为极少数）批评教育帮助和处理1120人次，第一、第二种形态占比91.52%。加强“四项监督”（纪律监督、监察监督、派驻监督、巡视监督）统筹衔接，优化“室组”联动监督、“室组地”联合办案机制，形成上下贯通、左右协同、内外联动的监督执纪执法格局。推行派驻机构“选点督评”工作模式，开展交叉办、联动督，确定选题27个，督查发现问题73个，发出督查通报25份，督促整改纠正问题64个、完善相关制度机制10项。健全监督执纪执法审查调查标准化流程，常态化开展案件质量评查，压紧压实办案安全责任。

【纪委监委干部队伍建设】　2022年，仙游县纪委常委会带头加强政治建设，落实党建工作责任制、意识形态工作责任制，引导全体纪检监察干部坚持以党性立身做事。结合模范机关创建以及村居、小区结对帮扶工作，组织开展形式多样的机关文化和文明建设实践活动，加强对离退休、家庭困难、因疫致病等干部的人文关怀。坚持系统化业务培训、实战化以案代训、专业化岗位练兵、常态化上派下挂，开设“纪法讲坛”“每周课堂”，锤炼过硬能力素养。坚持鲜明实绩导向，注重在一线考察、识别、使用优秀干部，营造干事创业氛围。加强系统典型案例教育警示，通过因私托请事项征询、问题线索提级办理等，强化对干部的教育管理监督，守住审查调查安全、案件质量安全、干部廉洁安全、新冠疫情防控安全四条底线，防治“灯下黑”。规范农村集体“三资”（资金、资产、资源）管理工作做法得到省纪委主要领导批示肯定；2名纪检干部获全省纪检监察系统嘉奖；2名乡镇纪委书记代表莆田市参加全省乡镇纪委书记履职汇报会；2名纪检干部参加全省纪检监察机关审查调查流程标准化仿真模拟办案竞赛获通报表扬。

【领导调查与检查】　2022年1月19日，福建省纪委监委第二纪检监察室主任林群一行到仙游县开展涉粮腐败问题专项整治调研。2月17日，市委常委、市纪委书记、市监委主任练欣一行到仙游县调研深化乡镇纪委监督职能试点、特色产业发展、乡村振兴项目。2月24日，省纪委常委、省监委委员王矗，省纪委监委第六纪检监察室副主任连义乐一行到仙游开展乡镇纪委下沉监督履职工作调研。3月11日，省纪委监委审理室主任黄景辉、省纪委监委审理室副主任李素葳一行到仙游县开展“行贿人处理及不当得利处置、案件质量评查常态化机制建立、审理工作规范化法治化正规化建设”调研。5月27日，省纪委常委、省监委委员王矗，省纪委监委第六纪检监察室副主任连义乐到仙游县开展第二季度政治监督检查。10月18日，省纪委监委驻省农业农村厅纪检监察组组长黄强一行到仙游县开展农村集体“三资”监管工作调研。

【县委领导干部述责述廉工作会议】 2022年2月6日，县委召开领导干部述责述廉工作会议，县委委员、候补委员，县纪委监委领导班子成员，各乡镇（街道）党委（党工委）书记，各管委会主任参加会议。县委领导班子成员逐一述责述廉，县委书记吴文恩逐一点评，参加评议人员对县委领导班子成员述责述廉情况进行评议。

【县纪委监委领导班子述责述廉会议】 2022年2月10日，中共仙游县纪律检查委员会、仙游县监察委员会（简称县纪委监委）召开领导干部述责述廉会议。县纪委监委领导班子成员、委机关各部室负责人参加会议。县纪委监委领导班子成员逐一述责述廉，县委常委、县纪委书记、县监委主任吴智群逐一点评，参加评议人员对县纪委监委领导班子成员述责述廉情况进行评议。

重要会议

【县纪委全会】 2022年2月6日，县纪委十四届三次全会在县委党校礼堂召开。县四套班子领导，县法院院长、县检察院检察长，不是四套班子成员的县处级领导，县纪委委员、县监委委员，县直单位主要领导，各乡镇（街道）党政主要领导、各管委会主任、纪委（纪工委）书记，各派驻（出）纪检监察机构负责人，各管委会纪工委书记，县直各系统纪委书记、县总医院纪委书记，县人大常委会监察司法工委负责人，县委组织部干部一室、干部监督室负责人，县纪委监委机关各部室主要负责人，270余人参加会议。其中，县纪委委员应到人数27人、实到25人。县委书记吴文恩出席并讲话，县委常委、县纪委书记、县监委主任吴智群代表县纪委常委会作题为《在新征程上坚定不移推进全面从严治党 为加快融合发展、打造美丽仙游提供坚强保障》的工作报告，会议由吴智群主持。

【县纪委常委会、县监委委务会】 2022年，县委常委、县纪委书记、县监委主任吴智群主持召开县纪委常委会、县监委委务会会议22次，传达学习上级会议有关精神，研究案件审结等相关事宜。

2022年仙游县纪委常委会、县监委委务会一览表

表5

会议名称	会议内容	会议时间
2022年第一次会议	传达学习《中共中央关于印发〈中国共产党纪律检查委员会工作条例〉的通知》，研究仙游县贯彻意见；传达学习全省纪检监察干部监督工作研讨培训会精神，研究仙游县贯彻意见；传达学习上级关于粮食购销领域有关会议精神，研究仙游县贯彻意见等有关事宜	1月11日
2022年第二次会议	传达学习十九届中央纪委六次全会精神，研究县纪委十四届二次全会方案、工作报告有关事宜；传达学习《中共仙游县委关于市委专项巡察仙游县反馈意见的通报》精神；传达《中共仙游县委机构编制委员会关于调整县纪委监委派驻纪检监察组的通知》精神等有关事宜	1月24日
2022年第三次会议	传达学习省纪委十一届二次全会、市纪委八届二次全会精神，研究《县纪委十四届二次全会方案（送审稿）》《县纪委十四届二次全会工作报告（送审稿）》有关事宜	1月28日
2022年第四次会议	传达学习《中共中央纪委关于认真学习贯彻习近平总书记在十九届中央纪委六次全会上重要讲话精神的通知》精神，研究仙游县贯彻意见；研究《中共仙游县委关于开展作风建设的实施方案（送审稿）》及任务分解有关事宜；研究案件审结等有关事宜	2月14日
2022年第五次会议	传达学习市委常委、市纪委书记、市监委主任练欣一行到仙游调研精神，研究仙游县贯彻意见；研究《县纪委监委2022年党风廉政建设和反腐败斗争重点工作部署分工方案（送审稿）》；研究委机关内设机构职能调整等有关事宜	3月4日
2022年第六次会议	传达学习贯彻《关于提升巡视精准发现问题能力的具体措施》文件精神，传达《中共仙游县委办公室关于调整县处级领导挂钩联系乡镇（街道、管委会）的通知》精神，研究征订《习近平关于坚持和完善党和国家监督体系论述摘编》书籍等有关事宜	4月12日

续表 5

会议名称	会议内容	会议时间
2022 年第七次会议	研究案件审结有关事宜	4 月 14 日
2022 年第八次会议	传达学习贯彻《关于印发（2022 年市委巡察办工作要点）的通知》精神，研究仙游县贯彻意见；传达学习贯彻信息材料报送、保密工作、舆情处置等文件精神，研究县纪委监委贯彻意见；研究案件审结等有关事宜	5 月 16 日
2022 年第九次会议	传达学习贯彻省纪委书记、省监委主任李仰哲为市县纪委监委领导能力建设专题研讨班学员作开班动员讲话精神，研究仙游县贯彻意见；传达学习贯彻《关于推进监督检查审查调查工作提质增效的工作意见》精神，研究仙游县贯彻意见；研究县纪委监委 2022 年度宣传工作经费等有关事宜	6 月 13 日
2022 年第十次会议	传达学习《关于纪检监察机关适用（信访工作条例）若干问题的意见》精神，研究仙游县贯彻意见；研究县纪委监委机关、派驻（出）机构、乡镇（街道）纪（工）委考核工作实施办法；研究违纪党员干部案件审结等有关事宜	7 月 7 日
2022 年第十一次会议	研究案件审结有关事宜	7 月 21 日
2022 年第十二次会议	传达学习《市纪委监委信访室关于（省纪委监委“双化解双促进”专项行动督导座谈会主要精神及我市贯彻落实意见）》精神，研究仙游县贯彻意见；研究违纪党员干部案件审结事宜	8 月 5 日
2022 年第十三次会议	研究拍摄纠治“四风”“一县一清单”视频有关事宜	8 月 9 日
2022 年第十四次会议	传达学习《中共福建省纪委办公厅转发中央纪委办公厅〈关于进一步做好办案安全工作的通知〉的通知》精神，研究仙游县贯彻意见；研究申报福建省纪检监察系统先进集体和嘉奖对象有关事宜	8 月 15 日
2022 年第十五次会议	研究案件审结有关事宜	8 月 22 日
2022 年第十六次会议	研究案件审结有关事宜	9 月 13 日
2022 年第十七次会议	研究《仙游县监委关于开展扫黑除恶专项斗争监督处置工作的报告（送审稿）》有关事宜，研究干部工作等有关事宜	9 月 21 日
2022 年第十八次会议	研究《关于开展扫黑除恶专项斗争监督调查处置工作情况的报告（送审稿）》有关事宜，传达学习《中共中央纪委关于学习宣传全国纪检监察系统先进模范的通知》精神，传达学习《莆田市纪检监察机关“走读式”谈话安全风险等级管理工作意见（试行）》精神等有关事宜	10 月 12 日
2022 年第十九次会议	传达学习《中共仙游县委办公室关于当前全县意识形态领域情况的通报》精神，传达学习《印发〔关于加强和改进乡镇（街道）纪委（纪工委）案件审理工作的意见〕的通知》精神等有关事宜	11 月 4 日
2022 年第二十次会议	传达学习中央政治局常委、中央纪委书记李希和中央书记处书记、中央纪委副书记刘金国有关讲话精神，研究仙游县贯彻意见；研究工会经费拨补、园庄镇义路村共建帮扶资金有关事宜；研究干部工作等有关事宜	12 月 13 日
2022 年第二十一次会议	审议《关于进一步严格落实涉黑涉恶案件会商研判工作机制的纪律检查建议》整改落实情况，审议《关于加强仙游县师德师风建与未成年学生人身权益保护的监察建议》整改落实情况，审议《关于整治有案不立、压案不查问题的监察建议》整改落实情况等有关事宜	12 月 20 日
2022 年第二十二次会议	研究案件审结有关事宜	12 月 30 日

党风廉政建设

【全面从严治党】 2022年，仙游县开展监督推动木兰溪流域专项治理有关问题整改工作，围绕党中央关于粮食安全的决策部署，紧盯粮食购销领域腐败问题、涉粮巡视巡察整改、耕地保护及督查通报问题整改落实情况，结合实施“党建引领、夯基惠民”工程、县委县政府中心工作等，开展专项监督。组建土地督察整改及耕地保护督导专班，对部分乡镇存在虚假整改、敷衍整改、整改不到位等问题进行蹲点督导、嵌入式监督，督促立行立改，压实整改责任。加强经济社会发展情况监督，把握监督重点，推动工作落实。协助县委做好上年度省对市、市对县主体责任检查、政治监督检查反馈问题整改落实工作，以及对乡镇及县直单位全面从严治党主体责任检查，推动“两个责任”（党委负主体责任、纪委负监督责任）同向发力、一贯到底。动态更新县管干部廉政档案，党风廉政回复意见2972人次。

【纠治“四风”工作】 2022年，县纪委监委紧盯“四风”问题新动向新表现，通过编印实务指导、开展专项整治、明察暗访等，纠治顽瘴痼疾，深挖细查隐形变异、风腐一体问题。紧盯关键节点，打好节前教育提醒、节中监督检查、节后严查快处“组合拳”；关注享乐主义、奢靡之风的隐形变异问题，纠治形式主义、官僚主义，整治不担当、不作为、慢作为、乱作为等问题。查处违反中央八项规定精神问题40个，批评教育帮助和处理89人，其中给予党纪政务处分71人，通报曝光典型案例5批10起。协助县委制定《关于开展能力作风建设三年行动的实施方案》，开展作风建设攻克攻坚年行动，紧盯作风不实、行动不快、服务不优、落实不力等问题，坚持“月督导、季通报、年复盘”，以严督导推动转作风、提效能、优服务，督促全县各级各部门和党员干部扛牢职责使命、锤炼过硬作风、奋力担当作为。

2022年9月28日，县纪委监委在仙游县文庙举行“喜迎二十大 翰墨仙游绘清廉”美术作品展 （县纪委监委供图）

【党风廉政宣传教育】 2022年，县纪委监委举办“喜迎二十大 翰墨仙游绘清廉”美术采风写生活动和美术作品展，创作发布廉洁主题歌曲《清清木兰溪》，中共仙游上宫支部旧址、国网仙游供电公司廉洁文化园、福建仰古轩好家风家文化生活馆获评“莆田市廉洁文化示范基地”，评审5家县级廉洁文化教育基地，绘制全域廉洁文化地图，掀起“清廉地标”打卡热潮。2022年度仙游纪检监察信息工作居全省第一位。

案件审查调查

【纪律审查和监察调查】 2022年，仙游县保持惩治腐败高压态势，立案264件，处分284人，移送检察机关审查起诉4人。铲除重点领域腐败毒瘤，整治国有企业腐败，一体推进金融领域惩治腐败和防控风险工作。协助县委制订《关于推行村（社区）集体出资成立有限责任公司代建小规模工程建设项目工作方案（试行）》，创新推进农村小规模工程管理，规范“小微权力”运行，实现规范管理、预防腐败、提升质量、村财增收的目标，工作做法在省委《八闽快讯》刊登交流。将监督检查、审查调查与发现问题、指导督促紧密衔接、相互促进，提出纪检监察建议10份，被建议单位党委（党组）书记向县纪委常委会、县监委委务会报告整改落实情况，督促完善制度、堵塞漏洞、深化治理，形成制度化、常态化。加强年轻干部教育管理监督，提高拒腐防变免疫力。

【群众身边腐败和作风问题整治】 2022年，仙游县围绕群众反映强烈的突出问题，巩固提升“点题整治”成效，利用“智慧监督”赋能“点题整治”平台，坚持线上线下融合推进，通过数据分析、智能碰撞，快速精准发现问题，采取点评通报、专题会商、“点穴督导”等方式，推动解决问题796个。围绕巩固拓展脱贫攻坚成果同乡村振兴有效衔接，深化过渡期专项监督。探索推行“人大+纪委”监督模式，推动监督力量有效融合、监督事项有机贯通，以社会关注、群众关切的物业服务管理领域作为选题，开展联动监督，通过纪委“督”、人大“评”、部门“改”，督促规范完善物业服务管理。坚决惩治群众身边的“微腐败”，常态化开展惩治涉黑涉恶腐败和“保护伞”工作。以服务保障党的二十大胜利召开为主线，深化“多年、多层、多头”重复举报治理，坚持信访举报“日登记、周梳理、月研判、季分析、年总结”，推动化解一批信访积案。查处群众身边腐败和不正之风问题69个，处理132人，其中给予党纪政务处分102人。树牢抓基层鲜明导向，加强对乡镇纪委工作的指导，探索下沉监督“1234”（固化一个监督流程、建立两个监督体系、运用三种处置方式、建立四项工作机制）工作法，运用片区协作监督、联合监督、交叉巡察机制，打造乡镇（街道）纪委、工委、村（社区）纪检委员、村务监督委员会、廉情监督员有机衔接的监督闭环，工作做法在中央纪委国家监委网站刊登交流。牵头制定《仙游县关于进一步规范村（社区）“一肩挑”人员权力运行监督管理十二条措施》，聚焦“人、权、事”监督重点，探索实施“清单+台账”监督模式，实现履责“一单清”、监督“一账明”。

巡察工作

【概况】 2022年，仙游县重视巡察工作，召开县委常委会4次、2次书记专题会暨县委巡察工作领导小组会议，推进巡察工作向重点领域、重点行业、重点部位延伸拓展。开展2轮10个单位党组织的常规巡察、120个国有企业的专项巡察。

【专项巡察】 2022年，县纪委监委采取“1托N”（“1”即巡察组对1家单位开展常规巡察，“N”即在该被巡察单位管理的下一级单位中，重点选取N家与群众利益密切相关的单位开展延伸巡察）的方式，开展2轮10个单位党组织的常规巡察；制定细化国企监督6个方面55条细则，开展对120个国有企业的专项巡察，督促追回经济损失653万元。协助省委、市委开展粮食专项巡视巡察，发现59个问题。

【巡察整改】 2022年，仙游县梳理研判省委、市委巡视巡察以及上届县委巡察未完成整改的4个方面27个问题，对历时较长的问题逐一过筛、专项督办、销号验收。抓好省委、市委粮食专项巡视巡察反馈的59个问题整改，问责相关责任人19人，其中给予党纪政务处分10人。

【“监督就在身边”栏目开设】 2022年8月19日起，县纪委监委依托仙游电视台建立融合监督平台，开设“监督就在身边”栏目，定期跟踪曝光巡察发现问题、整改落实情况及整改成效，邀请人大代表、政协委员、群众及管理服务对象进行评议，推进各项监督融合、对接。年内，栏目播出2期，曝光12起巡察问题，问题均整改到位。

（戴建进、林智深）

中国国民党革命委员会仙游县总支委员会

【概况】　2022年，中国国民党革命委员会仙游县总支委员会（简称民革仙游县总支）第三届委员会委员7人，其中主委1人，副主委3人，党员61人。5月，民革仙游县总支以建立“民革党员之家”为依托，下设一支部、二支部和三支部开展创建示范支部活动，建立健全基层组织各项规章制度和工作机制。上半年，推荐机关事业单位或社会优秀人才4人次加入民革莆田市委会。发展和储备高层次人才，加强党员后备干部队伍建设。不定期召开民革党员会议，以会代训，增强党员履职工作业务能力。

【政治建设】　2022年初，民革仙游县总支开展喜迎中共二十大召开系列活动。6月，开展“矢志不渝跟党走，携手奋进新时代”政治交接主题教育，加强民革仙游县总支思想政治工作，强化对履职实践的思想引领，总结思想政治建设经验，引导全县民革党员弘扬辛亥革命精神和传承多党合作优良传统。组织部分省委统战部在仙游挂职党外干部和民革党员到西苑乡木兰溪源头，开展主题教育实践活动。9月，组织民革仙游县总支党员赴石苍乡高阳村开展“传承红色基因，凝聚民革力量”主题党史学习教育，引导党员们传承多党合作优良传统。

【参政议政】　2022年，民革仙游县总支中的市政协委员、县人大代表以及县政协委员，开展参政议政工作，履行参政党职能作用。在市、县两级两会上，提交县级政协提案20篇（其中团体2篇，个人18篇），县人大议案2篇。党员加强对党政决策类信息需求的研究，做好重点信息报送的选题，向相关部门单位提交社情民意信息10余条。副主委杨平燚撰写的多篇社情民意被上级部门采纳。

【社会服务】　2022年8月，民革仙游县总支响应县委统战部发动开展的“我在五湖有亩田”活动，组织党员认领并到石苍乡五湖村实地考察，践行乡村振兴活动。发挥法律界民革党员的优势，开展对社会弱势群体的法律援助服务。加大民革组织各项工作的宣传力度，向“莆田民革”“仙游县统战部”微信公众号报送活动信息。

（洪　新）

中国民主同盟仙游县工委会

【概况】　2022年，中国民主同盟会仙游县工委会（简称民盟仙游县工委会）第六届工委会有盟员173人。设主委1人，副主委4人，委员12人。下设机关支部、文化支部、仙游一中支部、仙游二中支部、仙游职业中专支部、榜头中学支部、度尾镇支部7个支部和枫亭镇小组。2022年，盟员陈宗贵篆刻作品入展福建省中医药文化书法篆刻展，被评为一等奖；盟员吴丽娜、陈刘泓被民盟省委会评为“纪念福建民盟组织成立75周年优秀盟员”；盟员尹元洪被民盟省委会评为“纪念福建民盟组织成立75周年优秀盟务工作者”；盟员黄李炮被市盟委会评为“纪念莆田民盟组织成立65周年优秀盟务工作者”；盟员林育程、苏雪花、李清达、吴建阳被市盟委会评为“纪念莆田民盟组织成立65周年优秀盟员”；盟员黄玉淑被市教育局认定为莆田市中学历史骨干教师，获民盟市委会“组织建设先进个人”表彰；盟员严凤钦被县教育局评为县级优秀教师，获民盟市委会“参政议政先

2022年1月26日，民盟仙游县工委会联合仙游县书法研究会在鲤城坝垄社区开展“翰墨寄语迎新春、瑞虎送福到万家”义务写春联活动（民盟仙游县工委会供图）

进个人”表彰。

【政治建设】 2022年，民盟仙游县工委坚持学盟史、传薪火，学习贯彻中共十九大、二十大精神，民盟中央第十三次会议精神，民盟省委会第十五次代表大会精神，提高全体盟员的思想政治水平，增强在中国共产党领导下自觉走中国特色社会主义道路的坚定性、提升全体盟员参政议政意识和历史使命感。探讨基层组织建设和思想建设的理论和实践，总结经验，承担起中国特色社会主义事业亲历者、实践者、维护者、捍卫者的政治责任。

【参政议政】 2022年，民盟仙游县工委会盟员参政议政，撰写各级各类文章44篇，其中社情民意36篇（5篇被市政协采用）、信息报道4篇，课题文章2篇、理论征文、调研文章各1篇。12月10日，仙游职业中专学校承办民盟市委会“加快推动现代职业教育高质量发展”主题信息沙龙。

【社会服务】 2022年1月26日，民盟仙游县工委会联合仙游县书法研究会在鲤城坝垄社区举行“翰墨寄语迎新春、瑞虎送福到万家”义务写春联活动。2月27日，仙游民盟艺术院在原仙游中茂食品有限公司成立揭牌，并举行“不忘初心同筑中国梦、翰墨丹心共绘同心圆”书画笔会暨联欢晚会。3月，仙游民盟工委会、仙游民盟艺术院共同举办“众志成城抗疫”网络书法作品展。10月，度尾中学支部组织全体盟员参加“志愿者在行动”，保护“最美家乡河——木兰溪”；度尾中学支部主委郭静为度尾中学高三学生作题为《如何写好话题作文》的讲座；度尾中学支部宣传委员黄玉淑为度尾中学高三学生举行考前辅导讲座《考前心理疏导暨历史解题方法指导》。12月3—4日，文化支部在九鲤湖基地举行“礼赞二十大 共绘同心圆”绘画写生活动。市级领衔名师吴丽娜、黄李炮带领名师工作室成员“送教送培下乡”30余场次。

【《精正大医图》落户福建中医药大学】 2022年2月20日，民盟福建省委会组织、策划，当代画家、李耕画派传人、民盟仙游县工委会

2022年2月20日，民盟仙游县工委会盟员李清达创作的《精正大医图》落户福建中医药大学（詹和鸣供图）

盟员李清达历时一年半、九易其稿创作的《精正大医图》，落户福建中医药大学，举行捐赠仪式。《精正大医图》采用全景式构图，按照编年史形式，刻画79位中华大医的形貌举止，从艺术的角度阐释“医者仁心”传统美德。原画长8.30米、宽1.20米，按比例放大喷绘于福建中医药大学中医药文化博物馆二楼中庭长21米、高3.30米的墙壁上。

（吴丽娜）

中国民主建国会仙游县支部

【概况】 2022年，中国民主建国会仙游县支部（简称民建仙游县支部）会员32人，设主委1人，副主委3人。其中，担任省人大代表1人，市人大代表2人，市政协委员1人，县政协委员7人。12月，会员陈伟获评民建福建省委2022年度反映社情民意信息工作先进个人，会员薛成雄获评全省民建社会服务工作先进个人。

【政治建设】 2022年6月，民建仙游县支部在会员企业兰溪书苑召开“矢志不渝跟党走、携手奋进新时代”政治交接主题教育动员部署会，推动各项重点任务落地见效。做好新会员发展和骨干会员培养工作，列入新会员考察对象1人。

【参政议政】 2022年12月，民建仙游县支部组织撰写《关于大力发展新时代职业教育的建议》提案获县政协优秀提案；“加强书院文化研究、保护和利用”作为民建莆田市委会重点课题，在县政协十四届二次会议上发言。会员陈海仙提交的《关于预防基层邻里纠纷引发恶性案件的建议》获得县政协优秀提案。

【社会服务】 2022年8月29日，民建仙游县支部开展农耕志愿服务活动，响应县委统战部号召，动员支部会员自愿认领认种，在石苍乡五湖村开展“我在乡间有亩田”活动，助力粮食安全。9月30日，在民建仙游县支部“会员之家”——兰溪书苑开展“笔墨同心、政协情怀”喜迎中共二十大书法展活动。

（陈海仙）

中国民主促进会仙游县支部

【概况】 2022年，中国民主促进会仙游县支部（简称民进仙游县支部）加强政治思想教育，履行参政议政职责，开展“双岗建功”活动和社会服务工作。民进仙游县支部有会员48人。设主委1人、副主委2人、委员4人。会员曾文山、谢懿斌分别获民进省委会社会服务、参政议政先进个人；会员李蓉、李丽莹分别获民进莆田市委会参政议政、宣传工作先进个人。

【政治建设】 2022年，民进仙游县支部学习贯彻中共二十大精神，持续学懂、弄通、悟透习近平新时代中国特色社会主义思想，在新征程上不忘合作初心、继续携手前进。联合民进莆田市委会市直第一支部、第二支部在中共上宫支部旧址开展“矢志不渝跟党走、携手奋进新时代”政治交接主题教育。组织书画家会员参加民进莆田市委会喜迎中共二十大活动。在仙游文庙举办庆祝中共二十大胜利召开书画展活动。

【参政议政】 2022年，民进仙游县支部参加县委通报会、经济分析会等重大会议。发动省、市、县两会代表和委员撰写省人大议案2件，省调研文章3篇，市调研文章2篇，市政协提案3件，县政协提案12件（其中支部团体2件）；收集上报社情民意18篇（市民进6篇、市政协6篇、县政协6篇），被评为全国政协提案成果二等奖1篇，省政协好提案1篇；被省政协刊用4篇，市政协刊用2篇；被评为2022年县政协优秀提案和社情民意4篇。

【社会服务】 2022年，民进仙游县支部学习贯彻木兰溪治理重要理念，牵头组织莆仙戏传承保护和创作工作专班，剧作家郑怀兴完成创作《钱四娘》剧本，由仙游县鲤声剧团排演。在鲤城街道玉井社区举办“春联万家人”“三下乡”社会服务活动，受惠群众近1000人。响应县委统战部倡议的“我在五湖有亩田”活动，助力乡村振兴。

（谢懿斌）

中国农工民主党仙游县总支

【概况】 2022年，中国农工民主党仙游县总支（简称农工党仙游县总支）设主委1人，副主委3人，委员9人，下设医疗支部和教育综合支部，2个支部委员会各设委员7人。在册党员95人，其中担任市人大代表1人，县人大代表1人；县政协常委1人，县政协委员6人。获得市级以上参政议政先进个人1人，优秀党员2人。10月底，举办2022年度秋季读书班和民主生活会。

【政治建设】 2022年1月6—9日，主委杨岚参加莆田市第八届人民代表大会。1月15日，召开骨干党员座谈会，传达学习市委、市政府文件精神。7月5日，农工党仙游总支召开“矢志不渝跟党走、携手奋进新时代”主题教育学习会议，学习《中国共产党政治协商工作条例》《山海聚力，推动福建高质量发展》等内容，传达学习农工党莆田市委会文件精神，总结回顾总支上半年各项工作开展情况，就下半年课题调研、新冠疫情防控等工作进行部署安排，并欢迎新党员加入。与会党员围绕参政议政、社会服务等工作展开讨论，就如何撰写高质量社情民意信息进行交流。

【参政议政】 2022年，农工党仙游县总支发挥党员中的人大代表、政协委员和有关方面的专家学者的骨干作用，调动全体党员的积极性，集中群体智慧，开展调查研究，建言献策。全年农工党仙游县总支的人大代表和政协委员提交个人提案9件，涉及经济、医疗、环保、教育等行业；提交社情民意信息12篇，其中农工党福建省委会采用1篇，农工党莆田市委会采用3篇。

【社会服务】 2022年10月，农工党仙游总支组织举办多场“喜迎二十大，同心跟党走”义诊和送医送药活动，为老区人民提供医疗服务，展现农工党仙游总支广大党员坚定的政治立场和奋进新征程精神；为参加农工党莆田市委会开展“发展绿色经济、振兴乡村”和县政协开展“落实完善河长制、推动水环境保护治理”等课题调研活动，建言献策。

（郑建新）

中国致公党仙游支部

【概况】 2022年，中国致公党仙游支部（简称致公党仙游支部）加强自身建设，组织党员加强政治理论学习，提升党员政治和业务素质，发挥地方参政党组织作用，发动支部党员开展社会调研，建言献策、参政议政，开展党建和多种形式的服务社会活动。致公党仙游支部设主委1人，副主委2人，委员4人，有党员58人，其中归侨6人，侨眷22人。

【政治建设】 2022年，致公党仙游支部组织开展政治理论学习活动。1月5日，召开致公党仙游支部委员及骨干党员会议，专题学习中国致公党莆田市第八次代表大会精神。1月5—8日，致公党仙游支部主委参加莆田市政协八届一次会议；1月12日，组织致公党仙游支部委员及骨干党员传达学习市政协八届一次会议精神。3月2日，支部主委参加致公党莆田市委会八届二次全体扩大会议；3月5日，组织致公党仙游支部委员及骨干党员传达学习会议精神。6月10—12日，致公党仙游支部委员陈建新参加致公党福建省第十次代表大会。7月23日，致公党仙游支部组织党员到游洋镇中共上宫支部旧址开展“矢志不渝跟党走、携手奋进新时代”主题教育。党员余丽钦、陈建新、林春仙、吴建伟参加致公党莆田市委会在“矢志不渝跟党走、携手奋进新时代”主题教育推进会上开展的读书沙龙活动。8月19—21日，党员余丽钦、吴建伟、陈建新、颜潮斌、林春香参加致公党莆田市委会组织的暑期读书班活动。11月8日，致公党仙游县支部召开“学习二十大 奋进新征程”主题学习座谈会，围绕中共二十大精神开展集体学习，主委张力学主持会议，

2022年7月23日，致公党仙游支部在中共上宫支部旧址开展“矢志不渝跟党走、携手奋进新时代”主题教育活动 （致公党仙游支部供图）

支部委员及部分骨干党员参加。

【参政议政】 2022年，致公党仙游支部向县政协提交的《关于加强仙游县农村宗教活动管理工作的建议》《关于完善快递垃圾综合治理的建议》《关于完善配套设施打造宜居新农村的建议》《关于加强农村文化建设的建议》等提案被采纳。8月6日，致公党仙游县支部在党员企业——校之安（福建）后勤管理运营中心举行“仙游致公之家”参政议政沙龙活动，建立提升基层组织凝聚力和培育党员身份认同感平台。

【社会服务】 2022年3月5日，致公党仙游支部委员及部分骨干党员到红木生态园开展志愿者活动，清扫园内垃圾。春节前，党员陈荣振在仙游文庙为鲤城街道居民免费写春联；暑假，免费教授中小学生书法。9月3日，主委张力学参加致公党福建省委会、莆田市委会赴龙华镇金溪村联合开展助力乡村振兴调研和“喜迎二十大·致福健康行”义诊活动暨中秋走访慰问活动。

（陈建新）

九三学社仙游县支社

【概况】 2022年，九三学社仙游县支社（简称九三仙游支社）有社员38人，设主委1人，副主委3人，委员3人。九三仙游支社被九三学社莆田市委会评为社务工作量化考评先进集体，社员分别被省级表彰1人次，市级表彰7人次，县级表彰1人次。其中，社员王祚被九三学社福建省委员会评为2022年度优秀社员；社员王承锦被仙游县食品药品安全委员会聘为仙游县食品安全监督员，被县纪委监委聘为仙游县第三届党风廉政监督员。

【政治建设】 2022年，九三仙游支社围绕学习贯彻落实中共二十大精神、“矢志不渝跟党走、携手奋进新时代”政治交接主题教育、九三学社福建省第九次代表大会精神等召开专题学习会议，42人次参与学习活动。4月30日，九三学社莆田市直基层委员会与九三仙游支社在石苍乡济川村联合开展“矢志不渝跟党走、携手奋进新时代”政治交接主题教育暨服务乡村振兴义诊活动；11月20日，九三仙游支社召开学习中共二十大精神专题会议，并组织开展鞋服产业调研活动；12月5—6日，九三学社莆田市直第三支社、莆田学院附属医院支社、九三仙游支社在游洋镇联合开展中共二十大精神专题学习活动，参观中共上宫支部旧址。

【参政议政】 2022年，九三仙游支社通过走访调研、座谈会、情况通报会等形式，聚焦经济社会发展中的重点难点热点。全年上报社情民意信息11篇，调研课题1篇，提交市、县两会提案7件，其中《关于推动“食安封签”落地的建议》被省政协采用，《关于在全市推广办理中小学生防疫智能学生证的建议》《关于加大对莆田市鞋类制造的扶持力度的建议》2篇社情民意被市政协采纳。

【社会服务】 2022年3月25日，九三仙游支社与九三学社城厢区支社为鲤城街道龙泉社区和榜头镇派出所送去价值2万余元的爱心物资。社员宋进用诗歌《抗疫赋》支持新冠疫情防控。8月29日，九三仙游支社认领石苍乡五湖村新复垦抛荒地0.07公顷。

（陈燕燕）

仙游县工商业联合会（总商会）

【概况】 2022年11月，仙游县召开工商业联合会（总商会）第十二次会员代表大会，选举产生新一届领导机构。仙游县工商业联合会（总商会）（简称县工商联）有执委会成员173人，主席（会长）1人，副主席（含兼职）21人，副会长（含兼职）19人。县工商联有各级商会组织31个，其中异地仙游商会11个（北京、上海、广州、深圳、重庆、云南、福州、义乌、东阳、凭祥、厦门）、所属商会2个（仙游县江西商会、仙游县泉州商会）、乡镇（街道）商会18个。全县各级工商联系统拥有团体会员单位16个、会员总数1.59万个。

【民营经济人士参政议政】 2022年，仙游县组织民营经济代表人士通过企业家恳谈会、政协会议发言、专题协商，围绕促进“两个健康”（非公有制经济健康发展和非公有制经济人士健康成长）、推进产业融合、实施乡村振兴、优化营商环境、提升生态文明、补齐民生短板等方面建言献策，发挥民营企业在国家治理中的“智囊团”作用。聚焦“发挥商会作用，推动莆商回归”“全力助推打造‘有求必应’‘无事不扰’的营商环境”等专题，开展“再调研”，形成调研报告。参与全国工商联开展的新时代工商联职责定位系列研究、民营企业科技创新情况、民营企业信用体系建设情况等专题调研。1月，县工商联参加2022年老干部、各民主党派、工商联和党外人士通报会。

【民营企业服务】 2022年，仙游县定期到民营企业调研93家，收集反映企业诉求，协助企业解决发展面临的急难愁盼问题。协助鲤城街道商会会员企业解决安置房租用、公司进厂道路过窄、纳税问题、企业合作洽谈等；指导大济镇5家民营企业解决生产经营困难等问题11个。

【民营经济人士培训教育】 2022年，仙游县落实工商联领导班子、机关干部、所属商会政治理论学习制度，发挥党组理论学习中心组领学促学作用，下基层、进商会、入民企宣讲党的十九届六中全会精神、《习近平谈治国理政》、《闽山闽水物华新——习近平福建足迹》等。开展党的创新理论宣讲2场、《中国共产党统一战线工作条例》宣讲1场、惠企政策宣传3场，引导民营经济人士坚定不移听党话、感党恩、跟党走。落实工商联行业商会、直属商会交流工作制度，通过座谈会、专题汇报、政企直通车等形式，传递行业声音，反映企业诉求，协调解决困难，激发民营企业家的干事创业热情。

【民营经济法律服务】 2022年，仙游县扩大“工商联+N”服务效应，完善与司法、信访、人社等部门合作机制，参与建立“四访四通”（“四访”即结合化解信访积案专项工作，深化“开门接访、进门约访、登门走访、上门回访”工作机制，“四通”即多部门联合构建“诉求表达畅通、意见建议直通、困难问题沟通、矛盾积案疏通”的机制）服务民营企业协同联动机制；参与县协调劳动关系三方会议，依托民营企业劳动关系协调工作站，开展法律纠纷调解、重大疑难案件会商等活动，协同各方化解矛盾。与县司法局合作开展“法治体检”进企业活动，为县内3家次民营企业开展“法治体检”，推动民营企业高质量发展。

【民营经济调查研究】 2022年，仙游县组织民营经济代表人士通过企业家恳谈会、政协会议发言、专题协商，围绕促进“两个健康”（非公有制经济健康发展和非公有制经济人士健康成长）、推进产业融合、实施乡村振兴、优化营商环境、提升生态文明、补齐民生短板等方面建言献策，发挥民营企业在国家治理中的“智囊团”作用。聚焦“发挥商会作用，推动莆商回归”“全力助推打造‘有求必应’‘无事不扰’的营商环境”等专题，开展“再调研”，形成调研报告2篇。组织50余家民营企业参与全国工商联开展的新时代工商联职责定位系列调研、民营企业科技创新情况、民营企业信用体系建设情况等专题调研。配合上级工商联开展专题调研活动，做好事前联系沟通、事中协调服务、事后成果应用。发挥企业家政协委员主体作用，汇众智、提良策，做好政协会议发言工作。

【商会建设】 2022年，仙游县加强商会规范化建设，落实《所属商会三项管理制度》，发挥县工商联对所属商会指导、引导和服务职能，规范商会成立申报审批、会长综合评价和监事长、秘书长考察、商会年度考察等制度。落实组织建设工作规划和“三个一批”（组织建立一批、吸纳增加一批、巩固壮大一批）工程，培育、组建和发展各级各类商会，使商会组织覆盖民营经济发展各个行业和领域。提升县工商联指导、引导和服务商会能力，指导帮助商会承接公共服务、参与社会服务。加强乡镇（街道）商会组建，鲤城街道成立全县首个乡镇（街道）商会。

2022年4月23日，福州市仙游商会举办仙游县书峰乡枇杷推荐会（福州站）活动，助力家乡乡村振兴（福州市仙游商会供图）

【异地商会组织建设】 2022年11月4日，厦门市仙游商会召开第一届第四次监事会议。11月，厦门市仙游商会被中华全国工商联认定为2021—2022年度全国“四好”商会。11月26日，福州市仙游商会被省工商联认定为2021—2022年度福建省“四好”商会。12月6日，厦门市仙游商会荣誉会长张国锋向仙游一中捐款1000万元。12月11日，福州市仙游商会监事长杨锋向仙游一中捐款100万元。

2022年5月4日，厦门市仙游商会到仙游县锦田小学开展爱心助学活动
（厦门市仙游商会供图）

【民营企业人才培育】 2022年，县工商联与县人社局协调配合，开展大学毕业生就业服务工作，对接县内民营企业16家，推荐优秀大学毕业生245人次。推动建立企业家和商会参与涉企政策制定机制，推动解决惠企政策兑现、高管子女入学、人力资源保障等“最后一公里”服务问题，帮助企业留住人才。

【民营经济会员企业党建】 2022年，仙游县健全民营经济会员企业党建工作责任制，落实管党治党主体责任，制定全面从严治党责任清单，强化廉政风险防控。擦亮“两新”党建品牌，推进“两新”组织党建工作，发挥商会、民营企业中170个党组织“入企生根”的“红色引擎”作用，提升企业的凝聚力、生产力和创造力，引导广大民营经济人士践行社会主义核心价值观，弘扬正能量，营造支持民营企业发展、激发市场主体活力、重视企业家作用的氛围。

【民营经济社会服务】 2022年，仙游县引导商会（企业）带头做好表率，主动联系对接村，开展各类企村合作、帮扶共建项目，助力乡村振兴。挂钩对接仙游县的35家商会（企业）与35个村，启动相关乡村振兴项目。福州市仙游商会对接度尾镇砺山村，投入资金6000余万元，以农业生态园、文旦柚等产业基地为支撑，把传统农业与休闲观光有机结合，实现村财政年收入20万元，农民人均纯收入1.25万元；厦门市仙游商会对接游洋镇里洋村，帮助销售茶籽油、笋干等农产品价值9万余元；成都市莆田商会对接大济镇乌石村，帮助策划乡村旅游项目，发展乡村经济；北京莆田企业商会对接钟山镇郎桥村，帮助销售大米5万余元；武汉市莆田商会帮助钟山镇南兴村销售大米等农产品4万余元；宁波市莆田商会捐资10万元支持石苍乡石苍村公路拓宽工作。

【民营企业家座谈会】 2022年2月9日，仙游县召开民营企业家座谈会。会上，县领导与企业家互动交流，表示要助力企业家“圆梦”，助力企业家“追梦”、助力企业家“筑梦”，全县上下要发扬“店小二”精神，支持和推动民营经济高质量发展。

（黄明彪、曾飞剑）

仙游县总工会

【概况】 2022年，仙游县总工会（简称县总工会）抓好职工思想政治引领、产业工人队伍建设改革、维权服务质量提升、新就业形态劳动者权益保护、维护劳动领域政治安全、工会改革等重点工作。全年新建基层工会20家，发展会员1845人。至年底，全县有工会组织1390家，会员14.10万人。县级及以上主流媒体刊发县总工会新闻报道20余篇，“仙游工会”“仙游工韵”微信公众号推送信息200余条、阅读量2万余人次。

【职工思想政治引领】 2022年，县总工会开展“中国梦·劳动美——喜迎二十大 建功新时代”“劳动创造幸福”等主题宣传教育12场，组织劳模工匠开展学习贯彻党的二十大精神主题宣讲进企业、社区、校园等20余场次，兴起职工“大学习”热潮，推动党的二十大精神在工会系统落地落实，引导广大职工矢志不渝跟党走、凝心聚力展作为。在县级及以上主流媒体刊发县总工会新闻报道30余篇，“仙游工会”“仙游工韵”和“莆田市总工会”微信公众号推送微信500余条、阅读量2万余人次。县总工会将电力公司爱国爱企担当作为教育基地列入仙游县职工思想政治引领教育基地之列，加强职工思想政治引领工作，打造职工思想政治教育基地、职工思想政治工作实践点。

【基层工会建设】 2022年，县总工会推进乡镇（街道）工会规范化建设和“一镇一特色”和“一会一亮点”品牌创建，打造南桥社区“党建+”邻里中心党工共建示范点、“园区枫桥”模式经济开发区职工法律服务一体化基地、榜头镇抖音直播基地共享职工之家、度尾镇艺雕城网红直播培训基地、钟山镇台湾创业园闽台职工文化交流中心、铭天下公司非公有制企业党建带工建示范点、电力公司职工思想政治引领教育基地、三福集团产教融合示范培训基地、海安集团校企实训基地、职业中专仙游工匠学校、古典工艺协会工匠学堂等一批惠企、惠工特色品牌。

【劳动技能竞赛】 2022年，县总工会在三福集团工艺美术产业园打造产教融合基地，举办莆田市第四届“海峡艺雕杯”工艺品雕刻工等职业技能竞赛，加大工艺美术人才培养力度，提升工艺美术产业工人技能素质；围绕九大产业，在抖音电商直播基地举办“助力一二九九建设美丽仙游”重点项目劳动技能竞赛启动仪式，举办“喜迎二十大建功新时代”重点项目、重点企业等劳动和技能竞赛12场。

【参与省“五小”创新大赛】 2022年，县总工会征集推荐110个创新项目参与申报福建省百万职工“五小”（小发明、小创造、小革新、小设计、小建议）创新大赛，其中获评福建省百万职工“五小”创新大赛一等奖2个、二等奖4个、三等奖9个，收集采纳小发明小创造200余个、小建议800余条。

【劳模（工匠）关爱服务】 2022年，县总工会组织开展劳模疗休养、免费体检等活动，形成多措并举关心关爱劳模生活和身心健康的长效机制。在“仙游工韵”微信公众号开设“最美劳动者”宣传专栏，弘扬劳模精神、劳动精神、工匠精神；推荐命名“福建省劳模工作室”2家、“福建省示范性劳模工作室”1家；推荐表彰省、市级模范职工之家各2家、3家，省、市级模范职工小家各2家、3家；推荐评选表彰省五一劳动奖状1家、省工人先锋号5家、省五一劳动奖章3人、县级劳模60人。

【职工群众文化建设】 2022年，仙游县开展职工“喜迎二十大 建功新时代”读书、征文、趣味文体等线上线下“工”字系列职工文化特色活动20余场次；开展“中国梦·劳动美——喜迎二十大 建功新时代”“劳动创造幸福”等主题宣传教育，组织劳模工匠主题宣讲进企业、进校园16场，800余名企业职工和学校师生参与活动；组织300余名新业态劳动者在抖音基地开展“我心中的二十大”主题宣讲活动。

【和谐劳动关系创建】 2022年，县总工会开展集体协商“要约行动月”活动，向已建工会企业单独发放要约1289份，应约1166份，惠及职工8.36万人。组织开展以“安康杯”竞赛为载体的群众性安全生产活动，900余家工会、1万余人参与，推荐评选表彰省级“安康杯”竞赛先进单位7个、先进班组2个，优秀组织单位1个，福建省安康示范企业1家，晔晨集团（福建）有限公司获评全国安康杯示范企业。聘请“全国人民调解专家”“全国模范人民调解员”林庆元担任县总工会常年法律顾问，为全县职工提供免费法律维权服务。开展“尊法守法·携手筑梦”公益法律服务行动，实施工会劳动法律监督，推动解决职工劳动报酬、休息休假、职业安全等问题，维护劳动领域政治安全，探索建立“310”劳动关系调裁诉联动化解工作模式，即健全协调劳动关系的乡镇—村（社区）—企业三级工会劳动关系调处体系，打造“掌上职工之家”网上受理职工诉求平台，建立县总工会、人社局、法院三方调裁诉对接机制，打造仙游经济开发区“园区枫桥”职工法律服务一体化基地，形成三级零距离劳动关系矛盾预警机制上下联动、左右对接工作格局。仙游经济开发区“园区枫桥”职工法律服务一体化基地成效受到省、市总工会好评，上报省级示范性基地。

【职工权益维护】 2022年，县总工会通过帮扶、慰问、劳保、助学、医疗互助、关爱特殊群体等方式服务全体职工，保障职工权益。开展“两节”（元旦、春节）送温暖活动，筹集28.70万元，慰问一线困难职工141人；开展“工会有爱·伴你过年”送温暖活动，筹集11万元，走访慰问企业14家；开展“春送岗位”活动6场，为200余家企业缓解用工缺工困难；开展“夏送清凉”活动，筹集40.30万元，走访慰问受新冠疫情影响困难企业、环卫工人、抗疫一线工作人员等；开展“金秋助学”活动，资助78名困难职工家庭子女就学，发放助学金31.90万元；开展“课后服务 工会有爱”慰问活动，送去慰问金3.40万元。推动44家新就业形态企业建会，2253名新就业形态劳动者入会，协调相关部门推动解决新就业形态劳动者职业安全、劳动报酬、休息休假、权益保障等问题，为108名新就业形态劳动者实现“微心愿”，发放物资36万元，为31名新就业形态劳动者送去“两节”慰问金5万元，为1400名新就业形态劳动者购买14万元人身意外保险和5.04万元职工医疗互助。

【工会普惠服务】 2022年，县总工会开展“疫路有我、工会在行动”，推出8条助力企业复工复产措施，认购价值130余万元书峰乡滞销枇杷，筹集50余万元资金慰问困难企业及一线工作人员，为21家小微企业返还工会经费55.34万元。推荐仙游县旅游发展有限公司上报市总工会命名的市级职工疗休养基地，向省内各级工会推介安排

2022年8月12日，县总工会组织40名环卫工人在三福艺术馆、书峰兰石植物园、九鲤湖等地开展为期三天两夜的疗休养活动。图为环卫工人在三福艺术馆参观工艺品

（彭丽程供图）

到仙游疗休养，鼓励基层工会就近就地开展“一日游”“微旅游”等形式的普惠性职工疗休养、文旅消费活动；组织36期1125人次县内“微旅游”疗休养，帮助县域文旅产业销售旅游等服务84.26万元。做优工会普惠服务品牌，“职工医疗互助”筹集互助金65.60万元，为45人次发放补助金17.50万元。

【产业工人队伍建设】 2022年，县总工会加快推动产业工人队伍建设改革，实施产业工人素质提升行动，做实“求学圆梦”“名师带高徒”“五小创新”等特色项目，举办各类技能培训30余场次，实现师徒结对600余对，命名4家仙游县民营企业产业工人技能培训点，推荐上报市总工会命名2家莆田市民营企业产业工人技能培训点。

【环卫工人关爱服务】 2022年，县总工会组织200名环卫工人县内“微旅游”疗休养，帮助200名环卫工人实现“微心愿”，发放物资3万元，为117名环卫工人赠送生日“微礼物”，为1244名环卫工人送去慰问金24.88万元，表彰12名工龄满10年以上的环卫工人等。

【职工“十件实事”落实】 2022年，仙游县推进落实职工“十件实事”，升级改造仙游县职工服务中心、新建 5个户外劳动者休息室、新建2家医生休息室、新建2家“妈妈小屋”、新建3家“共享职工之家”、新建3个“司机之家”、组织54期职工疗休养、开展4期职工子女暑托班、开展2场青年职工交友联谊活动、为637名企业职工实现“微心愿”等。

（于威武）

共青团仙游县委员会

【概况】 2022年，共青团仙游县委员会（简称团县委）设书记1人，挂职副书记1人，兼职副书记2人。全县有团（工）委58个，团支部782个（含非公有制企业团组织151个、“两新”团组织88个），团员3.42万人。12月22日，仙游县青年联合会第四届委员会第一次全体会议在鲤城召开，会议选举产生仙游县青联第四届委员会主席班子和常务委员，其中主席1人、副主席6人、常务委员29人。2022年，团县委“深化银团合作，助力乡村振兴”案例成为全市唯一一个入选团中央服务乡村振兴优秀案例，县预防青少年违法犯罪工作考评居全市第一位。

【青少年思想引领】 2022年，团县委围绕喜迎党的二十大胜利召开、庆祝建团100周年等重大活动，开展“喜迎二十大 永远跟党走 奋进新征程”“学习二十大 争做好队员”等各类主题活动12场。组织全县基层团组织和各行各业青年代表、少先队员集中收听收看党的二十大开幕会、庆祝中国共产主义青年团成立100周年大会、主题云团课、主题云队课，成立党的二十大精神青年宣讲团，推动“青年大学习”进企业、进社区、进学校、进机关、进农村。

【青年先进典型培育】 2022年，团县委选树“福建省青年五四奖章”1人、福建省“向上向善好青年”1人；选树“莆田市五四奖章”先进个人8人，先进集体3个；创建市级“青年文明号”6家，推荐表彰市级青年突击队9支，推荐表彰市级青年岗位能手9人；选树表彰省市县级“两红两优”（五四红旗团委、五四红旗团支部，优秀共青团员、优秀共青团干部）先进集体50个、先进个人108人。

【青少年关爱服务】 2022年，团县委走访慰问困难青少年100余人，发放慰问物资5万余元。依托青年之家、“共青团影院”、于洁小学青少年爱国教育基地、留守儿童之家、预防青少年违法犯罪教育实践基地等，组织开展亲情陪伴、课业辅导、自护教育、志愿服务、交友联谊等各项活动10余场。

【青少年普法教育】 2022年，团县委推进预防青少年违法犯罪工作，年度考评居全市第一位。开展青春普法、青春自护、守护心理等活动30余场次，覆盖青少年群体5万余人。建立重点未成年人三级挂钩帮扶机制，推动《预防未成年人违法犯罪三年行动方案》实施。推进团属社工机构建设，开展“平安仙游”宣传活动。围绕“党建引领 夯基惠民”工程，推动基层团组织融入“综治+”社区治理中心建设，设立青春驿站、青年之家、志愿服务点等基点，开展各类活动70余场次，服务群众上万人次。

【青年创业就业服务】 2022年，团县委深化银团合作，依托“青年主题银行”，举办各类创业培训、金融投资风险评估讲座、交流分享会等活动10余场；发放青创卡70笔，授信金额982万元；发放“青一贷”青年创业贷款94笔，金额1492万元；发放青春卡50张，授信金额198万元；向青年群体发放“农e贷款”255笔，贷款余额1267万元。

【智慧团建】 2022年，团县委以“智慧团建”系统为依托，在保证团员各项基础数据完整准确的基础上，逐步摸清社会领域团员底数，做好团员组织关系衔接，优化基层团组织结构，推动专题学习会、组织生活会、年度评议会、团日活动等各类团务活动完成、完善“两红两优”等团内评优评先激励机制和团员先进性评价机制，落实从严治团，深化县域共青团基层组织改革工作。

【青年人才服务】 2022年，团县委开展“扬帆计划”“返家乡”等返乡大学生社会实践活动，公开征集各类实践岗位97个，需求人数1051人，收到简历2653份，385名返乡大学生参加实践锻炼。推进“仙游县青年见习基地”建设，为返乡大学生申请见习补贴9万余元，为大学生提供见习岗位和社会实践资源。

2022年3月5日，团县委开展“保护木兰溪、青年在行动”巡河、护河活动

（团县委供图）

【青年志愿服务】 2022年，团县委招募青年志愿者6000余人，组建青年突击263支队，开展物资搬运、社区管控、接力送药、公益理发、心理疏导等志愿服务10万余人次。完善“12345+青年志愿者”为民办实事服务机制，为群众紧急送药500余份，帮助解决急难问题。创建青年志愿者服务队54支，助力基层系列活动开展。开展以“保护木兰溪、青年在行动”为主题的各类巡河、护河行动20余场次，开展“青年林”种植活动，植绿护绿1000余株。开展青年联谊活动2场，倡导移风易俗，弘扬社会新风尚。开展青春关爱、乡村振兴、环境保护、政策宣讲、交通劝导等各类线下志愿服务活动23场次，活动总时长6700余小时。

2022年7月28日，团县委开展仙游县2022年“扬帆计划”返乡大学生暑期实践交流活动。图为在福建省海安橡胶有限公司参观学习

（团县委供图）

【“青年之家”建设】 2022年，团县委把握县域共青团基层组织改革中健全团组织体系要求，加强团属阵地建设，探索打造一批接地气、有特色、见实效的“青年之家”，打通联系服务辖区青年的“最后一公里”。在仙游农商银行鲤城支行、鲤城街道南桥社区、度尾镇天纵古典家具有限公司、榜头镇抖音电商基地等建设16个“青年之家”，依托阵地创新开展公益观影活动、青年品香会、读书分享会、返乡大学生人才交流座谈会、青年公益交友等主题活动50余场次，活动参与对象覆盖少先队员、青年干部、台湾青年、团员学生等，拓宽共青团宣传舆论阵地，推动共青团宣传思想文化工作改革创新、整体推进。

【少先队工作】 2022年，团县委围绕立德树人，将党建带团建、队建纳入教育评价和教育督导，对教育领域和共青团、少先队改革任务一体谋划、一体推进、一体考核。调整充实教育工作领导小组，团县委作为领导小组成员单位参与青少年教育工作。建立联合发文制度，对学校共青团和少先队工作任务联合部署，构建具有针对性和操作性的团教协作机制，推动学校共青团和少先队工作规范化、建设专业化。落实团县委、县教育局领导担任县少工委主任的双主任制度。成立县级教育系统团工委，县教育团工委书记由县教育局党委委员担任，推动学校领域共青团、少先队工作效率提升。

【学习共青团成立 100 周年庆祝大会精神座谈会】 2022 年 5 月 16 日，仙游县召开学习贯彻习近平总书记在庆祝中国共产主义青年团成立 100 周年大会上的重要讲话精神座谈会。县委书记吴文恩出席会议并讲话，县委副书记、代县长陈志挺主持。

（郑雪梅）

仙游县妇女联合会

【概况】 2022 年，仙游县妇女联合会（简称县妇联）立足“党政所急、妇女所需、妇联所能”工作定位，为坚持高质量发展落实赶超、开创“加快融合发展，打造美丽仙游”贡献巾帼力量。年新增妇联组织 4 个，至年底，全县有 376 个妇联组织。8 月底，完成全县乡镇（街道）妇联换届。

【妇女思想引领】 2022 年，县妇联学习贯彻党的二十大精神，学习《习近平谈治国理政》第四卷、《闽山闽水物华新——习近平福建足迹》等特色教材，进村（社区）、进企业、进巾帼示范基地开展党的二十大精神大宣讲、“巾帼心向党 喜迎二十大”“我奋斗·家国美”故事汇群众性宣传等活动，拍摄“巾帼心向党 奋进新征程”“童心向党 礼赞二十大”宣传视频，宣传党的二十大精神。落实《乡村两级妇联执委学习制度》，组织县级妇联执委学习贯彻党的二十大精神，学政策、学党史、学文化、以学习促提高。

【妇联组织基层建设】 2022 年 8 月，县妇联完成乡镇（街道）妇联换届工作。全县选举产生新一届妇联执委 381 人，其中 35 周岁以下占 50%（“90 后”占 1/3），本科及以上学历占 32.5%；乡镇（街道）妇联班子 35 周岁以下占 47.7%，本科及以上学历占 50%。加大妇联组织延伸力度，在福建赛隆科技有限公司、福建省天映商务服务有限公司等建立妇联组织 4 个、“妇女之家”4 个，在金溪茶厂、福建省五八叁叁艺术家居有限公司等建立“妇女微家”，全县有“妇女微家”92 个，推荐同欣生态园“妇女微家”参加省妇联品牌“妇女微家”展评活动，获三等奖。

【服务妇女发展】 2022 年，县妇联搭建平台，开展仙游县科技助农促发展，女科技特派员传授新技术、新方法活动。免费培训 117 名女育婴员，为 82 名农村留守妇女举办关爱帮扶电商运营培训班，组织开展 1380 场巾帼志愿服务活动，召开“乡村振兴展风采 巾帼聚力显担当”村（社区）女主干“帮带学”经验交流分享会。创建市级“美丽庭院”示范户 334 户，省级“美丽庭院”示范户 135 户。推选福建莆田台创农业综合开发有限公司为“全国巾帼现代农业科技示范基地”，推选县妇联宣传部部长林生为“全省妇联系统先进工作者”。为榜头抖音电商直播基地授牌“仙游县女性创业就业基地”。

【家庭文明建设】 2022 年，县妇联树标杆推动家庭文明建设，推荐并表彰县及以上“最美家庭”66 户、“绿色家庭”42 户，省级“五好”家庭 1 户。评选出“一星级平安家庭”2288 户、“二星级平安家庭”1011 户、“三星级平安家庭”362 户。为仰古轩好家风家文化生活馆、县蒲公英儿童保护中心授牌“仙游县家庭教育创新实践基地”。开展家庭文明宣传实践活动，举行“‘良辰好景在今朝’幸福婚姻家庭驿站 520 活动”暨“结连理、传家风、树美德”文明实践活动、“严家教正家风 传美德促文明”主题党日活动、“情比金石坚 爱在七夕浓”仙游县青年职工交友联谊活动、“树廉洁家风 创幸福家庭”活动、“仙游县青年干部素质提升培训班”活动、“少儿心向党 喜迎二十大”主题活动等。帮助菜溪乡 30 名留守儿童实现“微心愿”，在微信公众号上开设家庭教育微课堂、“家庭教育 365”专栏，开展《中华人民共和国家庭教育促进法》宣传活动 20 场次。

【妇女儿童维权服务】 2022 年，县妇联组织开展普法宣传 55 场，接待群众来访 45 件。在微信公众号开设普法专栏，专门发布与妇女儿童权益相关的法律知识。以预防校园欺凌、防性侵法治教育等为主题，在校园开展民法典、未成年人保护法、预防未成年人犯罪法等普法宣传。建设仙游县蒲公英儿童保护中心，联合检察、公安、民政、教育、卫健等部门为全县儿童维权工作提供“一站式”服务窗口，处理涉及未成年人案件8起，为受害的未成年人提供身体保护和心理抚慰。颁布《仙游县妇女发展纲要（2021—2030年）》和《仙游县儿童发展纲要（2021—2030年）》，明确仙游县妇女儿童发展方向与举措。

【困境妇女儿童关爱帮扶】 2022年，县妇联做好暖心工程，开展“把爱带回家”系列活动108场，慰问贫困妇女儿童65人和20户家庭困难户，送去慰问金、慰问品价值6.80万元和儿童毛衣1500件。为53名“两癌”（乳腺癌、宫颈癌）困难妇女发放救助金26.50万元，为30名贫困女大学生发放助学金15.40万元。关爱女性健康，各乡镇（街道）组织召开工作推进会，宣传推广“两癌”防治和女性安康保险；在枫亭镇开展“关爱女性，健康护航”公益讲座活动，50余名妇女群众参加；开展“母亲健康1+1”募捐活动，筹集善款17.80万元；与县卫健局、县计生协会联合实施仙游县2022年度35—64岁城乡居民医保妇女宫颈癌和乳腺癌检查项目，完成宫颈癌筛查1万人次、乳腺癌筛查1.01万人次；开展适龄女性HPV疫苗免费接种工作，7925人完成免费接种。

【基层妇联领头雁计划实施】 2022年，县妇联实施基层妇联领头雁计划，开展寻找“最美妇联执委、最美女主干”主题宣传活动，推选福建省洪英工艺有限公司艺术指导、妇委会主任武奇静和度尾镇同欣果业专业合作社副理事长、妇委会主任林益群为省首届“最美基层妇联执委”。

（史美清）

仙游县科学技术协会

【概况】 2022年，仙游县科学技术学会（简称县科协）统筹推进创新创造、科学普及、学术交流、决策咨询、人才举荐、组织建设等各项工作。县科协完善机关学习制度，组织全体干部职工参加理论学习、上党课和专题研讨，开展“智慧科协”活动。开展平安建设工作，动员机关干部职工到平安、文明、乡村振兴挂钩点调查研究、走访慰问，了解具体情况，探讨帮扶措施。开展文明志愿服务活动，提升科协工作的科学化、规范化和制度化水平。创建市级科普教育基地4家，新建全市唯一一家省级科技小院。至年底，创建市级科技教育基地4家。全县有科技协会5家，会员226人。分别是仙游县青少年科技活动协会，会员58人；仙游县杨梅产业协会，会员47人；仙游县生猪养殖协会，会员42人；仙游县台湾创业园科协，会员28人；仙游县文旦柚种植协会，会员51人。

【科普宣传】 2022年，县科协创新科普宣传方式，通过转发微博、微信群、朋友圈等方式进行宣传优秀科技工作者先进事迹，扩大科普宣传受众面。开展“全国科普日”系列活动。开展科普进机关、进学校、进农村、进社区、进企业等10个大类20余项活动，举办科普讲座4场，展出科普展板25面，分发科普宣传资料3000余份，参与科普志愿者150人次，受益群众2.80万人次。开展文化科技卫生“三下乡”活动，分发科普小册子500余册。开展“全国科技工作者日”科普活动，分发科普宣传资料1500份，受益群众2.50万人次。新建5个农村科普宣传栏，修缮科普宣传栏10个。县科协发挥科普资源优势，利用科普宣传栏、科普工作室等传播渠道，向城乡群众传播科普知识，发挥科普网络平台、科普微信、科普宣传栏等作用。利用科技小院、科普示范村、示范科学工作室、科普宣传栏、科普工作室等传播渠道，向城乡群众传播新冠疫情防控科普知识，在科普e站大屏循环播放科学预防新型疾病的视频。

【科普基础建设】 2022年，县科协做好院士专家工作站调查摸底、建设等相关工作。新建福建科技小院1个，仙游茄果类蔬菜科技小院建成，是全市唯一一家新建省级科技小院。推进人才工作开展，推进省级学会服务站前期工作。上报6家市级科普教育基地，上报科技志愿服务、千会帮千村项目1个。县科协到基层、企业调查摸底，征集技术需求信息12项，上报省科协。2022年，实施“基层科普行动计划”，其中莆田市基层行动计划建设专项补助资金28.50万元。围绕服务科学决策，组织担任市、县政协委员的科技工作者提案。创建市级科普教育基地4个。到钟山镇和度尾镇挂钩村、户调查摸底，结合实际，提出乡村振兴的具体思路和办法。

【青少年科技活动】 2022年，县科协实施《全民科学素质行动计划纲要》，围绕五大重点人群，开展科普宣传活动，提升城乡居民科学素质。青少年科技创新工作再创辉煌，在省、市举办的机器人比赛中获省级辅导员创新项目一等奖1项；省级科技项目二等奖1项、三等奖2项；省级科幻画一等奖1幅、三等奖3幅；获市级科技项目一等奖2项、二等奖5项、三等奖4项；市级科幻画一等奖12幅、二等奖7幅、三等奖91幅，获奖成绩创历史新纪录。新建2个青少年科学工作室，其中示范青少年科学工作室1个，1个科普示范村。

【农村实用技术培训】 2022年，县科协开展农村实用技术培训，在盖尾、度尾、游洋、赖店4个乡镇举办农村实用技术示范培训班，350人参加培训；举办科普知识培训班，分发科普书籍1800本。

【第二届仙游县青少年人工智能、机器人现场搭建与编程大赛】 2022年9月18日，县科协举办2022年仙游县全国科普日系列活动暨第二届仙游县青少年人工智能、机器人现场搭建与编程大赛。设机器搭建组，评出一等奖14项、二等奖18项、三等奖23项；创意编程组，评出一等奖6项、二等奖10项、三等奖11项；机器人搭建与编程组，评出一等奖4项、二等奖6项、三等奖7项。

（陈宏卿）

仙游县归国华侨联合会

【概况】 2022年，仙游县归国华侨联合会（简称县侨联）结合侨务工作实际，发挥桥梁纽带作用，凝聚侨心，汇聚侨力。全年县侨联新成立游洋镇里洋村侨联、榜头镇上昆社区侨联、榜头镇紫泽社区侨联、榜头镇溪东社区侨联、园庄镇侨联5个基层侨联组织。游洋镇沽山村、龙华镇金溪村、园庄镇塔兜村3个“侨胞之家”被评为市级“侨胞之家”“五好”示范点。至2022年底，成立鲤城街道、赖店镇、枫亭镇、榜头镇、龙华镇、游洋镇、度尾镇、园庄镇8个镇级侨联，赖店镇赖店村、赖店镇锦田村、赖店镇玉墩村、游洋镇桥光村、游洋镇沽山村、游洋镇里洋村、龙华镇貂峰村、龙华镇金溪村、园庄镇塔兜村、榜头镇上昆社区、榜头镇紫泽社区、榜头镇溪东社区12个村（社区）级侨联组织。

【华侨权益维护】 2022年3月1日，县侨联主席陈曦月联络并帮助在乌克兰的仙游籍侨胞、留学生12人撤离。3月中旬，联络菲律宾莆田侨商，帮助滞留菲律宾的仙游籍务工人员回仙游。5月13日，莆田市人大常委会检查组到仙游县开展《福建省华侨权益保护条例》执法检查，并召开华侨权益保护座谈会。县侨联副主席林秀林、侨眷代表朱望旭参会。

【参政议政】 2022年，县侨联依托《仙游今报》平台发布侨界参政议政信息，收集侨情民意，回应侨胞诉求。发动市、县侨界人大代表、政协委员倾听侨界声音。以市、县两会作为主要参政议政渠道，参加华侨权益保护落实情况专题调研，撰写建议及提案。

【“暖侨惠侨”活动】 2022年，县侨联开展系列“暖侨惠侨”活动，深化“我为群众办实事”主题实践活动。6月，联合市侨联在游洋开展“喜迎二十大 传承红色基因‘情暖侨乡 呵护成长’关爱侨乡留守儿童”活动，为全县82名侨界留守儿童发放学习慰问品1.56万元。10月，开展慰问留守老人活动，发放敬老物资1.91万元，惠及全县96名侨乡留守老人。全年为16人发放省级贫困侨补助资金、归侨侨眷生活困难补助、临时救助4.10万元。

【侨务宣传工作】 2022年，县侨联结合侨务工作实际，开展综治平安、文明创建各项活动，履行综治平安和文明建设中的职责，开展“学雷锋”、文明传播、“平安三率”宣传等系列活动。4月，协助县公安部门在柬埔寨、泰国、菲律宾等国报刊上发表反诈骗的文章，推进侨界反诈宣传教育工作，提高海外华侨的识骗防诈能力。6月，利用基层“侨胞之家”，开展“不忘初心跟党走，携手奋进新时代”纪念党的统一战线政策提出100周年专题活动。8月19日，中国侨联公益事业管理服务中心指导，中国华侨公益基金会、莆田市归国华侨联合会主办的助力乡村振兴公益项目——“侨爱心·进社区”眼健康公益活动启动仪式在鲤南镇举行。同日，联合市侨联党支部、金井社区党支部开展“党建引领 夯基惠民”眼健康公益活动，为200余名群众进行眼健康基础检查。向《仙游今报》、仙游文明网、上级侨网等媒体平台报送、刊登宣传信息稿件，全年发布信息文章29篇。10月18日，县侨联在仙游鲤中步行街开展侨法宣传和健康义诊活动，现场设置侨务咨询台，邀请法律顾问，分发侨法宣传册，宣讲侨法，为辖区侨胞侨眷解决涉侨疑难问题，提供法律咨询。眼科医生向侨胞侨眷及现场群众宣传爱眼护眼知识，开展眼健康基础检查和筛查服务，为参加活动的老年人赠送老花镜200余副。11月4日、10日，分别在园庄镇、游洋镇开展平安建设侨法宣传活动。通过悬挂横幅标语、分发《涉侨法律政策指南》等法律书籍和平安宣传袋、平安宣传纸巾等，现场宣传平安建设、扫黑除恶、移风易俗、禁毒和反邪教，宣讲侨法。

【海外联谊】 2022年，县侨联与《仙游今报》合办“侨界”栏目，发刊52期，每期印发2000份，寄送印度尼西亚、马来西亚、新加坡、美国、日本、新西兰、菲律宾、泰国等国家，以及国内侨资企业。6月27日，在龙华镇貂峰村挂牌仙游县华裔青少年夏令营基地华侨祖厝活动中心。8月初，组织侨胞学习习近平总书记在中央统战工作会议上发表的重要讲话，发动侨胞热议习近平总书记在中央统战工作会议上的重要讲话，凝聚侨心，促进海内外大团结。

【华侨侨眷慰问】 2022年，县侨联走访慰问华侨侨眷。1月7日，主席陈曦月到钟山慰问华侨朱望旭；1月20—21日，主席陈曦月走访慰问侨界知名人士17人；9月5—8日，主席陈曦月慰问华侨侨眷21人。1月21日，副主席林迎珍陪同市政协领导、市侨联副主席慰问困难侨属傅其周；10月18日，主席陈曦月陪同市侨联领导慰问华侨黄升发。

【《仙游县华侨志》编纂】 2022年，仙游县推进《仙游县华侨志》编纂工作。7月28日，县侨联在西苑乡凤山新村举办《仙游县华侨志》编纂意见征求座谈会，征求全市侨界意见建议，来自县侨联第十一届部分委员、乡镇侨务干部、归侨侨眷、莆田市华侨历史研究会等40人参加征求意见座谈会。参会人就编纂目录、志书初稿及推进编纂工作开展讨论，并对《仙游县华侨志》的时间断限、人物收录标准、资料查找、图片收集、编纂内容、篇目设置等提出意见和建议。会后，县侨联吸收意见和建议，修改补充完善志稿，提升志书编纂质量。12月，完成《仙游县华侨志（初稿）》，并将初稿分发到侨联系统退休的领导干部征求意见。

【华侨文化陈列馆筹建】 2022年，仙游县构建展示华侨文化、对外交流平台，筹建华侨文化陈列馆。县侨联通过走访、座谈、征集信息，搜集侨批档案线索，到重点侨镇侨村收集材料。挖掘征集侨批档案资料，到侨批档案集散村（社区），联络老归侨、华侨后人，对接侨批档案收藏家，为筹建仙游华侨文化陈列馆做好前期资料征集工作。

【侨务干部培训】 2022年7月27—29日，县侨联采取脱产培训的方式，在西苑乡凤山村凤苑仙居举办仙游县侨联统一战线侨务工作专题培训暨侨联系统第二期干部培训班，邀请市侨联副主席郭立红、全国人民调解专家林庆元、县委党校教务处主任陈静等授课，基层侨联干部、“侨胞之家”负责人、县侨联第十一届委员等50人参加培训。培训内容涉及《中国共产党统一战线工作条例》、侨务工作专题培训、民法典专题理论课、《习近平谈治国理政》第四卷、《闽山闽水物华新——习近平福建足迹》党课和市、县主要人才政策讲解等。

（戴　楠）

仙游县台湾同胞联谊会

【概况】 2022年，仙游县台湾同胞联谊会（简称县台联）围绕对台工作主题，紧扣对台工作主线，维护好台胞权益，促进仙游经济社会发展和仙台两岸交流合作，促进台联事业发展。开展2022年仙游县定居台胞个人信息采集工作，建立健全仙游县台胞信息库，掌握全县台胞基本情况。至年底，在仙定居台胞登记在册638人，其中改籍223人，未改籍415人。

【参政议政】 2022年，县台联指导县台联界别政协委员履行政治协商、民主监督、参政议政等职能，发挥自身优势，挖掘人民群众所关注民生热点难点问题。县政协委员、福建省瑞方展建筑工程有限公司财务总监李志强提出《关于推进残疾人公共服务设施建设的建议》；县政协委员、县台联副会长陈舒悦提出《关于加快仙游县教师职称改革的相关建议》《关于尽快完善市政道路修缮，恢复市民安全出行的建议》和《关于在鲤北片区修建综合型体育场的建议》等提案，均被县政协采纳予以立案，并得到相关部门的受理。协助县委统战部开展平安单位、文明单位的创建工作及从严治党主体责任检查等工作。

【服务台胞台商台属】 2022年，县台联做好2022年度老龄、困难台胞“两补”资金发放工作及下一年度“两补”资金申报工作，申报符合条件的老龄、困难台胞66人，申报资金23.16万元。落实资金上报程序，每月相关资金按时、如数发放到在仙定居台胞手中，保障老龄、困难台胞的合法权益和基本生产生活。落实《中华人民共和国台湾同胞投资保护法》等涉台法律法规，受理台胞、台商、台属投诉件。全年解决涉台纠纷信访件1件。

（陈舒悦）

仙游县青年联合会

【概况】 2022年12月22日，仙游县青年联合会（简称县青联）第四届委员会第一次全体会议在鲤城召开。县青联设主席1人，副主席6人，常委29人，主席、副主席占常委总数的24.14%。有委员145人，平均年龄30.41岁。其中，工人、农民、农民工等一线劳动者委员18人，占比12.41%；科技、教育、文化艺术、体育、卫生、法律、新闻出版等领域的专业技术人员委员46人，占比31.72%；自由职业者、社会组织和中介组织从业者、新媒体从业者等新兴青年群体委员37人，占比25.52%；港澳台同胞委员4人，占比2.76%；党政干部委员7人，占比4.83%；企业负责人委员24人，占比16.55%；中共党员63人，占比43.45%；共青团员22人，占比15.17%；无党派人士2人，占比1.38%；少数民族委员3人，占比2.07%；女委员59人，占比40.69%。

【青年创业就业服务】 2022年，县青联依托抖音电商直播基地、铭天下、天纵众创空间，孵化培育创业青年200余人。联合仙游农商银行为青年群体打造全市首家“青年主题银行”，挂牌成立仙游青年人才驿站。

【青年企业家合作交流】 2022年，县青联对接省青年企业家协会和市青年创业促进会资源，联合举办各类创业培训、金融投资风险评估讲座、交流分享会等活动40余场，组织青年企业家参加海峡青年论坛等经贸交流、项目对接、赴外考察活动，加强青年创业者之间的人才交流与合作，为青年企业家扩大视野、提升理念、交流合作、做强做大企业搭建平台。

【青年成长成才培育】 2022年，县青联通过实地走访等方式，募集适合在校大学生的实习实践岗位，建立3家青联企业大学生实习实践岗位基地。宣传“蜚山兰水”计划，联系对接台湾青年，加强与县台港澳办、人社局等相关部门的沟通联系，了解在仙游台湾青年情况，主动靠前走访好柿多生态休闲农场、新爱婴早教中心、福建仙游亿松农业公司等，与台湾青年面对面座谈交流，帮助解决实际问题等，动员企业相关负责人参与台湾高层次人才引进培养工作。

【青联改革创新】 2022年，县青联巩固和扩大青年爱国统一战线，推进青联改革工作，完善青联制度建设。建立主席办公会、优秀人才举荐、直接联系青年等制度，促进青联工作的制度化、规范化。坚持团体会员制的组织形式，提升广泛性和代表性，通过定向增补，实现基层和一线代表在青联委员会中的比例达到70%以上。加强对新兴领域青年的吸纳，延伸组织触角，扩大组织覆盖。加快“网上青联”建设，运用网络新媒体对青联委员实现全覆盖；推动青联组织与行政部门和其他社会团体的沟通交流，帮助县青联委员健康成长发展；建立委员履职考核制度。

【全市首家“青年主题银行”打造】 2022年，县青联在全国首创“银团合作”工作品牌，推动农村青年创业，加强团的基层建设。依托“青年主题银行”挂牌成立的仙游青年人才驿站为青年就业创业提供政策宣传服务，强化资源信息共享，促进人才交流互动，吸引青年学子和人才到仙游干事创业，实现“引凤还巢”，为强产业、兴城市“双轮”驱动，推动高质量发展超越提供人才储备，助力全县“招才引智”工作大局。针对青年创业融资需求，开辟普惠融资路径，通过推出“青创卡”“青一贷”“农e贷”扶持农村青年、返乡创业青年、高校毕业生等青年自主创业，激活青年创业者动力。发放“青创卡”70笔982万元，“青一贷”94笔1492万元，“农e贷”225笔1410万元。建设“青年主题银行”服务阵地，通过开设沙龙活动室、大讲堂、会议室、书屋、茶室、心理咨询室等多个功能区域，定期举办青年人才论坛、青春分享会、读书分享会等特色主题活动100余场，参与青年2000余人次。

（郑雪梅）

政法委与综治

【概况】 2022年，中共仙游县委政法委员会（简称县委政法委）落实《中国共产党政法工作条例》，向县委、市委政法委请示报告重大事项4次。全年政法各单位利用理论学习中心组学习、“三会一课”（支部党员大会、支部委员会、党小组会、党课）等形式，开展理论学习中心组学习92次、专题研讨30次，“三会一课”119次，组织党的二十大专题宣讲活动68次。推动平安仙游、法治仙游建设。全域推进“党建引领、夯基惠民”工程，全市率先出台《基层治理共建共享激励评价工作方案》，创新引入诚信体系和金融激励机制。2022年，市对县平安建设考评成绩仙游县连续4年评获优秀等级。

【社会治安整治】 2022年，仙游县组织开展夏季治安打击整治“百日行动”，刑事、治安警情数比上年分别下降25.21%、5.11%。常态化推进扫黑除恶斗争，完善行业治乱积分评估制度，推进重点行业领域整治。全县破获九类涉恶案件302起，刑拘368人，扣押涉黑财产185万元；打掉涉恶犯罪集团6个、团伙2个。开展打击整治养老诈骗专项行动，打击假借养老为名，侵害老年人合法权益的各类犯罪行为，防控因养老诈骗引发的涉稳风险。

2022年，仙游县强化社会治安重点地区排查整治，整治电信网络诈骗，在全市率先出台《涉诈重点人员管控工作奖惩办法（试行）》，加大境外涉诈人员劝返力度；仙游县省级挂牌整治点摘帽。整治毒品问题，强化缉毒治毒、堵源截流、禁吸戒治、预防教育等工作，全年破获涉毒刑事案件28起，退出全省毒品问题严重地区预警通告县区。落实“网格＋一历五单”（“一历”：精神障碍患者病历；“五单”：街道、社区、卫生服务中心对接单，家属通知单，公安派出所告知单，街道综治中心提示单，社区跟踪单）救治管理工作机制和日常救治管理机制，入户随访、风险评估4841人，园庄镇市级挂牌整治点摘帽。

【公共安全领域整治】 2022年，仙游县开展公共安全领域大排查大化解大整治攻坚行动，落实国务院安全生产“15条措施”，安全生产事故比上年下降40%，安全生产形势平稳。开展道安整治“十大提升”等行动，在全省首推警医联动查处酒醉驾机制，打击酒醉驾等重点交通违法行为。道路交通事故起数、受伤人数比上年分别下降21.62%、26.95%。完善“森林110”工作机制，在全市率先组建18支乡镇消防应急救援专职队伍，推行“1—2—3”线实战工作法，推广枫亭等重点乡镇85家小微鞋服企业落实消防安全“五个一”（开展一次消防安全专题会议、开展一次火灾隐患自查自纠活动、在本单位内部悬挂一幅消防标语或宣传图画、举办一期消防知识培训班、组织一次灭火逃生演练）。

【矛盾纠纷化解】 2022年，仙游县实施“平安细胞工程”，推进法治宣传教育，推进“一村一法律顾问”工作模式。到村（社区）836次，提供法律意见500条，解答群众法律咨询1760人次，参与重大矛盾纠纷调解72次。坚持和发展新时代“枫桥经验”，开展矛盾纠纷大化解专项攻坚行动，排查各类矛盾纠纷4264件，调解成功4252件，调解成功率99.7%。推进平安家庭创建，创新婚姻家庭辅导模式，设立20个幸福婚姻家庭驿站，构建家事纠纷多元化解机制，发挥家事修复中心作用，修复711名当事人的婚姻家庭关系。梳理最突出的重点信访事项44件，县处级挂钩领导、乡镇（街道）主要负责人和派出所所长直接包案，综合治理、集中攻坚，推动治重化积工作取得成效。至2022年底，中央、省市交办第一批治重化积案件化解率97.4%、第二批化解率98.9%。建立信访“日报告”“周调度”“周通报”“周排名”等工作机制。群众初次信访件批件、人次分别比上年下降21%、16.5%。

【县域社会治理】 2022年，县委政法委实施“党建引领、夯基惠民”工程，创新建立“六级七长”网格单元管理体系，全县325个村（社区）重新细分3336个网格、3.88万个单元、30.25万户；选优配强网格长2920人、单元长3.59万人、户长30.25万人。在全市率先出台《基层治理共建共享激励评价工作方案》，创新引入诚信体系和金融激励机制，评选“星级户”4983户、优秀户长1102人、优秀单元长595人、优秀网格长145人，发放价值152万元的物质奖励。探索推进“一村一警”工作模式，鲤城、鲤南、榜头、枫亭、度尾5个乡镇（街道）率先实行，明确社区民警职责，制定考评细则并落实镇干部和民警每周不少于2日驻村机制，协同推动问题事项快处置、早解决、真解决。

（林碧双）

法治政府建设

【概况】 2022年，仙游县推进法治政府建设。全年刑事、治安警情“双下降”（比上年分别下降25.21%、5.11%），“12345”平台群众诉求办结率、满意率分别为100%、99.6%，金融审判专业合议庭特色工作模式入选市第四批优化营商环境典型做法，全县市场主体总量突破19万户，居全市第一位。

【行政执法监督】 2022年，县司法局开展行政执法案卷评查，抽查县应急局、林业局、城市管理局、公安局、农业农村局、交通运输局、市场监管局、水利局案卷36件，以评促改。县直有关单位、乡镇（街道）工作人员276人次参加2022年度行政执法考试，开展全县行政执法机关行政裁量基准动态调整和包容审慎监管执法四张清单编制工作，推进规范公正文明执法。

【行政复议应诉】 2022年，县委依法治县办制定出台《仙游县行政复议体制改革实施方案》，完成机构编制事项调整；县司法局设置行政复议应诉股，推进行政复议体制改革。全年收到行政复议申请106件，受理59件，审结70件（含上期结转14件）。落实行政机关工作人员和行政机关负责人出庭应诉制度，指导办理相关县政府应诉案件，办理以县政府为被告的一审行政应诉案件53件。

【合法性审查】 2022年，仙游县发挥公职律师、法律顾问参与政府事务的法律参谋作用，发展公职律师12人，各党政机关实现法律顾问全覆盖。制定《仙游县人民政府重大行政决策规定》，将科学民主合法权责写入政府工作规则，全年对7件县政府拟出台的规范性文件、合同等重大事项开展合法性审核。执行规范性文件备案规定，全年向市政府、县人大常委会备案规范性文件7件，审查县直单位报送的规范性文件10件。对现行有效的201件2022年以前的县政府及县政府办公室规范性文件开展清理。对政府常务会议、县长办公会议议题前置审查63次。

【行政争议化解】 2022年，仙游县健全完善人民调解、行政调解、行业性专业性调解、司法调解相衔接的矛盾纠纷多元化解机制，全县7个重点行政部门建立行政调解组织。落实“诉访分离”制度，成立全市首家诉前人民调解委员会，指导成立人民调委会351个［其中村（社区）调委会325个，乡镇（街道）调委会18个，行业性、专业性调委会8个］，挂牌成立县级诉源治理中心、18个诉源治理分中心和11个诉源治理工作站，推进“治重化积”专项行动。

【政务公开】 2022年，仙游县政府建设信息公开重点工作专栏，以扶贫脱贫、社会救助和社会福利、“双随机、一公开”（在监管过程中随机抽取检查对象、随机选派执法检查人员，抽查情况及查处结果及时向社会公开）、教育、食品药品安全、财政预算决算、环境保护、保障性住房、重大项目建设、公共资源配置等领域为重点，公开信息3199条，推进政务公开，提高政府公信力。

（林宇苒）

公 安

【概况】 2022年，仙游县公安局（简称县公安局）推进维护稳

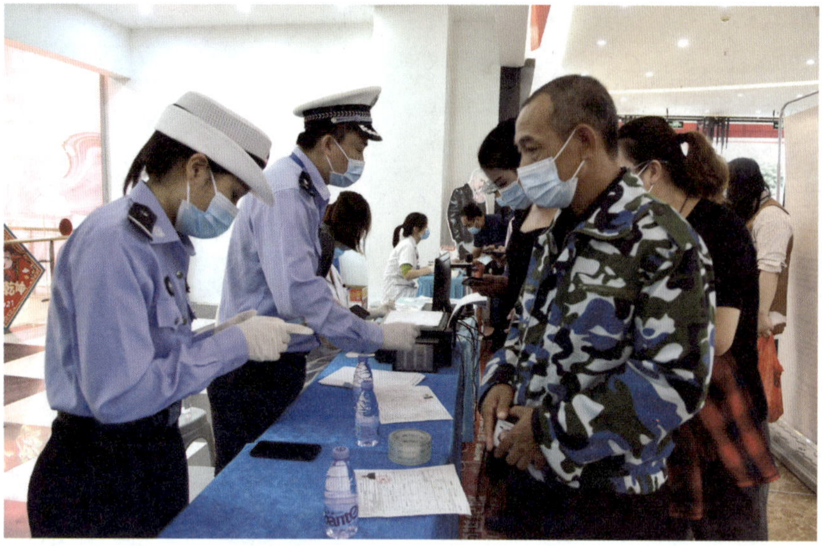

2022年3月1日，县公安局交警大队、县邮政局联合莆田慈康医院，在郊尾镇辖区开展“警医邮”小分队便民服务活动 （唐伟供图）

定、打击破案、治安管控、服务民生、队伍建设等主责主业，提升公安机关服务经济社会发展的能力和水平。全年接报违法犯罪类警情6367起，比上年下降6.9%。其中，刑事警情617起，下降25.21%；治安警情5477起，下降5.11%。“警医邮”下乡便民服务被省效能办肯定推广。

【打击犯罪】 2022年，仙游县刑侦工作以打击整治电信网络诈骗犯罪为重点，以推进扫黑除恶斗争常态化为动力，以深化创新“四专两合力”（专题研究、专门队伍、专案攻坚、专业技术，抓好内部合力、促成外部合力）“合侦快破”等打击犯罪机制为支撑，保持对各类刑事犯罪严打高压态势，提升打击犯罪能力和水平。县公安局立刑事案件1777起，比上年下降5.5%；破1656起，破案率93.19%。其中，“两抢”（抢夺、抢劫）案件立6起，破6起，破案率100%；盗窃案件立146起，下降31.8%，破139起，破案率95.21%；八类案件立72起，下降26.5%，破72起，破案率100%，与上年持平；现行命案4起（立案2起、撤案1起、不予立案1起）。查处各类犯罪嫌疑人2684人，下降1.6%。

2022年，县公安局强化与乡镇（街道）形成劝返合力，发挥乡镇（街道）、司法、教育等职能部门作用，加强诈骗前科人员教育引导、转化帮教，制定个性化“帮教菜单”，开展未升学的初、高中毕业生技能培训，引导青少年就业、创业，阻断诈骗犯罪代际传播。多措并举、多部门联动，开展反诈防骗宣传。全年立电信诈骗案件277起，比上年下降21.53%；破电信诈骗案件142起、破案率59.91%，上升3.7%；抓获嫌疑人635人，上升21.6%。连续11个月实现边境口岸拦截“零增长”。

2022年，县公安局受理经济犯罪案件82起，立案侦查80起，不予立案7起，破案77起（含往年立案），刑拘58人，取保57人，执行逮捕36人，移送起诉31人，抓获在逃人员14人，暂扣违法所得700万元。其中，“猎狐2022”抓获猎狐对象4人，抓获数居全市第一位；率先完成全市第一起自洗钱公诉案件。

【禁毒工作】 2022年，仙游县开展“飓风肃毒2022”会战行动，强化缉毒治毒、堵源截流、禁吸戒治、预防教育等工作，深化禁毒人民战争，查处境外回流吸毒人员工作做法在全省禁毒工作会议上作经验交流。县公安局全年破获涉毒刑事案件28起，抓获涉毒刑事嫌疑人47人，起诉43人，查获吸毒人员73人和非法种植毒品原植物1人，缴获冰毒135克、毒品巧克力136克、麻古6克，铲除罂粟等原植物240余株。6月24日，通过省禁毒委的考核验收，退出全省毒品问题严重地区预警通告县区。

【边防管控】 2022年，仙游县将沿海基础管防“四类要素”［船舶、渔船民、港岙口码头、船舶修造厂（点）］清查核实与沿海工作区域涉险隐患排查活动结合起来，落实“快、准、严、细”工作要求，摸排辖区涉海基础信息，对船舶、渔船民、港岙口码头、船舶修造厂（点）等全要素悉数摸排建档，做到底数清、情况明，并加大管控力度。在1个码头、1个渔港、4个岙口设立派出所段长4个；组织海岸巡防队4支12人，建设船管站1个、配备船管员1人，布点建设视频监控，编刷率和安装率均为100%。县公安局坚持对涉海违法犯罪的严打态度，对于收集到的情报信息或者工作中发现的倾向性、隐患性苗头第一时间组织精干警力深挖彻查，坚持“全环节、全要素、全链条”打击，做到毫不手软，露头就打，保持高压严打态势。全年破获走私成品油2起3人，扣押成品油1.70吨、

2022 年 8 月 26 日，县公安局巡特警反恐大队联合县教育局、县工信局，分别在仙游二中和仙游县抽水蓄能有限公司组织开展主题为“全民反恐 共创平安”的反恐宣传教育活动。图为在仙游二中向师生展示反恐设备（唐伟供图）

车辆 2 部、违法所得 11 万元；破获组织他人偷越国（边）境案 3 起，抓获嫌疑人 25 人；联合破获走私冻品案 1 起 11 人，查扣冻品 40.50 吨；破获涉砂刑事案件 1 起 1 人，查处涉砂行政案件 247 起 247 人，处罚沙场 56 个；破获涉烟案件 1 起 1 人；查处船舶行政案件 8 起。

【社会治安管理】 2022 年，仙游县坚持以“防”为先，打好治安防控整体战，探索更新更优的治安防控模式，构建全方位、立体化安全防范体系，最大限度挤压犯罪空间。

2022 年，仙游县发现、受理治安案件 3718 起，比上年下降 26.33%；查处 2957 起，下降 25.7%。其中，调解 1566 起，下降 22.7%；查处违法人员 1014 人，下降 24.8%；治安处罚 876 人，下降 28.6%；警告 44 人，上升 100%；罚款 189 人，下降 63.6%；拘留 642 人，下降 8.7%。

2022 年，仙游县以打击食品违法犯罪“食安 7 号”专项行动为契机，结合“昆仑 2022”专项行动，立刑事案件 56 起，破 56 起，抓获犯罪嫌疑人 73 人。其中，立生产、销售假药案 18 起，破 18 起；立非法经营案 25 起，破 25 起；立生产、销售伪劣产品案 3 起，破 3 起；立销售假冒注册商标的商品案 10 起，破 10 起。开展打击“六合彩”“时时彩”等黄赌违法犯罪专项整治活动，立赌博刑事案件 126 起，破 126 起，其中破获部督案件 1 起、省督案件 6 起，查处赌博治安案件 250 起。全年抓获涉赌人员 377 人，其中行政拘留 263 人，治安处罚 114 人。立组织、容留、介绍、强迫、协助组织卖淫案 15 起，破 16 起；查处卖淫嫖娼治安案件 81 起，抓获违法犯罪嫌疑人 112 人，其中刑事拘留 25 人、行政拘留 87 人，在逃人员抓获 7 人，罚款 87 人。

【户政管理】 2022 年，仙游县把好出生申报、户口迁移、项目变更、居民身份证签发核准关。年内，县公安局户改管理部门申报出生 9068 人，受理死亡注销户口 6187 人，办理省内外居民户口迁入 2030 人，户口迁出省内外 6164 人，受理居民身份证 9.22 万张，其中临时居民身份证 3251 张。变更更正姓名 1533 人，变更更正出生日期 42 人，变更更正性别 5 人，变更更正民族 12 人，漏报补录 65 人，多报删除户口 38 人，受理跨省异地居民二代身份证 1377 张，审核、签发省外异地受理仙游县户籍居民二代身份证 4871 张。受理居住证业务 2010 笔，其中港澳台居民居住证业务 42 笔。4 月 13 日，县公安局联合县人社局，在全市首推就业人员“居住登记一件事”“居住证办理一件事”制度。

【道路交通安全管理】 2022 年，仙游县开展“道安整治攻坚月”“道安整治十大提升工程”等活动，推进道安综合治理。酒醉驾查处量比上年上升 35.2%，事故起数下降 21.28%，受伤人数下降 26.79%，交通亡人事故下降 16.88%。

2022 年，仙游县聚焦道路交通事故预防“减量控大”目标，开展酒醉驾违法查纠、货车交通安全管理等专项攻坚，提升道路交通安全水平。查处各类道路交通违法 20 万余起，查纠总量居全市第一位，其中酒醉驾 1589 起、不按规定佩戴头盔 2.60 万起、群防群治劝导纠正 1.80 万余起，收缴遮阳伞 3.90 万把，头盔佩戴率城区 90% 以上、农村 80% 以上，提升幅度在 25 个百分点以上。摸排全县临水临崖、陡坡转弯以及国省道穿越村庄路段等道路交通事故易发点，推动属地党委、政府和职能部门联勤联动联治，形成整治闭环。投入整治资金 2360 万元，整治道路安全隐患 273 处。

2022 年，仙游县优化交通警察队伍结构，发挥交警队伍专业化优势，成立交警大队鲤南中队，恢

2022 年 3 月 14 日，县公安局交警大队郊尾中队、盖尾中队和度尾中队揭牌成立（唐伟供图）

复交警大队郊尾中队、盖尾中队、度尾中队、龙华中队、钟山中队建制，民警数从 68 人增加到 89 人，新招收交通协管员 100 人。统筹优化部分交警中队勤务，提升全县交通秩序管理和事故接处警工作水平和能力。

2022 年，县公安局交警大队提升优化窗口服务，秉承“让群众少跑腿，服务零距离”的理念，在乡镇（街道）开展“警医邮”便民活动。“警医邮”便民服务被省政府作为先进经验推广。全年通过“警医邮”网办驾驶证换证等业务 1849 起。节假日期间，开办夜场 11 场次，办理驾驶证有关业务 178 起。针对部分群众对车辆上牌、过户等业务流程不了解，车辆逾期未年检、办事不便等问题，推出“送业务到家”便民服务举措，每月逢“5”日、周末集中预约上门年检、上门验车、送证到家，从山区乡镇到平原乡镇偏远村，在集中服务的基础上，对老年人、残疾人等特殊群体做到特事特约、急事急办，用差异化服务满足“小众”群体的办事需求。“送业务到家”25 次，办理业务 493 次。

2022 年，仙游县针对机关企事业单位、村（社区）、学校、运输企业、环卫作业企业五类重点群体，实施道路交通安全宣传教育“五个一”（设立一个文明交通宣传阵地、讲好文明交通常识课、每位学员观看一次文明交通宣传片、参与一次文明交通劝导服务、每位新驾驶人参加一次文明驾驶宣誓仪式）工程，打造宣传矩阵，统筹用好新旧宣传媒介，录制莆仙话音频，制作微信宣传文章，每两个月统一更新村（社区）交通安全宣传栏版面，到沿街店铺、田间地头、群众家中开展安全宣传。全年在各级媒体刊发宣传报道 356 篇（条），在微信、微博、抖音发布原创微文 257 篇（条）。开展交通安全“七进”（进企业、进机关、进学校、进农村、进家庭、进公共场所、进社区）宣传 880 场次，发放宣传材料 7.10 万份，赠送印制“戴头盔保平安”宣传文字的头盔、雨衣等宣传物品 5.65 万份。

【出入境及往来港澳台管理】 2022 年，仙游县出入境管理大队推进“放管服”改革工作，受理各类出入境及往来港澳台证件 540 本，其中普通护照 261 人次，港澳通行证 272 本、签注 583 次，往来台湾通行证 4 本、签注 25 次，前往港澳台定居 3 件。新增报备国家工作人员出入境及往来港澳台 105 人次，法定不准出境及往来港澳台人员 2008 人。优化营商环境，打造一流服务窗口，推出“出入境智慧云名片”，通过“办事指南”“公开事项”“温馨提示”“容缺服务补充材料”等把便民服务搬上云端，为办事群众开启容缺服务 11 人次，为全县涉外企业办理护照 40 人次，为港澳居民换证 20 人次，为台胞办证 27 人次。整治突出隐患，挤压违法犯罪生存空间，查处“三非”（非法入境、非法居留、非法就业）外国人案件 13 起 25 人，破获妨害国（边）境案件 49 起，涉及 191 人；核查线索 17 条，成案 26 起 39 人。

【重点单位安全保卫】 2022 年，仙游县加强重点场所、部位管控，督促落实单位主体责任。检查各类行业场所 6756 家次，检查重点单位 1492 家次，整改问题隐患 1832 个，每月日常检查率 100%；取缔未经公安机关许可擅自经营的旅馆 7 家，处罚违规旅馆 67 家次，处罚违规娱乐场所 52 家次。加强寄递物流企业管控，逐步搭建寄递物流业信息化管理平台，实现对寄递渠道动态管控，从源头上推动寄递业、物流业实名制登记、开包验视、可疑情况报告等制度的落实，确保寄递企业“三个 100%”（100% 收寄验视、100% 实名收寄、100% 过机安检）、物流企业“两个 100%”（收寄货物实名登记 100%、开箱验视 100%）落实到位，检查末端网点 537 家次，物流企业 211 家次，发现安全隐患 88 处，整改 88 处。

【警务督察】 2022年，县公安局成立机关党委、机关纪委，充实监督力量，开展日常监督检查，发现问题，整改推进，提升成效。现场督察800次，网上巡察1.40万次。加强机关效能建设，提升效率、优化服务、转变作风，“12345”平台受理群众来件、来电4814起，答复率100%，满意率99.96%。

【网络安全治理】 2022年，仙游县统筹网上、网下资源，落实网上巡查机制，核处各类警情。上报互联网信息2200条，收集案件线索，打击网络违法犯罪，查处案件3起3人。

【危爆物品管控】 2022年，仙游县强化危险物品安全监管，打击违法犯罪，检查涉危涉爆场所77余家次，发现并整改安全隐患140处；破获查处涉危涉爆案件44起，抓获处罚44人。

【“110”接处警工作】 2022年，仙游县“110”接处警中心接报违法犯罪类警情6367起，比上年下降6.9%。其中，刑事警情617起，下降25.21%；治安警情5477起，下降5.11%。

【公安信访工作】 2022年，仙游县以动态隐患清零为牵引，锚定阶段工作目标，聚焦“事要解决”的核心，推动信访突出问题攻坚化解专项工作开展。至9月30日，公安部交办件139件、省公安厅交办件206件、省信访联席办交办件78件全部办结，保持公安部交办件、省公安厅交办件、省信访联席办交办件、初信初访件化解率“4个100%”的突出实效。县公安局信访工作被省政府评为信访保障先进集体1次，被市委评为先进集体1次，被市委、市政府记个人三等功2人次，被市公安局记集体三等功1次，记个人三等功2人次。全年公安部交办件13件、省公安厅交办件46件，省信访联席会议交办件16件办结，办结化解一大批疑难信访、初信初访、重复信访事项。开展矛盾纠纷“大排查、大化解”等攻坚行动，推动落实属地管理责任和源头化解措施。全年受理矛盾纠纷2029起，化解1719起，矛盾纠纷调处率84.72%。

【公安科技信息化建设】 2022年，仙游县发挥视频监控作用，提升农村地区视频监控覆盖率，推进高清、智能化探头维护建设。重要交通枢纽入仙卡口处建设安装视频监控，高速易翻越路段安装高清探头，在市场安装探头，重点项目建设场所安装球机。推进“智慧小区”建设，推广集门禁、车辆闸道、人脸识别、视频监控于一体的“智慧小区”安防系统。建设无人机空管站，发挥无人机服务指挥调度、交通管理、接处警等方面的功能作用，提升地面勤务效能。出动“空地联勤”警力3900余人次、警车950辆次，开展治安巡查宣传1570余架次，处置警情375起，盘查可疑人员1418人次、可疑车辆905辆次，抓获各类违法犯罪人员56人次，捣毁赌博窝点3个。

（傅陈婕）

检 察

【概况】 2022年，仙游县人民检察院（简称县检察院）受理各类案件1887件2490人，结案率94.87%，检察官人均办案量居全市第一位。县检察院集体受到国家、省、市级表彰8次，先后获得全国检察宣传先进单位、全省检察机关优秀办案团队等，个人受到上级表彰15人次，涌现出全国检察宣传先进个人、全省检察机关公益诉讼和生态检察优秀案例承办人、莆田市“最美退役军人”等先进典型。

【批捕起诉】 2022年，仙游县受理提请审查逮捕各类犯罪嫌疑人719人，批准逮捕483人，不批准逮捕255人、不捕率34.55%；受理移送审查起诉1751人，提起公诉1498人，不起诉307人、不诉率17.18%。对故意杀人、抢劫、强奸等严重暴力犯罪始终保持高压态势，起诉25人。强化追赃挽损，在检察环节追回资金704万元，追赃挽损率35.37%，居全市第一位。推动常态化扫黑除恶斗争做深做实，批捕黑恶势力犯罪14人，起诉40人，铲除以暴力手段控制长途客运的涉恶团伙。启动新四大行业领域整治，打掉2个小区沙霸恶势力团伙，对交通运输等重点行业领域发出检察建议3件，促进源头治理。

【刑事检察】 2022年，仙游县落实“少捕慎诉慎押”刑事司法政策，开展羁押必要性审查237人，建议或决定变更强制措施40人，诉前羁押率比上年下降23.92%，排查刑事“挂案”219件，监督撤案12件。开展“翼动2022”专项监督工作，监督侦查机关立案14件、撤案32件，追捕24人、追诉25人，向公安机关发出《纠正违法通知书》或提出检察建议16件。做实审判监督，抗诉意见、再审检察建议被县法院采纳4件，向县法院发出纠正审判违法意见书和通知书7件。强化执行监督，严防“违规减刑”“提钱出狱”，办理监外执行检察监督案68件，提出书面纠正意见68件，全部纠正到位，核查纠正监外执行罪犯脱管43人、漏管18人。针对监管场所违法违规问题向有关单位发出检察建议1份、纠正违法通知书5份，得到采纳。起诉破坏生态环境资源犯罪55人，督促犯罪嫌疑人缴纳生态修复补偿金1.45万元。提前介入1起涉嫌非法处置危险废物污染环境案被省生态环境厅评为典型案例。

【民事行政检察】 2022年，仙游县受理不服法院民事判决、裁定、调解书申诉案件7件，提出再审检察建议1件，同期法院再审改判4件。受理监督法院民事审判活动案件2件，受理监督法院民事执行活动案件34件。提出检察建议30件，被县法院采纳30件。帮助法律弱势群体办理支持起诉案件41件，受理监督法院行政执行活动违法情形案件31件，回应群众依法维权诉求。加强“穿透式”监督，实质性化解行政争议20件，结合办案促进依法行政方面受理17件，提出检察建议16件，行政机关采纳16件，助力法治政府建设。全年为30户家庭促成停止征收社会抚养费180万元。办理的涉社会抚养费案获评2021年度全国十大行政检察典型案例，经验做法在全国检察会议上推广。

【公益诉讼检察】 2022年，仙游县立案公益诉讼案件66件，发出

2022年8月30日，县检察院投资49万元设立仙游县蒲公英儿童保护中心。图为中心揭牌仪式

（县检察院供图）

诉前检察建议46件、磋商10件，提起刑事附带民事公益诉讼4件。延伸公益诉讼保护圈，“国土国财”领域立案5件，追回各项税费409万元。探索“网格+公益诉讼+”机制，以“小网格”切入“大民生”，乡镇（街道）网格员提供8件行政公益诉讼立案线索，网格员协助送达法律文书，参与刑事和解。

【未成年人检察】 2022年，仙游县以最大善意感化挽救涉罪未成年人，不捕率70.83%、不诉率23.08%、附条件不起诉率41.03%。从严惩治性侵未成年人犯罪，起诉37人，办理侵害未成年人犯罪易发多发领域公益诉讼案件4件，发出检察建议2件，推动相关行业完善管理机制。建立侵害未成年人案件强制报告制度，发现线索2条，发出督促监护令26份，依法保障未成年人受教育权利。检察干警兼任中小学法治副校长，开展反性侵、反暴力、反欺凌法治巡讲活动16场，受教育师生3000余人。采取“一站式”办案机制，投资49万元成立仙游县“蒲公英”儿童保护中心，使用该儿童保护中心询问未成年受害人7次。

【检察为民服务】 2022年，仙游县依法惩治侵犯民营企业合法权益犯罪案件17件27人，涉及金额3519万元。常态化开展涉民营企业羁押必要性审查，变更9人，推进涉案企业合规改革试点工作，办理2件4人。依法惩治侵犯商标权等知识产权犯罪18件，加强知识产权综合司法保护。检察服务中心分站制度更加成熟，新成立分站3个，开展检察服务10场次。深化司法救助，铺就妇女儿童司法救助“快车道”，发放救助金9人15万元。推行公开听证，投资55万元建成标准化检察听证室，开展听证44次，上门听证2件，经验做法被省检察院转发。坚持治罪与治理并重，就城市出租房管理等社会治理问题，发出社会治理类检察建议13份，促成“办理一案、治理一片”。

【检务公开】 2022年，县检察院主动邀请人大代表、政协委员、人民监督员参加检察开放日、公开听证等检务活动38场次，办理人

大代表议案 4 件，向县人大常委会作专题报告 2 次。坚持和发展新时代“枫桥经验”，受理来信来访 173 件，领导包案 17 件，解决重复信访 32 件。受理律师阅卷申请 516 件，网上公开案件程序性信息 874 份、生效法律文书 1690 份。深化制约配合，协助公安机关简案快办、法院繁简分流，审结适用认罪认罚从宽案 1235 件 1581 人，适用率 86.92%，促成刑事和解 27 件 32 人，速裁程序适用率 55.34%，居全市第一位。融合新媒体平台与传统平台，参与省市普法栏目录制 10 次，在省级以上和主流媒体发表稿件 251 篇，在全省检察机关新闻宣传工作“百优”评选中获 4 个奖项，居全省前列。

（王俊南）

法院

【概况】 2022 年，仙游县人民法院（简称县法院）推进服务大局、司法为民、公正司法，建设新时代复合型法院。受理各类案件 1.77 万件，办结 1.61 万件，结案率 90.96%，比上年上升 0.81%，平均审理天数 32.74 天，居全市基层法院前列。县法院创新理论学习模式，成立“青年议起来”特色学习小组，开辟学“习”时间线上读书专栏，发布“奋进新征程”专题宣传 8 篇，累计阅读量 10 余万人次。强化业务能力，开设“纪法讲坛”“仙法大讲堂”，联合县总工会举办 6 项技能竞赛。涌现出“福建省审判业务专家”“莆田青年五四奖章”等先进典型 13 人次，8 篇调研论文在省级以上学术讨论会获奖。

【刑事审判】 2022 年，仙游县受理刑事案件 1102 件，审结 1049 件，判处罪犯 1488 人。推进常态化扫黑除恶斗争，审结涉黑案件 1 案 2 人、涉恶案件 5 案 24 人，判处罚金、追缴违法所得 148.65 万元；审结受贿、挪用公款等职务犯罪 3 件 3 人；审结袭警、口罩诈骗等犯罪案件 3 件 4 人；依法惩处拐卖儿童罪 1 件 3 人；审结电信诈骗及关联案件 230 件 350 人，实刑率 93.88%，发出手机通信运营领域“禁业令”11 份；推进“反洗钱三年专项行动”，快审快判全市首例“自洗钱”案，打击洗钱犯罪。坚持宽严相济，运用刑事速裁法庭，采用“三集中”（检察机关集中移送案卷，集中送达起诉书，集中开庭审理、送达判决书）审理模式审结危险驾驶罪、盗窃罪等轻刑犯罪 329 件 333 人；落实认罪认罚从宽等刑事制度，变更强制措施 27 人，适用缓刑 289 人，缓刑适用比例比上年上升 5.78%。

【民事审判】 2022 年，仙游县受理各类民事案件 9125 件，审结 8796 件，结案率 96.39%。在县公安局交警大队设立诉前调解工作室，与保险机构联合推出理赔速度排行榜，在县交警大队等场所设置诉前鉴定告知牌，交通事故案件审理周期比上年缩短 7 天，调撤率 48.6%。加强对妇女儿童的保护，发出人身安全保护令 11 件，在全市范围内首次针对违反人身安全保护令的行为进行罚款；发出全省法院系统首份督促监护令，督促未成年被害人父母履行监护职责；发出全市首份家庭教育令，为未成年被告人父母提供家庭教育指导；对猥亵儿童的被告人作出全省首个“终身禁业令”的判决，净化儿童成长环境。做好司法拥军，与市海警局、县人武部、退役军人事务局等联动对接，成立“涉军纠纷合议庭”“涉军纠纷调解室”“仙游县涉退役军人纠纷调处分中心”，妥善处理涉军纠纷案，开展送法进军营 6 场次。

【商事审判】 2022 年，仙游县受理各类商事案件 3281 件，标的额 16.09 亿元，审结 2992 件，结案率 91.19%。发布 19 个企业复工复产典型案例。成立企业破产工作府院联动领导小组，设立破产审判专项工作基金，受理并办结破产案件 10 件，协助重整木兰溪国际广场等房地产项目。以 7700 万元处置新艺都酒店项目。与县工商联、县市管局等单位共建涉企纠纷源头化解机制，与金融单位联合推广信用信息共享机制，走访企业及金融机构 13 家，发放《民营企业法律风险指引手册》480 余册，现场提出法律建议 14 条。

【案件执行】 2022 年，仙游县推行集约网络查控、电子平台集约送达，执结案件 7323 件，执行到位金额 11.47 亿元，平均结案用时 58.02 天，比上年缩短 6.43%，提升执行质效指标。通过实战管理系统高效调配，形成执行员、网格员、法警组成的执行查控网络，现场调查、入户督促 6376 次，查证各类执行线索 1.53 万条，查封房产 509 宗，扣押车辆 30 辆，拘传被执行人 66 人次，移送拒执罪立案 6 件 6 人，发出预警令 97 份，4 人被追究刑事责任，强化执行威慑力。自主研发全省首个“执行诉求管理系统”，实时推送办理进度，大数据分析来访、信访情况，辅助执行决策，期限内诉求办结率95.38%，提高执行满意度。发出全市首份自动履行证明书，强化履约激励；在全市范围内率先启用电子存单支付案款，加快胜诉权益兑现；全市首推司法拍卖“一件事”服务，联合县不动产登记局等部门一站式办理法拍房过户手续，优化司法网拍模式，提升拍卖溢价率和执行效率，发起网拍394次，成交金额1.38亿余元。

【审判管理】 2022年，仙游县落实司法责任制。综合运用“四大审管系统”（福建法院审判信息系统、福建法院司法大数据管理与服务平台系统、福建法院统一案件监管平台系统、清风系统），科学研判办案态势，优化审判资源配置，员额法官人均结案277.91件，比上年上升2.91%，加快审判体系和审判能力现代化建设。实施动态监控，优化指标体系，运用大数据方式发现业务短板，服务推进执法办案，“两清行动”（指长期未结久押不决案专项清理行动，卷宗超期归档、久借不还专项清理行动）成效明显，调撤率、当庭裁判率等6个重要业务指标，排名全市第一位。加强质量监管，运用平台监测，实现“四类案件”（涉及群体性纠纷、可能影响社会稳定的案件；疑难、复杂且在社会上有重大影响的案件；与本院或上级法院的判决可能发生冲突的案件；有关单位或者个人反映法官有违法审判行为的案件）全程纳管，一审裁判服判息诉率90.44%，比上年上升2.67%，排名全市第一位，保证案件质量。及时督办整改，聚焦审判执行突出问题，核实平台预警信息，发出《案件督办函》61份，防范整改司法风险点24个。

【诉源治理】 2022年，县法院实施“党建引领、夯基惠民”工程。落实“三官一律”进网格，创新开展“智慧法院进社区，矛盾纠纷‘码’上解”活动，在53个试点村（社区）设置“法官e点通”解纷小驿站，106名法官、调解员对接进驻，调解矛盾纠纷42件，实现矛盾纠纷村村可解。增设87个“综治+诉源治理”分中心或工作站，成立全市首家诉前人民调解委员会，在全省率先建立调解员资源共享工作机制，发挥司法协同效能。诉前调解案件受理数6262件，调解成功3514件，案件受理数和调解成功数居全市第一位。其中，“皇庭美域商品房预售合同群体性纠纷诉前化解案例”入选福建法院诉源治理工作榜单；多元调解纠纷工作纪实《一个人口大县的诉源治理探索》被《人民法院报》头版报道。

【诉讼服务体系建设】 2022年，仙游县升级诉讼服务。以服务优先为宗旨，搭建以诉讼服务中心和执行事务中心为主体的全流程一站式便民服务窗口，推行“四个一”（“一站式”便民服务窗口、“一码通办”线上平台、“一网送达”创新机制和“一体化反馈”群众渠道）工作机制，提供菜单式立案服务、个性化执行方案和可评价的诉讼服务。打造“一码通办”平台，在官方微信公众号直接链接“福建移动微法院”“阳光执行”等5个服务端口，线上接待当事人2127人，跨域立案15件，网上立案4745件，占全部立案数的40.37%。创新“一网送达”机制，综合应用“网格化+司法送达”“邮政集约化送达”“微信公告送达”“律师委托送达”等送达模式，调动社会力量破解送达难题。拓展“一体化反馈”渠道，由接待窗口、咨询热线、院长信箱、“阳光执行”小程序、法院“一网两微六端”（仙游法院官方网站，官方微信、官方微博，天平号、企鹅号、网易号、澎湃号、一点号、头条号）组成一体化群众意见反馈渠道，实现诉讼风险全程提示、经办法官全程跟踪、办理事项全程留痕、监督管理全程在线。

（李雅冰）

司法行政

【概况】 2022年，仙游县司法局（简称县司法局）完成行政复议体制改革机构编制调整。设置行政复议应诉股，承担行政复议应诉工作。全年收到行政复议申请107件，受理59件，审结70件（含上期结转14件），办理以县政府为被告的一审行政应诉案件66件；组织开展对18个乡镇（街道）行政执法主体资格审查确认并公布；完成核发98名行政执法人员的新版行政执法证件，组织287名行政执法人员申请行政执法证件，组织276人次参加行政执法考试；开展全县行政执法案卷评查，抽查县应急局等部门案卷36件；组织开展证明事项清理，汇总7个单位备案的告知承诺制事项20项；审查和向市政府、县人大常委会备案规范性文件8件，收到并审查县有关单位备案的规范性文件10件，对县政府拟出台的规范性文件、合同等重大事项开展合法性审核17件；接受审前社会调查委托423件，接收社区矫正对象486人，期满解除矫正531人，在册矫正对象580人；衔

2022 年，仙游县建成 8 个精品法治文化阵地。图为龙华镇貂峰村法治文化主题公园 （摄于 2022 年 6 月 唐伟供图）

接刑满释放人员 1063 人，依托仙游县人才职业培训学校（位于度尾镇艺雕城）新建曙光安置就业基地；全县 325 个村（社区）法律顾问覆盖率 100%。

【法治宣传】 2022 年，仙游县召开全面依法治县委员会第五次、第六次会议，审议通过贯彻落实《法治社会建设实施纲要（2020—2025 年）》和《法治政府建设实施纲要（2021—2025 年）》等文件。组织全县 36 个机关单位主要负责人，18 个乡镇（街道）党政主要负责人通过书面报告形式开展述法工作，加强法治建设责任落实。搭建“创特色、促振兴、广惠民”普法品牌体系，在法治文化阵地基础上分批次打造“党建 + 法治”“产业 + 法治”“旅游 + 法治”“红色 + 法治”等主题的法治文化宣传示范典型 8 个。成立仙游县“八五”普法讲师团，组建仙游县“蒲公英”普法志愿者队伍，开展各类普法宣传活动 160 余场，通过《法治仙游》电视栏目播出法律法规访谈、以案释法节目 30 条。实施“法律明白人”培养工程，公示 3052 名乡村“法律明白人”，为 1094 名“法律明白人”颁发证书，组织律师等力量到乡镇（街道）开展乡村“法律明白人”专题培训暨公共法律服务进乡村活动。开展 2022 年仙游县“宪法宣传周”活动，向部分手机用户群发宪法宣传短信 20 万条，通过“法治仙游”微信公众号开展为期 7 天的线上有奖知识竞答活动。

【公共法律服务】 2022 年，仙游县完成 1 个县级公共法律服务中心和 18 个乡镇（街道）公共法律服务工作站改造升级，制定统一公共法律服务事项清单 20 项。通过“12348”法律服务热线为群众提供线上咨询等法律服务 2469 人次。开展“不忘初心，牢记嘱托打造新时代福建‘148’品牌”之公共法律服务进乡村活动，18 个村（社区）开展以“法律顾问在一线、夯基惠民促善治”为主题的村（社区）法律顾问全覆盖试点先行活动，出台《仙游县村（社区）法律顾问管理考评办法》，推出“一师三员”（律师，公证员、人民调解员、普法宣传员）进村入格开展法律服务，村（社区）法律顾问做到“三必进”［村（社区）有重大决策时，法律顾问必须进驻提供法律意见；网格有重要法律文书（合同等）签订前，法律顾问必须进驻帮助法律审核；网格单元有重大复杂纠纷时，法律顾问必须进驻配合化解］。开展法治宣传 60 场次，入村（社区）836 次，提供法律意见 500 条，解答群众法律咨询 1760 人次，参与重大矛盾纠纷调解 72 次。

2022 年 5 月 17 日，县司法局联合县农业农村局，在鲤城街道木兰社区开展“法律明白人”证书颁发暨民法典宣传进社区活动 （唐伟供图）

【社区矫正】 2022年，仙游县按照司法部“智慧矫正中心”创建要求，投入16万元采购“自助矫正终端”“VR(虚拟现实)教育系统”等设备。完成省、市检察院对仙游县社区矫正巡回检察反馈意见整改。探索建立社区矫正对象考核惩处制度，指导全县18个乡镇(街道)成立社区矫正委员会，形成社区矫正监管帮扶合力。组织社区矫正对象开展集中学习教育100场次，个别教育632人次，公益活动13场次，防范和化解各类潜在安全隐患。

2022年8月17日，县司法局会同县人民调解员协会举行人民调解员等级评定授牌颁证仪式。图为全县首批三级、四级人民调解员代表现场领证

（唐伟供图）

【人民调解】 2022年，县司法局指导乡镇（街道）召开矛盾纠纷排查调处月例会38场次，排查各类矛盾纠纷4264件，调解成功4252件，调解成功率99.7%。县公安局等11个重点行政部门建立行政调解组织；牵头制定《仙游县人民调解“一案一补”实施办法》，提高简易矛盾纠纷案件和一般矛盾纠纷案件补助标准；与县法院联合制定《关于化解涉民生执行案件的实施办法（试行）》，探索涉民生执行案件实质性化解工作机制，成立“创和”诉前人民调解委员会。全年评定三级人民调解员4人，四级人民调解员15人，创建市级金牌调解室6个、县级金牌调解室19个。为全县首批获评三级、四级94名人民调解员授牌颁证。完成仙游县知识产权人民调解委员会福建省古典家具行业调解室等5家人民调解工作室备案工作。

【律师工作】 2022年，仙游县新增律师事务所2家和执业律师5人。县司法局完成上年度律师事务所和执业律师年度检查。组织开展全县法律服务机构“双随机、一公开”督查2次。受理调处对法律服务机构及其从业人员的投诉4件。牵头制定《仙游县律师参与法律援助及其他值班补贴标准》，提高律师参与值班补贴标准。常态化开展扫黑除恶斗争，全县律师参与涉黑涉恶案件辩护代理10件，组织现场旁听律师辩护代理10次。

【法律援助】 2022年，仙游县拓宽法律援助咨询渠道及范围，符合法律法规规定的法律援助申请“应援尽援”，为残疾人等特殊群体开通绿色服务通道。受理法律援助案件422件，其中民事189件、刑事232件、行政1件；接受各类咨询2482人次，受援人总数422人次，为受援人挽回经济损失613.07万元。

【公证服务】 2022年，仙游县推进公证便民服务，为老、弱、病、残等弱势群体群众提供上门服务7次；通过数据共享及主动核查等途径，为举证有困难的群众核查取证18次；开展公证法律援助，减免公证费法律援助2起，减免公证费600元。办理各类公证事项827件，其中国内民事公证508件，涉外公证310件，国内经济公证9件，累计业务收费33.58万元。参与5起土地使用权拍卖活动。

（苏 楠）

仙游县人民武装部

【概况】 2022年，仙游县人民武装部（简称县人武部）坚持以习近平新时代中国特色社会主义思想和习近平强军思想为引领，贯彻落实中央军委国防动员部、省军区、军分区三级党委决策部署，坚持抓基础、正秩序，抓关键、补短板、抓成效、促发展，推进人武部建设。加强官兵思想教育和国防教育，做好军事训练和基础设施建设，推进民兵整组和双拥共建工作。全年选派2批次4人次参加全省专武部长集训，2批次20人次参加市级专武干部集训。投入10余万元，完善应急救援、军事训练器材。

【思想政治建设】 2022年，县人武部开展“喜迎党的二十大”军营文化活动2次，邀请中国美术家协会仙游籍知名书画家开展正能量艺术创作。开展“忠诚维护核心、矢志奋斗强军”主题教育，统筹运用军地共育、氛围熏陶、参观见学、典型引领等教育方法路子，组织干部职工到莆田哲理钟楼、仙游革命烈士陵园、米康生物科技园等参观见学，开展“最美人物”“国防人物”评选活动。开展“在组织关怀下成长”谈心活动。

【兵员征集】 2022年，县人武部坚持军地合力、综合施策，以“五率”（报名率、上站率、合格率、择优率、退兵率）考评为抓手，把好宣传动员、体检政考、定兵送兵、廉洁征兵等环节，协调县委、县政府研究出台大学毕业生征集优惠政策，提高大学毕业生入伍积极性，完成兵员征集任务。

【民兵整组】 2022年，仙游县完成民兵编组任务，各项指标均达到整组标准。4月初，召开军地联合部署民兵整组任务会，总结上年工作，对照矛盾问题，系统部署年度任务；5月，对全县乡镇（街道）和编兵单位检查验收，现场检验基干民兵，核查基干民兵党员、退役军人，检验民兵整组工作落实情况。

【民兵应急分队集训】 2022年，县人武部组织民兵应急连和乡镇民兵应急排集训。5月19—25日、12月5—9日，分别组织民兵应急连和应急排集训，落实共同基础、专业技术及任务行动的训练考核内容，参训率100%，完成年度训练任务。

【全民国防教育】 2022年，县人武部利用党员干部培训、学生军训的契机，开展国防教育进党校、进校园活动；结合兵役征集、民兵整组训练、议军会，开展“国防教育日”“县四套领导班子过‘军事日’”“抗日战争胜利纪念日”等系列活动；利用大型电子屏幕、宣传栏、公共交通设施等平台宣传和普及国防知识；乡镇（街道）设立新兵入伍国防教育联系点，开展国防教育课，组织新兵入伍宣誓活动。

【学生军训】 2022年，县人武部根据军分区学生军训任务分配，对接县教育局收集辖区高中学生军训需求，通过组织民兵教练员力量及协调驻仙部队配合两种方式，完成辖区9所学校高中学生军训任务，受训学生6250人。

【后勤保障】 2022年，县人武部规范财经管理秩序。健全监督制约机制，提高办事透明度，防止“跑、冒、滴、漏”。争取县政府资金200余万元完成营区场地改造、民兵宿舍整治、食堂建设等工程。提升后勤装备保障能力。落实应急应战中的保障工作，对战备和训练物资进行整治和配套采购，提升战备规范化建设水平。落实民兵武器装备各项管理制度，做好武器装备交接清理清查报废工作，落实日常管理制度，武器装备不失管，作为试点单位完成县人武部兵器室新建和搬迁工作。

【参加扑灭森林火灾】 2022年10月27日，仙游县发生森林大火，县人武部集结民兵参与两天一夜的灭火行动。县民兵应急连启动应急预案，对接协调洒水灭火作业，检验应急分队抢险救灾能力。

【“3+2”服务保障体系构建】 2022年3月，县人武部牵头召集县乡两级精干人员，成立“工作专班”，研究制定《关于构建仙游县军人军属、民兵“3+2”服务保障体系的实施意见》，提交县委常委会议军会研究通过，推动“现役军人军属优待、基干民兵服务管理、大学生士兵入伍激励”3个政策体系化、制度化、长效化出台落地。

（吴思棋）

【县委议军会】 2022年11月14日，仙游县召开年度议军会，研究解决加快民兵训练基地建设、驻地武警海警部队营房修缮建设和消防救援大队装备购置等问题。会议强调，全县各级各部门要始终聚焦政治建军不偏航，贯彻落实习近平总书记“抓军队建设首先要从政治上看”这一根本要求，贯彻执行国防和后备力量建设有关法规，坚持在练兵备战、民兵建设、国防动员上持续用力，围绕构建军人军属、民兵“3+2”（出台军人军属优待、基干民兵服务管理、大学毕业生入伍激励3个政策文件，成立仙游县拥军优属服务专班和仙游县拥军优属协会2个组织机构）服务保障体系，做好部队建设、拥军优属等工作。

（黄莹莹、王益辉）

武警仙游中队

【概况】 2022年，中国人民武装警察部队莆田支队仙游中队（简称武警仙游中队）贯彻习近平强军思想，贯彻武警部队、总队、支队党委决策部署，突出政治之年一定讲好政治、大事之年一定干好大事，树立安全发展理念，以加强党支部建设为关键，以提高“三支队伍”（领导人才队伍、专业人才队伍、管理队伍）素质能力为重点，以落实经常性基础性工作为抓手，推进武警仙游中队发展，向“三个过硬基层”（听党话、跟党走的过硬基层；能打仗、打胜仗的过硬基层；法纪严、风气正的过硬基层）前进，以优异成绩向党的二十大胜利召开献礼。

【思想政治建设】 2022年，武警仙游中队以教育为牵引，打牢官兵扎根军营、建功立业的思想基础，作为建设发展的根基。坚持用党的科学理论建队育人，学习贯彻党的二十大精神，把学习《习近平谈治国理政》第四卷、《习近平论强军兴军（三）》、《习近平强军思想学习问答》等书籍作为首要任务，结合学习贯彻党的二十大精神，通过集中宣讲、班排讨论、个人体会、“三个半小时”（半个小时听广播、半个小时读报纸、半个小时看新闻）等方式，引导官兵提高思想站位，强化行动自觉，强化官兵对国家、对驻地的认同感、归属感和荣誉感。开展向英模学习、宣讲身边典型、设立“军事训练龙虎榜”等活动，提升全体官兵“一不怕死、二不怕苦”的战斗精神，根除官兵当和平兵、站和平哨的积弊思想。推进“书香军营”建设，改善读书环境，丰富图书数量和种类，完善休闲娱乐配套设施，丰富官兵的文化生活。

【军事工作】 2022年，武警仙游中队抓实练兵备战，将新时代执勤安保规范化集训精神融入一岗一哨、一兵一卒。协调目标单位投入30万元新建2个岗楼，实现减

2022年8月30日，县退役军人事务局邀请市“老兵宣讲团”到武警仙游中队驻地开展“老兵宣讲团进军营”宣讲活动 （唐伟供图）

2022年，武警仙游中队推进“书香军营”建设。图为官兵们在阅览室阅读
（武警仙游中队供图）

员增效；学习武警部队新时代执勤安保规范化集训精神，对照法规落实，完成执勤方案修订、勤务部署图标绘、执勤方案汇报、执勤场所的调整设置和执勤制度落实工作。每月对执勤隐患进行排查整治，每日作战勤务值班员利用查哨时机对哨兵执勤能力检查考核。重大活动节庆时，在仙游县兰溪洪桥社区警务站担负武装巡逻任务。坚持落实议训制度，区分能力素质为官兵制订成长计划，区分训练形式，强化补差训练，提高训练效果；结合支队月训练计划，提前谋划部署，区分警官、执勤人员、保障人员3个不同层级训练，细化阶段任务和时间，明确组训教员和训练内容，落实教学、考评制度，做好原始成绩留底，落实谁考核、谁签字、谁负责的原则。

【部队管理】 2022年，武警仙游中队坚持贯彻依法从严治军理念，强化官兵法治思维。按照条令规范部队建设，围绕礼节礼貌、内务设置、营区管理等方面纠治自身存在问题，坚持每周开展军容风纪检查、内务卫生评比。保证民主渠道通畅，开展谈心活动，解决官兵工作、生活上的困难。检修空调、暖气，改造卫生间、淋浴间，反馈伙食意见建议，为战士提供舒适生活环境。加强手机网络使用管理，对照“内网安全保密隐患排查整治”问题清单进行自查，开展针对性教育。

【后勤保障】 2022年，武警仙游中队建强后勤装备队伍，提升服务保障水平。结合后勤岗位大练兵活动，指导后勤人员针对自己专业制定个人学习计划，加强对炊事员培训，提高后勤人员专业素质和炊事水平。每周征求官兵对伙食的意见建议，做好伙食调剂，确保官兵吃饱吃好吃得有营养。抓伙食管理，落实伙食管理五项制度等。针对夏季蚊虫多，在饭堂、操作间配备杀虫剂，悬挂灭蚊灯，每周对营区进行消毒，做好卫生防病工作。改造升级营房、淋浴室、厕所等设施，检修空调、热水器等各类生活设施，为每个哨位配备当季药品。

（林俊峰）

人民防空

【概况】 2022年，仙游县人民防空办公室（简称县人防办）与县住房和城乡建设局实行一个机构两块牌子。县人防办内设人防股，下辖事业单位仙游县消防服务中心，加挂仙游县人防工程维护中心。3月，县人防办主任由县住建局局长兼任。县人防办做好人防工程建设，加强人防安全宣传，完成防空警报试鸣等工作。

【人防工程建设】 2022年，仙游县人防工程建设保持增长，完善人防专业队工程和物资库等配套工程，提升人防综合防护能力。

【防空警报试鸣】 2022年9月17日，县政府向全县人民发出防空警报试鸣通告。9月18日上午9时30分，举行防空警报试鸣，提高人民群众的人防意识，检验防空警报器的性能和覆盖范围。

【人防安全宣传】 2022年，仙游县结合每年的全国防灾减灾日和安全生产月开展人防知识宣传活动，通过电视、广播、网络及手机短信等开展宣传活动，增强全民国防观念和人民防空意识。

（陈 锋）

退役军人事务

【概况】 2022年，仙游县退役军人事务局（简称县退役军人事务局）做好双拥优抚、退役士兵就业创业、军转干部及转业士官安置等工作。全县设立18个乡镇（街道）退役军人服务站。4月，仙游县召开首批退役军人优待证首发仪式。

2022年4月，仙游县举行首批退役军人、其他优抚对象优待证首发仪式

（陈国孟供图）

【退役军人保障体系建设】 2022年，仙游县县、乡、村三级退役军人服务保障体系建成。6月23日，县退役军人服务中心工作经验在全省县级以上服务中心主任培训班上作常态化联系退役军人工作经验交流。全县82家村级服务站参与示范型创建，34家通过市级验收。

【抚恤优待经费发放】 2022年，仙游县做好优抚对象年度确认和入户核查工作，掌握优抚对象信息数据，发放抚恤补助金。做好优待证申领发放工作，受理退役军人和其他优抚对象优待证申领。对重点优抚对象医疗补助资金情况进行审核，解决重点优抚对象医疗补助资金。为义务兵发放优待金等经费。为自主就业退役士兵发放自主就业一次性补助金。

【退役军人接收安置】 2022年，仙游县落实“阳光安置、公开择岗”安置政策，做好退役军官、转业士官、义务兵移交安置工作。安置转业士官和军队转业干部，接收2022年秋季退役士兵。

【退役军人就业创业】 2022年9月2日，仙游县组织未就业的退役军人参加现场招聘会，为退役军人提供就业岗位。举办2022年度退役士兵返乡仪式暨适应性培训，组织自主就业退役士兵参加。

【烈士纪念设施保护管理】 2022年4月4日，仙游县在县革命烈士陵园开展“奋进·2022清明祭英烈”祭扫和代祭扫活动，缅怀革命先烈的丰功伟绩。9月30日，举行向革命烈士敬献花篮仪式，社会各界人士共同瞻仰革命烈士纪念碑并敬献鲜花。全年完成零散烈士墓迁入烈士陵园集中保护管理13座。投资21万元完成英烈墙、北广场入党誓词和围墙栏杆等零星修缮。投资16万元改造县革命烈士陵园内原有长廊为革命长廊遗址。王于洁革命纪念馆申报县级烈士纪念设施。

【双拥共建】 2022年，仙游县打造新时代双拥仙游样板。协调县自来水公司解决驻仙游部队营区的自来水管道铺设问题。7月26日，组织开展国画艺术进军营活动，邀请艺术家现场挥毫泼墨，丰富官兵军营文化生活。7月27日，成立全市首批免费入住“军人驿站”，为退役军人等提供免费或优惠住宿，享受餐饮优惠。投入资金8万元，提升客山双拥主题公园，增加建设红色文化长廊、习近平强军思想主题墙、荣誉墙、英模墙等。赖店镇樟林小学被教育部、中央军委政治工作部、全国双拥办联合授予“八一爱民学校”称号。9月17日，在樟林小学举行“八一爱民学校”授牌仪式。

【现役军人立功受奖】 2022年，仙游县开展为立功现役军人家庭送喜报活动，为荣立二等功、三等功、嘉奖奖励的现役军人家庭送去立功喜报，并发放奖励金。

（林梅娥）

外　事

【概况】　2022年，仙游县人民政府外事办公室（简称县外事办）遵守外事政策，结合外事实际发展需求，拓宽对外交流渠道。畅通联络渠道，建立联防机制，助力企业复工复产。全年为企业办理APEC（亚太经合组织）商务旅行卡4批5人次。

【对外交流渠道拓展】　2022年，仙游县推动对外合作交流。拓展共建“一带一路”国家、金砖国家和RCEP（区域全面经济伙伴关系）成员国等新兴市场。县商务局收集仙游县企业组团参加境外国际性展会需求，上报东亚机械等企业组团参加巴基斯坦、泰国有关汽车零配件展会。鼓励仙游县民营企业主动“走出去”，推动橡胶轮胎、机械制造、鞋革服装等行业的优势企业拓展海外布局，开展境外投资，扩大经营规模，深化与共建“海丝”国家和地区以及RCEP成员国的贸易往来和国际产能合作，提升国际竞争力。把推介APEC商务旅行卡作为企业走出国门发展、开阔国际视野和提升国际竞争力的重要抓手，宣传推介。为有资质的企业办理APEC商务旅行卡，为企业“走出国门”、拓展国际市场打造“绿色通道”。全年县外事办指导企业申报APEC商务旅行卡4批5人次，其中为海安橡胶集团股份公司办理3批4人次、仙游物泊科技有限公司办理1批1人次。

【领事保护宣传活动】　2022年1月11日，市、县外事办在仙游县联合开展领事保护宣传活动，进企业、进村入户宣传领事保护。先后到给力机械（集团）有限公司、和平村和沧溪村进行领事保护宣传，督促驻外企业做好安全生产、安保、安全教育培训等工作，健全规章制度，设立境外企业和机构安全总监并制定应急预案。指导企业做好风险防控和安全保障，协调解决企业急难愁盼的问题，助力企业提升境外安保能力水平，确保境外企业和出国人员的人身财产安全。摸清仙游县海外企业人员及出国人员信息。5月18日，在仙游鲤中步行街开展领事保护知识宣传活动，发放领事保护宣传材料500余份，提高群众防范意识。

（余明海）

侨　务

【概况】　2022年，仙游县旅居海外华侨3万余人，归侨及侨眷4.99万人，是福建省侨务工作大县。6月，仙游县人民政府侨务办公室（简称县侨办）接待海外闽籍华商“一带一路”暨RCEP协定研修班一行35人；10月，向福建青年菲律宾联会成立5周年发送贺信；11月，推荐2名华侨列席市人大会议。全年办理华侨回国业务40件。

【服务侨胞】　2022年，县侨办向县财政局申请2022年度归侨退休职工生活补贴1.80万元并于年底前发放完毕（实际发放1.76万元）。春节期间，走访慰问困难侨胞。为福建侨商投资企业协会推荐会员1人。

【涉侨群众业务受理】　2022年，仙游县做好涉侨群众业务受理工作。通过“仙游统战信息”微信公众号、县行政服务中心综合（侨办）窗口开展侨法政策宣传。明确办理要求，并提供具体业务人员联系方式，让涉侨群众详细了解办理条件，带齐所需材料，避免走“弯路”，

2022年11月4日，县侨办在园庄镇政府中心门口举行“侨法宣传月”活动。图为工作人员分发侨法宣传手册（县侨办供图）

实现“最多跑一趟”或“一趟不用跑”。全年协助县公安局、各乡镇（街道）派出所受理侨胞相关业务40件，其中开具不具备华侨身份认定书39份、华侨身份证明1份。

【侨法宣传】 2022年11月，仙游县举行“侨法宣传月”活动。组织各乡镇（街道）、管委会利用辖区内公共区域宣传载体，在乡镇机关大院、城区主干道、人流量密集场所进行侨法宣传氛围布置，悬挂侨法宣传横幅300余条；联合县侨联、园庄镇政府等单位在园庄镇政府中心门口举办“侨法宣传月暨依法维侨 凝聚侨心 贯彻落实党的二十大精神”活动，发放侨法宣传册及侨法宣传品200余份，向群众解读涉侨法律法规，提高群众依法维权意识。培养干部职工学习侨法自觉性，提升侨务法治观念和为侨服务水平。

（李丽琴）

台港澳事务

【概况】 2022年，中共仙游县委台港澳办公室（简称县委台港澳办）围绕“台胞台企登陆第一家园桥头堡”等目标任务，以台创园等为平台，落实海峡两岸发展政策，加强对台港澳交流交往，推进仙台、仙港、仙澳发展。至12月底，仙游县有台资企业94家，其中农业企业83家（含个体工商户）、工业企业11家，涉及鞋业、化工、塑胶、彩印、物流、农业开发等行业，提供就业岗位1.75万个。7月27日，港胞吴良好获香港特区政府大紫荆勋章，港胞郭芙蓉获香港特区政府荣誉勋章。

【仙台经贸交流】 2022年，仙游县加强仙台项目对接。结合仙游县产业布局，利用仙台交流活动平台，加强对接推介，推动对台农业合作项目落地，新批落地企业3家。福建莆田台创农业综合开发有限公司被福建省市场监管局确定为两岸嘉宝果产业标准共通试点。台湾红宝石葡萄柚等新品种5个、嘉宝果鲜果深加工新技术1项、生产线和割草机等新设备3套落户仙游县。9月23日，县委台港澳办组织甜柿、牛樟、嘉宝果系列产品参加仙游县农民丰收节筹展会。11月12—13日，县委台港澳办分别在龙岩、晋江举办甜柿推介活动；做好甜柿与本来生活网等电商的对接，开展甜柿直播推介活动。

【“莆台一家亲 共庆欢乐年”新春联谊活动】 2022年1月31日，仙游县在钟山镇台湾农民创业园承办“莆台一家亲 共庆欢乐年”新春联谊活动，邀请在莆台胞46人参加，市委书记付朝阳、县委书记

2022年1月31日，莆田市委书记付朝阳（前排中）到仙游县台湾农民创业园，开展“莆台一家亲”新春联谊活动，与在莆台胞共迎新春、共庆佳节。图为工作人员向付朝阳介绍台湾特色农产品

（县委台港澳办供图）

2022 年 3 月 6 日，仙游县在仙游县台创园核心区钟山镇举行“一棵树，两岸情”主题活动　　（仙游台创园供图）

在建的莆田市皮划赛艇仙游基地　　（县委党史方志办供图）

吴文恩等市、县领导与在莆台胞共迎新春。

【“一棵树，两岸情”植树活动】 2022 年 3 月 6 日，为迎接“三八”国际妇女节及植树节，仙游县在仙游县台创园核心区钟山镇举行“一棵树，两岸情”主题活动，20 名女性台胞参加。

【仙台同拜妈祖活动】 2022 年 5 月 12 日，为纪念妈祖 1062 周年诞辰，仙游县妈祖文化交流协会在仙游霞苑妈祖宫与台湾大甲镇澜宫、新港奉天宫等共同开展拜妈祖活动。活动采取视频连线方式，同步开展线上祈福活动。

【惠台利民政策】 2022 年，仙游县落实惠台政策措施，落实福建省“66 条”和莆田市“35 条”实施意见和仙游县“18 条”惠台政策措施。做好金融服务，推荐仙游台创园 13 家台企入选仙游县 2022 年“白名单”企业名单，享受中小企业担保公司融资担保服务。

【服务台商台青】 2022 年，县委、县政府分别召开关于在仙台商、台青反馈问题协调工作会议，协调解决嘉宝果系列食品加工厂房建设、牛樟芝种植基地山地租赁、农机用油购买等问题。

【港胞支持家乡建设】 2022 年 8 月，港胞吴良好回到家乡仙游，以个人名义捐赠 1000 万港元，用于建设木兰溪金威公园，支持仙游县社会事业建设。木兰溪金威公园以木兰溪城区段为载体，东起宋桥，西至兰溪大桥（仙游大桥），全长 850 米，改造提升面积约 7.50 万平方米。该工程建设皮划艇、龙舟训练基地，文化休闲广场，提升木兰溪公园南岸滨水带及木兰溪两侧景观，形成以木兰溪为主的中心景观轴。

（郑祁斌）

经济管理

宏观经济管理

【概况】 2022年，仙游县发展和改革局（简称县发改局）推进发展改革、重点项目管理、城乡一体化、价格管理等工作重点。2022年，仙游县地区生产总值626.99亿元，比上年增长6%；规模以上工业增加值245.70亿元，增长8.4%；农林牧渔业总产值46.77亿元，增长7.3%；全社会固定资产投资301.68亿元，增长11.9%；一般公共预算总收入47.23亿元，增长14%，其中地方一般公共预算收入29.65亿元，增长14.9%；社会消费品零售总额359.48亿元，增长4.6%；外贸出口总额36.75亿元，增长48.3%；实际利用外资2533万美元；居民人均可支配收入29440元，增长6.8%。居民消费价格指数控制在103%以内；完成节能减排降碳等市下达各项约束性指标任务。

【经济运行监测】 2022年，县发改局加强经济政策研究，发挥统筹协调作用，开展国民经济运行态势分析，收集汇总仙游县经济运行情况，做好月度、季度、半年和全年计划执行情况（含重点项目建设）分析，把握经济运行态势，定期撰写计划执行情况分析报告，总结经济运行特点，剖析存在问题，提出对策措施建议。聚力发展提质增效、产业转型升级、项目攻坚突破、聚力提高招商实效、强化资金争取，加快构建现代经济体系，推动鞋服纺织、工艺美术等传统产业转型升级；电子信息、新型功能材料等新兴产业倍增集聚；数字经济、绿色经济、文旅经济、海洋经济四大经济融合发展，以产业发展引领县域经济发展，完成县十八届人大一次会议确定的目标任务。

【重点项目投资】 2022年，仙游县有省重点项目7个，总投资212.10亿元，年计划投资24.20亿元，完成投资25.70亿元，占年计划的106.4%。市重点项目66个，总投资616.30亿元，年计划投资111.10亿元，完成投资114.50亿元，占年计划的103.1%。县重点项目260个，总投资1787.70亿元，年计划投资192.80亿元，完成投资194.80亿元，占年计划的101%。项目实现开工41个，竣工41个。

【项目成果】 2022年，仙游县在第二十届“6·18”中国·海峡项目成果交易会完成项目成果对接85项，总投资6.63亿元，涉及电子信息、光机电一体化、机械制造、轻纺、现代农业、生物及新制药、新型材料等方面。仙游县围绕市委、市政府“俯下身子抓产业、一心一意谋发展”部署主题，根据仙游产业特色与产品特点，组织金溪茶业有限公司的精品茶、福建省智胜矿业有限公司的精加工陶瓷零件、福建莆田市天映商务服务有限公司的抖音电商直播基地演示、仙游时速半导体科技集团有限公司的12英寸半导体单晶硅圆棒等产品参加展销。

【窗口审批服务】 2022年，仙游县所有项目工程审批事项实现无纸化审批、“不见面审批”，全程网办率100%。年内，办理项目登记858个、项目总投资326.90亿元；政府投资审批项目73个、总投资约74亿元；企业投资项目核准2个、总投资约1.50亿元；企业投资项目备案783个、总投资约251.40亿元。

【仙游木兰抽蓄电站预可行性研究报告审查会】 2022年8月14日，水电水利规划设计总院主持召开仙游木兰抽水蓄能电站预可行性研究报告审查会议。历经3天的现场查勘、集中听取报告、分组讨论，《福建仙游木兰抽水蓄能电站预可行性研究报告审查意见》通过评审。12月15—18日，仙游木兰抽水蓄能电站可研阶段枢纽布置格局、正常蓄水位选择及施工总布置规划“三大专题”报告审查会召开。并通过“三大专题”报告。

（朱颜媛）

国有资产管理

【概况】 2022年，仙游县有县级国有企业123户，资产总额369.73亿元。负债总额243.94亿元，负债率65.97%，从业人员1649人。

【国资国企监管】 2022年，仙游县落实建立县政府向县人大常委会报告国有资产管理情况制度。贯彻“以管资本为主”加强国有资产监管要求，加快形成国有资产监管体制，推动国有企业发展。

【国有资本经营预算管理】 2022年，仙游县做好县级国有资本收益收缴管理工作，按规定比例预算国有企业上缴利润收入。全年入库国有资本经营预算收入768万元，支出为调入预算统筹使用。

【惠企政策落实】 2022年，县财政局会同企业主管部门落实县级惠企政策，落实惠企资金1.31亿元，其中县公交公司运营补助1529.83万元，“一企一策”补助资金及上级专项要求的县级配套资金补助1.16亿元。

（郑彩霞）

财 政

【概况】 2022年，仙游县一般公共预算总收入47.23亿元，比上年增长14%，增幅居全市第一位。其中，地方一般公共预算收入29.65亿元，增长14.9%。全县一般公共预算支出65.84亿元，增支11亿元，增长20%。政府性基金预算收入6.83亿元（其中土地基金6.37亿元），政府性基金支出27.12亿元。

【财政收入拓宽】 2022年，仙游县财政局（简称县财政局）发挥财政职能，统筹谋划财政收支、盘活现有存量资金、向上争取资金，把牢财政大盘。关注和服务重点行业重点税源企业，落实减税退税降费和缓税政策，兑现各级各类惠企补助资金，支持实体经济。对接政策，向上争取资金补助，全年上级下达转移支付补助30.87亿元，获得新增债券42.77亿元、再融资债券3.21亿元。盘活结转结余资金，按规定收回存量资金3.88亿元。强化工作措施，加大闲置国有资产处置力度，加强行政事业性收费和罚没收入等征缴管理，促进非税收入应缴尽缴，全年非税收入8.60亿元。

【财政政策落实】 2022年，仙游县落实融资“白名单”政策，县内相关企业获得163笔融资担保，总担保额度6.13亿元。发放中小微企业纾困优惠贷款80笔计4.06亿元，财政贴息后企业年化利率不超过3.35%。为169户符合政策的国有房屋承租户减免租金2607.86万元。拨付就业补助资金1724万元、工业企业技改专项补助1487万元、外贸发展资金1185万元、促进工业稳定增长奖励资金474万元。

【民生保障资金投入】 2022年，仙游县注重民生发展，提升民生基本保障，支持教育发展，改善民生基础设施、优化人居环境。加大财政投入力度。下达城乡居民最低生活保障金1.05亿元、城乡居民医保8217万元、特困人员救助供养3962万元、残疾人生活和护理补贴3244万元；下达基本和重大公共卫生服务经费6604万元，提升基层公共卫生服务能力；支持公共卫生工作，一般公共预算安排拨付突发公共卫生事件应急处理资金2088万元。安排教育强县资金6832万元、农村中小学生公用经费1.05亿元；安排教育费附加6000万元，用于改善办学条件、创高中达标建设、中职教育学校建设等支出；安排债券资金1.29亿元，保障公办幼儿园新建及提升项目、职业教育整合扩容提升工程等建设；加大科技创新扶持力度，拨付科技经费2210万元。下达木兰溪流域生态补偿资金3077万元，饮用水水源生态补偿资金781万元；投入8759万元，用于老城区污水管网工程及农村生活污水治理工程建设；拨付主城区卫生保洁管理“1+N”服务项目资金4296万元，下达共建美丽乡村专项补助和县级配套资金2375万元；下达老旧小区改造资金3877万元；拨付垃圾焚烧处理、城区垃圾分类屋（亭）运营管理等资金1672万元。

【乡村振兴资金投入】 2022年，仙游县做好巩固脱贫攻坚成果衔接乡村振兴相关工作。下达各级脱贫衔接补助资金5077万元，拨付乡村振兴试点示范村资金1673万元。支持“三农”工作开展，拨付农民培育补助资金224万元，拨付农田建设资金2710万元，拨付粮食风险基金890万元，安排专项债券3200万元用于全县粮食安全保障设施项目建设。

【重点项目资金投入】 2022年，仙游县保障重点项目建设资金需求。新增债券资金安排仙港工业园区和鲤城新区管委会安置区建设13.41亿元、县棚户区改造工程8亿元、七大片区改造工程5亿元、县第一医院（一期）项目6亿元、木兰溪综合治理工程1.71亿元、九鲤湖管委会和菜溪岩管委会旅游开发和提升改造项目1.03亿元。木兰溪流域生态环境综合治理及提升项目获得亚洲开发银行1.90亿欧元（约合人民币14.03亿元）贷款授信支持。拨付各片区政府性建设项目购买服务费2.89亿元。

【财政管理】 2022年，仙游县深化预算执行、绩效监控、政府采购、财政评审、国企改革、国资管理等领域改革。落实《中华人民共和国预算法》及其实施条例有关规定，提升财政管理水平。印发《关于加强预算管理的通知》，提升财政管理工作质效。推进零基预算改革，预算编制更加精细合理。财政预算管理一体化系统各业务模块实现上线运行，提升指标管理精准化水平和强化预算约束力。优化预算绩效管理体系，项目支出实行“无预算绩效不立项”，实施项目绩效目标监控跟踪，完成4本预算1615个项目超58.30亿元绩效目标申报。提高政府采购管理效能，提升节约率，全年政府采购成交金额1.34亿元，节约资金900万元，平均节约率6.29%。提高财审工作服务水平，严把财政性项目资金审核使用关，完成工程预、结算项目120个，送审总造价27.83亿元，审后造价核减1.08亿元。加强国有资产管理，盘活闲置资产，按程序处置、招租等拍卖交易金额4299.68万元。实施国有资产管理模式创新，推动国有资产管理体制改革，成为全市唯一具备2家AA级国有企业的县（区）。推动非税收缴电子化和财政电子票据管理改革，实现政府票据无纸化。

（林 辉）

税 务

【概况】 2022年，仙游县税务局（简称县税务局）组织税费收入61.76亿元，比上年增收11.21亿元，增长22%，其中税收收入43.57亿元（含留抵退税3.67亿元），增收4.77亿元，增长12.3%，增幅居全市第一位。社会保险费收入13.46亿元，增长18.05%；非税收入完成8.35亿元，增长556.4%，其中国有土地使用权出让收入6.63亿元；办理出口退税2.20亿元，增长26.99%；办理免抵调库0.85亿元。

【减税降费】 2022年，仙游县落实党中央、国务院新的组合式税费支持政策决策部署，深化“快退、狠打、严查、外督、长宣”五项举措，提升留抵退税质效，确保惠企利民税费优惠政策落实快、准、稳、好。全县新增减税降费及退税缓税缓费8.80亿元，其中增值税留抵退税惠及99户纳税人3.67亿元，缓缴税费惠及1093户纳税人1.54亿元，为市场主体减负担、强信心，为经济发展添活力、增动能。

【纳税服务】 2022年，仙游县重点关注解决纳税人缴费人“急难愁盼”问题，提升纳税服务质效，纳税人满意度测评全省排名从第78名提升至第46名。网格走访“添温度”，建立领导和网格化走访机制，实现全覆盖关联走访纳税人1.34万户，走访率100%；纳税体验“拓深度”，开展“领导干部走流程”活动，收集问题建议10余

2022年6月，县税务局联合仙游农商银行启动“党建引领聚合力，税银联动大走访”活动。图为工作人员走访企业 （陈国孟供图）

条并跟踪落实解决，全市首创招募涉税专业服务机构人员担任“税费服务体验师”，常驻办税厅开展导税帮办，助力纳税服务提质增效；银税互动“强力度”，联合仙游农商银行开展“税银联动大走访”活动，为纳税信用良好企业提供融资渠道，缓解企业融资难困境；定制服务“提高度”，建立“税悦工作室”，组建专家人才团队，推行定制化专家服务，打造“办税有难题，就找工作室”品牌。

【征管质效提升】 2022年，仙游县推进发票电子化，增进市场主体发票使用便利。为新设立户中领用专票的381户纳税人核定电子票并开展辅导，降低企业经营成本，提高税收管理效率。在全电发票试点工作中，按要求完成731户纳税人预先服务的通知辅导工作，选报3户纳税人完成全电受票试点工作。推进智慧税务建设，提升纳税服务质效。全年电子税务局受理审批涉税业务5.26万户次件，线上办理占比95.79%，减轻纳税人负担，减少征纳成本，提高服务效率。利用大数据开展退税提醒，助力外贸企业提信心、稳发展。推进税务法治建设，提升执法服务水平。落实“三项制度”（公示制度、全过程记录制度、重大执法决定法制审核制度），优化行政执法方式，推行“提醒式”约谈，到企业开展政策宣讲辅导，助力企业合规稳定发展。聚焦精准监管，拓展“数据管税”应用成效。注重“关口前移”，搭建风险识别模型，拓展数据来源，提升风险监管能力，依托省税务局风控平台、自然人电子税务局和“金税三期系统”，查补税款3亿余元，涉及企业5家。

（陈志伟）

金融监管

【概况】 2022年，仙游县金融工作领导小组办公室（简称县金融办）健全金融服务体系，落实落细稳经济金融政策，主动靠前服务，提升金融服务实体经济质效，为实体经济发展注入金融动能。全年新增4家银行业金融机构在仙游设立分支机构。

【金融防范与化解】 2022年，仙游县做好金融风险监测、评估、化解工作。化解属地企业不良贷款18家18笔3.79亿元。至年底，全县贷款不良率1.1%，比上年下降0.51个百分点。开展防范和处置养老领域非法集资专项行动，加大宣传力度，线上线下联动，宣传《防范和处置非法集资条例》，筑牢防范非法集资“防火墙”。

【政府性融资担保服务】 2022年，仙游县贯彻市“白名单”企业融资担保政策。全年莆田市中小企业融资再担保有限公司为仙游县企业融资担保129笔5.16亿元，笔数、金额均居全市第一位。提升县政府融资担保机构服务质效，公布县“白名单”企业名单，仙游县中小企业融资担保有限公司为县级“白名单”企业融资担保0.84亿元，年末融资担保余额1.88亿元。

【应急转贷】 2022年，仙游县做好企业应急转帮扶工作，为10家企业办理过桥转贷资金10笔2.56亿元，确保企业及时转贷，预防县域企业信贷资金链断裂风险。

【纾困增产增效专项资金贷款】 2022年，仙游县推动银行、企业利用“金服云”平台，对接省100亿元纾困增产增效专项资金贷款。全年仙游县企业（含个体工商户）获得5.75亿元授信，降低企业融资成本。

【企业上市帮扶】 2022年，仙游县推荐5家企业申报重点上市后备企业，福建海安橡胶有限公司、新万鑫（福建）精密薄板有限公司被列入福建省重点上市后备企业库。

【金融机构入驻】 2022年，仙游县做好协调、服务工作，支持4家银行业金融机构在仙游设立分支机构。其中，平安银行莆田仙游支行于11月开业。

【金融风险防控】 2022年，仙游县强化金融风险防控措施。指导法人银行机构将应对挤兑风险事件作为专项指标纳入支行年度绩效考核机制，加强关注存款保险的相关舆情，做好存款保险政策宣传与解读，编制应急预案，化解不良舆情。6月23日、30日，分别联合仙游农商银行、仙游瑞狮村镇银行开展集中取款事件应急演练，提高法人银行机构集中取款事件的预防和应急处置能力。采取“现场预警、注重联防、强化约束”3项措施，推动仙游瑞狮村镇银行加强负债能力建设。深化与县政府的监管协作，强化信息共享，补齐监管短板，消除监管盲区，引导银行机构强化风险防范意识，加大不良贷款处置力度，全县银行不良贷款率下降，改善信用风险状况。

【电信网络新型违法犯罪打击】 2022年，仙游县开展“断卡”行动专项督导。根据涉案账户分布情况，组织人员对9家银行机构开展打击电信网络诈骗暨“断卡”行动工作督导。强化新开账户业务审核，针对客户及其风险特征设定不同账户功能，审慎与客户约定并合理动态调整非柜面交易限额和身份核验方式，确保账户功能和客户正常交易结算需求相符。围绕“跨网点升级账户、跨网点调增网银限额”等涉案账户新特点，把控无合理理由新开网银增值服务及账户升级等业务。开展存量账户排查，对存量银行客户进行合理分类，分别采取相应的风险防控措施，对排查中发现的近72万个风险账户采取只收不付、暂停非柜面交易、降低转账限额等管控措施。向辖内银行机构发送加强春节期间账户风险防控、警惕利用数字人民币转移电诈涉案资金、警惕利用以贷款名义开立银行账户用于违法犯罪活动的风险提示。做好重点账户线索挖掘，加强涉案账户同一存款人名下其他账户、与涉案账户存在交易的账户、与涉案账户涉案特征相似的账户排查，视风险情况采取账户管控措施。协助公安机关捣毁涉电信诈骗团伙1个，抓获犯罪嫌疑人7人。提升宣传直达性和覆盖面，联合县公安、检察、法院等单位开展打击电信网络犯罪“进农村、进园区、进学校”宣传活动。全年开展26次宣传活动，接受群众咨询2000余人次，发放宣传折页1万余份，受众1万余人次。组织开展打击整治养老诈骗专项行动，制定专项整治养老诈骗宣传工作方案，部署银行、保险机构加强防范养老诈骗宣传，收集线索，报送公安部门。

【反洗钱工作推进】 2022年，仙游县推动莆田市首起“洗钱罪”宣判，与莆田市中心支行反洗钱科联动，推动2022年莆田市首起“洗钱罪”宣判，人民银行福州中心支行网站刊登《莆田市三年行动首例洗钱罪案件宣判 实现县域地区洗钱罪案件判决全覆盖》。依托反洗钱职能优势，配合开展扫黑除恶斗争常态化工作，督促金融机构加强涉黑涉恶资金监测工作，重点关注黑恶势力涉足贷款诈骗、非法集资、地下钱庄等违法犯罪活动，开展风险排查。制定并实施《仙游县金融放贷领域整治工作方案》《中国人民银行仙游县支行金融放贷行业领域整治工作方案》，维护金融放贷行业秩序。

【“征信修复”乱象治理】 2022年，仙游县根据《福建省“征信修复”乱象治理“百日行动”实施方案》，对“征信修复”开展整治行动，对照市市场监督管理局筛选的企业名单，发送提示函、电话联系等，引导企业注销或变更企业名称及经营范围。

【汇率风险管理】 2022年，仙游县指导企业提升汇率风险管理水平。开展“外汇服务中小微企业落实年”活动、“外汇套保首办拓户”专项行动。指导银行强化外汇市场专业人才队伍和能力建设，联合开展汇率风险靶向宣传，实现外汇衍生产品业务“扩面增量”，指导银行达成外汇衍生品履约交易1.03亿美元。培育人民币跨境结算主体，提升跨境人民币比重，办理跨境人民币结算6.96亿元。便利真实贸易企业收付汇，夯实经常项目管理基础工作。按季度开展个人外汇业务暗访工作，通过会议通报形式，督促银行落实问题整改。

【外汇业务监管】 2022年，仙游县按月做好6家样本企业贸易信贷数据采集及审核工作、10家外汇指定银行结售汇统计数据核实工作、2家法人银行机构对外金融资产负债及交易统计数据核实工作、银行卡境外交易信息统计非现场核查工作。对工商银行枫亭支行、工商银行仙游支行开展国际收支统计现场核查，并根据核查实际情况，对相关主体进行外汇监管约谈，督促整改问题。强化非现场监管，打击外汇违法违规行为，依托区块链、大数据分析等科技手段，完善外汇数据信息导查工作，分析外汇市场情况变化，加大对重点领域、重点业务、重点渠道的监管力度，加强与公安、税务、反洗钱等跨部门的联动协作，防范跨境资金流动风险。开展外汇管理突发事件应急演练。

【银行业保险业监管】 2022年，中国银行保险机构监督管理委员会莆田监管分局仙游监管组在莆田银保监分局的授权和统一领导下，依法依规负责仙游县银行保险机构及其业务活动的监管工作，收集仙游县有关金融风险的信息向上报告，承担交办的其他工作。至年底，仙游县有银行机构13家，其中法人机构2家，即农村商业银行和村镇银行各1家；国有商业银行5家，股份制银行5家、城市商业银行1家，共有营业网点88个。全县银行业资产总额699.65亿元，其中各项贷款余额382.92亿元；负债总额674.74亿元，其中各项存款余额572.09亿元。有保险机构20家，其中财险公司和寿险公司各10家，共有营业网点45个。全县保险机构累计原保费收入8.91亿元，其中财险公司3.25亿元，寿险公司5.66亿元；累计赔付支出2.56亿元，其中财险公司1.75亿元，寿险公司8134.54万元。

（余丽丽、蔡坤峰）

审 计

【概况】 2022年，仙游县审计局（简称县审计局）出台《仙游县审计局关于开展能力作风建设三年行动的实施方案》，开展能力作风建设活动；出台《仙游县审计局关于开展“创新创优创强”活动的实施方案》，开展“创新创优创强”活动。全年县审计局完成审计项目32个。审计查出主要问题金额3.54亿元，其中违规金额1505万元，管理不规范金额3.39亿元，非金额计量问题229个。2022年，县审计局获评全县“奋进争一流、实干开新局”擂台赛“走前头”部门。

【重大政策措施跟踪审计】 2022年，仙游县开展区域重大战略推进实施情况审计，包含绿色经济、数字经济、海洋经济领域财力保障和政策落实情况审计，查出管理不规范金额33.54万元，非金额计量问题3个，移交问题线索1条。

【预算执行审计】 2022年，仙游县开展县本级上年度财政预算执行情况审计，查出主要问题金额2.86亿元，其中管理不规范金额2.86亿元，非金额计量问题26个。

【经济责任审计】 2022年，仙游县以促进地方政府科学发展，领导干部依法履职尽责，规范权力运行为目标。出具县民政局、人社局、信访局等11个单位主要领导经济责任审计报告。查出主要问题金额3922.20万元，其中违规金额321万元，管理不规范金额3601.20万元，查出非金额计量问题126个。

【自然资源资产审计】 2022年，仙游县开展自然资源资产离任审计，促进领导干部算好“生态账”，当好“绿水青山”的护航者，开展县自然资源局等单位领导干部自然资源资产离任审计项目3个，查出主要问题金额296.83万元，非金额计量问题73个。

【专项审计及审计调查】 2022年，仙游县围绕粮食领域风险防控、安置房建设管理情况、行政事业单位2022年度补贴奖金个人所得税扣缴情况等重点领域，开展专项审计及审计调查。审计查出主要问题金额2787.94万元，其中违规金额1184万元，管理不规范金额1603.94万元，非金额计量问题74个。

【审计整改】 2022年，仙游县推进审计整改，强化审计查出问题整改制度建设，规范审计整改认定标准，确保审计整改质量、效率“双提升”。在十四届县委审计委员会第二、四次会议和县政府常务会议上，专题汇报审计整改工作情况，压实整改责任。加大审计整改力度，组织审计整改“回头看”，督促被审计单位开展整改工作。县委审计委员会推动审计发现问题整改，整改率95.36%。

【内部审计】 2022年，仙游县做好新形势下内部审计指导监督工作，发挥内部审计在审计全覆盖中的基础性作用，推进《关于加强内部审计管理的十条措施》贯彻落实，指导各相关单位建立健全内部审计机构和相关制度。组织内审人员到县审计局跟班学习，以审代训，提高业务能力。健全信息沟通渠道，定期收集统计内审机构相关信息，指导做好内审统计工作。

【研究型审计建设】 2022年，仙游县探索建立研究型审计考核评价机制，修订《仙游县审计局目标绩效综合考核奖惩内容与标准》，将研究型审计工作纳入考核内容，压实各分管领导、股室的目标责任，树立审计研究的导向。在审计项目实施前，出台《关于审计项目前期准备工作的意见》，做好对被审计单位及所在地区、行业、领域的相关政策的研究，做好审前理论研究。坚持问题导向，结合审计项目行业特点，收集分析行业舆情，把被审计单位涉及的政策、改革要求、发展方向研究透彻，围绕重大政策落实、防范重大风险隐患、重点民生项目等审计内容，突出审计重点，发现可能存在的问题。注重研究审计发现问题及其深层次体制机制原因，要求审计意见和建议要有针对性，语言简洁精练，指向明确，切合实际，让被审计单位执行起来有据可依，确保审计意见和建议被采纳。

（李宇欣）

统 计

【概况】 2022年，仙游县统计局（简称县统计局）执行国家各项统计报表制度，做好各项常规统计年报和定期报表工作，开展第五次全国经济普查筹备工作，推进复工复产工作，加大对数据的挖掘、深入解读和分析研判力度，发挥统计监测职能，反映全县经济社会发展成果。定期编制《国民经济重要指标完成情况表》《统计月报》《统计年鉴》《统计公报》等。

【统计调查】 2022年，仙游县以数据质量为中心，开展各项统计工作。组织实施农业、工业、建筑业、批发和零售业、住宿和餐饮业、房地产开发、能源、投资、人口、劳动工资、社会、科技等领域各项常规统计调查；每月按时、按质、按量完成报表监测、审核、汇总上报工作，提高报送质量，开展业务指导。仙游县地区生产总值、规模工业增加值、财政总收入、农林牧渔业总产值4个指标增幅居全市第一位；全社会固定资产投资（不含农户）、社会消费品零售总额、居民人均可支配收入、资质内建筑业总产值、商品房销售面积5个指标增幅居全市第二位；住宿餐饮业营业额增幅居全市第三位。

【统计入库】 2022年，仙游县累计新增入库“四上企业”105家，比上年增长69.4%。其中，规上工业26家，资质建筑业23家，限上批发零售31家、限上住宿餐饮12家，房地产6家，规上服务业7家。

【统计服务】 2022年，县统计局围绕县委、县政府中心工作和经济社会发展的重点问题，提高服务意识，调研分析全县重点行业的发展状况，反映各行业的基本概况、发展特点和存在问题。抓好数据生产和数据分析，确保真实反映区域发展成果。2月，组织开展全县统计业务培训会议，详解业务难点。3月，组织全体干部挂钩鲤城街道富洋村，配合挂钩村做好政策宣传、秩序维护、排查登记、服务群众等工作。10月，派出6名干部下基层做好服务群众工作。

【统计法治宣传】 2022年，仙游县注重加强理论学习，提高领导干部支持统计工作、维护统计工作独立性的法律意识和责任意识。全年县委、县政府中心组组织开展统计学习4场，参加学习的各级领导干部200余人次。开展各类统计法治宣传6次，发送手机宣传短信1000余条，向社会各界发放《中华人民共和国统计法》和《中华人民共和国统计法实施条例》宣传小册子500余册。开展“统计知识进党校”活动。开展知识培训2期，参训人数近200人。

【统计执法】 2022年，仙游县强化统计执法力度，清理纠正违法行为，提升统计数据质量。对县内42家企业（项目）开展统计监督检查，立案2起，结案2起，清退2家停业企业，完成清理11份违反《中华人民共和国统计法》精神的文件，筑牢依法统计、依法治统防线。

【第五次全国经济普查筹备】 2022年，仙游县开展第五次全国经济普查各项筹备工作，印发《仙游县统计局关于组建第五次全国经济普查筹备领导小组及办公室的通知》，成立普查筹备小组及办公室，明确组成人员及工作职责。做好普查经费预算、物资保障等普查前期工作的基础调研和统筹谋划。

（李奕娴）

市场监督管理

【概况】 2022年，仙游县市场监督管理局（简称县市场监管局）优化营商环境，探索商事登记制度改革，服务企业“零距离”，促进市场主体发展；推进实施商标广告战略，提升商标培育和品牌建设；整顿市场经济秩序，严格食品药品安全监管，加强特种设备安全监管，提高质量综合管理，查处无照，打击传销，助力消费维权，推动诚信建设。全县市场主体突破19万家，居全市第一位；新增“个转企”2696家，“下转上”92家。

【市场主体注册登记】 至2022年底，县内资企业3.25万户，注册资本995.54亿元；本期新增内资企业9133户，注册资本157.77亿元，分别比上年减少23.06%和增长0.86%。农民专业合作社817户，成员出资总额20.54亿元。本期新发展农民专业合作社66家、注册资本1.21亿元。本期注销内资企业4716户。实有个体工商户16.28万户，比上年增长28.13%；注册资本149.14亿元，增长39.78%；新发展3.69万户，增长36.01%；注册资本43.79亿元，增长62.77%。登记外资企业165户，注册资本5.56亿美元，比上年分别增长4.43%和0.86%；新设立登记8户，注册资本621.24万美元，减少11.11%和96.22%。

【商事登记制度改革】 2022年，仙游县优化流程，实行企业开办“1+X”套餐式服务，推广使用省、市企业开办“一网通”平台，整合登记注册、刻制公章、申领发票、

2022年（期末）仙游县内资企业行业分类统计表

表6　　单位：户

行业分类	总合计户数	内资企业数					私营企业数			
		合计户数	公司户数	分公司户数	非公司企业法人户数	营业单位、非法人分支机构户数	合计户数	独资企业户数	合伙企业户数	公司户数
合计	32467	768	316	282	105	65	31699	3306	48	28345
农、林、牧、渔业	699	33	21	1	8	3	666	145	1	520
采矿业	11	0	0	0	0	0	11	3	0	8
制造业	3225	59	24	6	29	0	3166	487	2	2677
电力、燃气及水的生产和供应业	122	45	15	8	22	0	77	2	0	75
建筑业	1093	41	22	18	0	1	1052	14	0	1038
交通运输、仓储和邮政业	255	38	11	24	3	0	217	32	1	184
信息传输、计算机服务和软件业	831	23	6	17	0	0	808	72	2	734
批发和零售业	21636	195	55	49	35	56	21441	2145	6	19290
住宿和餐饮业	228	5	2	2	0	1	223	138	1	84
金融业	155	128	2	126	0	0	27	0	0	27
房地产业	393	51	44	5	1	1	342	20	0	322
租赁和商务服务业	1354	66	52	8	5	1	1288	57	34	1197
科学研究、技术服务	1116	42	28	14	0	0	1074	11	0	1063
水利、环境和公共设施管理业	78	16	14	2	0	0	62	1	0	61
居民服务、修理和其他服务业	439	14	8	2	2	2	425	139	0	286
教育	44	0	0	0	0	0	44	0	0	44
卫生和社会工作	31	1	1	0	0	0	30	6	0	24
文化、体育和娱乐业	757	11	11	0	0	0	746	34	1	711
其他	0	0	0	0	0	0	0	0	0	0

2022年仙游县内资企业数据分析统计表

表7

年末（期末）企业数	合计	按登记类型划分			
		公司	分公司	非公司企业法人	营业单位，非法人分支机构
户数（户）	768	316	282	105	65
注册资本（亿元）	167.49	126.86	0	40.63	0
年内新发展内资企业累计数（户）	67	41	26	0	0
年内注销内资企业累计数（户）	38	9	15	1	13

2022年仙游县私营企业数据分析统计表

表8

实有数			新增（发展）私营企业		注销户数（户）
户数（户）	其中：分支机构（户）	注册资本（出资金额）（亿元）	户数（户）	注册资本（出资金额）（亿元）	
31699	842	864.62	9066	154.50	4678

按登记类型划分

	合计	独资企业	合伙企业	公司
户数（户）	31699	3306	48	28345
注册资本（亿元）	864.62	5.99	7.96	850.67

2022年仙游县农民专业合作社登记管理情况统计表

表9

	户数（户）	出资总额（亿元）
期末实有	817	20.54
2022年新登记数	66	1.21

仙游县外资企业行业分布情况统计表

表10 单位：户

行业	户数	其中：2022年	
		新登记户数	注销户数
合计	165	8	3
农、林、牧、渔业	27	2	0
采矿业	1	0	0
制造业	54	1	1
电力、热力、燃气及水生产和供应业	0	0	0
建筑业	0	0	0
批发和零售业	33	1	2
交通运输、仓储和邮政业	1	0	0
住宿和餐饮业	11	1	0
信息传输、软件和信息技术服务业	8	0	0
金融业	1	0	0
房地产业	2	0	0
租赁和商务服务业	10	4	0
科学研究和技术服务业	15	0	2
水利、环境和公共设施管理业	0	0	0
居民服务、修理和其他服务业	0	0	0
教育	0	0	0
卫生和社会工作	0	0	0
文化、体育和娱乐业	2	0	0

银行开户预约、医社保信息采集、用水用气用电报装申请等事项，实现“一窗受理、并行办理”，企业开办环节精简为“一表申请、一窗发放”2个环节，企业开办时间压减至4个小时内。中国银行仙游支行进驻行政服务中心，现场提供银行账户，方便企业办理后续相关部门事项。降低成本，提供免费刻制印章服务，免费发放税务Ukey（密钥），免费提供打印服务，实现“零材料、零收费、零操心”。3398户企业享受免费刻制首套印章服务。梳理和分类管理涉及县级涉企事项，按照直接取消审批、审批改为备案、实行告知承诺、优化审批服务4种方式，直接复制推广“证照分离”进行分类审批改革，破解“办照容易办证难”和“准入不准营”问题。

推进企业及分支机构、个体工商户、农民专业合作社设立、变更、注销登记等许可审批事项“跨省通办”“省内通办”，推进“一件事套餐”，完善服务机制。通过“线上申报、快递寄递”等模式，推行全市“全域通办”，推动许可审批业务线上线下全面融合。全年办理全市“全域通办”事项1件，“一件事套餐”服务事项3426件。与县应急管理局推行的危险化学品经营企业“一事联办”事项被市营商办作为经验推广。

落实市场主体注销便利化改革工作，完善市场主体简易注销登记制度，压缩简易注销债权人公告期至20日，扩大企业简易注销适用范围；优化市场主体普通注销流程，为企业提供在线办理清算组成员备案渠道，登记系统增加企业注销公告功能页面，简化企业注销申请材料，县市场监管局与县税务局共享企业清税信息，不再收取企业纸质清税证明文书。全年注销企业4716户，其中简易注销企业3568户；注销个体工商户6379户，其中简易注销个体工商户385户。针对部分企业在简易注销公告期满且无异议信息的情况，无法在规定的办理期限内办理简易注销登记的，延长简易注销办理期限，便利企业退出市场。全县有9户企业延长简易注销办理期限。执行外商投资准入前国民待遇加负面清单管理制度，规范外商投资企业登记程序，落实外商投资信息报告制度，明确外商投资企业材料规范，完善外商投资企业登记事项，宣传外商投资企业登记政策，做好外商投资企业登记5年过渡期衔接。

【服务市场主体发展】 2022年，仙游县依托市场主体全程电子化登记系统，推行网上办、掌上办、预约办“不见面审批”服务，实行轮流值班制度，保障电话和服务畅通。网上办服务依托“福建省网上办事大厅”等线上办事服务功能，提供在线业务指导，实现线上业务审批；掌上办服务依托“全程智能化登记系统”，实现“微信申报+自主申报+自动审核+自助打照”的无接触审批；预约办服务采取多元指导、线上预约、线下办结形式。受理企业设立、变更登记网上预审件328件，接待群众电话咨询266人次。

实现食品经营许可（告知承诺类）压缩至即办。2月8日，开展销售预包装食品备案工作，办理备案2488户次。推行小型餐馆食品经营许可告知承诺制，对经营场所面积在50—150平方米且经营项目仅限热食类食品制售的小型餐馆申请食品经营许可，实行告知承诺制，经验在全市推广。实行食品和小餐饮告知承诺制24户次。推行专营乙类非处方药零售企业经营许可告知承诺制，优化药品零售企业经营许可审批流程。

加大对实体经济的支持力度，向投资者提供高效、便捷的商事登记服务，利用银行网点分布广优势，县市场监管局与仙游农村商业签订《政银合作协议》，发挥商业银行便捷、高效、优质的服务网络优势，仙游农商银行在其网点投放使用5台个体工商户“自助打照机”，提供自助办照服务，并为企业无偿提供商事登记代理业务。全县有7台“自助打照机”，实现个体工商户“自助打照机”布点全市最多。全年通过“自助打照机”申请营业执照2.09万份。设置审批绿色通道，专人负责、靠前服务、全程指导重点项目企业，协助农村小规模工程建设等多个项目完成40余家公司的注册登记。印发《仙游县扶持个体工商户发展联席会议制度》，加强部门协作，扶持个体工商户发展。做好个体工商户经营者变更登记工作，办理个体工商户经营者变更登记38户次。

【商标广告监管】 2022年，县仙游县按照“培育一批、扶持一批、推荐一批”原则，指导具有一定规模和实力的企业优先申报地理标志证明商标、驰名商标、集体商标。全县有地理标志商标5件，集体商标2件。立案查处商标侵权案件7起，案值1.17万元，罚没款51.88万元。其中，办理侵犯“NIKE”（耐克）等鞋类商标案件4起，案值0.97万元，罚没金额51.06万元，对案件涉及的608双侵权商标的鞋面给予扣留。重点查处涉及人民群

2022 年仙游县商标注册分析统计表

表 11

注册商标总量								占福建省注册商标总量的比例（%）	占莆田市注册商标总量的比例（%）	新增注册商标（件）	按商标类别		
总件数（件）	其中			按类型分							第 25 类服装鞋帽等（件）	第 30 类茶米等（件）	第 20 类家具竹木工艺品（件）
	驰名商标（件）	地理标志（件）	集体商标（件）	商品商标		服务商标							
				件数（件）	占总量的比例（%）	件数（件）	占总量的比例（%）						
26164	10	5	2	19392	74.12	6772	25.88	1.17	18.08	3614	308	270	214

众健康安全的医疗、药品、化妆品以及工艺美术等领域违法广告，立案查处广告违法案件 109 件，案值 6.68 万元，罚没款 30.29 万元。

【市场经济秩序整顿】 2022 年，仙游县查处各类违法案件 629 件，罚没款 452 万元。其中罚款万元以上案件 45 件，罚款 5 万元以上案件 30 件，10 万元以上案件 20 件。

落实《福建省查处无证无照经营行为办法》，加强监管执法。立案查处无照经营案件 94 起，案值 17.79 万元，罚没 6.70 万元，加大对无照经营的查处力度，维护市场秩序。推进市场主体抽查工作，制定完成年度抽查计划，建立完善 2022 年度检查人员名录库及检查对象名录库，完成对 781 家企业的“双随机”抽查并在省跨部门协同监管平台公示。完善经营异常名录制度、商事主体信息公示制度，依法列入经营异常名录企业 3046 家次，依法受理并移出异常经营名录企业 917 家次。与县税务局、人社局沟通联系，筛选连续两年未年报被列入经营异常名录的 289 家企业，完成吊销工作。

做好涉传销人员后续监管工作，将参与传销人员的情况通告其户籍所在地及其家属，加强传销参与人员教育工作，签订《拒绝传销承诺书》，录入全国打传系统，防止其回流和再次参与传销活动。开展打击网络传销专项行动，部署基层市管所、局执法大队摸排检查网络传销重点行业、区域，保持在全市打传考评优秀等次，配合县公安局查处 2 起传销案件，涉案金额 200 余万元。

调整县联席办成员单位和联络员，县政府分管副县长任总召集人，5 个召集部门主要领导任副召集人，指导成员单位建立投诉举报处理回应机制。开展 3 起政策文件清理工作。开展公平竞争政策宣传周活动，前往京东产业园、天纵直播基地等企业，宣传《中华人民共和国反不正当竞争法》《中华人民共和国反垄断法》等法律法规，通过讲解社会热点案例，以及滥用市场支配地位、限制竞争等行为的具体表现形式，提升市场主体和人民群众对公平竞争、合法竞争意识。

关注群众反映强烈的、集中的食品药品安全、欺行霸市、传销等问题，制定工作方案，部署开展市场流通行业领域专项整治。查处 606 起案件，罚没 433.03 万元，查办案件数、罚没数均居全市前列，收到“三书一函”（监察建议书、司法建议书、检察建议书、公安提示函）2 份，按要求完成整改落实。制定出台《仙游县市场流通领域整治工作方案》《仙游县市场监督管理局 2022 年常态化扫黑除恶斗争工作要点》，健全打击假冒伪劣、广告监管、打击防范传销、跨部门“双随机”、无证照经营整治等长效监管工作机制，全年新建网络餐饮食品安全监管线上线下一体化监管工作机制。

联合县城管局开展针对物业服务企业侵占业主公共收益、收入及分配不公开等问题的联合检查，加大宣传力度，发挥“12315”消费者维权服务站和联络站的前沿作用，讲解合同格式条款相关法律法规，指导小区住户识别“霸王条款”，加强自身维权。针对各平台网络集中促销期、节假日等重要时间节点，开展网络市场监测及后续监管工作，发现并依法查处网络违法违规行为。全年查处涉网案件 27 起，罚没 4.75 万元，比上年小幅提升。

组织开展网络订餐平台、网红店集体约谈会，约谈、培训和宣传相结合，明确网络订餐第三方平台及入网餐饮户应履行的法定义务和承担的法律责任，与会的“网红店”负责人现场签订《食品安全责任书》。对“网红店”在售食材开展抽样检测，覆盖美团、饿了么等平台，包括饮料、甜品、麻辣烫等消费者点单量大的食品，检测 13 家 52 批次。全年检查网络餐饮服务第三方平台和入网餐饮服务提供者1534户次，通过“线上线下一体化”信息共享暂停入网餐饮户服务85户次，发现问题线索43条，开展“回头看”检查43条。

【食品安全监管】 2022年，仙游县强化生产流通环节食品安全监管，组织开展节假日食品、“守底线、查隐患、保安全”、食品生产加工小作坊专项整治工作、食用植物油问题专项整治工作、糕点专项整治工作、食品生产安全风险排查防控工作、农村食品生产经营行为规范整治、保健食品行业专项清理整治、食用农产品“治违禁 控药残 促提升”三年行动。开展央视“3·15”晚会曝光问题酸菜再排查处置等食品安全监管专项行动，出动执法人员6253人次，检查食品生产经营单位5100家次，发现风险问题数275个，完成处置100%。打击各类违法行为，立案查处生产流通环节食品违法案件49起，其中简易案件2起，罚没款54.66万元；强化冷链食品新冠疫情防控工作，以冷冻肉品交易的农贸市场、冷库、商场超市和大型餐饮单位的冷链环节为重点检查对象，加大对冷链食品的监管力度，打击经营无“四证”（工商营业执照、组织机构代码证、税务登记证、社会保险登记证）进口冷链食品的违法行为，出动执法人员2582人次，检查各类经营场所1682家次，查验新增进口冷链食品760批次、9656件、114.28吨；开展冷链食品监督抽检37批次，均合格，督促冷链食品企业整改问题8个，立案查处1起冷链食品违法案件；推进食品安全“一品一码”信息追溯工作，督促辖区食品生产经营企业操作录入福建省食品生产经营追溯管理系统。至12月底，平台食品生产企业注册62家，上传信息13.69万条，食品销售单位注册821家，上传信息504.53万条。

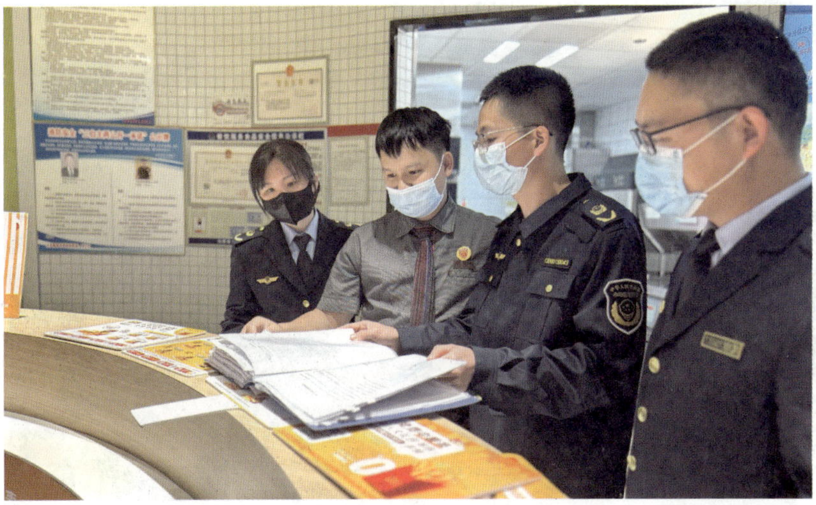

2022年3月15日，县市场监督管理局在仙游中骏世界城开展食品安全检查

（县市场监管局供图）

【餐饮服务领域监管】 2022年，仙游县强化日常监管，开展校园及周边、节假日食品、网络订餐等食品安全专项整治工作，打击各类违法行为。立案查处餐饮环节违法案件30起，其中简易案件22起，罚没款12.44万元。推进“一品一码”追溯信息录入，指导学校食堂、大型以上餐饮服务单位、集体用餐配送单位等特定餐饮服务提供者注册并录入追溯管理系统，注册大型以上餐饮服务单位、集体用餐配送单位15家，注册学校食堂201家。突出重大活动保障，防控餐饮食品安全风险，开展中高考、两会期间等重大活动食品安全保障工作，对定点接待单位开展食品安全监督检查、指导，对存在的问题出具监督意见书，选派食品安全驻点监督员实行驻点监督、全程监控，预防食物中毒和食源性疾病等食品安全事故的发生。加强餐饮环节监管，督促指导餐饮单位特别是参与学校供餐的5家餐饮企业落实好食品安全主体责任，履行食材进货查验、餐饮具清洗消毒、食品留样等食品安全管理制度。

【县食安办工作】 2022年，县食安办出台《2022年仙游县“治理餐桌污染 建设食品放心工程”工作方案》，明确食品安全工作重点。落实《仙游县贯彻落实莆田市创建国家食品安全示范城市迎检工作方案》，上报创城样本点位信息22个业态1409家，举办3场“食品超市、食品小作坊、中小学校及幼儿园食堂（养老机构食堂、医疗机构食堂）”现场观摩学习会。牵头印发《关于贯彻落实建立健全分层分级精准防控末端发力终端见效工作机制 推动“两个责任”落地落实的工作方案》，推动食品安全属地管理责任和企业主体责任落实。优化营商环境，在全市率先试行食品经营许可告知承诺制，食品经营主体总量居全市第一位。增加食品抽检频率，开展食源性疾病监测和食品安全风险监测；强化农产品源头管控、禁止野生动物交易，深化校园食品、网络订餐、冷链食

2022 年 9 月 14 日，县市场监督管理局、县检察院、县公安局、县农业农村局联合在方圆荟举行 2022 年食品安全宣传周活动。图为工作人员向群众宣传食品安全（唐伟供图）

品、“三小”（小饭店、小作坊、小食品）等重点领域监管；严惩食品安全违法犯罪行为，查办食品违法案件 126 起（公安部门立案查处 12 起、抓获犯罪嫌疑人 16 人）。发挥先进典型示范引领作用，新培育“三品一标”农产品 17 个，“金沙薏米”入选全国名特优新农产品和福建十大农产品区域公用品牌，把“度尾文旦柚”“金沙薏米”纳入全国名特优新农产品名录，新创省级“明厨亮灶”示范单位 3 家。开展“食安创城公益广告”“食品安全宣传周启动仪式”等宣传活动，发挥“一报一台一网”及融媒体中心所属新媒体平台作用，发布食品安全消费提示，跟踪报道食安创城、食品专项整治工作部署及成效，刊播发《仙游人，这份倡议书请查收》等资讯，引导广大群众理性消费、参与食安创城。在仙游广播电视台《百姓监督》栏目，聚焦食品安全整治行动，回应社会关切。全县食品抽检合格率 98.5% 以上。市对县 2022 年度食品安全评议考核工作，居全市第二位；组织对各乡镇（街道）履行食品安全职责进行考核。

【药品安全监管】 2022 年，仙游县推动药品零售企业审批改革，简化新开办药品经营企业的筹建审批环节和程序，新开办药品零售企业 35 家、换发药品经营许可证 14 家、发放三类医疗器械许可 33 件。至 12 月底，全县有药品零售企业 224 家，三类医疗器械经营企业 172 家，医疗机构 273 家，化妆品经营企业 2388 家。开展医疗器械质量安全风险隐患排查治理工作、药品零售与使用环节专项整治行动、药品安全专项整治行动、疫苗流通使用专项治理、化妆品安全等专项整治行动，检查药品医疗器械经营使用单位 550 家次，检查疫苗接种单位 24 家次。推进建立企业信用电子监管档案和信用等级评定制度，推动药品、医疗器械经营风险分级管理工作开展。

【特种设备安全监管】 2022 年，仙游县开展特种设备日常监督检查。开展大型游乐设施、起重机械、压力容器、压力管道、电梯等各项专项检查行动和重大活动及节假日的安全保障行动。出动监察人员 1032 人次，检查特种设备使用单位 512 家次、检查特种设备 1283 台次，排查并消除一般安全隐患 35 处，日常检查计划完成率 100%、使用登记率 100%、定期检验率 100%、问题整改闭环率 100%。组织开展 32 场应急救援演练，涵盖住宅小区、公共场所、企业等场所，提高企业和市民的应急处理能力；组织宣传队伍到农村、住宅小区、商场超市等区域开展电梯安全知识宣传活动 10 余场，发放宣传资料 2000 余份；开展安全生产月宣传咨询日活动，设置咨询服务点 1 个，制作宣传展板 2 块，发放宣传图文资料 1000 余份、印有安全宣传标语的礼品近 500 份；制作的电梯安全宣传视频登上“学习强国”福建学习平台，通过“今日头条”、微视频等新媒体投放，点击量 10 万人次；通过微信公众号、微信工作群等渠道发送特种设备安全知识 30 余次。

【质量综合管理】 2022 年，仙游县申报 2021 年度“全国红木古典家具产品知名品牌创建示范区”品牌价值评价，推动古典家具行业品牌跃升。指导福建省三福古典家具有限公司参与第二届莆田市政府质量奖评选工作。开展小微企业质量提升行动。推进福建莆田台创农业综合开发有限公司开展“两岸嘉宝果产业标准共通试点”项目。制定《沉香木制品感官验货规范》团体标准。

【产品质量监管】 2022 年，仙游县开展重点工业产品质量安全监管工作，对危化品生产企业、工许证企业进行产品质量安全隐患排查，督促企业排查质量安全隐患，确保产品质量安全。开展电线电缆质量提升行动、儿童和学生用品安全守护行动、塑料污染治理、消防产品质量提升行动等专项整治行动。开展县级古典家具、工艺品产品质量监督抽查工作，强化古典家具产品质量监管。督促重点工业产品生产企业建立质量安全管理人员制度，强化生产企业质量主体责任意识。补充完善产品质量智慧监管平台基础数据仓企业信息库，确保产品质量监督抽查任务顺利开展。年新增工业产品生产许可证获证企业 2 家，查处生产不符合标准产品案件 1 起，罚没 1514 元。

【网络交易监管】 2022 年，仙游县针对各平台网络集中促销期、节假日等重要时间节点，开展网络市场监测及后续监管工作，发现并依法查处网络违法违规行为，年查处涉网案件 98 起，罚没 143.90 万元。

【反垄断和反不正当竞争】 2022 年，仙游县配合上级单位开展反垄断、反不正当竞争执法工作，以日常监管和抽查监管作为掌握市场主体经营状况、完善监管基础数据和发现问题、发现案源的有效措施。在主动监管发现案源的基础上，结合投诉举报、双随机抽查以及其他部门、上级部门转发的案件线索，追查、挖掘潜在案源，实现监管领域全覆盖。年内，未立案查处不正当竞争案件，案件成效不足。结合“公平竞争政策宣传周”、“3·15”国际消费者权益日安全生产宣传月等系列现场宣传活动，向经营者和消费者宣传反垄断和反不正当竞争相关法律法规，通过讲解社会热点案例，以及滥用市场支配地位、限制竞争等行为的具体表现形式，提升市场主体和人民群众对公平竞争、合法竞争的意识。

2022 年 3 月 15 日，县市场监督管理局在仙游中骏世界城一楼举办“保护知识产权 提振消费信心”“3·15”国际消费者权益日现场宣传活动

（县市场监管局供图）

【计量工作管理】 2022 年，仙游县开展“5·20”世界计量日宣传工作。在鲤城木兰社区举行免费检定电子血压计、额温枪活动；强化民生计量工作，对 10 家民营加油站开展计量监督检查；推广莆田市计量器具数字化动态监管系统运用；开展 2022 年度定量包装商品净含量“双随机”抽查工作，抽查企业 6 家，抽查产品 6 类 16 批次，净含量标注合格 15 批次、合格率 93.75%，净含量检验合格 4 批次、合格率 93.75%；开展计量单位使用情况检查，检查 2 家单位，督促新闻、出版、电视领域正确使用法定计量单位；开展重点用能单位能源计量审查，审查 2 家企业。

【消费者维权】 2022 年，县市场监督管理局综合投诉举报服务台与县消费者权益保护委员会共同受理消费者投诉及举报 4.19 万件，其中适用简易程序调解投诉案件 1.26 万件，为消费者挽回经济损失 157.89 万元，诉转案 38 件。受理“12345”便民服务投诉及信访件 1956 件。围绕“共促消费公平”年主题，发布消费提示、警示，宣传“食品安全”“餐饮安全”“药品安全”“用妆安全”“网络消费安全”和“质量安全”等法律法规知识。发展在线争议解决企业 8 家，将线下纠纷引导至线上调解，提高在线和解的参与度和成功率。

【消费者权益保护】 2022 年，仙游县消费者权益保护委员会设会长 1 人，秘书长 1 人，委员 39 人，会员 72 人。与县市场监管局综合投诉举报服务台受理消费者投诉件 5185 件，为消费者挽回经济损失 157.89 万元，接受法律法规及电话咨询 200 余人次。全县有“12315”消费者维权站点 439 个，其中“一会两站”（消费者协会，投诉站、联络站）349 个，“12315”“五进”（进商场、进超市、进市场、进企业、进景区）90 个。对消费者维权站人员进行法律知识业务培训，培训 100 余次。发布消费提示，强化消费维权宣传工作。通过在农贸市场、药店、酒店等商铺LED屏滚动播放消费维权知识。开展电商企业培训教育，在微信公众号、抖音、广告行业协会网站页面上发布《广告发布提醒告诫函》，告诫电子商务平台、电子商务经营者开展广告宣传活动。

（柏春良）

价格监管

【价格监测】 2022年，仙游县推进民生价格监测工作，丰富价格监测品种，扩大监测点覆盖面。设置6个食品监测点，监测内容包含7大类35种关系群众的粮、油、肉、蛋、菜等副食品价格；扩大对农业生产化肥、种子以及生产资料监测，设立2个农资价格监测点，监测内容包含3个大类15种常用农业生产资料价格。健全民生价格信息发布工作机制，拓宽价格信息发布渠道，做好与县统计局、工信局、市场监管局沟通协作，实行信息共享，提升信息准确度，发挥价格监测对稳定市场价格的作用。完善价格监测工作规章制度，明晰工作职责，强化责任意识，参加价格监测业务培训，提升价格监测人员业务水平。

【价格管理】 2022年，仙游县建立收费目录清单“四级联动”（市、县、镇、村四级联动），实行动态调整管理体系、常态化公示制度，建立收费报告制度、公开收费目录清单。清理并公布2022年度行政事业性收费单位名单及收费项目76个单位45个收费项目，其中2022年发布的行政事业性收费目录清单中8个涉企单位14个涉企收费项目；清理并公布实行政府定价管理的经营服务性收费项目3类6项，其中涉企经营服务性收费3项。

县发改局牵头，会同县工信局、财政局和市场监管局制定《仙游县涉企违规收费专项整治行动实施方案》，成立由县发改局、工信局、财政局、市场监管局牵头，县民政局、交通运输局、莆田银保监分局仙游监管组等部门组成的仙游县涉企违规收费专项整治行动工作小组，依托县减负办，开展涉企违规收费专项整治行动。整治涉企违规收费，查处乱收费、乱罚款、乱摊派，为市场主体特别是中小微企业和个体工商户减负。落实中央生态环境保护督察整改要求，加强水电站生态下泄流量监管。县发改局牵头会同县工信、水利、生态环境等部门和电网公司，确定2022年度属地纳入考核的水电站名单，每月通报上月水电站生态下泄流量考核情况，对辖区内水电站生态下泄流量落实情况全覆盖抽查，每月抽查比例不低于5%。落实关于清理规范城镇供水供电供气供暖行业收费促进行业高质量发展的意见，清理取消不合理收费，完善价格形成机制，规范价格收费行为。启动水价调整机制，核定价格成本，确定盈利水平，调整水利工程供水价格，完善供水价格机制。

【价格认定】 2022年，县发改局履行价格认定职能。做好涉案物品价格认定工作，开展价格认定165件，标的金额361万元，提高工作的质量和效率。参与全县土地、房地产的评估价格论证及招拍挂底价确定5件，增加土地财政收入。发挥成本监审服务职能，加强对成本监审结论运用情况的督查，提升对定价的约束作用。

（朱颜媛）

知识产权保护

【概况】 2022年，仙游县新增专利授权643件。县市场监管局指导“仙游九条茶”“书峰青黛”“钟山大米”申报地理标志证明商标；指导“味在园庄”申报集体商标，11月13日，国家知识产权局发布初审公告。指导新万鑫（福建）精密薄板有限公司获得“2022年度国家知识产权优势企业”称号、莆田市坚强缝制设备有限公司复核获得“2022年度国家知识产权优势企业”称号、福建歌士玮集团有限公司获得“2022年度福建省知识产权优势企业”称号。至年底，仙游有国家知识产权优势企业2家，省级知识产权优势企业2家，注册商标2.62万件，中国驰名商标10件，中国地理标志5件，集体商标2件，发明有效数量133件，每万人拥有发明1.47件。

【知识产权服务】 2022年，县市场监管局与京东仙游产业园对接创建“知创福建”公共服务平台应用，方便企业在平台进行知识产权信息查询、知识产权专员申报、质押贷款补助登记等的信息的使用。邀请县检察院与电商相关企业家代表座谈，对企业如何建立知识产权侵权预警机制、增强知识产权法律意识、应对侵权行为提出意见。指导3家企业5个专利登记贷款质押。兑现落实福建省知识产权优势企业（福建中裕新材料技术有限公司）

获得10万元奖励补助。

【知识产权违法查处】 2022年，仙游县查处侵犯商标侵权和非正常专利申请的违法经营行为。立案查处知识产权案件11起，罚没款52.37万元。处理国家、省、市级流转的监测非正常专利申请行为114件，撤回专利申请95件。

（柏春良）

海关监管

【概况】 2022年，莆田海关仙游监管科（简称仙游海关监管科）开展仙游县辖区进出口企业管理、进出口货物物品检验检疫和鉴定等工作，服务仙游县企业外贸进出口业务。全年仙游企业出境申报6189批次、货值4872.60万美元，其中竹木草制品出境申报5826批，货值4249.60万美元；蛋制品出境申报291批，货值538.60万美元；茶叶出境申报15批，10.50万美元。出口产品质量稳定，未发生质量问题。

【竹木草制品出口监管】 2022年，仙游海关监管科建立关企协调机制，动态掌握企业出口意向及困难，跟踪指导开发如意、木扇等新产品，开拓新市场；督促企业树立质量安全主体责任意识，规范检疫除害处理，降低出口产品退运风险；强化检验检疫信息服务，多渠道收集国外风险预警信息，帮助提高仙游企业应对技术壁垒的能力；提供预约加班服务，安排人员开展属地查检，满足快速通关需要。监管仙游竹木草制品出口5826批、货值2.88亿元。

【蛋制品出口监管】 2022年，仙游海关监管科指导企业引入GAP（良好农业规范）先进管理理念，推进蛋鸭标准化、生态化养殖，围绕企业的目标市场，实施备案管理，把好蛋制品原料质量关；开展企业自检自控和日常监管“回头看”，突出养殖、加工、储运等关键环节，建立从原料到成品的全流程可追溯体系；畅通出口通道，有机衔接查验、送检、放行、出证等环节，实行随到随检、快检快放。监管蛋制品出口291批、3423万元。

【蛋糕出口监管】 2022年，仙游海关监管科回应企业开拓蛋糕出口渠道需求，做好出口目的国相关法律法规和技术标准解读；指导企业完善HACCP（危害分析的临界控制点）食品安全卫生控制体系，做好菌落总数、大肠菌群、霉菌等18项关键指标检测；设立“快审快放”便利通道，助力仙游蛋糕企业开拓国外市场。6月，监管4000箱小蛋糕首次出口越南，价值27.10万元。

【乌龙茶供港监管】 2022年，仙游海关监管科采取线上“一对一”辅导，帮助企业了解香港茶叶技术标准；加强茶叶基地原料管控，协助引导种植户规范生产，指导企业实施66个农残项目检测，严防农药残留、重金属污染、有害微生物超标等风险；优化通关服务，实施“智能审单+自主打印+邮寄签证”证书服务模式，缩短业务办理时间。4月，监管720千克仙游首批乌龙茶供应香港，价值3.24万元。

【进口货物物品检验检疫】 2022年，仙游海关监管科发挥属地主管海关职能，运用“全国通关一体化”“提前申报”“两步申报+N”等多种通关模式叠加效应，快速实施进口货物目的地查验、办结查验手续，满足仙游仙作工艺品原料和高端食材进口需求。全年累计验放进口猛犸象牙1630.80千克、进口燕窝180千克、进口金刚菩提和棕榈树籽等工艺品原料292包。

（周国松）

园区 新区

仙游经济开发区

【概况】 仙游经济开发区地处海峡西岸经济区的中心地带、莆田市南大门、湄洲湾南北岸湾底接合部，南邻肖厝港，东接秀屿港，西连福泉高速公路出入口处，东南紧接出海通道。2022年，辖枫亭、郊尾、盖尾、园庄4个乡镇，区域总面积313.10平方千米，总体规划面积70平方千米。全年仙游经济开发区核心区54家规模以上工业企业完成产值258.73亿元，比上年增长28%；完成固定资产投资92.93亿元，增长28.53%；实现工业税收3.93亿元，增长25.16%。新增规模以上工业企业4家，年产值超亿元的企业29家，创税500万元以上企业17家。

【重点项目建设】 2022年，仙游经济开发区华峰绿色纤维产业园一期厂房及公用配套15栋完成13栋并投入使用；二期厂房及公用配套完成10栋主体建设，水电调试；三期项目完成方案设计。鑫瑞新材料A1车间主体施工封顶，A2车间内部及外墙装修，A3B6车间收尾，A5车间三层主体封顶，B5附属用房及消防水池装修及设备安装施工，围墙施工300米，其他基础设备、室外雨污、消防管道施工；A7B1基础完成；A8完成基础，厂区道路完成碎石垫层。智胜特种陶瓷生产线扩建厂房主体封顶，砌墙。南佧生物车间二期洁净区施工完成，沸腾干燥间投产，胆红素车间安装调试，其余车间投产。睿拓金属制造一期完工并投产。强友实业一期、二期工程完工，投入使用。给力机械扩建完工。智野实业扩产一期投产。康保无尘设备安装，二期厂房基础施工。嘉辰、创博、创信鞋业搬迁通过验收并投用。旺威材料科技产业园完成土方平整，移交郊尾镇施工建设。华峰生活配套区完成土方平整，华峰物流供应链项目移交枫亭镇施工建设。

【招商引资】 2022年，仙游经济开发区管委会（简称开发区管委会）以产业招商、专业招商为重点，突出开放招商。对接招商项目8个，落地2个。和拓（仙游）新材料产业园项目计划总投资50亿元，综合楼、3号厂房完成基础结构，1、2号厂房独立承台施工，3号厂房搭建钢构厂房梁柱，综合楼第一层建设；艾德鞋材项目计划总投资3000万元，完成厂房租用及莆田德弘鞋业有限公司注册，设备订购，进行装修。签约2个，华峰服装产业园生产项目，计划总投资23.73亿元，完成征地及土方平整，22.11公顷项目用地获批，对接企业土地挂摘牌手续。海安集团高端装备产业园项目，计划总投资30亿元，二期项目完成片区控规修编，一期成片开发方案获省自然资源厅批复，其中15.67公顷土地组件送审；二期成片开发方案公示；完成一期林地报批，二期林地报批开展前期手续；完成一期土方地形测量、地质钻探，完成96万立方米土方和石方含量测算；片区主干道完成可研编制、项目代码，组件土地报批材料；业主编制项目可研报告初稿，签订框架协议。洽谈华峰鞋服自主品牌研发智造、“中国李宁”鞋类产品研发中心及生产基地、石墨烯新材料、歌士玮嘉适步自主品牌、协胜智能智造、连续热扎铜精密带卷复合材料生产、差别化功能纤维等7个项目。

【基础设施建设】 2022年，开发区管委会推进基础设施项目建设，完善园区配套基础设施建设，提高园区承载力。拓展发展空间，提高园区综合竞争力和可持续发展能力。完善慈岳片区基础设施，枫秀西路 6.80 千米竣工通车，慈岳中路完成路床碎石垫层、桩基及桥梁下部结构施工；南片区仙港大道连接线（枫亭段）道路工程完成 8 根冲孔桩灌注；北片区园景路完工；五里岭片区外环路完成地形测量，开展地质勘察与施工图设计等前期工作；集镇区公园东路完成地勘、施工图图审和立项，协调控规；锦山路及安置房图审完成初稿，立项受理；枫秀西路铺头安置房完成基础设施建设，主体施工。

【安全生产】 2022 年，开发区管委会加强安全监管，落实安全责任制，强化安全意识。第二十个安全生产月活动期间，悬挂安全生产横幅 260 条，张贴宣传画 200 余张，举办知识竞赛 2 场，参观图片展览 600 人次，发放安全生产宣传资料 1.20 万余份。利用各类会议开展安全宣传，召开安全生产专题工作会议 7 次。组织培训辖区相关特种作业人员 40 人。6 月，组织园区部分企业负责人、安全管理人员 86 人开展安全知识培训并颁发安全生产培训合格证。邀请枫亭消防中队、市场监督管理局相关负责人为开发区企业开展消防安全、特种设备安全管理和企业安全用电知识培训。落实安全生产主体责任，与企业签订安全生产目标管理责任书，明确政府行政“一把手”为安全生产第一责任人。下发文件布置安全生产大检查工作。开发区管委会 6 名班子成员分别带队检查安全生产工作，排查隐患 263 个，停电整改企业 2 家。针对劳动密集型企业和纺织企业存在隐患风险实际，开展安全隐患社会化服务诊断，引进第三方安全生产技术服务机构，检查工业企业消防安全 102 家。开展百日攻坚整治行动，修复道路路面，增设危险路段、十（T）字路口安全标志及减速带、红绿灯、隔离栏等。开发区管委会联合交警部门创建企业交通安全劝导站管理模式，在企业设置交通安全劝导站，企业加强员工源头管理。邀请枫亭交警中队民警指导和培训交通业务，首批 16 个企业交通安全劝导站投入使用。联合枫亭交警中队、枫亭镇道路交通安全办公室（简称枫亭镇道安办）开展开发区内危化品运输企业安全大检查。

（郑防强）

2022 年 11 月 12 日，枫亭交警中队、开发区管委会、枫亭镇道安办等部门联合开展开发区内危化品运输企业安全大检查　　（薛燕辉供图）

仙港工业园开发区

【概况】 2022 年，仙港工业园开发区管委会（简称仙港管委会）开展开放招商，推进民生工程，园区配套设施优化，城市规模拓展。新增巨石新能源、柳坑片区污水改造、仕锦佳苑、华洋新苑、41 号地安置房、海亭花园 A 区安置房、海亭花园 B 区安置房、新万鑫技改二期 8 个项目入库，扩大库容量 24.85 亿元。加快项目建设进度，形成有效投资，全年完成固定资产投资 54.31 亿元，完成年计划任务的 93.64%，比上年增长 107.3%，完成率居全县之首；27 家规模以上企业完成产值 75.02 亿元，完成年计划任务的 73.55%，下降 20.26%。

【开放招商】 2022 年，仙港管委会配合县招商部门，开展电子信息及新型功能材料产业链招商。国城三元正极、厦门紫京新能源、巨石新能源、华思光电 4 个项目签约并落地建设，总投资 175.57 亿元。

【安置房建设】 2022 年，仙港管委会推进民生工程项目。琼峰、宝融、石鼓山一期、华丰商城、鸿运花园、柳坑片区改造 6 个安置区回迁 29 幢，总建筑面积 37.02 万平方米；加快续建安置房进度，乌头新村安置小区 4 幢竣工，石鼓山二期安置区 5 幢封顶装修；新建华洋新苑安置区、工艺产业园二期 3—6 号楼、金凤小区安置房、41 号地安置房，共 20 幢，总建筑面积 23.63 万平方米，完成部分主体建设；海亭花园 A 区、B 区 2 个预备项目开工建设。

【房地产建设】 2022年，仙港管委会推进房地产项目建设。其中，天辉悦府，外滩壹号，皇庭美域玉玺10、11、12期竣工，帝源财富里8幢完成内外装修，4幢封顶，其余的开展主体建设。

【基础设施建设】 2022年，仙港管委会强化城市基础设施建设。玉田大道、仙郊路2条市政道路竣工；推进城镇污水改造，柳坑社区示范点工程竣工。石鼓山一期、华丰商城、鸿运花园、柳坑片区改造6个安置区完成电力配套建设。

（官练春）

鲤城新区

【概况】 2022年，鲤城新区开发建设管委会（简称鲤城新区管委会），推进鲤城新区和大蜚山省级森林公园开发建设、旅游管理等工作。鲤城新区区域范围东至东三环，西至西二环路，南至学府路，北至莆永高速公路，区域面积1163万平方米。全年新增融资2.64亿元（其中农发行授信5.70亿元，发放1.26亿元；泉州银行0.79亿元；建行0.59万元）、专项债券资金5.20亿元；争取中央补助资金981万元；收回安置房差价款4048万元。

【安置房建设】 2022年，鲤城新区管委会建设安置区9个57幢，总建筑面积86.86万平方米。其中，竣工交付使用安置区1个6幢（育英花园，总建筑面积11.46万平方米，项目总投资5.09亿元）。

续建安置区5个31幢，建筑总面积42.91万平方米，项目总投资16.44亿元。其中，鲤北龙号安置区（7—11号楼）回购2幢总建筑面积3.49万平方米，主体封顶，进入装修阶段；鲤北万福61号地块安置区15幢总建筑面积22.91万平方米，主体封顶4幢，主体施工11幢；坝垅度下安置区2幢总建筑面积4.31万平方米，主体封顶；鲤城19号安置区6幢总建筑面积7.45万平方米，主体封顶；鲤北土寨双桥安置区（4—8号楼）6幢总建筑面积4.75万平方米，完成主体6层施工。

新动工建设安置区1个5幢（鲤城85号安置区），建筑总面积7.83万平方米，项目总投资4.02亿元（其中土地出让金收入1.13亿元）。5幢17层完成主体施工14层。该安置区是全县率先采用“安商房”——“出让＋建设＋回购”模式建设，打破传统的安置房政府直接投资建设模式，土地性质由“划拨”向“出让”转变，创新融资新模式，减轻政府建设期的资金压力。

建设安置区2个15幢，采用“安商房”模式建设，完成土地出让，组织进场施工；建筑总面积24.66万平方米，项目总投资11.53亿元。其中，鲤城17号地南侧安置区5幢总建筑面积7.72万平方米，回购价3.43亿元（其中土地出让金收入0.62亿元）；蜚山安置区二期10幢总建筑面积16.94万平方米，回购价8.10亿元（其中土地出让金收入1.89亿元）。

开展前期工作安置区4个27幢，建筑总面积50.46万平方米。其中，蜚山大家园安置区10幢总建筑面积17.97万平方米，完成施工图设计；鲤城93号地安置区5幢总建筑面积6.69万平方米，完成方案设计；鲤城公园安置区2幢总建筑面积3.90万平方米，完成立项、方案设计；洋面安置区10幢总建筑面积21.90万平方米，完成立项、方案设计。

【房地产建设】 2022年，鲤城新区续建房地产项目6个，分别是碧桂园·公园左岸、永鸿·和樾、建发融信·悦鸣苑、浩宇·榕樾府、碧桂园·天城二期玖鲤台、融信·悦著，均开盘、封顶，进入装修阶段。

【基础设施建设】 2022年，鲤城新区管委会建设市政基础设施道路项目11条长6286米。其中，新动工建设4条，长1798米，金源路长267米，宽12米，路坯施工；党校北街（贵峰路至北三环路）长664米，宽18米，部分混凝土路面施工；贵峰路（八二五北街至党校北街）长672米，宽20米，路坯施工；法庭路（育英花园段）长195米，宽24米，雨污管施工。续建、在建道路项目7个，长4488米，仙源路长244米，宽12米，竣工通车；法庭路（方圆荟段）长150米，宽24米，竣工通车；北三环路（东大路至东二环路）长860米，宽30米，完成碎石层施工；贵峰路（迎勋路至东二环路）长1562米，宽30米，完成碎石层施工；育英路长212米，宽24米，完成水稳，停工；城东路，长255米，宽24米，路坯施工，停工；财富家园北侧路长287米，宽14米，完成雨污水管施工；迎勋路排洪工程长648米，宽6米，完成约200米，停工；北三环外侧排洪工程（党校北街至迎勋路）长270米，宽4米，渠身施工。

开展前期手续市政道路项目12个长7.46千米，其中孝慈路长

鲤城新区鸟瞰图 （摄于2022年3月 唐伟供图）

458米，宽30米，完成工程预算审核，土地报批；锦鲤街长633米，宽18米，完成工程预算审核，土地报批；学园路（艺都路至宝龙西路）及支路长743米，宽18米，完成工程预算审核，土地报批；迎勋路（贵峰路至北三环路）长650米，宽40米，完成工程预算审核，土地报批；迎宾路（东三环路）长660米，宽40米，完成施工图设计，土地报批；北三环东段（东二环路至东三环路）长739米，宽30米，完成方案设计，土地报批；锦程街长642米，宽18米，完成施工图设计，土地报批；旧厝支路长276米，宽24米，完成施工图设计，土地报批；贵峰路（西一环路至蜚山安置区）长1600米，宽20米，融信北侧路长225米，宽18米，鲤北土寨排洪工程长500米，宽10米，鲤北阮内山排洪工程长336米，宽10米，均完成方案设计，开展施工图设计。

完成育英花园小区的硬化、绿化、亮化等配套工程建设，完善小区功能。完成对万福61号地110千伏电力、土寨双桥安置区公变迁改，锦鲤街电力1千伏缆化，17号地南侧安置区电力线路迁改建设。

【用地保障】 2022年，鲤城新区管委会推进经营性土地报批6幅34.62公顷。其中，美食城西侧地块46-3号地块（3.68公顷）完成报批，挂牌出让；鲤城东片区90号地块（5.33公顷）、鲤城东片区91号地北侧地块（7.53公顷）、鲤城东片区58号地块（3.80公顷）办理社保审批；鲤城西片区7—8号地块（8.20公顷）完成土地报批组件，并报送县自然资源局待批；鲤城西片区5—6号地块（6.07公顷）收集征地材料。项目用地报批9幅22公顷，其中安置区3幅13.51公顷，办理社保审批；市政项目6幅8.49公顷，办理社保审批。

【产权办证】 2022年，鲤城新区管委会完成办理安置户不动产转移登记395套。完成坝垅宫15、16号及商业楼，宫边一期1—9号楼，20楼及A、B裙楼，宋桥地下室车位出让总证登记；完成西一环西侧安置区3、5号楼，法院路安置区1号楼，玉井井边安置区1、2号楼，玉井农贸市场安置区1、2号楼，宫边二期11—19号楼划拨总证办理。

（李明勇）

仙游工艺产业园

【概况】 仙游工艺产业园位于仙游鲤城街道北宝峰社区和榜头镇泉山村（原旧工艺城及周边），东至龙腾路，西至东二环路，北至仙灵路，南至鲤南镇下楼村。园区规划用地面积一期410.40公顷、二期70.40公顷。全年完成总产值78.20亿元，比上年增长20%。9月29日，物泊公司通过法院法拍竞得仙游新艺都大酒店项目所有权。

【项目建设】 2022年，仙游工艺产业园管委会推进“党建+”邻里中心项目建设，建筑面积2748.50平方米，设置托幼托教中心、医疗卫生室、养老服务中心、文化生活服务中心，建成投入使用。

【基础设施建设】 2022年，仙游工艺产业园管委会投资200万元，建设清源东路与龙腾路交通信号灯，完善园区清源东路、紫檀街、龙腾路等路段交通安全标志标线等；投资150万元，整治整理旧仙榜路电信、移动、联通、广电四线线路缆化；投资200万元，配套完善清源东路榜头中学段雨水排水管、涵洞及三岔路口连接建设；投资100万元，建设艺都路（龙腾路—望明路）沿线行道树绿化工程。

【京东（仙游）数字经济产业园】 2022年，京东（仙游）数字经济产业园项目依托仙游优势工艺美术产业、农特产品等资源，将京东集团在“互联网+”领域的先进资源与仙游环境、区位和产业方面的优势深度融合，共同培育传统产业“数字化”发展的新动能。在园注册企业超过1000家，350家入驻办公，京东店铺数量576个，日均人流量超过3500人。基地作为典型案例入选商务部电子商务和信息化专刊，印发全国推广；产业园获得2022年商务部A级综合评价，是全省唯一获得A级评级的国家电子商务示范基地；基地2个项目入选2022年第5届数字中国峰会“应用场景优秀技术、产品和解决方案”；基地运营主体入选榜头镇2022年突出经济贡献企业。

【仙游抖音电商直播基地】 2022年，仙游抖音电商直播基地面积5万多平方米，配备完善的QIC（质检仓一体化运营中心）仓储一体化质检发货中心、集成化供应链产品中心及成熟的运营服务指导中心。全年商家商品交易总额指数值超48.65亿元，比上年增长63.1%，居全国同类抖音电商基地第一位。直接带动就业人员超2万人，间接带动就业人员超7万人，青年从业者超9000人次。仙游抖音电商直播基地被抖音平台评为“2022抖音电商宝藏大赏 星芒宝藏服务商奖”。

（陈泽冰）

仙游台湾农民创业园

【概况】 国家级福建莆田（仙游）台湾农民创业园（简称仙游台创园）地处福建东南沿海仙游县的北部，涵盖榜头、钟山、游洋、石苍、菜溪、社硎、书峰、西苑、度尾9个乡镇，区域面积1175平方千米，其中耕地1.03万公顷，山地9.20万公顷。2022年底，仙游台创园累计入园台资“农字号”企业和个体工商户84家，台商120余人，累计总投资1.02亿美元，开发面积2666.67公顷。其中，2022年完成总产值5亿元，比上年增长6.4%。

【特色产业】 2022年，仙游台创园建立6个特色基地、1个中心，分别是台湾名优水果种植基地，台湾花卉苗木繁育基地，台湾牛樟种植培育基地，油茶、苦茶种植基地，休闲观光农业基地和省级台湾青年就业创业基地和科技创新服务中心。甜柿、橘柚等台湾名优水果年产量2.01万吨，创产值3.50亿元；嘉宝果、樱花、牛樟等名优苗木年创产值7200万元；嘉宝果、牛樟、苦（油）茶等系列产业创产值7300万元。全年仙游台创园新落地台资农字号企业及个体工商户4家，分别是福建省天海农业种植有限公司、福建省莆田佑安食品有限公司、仙游县泰盛生态园开发有限公司、福建省京赫园休闲农业有限公司，合同投资额450万元。8个台湾良种落地仙游台创园。

【农产品销售】 2022年，仙游台创园携手仙游县甜柿协会分别在龙岩、晋江举行“助力乡村振兴，建设美丽‘柿’界”“乡村振兴、天下大‘柿’，农村致富、‘源’来‘柿’你”仙游甜柿宣传推广现场活动；加大与本来生活网合作力度，推荐山益、金瑶、申峰等多家园区主要甜柿生产企业与其合作，线上销售甜柿；组织园区企业参与首届“福品博览会”活动；联合本来生活网在展会现场举办仙游甜柿线上直播推介活动，通过产品推介、线上抽奖等活动形式，做到线上线下联合推广。

【交流活动】 2022年1月31日，莆田市委书记付朝阳到仙游台创园，开展“莆台一家亲 共庆欢乐年”新春联谊活动，与在莆台胞共迎新春、共庆佳节。3月6日，仙游台创园管委会、属地乡镇、台企福建省马偕生物科技有限公司及相关部门单位共同发起的“一棵树，两岸情”主题活动在仙游台创业园核心区钟山镇举行；全年邀请6批65人次台商台胞开展交流活动。

（胡秋仙）

农业水利

农业管理

【农业生产】 2022年，仙游县主要农产品生产总量45.96万吨。其中，粮食8.49万吨，比上年增长0.7%；油料0.89万吨，增长2.8%；甘蔗0.35万吨，增长2.7%；中药材0.01万吨，增长7%；蔬菜13.82万吨，增长5.9%；瓜果0.24吨，增长5.4%；食用菌2.48万吨，减少0.5%；茶叶0.33万吨，增长4%；园林水果13.90万吨，增长11.3%；肉蛋奶产量3.81万吨，增长1.9%；水产品1.63万吨，增长2.7%。

【农产品质量安全】 2022年，仙游县农业农村局（简称县农业农村局）巩固国家级农产品质量安全县创建成果，开展重大农产品质量安全监管工作。2月16日，在全省农产品质量安全监管工作视频培训班上，县农业农村局以“四个联动抓整治，三年行动见真效”为主题作典型发言。3月23日，在全省农资打假专项治理行动视频培训班上，县农业农村局以“强化落实‘检打联动’，推进农业综合执法”为主题作典型发言。年内，县乡两级农产品质量监管部门开展农产品质量安全线上巡查7797人次，巡查主体商家19.34万次；线下现场检查出动2368人次，检查主体1085家次；开展农药兽药残留检测1.59万批次，合格率99.9%；开展瘦肉精检测8804批次，合格率100%。强化监管执法，通过线上巡查、线下核查等方式开展农资管理。开展农资平台全覆盖线上巡查1248次，操作1.06万次，在线时长1.11万分钟，发现问题8个，责令相关农资单位限时整改，立案查处逾期未改的单位；线下出动528人次，核查农资单位145家，查处并办结经营劣质农药、无兽药经营许可证经营兽药、销售有效成分或含量与登记批准的内容不符的肥料、经营未取得农药登记证的农药、经营假农药等案件7起，罚没款人民币3.35万元，把好农资入市关。

2022年，仙游县蔬菜产量13.82万吨。图为游洋镇梧椿村的无疆蔬菜基地 （摄于2022年6月 朱彬颖供图）

【农业生态环境整治】 2022年，仙游县围绕中央、省、市、县中央环保督察及“回头看”，通过逐一对照排查、发现问题、制定方案、落实整改措施，推动农业面源污染防治工作。强化土壤污染源头预防、风险管控和治理修复，提升土壤环境质量，确保农产品质量安全。全年完成受污染耕地安全利用农产品产地环境长期定位监测点160个土壤和农产品样品采集与送检工作，检测数据补充完善耕地土壤环境质量数据库。开展受污染耕地安全利用面积1023.60公顷，管控类11.13公顷，受污染耕地农产品样本合格率

97.5%，安全利用率100%。

开展畜禽养殖“反弹复建”整治工作，完善畜禽养殖长效管理机制。成立督查组，督查乡镇畜禽养殖场，确保“发现一处，拆除一处”。1—5月，排查整治畜禽反弹复建养殖场390家，整治面积5.09万平方米。规模养殖场粪污处理设施装备配套率100%，粪污综合利用率98.33%。

开展木兰溪淡水养殖场尾水整治工作，加强对淡水养殖场尾水排放的监管。全县有45家淡水养殖场采取絮凝沉淀除磷等尾水处理方式完成初步治理措施。11月，县农业农村局配合生态环境局，提升改造尾水治理，采用吸附除磷方式进行处理。在全省率先推广安装淡水养殖场尾水在线监控设备，全县无超规划养殖、网箱养殖情况。

实施化肥农药使用量零增长减量化行动，推广测土配方施肥、耕地质量提升、化肥减量增效示范、推广病虫害绿色防控、统防统治、重大病虫害监测体系建设和农药减量控害等技术措施。推广测土配方施肥技术面积3.37万公顷次，推广绿色防控5.72万公顷次，专业化统防统治4.06万公顷次。全年化肥使用量（折纯）1.87万吨、农药使用量837吨，比上年分别下降3.12%、5.42%。9月27日，中国科学院学部咨询项目“农作物新发病虫害态势与防治对策”院士、专家“八闽行”暨座谈会在仙游县召开，仙游病虫害绿色防控工作得到院士、专家的肯定。

支持新型经营主体开展秸秆肥料化利用，对农作物秸秆采取机械切碎还田并深耕深翻作业。指导秸秆收集、贮运服务点开展秸秆基料化综合利用。全县农作物播种面积1.37万公顷，产生秸秆量11.09万吨，可采集秸秆量9.40万吨，综合利用率96%，秸秆综合利用量9.02万吨，其中肥料化利用5.32万吨；饲料化利用1.20万吨；基料化利用0.83万吨；燃料化利用0.66万吨；原料化利用0.57万吨。解决农田残膜污染，发挥市场主体和行业协会等社会组织的作用，建立健全农膜和农药包装废弃物回收再利用激励机制，种植业废旧农膜回收率86.2%。开展农药包装废弃物回收处置工作，建立农药包装废弃物回收点3个，全年回收农药包装废弃物28.50吨。

2022年，龙华镇的福建金溪茶业有限公司建立茶叶样品基因库，收集世界精品茶叶样品基因上千种（林群供图）

【生态农业产业主体培育】 2022年，仙游县培育一批生态农业产业主体，建立农场清洁生产技术体系，按照国家生态农场评价技术规范，开展生态农场技术推广指导，推荐4家农场申报创建国家级生态农场。福建省金溪茶叶有限公司、福建省兴泰庄园农业开发有限公司、仙游县度尾新兴果业专业合作社3家农场通过2022年度评估复核，入选

2022年8月，仙游县举办2022年首期高素质女农民培训班。图为专家现场授课（李俊华供图）

国家级生态农场。仙游县以生态农场为依托，融入国家打造的生态农场技术联盟，推动生态农业高质量发展。

【农业信息服务】 2022年，县农业农村局落实“12316”视频咨询专家周排班与值班工作制度，每周1次，每月4次，每季度12次。“12316”微信小程序分享1661人次，上传农业资讯61条，举办“12316”使用培训4场。在福建省信息进村入户平台发布农业新闻602则、惠农政策59则、政策解读16则、病虫情报40期。

【农业综合行政执法】 2022年，仙游县农业综合行政执法大队出动执法人员1601人次，检查主体770家次。立案农业执法案件15起（结案11起），收到罚没款1.95万元。移送私屠滥宰涉刑线索2条，县公安局受理；农药领域案件立案3起，办结3起，收到罚没款1.82万元；肥料领域案件立案3起，办结3起，收到罚没款1.46万元；农产品质量安全领域案件立案2起，办结2起，收到罚没款0.20万元；生猪屠宰领域案件立案2起，其中移送公安处理2起；饲料领域案件立案1起，办结1起，收到罚没款9.12万元；兽药领域案件立案1起，办结1起，收到罚没款800元；动物检疫领域案件立案3起，办结3起，其中简易程序3起，收到罚没款1500元。

（林 志、郑丽娜）

种植业

【概况】 2022年，仙游县农业生产主要结构是基础粮食作物和经济作物。基础粮食作物以水稻为主，经济作物以水果、蔬菜和油料为代表，其中水果类经济作物主要有文旦柚、枇杷等产品。还有其他多种特色经济作物，如茶叶、龙眼、橘柚等。基础粮食作物产量8.49万吨，经济作物产量30.77万吨。

【基础粮食生产】 2022年，仙游县完成粮食播种面积1.37万公顷（比市级下达指标增加80公顷）、产量8.49万吨（比市级下达指标增加0.03万吨），其中春收粮食完成793.33公顷（比市级下达指标增加26.67公顷）、产量0.34万吨（比市级下达指标减少0.01万吨）；夏收粮食完成4573.33公顷（比市级下达指标增加93.33公顷）、产量2.87万吨（比市级下达指标增加0.07万吨），包括早稻面积3096.67公顷、比上年增长1.8%，产量2.66万吨、增长2.2%。早稻实现双增长，增幅全市第一位；秋收粮食完成8313.33公顷（比市级下达指标减少40公顷）、产量5.28万吨（比市级下达指标减少0.03万吨）。发放2021年秋收规模种粮补贴资金260.30万元、2022年实际种粮农民一次性补贴资金513万元；发放2022年耕地地力保护补贴户数16.50万户、补贴面积1.68万公顷、补贴标准每亩85.65元，发放补贴资金2160万元，完成100%。拨付购机补贴资金14批次385.15万元，补贴各类农业机械1724台（套），受益农户1356人。

【经济作物种植】 2022年，仙游县推进以北部山区为基地，发展甜柿、枇杷、橘柚等特色优势产品，建成以度尾为中心的文旦柚全产业链基地，以钟山和游洋为主的北部山区大米产业园，以龙华为中心的优质薏米，茶叶特色农产品优势区。全年蔬菜产量13.82万吨，比上年增加13.05万吨，增长5.9%；瓜果产量0.24吨，增加0.23万吨，增长5.4%；食用菌产量2.48万吨，增加2.49万吨，减少0.5%；茶叶产量0.33万吨，增加0.31万吨，增长4%；园林水果产量13.90万吨，增加12.49万吨，增长11.3%。

【高标准农田建设】 2022年，仙游县扛起保障粮食安全政治责任，推进“藏粮于地、藏粮于技”发展战略，高标准农田建设作为保护粮食安全生产和提升耕地的重要抓手，守住粮食安全底线。全县累计建成高标准农田7033.33公顷。全年高标准农田建设任务500公顷，至12月底，通过在建项目竣工验收，上图入库793.33公顷，超额完成任务。立项申报8个项目，建设总规模653.33公顷，财政总投资1665.85万元。

【重大植物疫病防控】 2022年，仙游县设立水稻测报点5个，龙眼测报点1个，枇杷测报点1个，文旦柚测报点1个，鼠情监测点1个；橘小实蝇监测点10个；草地贪夜蛾监测点20个。全年各类病虫草鼠螺害中等发生，发生面积12.54万公顷次；发布《病虫情报》13期，录制电视节目3期，发送手机短信16期3200条、农业信息33条，培训测报技术900人次；指导防治22.98万公顷次，挽回产量损失3.52万吨，增收节支1.23亿元。在鲤南镇象运村，游洋镇梧椿村，钟山镇朗桥村、新莲村建立水稻绿色防控与统防统治融合示范区100公顷，

2022年3月，县委、县政府出台《稳定粮食综合生产能力十七条措施》，引导农村撂荒耕地复耕复种。图为农民复耕复种 （郑志忠供图）

融合推广面积2978公顷；重点推广健身栽培技术、性诱技术、太阳能杀虫灯诱杀技术等绿色防控技术以及无人机施药技术。推广绿色防控面积5.72万公顷次，专业化统防统治面积4.06万公顷。度尾、大济、赖店、游洋、钟山、榜头6个乡镇53家专业合作社（公司）或家庭农场开展黄龙病专项防控，实施面积1249.07公顷，辐射面积2360公顷，补助物化品16.81万元。建立柑橘黄龙病绿色防控试验点10个100公顷，采用捕食螨防治柑橘木虱、红蜘蛛、锈壁虱等，10个示范点平均农药使用量减少14.29%。

2022年，全县红火蚁发生面积6712.53公顷，开展专业化防控面积1.48万公顷次。举办红火蚁防控培训8期350人次，电视宣传报道1次，发放红火蚁防控宣传材料2000余份。草地贪夜蛾发生273公顷，防治505.27公顷次，其中玉米发生109.67公顷，防治297.27公顷次；薏米发生163.33公顷，防治208公顷次，虫害防控处置率100%，损失率2.91%。设立20个监测点60个诱捕瓶，培训农技人员和监测人员8期370人次，发放应急防控药剂（甲维盐）2万元。

【撂荒地复耕复种】 2022年3月，仙游县出台《稳定粮食综合生产能力十七条措施》，落实撂荒地复耕复种任务。山区撂荒地复耕种植粮食，每亩最高可获得补助1200元，补贴力度全市最大。对于零星撂荒地，督促原承包户耕种，无法耕种的由村集体经济组织统一经营管理；对于成片面积大的撂荒地，由种植大户、农机大户进行复耕，推行代耕代种模式。全年排查出1080公顷撂荒地，复耕复种1020公顷，暂缓整改60公顷，复耕复种100%。

（林　志、郑丽娜）

畜牧业

【概况】 2022年，仙游县转变畜牧业发展方式，规范养殖生产经营行为，百姓的“菜篮子”“肉盘子”供应稳定充足。全年生猪存栏13.98万头，出栏18.66万头；禽存栏182.30万羽，出栏757.60万羽；牛存栏0.35万头，出栏0.16万头；羊存栏2.14万头，出栏3.61万头；肉蛋奶总产量3.81万吨，其中肉类总产量2.68万吨、禽蛋产量1.08万吨、奶类产量474吨。畜牧业产值11.08亿元。

【“稳禽增猪”战略落实】 2022年，仙游县落实“稳禽增猪”战略，优化畜牧生产结构，强化生猪产能逆周期调控。推动福清市增光农业开发有限公司自动化蛋鸡养殖厂落地。全县能繁母猪存栏量稳定在1.20万头以上，规模养猪场数量稳定在48个以上。引进福清市增光农业开发有限公司60万羽蛋鸡养殖项目，完成选址、租地等前期工作，动工建设。

【饲料抽检】 2022年，仙游县组织开展规模养殖场、饲料经营店和饲料生产企业抽检，查处质量不达标、更改有效期、产品批号、产品标签、说明书不规范和超过有效期的饲料产品。县畜牧局抽检2个养殖场、5个饲料经营店共13个样品，所有样品经检测均合格。

【动物疫病防控监测】 2022年，仙游县免疫高致病性禽流感441.80万羽（其中鸡160.30万羽，鸭281.50万羽）、猪口蹄疫19.80万头、牛口蹄疫0.60万头、羊口蹄疫3.40万头、羊小反刍兽疫3.70万头，应免畜禽免疫率100%。县畜牧局健全动物疫病可追溯体系，实施免疫标识制度，佩戴免疫标识11.30万套、发放免疫证1.20万本。开展“大清洗、大消毒”专项行动，发放消毒药品8000千克。加强重大动物疫病防控工作，强制免疫后开展高致病性禽流感、牲畜口蹄疫、猪瘟、高致病性猪蓝耳病等疫病的免疫效果监测工作。监测家禽血清样品 5418 头份、监测生猪血清样品 4344 头份、监测牛羊口蹄疫 1894 头份、监测小反刍兽疫 892 头份、监测布病 947 头份、监测非洲猪瘟 1086 头份，动物疫病的免疫抗体合格率均高于农业农村部规定的要求。县畜牧局定期开展生猪养殖场、生猪屠宰场、运输车辆、猪肉交易市场等非洲猪瘟病毒环境污染情况风险监测。检测猪肉品、全血样品及环境样品 1512 份，检测结果均为阴性。

【动物检疫监督】 2022 年，仙游县受理产地检疫生猪 10 万余头、家禽 20.15 万羽，受理屠宰检疫生猪 24.81 万头。抽检生猪“瘦肉精”样品 8822 头份，检测结果阴性，检测合格率 100%。在全县 4 个野鸟栖息地采集野鸟粪便 120 头份、禽棉拭子 90 份送省、市动物疫病预防控制中心进行高致病性禽流感病原学监测，检测结果阴性。73 家企业取得动物防疫条件合格证，其中 1 家屠宰场，1 家肉羊场，1 家肉牛场，11 家禽场，59 家猪场，全部安装有病死猪无害化处理监控设备。受理并上报病死猪无害化处理补助 4548 头，病死猪无害化处理率 100%。

【畜禽粪污资源化利用】 2022 年，仙游县畜禽规模养殖场全部配套污染治理设施，在前期资源化利用项目的基础上，结合各规模场生产实际情况，推进和监督指导各规模场完善设施设备。全县畜禽规模养殖场设施设备装备率 100%、资源化利用率 98.31%，实现生态可循环的零排放模式。

（吴宇锋）

林 业

【概况】 2022 年，仙游县林地面积 13.32 万公顷，占土地总面积的 72.5%，乔木林面积 10.37 万公顷，经济林（乔木经济林加灌木经济林）面积 1.37 万公顷，竹林面积 1.09 万公顷，其他林木面积 0.47 万公顷。全县森林覆盖率 71.4%，森林蓄积量 935 万立方米。

【营林绿化】 2022 年，仙游县完成植树造林 1124 公顷，占上级下达任务 707 公顷的 159%。创新全民义务植树参与机制，鼓励开展“互联网 + 全民义务植树”等特色活动。参加义务植树活动 57.67 万人，尽责率 101.2%；完成株数 221.95 万株，完成率 105.7%。

【林政管理】 2022 年，仙游县推进林长制常态化运行，落实林长会议等 5 项配套制度，健全县、乡、村三级林长组织体系，设立县、乡、村级林长 317 人，副林长 1612 人。实化林长巡林，强化部门协作，探索“林长 +”工作模式，深化“森林 110”工作机制，挂牌成立“林长 + 公、检、法”联络室，以机制优势高标高效推动森林资源保护发展工作。仙游县 2022 年度林长制考核成绩优异，居全市第一位。

2022 年，全县采伐限额 32.92 万立方米，下达各乡镇（街道）人工商品林采伐蓄积指标 19 万立方米，完成采伐 18.80 万立方米。推进重点生态区位商品林赎买等改革试点工作，完成木兰溪源省级自然保护区、省重点饮用水水源保护区和省级森林公园区位商品林赎买 3 宗，面积 76.60 公顷。落实《福建省林地管理办法》，打击非法占用林地违法行为。做好重点项目林地要素保障，全年获审核审批林地项目 41 个、涉及林地面积 32.87 公顷，缴纳森林植被恢复费 679.80 万元。

【林业生态保护与建设】 2022 年，仙游县开展第 26 届世界湿地日、福建省第 9 个世界野生动植物日、第 40 届“爱鸟周”等宣传活动，发放保护湿地、保护野生动植物、革除滥食野生动物和新冠疫情防控宣传单 2 万余份。加强疫病防控，做好候鸟、野猪非洲猪瘟等野生动物保护和疫源疫病监测防控工作，全年未发现野生动物疫源疫病。开展野生动物资源救护，放生 44 只（条）野生动物，其中鸟类 24 只，蟒蛇 15 条，蛇类 1 条，穿山甲 2 只，乌龟 1 只，刺猬 1 只，清除鸟网 1 张。开展古树名木保护宣传周活动，开展古树名木资源认定，在全市率先建立古树名木保护市场化风险分担机制，全县挂牌保护古树名木参加保险，完成西苑乡西墘村下厝红豆杉古树抢救复壮，西苑乡隔头里甜槠古树群入选第二批福建最美古树群。加强生态公益林管护，划定省级以上生态林 3.82 万公顷，市、县级生态公益林 0.22 万公顷，占林地总面积的 30.3%，发放生态林补偿金 1464.53 万元。完成省级以上生态公益林面积 3.82 万公顷和中央财政补助的天然商品林（停伐管护）面积 1.95 万公顷森林综合保险，林农商品林参保 720 公顷。全年森林受灾 382.60 公顷，财保公司赔款给林权所有者 178.25 万元。

2022 年，完成排查 33.93 公顷互花米草除治，在全省率先完成互花米草除治攻坚任务，受到省互花米草除治工作专班通报表扬。5个自然保护地开展森林防火、“两违”等督查检查工作，未发生“两违”情况。加强生态文化建设，榜头镇光埔村、园庄镇义路村、游洋镇梧椿村、石苍乡潭头村被命名为福建省森林村庄。

【自然保护区建设】 2022年，仙游县推进自然保护区建设。推行“天空地”一体化管理模式，每季度组织无人机巡飞队对保护区全覆盖巡飞一次，每半年运用卫星遥感监测数据对保护区各种人类活动痕迹进行核查，通过视频监控探头、智能音箱喇叭和网格化护林员进行日常的监控巡护。聘用25名属地护林员参与保护区管护，组建一支43名干部职工组成的半专业森林消防队伍。开展“绿盾”自然保护地监督检查专项行动。补助保护区林权所有者45元/公顷，发放补助资金80.70万元，惠及林区17个村1万余名群众。完成保护区重点生态区位人工林、商品林赎买20公顷。开展保护区总体规划（2022—2031年）编制，购置2台无人机，85台野外动物红外线相机。与《莆田晚报》合作开展福建木兰溪源省级自然保护区成立10周年纪念宣传活动，采用网络有奖问答、媒体推广等形式，提高群众对保护区及生态文明的认知度。

【林业改革】 2022年，仙游县稳定集体林地承包关系，推进“三权分置”改革，落实林地集体所有权、稳定农户承包权、放活林地经营权，加快集体林地经营权登记发证，依法保障林权权利人合法权益。林权流转108宗，面积3070.60公顷，提高林业效益。搭建政银企保、林农林场林企等合作对接平台，鼓励开发符合林业生产特点的期限长、利率低、手续简便的林业金融产品，鼓励使用开发性、政策性银行贷款投入林业生态建设。创新农村集体经济组织与农户融资体制机制，开展生态公益林补偿、天然林停伐管护补助、林业碳汇收益权等质押贷款，推广“福林·益林贷”便民贷款，盘活生态公益林和天然林资源资产。培育林业龙头企业、林业专业合作社、家庭林场等各类经营主体，新增林业专业合作社6家、家庭林场4家。做好集体林地承包经营权纠纷调处，林地承包经营纠纷调处纳入综治平安考评。推动林下经济发展，完成林下中药材种植52.67公顷。

【林业执法】 2022年，仙游县开展“两违”综合治理专项行动、“清风行动”、打击破坏森林和野生动植物资源违法犯罪等专项行动。在全省率先创新推出24小时值守服务的“森林110”工作机制，打造一支保护森林资源和野生动植物资源的专属力量。森林“110”做法被国家林长办作为亮点推广。查处森林案件47起，其中行政处罚42起，处罚金额67.40万元；移送公安刑事立案5起。受理涉林信访案件9起，办结9起；接到“12345”投诉件56件，办结56件。

【森林病虫害防治】 2022年，仙游县抓好森林病虫害防治。开展林业有害生物监测及预警工作，确保松材线虫病的普查覆盖率100%。对不明原因的松枯死树，按照规定取样并送检，建立松枯死树取样检测的完整档案。加强松材线虫病防控，完成松材线虫病除治性采伐212.53公顷、防治性采伐300.80公顷、松墨天牛诱捕器挂设140套、以菌治虫86.67公顷、噻虫啉喷施766.67公顷。

（刘鸿儒）

农业机械化

【概况】 2022年，仙游县农业机械化工作坚持以服务“三农”为宗旨，推动农业机械化全程高效发展。发放惠农购机补贴资金385.15万元，主要农作物耕种收综合机械化率72.77%。

【农机装备水平】 2022年，仙游县农业机械总动力为27.76万千瓦，主要农作物生产全程机械化农机装备保有量、单机作业量与种植面积、机械作业面积等相匹配，大中型拖拉机、高性能农业机械持续增长。全县拖拉机总数913台套，总动力1.56万千瓦，其中大中型拖拉机139台（套）、总动力8599千瓦。耕整地机械5080台套，种植机械121台套，收获机械2671台套，植保机械2452台套，烘干机20台套。

【农机作业】 2022年，仙游县成立一批农机作业服务组织，其中有4家规模较大、具备全程机械化服务能力的农机合作社，年作业服务面积提高。全年全县农机作业服务组织服务面积为1.15万公顷，农机作业总面积为2.99万公顷，比值为38.5%；全县主要农作物机耕、机插、机收和综合机械化率分别为97.08%、41.61%、71.51%和72.77%。

【农机购置补贴】 2022年，仙游县农业机械化发展中心（简称县农机中心）做好农机购置补贴资金监管、机具抽查等工作，制定年度购机补贴资金“零结余”目标，补贴申请的受理、审核和资金结算实行限时办理。拨付购机补贴资金14批次、385.15万元，补贴各类农业机械1724台套，受益农户1356人，其中报废机具补贴24台；开展机具抽查核验31次，涉及农户111户，机具403台（套）。推动农机产品取得补贴资质，支持仙游台创园台商台企引进和推广台湾农机新技术、新机具，推动园区农机生产企业农机产品取得补贴资质，申请列入全省农机购置补贴范围。推动福建省台耕农业机械有限公司研发生产的7TY-350型履带式田园搬运机被列入福建省补贴目录。

【农机示范推广】 2022年，仙游县实施水稻机插秧服务补助项目，补助水稻生产全程机械化插秧的薄弱环节。开展水稻机插秧作业补助面积321.32公顷，申报补助资金9.64万元。组织实施2022年全省“五新”（新品种、新农药、新肥、新技术、新机具）示范推广项目，围绕粮食生产安全、蔬菜稳产保供和特色产业发展，新建2个省级新机具示范推广基地，开展先进适用新机具的引进、试验、示范和推广，提升全程机械化水平，推广水稻直播机和高速插秧机等水稻生产全程机械化成套设备、蔬菜移栽机和收获机等机具。依托莆田市智慧农机平台，装有北斗终端设备的农业机械纳入管理，实现农业机械监管和数据管理，39台安装北斗终端的轮式拖拉机、插秧机、收割机和无人植保飞机，进入统一管理平台，实现网上呼叫、订单服务、托管作业。举办全市首届水稻机收减损技能大比武活动，全市6名水稻机械收割作业的机手参加，仙游县坤旺农机专业合作社的杨建辉获得大比武一等奖。

【农机安全监管】 2022年，仙游县严把拖拉机年检关，加强隐患排查治理。检查拖拉机113台次，注册登记手扶拖拉机6台，轮式拖拉机13台，履带式联合收割机3台，组织工作人员下乡开展便民服务，到农户家里办理轮式拖拉机、联合收割机挂牌手续。3月，组织开展第三期轮式拖拉机驾驶技能考试和第一期履带式联合收割机驾驶技能考试，新训“G1”（可驾驶大中型拖拉机、拖拉机变型运输机、小型方向盘式拖拉机驾驶证）驾驶员12人，“S”（可驾驶操纵杆自走式联合收割机驾驶证）驾驶员10人。9月6日，组织人员到莆田市参加轮式拖拉机驾驶技能考试和履带式联合收割机驾驶技能考试，新训“G1”驾驶员4人，“S”驾驶员1人。加快存量多功能拖拉机报废淘汰，督促达报废年限的拖拉机解体37台。

2022年，县农机中心到田间、农机合作社开展农机安全生产检查，组织指导农机具检修，分发安全宣传材料，张贴安全宣传挂图；强化路面管控，加大违法查处力度。4月21日，县农机中心与龙华镇派出所联合在龙华镇开展农机执法检查，发现2台达报废年限的外挂多功能拖拉机，龙华镇派出所依法查扣并给予强制报废。5月6日，县农机中心与盖尾交警中队联合在盖尾镇、郊尾镇开展农机执法检查，发现2台套挂外省牌照的多功能拖拉机，盖尾交警中队依法查扣并给予强制报废。

【农机安全宣传】 2022年1月17日，县农机中心在鲤南汽车站开展仙游县2022年春运启动仪式并宣传农机安全。1月20日，发送农机安全短信，提醒农机驾驶员做好机具保养，小心谨慎驾驶，禁止驾驶无牌证、报废拖拉机，严禁违法载人、人货混装。5月6日，发送短信，要求机手勿驾驶逾期未年检、未报废多功能拖拉机，严禁违法载人。6月16日，参加县应急管理局在鲤中开展的安全宣传咨询日活动，分发宣传帽、多功能拖拉机专项整治宣传册、农机安全驾驶操作

2022年4月，枫亭镇的坤旺农机专业合作社人员使用机械插秧

（刘燕钦供图）

手册等。11月、12月，分别到农机合作社张贴安全生产法挂图，检查灭火器有无过期。在农机具上粘贴“使用入库前要检查除风险除隐患”等安全使用标识。12月2日，县农机中心与其他部门在鲤中步行街联合开展2022年第11个全国交通安全宣传日宣传活动，分发农机安全宣传材料和印有宣传标语小物品。

（黄　伟、朱秀琳）

农业产业化经营

【农业重点项目】　2022年，仙游县实施农业投资重点项目12个，计划年度新增投资4.63亿元，完成年度新增投资5.28亿元。其中，畜牧业项目4个，年度新增投资2.56亿元；种植业项目3个，年度新增投资1.82亿元；其他农业项目5个，年度新增投资0.90亿元。

【农业龙头企业】　2022年，仙游县发展鼓励农业企业，支持农业企业申报各级农业产业化龙头企业，对当年度新获得国家级的农业产业化龙头企业，一次性给予奖励20万元；对当年度新获得省级的农业产业化龙头企业，一次性给予奖励5万元。建立县处级领导挂钩服务农业产业化龙头企业制度。县处级挂钩领导到农业产业化龙头企业一线，协调解决农业产业化龙头企业生产、经营过程存在的问题。有市级及以上农业农村部门认定的农业产业化龙头企业39家（其中市级29家、省级10家）。其中，钟山镇、度尾镇各7家，赖店镇、龙华镇各6家，大济镇4家，榜头镇、鲤南镇各2家，鲤城街道、游洋镇、社硎乡、西苑乡、园庄镇各1家。

【设施农业】　2022年，仙游县出台设施农业建设配套奖励等系列扶持政策，带动农民增收，以政策引导产业，以产业促进发展，提升设施农业水平，保障粮食和重要农产品稳定安全供给。2022年，全县设施农业温室大棚基地面积1066.67公顷，1.33公顷以上规模化设施农业温室大棚基地近40个。

【特色现代农业】　2022年，仙游县以度尾文旦柚产业园、温室大棚蔬菜基地、金沙薏米基地和首批国家农作物品种展示评价基地为载体，引进、推广新型农技设备，提高全县农业生产机械化和信息化程度。县农业农村局拨付资金50万元，开展度尾洋坂村“5G+”智慧园文旦柚种植项目规划建设；推进1个市级书峰枇杷产业强镇建设；利用省级特色优势主导产业补助资金100万元，发展3个优势主导产业发展示范基地；申报省级现代农业（果蔬）产业园，项目总投资3.70亿元，产业园建设方案及相关申报材料上报省农业农村厅，省级现代农业产业园项目专项资金，用于建设果蔬深加工产业园和文旦柚产业园工程，促进文旦柚和蔬菜产业链再延伸再升级。5月5日，度尾镇文旦柚被农业农村部列入全国名特优新农产品名录；12月14日，“金沙薏米”被农业农村部列入全国名特优新农产品名录。全县培育24个“一村一品”特色产业示范村镇和专业村，包括1个国家级示范镇（钟山镇）、4个国家级示范村（度尾镇湘溪村、书峰乡书峰村和兰石村、龙华镇金溪村）。提升“国家农产品质量安全县”建设水平，加强品牌农业建设。围绕打造海西夏都、山海旅游中转站、周边城市群“后花园”的目标，以文塑旅、以旅彰文，发挥旅游带动联动作用，推动一产“接二连三”、旅游业“接二连三带一”。有中国美丽休闲乡村1个（石苍乡济川村）、全国休闲农业与乡村旅游示范点1个（仙游县聚仙堂生态旅游山庄）、福建省美丽休闲乡村6个、省级休闲农业示范点5个。

【新型经营主体发展】　2022年，仙游县培育农民合作社示范社36家，其中省级7家、市级4家、县级25家。培育示范家庭农场33家，其中省级23家、市级9家、县级1家。拥有注册商标的家庭农场16家。有农业产业化龙头企业39家，其中农业产业化省级重点龙头企业10家，农业产业化市级龙头企业29家。

（林　志、郑丽娜）

水　利

【概况】　2022年，仙游县水利局（简称县水利局）编制全县水利事业发展计划，制定相关办法监督落实；统一管理水资源，做好水资源费征收；打击和处理水事违法事件，调解水事纠纷；协调、指导、监督、实施全县水利建设，开展水土保持等工作。全年县水利局完成木兰溪防洪生态景观工程堤线建设75.60千米，完成仙度段防洪工程和配套景观工程堤防建设长度4.30千米。完成粗溪桥光段、粗溪象山段2条流域治理工程建设，推进中岳溪一期、二期及松坂溪3条流域治理工程建设，建设松坂溪安全生态水系 2.20 千米，推进大济溪（一、二期）、龙华溪（一、二期）、红河溪、瑞沟河（一期）6 条中小河流治理工程前期工作。

【城乡供水一体化】 2022 年，仙游县完成投资 9.45 亿元，建成经济开发区水厂、城区第一水厂迁建项目并运行；开工建设第二水厂（二期）、度尾水厂（扩建）工程；推进民安水厂、菜溪水厂工程建设及前期工作；完成赖店镇、龙华镇、城区 13 个城中村“一户一表”管网铺设 360 千米。完成县管国有供水企业整合，统一归属莆田市城乡供水有限公司垂直管理。

【农村水电站整治】 2022 年，仙游县完成 75 座农村水电站清理整治核查评审，常态化监管水电站生态下泄流量执行情况，抽查发现 13 个问题，全部整改到位。

【水资源管理】 2022 年，仙游县节水型社会建设通过水利部验收，获评第五批节水型社会建设达标县。完成 81 个取用水单位的用水计划和定额下达工作；完成地下水 5 万立方米和地表水 50 万立方米以上 28 个取用水单位用水计量设备安装基础工作；完成 25 个农村饮用水水源地取水口、32 个农饮取用水单位整治及 44 家鳗鱼水产养殖场的排查任务。全年用水总量控制在 3.20 亿立方米，万元 GDP、万元工业增加值用水量控制在 52 立方米 / 万元、18 立方米 / 万元，农业灌溉用水有效利用系数提高至 0.56。全年征收水利规费 3481.21 万元，其中水资源及污水缴库 239.19 万元、水土保持补偿费 118.52 万元、水利建设基金 3123.50 万元。

2022 年，仙游县完成木兰溪仙度段防洪和配套景观工程堤防建设 4.30 千米。图为木兰溪防洪景观度尾段 （摄于 2022 年 12 月 唐伟供图）

【“河长日”活动】 2022 年 9 月底，仙游县利用河长制推行五周年之际，举办“喜迎二十大 筑梦木兰溪”暨“河长日”系列宣传活动，邀请市人大、政协、河长办、水利局等单位领导以及兄弟县区水利局局长等参加启动仪式，为 12 支“护河志愿服务队”授旗、6 名民间河长颁发聘书，开展“河长制教育基地”授牌、“增殖放流”活动、32 块“河长制五周年”图片展、河小禹“我心中的母亲河”长卷绘制展、护河志愿者 5 千米骑行等系列宣传活动。

【河道巡查整治】 2022 年，县水利局组织出动执法人员 374 人次，开展河道巡查 96 次，排查整治河道“四乱”问题 151 个，清理整治面积 2.93 万平方米；打捞水葫芦 14.70 万立方米，清理河长 8.64 万米，恢复水域面积 26 万平方米。发出相关督办件 20 份、30 个涉河问题，产生巡河记录 4 万次，办结相关涉河问题事件 4811 个，办结率 100%。全县 10 个主要流域国省考断面（国考 3 个、省考 7 个）和 8 个小流域考核断面水质功能达标

2022 年 9 月 27 日，仙游县在兰溪文化休闲中心广场举行“喜迎二十大 筑梦木兰溪”启动仪式暨仙游县河长制推行五周年系列活动 （林群供图）

率100%。与永春县、泉港区、涵江区等兄弟县区在协同治理跨境河流上，建立联络员、信息共享、快速反应处理、定期会商4个方面机制。与永泰县构建“河湖长＋检察长”共同治理模式，开启两地河长共同巡河管河新模式，协同落实落细跨界河湖管护措施。

2022年，县水利局组织河道巡查96次，清理面积2.93万平方米。图为志愿者清理河道垃圾　（摄于2022年6月 刘燕钦供图）

【水利资金筹措】　2022年，县水利局向上争取仙游县水利运行和项目建设资金。争取到位中央及省级水利发展专项补助资金1.10亿元；获批地方政府一般债券资金和专项债券资金3.79亿元（到位1.13亿元）；获得银行审批贷款额度22.78亿元，其中获得亚洲开发银行贷款额度2亿美金（人民币12.78亿元），用于木兰溪流域生态环境综合治理及提升项目；获得国家开发银行贷款额度10亿元，用于农村生活污水提升治理项目建设。

【水库安全监管】　2022年，县水利局下拨240.97万元用于资金物业化管护全县95座公益性小型水库，完成7条海堤及36条江堤保险投保；落实121座水库安全管理“三个责任人”（政府责任人、主管部门责任人、管理单位责任人）和121座水库、13座水闸、7条海堤、36条江堤的防汛“三个责任人”（行政责任人、技术责任人、巡查责任人）；实施35座水库雨水情测报项目和37座水库安全监测设施项目建设；对29座水库大坝开展安全鉴定。

7—11月，仙游县连续100余天无有效降雨，导致全县供水形势严峻，县水利局多次组织有关专家、相关单位召开水资源调度会，修编完善应急供水预案，开展水库水源调度，城区及平原乡镇采取各水厂供水调度、切换水源的方式，山区乡镇采用打机井方式抽取地下水作为应急补充水源等。

（陈立伟）

【金钟水利枢纽工程】　2022年，仙游县金钟水利枢纽运行维护中心（简称县金钟水利运维中心）原水供水量9600万吨，实现经济收入4800万元。修订完善《金钟水库2022年防洪调度运用计划》，上报省水利厅审查审批、省防汛抗旱指挥部备案。牵头组织游洋镇五星村、石苍乡高阳村在金钟库区开展2022年度金钟水库防汛应急抢险预案演练和金钟水库20年一遇洪水调度过程推演、突发环保事件演练、消防演练、防恐演练。5月22日至6月14日，持续降雨过程雨量645.80毫米、来水量近1亿立方米，开闸泄洪5563万立方米，最大下泄流量260立方米/秒。组织系统水生态治理，构建水安全生态体系，金钟水库生态环境保护一期工程总投资4351万元，获中央预算内资金补助1305万元。建设水质自动检测站4座和简易水质化验室1个，指定专人负责4条入库河流取样工作，每周检测1次，掌握水质变化动态。全年水质达标率100%，其中水质达Ⅱ类及以上标准天数291天，比上年增长15%。

（林德生）

【九仙溪梯级水电工程】　2022年，九仙溪梯级水电利用流域面积180平方千米，总装机容量6.10万千瓦。全年九仙溪梯级水电工程安全发电1.78亿千瓦时，发电收入6780万元，创利税881万元。做好防汛抗旱和供水工作，确保水库下游人民群众的生命财产安全和用水需求；排查治理污染源，确保水库水质不受污染；下泄生态水，跨流域引水近1亿立方米，经仙水溪注入木兰溪，提升木兰溪中下游水质。

（陈艇辉）

综 述

【工业项目建设】 2022年，仙游县完成工业固定资产投资63.20亿元，比上年增长3.2%，完成年计划161亿元的101.4%，超序时进度1.40个百分点。其中，完成制造业投资158.70亿元，增长2.3%，完成年计划157亿元的101.1%，超序时进度1.10个百分点；完成技改投资140.40亿元，减少2.5%，完成年计划146亿元的96.2%。工业、制造业、技改投资完成进度及增幅均位居全市前列。推进重点制造业项目建设，引导项目业主提前做好项目备案工作。全年备案项目58个项目，总投资额103.90亿元。紧盯项目建设关键节点，强化“挂图作战”、专班督导，跟踪推进信唐、和拓、旺威、鑫瑞等产业项目转化签约、落地建设。

【工业园区】 2022年，仙游县建立政府推动与市场运作相结合机制，拓宽融资渠道，加强园区基础设施建设，强化园区引资集聚功能，推进园区投资经营体制创新，营造效率优势、成本优势和产业配置优势，扩大产业规模，打响区域品牌，提高产业关联度和聚集度，建成集科工贸一体化、高起点、高标准、园林式、生态型高科技工业园区，工业园区建成全县经济发展窗口，成为一流工业孵化基地。以优势产业为基础，以工业园区为载体，以大型骨干企业为龙头，以优势产品为纽带，以完善延伸产业链为重点，以增强企业自主研发和创新能力为核心，以构建功能完善的公共服务体系为手段，提高全县产业集中度，增强产业集聚力，凸显产业核心技术、品牌效益与营销网络优势，发挥主导产业带动作用，提升产业竞争力和可持续发展能力。仙游经济开发区103家规模以上工业企业实现产值407亿元，比上年增长32.2%，实现工业税收3.71亿元；仙港工业园33家规模以上企业完成产值75亿元，减少21.3%，创税0.22亿元；仙游工艺产业园区22家规模以上工业企业实现产值78.20亿元，占全县规模工业总产值的19.6%，创税0.15亿元。

【规模工业】 2022年，仙游县新增规上工业企业24家。297家规上企业完成产值892.40亿元，比上年增长14.2%，实现增加值254.70亿元，增长8.4%，增加值增幅居全市第一位。其中，工艺美术、鞋服纺织、金属制品和化工新材料四大主导产业产值765.80亿元，增长18.9%，占规模工业总产

2022年9月23日，2022年中国（莆田）“匠心智造”红木家具消费季活动在仙游红木交易中心举行启动仪式。图为仙游红木交易中心

（县工信局供图）

值的85.6%，能源产业和电子信息产业产值负增长。

仙游县拥有工艺美术产业规上企业144家，产值366.40亿元，比上年增长17.1%；创税2608万元，减少41.3%；红木行业高端红木家具销售滞涨，库存囤货较多。拥有鞋服纺织产业规上企业57家，产值276亿元，增长26.7%；创税2.45亿元，减少14%；鞋业企业呈现产销两旺局面。拥有金属制品产业规上企业24家，产值58.70亿元，减少6%；创税2600万元，减少66.4%。拥有化工新材料产业规上企业18家，产值64.90亿元，增长26.6%；创税1.40亿元，增长10.9%。工程轮胎、不饱和树脂、丙烯酸及其脂类等化工产品企业，生产形势较好。化工企业生产流动资金需求量大，企业订单增多，国内化工产业紧缺，出现供不应求情况，产业税收增长。

【工业节能】 2022年6月13—19日，仙游县工业和信息化局（简称县工信局）联合县机关事务管理处、生态环境局、国网仙游县供电公司开展以“节能降碳，绿色发展”为主题的全国低碳日活动，通过“线上+线下”的方式，宣传低碳发展理念，宣讲节能知识、普及应对气候变化知识，提升公众低碳意识，倡导公众选择简约适度、绿色低碳生活方式。完成2家重点用能单位能耗在线监测系统端建设，上传监测数据，提升能源利用效率。扣除抽水蓄电站、兴鸿环保电力，全县规模以上能耗总量23.40万吨标准煤，比上年减少3.4%，规上工业单位增加值能耗减少10.9%。

【企业技术创新】 2022年，县工信局引导优势企业创建企业技术中心和工业设计中心，支持企业开展行业共性和关键技术攻关。推动优势企业、行业协会与中国科学院海西研究院、福州大学等省内外高校院所开展技术对接，依托“6·18”平台促进科技成果转化。发挥连天红、三福等省级研发设计平台的作用，引领红木工艺品和新中式家具研发，加快仙作产品创新。推荐新万鑫、东亚机械、赛隆科技3家企业申报省级引导企业建立健全先进管理体系、企业标准体系，抢占产业发展制高点。支持业态创新，支持优势企业成立电子商务公司，促进新型商业模式与传统制造业联动。

【工业企业服务】 2022年，县工信局成立推进企业增产增效工作专班，局干部每人挂钩服务重点规模工业企业5家，分管领导每人挂钩联系乡镇（园区）5个，到一线走访开展精准服务，帮助工业企业解决增产增效中存在的原材料采购、物流配送、用工招聘和资金需求等问题，落实各项帮扶措施，做到助企服务活动常态化、固定化、定量化。筛选219家中小企业列入莆田市2022年“白名单”企业名录，推荐有融资需求的“白名单”企业与金融机构和市中小企业再担保公司的联系对接。筛选建立“小升规”企业培育名录库，并滚动充实、动态跟踪、梯次培育，纳入培育库管理小微企业143家。

县工信局牵头制定《做好2022年春节期间稳生产稳就业工作》等扶持政策，稳定生产经营，稳定用工就业，促进经济持续健康发展，稳定市场预期和投资信心。梳理编印各级促进企业复工复产惠企政策材料600份，分发给规模企业。编印政策解读材料220份，辅导企业用好用活产业政策，促进政策落地见效。引导帮助86家次企业申请省、市增产增效奖励资金831.50万元。推荐东亚机械成功申报第三批国家级专精特新“小巨人”企业，推荐日晶玻璃、给力机械、赛隆科技3家企业申报省级“专精特新”中小企业。培育龙头企业，推荐申报省市级龙头企业，有赛隆科技等11家省级工业龙头企业和37家市级工业龙头企业。推荐给力机械成功申报省级服务型制造示范项目。坚持分类施策、“一企一策”、扶强扶大，推动海安橡胶完成股份制改革，兑现落实支持海安橡胶公司改制上市有关奖励资金400万元，增强企业政策获得感和发展自信心。

【企业减负】 2022年，县工信局组织和协调减负成员单位推行涉企收费目录清单制度，规范涉企收费行为，清理纠正对企擅自增加收费项目、提高收费标准等违规收费问题；推荐不同行业企业参与开展企业负担调查评价工作，落实2022年涉企保证金收费项目清理工作，跟踪和监督各相关部门单位按规章办事，减轻企业负担。

【国有企业改制】 2022年，仙游县成立改制领导小组，推进型钢厂改制进度，完成地块红线图测绘，土地报批拟收储。发生员工上访1起，县工信局与员工代表多次沟通，分类答复他们提出的问题，化解矛盾纠纷。

【企业安全生产】 2022年，仙游县开展安全生产“五清”专项行动，出台《长输油气管道、电力设施保护与电力领域安全生产“五清”

2022 年 9 月 23 日，2022 年中国（莆田）“匠心智造”红木家具消费季活动期间，主播在仙游红木交易中心做产品介绍直播 （刘燕钦供图）

行动专项实施方案》，开展安全生产专项排查、整治 18 次，检查场所 38 处，出动执法人员 100 余人次，检查发现隐患 25 个，消除隐患 23 个，电力设施保护整改隐患 1 个。5 月 8 日，平潭综合实验区经济发展局和市工信局联合交叉检查仙游县民爆物品行业，督促企业落实主体责任，消除安全隐患。6 月 18 日，县工信局批复划定 10 千伏宝灵线等 45 条架空电力线路保护区，仙游县境内 20 条 110 千伏、15 条 35 千伏输电线路及 159 条配电线路保护区划定批复工作完成，是全省首家县（区）完成电力设施保护区划定工作。

【数字化转型升级】 2022 年，仙游县支持工业企业登录“云上平台”，通过按需付费的模式，降低信息化一次性投入成本，提升信息化水平。智能化改造、机器换工助力降本增效、缩短生产周期、持续创新、提升竞争力等方面发挥重要作用。三福工艺园车间引入数控加工设备，实现家具加工流程数字化，提升家具制作精确度，产能比传统家具制作提升 30%；龙麒鞋业通过引入自动化设备，通过数字化系统的导入，推动生产制造环节逐步向智能智造方面升级迭代，减少直接从事生产制造劳动力需求，提升生产效率。新协胜鞋业产品定制生产，提高制造业的市场适应性，响应市场和用户的需求。新东方机械搭建东方机械智能物联网中心，提供工业设备物联网云平台和智能网关，实现设备远程云监控、远程云运维、云端设备全生命周期管理，实现传统“研发制造”向“研发智造”过程转变。

（陈绍杰）

2022 年 8 月 13 日，县委宣传部、县总工会、团县委等共同主办的香文化、香艺、香修培训班在海峡艺雕城举办。图为老师为学员进行专业讲解 （刘燕钦供图）

工艺美术产业

【概况】 2022 年，仙游县有工艺企业 2189 家、个体工商户 1.92 万家，从业人员近 20 万人。工艺美术产业实现年产值 610 亿元，比上年增长 15.1%；税收 4183.01 万元，减少 33.24%；用电量 8106.21 万千瓦时，施工时长增长 2.26%；规上企业 144 家，产值 366.40 亿元，施工时长增长 17%。

【工艺美术项目建设】 2022 年，仙游县签约落地和投产工艺项目 7 个，总投资 17.90 亿元。10 月，“工美生活家”产业生态链平台（投资 5 亿元）一期同城采购“样板房展示体验中心”投入运营；12 月，金丝楠木规范化厂房（投资 1 亿元）、檀林家具生活馆（投资1.80亿元）、红宝轩家具园（投资1.50亿元）投产；国庆期间，中国香博园（投资2亿元），建设集“检测、体验、培训、研学、香疗”于一体的综合性线上线下的香文化展示交易中心投入试运营；国庆期间，中国·仙游红木共享交易中心（投资5亿元）项目一期3万多平方米投入运营，入驻商家193家，销售额5431万元，为入驻商家融资放贷4340万元；6月，胜北红木原材料仓储代管融资平台（投资1.60亿元）仓储面积1万平方米投入运营，为入驻商家融资放贷400万元。策划生成新项目3个，总投资8亿元。天然香小微企业园，投资5.50亿元，总用地面积14.84公顷；红木原材料交易中心，投资5亿元，占地面积63.20公顷；竹香康旅文化产业园，投资1亿元，一期投资5000万元，建设香原料培育、种植基地66.67公顷。

【工艺美术活动】 2022年，仙游县举办“中国好沉香”短视频制作技能竞赛、2022年中国·海峡第一届“仙作杯”古典家具创新设计大赛、莆田市第四届“海峡艺雕杯”手工木工职业技能竞赛；举办仙游县工艺美术产业电子商务发展专题培训班，香文化、香艺、香修培训班等职业培训班，培训人员1000余人次；推荐14件仙作臻品被中国工艺美术馆收藏；新增16名省工艺美术大师。

（陈洪志）

电力工业

【概况】 2022年，国网福建省电力有限公司仙游县供电公司（简称国网仙游县供电公司），担负仙游行政区的直接供电任务，电网覆盖全县1个街道17个乡镇325个行政村，管理2家省管产业（福建省莆田市电力工程有限公司仙游分公司、莆田供电服务有限公司仙游分公司）。至2022年12月31日，国网仙游县供电公司实现连续安全生产6458天，电网调度实现连续安全运行8672天。

【电力运行】 2022年，县工信局落实重大节日、重大活动保供电措施，确保春节等高峰用电调度工作；开展迎峰度夏，确保迎峰度夏电网安全稳定运行。开展电力直接交易活动，电力直接交易企业增加至173家，电力直接交易量3亿余千瓦时，节约电力成本700万元。配合县政府抓好淘汰落后、环保违规企业停电断电工作；抓好仙游抽水蓄能电站生态下泻流量安装监控工作。

【电力供应】 2022年，仙游县全社会用电量27.40亿千瓦时，比上年增长3.22%，增速比上年下降4.99个百分点；供电量27.08亿千瓦时，增长3.15%；县网日最高负荷497.99兆瓦，减少1.76%；县网供最高负荷40.55兆瓦，下降0.39%；日最高用电量1006.32万千瓦时，下降1.23%。

【电能建设】 2022年，仙游县有水电站64座（接入110千伏电网的九仙溪一至四级站、九溪电站的5座，接入35千伏电网的6座，接入10千伏电网的50座），总容量13.47万千瓦。风电厂2座（草山风电厂、九社电厂，接入110千伏电压等级），总容量6.45万千瓦。生物质能电站1座（仙游兴鸿垃圾发电厂，接入35千伏电压等级），总容量1.20万千瓦。仙游35千伏及以上输电线路43条，总长526.16千米。仙游县域内35千伏及以上变电站24座，变压器45台，容量207.21万千伏安，新增2台主变、退役2台主变，容量增加2.60万千伏安，比上年增长2.12%。

【电网建设】 2022年，国网仙游县供电公司完成固定资产投资2.16

2022年9月，国网仙游县供电公司在6个乡镇便民中心窗口设置营业厅，实现“一站式”办理

（国网仙游县供电公司供图）

亿元，推进仙游片区基建项目建设。投产仙游城关 110 千伏变电站改造工程，开工建设书峰（大蜚）220 千伏输变电、书峰（大蜚）220 千伏变电站 110 千伏送出、仙游象坂—度峰Ⅱ路 π 入书峰变电站 110 千伏线路；新建改造 10 千伏线路 179.82 千米，增容增设配变 171 台；改造 0.40 千伏线路 180.63 千米。

2022 年，仙游县电网有 220 千伏变电站 3 座，即 220 千伏象坂变、220 千伏盖尾变、220 千伏林宅变，220 千伏变电站总容量 72 万千伏安；110 千伏变电站 12 座，即城中变（2×63 兆伏安）、枫亭变（63+50 兆伏安）、郊尾变（40+50 兆伏安）、榜头变（2×31.5+50 兆伏安）、鲤南变（40+50 兆伏安）、大济变（2×50 兆伏安）、钟山变（2×50 兆伏安），昌山变（50+50 兆伏安），下楼变（2×50 兆伏安）、度峰变（50+50 兆伏安）、园庄变（50+50 兆伏安）、海安变（2×50 兆伏安），110 千伏变电总容量 123.2 万千伏安；35 千伏变电站 9 座，即龙华变（10+8 兆伏安）、度尾变（2×6.3+10 兆伏安）、赖店变（8+6.3 兆伏安）、游洋变（2×6.3 兆伏安）、社硎变（10+10 兆伏安）、五星变（3.15 兆伏安）、仙东变（3.15 兆伏安）、菜溪变（10+10 兆伏安）、凤山变（2×6.3 兆伏安），35 千伏变电总容量 12.01 万千伏安。

【电力市场管理】 2022 年，国网仙游县供电公司实施新时代“双满意”工程，围绕县政府重点建设的 12 个产业链，推出企业“开门接电”联动服务，完成 8 个省重点项目送电、7 户电气化富民项目。落实惠企纾困解难、稳住经济一揽子政策，实施“欠费不停供”，惠及工业企

2022 年仙游县电力生产供应情况统计表

表 12

指标名称	计量单位	全年生产情况	与上年相比（%）
全地区发电量	亿千瓦时	4.43	8.74
全县工业用电	亿千瓦时	11.08	-1.65
全县供电最高负荷	万千瓦	49.80	-1.76
其中：网供最高负荷	万千瓦	40.55	-0.39

2022 年国网仙游县供电公司所辖电网规模增长情况统计表

表 13

电压等级	2022 年
110 千伏变电站座数（座）	0
110 千伏主变台数（台）	0
110 千伏变电容量（万千伏安）	2.6（城关变退役、城中变投运）
110 千伏线路回数（回）	4
110 千伏线路长度（千米）	64.29
35 千伏变电站座数（座）	0
35 千伏主变台数（台）	0
35 千伏变电容量（万千伏安）	0
35 千伏线路回数（回）	2
35 千伏线路长度（千米）	18.82
10 千伏配变容量（千伏安）	43700
10 千伏线路长度（千米）	334.76

2022 年国网仙游县供电公司所辖输电线路情况统计表

表 14

电压等级	条数（条）	长度（千米）
110 千伏	27	345.33
35 千伏	16	180.83
合计	43	526.16

2022 年仙游县域内变电站情况统计表

表 15

电压等级	座数（座）	台数（台）	容量（万千伏安）
220 千伏	3	4	72
110 千伏	12	25	123.20
35 千伏	9	16	12.01
合计	24	45	207.21

2022 年仙游县分行业用电量增长情况统计表

表 16

项目	万千瓦时	增长（%）
全社会用电总计	274036	3.22
一、农、林、牧、渔业	2226	-0.04
二、工业	110808	-1.65
三、建筑业	4906	13.83
四、交通运输、仓储和邮政业	1285	-20.02
五、信息传输、软件和信息技术服务业	5368	3.63
六、批发和零售业	22969	16.70
七、住宿和餐饮业	3485	6.48
八、金融业	480	0.85
九、房地产业	646	13.40
十、租赁和商务服务业	259	1.01
十一、公共服务及管理组织	15218	6.25

业用户 2.80 万户。优化营商环境，12 个营业网点开通线下“刷脸办电”功能，实现居民零证办电。6 个营业厅融入乡镇（街道）政府便民服务中心供电营业窗口，实现“一站式服务”和“一门式办理”。拓展新能源业务，推进“供电 + 能效服务”，全市首家“光伏 + 渔业”“光伏 + 农业”“风力 + 光伏”发电项目投运，服务分布式光伏发电，受理光伏项目 1325 个，比上年增长 203.03%。助力乡村生产电气化，服务特色产业电气化发展，完成电能替代电量 1.06 亿千瓦时，超额完成年度目标。

【农村电力建设】 2022 年，仙游县投资 1.35 亿元改造农村电网，农村供电可靠率、电压合格率分别提升至 99.89%、99.7%。成立仙游县电网建设领导小组，配电改造工程被列为县重点工程，提升属地协调效率；完成网架类工程 32 个，比上年增长 190.91%，红旗线、赤荷线、后坂线等线路工程落地，10 千伏线路故障平均停电时间下降 15%。开展不停电作业 1172 次，增长 25%，减少停电时户数 13.29 万户，增长 127%。瑞峰III线与城东线联络新建工程获评省公司优质工程。

【充电站规划】 2022 年，仙游县提前规划电网布局、充电服务设施布局，规范汽车充电基础设施建设运营工作，规范新能源汽车运营，满足充电设施建设接入需求。全年完成 60 个充电桩建设，总投资 600 万元。

（杨凌毅）

国内贸易

【概况】 2022年，仙游县三产增加值完成283.84亿元，比上年增长5.1%；社会消费品零售总额完成359.48亿元，增长4.6%。限上批发业商品销售额完成690.35亿元，增长21.8%。限上零售业商品销售额完成65.86亿元，增长20%。限上消费品零售额完成69.27亿元，增长20.8%。限上住宿业营业额完成3.24亿元，增长13.6%。限上餐饮业营业额完成2.46亿元，增长21.1%。其他服务业增加值104.56亿元，比上年增长5.4%；规上服务业企业总营收124.93亿元，增长368.7%，占全市比重为40.25%，其中规上广告业3家，营业收入5382万元，增长8.05%。规上服务业企业总税收10.64亿元，增长803%。

【城市副食品产销】 2022年，仙游县对接省、市城市副食品基地，了解各基地产销情况，指导副食品基地加强管理，提高生产水平。落实生猪定点屠宰制度，确保生猪定点入场宰杀、无害化处理、保障出场销售肉品品质合格率100%；落实生猪入场检查和肉品出场检验制度，完善产品质量安全保障体系，建立生产企业诚信档案和屠商信用档案；加大市场监管力度，打击私屠滥宰，保障仙游县副食品供给。仙游县有省级副食品基地3家（蔬菜种植基地2家，蛋禽养殖基地1家）。

【农贸市场建设】 2022年，仙游县有农贸市场17家，大型超市13家。改造升级好景汇农贸市场。抓食品安全，在城区农贸市场开展“共创食安新发展，共享美好生活”食品安全主题教育。

【再生资源管理】 2022年，仙游县在商务部业务系统统一平台备案通过的再生资源回收加工企业73家，以废金属、废塑料、废橡胶和废玻璃等工业废弃物的回收加工为主。

【全闽乐购促消费】 2022年，仙游县利用省、市、县各级资金1009.94万元（省级财政补贴391.94万元、市级财政补贴293万元、县级财政补贴325万元），结合传统消费旺季和重点节假日，组织汽车、酒店餐饮、工艺美术、超市购物、家居建材、娱乐、休闲等重点领域开展全闽乐购促消费活动，提振居民消费信心，促进消费加快复苏。核销金额995万元，核销率98.52%，直接带动消费近2亿元。

【房屋中介服务业】 2022年，仙游县房屋中介机构有备案47家，成交1406套，比上年减少5.09%；成交面积16.64万平方米，减少54.69%；成交金额6.26亿元，减少49.82%；平均成交单价每平方米3760元，增长10.75%。

【广告服务业】 至2022年底，仙游县有企业广告经营主体467户，个体工商户557户。仙游县广告行业协会发展会员67家。县市场监管局按照“政府指导、市场运营、社会监督”的模式，规范引导广告行业协会健康发展。开展广告宣传普法，在县行政服务注册窗口及各乡镇市场监督管理局注册窗口对电子商务经营者发放《广告发布提醒告诫函》；在京东产业园、度尾艺雕城开展《中华人民共和国广告法》《中华人民共和国反不正当竞争法》的普法宣讲课，提高电子商务经营者的法律意识。加强与县委宣传部、仙游广播电视台、仙游今报等部门的协同配合，发动商业零售业LED显示屏、商场、超市发布文明创建口号和标语，鼓励和支持弘扬正能量的公益广告。开展互联网广告领

2022 年 9 月 8 日，县委常委、副县长张建庚（前右二）代表县政府与紫京科技董事长景煜（前右一）上台签约紫京新能源科技三元前驱体项目
（县商务局供图）

域违法治理，紧扣直播、电商广告、“软文”广告等新型广告形式，加大对互联网广告清理整治力度。全年立案违法广告案件 109 件，案值 6.68 万元，罚没款 30.29 万元。

【现代服务业招商】 2022 年，仙游县推进现代服务业招商项目 18 个，计划总投资 61.70 亿元。其中，签约意向项目 11 个，总投资 20.20 亿元，涉及物泊总部酒店、亿根珠宝电商供应链、“艺术生活家”产业生态链、京东云仓基地等项目；洽谈项目 4 个，计划总投资 31 亿元，涉及跨境电商产业园等项目；策划项目 3 个，计划总投资 10.50 亿元，涉及冷冻食品供应链平台、国聚数字产业园、天海石油供应链平台项目。

出台直播经济、白名单企业等方面的惠企政策，推动数字经济等现代服务业发展，稳定在仙企业发展，助力现代服务业招商。通过培育集产供销产业链条于一体的现代服务业项目，加快现代服务业产业体系聚集，打造一站式全链条综合性服务。汇犇供应链、万全速配供应链项目，集产供销于一体，确保产品从源头到供应链再到销售全渠道把控，发挥龙头带动效益，招引产业链大中小企业聚集，建立一体化的现代服务业产业。通过招引上下游优质企业入驻产业园区，推进园区形成完整产业链和产业集群，形成产业新兴业态。天纵阿里巴巴（仙游）淘宝直播基地，通过招引电商经济、直播经济类项目，形成由北京字节跳动与福建省天材古典工艺有限公司共同筹建仙游淘宝直播中心，引入专业的运营商，建立集优质电商供应链、主播孵化、产品检测、规则制定、信息发布于一体的标准化电商产业基地（直播园区）。

【仙港台经贸合作】 2022 年，仙游县有 2 个港资和 2 个台资项目落地报批，合同金额 2555 万元。港资主要投向商贸领域，勇诗敏创贸易计划进行木材销售，八达通开展商业服务；依托仙游台湾农民创业园发展，仙台产业合作深化，台资企业佑安食品生产加工嘉宝果制品，延伸产业链，增加农产品附加值，4 家台资农业企业到资 33 万美元。
（辜建清、邱智伟）

对外经济贸易

【概况】 2022 年，仙游县新增对外及对港澳台贸易经营者 22 家，比上年增加 1 家。外贸贸易企业主要涉及鞋革、工艺品、化工、按摩器材、金属制品、食品、服装纺织、医疗用品、综合贸易等行业，其中仙游县外贸出口以重点行业鞋革为支撑；进口企业以铁矿石、钢材采购为主。

【外资利用】 2022 年，仙游县参加外商投资信息报告（年度报告）的外资企业 107 家。外资主要来自东南亚国家，欧美较少，成联包装外资来自美国。外商投资信息报告新增 6 家，主要集中在农业、食品加工和商贸服务行业。全年实际利用外资 2533 万美元，比上年减少 10.4%。

【进口贸易】 2022 年，仙游县进口额比上年下降 53.71%，各大洲均有进口，主要分布在大洋洲、亚洲、拉丁美洲一带，以澳大利亚、东盟、巴西居多。进口商品涉及矿产品、鞋革原材料、纺织原料、机电设备、食品、塑料、橡胶、金属制品、木制品等，其中以进口矿产品、橡胶、机电设备、鞋革原材料、纺织原料居多。

【出口贸易】 2022 年，仙游县外贸出口额比上年增长 50.56%，增幅居全市第一位，主要涉及鞋革、工艺品、化工、按摩器材、金属制品、食品、服装纺织等行业，以重

2022 年 9 月 8 日，在厦门举办的第二十二届中国国际投资贸易洽谈会上，仙游县代表介绍半导体材料项目（唐伟供图）

点行业鞋革为主。各大洲均有出口，主要分布在北美洲、欧洲、亚洲一带，以美国、俄罗斯、东盟、欧盟、英国、加拿大居多。

【招商推介】 2022 年，仙游县招商推介吸引外资。支持拓展多元市场，发布各类境内外线上线下展会信息，组织海光园艺、南林实业、迪博贸易 3 家企业申报第 132 届广交会展位。鼓励外贸企业参加 2022 年福建外贸云展会、第七届中国—亚欧博览、第 19 届中国—东盟博览会、第 27 届澳门国际贸易投资展览会（MIF）、首届福博会，引导企业通过参加各类境外优质展会拓展共建“一带一路”国家、金砖国家和 RCEP 成员国等新兴市场。发展跨境电商，探索建设中国（莆田）跨境电商综合试验区仙游园区，与业主单位签订意向协议；仙游抖音基地获得抖音跨境电商的运营服务商资质，同步试运营。举办政策宣讲会，加强促进外贸发展政策的宣传辅导，联合莆田海关、中国信保莆田办事处、中国人民银行仙游支行、厦门国际银行莆田分行共同举办外贸政策宣讲会，支持和鼓励企业用好政策，扩大生产经营。利用“9·8”投洽会平台，在投洽会网站上发布 10 个招商项目进行推介，总投资 219 亿元，涉及鞋服纺织、工艺美术、文旅经济、高端装备、现代服务等产业。储备 2022 年“9·8”投洽会对接项目，遴选对接一批实力强的企业家、潜力大的好项目进行对接洽谈，推荐 6 个项目参加市分团集中签约活动，总投资 35.80 亿美元，利用外资总额 10.95 亿美元。利用参加投洽会契机在厦举办县领导会见重点客商活动，邀请重点项目客商代表集中进行面对面交流座谈，加大仙游县招商引资政策宣传力度，吸引外商到仙游县直接投资或利润再分配投资项目，提升仙游县招商引资外资占比。政策扶持力度加大，出台为期 2 年的鼓励外商投资企业到资政策，发挥政策红利作用。

【重点企业扶持】 2022 年，仙游县主动服务，推进外贸出口稳定增长。加强对接跟踪服务，跟踪 11 家重点出口企业的订单情况，掌握和解决企业的困难问题，用好用足“稳外贸”政策，促进惠企政策落地见效。实施品牌战略，鼓励重点外贸企业进行技术创新，建立品牌研发团队，加强自主品牌培育，支持新协胜鞋业并购英国知名鞋业品牌“WALSH”开展全球营销，提高国际市场占有率，帮助南林实业“HOMEMASTER”品牌获得“福建省重点培育和发展的国际知名品牌”认定，提升产品附加值和国际竞争力，推荐辉特体育用品、新协胜鞋业、赛隆科技、嘉源鞋业 4 家企业申报被列入 2022 年莆田市鞋业品牌培育名录库。鼓励参加出口信保，鼓励外贸企业运用信保政策工具降低国际贸易风险，引导 14 家年出口 600 万美元以下小微企业通过“单一窗口”投保。加强宣传引导，推动利用外资任务超额完成。跟踪落实促进到资。通过“线上服务”模式，强化服务保障，确保稳外资工作“不降温”。

（辜建清）

电子商务

【概况】 2022 年，仙游县网络零售额 63.84 亿元，全县电商店铺数超 2 万家，电商企业数超 9000 家，电商从业人员超 6 万人。2022 年，仙游县连续 7 年位列全国“电商百强县”，获“2022 年度县市电商竞争力百佳样本”第 46 位，“县域数字乡村指数报告 2020”第 24 位，获国家级电子商务进农村综合示范县称号，为全市唯一入选首批省级数字乡村试点县。2022 年“淘宝镇”“淘宝村”名单，仙游县共上榜 9 个淘宝镇，37 个淘宝村，淘宝镇数量位居全市第一。10 月 18 日，商务部电子商务和信息化

仙游抖音电商直播基地　　　　　　　　　　　　（县商务局供图）

仙游快手直播基地　　　　　　　　　　　　（县商务局供图）

2022 年 9 月，仙游抖音电商直播基地受邀参加杭州以“宝藏计划 悦享未来”为主题的 2022 抖音电商珠宝潮奢行业峰会，并获得 2022 抖音电商星芒宝藏服务商大奖。图为代表上台领奖　　　　（郑丽供图）

司印发推广京东（仙游）数字经济产业园经验做法《引新 培新 用新 推动数字经济高质量发展和特色产业转型升级》。

【电商直播基地建设】 2022 年，仙游县有仙游抖音直播基地、京东（仙游）数字经济产业园、海峡艺雕智慧产业园、铭动直播电商园等多个电商直播基地。仙游抖音电商直播基地是全国十大抖音产业带直播基地之一。截至 2022 年底，仙游抖音电商直播基地各品类累计入驻商家超 1 万家，推动商品贸易端和生产端的同步发展，累计网络销售额超 110 亿元。京东数字产业园入驻 738 家企业，为仙游县工艺品产业带提供企业入驻、商品上行、直播等一系列商家服务。至 2022 年底，仙游县京东店铺 3600 余个，年销量百万级店铺 470 余个，千万级店铺 14 个，年销售额超过 22 亿元，工艺美术品销售额近 3 亿元。10 月，京东（仙游）数字经济产业园经验做法受商务部电子商务和信息化司印发推广，并在商务部 2022 年国家电子商务示范基地综合评价中获得全省唯一 A 级评价。2022 年，海峡艺雕智慧产业园成交额达 8.50 亿元，超 2000 家电商入驻，基地开设直播间 60 余个。铭动直播电商创业园位于福建省莆田市仙游县大济镇钟峰村，主营各类大众化红木家具及工艺品的生产、销售，拥有 2.30 万平方米大型红木综合产业园和 1 万平方米直播电商创业园区。

【电商人才培训】 2022 年，仙游县加快电商人才培训体系建设，推动开展电商人才培训项目，集中力量加强电商实用人才培训，壮大从业队伍。组织开展仙游县国家级电子商务培训直播带货培训、跨境电商培训、新媒体直播带货提升培训等多场次培训，培训超3500人次。带动学员现场直播出单，提升电商从业人员综合素质。

【“全闽乐购·仙游年货节”】 2022年初，“全闽乐购·仙游年货节”开启，前后在今日头条、搜狐、腾讯、百度、福建人人网、仙游广电等30个平台预热宣传，在抖音、微信等多个直播平台投放短视频宣传，甄选56种特色产品，通过“线上+线下”同步推广销售，将更多的本地名优产品与新电商、新媒体融合对接，拓宽仙游县特色产品销售渠道。该次年货节线上线下观看总人数达169.68万人次，辐射人数超300万人次。线上线下销售额35.79万元，带动本地农特产品销售，拓宽农民增收渠道。

【莆田市第三届枇杷文化节暨线上直播带货活动】 2022年5月19日，莆田市在仙游县书峰乡开展“第三届枇杷文化节暨线上直播带货活动”，通过线上直播，重点展示书峰枇杷产业发展现状、枇杷新品包装、物流供应链等，与抖六集团直播平台、抖音直播基地、快手等合作开展直播让利活动，为枇杷果农解难纾困，为网友提供品尝书峰枇杷的直通渠道。

【“云上莆田 直播嗨购”——仙游县钟山镇专场】 2022年9月23日，仙游县以“庆丰收 迎盛会”为主题，以地方特色农业及风俗为依托，通过庆丰收、迎盛会、享丰年的形式，在钟山镇开展福建仙游2022年“中国农民丰收节”活动，同步开展“云上莆田 直播嗨购”——仙游县钟山镇专场，活动现场分为六大版块进行全程线上直播，线下同步开展丰收美食节、摄影展等活动，通过直播活动开启“线下会展+线上带货”的新模式为广大消费者提供绿色、优质、实惠的特产农产品。活动同步于莆田广播电视台视频号、抖音号、微博，今日仙游抖音号、视频号，仙游广播电视台抖音号、视频号进行直播，总观看人数70.14万人次。

（朱 红）

餐饮服务业

【概况】 2022年，仙游县限上餐饮业企业13家，营业额完成2.46亿元，比上年增长21.1%，高于全市平均水平11.20个百分点。

【餐饮企业安全生产】 2022年，仙游县举办3场大型培训会议，通过专家讲解、观看视频、发放指南手册等，以会代训方式，培训餐饮服务业人员96人次，提高餐饮企业安全生产意识。开展现场督导90余次，发现存在安全隐患48处，通过下发整改通知书、开展约谈企业主要负责人、暂停营业等警告手段，压实企业安全生产主体责任，组织开展“回头看”，落实各项安全工作。

【美食推广活动】 2022年，仙游县依托美食街城、城市综合体、商圈等举办美食节活动，丰富节前年货市场，满足广大市民购物需求。鼓励餐饮经营单位参与“全闽乐购”等各项促消费活动。举办“全闽乐购·仙游年货节”暨“仙优汇”公共品牌启动仪式，为鲤城鱼和顶老扁食店、赖店镇国义羊肉店等28家仙游首届美食老字号授牌。加强仙游特色美食保护和发掘，推动商事主体加快传承创新。引导线上线下深度融合，举办线下展销及线上年货节直播带货活动，在线下展销活动现场，来自仙游县13家企业带来金沙薏米、秋雁米粉、蔡襄状元五星、桂圆干、魏氏柚茶、枇杷花茶、干焖羊肉等产品，展示仙游特色的农产品，吸引市民和游客挑选和购买。

【“闽菜馆”评选活动】 2022年，仙游县响应省商务厅“闽菜馆”评选活动，甄选餐饮经营单位和线上餐饮服务平台，支持限额以上餐饮企业（含兼营餐饮的酒店、宾馆）、交通服务区创建“闽菜馆”，推荐3家餐饮企业（分别是莆田市万佳国际酒店有限公司、福建省仙游名宴大酒店有限公司、莆田市新清源餐饮服务有限公司）入选“闽菜馆”。

（辜建清）

批发零售业

【概况】 2022年，仙游县限上批发业企业61家，商品销售额完成690.35亿元，比上年增长21.8%，高于全市平均水平1.60个百分点；限上零售业企业106家，商品销售额完成65.86亿元，增长20%，高于全市平均水平0.40个百分点。

【促进居民消费】 2022年，仙游县以“全闽乐购促消费”为主题，结合传统消费旺季和重点节假日，投入各级资金1009.94万元，举办7场促消费活动，提振居民消费信心，促进消费加快复苏，直接撬动消费1.45亿元，其中汽车消费6230万元，红木消费2000万元，家居建材消费1500万元，酒店餐饮消费2000万元，商贸超市消费1800万元，城市综合体消费670万元，“福酒”消费300万元。

【批发零售业项目招商】 2022年，仙游县依托乡情招商、以商引商、产业链招商、驻点招商等方式，发挥工商联、侨联、异地商会的桥梁纽带作用，延伸招商触角、链接优势资源，储备一批优质项目。围绕现代服务业进行引链、补链、延链。全年现代服务业招商项目18个，计划总投资61.70亿元，其中签约项目11个，总投资20.20亿元，涉及物泊总部酒店、亿根珠宝电商供应链、“艺术生活家”产业生态链、京东云仓基地等项目；洽谈项目4个，计划总投资31亿元，涉及跨境电商产业园，贾泰贸易总部等项目；策划项目3个，计划总投资10.50亿元，涉及冷冻食品供应链平台，国聚数字产业园，天海石油供应链平台项目。

（辜建清）

成品油市场监管

【概况】 2022年，仙游县加强成品油市场管理，规范流通领域成品油市场经营秩序，打击各类成品油市场违法违规行为，推进成品油质量管控整改工作，提升成品油质量，加强生态环境建设，维护安全有序的成品油市场环境，保护守法经营者和消费者权益。2022年，仙游县召开会议传达部署成品油管控整改工作相关文件会议精神，并成立成品油管控整改工作领导小组。明确目标责任，制定工作措施，细化职责分工，健全工作机制，推进成品油管控整改工作。

【油品质量管控】 2022年，县商务局下发文件通知，要求全县36家加油站停止销售低于国六标准的汽柴油，更新加油站标识，并立即建立油品购销管理台账，保留提货单、增值税发票及相关的质量记录和凭证至少3年，以备检查。组织人员146人次，出动车辆45辆次，检查36家加油站油品购销情况，重点检查成品油经营企业的购销台账、发票。全县36家加油站所购销油品均达到国六标准以上，保障成品油市场供油质量。

【成品油许可管理】 2022年，仙游县规范成品油经营企业运行。严把成品油经营年度检查关，对存在违法违规行为的，立即制止；拒不改正的，当年年检不予通过；情节严重的，报请市商务局撤销成品油零售经营资格，约束成品油经营企业，倒逼油企依法依规、规范经营。县商务局联合县应急管理局、交通运输局、市场监督管理局、生态环境局等相关职能部门对鸿昌（福建）物流有限公司等5家企业内设加油站点情况进行摸排，发现部分企业内设加油站点，内部车辆台账、进油发票存根、内部用油记录台账等不完善，不符合成品油市场管理要求。查处无成品油经营资质企业4家，没收油品7.66吨，函告中石化、中石油等供油企业立即停止向县域内无成品油经营资质企业供油，从源头上遏制企业内设加油站点违规行为，商请县交通运输管理局，根据监督管理职责督促抓好整改，防止问题反弹，规范成品油市场秩序。

【新建加油站（船）项目】 2022年9月，县商务局拟文请示市商务局关于加油站规划布点确认；11月，市商务局批复确认该规划布点。12月，成品油零售经营资格审批部门下放，加油船审批权限下放至县（区）商务主管部门。县商务局审批融投能源贸易（福建）有限公司（融投油8）的加油船相关资质，许可其成品油零售经营，填补仙游县加油船领域的空白。

（辜建清）

快递业

【概况】 2022年，仙游县邮政行业业务总量3.53亿元，比上年增长1.42%；邮政行业业务收入2.80亿元，减少7.95%。快递服务企业业务量2870.11万件，减少4.09%；业务收入1.66亿元，减少21.59%；投递量4930.92万件，增长15.4%。全县有4家快递许可企业、1家邮政公司、18个邮政支局（所）、11个快递企业平台。

【“快递+特色产品”示范】 2022年，仙游县邮政管理局（简称县邮管局）服务乡村振兴战略，发挥快递网络优势和自有电商平台销售优势，带动仙游特色产品触网外销，支持鼓励快递企业研发农产品的特制包装，开通绿色通道，打造“快递+四大名果”示范项目，为邮政快递企业与乡镇政府、农业合作社、供销电商等牵线搭桥，搭建产、销、运对接合作平台，拓宽果品销售渠道，助推仙游枇杷销

2022 年 7 月 19 日，县邮管局与县公安局联合检查快递企业

（县邮管局供图）

售。全年“快递＋四大名果”业务量 86.34 万件，快递业务收入 1662.45 万元，服务产值 4662.36 万元。服务制造强国战略，“快递＋工艺美术”业务量 731.31 万件，快递业务收入 6915.73 万元，服务产值 2.93 亿元；“快递＋鞋服”业务量 372.53 万件，快递业务收入 1621.04 万元，服务产值 7.45 亿元。

【三级物流体系建设】 2022 年 5 月 12 日，仙游县三级物流体系建设项目启动签约，发挥邮政公司点多面广优势，利用支局投递网点现有场所，通过叠加服务功能建设乡镇中转中心，制定统一店招及上墙材料实现挂牌运营。邮政分公司完成 60 个村级服务站点建设（含示范点 2 个），60 个村级服务站点挂牌运营。通过网点服务叠加，开通邮件代投业务等基础服务功能。解决建制村“最后一公里”的投递难题。

2022 年，整合邮政和快递网络资源，推进“交邮合作”“快邮合作”“快快合作”配送新模式，解决偏远山区用邮问题。

2022 年 5 月 27 日，仙游县开展寄递安全管理联席会议暨乡镇寄递安全管理工作培训

（县邮管局供图）

组织开展“通达系”企业快递进村座谈会，指导企业在条件成熟的区域开展抱团进村，在进村困难的偏远区域采取邮快合作兜底模式，打造“一村一快递进村投递点”直补到点的扶持政策，推动“快递进村联盟”企业对邮快合作代投进村快件每票额外增加 0.30 元派费补助，发挥各类政策利好优势，优化实施快递进村工程。

利用邮政网络优势，开展邮快合作，解决快递企业存在的下乡难、进村难问题；东门便民服务站有民营快递企业（极兔快递）入驻。仙游邮政分公司与仙游县蓝图配送服务有限公司合作，在书峰、石苍、社硎、菜溪、西苑 5 个乡镇开展全面合作。

【绿色邮政发展】 2022 年，仙游县发展绿色邮政。电子面单使用率 99.5% 以上。电商件不再二次包装提升到 97.75%，避免大量的重复包装。使用 100% 符合标准的包装材料，按照规范封装操作比例 98.5%。邮政普服网点设置快递包装回收装置 100%。

【快递行业安全监管】 2022 年，仙游县督促邮政快递企业执行安全监管制度。组织企业负责人及安全管理人员参加市邮管局举办的专项工作培训班，开展日常执法检查、远程视频监控巡查和寄递渠道涉枪涉爆隐患集中整治、重大节日及重大活动期间安全专项执法检查活动。完成 2022 年安全员备案，实行安全工作月报制度和安全员履职月通报制度。完成 2022 年企业安全评定工作。加强执法检查，结合网格化管理促进快递行业安全监管常态化、规范化。联合鲤南镇派出所开展反诈防骗专项检查，联合县森林公安分局开展野生动物保护专项整治行动，联合县烟草专卖局开展涉烟寄递安全专项检查。全年开展执法检查43次，联合相关部门开展执法检查10次，检查寄递企业和网点124家次，出检人员344人次，发现隐患问题34个，下发责令整改提醒函13份，约谈企业15家次，移交案件线索8起，罚款金额27.40万元。推进“网格化＋寄递安全”管理工作，采集信息1127条，其中涉及162条隐患信息，分门别类梳理问题并督促整改到位。开展远程视频监控巡查，在线巡查企业网点1721家次，排查隐患163个，整改到位。

【普遍服务监管】 2022年，仙游县普服测寄平信60件，实际收到平信60件。开展快递行业“扫黄打非”常规检查344人次，检查邮政普服网点及快递网点124家次，发放“扫黄打非”宣传单200余份，没有发现1起通过邮政或快递渠道寄递非法图书、出版物及音像制品的行为。

【快递行业服务质量提升】 2022年，仙游县召开服务质量提升与发展会议，通报用户不满意的申诉案件，集体约谈服务质量问题突出、申诉量高的企业，要求企业落实整改。开展快递末端服务违规收费清理整顿工作，结合日常监管，对快递企业网点违规收费情况进行动态监管。实施“放心消费工程”，指定专人处理快递服务申诉，受理、办理用户申诉。通过“12345”平台受理消费者申诉521件，及时查阅率100%、及时回复率100%。

（兰丽仙）

粮食流通

【概况】 2022年，仙游县贯彻落实粮食安全党政同责的粮食政策。完成市政府下达的粮油储备任务。启动粮食安全保障项目，实施县中心粮库二期、粮食配送中心2个子项目。

【订单粮食收购】 2022年，仙游县做好农民余粮收购工作。通过制作宣传专栏、悬挂横幅、张贴标语、发放宣传单、报纸、网站等线上线下宣传方式，宣传收购政策。在赖店镇设立粮食收购点，提前准备仓容，设立便民服务点。全年收购农民余粮693.64吨（早谷500吨、晚谷193.64吨），支付购粮款179.37万元，订单直接补贴资金16.65万元。杜绝农民卖粮难、“打白条”等问题。

【储备粮监管】 2022年，仙游县完善储备粮监管机制，印发《仙游县县级储备粮管理实施细则》《仙游县县级储备粮轮换管理办法》等文件，提升粮食监管水平，开展粮食库存、政策性粮食销售出库、粮食收购等专项监督检查工作，成立检查组14个，排查发现隐患12项，落实整改隐患12项，整改率100%。仙游县开展安全生产大检查工作。全年成立检查组26个，排查发现隐患31项，落实整改隐患31项，整改率100%。强化粮油仓储安全管理工作，加强粮油出入库、储存作业、消防安全等环节管理，确保储粮安全和生产安全。

【粮食应急体系建设】 2022年，仙游县完善粮食应急体系建设，确定粮食应急供应网点18家，应急加工企业、储运企业、配送中心各1家，保障粮食市场供应不脱销、不断供。加强应急救灾物资管理，与应急部门共同对救灾物资储备的规模、品种、结构等进行优化设计和宏观规定，科学调整救灾物资品类、规模。加强应急管理，做好应急队伍建设、预案更新、应急演练等工作，提升应急能力。开展地震应急演练、消防应急演练、粮食熏蒸作业应急演练活动。对救灾物资进行规范管理，做到每批物资有标签，且分类存放，码放整齐，实现信息化和标准化。抓好粮油价格信

2022年8月，省储备粮公司启动仙游储备库搬迁重建项目。图为施工现场
（朱彬颖供图）

2022 年 3 月 4 日，县供销社召开第五届第三次社员代表大会

（县供销社供图）

息监测和预警，确定价格监测点 3 个，定期监测粮油市场行情，确保粮油市场供应不脱销、不断供。抽选固定居民调查点 50 户，开展社会粮油供需平衡调查，对所有纳入粮油统计信息系统的企业加强管理。

【粮食质量监管】 2022 年，仙游县实行粮食质量安全监管和责任追究制度，做好粮食质量监管工作，建立以企业自检为主，粮食行政部门“双随机”检查相结合的粮食质量监测制度，健全粮食质量监管体系，确保产业链各环节的质量安全。督促粮食企业在“福建省原粮追溯平台”录入原粮质量安全信息，做到“一仓一码”、从源头上可追溯。开展粮食系统“治理餐桌污染”专项检查工作，收购粮食风险监测等。委托第三方检测单位对县级储备粮进行扦样检测，检测 90 份，合格率 98.9%。

【粮食安全保障项目建设】 2022 年，仙游县启动粮食安全保障项目建设，重点实施县中心粮库二期、粮食配送中心 2 个子项目。项目建成后，满足上级下达的县级储备粮增储任务需要。新建的大米加工生产线，解决县内粮食加工能力薄弱的问题。8 月，省储备粮公司启动仙游储备库搬迁重建项目。

（佘丽伟）

供销合作

【概况】 2022 年，福建省仙游县供销合作社联合社（简称县供销社）直属单位有榜头供销社等 17 个基层供销社。直属及控股企业有仙游县供销集团投资有限公司、仙游县供销集团再生资源回收利用有限公司、仙游县农资公司等 20 家。3 月 4 日，仙游县供销社召开第五届第三次社员代表大会。全年供销系统完成销售总额 46.96 亿元，比上年增长 28%；购进总额 39.99 亿元，增长 17%；实现利润 800.76 万元，增长 11.59%；上缴税收 1166.36 万元，土地全程托管面积 26.67 公顷，新增基层社农民社员数 200 个。新建庄稼医院 2 个，新建乡镇惠农综合服务中心 2 个，新建再生资源回收收购点 23 个，创建省供销系统基层社示范社 1 个，建设莆田市首个乡镇供销综合服务社，获 2022 年度莆田市供销系统综合业绩考核一等奖，连续 5 年被市委市政府、县委县政府评为“纳税大户”。

【限额以下项目招标服务平台建设】 2022 年，县供销社探索改善营商环境，率先建设“仙游县限额以下项目招标服务平台”。8 月 17 日，成立全资控股公司“仙游县数字城市互联网服务有限公司”，为政府采购、工程招标和企业采购搭建“公共资源交易平台”。实现政府采购、招投标活动的电子化和互联网化，培育“互联网 +”招标采购内生动力，推动招标采购从线下交易到线上交易的转变，实现招标投标行业与互联网的深度融合。平台与 926 家工程招投标公司完成对接。

【新型县域商业流通服务体系建设】 2022 年，菜溪供销社成立莆田市首个乡镇供销综合服务社——菜溪供销综合服务社。通过整合供应链资源，以流通渠道下沉和农产品上行为主线，推动资源要素向农村市场倾斜，提供“7+N”服务功能，推动农村消费提质扩容。打造“以县城为中心、乡镇为重点、村为基础”的县域商业流通服务体系。

【“三位一体”试点改革】 2022 年，县供销社构建生产、供销、信用“三位一体”服务功能的农民合作经济组织综合平台，承担县农合联理事会执行委员会职责，指导、参与为农服务工作和合作经济发展。推行电子保函替代现金保证金，改变传统保证金管理服务模式，释放企业保证金压力，减轻企业资金

2022 年 12 月 13 日，县供销社与仙游农商银行“三位一体”举行战略合作签约仪式（颜庆涵供图）

负担，推动“互联网＋监管”等全新监管方式发展。建立银担合作关系，仙游县中小企业融资担保公司与仙游农商银行、农业银行、兴业银行、海峡银行、泉州银行、瑞狮银行等开展担保业务。至年底，审批授信额度 7.80 亿元，担保笔数 192 笔，担保金额 1.89 亿元。其中，“白名单”企业担保 37 笔，担保金额 8470 万元；创业贷款担保 109 笔，担保金额 1764 万元。推行电子保函，对接市公共资源交易中心，对外开具保函 9772 笔，实现净利润 175.14 万元。

【供销为农服务】 2022 年，仙游县巩固农资供应主渠道，完成化肥冬储 6398.20 吨，储备各类农药 200 吨、农膜 100 吨。春耕期间，供应各类化肥 2040 吨，农药 80 吨，农膜 35 吨，满足农民春耕播种需求。开展农资科技下乡活动，联合县农业农村局、农商银行、各乡镇设立 5 个会场，赠送进口复合肥、尿素等化肥 10.30 吨，通过技术指导、普及农资知识，提高作物产量和品质，助力农户增产增收。创新服务模式，组织开展文旦柚裂果防治解决试验，在度尾镇选取有代表性的 20 家文旦柚种植户，每户选取 15 棵作试验田试点，向各试验点赠送高生物量有机肥 5 吨，中微量营养包 1 吨。开展试验田行动，用定制服务引导销售，形成按需送货、因地配肥、技术到户的一条龙农资供应服务模式。助力消费扶贫，推动各级单位购买“扶贫 832 平台”贫困地区农副产品和仙游县的扶贫农副产品，助力乡村振兴。全年消费扶贫福利供应实现销售额 177.41 万元，其中青海西宁扶贫产品 125.31 万元，仙游扶贫产品 52.10 万元。打造“一镇一品”特色农产品产业链。在园庄镇、钟山镇分别建设“仙游县园庄传统手工面文化园”“仙游县钟山大米生产基地”，构建“三位一体”供销模式，实现生产规模化和专业化，带动更多村民致富。2022 年 11 月试生产至春节期间，“钟山大米”销售 2 万千克，完成销售额 16.70 万元；“瑞朝尊”线面销售 7.50 万千克，完成销售额约 97.50 万元。

【供销企业建设】 8 月 29 日，园庄供销社与园庄镇党委、政府对接，针对园庄传统手工面与村集体共同打造“一镇一品”特色农产品产业链，投资 300 万元，成立福建省仙游瑞朝尊食品有限公司，占地 1500 平方米，以经营传承特色手工面美食文化为主的食品企业。年生产传统手工面约 18 万千克，年产值 180 万元。做大做强园庄镇传统手工面产业，以 SC（食品生产许可）认证增加产品附加值。通过示范引领，授权使用区域公用品牌，推进“互联网＋”农产品出村进城，打通线上线下营销渠道，形成区域公用品牌、企业产品品牌相互提升、共同

2022 年 11 月，县供销社打造“一镇一品”，在园庄镇建设“仙游县园庄传统手工面文化园”（县供销社供图）

发展，助力传统手工面营销赋能。6 月 7 日，钟山供销社与仙游县南兴村股份经济合作社合作成立莆田钟米农业发展有限公司，钟山供销社占股 25%、出资 100 万元。2022 年，组建企业经营体系，提升钟米公司的影响力和知名度，发挥钟山镇农业强镇优势，推动钟山镇水稻生产的链条延伸，提高附加值。

（张月莹）

烟草专卖

【概况】 2022 年，莆田市烟草专卖局仙游分局（简称仙游烟草专卖局）实行“两块牌、一套人员”的经营管理体制，莆田市烟草公司仙游分公司（简称仙游烟草分公司）统一负责仙游县烟草批发业务，仙游烟草专卖局统一负责仙游县烟草专卖市场管理。全年仙游县卷烟销量 4.02 万箱，比上年增长 2.4%，增幅居全市第一位；实现销售总额 15.04 亿元，增长 6.7%；实现税收 2.83 亿元，增长 7.06%，居全县第三位；利润总额 1.93 亿元，增加 1576.90 万元；人均创利税 602.44 万元。

【卷烟营销】 2022 年，仙游烟草分公司围绕市场、品牌、终端、平台四大生态建设，构建营销体系新生态。全年条均价 149.50 元，比上年增长 4.2%，增幅居全市第二位。零售客户盈利增加，达 14.41%。市场量价总体处于合理范围，销售旺季未过度积压，未过度断供，重点品规市场状态良好，客户经营信心充足，货源满意度持续提升。聚焦高价位卷烟和三级共育品规培育目标，巩固品牌良好发展态势。深化宴席营销，开展高价烟宴席、古田金中支宴席 578 场，用烟 1.50 万条，宴席场次居全市第二位。推广高价烟商务送礼 114 单，用烟量 2449 条。开展芙蓉王（硬中支）培育终端陈列回馈活动，优选 7 户优质终端开展创意陈列，营造终端氛围；开展扫码积分活动，刺激终端下柜。开展利群（西子阳光）培育软文宣传活动，依托 80 户客户微信朋友圈形成传播，扩大品牌知名度。围绕选点、建设和运行 3 个维度，制定详细标准，打造 2 家“观、听、品、说、触”五维立体沉浸式古田文化体验终端。拓展雪茄专业店、店中店、微型店建设模式，打造集销售、体验、品鉴于一体的各类雪茄体验吧 3 家。深化海丝新晟建设，建成核心终端 3 户、合作终端 2 户，优化终端功能发挥，增强流通品牌影响力。围绕“一部一示范街，一人一示范店”目标，打造靓丽示范街，聚焦 E 福通推广使用、古田品牌培育、卷烟非烟一体化经营、农网终端建设等特色功能，建成 4 条示范街、19 个示范户，涵盖 47 户优质终端。全年实现非烟销售额 801.10 万元，居莆田市第二位，比上年增长 41.3%。培养核心客户，实现 1 户销售额 20 万元以上、4 户 10 万元以上的核心客户培养目标。深化新媒体应用，开展线上拉新和线下推广，开展直播带货 7 场，场均人气 980 人，通过直播拉新获客 42 户。全年培育 51 户核心客户、220 户达标客户，覆盖面 4.4%；参与订购客户 842 户，订购面 16.84%。

【烟草市场管理】 2022 年，仙游烟草专卖局推进专卖治理体系和治理能力双提升。全年查办各类案件 292 起，比上年增长 57.84%，居全市第一位；涉案卷烟 3.45 万条，增长 41.34%，居全市第二位；总案值 1317.71 万元，增长 136.72%，居全市第二位。其中，查办 5 万元以上大要案件 52 起，增长 52.94%，全市第一位；查获真烟数量 2.24 万条，增长 5.92%，全市第一位；依法取缔违规大户 10 户，增长 66%，全市第一位；破获涉烟涉刑案件 4 起，刑拘 11 人、逮捕 8 人、取保 2 人、判刑 11 人。依托涉烟要素管理平台大数据，构建机械制假运假预警模型，获评全省十佳专卖管理数据分析先进模型。破获“8·12”海上走私假烟案件，查获假烟 240 件，抓获涉案人员 5 人，扣押违法车辆 1 辆。构建“两虚高”异常户识别模型，配套出台《关于加强异常零售户清理整顿的通知》，对 398 户客户采取降量、停供等监管措施，夯实市场基础。采取事前、事中、事后全过程闭环监管模式，处理预警 6201 条，同级监督随机排查 154 人次，未发生不规范经营情况；动态健全完善“黑灰黄”名单 301 户，“红橙蓝”名单 495 户。全年真烟外流 413 条，比上年下降 58%。查获省外流入卷烟 3393 条，比上年增长 70.76%。网上办结各类申请 1949 项［其中新办申请类 407 户，停业类 4 户，注销（歇业）类 169 户、延续 1193 户，不予延续 21 户、变更恢复等 155 户］，获得锦旗 3 面，感谢信 1 封。清理学校周边零售户 28 户，行政指导劝退零售户 53 户，提高行政许可工作质量。

（王诺雯）

金融业

综述

【存款贷款】 2022年底，仙游县本外币各项存款余额576.18亿元，比年初增加87.87亿元，增长17.99%，比上年增加48.06亿元；各项贷款余额382.91亿元，比年初增加33.68亿元，增长9.64%，比上年减少3亿元，存贷比66.46%。不良贷款余额4.23亿元，比年初减少1.40亿元，不良贷款率1.10%，比年初下降0.51个百分点，实现连年“双下降”。

【普惠小微企业信贷】 2022年，中国人民银行仙游县支行（简称人行仙游县支行）落实两项直达货币政策工具转换和接续工作。指导仙游县法人金融机构灵活应用再贷款、普惠小微贷款支持工具、普惠小微贷款阶段性减息支持工具，加大对普惠小微企业的信贷支持力度，发挥央行资金低成本优势，降低小微企业融资成本。督促2家法人金融机构利用微信公众号等宣传减息政策，简化操作流程，减轻普惠小微市场主体付息压力。

【信贷支持抗疫和复工复产】 2022年，人行仙游县支行指导银行机构建立、启动信贷快速审批通道，推动金融机构对接新冠疫情防控重点企业融资需求。3月31日，仙游兴业银行完成2000万元抗疫贷款投放，为该行第2次支援仙游方舱项目建设。指导金融机构确保手机银行、网上银行等线上服务网络渠道畅通，推广“抗疫·九鲤应急贷”等线上便利信贷。指导仙游农商银行开辟线上申贷绿色通道服务，为客户提供足不出户的信贷服务。

【小微企业和涉农金融服务】 2022年，人行仙游县支行组织召开金融服务经济社会发展督导会，引导金融机构加大对实体经济特别是受新冠疫情影响严重的行业和中小微企业的信贷支持力度。加强政策宣传引导，利用主流媒体宣传各类助企纾困政策，将LPR（贷款市场报价利率）改革的政策红利传导至实体经济，促进贷款利率继续稳中有降。2022年底，仙游县法人银行机构企业贷款加权平均利率5.3%，较年初下降1.55个百分点。推动动产融资统一登记公示系统的应用，引导金融机构聚焦乡村振兴、新冠疫情防控、民生保障等领域，探索创新融资模式，依托动产融资统一登记公示系统，拓宽企业融资渠道，缓解企业融资难。践行“金融为民”理念，巩固发展普惠金融发展路径，指导银行投放农村普惠类贷款，将家庭农场、专业大户、农民合作社、农业产业化龙头企业等新型经营主体纳入重点服务范围，建立特色化授信体系。

【“一县一品、贷动‘闽’生”专项行动】 2022年，人行仙游县支行以“金融‘贷’动电商示范县高质量发展”为主题，推进“一县一品、贷动‘闽’生”专项行动。2022年底，仙游县电子商务贷款余额6.13亿元，较年初增长170.75%，超出各项贷款平均增速161.11个百分点；贷款加权平均利率5.24%，较年初下降19个基点，授信户数较年初增长279.2%，首贷户增加181.48%，做法被福州中心支行微信公众号推介，《湄洲日报》、《莆田通讯》、莆田广播电视台报道。

【跨境融资投资服务】 2022年，人行仙游县支行简化外债流程，拓宽跨境融资渠道，做好130万美元企业外债到期展期工作。指导工商银行枫亭支行做好与重点对外投资主体海安橡胶集团股份公司的对外投资服务工作，跟踪、指导、服务企业对外投资业务，跟进重点外资企业外汇诉求。推动《福建省台资企业资本项目管理便利化试点实施细则》及4项新增便利化举措落地见效，引导银行机构提升外汇服务质效。

推广跨境金融服务平台，上线“出口应收账款融资”“出口信保保单融资”“企业跨境信用信息授权查证”3个融资类应用场景，全县银行通过平台办理贸易融资166笔，服务企业5家，融资2240.51万美元，降低企业财务成本，提升融资规模和融资效率。推动平台“资本项目收入支付便利化”应用场景，方便银行线上抽查核验发票。

【诚信兴商宣传活动】 2022年，人行仙游县支行强化对外服务窗口外汇知识宣传，在钟山镇东溪村、湄洲湾职业技术学校、赖店镇等地开展诚信兴商宣传、外汇知识进校园、打击非法金融活动系列宣传。利用仙游县银行外汇工作群，督促银行外汇条线工作人员通过朋友圈转发诚信兴商外汇知识的宣传内容，扩大宣传覆盖面，增强宣传成效。

【农村信用体系建设】 2022年，人行仙游县支行推进农村信用体系建设。与县政府有关部门联动，协调推动金融信用示范村、示范乡镇创建工作，督促仙游农商银行持续推进精准建档，依托省农信CRM（客户关系管理）系统，实行线上评定信用户、信用村、信用镇，加快评定步伐，根据《福建省金融信用示范村、乡镇、县创建工作方案》开展评定工作，评定信用镇8个、信用村157个、信用户13.10万户，发挥金融信用创建的正向引导作用，提升农村地区金融信用水平。

【组合式税费支持政策落实】 2022年，人行仙游县支行落实留抵退税等组合式税费支持政策。强化与财政、税务部门联动合作，发挥新上线的财、税两个不同线上凭证传输系统的作用，开展中央补助资金、个人所得税、留抵退税工作，保障拨款、退税资金快速、准确、安全直达市场主体。一体化系统凭证传递“无纸化”办理，支出信息在国库、财政、代理银行、预算单位之间快速传递、迅速流转、及时办理。至年底，收到的中央直达资金并支付至主体1.53万笔，金额1.63亿元；留抵退税112笔，金额3.36亿元，惠及企业88家。

2022年9月6日，郊尾镇人民政府与仙游农村商业银行股份有限公司签订乡村振兴暨“党建引领 夯基惠民”战略合作协议，授信10亿元

（陈慧贞供图）

【金融纠纷调处】 2022年，人行仙游县支行发挥金融纠纷调处中心“化纠化险”作用，加强与县法院、金融办的沟通配合，强化金融消费者权益保护，推动金融纠纷调处中心制度体系再完善。4月28日，联合县法院召开以金融纠纷多元化解机制为主题的新闻发布会。组织人员走访金融机构、企业，掌握新冠疫情期间产生的金融纠纷情况，就降低风险隐患、减少经济损失等提出相关法律建议，快速调解结案，用8天促成1起涉诉1.20亿元的企业逾期金融纠纷达成分期还款调解协议，为该企业节省诉讼费30万元。

【便民支付工程建设】 2022年，人行仙游县支行推动落实便民支付工程建设。践行“支付为民”理念，深化移动支付便民工程建设进农村工作，制定《2022年仙游县移动支付便民工程工作要点》，选取大济镇为移动支付示范镇，与银联、银行配合，推进大济镇移动支付便民工程建设，280户空白商户中推广251户，建成7家云闪付示范店，医疗、加油站、学校、餐饮、超市、便利店等场景移动支付覆盖率89.64%，完成80%的创建目标。

【绿色金融发展】 2022年，人行仙游县支行组织召开绿色金融工作推进会，引导银行机构提高发展绿色金融思想认识。督导银行强化绿色信贷产品创新，丰富绿色金融产品，满足绿色经济融资需求多样化。指导仙游农商银行印发《仙游县“福林·益林贷”实施暂行办法》，创新农村集体经济组织与农户融资体制机制，盘活生态公益林和天然林资源资产，降低林农贷款融资成本，支持绿色经济发展。人行福州中心支行网站刊登《“绿水青山”变“金山银山”——莆田仙游县首笔生态公益林预期收益权质押贷款成功落地》报道。

【存款保险宣传】 2022年，人行仙游县支行指导2家法人银行机构通过农村普惠金融点，开展存款保险政策宣传活动。督促仙游农商银行通过金融助理驻村宣传、小额便民点宣传、在各行政村张贴海报等方式，实现325个行政村存款保险宣传全覆盖。指导法人银行将存款保险宣传与打击电信诈骗、金融机构适老服务措施宣传一体推进，开展系列宣传活动，提升重点群体金融知识宣传获得感。指导仙游县农商银行建立存款保险宣传网络化管理机制，创新宣传方式，以方言做好存款保险普及性教育。

【金融激励政策实施】 2022年，人行仙游县支行与县委组织部、县金融办联合印发《关于印发〈仙游县“两优一先”表彰获得者金融激励实施方案（试行）〉的通知》，党的十八大以来各级“两优一先”受表彰者在指定3家银行（农商银行、农业银行、邮储银行）的贷款利率和贷款额度上给予优惠。落实《仙游县平安建设领导小组关于印发〈仙游县基层治理共建共享激励评价工作方案（试行）〉的通知》，对星级户、优秀单元、优秀单元长、优秀网格、优秀网格员、优秀网格长等受表彰者在贷款利率和贷款额度上给予优惠，为其开通金融服务“绿色通道”或上门服务，优先聘为乡村振兴金融助理员。

（黄朝阳）

银行业

【中国工商银行仙游县支行】 至2022年底，中国工商银行股份有限公司仙游县支行（简称仙游工行）各项存款余额55.27亿元，较年初增长12.42亿元，增长28.99%。其中，储蓄存款余额31.64亿元，较年初增加7.15亿元，同业第二位，增长29.27%，系统内增幅第一；公司存款时点余额10.48亿元，较年初增长6.06亿元，时点存款全市的贡献度41.03%；公司存款日均余额9.60亿元，较年初增长4.40亿元，日均存款全市的贡献度40.52%；机构存款余额13.14亿元，较年初减少0.79亿元。

2022年底，贷款余额42.55亿元，较年初增长1.69亿元。其中，公司贷款16.23亿元，较年初增长0.33亿元；个人贷款26.32亿元，较年初增长1.36亿元。公司不良贷款余额为零，实现不良贷款余额、不良贷款率“双零”的目标。

至2022年底，实现净利润1.33亿元，中间业务收入2731.29万元。法人拓户单边增8户，较年初净增5户，其中发放全市首笔学校类设备更新改造贷款；对公新开结算账户754户，系唯一一个完成全年目标的支行；个人全量客户净增3.50万户，居全市第二位。私人银行同业口径客户新增17户，居全市第一位，增量全市占比28.33%；个人养老金账户开立4986张，办理数居全市第一位。仙游工行在莆田分行2022年旺季营销公司金融业务综合考评中居第一位。

（陈其忠）

【中国建设银行仙游支行】 2022年底，中国建设银行股份有限公司仙游支行（简称仙游建行）一般性存款余额32.42亿元，比上年增加3.03亿元。其中，对公存款余额14.18亿元，增加0.93亿元；个人存款余额18.24亿元，增加2.10亿元。日均余额29.77亿元，新增3.52亿元。各项贷款余额43.54亿元，减少0.29亿元，其中对公贷款7.93亿元，减少1.51亿元；个人贷款及透支35.61亿元，增加1.22亿元；均完成上级行计划任务数。不良贷款额6196万元，比年初减少1012万元，不良贷款率1.36%，较年初下降0.27%，实现不良贷款额和不良率双降。中间业务收入1432万元，主营收入3.27亿元，账面利润1.83亿元。

2022年，仙游建行注重资金及平台建设。紧盯央企、国企、省内龙头集团账户、机构重点客户、长尾客户以及地方重点项目开展系列营销活动，拓宽揽存渠道。新开民办非企业账户13户、教育培训机构账户35户（基本户及监管户）、破产管理人账户2户、工会账户2户、行政事业单位专用账户4户。小微企业发展推动普惠金融业务发展，银保监口径普惠贷款余额5.79亿元，比年初增加6204万元（还原后），小微快贷户数721户，比年初增加287户，新增户数居全市建行第二位。支持国家乡村振兴战略，办理全市首笔林权抵押登记贷款，放款金额1000万元；完成“善担贷”4户柚农客户的审批，投放2户贷款金额150万元；完成“乡村振兴贷”投放3户金额335万元；1月29日，仙游建行与仙游县不动产登记局签订“农村产权交易平台合作协议”，成为全市首家签订合作协议的支行。优化服务手段，促进个人业务发展。通过优化美化服务环境，加强厅堂的引导，利用移动金融和智慧机具设备，统筹安排服务资源和线上、线下渠道，提高客户服务体验，促进产品销售能力的提升。全年新增个人有资产客户1284户、信用卡客户1527户，累计新进件商户263户，个人重点商户晋升116户。

（连清勇）

【中国农业银行仙游县支行】 2022年底，中国农业银行仙游县支行（简称仙游农行）本外币各项存款余额108.28亿元，比年初增加11.12亿元。其中，个人存款余额91.58亿元，比年初增加12.16亿元。对公存款余额16.70亿元，比年初减少1.04亿元。各项存款存量市场份额“四大行”（仙游农行、仙游工行、仙游建行、仙游中行）占比35.77%，居第一位。各项存款增量市场份额“四行”占比25.06%，居第二位，其中个人存款增量市场份额“四大行”占比34.01%，居第一位。各项贷款余额56.15亿元，比年初增加10.59亿元。其中，法人贷款余额27.65亿元，比年初增加6.46亿元；个人贷款（含信用卡）余额28.50亿元，比年初增加4.13亿元。实现营业收入2.61亿元，比上年增加2026万元，增长8.43%。拨备前利润1.95亿元，增加1634万元，增长9.17%；拨备后利润1.13亿元；净利润8529万元。全年累计清收处置不良贷款本息1.83亿元，不良贷款余额3898万元，比年初下降1.57亿元，不良率0.69%，比年初下降3.61个百分点。

（林智鸿）

【中国银行仙游支行】 2022年底，中国银行股份有限公司仙游支行（简称仙游中行）各项人民币存款余额37.13亿元，比年初增加5.80亿元；各项外汇存款余额2030万美元，比年初增加692万美元。各项人民币贷款余额26.76亿元，比年初减少8841万元；各项外汇贷款余额2万美元，较年初减少64万美元。各项不良贷款余额7804万元，较年初减少82万元，不良率2.92%。至2022年底，仙游中行为企业办理纾困贷款，累计发放金额3150万元，平均利率3%。仙游中行推进全省首笔“银农直联”业务的落地，莆田市电视台对此进行专题宣传报道。涉农贷款1430户，贷款余额5.94亿元，较年初增加163户，贷款余额增加4891万元。落实“一县一品”专项行动，电子商务产业贷款较年初增长461%。全年新发放企业贷款平均利率3.95%，其中普惠小微企业平均利率3.68%。

（陈晓段）

【中国邮政储蓄银行仙游县支行】 2022年，中国邮政储蓄银行股份有限公司仙游县支行（简称仙游邮储银行）各项存款54.68亿元，较年初新增8.21亿元；贷款结余15.61亿元，较年初增长2.23亿元。存、贷款年净增量均居全县金融机构第五名。

9月，仙游邮储银行与鲤南镇象林村在党建共建的基础上，建立县域首个农村金融教育基地。全年新增建设信用村149个，信用村累计建成222个；发放全省（行内）首笔鞋服产业链绿色贷款500万元，实现鞋服类绿色贷款新突破；新发放绿色排污贷款2960.18万元，授信3家污水处理厂，市场占有率100%；为江西仙游商会会员发放“新市民”贷款300余万元。

（郑兆益）

【兴业银行莆田仙游支行】 2022年，兴业银行股份有限公司莆田仙游支行（简称仙游兴业银行）各项本外币存款余额17.55亿元，较年初增加3.44亿元。其中，单位存款8.72亿元，较年初增加0.88亿元；个人存款8.83亿元，较年初增加2.56亿元。表内贷款余额18.99亿元，较年初增加2.42亿元。其中，企业贷款15.79亿元，个人贷款3.20亿元。表外资产余额2.10亿元，较年初增长0.91亿元。

3月，仙游兴业银行给予福建省木兰投资集团有限公司发放2000万元信用贷款，驰援仙游方舱项目建设。12月，仙游兴业银行与仙游县老年大学合作共建“老年教育宣传基地”，成立安愉人生俱乐部。仙游兴业银行通过“教育云平台”落地仙游现代中学的线上缴费业务，解决客户收费的痛点；创新便民服务模式，推行“互联网+不动产登记”，上线“不见面抵押登记系统”，免去客户到仙游县不动产登记中心办理业务等待时间。

（傅堂敏）

【中国民生银行莆田仙游支行】 2022年底，中国民生银行莆田仙游支行（简称仙游民生银行）贷款余额7.40亿元，较年初减少3.19亿元。存款余额3.21亿元，较年初增加3859.81万元；存贷比230.06%。普惠贷款2.89亿元，其中普惠型小微企业和其他组织贷款余额2.86亿元，普惠型消费贷款余额313.80万元。下调新发放小微企业贷款利率，降低小微企业综合融资成本。年底小微贷款利率6.08%，较年初减少0.76%。年底不良贷款余额1433万元，较年初减少672.30万元；不良率1.9%，比年初下降0.09%。

（郑兰钦）

【中信银行仙游支行】 至2022年12月31日，中信银行仙游支行各项存款余额5.03亿元，较年初新增1.53亿元。各项贷款余额3.02亿元，较年初新增4277.92万元。个人经营性贷款余额4843.30万元，比年初增加1222.85万元。

（肖文渊）

【招商银行莆田仙游支行】 2022年，招商银行股份有限公司莆田仙游支行（简称仙游招商银行）各项人民币存款余额4.25亿元，其中对公存款余额9641万元，个人存款余额3.29亿元。各项人民币贷款余额4.87亿元，均为个人贷款。不良贷款余额763万元，不良率1.57%。支持民营企业发展，将民营企业金融服务与普惠小微企业金融扶持工作相结合，新创设医保贷、小企业结算流量贷产品。

（郑晓伟）

【福建海峡银行仙游支行】 至2022年12月底，福建海峡银行仙游支行（简称仙游海峡银行）各项存款余额7.08亿元。其中，对公存款余额4.82亿元，储蓄存款余额2.26亿元。各项贷款余额12.42亿元。其中，表外贷款余额5.22亿元，表内贷款余额7.20亿元（对公贷款余额4.37亿元，零售贷款余额2.83亿元）。不良贷款余额32.50万元，处置不良贷款金额145.80万元，逾期贷款金额183.45万元，逾期贷款金额较年初减少17.15万元。

2022年，仙游海峡银行借助“科技易贷”“担保公司担保贷款”业务，以信用、担保、抵押3种贷款模式，寻找符合条件的企业。投放担保公司担保贷款0.90亿元、工程“信e贷”0.08亿元、国企小微贷0.22亿元、小微快贷0.18亿元、短期流动资金贷款0.76亿元。

仙游海峡银行立足于地方“山海”经济特色，创新金融产品与服务模式，仙游海峡银行创设“E商贷”“市民贷”“商户贷”“代发贷”“小微e快贷”“渔船贷”“两权抵押贷”“工程信e贷”“供应链e融资”等系列助农贷款，与6家核心企业开展供应链业务合作，供应链融资授信总额1.05亿元。针对各类农户生产活动中的不同资金需求特点，以盘活农村闲置资产为突破口，与农村信用体系建设相结合，为农户量身定制信贷产品。

（郑玉萍）

【福建仙游瑞狮村镇银行】 至2022年12月底，福建仙游瑞狮村镇银行（简称仙游瑞狮银行）各项存款余额4.26亿元，各项贷款余额6.42亿元，全行各项资产总额7.91亿元，资本净额1.64亿元，资本充足率25.59%，主要监管指标平稳。

（叶春妹）

【福建仙游农村商业银行】 至2022年底，福建仙游农村商业银行（简称仙游农商银行）资产总额217.24亿元，比年初增加27.38亿元，增长14.42%；存贷款总额突破300亿元；各项存款余额173.99亿元，比年初增加24.44亿元，增长16.34%，存款增量创历史新高；各项贷款余额128.53亿元，比年初增加14.11亿元，增长12.33%。2022年，缴纳各项税收1.09亿元，连续12年位居全县银行业金融机构首位。

2022年，仙游农商银行融入仙游县经济产业发展，制定下发《关于出台十六条措施服务稳住经济大盘的通知》《关于进一步落实金融服务小微企业敢贷愿贷能贷会贷长效机制的通知》，完善尽职免责制度、提高贷款考核权重、优先减免贷款利率、下放贷款审批权限、缩短审批流程、加快审批速度、提高办贷效率等措施，加大信贷投放力度，增强实体经济发展动能，助力稳定市场主体。

助力乡村振兴，开展整村推进。制定《全力推广“网格化+整村（社区、单位）推进+快e贷”金融服务模式方案》，通过到乡村批量采集客户信息，融合“线下+线上”服务渠道，提高贷款覆盖面，推动金融服务重心下沉。助力新农主体发展，将家庭农场、专业大户、农民合作社、农业产业化龙头企业等新型经营主体纳入重点服务范围，主动对接新型职业农民培育，建立特色化授信体系。至2022年底，发放新型经营主体贷款254户，贷款余额1.64亿元。推广福农综合平台，与仙游县农业农村局签订《福农综合服务平台战略合作协议》，推进福农综合服务平台应用，激活农村生产要素，助力乡村振兴。以推进

访辖内新型经营主体，对接融资需求。至年底，向辖区内新型经营主体授信254户，金额1.64亿元。采取“四专二降”（组建专业团队、设立专门窗口、设立专项信贷规模、设计专属产品，降低贷款门槛、降低贷款利率）举措，为红木产业上、中、下游主动靠前服务，推出“红木·质押贷”“成品家具·质押贷”等产品。

（黄　磊）

2022年1月，仙游农商银行网上营业厅上线运行。图为网上营业厅客服

（郑金相供图）

“一县一品 贷动‘闽’生”专项行动为主题，重点推进金融“贷”动电商发展。至年底，发放电商行业贷款552户，贷款余额1.39亿元。

助推小微发展，推广“纾困贷”。至年底，累计发放“纾困贷”127户，金额2.29亿元。加大无还本续贷推广力度，提高续贷转贷效率，减轻客户资金周转压力。全年办理无还本续贷业务2347笔，贷款金额7.27亿元。探索、创新线上金融服务方式，运用“网上营业厅”非接触方式为客户办理贷款展期业务69笔，涉及金额6966万元，保障金融服务不断档。走访政府部门，扩大政银合作范围，与县市场监督管理局、退役军人事务局、烟草公司、供销合作社、农业农村局、乡镇政府等部门签订战略合作协议。与县税务局联合开展银税“大走访”活动，通过数据共享、联合走访，发挥双方服务优势，摸排企业金融服务需求，激发市场主体活力，解决小微企业融资难题。

创新双基联动工作模式，联合县委组织部、县乡村振兴局，制定《“党建联建　金融联促”双基双联助力乡村振兴工作实施方案》，创新金融服务模式，开展党建、金融双基双联工作，为推进乡村振兴和促进共同富裕提供金融支撑。推出以“乡村振兴信息员特别行动队”为载体的“1+2+3”（一体化专业服务＋全方位、全周期的金融服务保障＋三项特色服务）服务模式，为新型农业经营主体注入“金融活水”。通过“线上＋线下”方式走

保险业

【中国人民财产保险股份有限公司仙游支公司】　2022年，中国人民财产保险股份有限公司仙游支公司（简称仙游人保财险公司）实现保费收入1.38亿元，比上年增长5.44%。其中，车险保费1.02亿元，增长3.47%；非车保费2992万元，增长14.94%；农险保费633万元，下降2.76%。完成利润786万元。支付各项赔款8024万元，简单赔付率63.2%，实现利润786万元。

2022年1月，仙游农商银行与仙游烟草公司举行战略合作签约仪式

（郑金相供图）

上缴地方税收1807万元，连续27年为仙游县“纳税大户”。

（黄开国）

【中国人寿保险股份有限公司仙游县支公司】 2022年，中国人寿保险股份有限公司仙游县支公司（简称仙游国寿公司）实现总保费收入2.91亿元，比上年下降9.97%。其中，长险首年期交保费4519.72万元，10年期及以上期交保费1909.54万元，保障型保费571.20万元，短期险保费3303.63万元。全年办理理赔3908人次，理赔总金额2387.44万元。其中，身故赔付145人次，金额602.86万元；医疗费用赔付3604人次，金额1112.40万元；重大疾病赔付159人次，金额672.18万元。缴纳地方税款234.76万元。

（魏德水）

证券业

【兴业证券股份有限公司仙游鲤城街证券营业部】 2022年，兴业证券股份有限公司仙游鲤城街证券营业部（简称仙游兴业证券）开展A股、B股、港股的开户、个人养老金开户及投资，以及基金理财、投资顾问、基金投顾、家族信托、融资融券、期货期权、私募托管、政府和企业投融资需求的对接、优质企业IPO（首次公开募股）等工作。优先满足当地政府和民营企业的各种投融资需求，做好金融服务主体工作。2022年底，存量资产约8亿元，各种金融产品约1亿元，年创收700万元。

（张德仙）

【恒泰证券股份有限公司仙游学府东路证券营业部】 2022年，恒泰证券股份有限公司仙游学府东路证券营业部（简称仙游恒泰证券）提供沪深A、B股交易，融资融券，50ETF期权等交易品种，代销和承销其他金融机构和各项投资理财产品，以满足个人和机构投资者的需求。至年底，仙游恒泰证券开发3824名客户，托管总资产1.22亿元。营业部资产总额910.40万元，营业收入194.95万元，其中融资融券收入59.25万元，营业支出214.78万元。

（郑章文）

【华福证券有限责任公司仙游尚书街证券营业部】 2022年，华福证券有限责任公司仙游尚书街证券营业部（简称仙游华福证券）主营项目有证券经纪、证券投资咨询，与证券交易、证券投资活动有关的财务顾问，融资融券，证券投资基金代销，为期货公司提供中间介绍业务，代销金融产品，证券资产管理业务项目的推介和承揽，证券承销与保荐业务项目的推介和承揽。至年底，客户资产规模20.48亿元，经纪业务市场份额万分之1.25。连续多年被莆田市委市政府、仙游县委县政府授予“突出经济贡献奖”。

（李岚菲）

【东方财富证券股份有限公司仙游学府东路证券营业部】 2022年，东方财富证券股份有限公司仙游学府东路证券营业部（简称仙游东方财富证券）经营证券经纪，证券投资基金代销，与证券交易、证券投资活动有关的财务顾问，证券投资咨询，代销金融产品，融资融券等。全年开展投资者教育活动60余场，活动覆盖人数超过5500人。12月，被仙游县大同社会工作服务中心授予2022年度“爱心合作伙伴”称号。

（陈雅冬）

综述

【国家全域旅游示范区创建】 2022年，仙游县以建设国家全域旅游示范区、国际山地旅游度假目的地为目标，打造“有一种旅游叫仙游”旅游品牌。全年接待国内游客349.80万人次，实现国内旅游收入28.56亿元。10月，与中青旅、省旅游发展集团、厦门建发旅游集团洽谈、合作，联合仙游县国有文旅企业共同投资、开发、运营仙游“春、夏、秋、冬”四季全域旅游产品。针对具体的招商项目，邀请北京、上海、深圳等地的实力客商，到仙游实际考察、现场对接推进。

【旅游品牌推广】 2022年，仙游县完成城市品牌提升“五个一”项目建设，即一个仙游城市旅游口号、一套视觉设计体系、一本仙游城市画册、一首仙游城市主题曲、一部仙游城市宣传片；加强媒介宣传，与省电视台、东南电视台等媒体协作，制作仙游文旅宣传片及北部山区旅游宣传片；开展仙游旅游手绘地图设计制作，推动手绘地图语音导览系统成功上线。开展仙游2022“全闽乐购·全福游·最莆惠”旅游消费季活动，7月2日在中骏世界城举办文旅消费季启动仪式；与鼓楼区政府、福建省招标股份有限公司、省投资项目评审中心洽谈合作，共同推动仙游文旅品牌宣传推介。8月6日，在福州三坊七巷举办“仙游文旅推介会”，鼓楼区文旅投公司在“家在鼓楼”宣传平台开设“家在仙游”专栏。

2022年7月2日，2022年仙游文化和旅游消费季启动仪式在中骏世界城举行　（林群供图）

【文旅招商】 2022年，仙游县推动旅游资源大整合、大提升，加强与大集团、大企业和知名侨胞的跟踪对接，引进国内外知名旅游集团到仙游投资建设。组织招商团队奔赴北京、上海、厦门、深圳等重点城市，与客商交流、现场答疑解惑。3月7—10日，赴北京开展文旅招商，与中青旅对接，洽谈北部山区旅游经济综合开发项目。8月5日，邀请福旅集团一行到仙游县考察文旅产业。2月7日，邀请仙游文旅企业家代表、文旅专家参加莆田市文旅经济发展暨招商推介新春茶话会，开展文旅项目推介。2月9日，邀请异地仙游商会会长、重点产业企业家代表到仙游参加仙游县民营企业家座谈会，开展文旅项目招商；多次邀请碧桂园生活服务集团到仙游，就美食城开发运营项目开展调研、洽谈。11月14日，邀请中国电影基金会美誉发展基金总监金彦均等一行到仙游举办招商座谈会。11月23日，邀请福建省

2022年8月6日，“福聚鼓楼　梦圆仙游”2022仙游县文化旅游宣传推介会在福州市鼓楼区南后街三坊七巷举行　　（朱彬颖供图）

招标采购集团到仙游调研菜溪岩、仙水洋、九鲤湖、天马村等文旅开发项目。

旅游资源

【概况】　仙游境内旅游资源丰富，拥有2个国家AAAA级旅游景区、5个国家AAA级旅游景区、4个国家AA级旅游景区、2项国家级非物质文化遗产、1个国家水利风景区、1个中国传统村落、1个全国休闲农业与乡村旅游示范点、5项国家地理标志产品、3个福建省观光工厂、1家星级旅游饭店、3家A级旅行社、1处省级森林公园、2处省级生态旅游示范区。全县有各级文物保护单位570处，其中全国重点文物保护单位4处、省级文物保护单位21处、县级文物保护单位183处、未定级文物点362处，被列入福建省第一批革命文物名录19处；有非物质文化遗产146项，其中国家级2项，省级12项，市级70项，县级62项。

【九鲤湖风景区】　九鲤湖是国家AAAA级旅游景区、国家级水利风景区、省级风景名胜区、福建省旅游度假区，“九鲤飞瀑”与武夷山、玉华洞并称福建三绝，是中国祈梦文化发祥地，被评为“中国梦文化之乡”。每立方厘米负氧离子含量超过3万个，依托九鲤湖独有的文化、生态资源优势，打造“九鲤湖——钟山太极康养与漫农休闲区”，发展中医养生、太极康养、国学研学、天然氧吧、度假休闲等文旅项目。

【菜溪岩风景旅游区】　菜溪岩是国家AAAA级旅游景区、省级风景名胜区，入选“发现海西之美十佳景点”。景区内有上百处景点，其中“心动石”立于一山峰顶部，高27米，腾空突起，摇摇欲坠，状如蘑菇，美不胜收。菜溪岩最高海拔1394米，景区北部冬季有南方少见的“雪山”风景，独具风韵。

【麦斜岩风景区】　麦斜岩位于仙游东北部，是国家AAA级旅游景区。景区面积6平方千米，毗邻九鲤湖，山势巍峨、怪洞藏幽、奇石成趣，引人入胜，宋代著名理学家林光朝称之为“小武夷山”。麦斜岩最奇特的是绝顶云居峰的日出和佛光，也是莆田市第一批爱国主义教育基地和团省委“青少年德育教育基地”。

【仙水洋风景区】　仙水洋是国家AAA级旅游景区，主景区是由一整块岩石（长650米，总面积15万平方米）构成的世界稀有浅水河床，犹如天然的水上步行街，堪称闽中水域一大奇观。海拔871米，盛夏凉爽如秋，是避暑疗养的“夏日凉都”。

【塔斗山】　塔斗山位于仙游县枫亭镇东北面，海拔118米，面积46.67公顷，其山形似螺，亦称青螺峰。山顶矗立一座建造于宋代初期的石塔——天中万寿塔，也叫青螺塔、望海塔，2001年被列为全国重点文物保护单位。塔西有建于唐宋年间的文昌阁、会心书院、崇正祠等。登上塔斗山山顶极目远眺，枫慈溪和沧溪会流，似玉带环腰，惠安县的南庄、城厢区的东沙、仙游枫亭镇区一览无遗，海水、礁石、沙滩、红日、渔舟尽收眼底。半山腰的会元寺建于盛唐，以山门、天王宝殿、观音殿为中轴线，钟鼓楼和两廊配套，是福建名刹之一。民族英雄戚继光在枫亭抗击倭寇，曾登塔斗山揽胜，纵观沧海，挥笔赋诗。南宋理学家朱熹在此讲学，并手书“敬义堂”匾额。明朝三保太监下西洋曾两次在太平港避风。宋端明殿学士蔡襄、元状元林亨、南宋末代丞相陆秀夫、明市政司右参议陈迁，以及名臣林兰友、郑纪等都曾在此留诗题字。

【天马山】　天马山位于仙游县榜

头镇境内，海拔655米。因山势巍峨雄峻、壁立千仞、直插霄汉，似天马行空，故而得名。天马山有五峰七漈。五峰分别是天马、龟柱、双兔、天梯和海日峰，七漈分别是鼎湖、丹室、龙首、药槽、天门、天津和松关漈，还有聚仙桥、小玉桥、观音冈、笔架山和蝙蝠洞等。五峰苍翠欲滴，宛如翠屏，风光绮丽，绵延十余里。山下有一潭名为鼎湖，像一颗蓝幽幽的宝石嵌在山间。湖的一侧，有石宝、龙首、双兔、峭壁四峰；湖的另一侧，有一条登山小径，穿崖绕壁，蜿蜒而上，通往百米高的“天梯”。

【九座寺】 九座寺位于仙游县西苑乡，原名太平院，始建于唐宗咸通六年（865年），现存建筑物有唐代的实心幢塔、放生池、石围墙，清代的大雄宝殿、祖师殿、大悲殿等。九座寺雄踞闽中高峰，汲取天地之精华，灵气十足，寺中的白色小睡莲悄然绽放。寺后九座山山形为凤凰来仪，九座寺就建在雄凤的顶冠之上，故名为凤顶。大雄宝殿前有一对高8米的六角形实心石塔，是福建省罕见的石塔珍品。

【无尘塔】 无尘塔位于九座寺西侧，创建于唐咸通六年（865年），为该寺历代寺僧圆寂后火化的荼毗塔，距今1100多年，宋崇宁间赐名“无尘塔”，是福建省内最古老的空心石塔，2006年6月，被列为第六批全国重点文物保护单位。塔为三层石构，八角空心，高14.22米，内径4.45米，塔内有螺旋形石阶盘旋而上。塔尖为莲花葫芦形，基座为莲花石雕，各层角柱呈瓜楞形，底层下部八面刻有奔龙舞狮等浮雕图案。设南北开门，东南与西南两面有护门卫士浮雕。塔前有月台，与宋以后的石塔形制迥然不同。

【大蜚山森林公园】 大蜚山森林公园是省级森林公园，位于仙游县城北部，南北跨度6.80千米、东西跨度5.50千米，总面积1435平方千米，著名的大蜚寺、九龙岩寺、海霖寺等寺庙岿然坐落园内。

大蜚山是仙游境内的五大山脉之一，从百里外的九座山走来“蜿蜒百里，矗为大蜚、小蜚二峰”，像一只张开双翼凤凰飞临仙游县城，凤凰站立的脚下就是母亲河——木兰溪。园内森林覆盖率92%，森林所特有的调节气候因子的作用，造就园内温暖湿润、夏无酷暑、冬无严寒的独特小气候环境，享有“小庐山”之美誉。优美的环境吸引众多僧人隐居于此，也有不少寄情山水的文人墨客光临，留有10余座庙宇和众多的摩崖石刻，其中较为闻名的有九龙岩寺、海霖寺、附凤寺和江霞溪及摩崖石刻。

【中国古典工艺博览城】 中国古典工艺博览城位于仙游工艺产业园之内，占地23公顷，总投资额超20亿元，总建筑面积36万余平方米，是一个集商贸交易、会展会议、产品研发、物流配送、旅游观光、服务配套于一体的复合型高端产业基地，为仙游工艺文化产业第一城。主要项目有会展中心、博物馆、行政中心、质量检测中心、拍卖中心、物流配送中心等。在建筑设计上继承盛唐大明宫风格，总平面以九宫格的格局布置，气魄宏大，格局开阔。融合宋代以及明清风格，使之成为古典建筑的集大成之作。在建筑上融合仙作元素，彰显仙游独特文化风俗及历史渊源底蕴，与仙作家具在空间摆设上相得益彰。在景观布置上，引入天下第一园林——苏州园林景观布局，泉、瀑、池错落分布，多回路的灵活变化，产生“多方胜景，咫尺山林”的效果。建筑与园林融为一体，以雍容典雅的中国传统美学，塑造特色鲜明的城市标志性建筑。

【济川村】 济川村位于石苍乡东北部，境内自然资源丰富，有号称莆田市“第二水缸”的金钟水利枢纽工程。济川村旅游资源丰富，主要有八大景区，大小景点100余处。济川村先后获得“中国历史文化名村”“中国传统村落”“中国最美村镇”等称号，是莆田市唯一获6枚国家金牌和6枚省级金牌的乡村。

【刺刀峡谷】 刺刀峡谷位于西苑乡凤山村，包含刺刀峡谷、鬼崆里、九云寨等景点，有落差80米天然

西苑乡凤山村刺刀峡谷是秋季攀岩探险的“运动天堂”。图为探险者在刺刀峡谷探险 （张力供图）

洞穴式幽谷瀑布、涉水浅滩、甬道、一线天，还有百丈高千米宽天然崖壁及悬空洞穴多处，是勇者挑战岩降的好去处；有高 90 余米的水帘瀑布、奇峰怪石的“小张家界”，是秋季攀岩探险的“运动天堂”。

景区建设

【旅游项目建设】　2022 年，仙游县推进文旅经济产业开工项目 8 个，项目总投资 17.34 亿元，年计划投资 1.91 亿元，完成投资 2.13 亿元。推进招商项目 6 个，计划总投资 11.35 亿元，其中与碧桂园生活服务集团洽谈美食城项目，计划投资 2 亿元，年产值 6000 万元、年税收 300 万元；仙游大剧院项目计划投资 2000 万元，打造以文艺演出、文体娱乐等为主要业态的仙游夜间经济示范区域；完成新艺都酒店项目签约，木兰溪源头保护与开发项目、仙游县旅游集散中心和智慧文旅系统项目、西苑乡前溪村乡村振兴综合项目等开展招商。

【景区提质升级】　2022 年，仙水洋仙水体验基地旅游开发项目投资 2600 万元，开展湖滨步游道、梯田步道、花海全景屋、儿童活动基地等项目建设，开展迎宾路、花海车行道、赤利溪引水工程、清淤项目等前期工作。刺刀峡谷仙山旅游开发项目投入资金 750 万元，完成刺刀峡谷规划编制、论证及其他部分前期手续。济川古民居保护及文旅项目投入资金 2505 万元，完成旋挖灌注桩工程，推进挡土墙护坡工程及 15 号、17 号楼主体、房建基础等。

【红色教育基地建设】　2022 年，中共仙游上宫支部旧址红色教育基地项目投入资金 3600 万元，完成兴山村人居环境整治提升工程，推进兴山土楼整治提升工程和兴山村上宫支部到天妃公园夜景亮化工程。

特色旅游

【工艺美术文化旅游】　2022 年，仙游县依托特色仙作家具产业，创新推进与旅游产业的融合，产业发展覆盖红木种植业、家具加工业、手工业、家装体验服务业和文创产业、平台直播、电子商务等新兴业态，形成仙作家具原材料生产、设计加工、运营销售、体验服务、品牌建设等多元业务环节贯通，一、二、三综合性产业联动的特色产业与文旅经济融合发展模式。推出“艺都仙作——品鉴之旅”主题精品线路，将三福工艺产业园、鲁艺红木园、书峰绿源名贵植物园等仙作工艺特色景区与九鲤湖、菜溪岩等生态景区、大剧院、温泉度假中心等结合起来，打造工艺文旅融合特色旅游线路。2022 年，仙游县接待工艺美术文化旅游游客 125 万人次，实现旅游综合收入 10 亿元左右。

【农业文化旅游】　2022 年，仙游县是国家现代农业示范区、省级农民创业园示范基地、中国利农集团大棚蔬菜主建区、超大集团优质蔬菜生产区，初步形成粮食、蔬菜、茶果、畜牧等主导产业，发展设施农业面积 4300 公顷。有省、市龙头企业 25 家，国家地理标志保护产品 3 个，有机农产品 2 个，绿色农产品 5 个，无公害农产品 7 个，农产品地理标志 2 个，福建著名商标 5 个，省级金奖农产品 1 个，上海世博会名优茶金奖 2 个、银奖 1 个。仙游县推出仙游县文化旅游手绘地图及语音智慧导览系统，51 个景点、乡村旅游村及特色旅游点位纳入系统。2022 年，仙游县接待农业文化旅游游客 140 万人次，实现旅游综合收入 11 亿元左右。

【乡村旅游】　2022 年，仙游县有中国传统村落 1 个、全国休闲农业与乡村旅游示范点 1 个、国家地理标志产品 5 项、福建省观光工厂

中国古典工艺博览城　　（县文旅局供图）

3个、省级乡村旅游休闲集镇5个、省级乡村旅游特色村39个（其中省级金牌旅游村3个）、省星级乡村旅游经营单位6个。仙游民宿、露营地等产业逐渐崛起，前溪村获评中国十大露营地，济川村等传统古民居古村落及天马村、兴山村、柳园村等乡村旅游资源丰富的特色乡村，为自驾游、露营等新兴旅游业态发展奠定基础。推进A级景区、帐篷露营地、省级全域生态旅游小镇及金牌旅游村等品牌创建，其中仙游县兴山风景区获评国家AA级旅游景区，兴山村获评省级金牌旅游村，鲤南镇象林村获评市级金牌旅游村，西苑乡凤山营地获评福建省帐篷露营地。2022年，仙游县接待乡村旅游游客160万人次，实现旅游综合收入13亿元左右。

文旅活动

【仙游2022“全闽乐购·全福游·最莆惠”旅游消费季活动】 2022年7月2日，仙游县在中骏世界城举办文旅消费季启动仪式。7—10月，举办一系列文旅消费季活动、发放一批文旅消费券、开展一系列文旅营销活动，促进文旅消费，带动消费近2亿元。

【三坊七巷仙游文旅推介会活动】 2022年8月12日，“福聚鼓楼 梦园仙游”2022仙游县文化旅游宣传推介会在三坊七巷举行。会上，仙游县从千年古邑文献名邦、“四仙”圣境最美仙游、物华天宝美食飘香等方面介绍文旅资源以及仙境精华一日游、仙境仙山经典两日游、仙境仙山仙水全景三日游等精品旅游路线。举行《妈祖赐福》《这里是冠军的摇篮》等富有地域特色的莆仙戏、武术表演，展示仙游青瓷、红木工艺、特色美食等。

【仙游县农民丰收节暨第六届度尾镇文旦柚文化旅游节】 2022年9月28日，仙游县农民丰收节暨第六届度尾镇文旦柚文化旅游节在度尾镇艺雕智慧产业园举行。以“柚见丰收·携农振兴”为主题，扩大宣传、搞好营销、提高文旦柚的综合效益，促进农业增效、农民增收、产业振兴。打造“度尾文旦柚”“艺雕小镇”“李耕故居”等仙游特色品牌、乡村特色文化符号，推动文化和旅游融合发展。

旅游行业管理

【旅游安全管理】 2022年，县文旅局重点针对10家A级景区、6家旅行社、1家星级饭店开展日常安全管理，落实安全生产责任，压实经营单位主体责任，落实“三管三必须”（管业务必须管安全、管行业必须管安全、管生产经营必须管安全），检查涉旅单位38家次，排查一般安全隐患16个，均整改到位。排查消防安全隐患，重点检查经营单位是否存在违规用火用电用气、占堵疏散通道、损坏停用消防设施等火灾隐患。出动人员60人次，检查10家A级景区、6家旅行社、1家星级饭店，发现安全隐患38处，均整改到位。

【旅游从业人员管理培训】 2022年，仙游县举办导游员、讲解员业务培训班，参与培训102人，完成考核并领证90人，完善旅游服务。

【旅游市场规范管理】 2022年，县文旅局落实安全生产责任，每逢“黄金周”、“小长假”、节庆活动召开专题会议部署旅游市场安全工作。重点检查旅行社组接团是否与消费者签订规范的旅游合同、是否租用有运营资质车辆、是否有投保旅行社责任险、是否存在不合理低价游等行为。检查旅行社18家次，排查一般安全隐患5个，均整改到位。加强值班值守和宣传引导，落实领导带班和24小时值班制度，确保信息畅通，应急响应及时。节假日期间，发布安全生产通知，强化文明旅游和安全出行知识宣传，引导文旅经营单位业主提高安全生产意识，落实行业主体责任。

（郑琳琳）

交通 邮政 通信

公路建设

【概况】 2022年，仙游县公路总里程3384千米，其中高速公路4条108千米（8个高速互通口），国道3条32千米（含利用），省道3条109千米（含利用），农村公路约3135千米［其中县道306千米、乡村道2829千米（含自然村道）］。

【高速公路建设】 2022年，仙游县建设甬莞高速榜头互通及接线工程，长约16千米、总投资4.70亿元，开展工程可行性评估等前期工作。

【国省干线建设】 2022年，福建省普通国省道干线公路纵三线仙游境内段工程（属省重点项目之一，全长70.90千米，总投资17.90亿元），分期分段实施建设。纵三线第五合同段沽山至梧椿段开展路基、路面施工，第六合同段梧椿至游洋镇区段开展项目前期工作。

【城乡道路建设】 2022年，莆田市城投集团负责规划建设木兰大道仙游段（仙游县负责实施征迁及配合前期工作）长约50千米、总投资53亿元。其中，一标段盖尾仙潭至石马段长8.10千米加快路基、路面施工；二标段木兰大道大济溪口至度尾石牌兜段完成用地审批，协调中建木兰公司组织进场施工；开展木兰大道榜头昆仑至鲤南玉塔段6.30千米、鲤南平原至大济溪口段10千米以及大济溪口至度尾石牌兜段6.60千米（共22.90千米、总投资25亿元）前期报批组件工作。

【农村公路建设】 2022年，仙游县农村公路新改建完成33千米，生命防护工程完成15千米，农村公路养护提升工程完成68千米（修复路面约3.50万平方米）。

【危桥改造】 2022年，仙游县有公路桥梁644座，改造危桥6座。至年底，累计实施危桥改造162座。

公路管养

【概况】 2022年，仙游县公路分中心完成公路投资2049.56万元；优良路率90.6%，公路技术状况指数（MQI）值88.60分；安全率100%。

【公路养护】 2022年，仙游县公路分中心完善公路防毁工作。完成路基、路缘修复27立方米，清理沿线溜方42立方米，边坡护坡修复40米，边沟修复445米。提升路面养护质量，投入冷拌沥青材料40吨，修复水泥路面破碎板约2225平方米，修补路面坑洞、坑槽1.82万平方米，修复路面裂缝2.11万米，路面清灌缝约12万米。突出安保设施养护，修复波形梁防撞栏约35米，修复路面标线约1.12万平方米，增设路面震荡线127平方米，增设轮廓标、道口标柱490根，增设岔路标志牌36面、人行横道标志牌83面、警示标志牌17面、限速标志牌2面等。强化桥涵预防性养护，增设G356线金山大桥检查通道栏杆扶手41米，完成G356线东埔桥、金建桥伸缩缝修复29米，完成国道228线枫慈溪大桥桥面铺装露筋防锈蚀处治4平方米、伸缩缝修复14米，完成省道213线K127+544涵洞出水口修复51平方米。加强公路绿化管养，根据季节特点对公路绿化采取浇水、施肥、修剪、整形、防治病虫害等养护管理，补植绿化820平方米。

【公路许可】 2022年，仙游县公路分中心行政许可所上路巡查42天、156人次；组织联合整治行动26次、85人次；清理堆积物4处1020平方米；纠正、制止占用挖掘公路9起、污染公路6起、堆放物品1起、占道摆摊设点1起、打场晒粮2起、违法埋设和铺设管线1起、违法搭接道口1起、损坏公路附属设施2起，发放通知书1份；办结路损索赔案件1起。

【路政管理】　2022年，仙游县拆除非公路标志700余面，拆除违章建筑1处26平方米，清除堆积物24处80平方米，劝离整改占道摆摊200余处，清理阻塞公路排水沟3处，纠正未经批准在公路上增设平面交叉道口4处。

（许文斗）

公路运输

【概况】　2022年，仙游县有客运企业2家，客运班线7条（县内农村班线），车辆8辆；1家旅游包车客运企业，车辆22辆（其中2辆车辆为县内客运班线）；出租汽车企业2家，车辆43辆；普通货运34家，车辆1254辆；危险品货运1家，车辆7辆，重型罐式半挂车8辆，重型集装箱半挂车2辆；一类维修企业1家，二类维修企业11家，三类维修企业19家；驾驶员培训学校16家。投入使用的一级客运站1个（仙游汽车站），二级公交枢纽站场1个（仙游县公交总站），三级公交枢纽站场1个（大蜚山公交首末站），四级公交枢纽站场1个（仙游县火车站公交枢纽站）。

【客运】　2022年，仙游县有客运企业2家，客运班线7条（为县内农村班线），车辆8部；1家旅游包车客运企业，车辆22部（其中2部车辆为县内客运班线），年客运量11.19万人次，旅客周转量853.99万人千米。

【公共汽车客运】　2022年，仙游县有3座公交场站，分别是仙游公交总站、大蜚山公交首末站和仙游火车站公交枢纽站。有纯电动新能源公交车130辆，开通22条公交线路，线路辐射仙游县所有乡镇（街道），基本实现城乡公交一体化，受益群众100余万人次。

2022年，全县开设公交线路24条，具体为601路（县行政中心—龙华镇金沙村）、601路（象运支线：仙游宾馆—祥林山庄）、602路（仙游工艺博览城—大济中学）、602路（古濑支线：大济中学—古濑村）、603路（仙游糖厂—赖店镇樟林村）、606路（县政法组团—赖店溪埔）、608路（海亭嘉苑—盖尾镇斜尾村）、609路（县行政中心—县第二医院）、610路（县行政中心—莆田协昇体育用品公司）、611路（海亭嘉苑—榜头岭下村）、612路（县行政中心—仙游火车站）、615路（仙游客运站—度尾云居村）、618路（仙游公交总站—园庄镇）、619路（仙游公交总站—瑞峰工业园）、621（仙游公交总站—仙游火车站）、622路（县行政中心—仙游火车站）、631路（园庄镇—仙游火车站）、632路（枫亭汽车站—仙游火车站）、633路（盖尾镇政府—昌山新路）、661路（蜚山公交站—游洋）、662路（蜚山公交站—石苍）、663路（仙游公交总站—社硎）、665路（仙游公交总站—仙水洋）、666路（蜚山公交站—菜溪）。

【货运】　2022年，仙游县有普通货运35家，车辆1312部；危险品货运1家，车辆7部，8个罐车，2个厢式挂车。年货运量961.01万吨，货物周转量10.17亿吨千米。

【交通市场管理】　2022年，仙游县强化道路运输市场安全监管。加大对道路客运、出租车、网约车、道路货运、危货运输、混凝土搅拌车、内河交通以及机动车维修市场等领域执法力度。强化公路路政执法监管，加大国、省干线路面的巡查力度，强化治超工作机制，重点抓好超限运输、路域安全等的巡查监管。全年查处违法违规行为145起，行政罚款83.79万元，金沙交通公安联合治超站检测车辆1.39万辆次，移交公安交管部门查处超限车辆13辆，卸载超限货物214.80吨。

【交通安全整治】　2022年，仙游县排查治理各类企业、道路、在建项目121家次，排查问题隐患394条，均整改。其中检查道路客运企业2家，排查一般隐患16条（公交6条、旅游包车10条）；检查出租汽车企业2家，排查一般隐患12条；检查货运企业37家，排查一般隐患241条（普货234条、危货7条）；检查机动车维修企业17家，排查一般隐患41条；检查驾培机构10家，排查一般隐患35条；检查客运场站1家，排查一般隐患2条；检查公路养护10处，排查隐患10条；检查在建工程6处，排查隐患37条。

（蔡璟玥）

铁路

【概况】　2022年，仙游火车站广场管理处（简称仙游火车站管理处）

开展仙游火车站广场及周边的卫生保洁、车辆管理、绿化养护、摊位管理、治安巡逻、广告牌、路灯、水、电等管理工作，协调仙游火车站等铁路管理部门和县政府各相关部门做好广场各项管理工作。全年仙游（枫亭）火车站客流量111.72万人次，月客流量9.31万人次，日平均客流量3100余人次，节假日高峰期客流量1.08万人次。

【市政公用设施提升】 2022年，仙游火车站管理处在出站口搭建290平方米帐篷，保障旅客出行。

【卫生保洁绿化养护】 2022年，仙游火车站管理处做好火车站广场及周边8.71万平方米（其中机动车道面积6.89万平方米、人行道面积1.82万平方米）卫生保洁、垃圾分类箱布置及摆放，组织开展爱国卫生运动，为旅客营造干净、整洁的出行环境。对接相关工作，做好“1+N”项目工作，完成每个月的绿化（其中乔木470株、灌木582株等）及卫生保洁考评，做到不漏一处死角，确保火车站广场卫生区、公交枢纽站、地下停车场、公厕及道路边沟等各类卫生死角的卫生整洁。

【交通秩序整治】 2022年，仙游火车站管理处探索广场及周边交通管理方法。合理秩序布局，实施车道分流，限时即停即走，违停抓拍。疏堵结合，协警疏导旅客和车流，确保道路畅通，配合执法部门查处拖离违停车辆15辆。张贴各类标识引导。制作指示牌5块、标示图15张等，使旅客明晰出行线路，避免拥堵。

【地下停车场收费业务】 2022年，仙游火车站站前广场地下停车场可实现停车240辆，停车费年收入12.89万元。按照地下停车场收费管理，规范火车站站前广场有序停车，加强车辆管理，杜绝部分车主乱停放及长期占用车位等现象，改善火车站交通通行秩序。

【安全监管】 2022年，仙游火车站管理处调动16名单位协警队员负责火车站广场及周边的安保维稳。重大节日期间，加强安全教育，检查用电、水、气安全设施设备，消除安全隐患，落实安全检查工作机制，对广场实行全天候管控，建立24小时值班制度，发现问题及时处理并上报。开展禁毒宣传主题活动，在火车站广场利用LED显示屏滚动播放禁毒宣传标语以及设置禁毒主题宣传展板等。

（郑榕雪）

邮政

【概况】 2022年，仙游县邮政分公司（简称县邮政公司）下辖综合邮政支局7个：郊尾、盖尾、赖店、龙华、大济、度尾、园庄邮政支局（含营业所）；纯金融网点5个：榜头、枫亭、幸福、花园路、田岑底营业所；纯邮务支局4个：鲤城、幸福、榜头、枫亭邮政支局；寄递营业部2个：仙游、鲤东营业部；寄递揽投站2个：枫亭、榜头揽投站。山区邮政所8个：园庄所、游洋所、钟山所、西苑所、菜溪所、社硎所、书峰所、石苍所。全年县邮政公司创收1.22亿元，完成年度计划的106%，比上年增长19%。利润总额2955万元，完成进度100.04%，增长2.5%，在全市邮政县（区）分公司规模排名第一位；进度排名第二位。县邮政公司获2022年度“全省邮政惠农合作‘协同引领·躬耕沃土’劳动竞赛县十佳惠农专班”称号。

【邮政业务收入】 2022年，县邮政公司金融业务收入7785万元，在全省邮政企业排名第7位；邮政代理金融网点余额规模46.50亿元，年增余额7亿元，占全市邮政代理金融年增比重42.2%，排名第一位。寄递业务收入2636万元，在全省邮政县域排名第14位；快递包裹创收1621万元，完成年进度139.8%，比上年增长49.9%，完成进度及比增均列全市邮政企业第一位。邮务业务收入1585万元，完成年度计划107.04%，增长16.8%，完成进度排名全市邮政企业第二位。

【邮政服务地方经济】 2022年5月12日，县邮政公司与县商务局签订三级物流体系建设战略合作框架协议，完善县、乡镇（街道）、村（社区）三级物流运营模式。对接仙游县军人事务局，在10个乡镇开设退伍、退役军人服务台席，服务退伍、退役军人办理、激活退役军人优待证。

在5个邮政普遍服务网点（鲤城邮政支局、幸福邮政支局、榜头邮政支局、度尾邮政支局、枫亭邮政支局）开设警医邮专用台席，满足群众驾驶证到期换证“只跑一趟”需求。6月，与5家民营快递企业达成“邮快合作”，在偏远山区实现快递进村超25万件，提升当地群众的用邮体验。

借助邮政遍布城乡渠道优势，以及线上邮乐购销售平台，与大济镇汾园农业专业合作社、度尾镇仙度果业专业合作社建立惠农合作基地，为当地农产品销售提供“物流、资金、寄递”一揽子解决方案。

【邮政网络】 2022年，仙游县干线邮运邮路与上年保持不变。县内转趟邮路4条，其中自办邮路3条和委办邮路1条。城区揽投段道，普遍服务投递段道15条、包裹快递段道27条、专揽段道1条、汽车段道8条和机要通信专投段道1条，计52条。农村邮件投递段道79条，里程2165千米。

【邮政设备】 2022年，仙游县邮政分公司有生产用车16辆，其中8吨邮车2辆、5吨邮车2辆、1.25吨邮车1辆、机要车1辆、面包车8辆、电动汽车2辆。城区揽投车辆43辆，其中二轮摩托车2辆、二轮电动车17辆、三轮电动车24辆。农村投递电动车辆54辆，其中枫亭16辆、榜头15辆、赖店7辆、盖尾5辆、郊尾5辆、度尾6辆；农村投递摩托车辆18辆，其中龙华6辆、钟山1辆、游洋2辆、石苍1辆、书峰1辆、社硎1辆、菜溪1辆、西苑2辆、园庄3辆。

【邮政生产用房】 2022年，仙游县城内邮政生产用房6899平方米，农村支局所邮政生产用房6609平方米，计1.35万平方米。

【首届“桂花香”关爱留守儿童公益活动】 2022年12月，县邮政公司与县总工会、红十字会联动开展首届“桂花香”关爱留守儿童公益活动，为12所山区学校300余名留守儿童送上书包、笔记本等学习用品。

（陈萍萍）

通 信

【概况】 至2022年年底，仙游县建成覆盖城乡、服务便捷、高速畅通、技术先进的宽带光纤网络和4G无线信号全覆盖网络基础设施。其中，家庭宽带普及率110.9%，行政村100%实现通光纤；城市和农村家庭宽带接入能力100兆比特每秒以上，100兆比特每秒以上宽带用户渗透率100%。启动5G移动通信网络工作，实现县区和乡镇集镇区、重点经济区域的5G网络无缝衔接覆盖，全年新建5G站点320个。

【通信基础设施建设】 2022年，县工信局协调通信运营商加强5G基地建设，其中仙游电信分公司完成建设5G基站120个，仙游移动公司完成建设5G基站204个，实现县区5G网络无缝衔接覆盖，为数字仙游提供高速、高质、高效基础网络信息服务。

【通信服务经济发展】 2022年，县工信局实施“光网仙游”工程、电信普遍试点、通信基础设施工程承包等项目，协调通信运营商加大5G基础设施建设力度，打通边远山村障碍、提升优化城乡光纤网络接入能力等。配合各级政府完成建设项目红线内“五杆一管”（电力、电信、广电、移动、联通杆，自来水管）迁移整改，西一环公路建设、环山公路建设、仙港工业园建设等，为重点项目建设提供移动通信服务。

（陈绍杰）

【中国电信股份有限公司仙游分公司】 2022年，中国电信仙游分公司（简称仙游电信分公司）有榜头支局、枫亭支局、郊尾支局、盖尾支局、赖店支局、龙华支局、大济支局、度尾支局、园庄支局、钟山支局、游洋支局、菜溪支局12个电信支局；鲤城分局、鲤南分局2个电信分局。各类电信用户数60余万户，其中固话用户10万余户，手机用户28万余户，家庭宽带用户18万余户。仙游电信分公司获电信莆田市公司经营二等奖。

2022年，仙游电信分公司推进4G补盲及5G建设工作，完成4G基站调优建设14个，新增建设验收5G基站273个，提升仙游县的5G网络覆盖率。

推进低效老旧设备退网，完成低效传输设备DDF架（数字配线架）退网25台，全部老旧数据交换机8505设备退网，城南、枫亭中兴OTN（光传送网）两台设备退网，提升通信网络的稳定性。提升网络健壮能力，完成配线光缆建设AP（有线访问接入点）延伸扩容196单36千米。完成主干光缆建设16条，265千米。完成PON（无源光网络）口扩容4525个，资源提升2.5%。存量宽带用户具备万兆PON（无源光网络）口的数量11.25万个。

至2022年底，天翼高清用户数到达9.40万户。推进以“云”平台为核心的智慧政务、智慧经济、智慧民生等领域信息化应用。推进数字校园建设，助力“智慧校园”信息化管理。聚焦美丽乡村项目发展，签约村部监控上千部，助力乡村打造平安家园。利用信息化产品，协助政府、金融等企业，实现通信安全管理，凭借云电脑+云Wi-Fi+固话+专线的打包优惠方案，助力政府、企业的网络安全管理。

与县疾控中心智慧疾控平台系统项目签订协议，助力医疗行业信息化发展。参与方舱隔离点两期通信网格及信息化建设任务，建设仙游娱乐场所5G覆盖改造项目。12月，参与盖尾瑞锋医院（新冠肺炎专用治疗点）通信网格与信息化综合建设，助力仙游基层医院信息化建设工作。

（伊瑞霞）

【中国移动福建公司仙游分公司】2022年，中国移动福建公司仙游分公司（简称仙游移动公司）下设鲤城、鲤南、枫亭、郊尾、榜头、盖尾、度尾、大济8个网格经营部，负责属地化移动通信业务服务。

2022年，仙游移动公司增加投资9000余万元，用于建设8个全业务汇聚机房5G网络城区全覆盖，其他乡镇覆盖主城镇的建设目标。至9月，完成投资额7400万元，开通4G基站30个，开通5G站点160个，新增投产2.25万个宽带端口。全县326个行政村百兆宽带100%覆盖。优化4G信号深度覆盖，实现基于“4G＋”高清语音、视频通信需求，优化核心网络布局，同步进行传输网和全业务机房建设，实现关键业务多路由保护，降低网络信息安全隐患，实现全县自然村4G信号100%覆盖。开展5G五期2.6G频段建设计划。

投资1000余万元，完成建设项目红线内“五杆一管”迁移，完成龙泉街道、游洋兴山村杆路迁移。完成鲤城街道、鲤南镇等2个乡镇10个点位老旧小区空中缆线不整齐、不规范、乱拉乱设整改工作。完成洪桥社区龙宫、宫边，十字社区五星、田岭底，城内社区鲤声、东风，南桥社区文贤、燕池、迎薰，木兰社区仙塘10个老旧街区改造。

完成仙游方圆荟商场、仙游中骏世界城美食嘉年华活动、钟山朗桥举办农民丰收节、仙水洋举行莆田奇幻烟花秀暨大型灯光活动、湄洲妈祖出游活动等活动现场通信保障。承建智慧环卫垃圾分类指挥平台、自然保护区云管理平台、木兰溪智能生态保护项目、水质自动监测项目。结合探头建设和联网，搭建数字乡村和智慧社区监管平台。平安家园监控覆盖近50%行政村，补强监控盲区超5000路。多个小区使用纳管线路，实现公安联网收编。实现智慧水利平台智能化，建设县总院远程会诊平台、榜头中学智慧教室、公安卡口等项目，为民生工程赋能。

（陈慧敏）

【中国联合网络通信有限公司仙游县分公司】　2022年，中国联合网络通信有限公司仙游县分公司（简称仙游联通分公司）整体主营收入突破亿元规模，推动数字化创新持续助力县委、县政府将数字经济建设作为基础性、先导性工程，推动数据的集成开发、共享应用，推动“全市一张图、全域数字化”在仙游落实。

建成移动网基站1875个，其中5G基站379个；宽带网端口10.40万个，其中千兆端口7.50万个。骨干云池1个，MEC（边缘云计算）节点4个，其中云池算力2880核VCPU（虚拟处理器），MEC（边缘云计算）算力达4224核VCPU（虚拟处理器）。

整合战略合作方数据产品或数据服务，为客户提供一体化大数据服务解决方案。新冠疫情期间，成立本地专业化支撑、交付和运营技术团队，为地方政府联防联控和复工复产提供数据支撑服务。

依托联通集团总部及福建东南研究院自主研发能力，在数字政府、智慧城市、军警执法、生态环境、交通文旅、工业互联网、教育医疗等行业研发近50个行业应用产品。自主研发、开发、集成，建设“数字天空”BU（业务单元、团队），采购专业级无人机3架，培养7名无人机飞手，构建多场景巡查监控监测服务能力。构建以安全大脑为核心能力的云管端数安全产品能力体系。成立省、市两级网络安全支撑团队，为客户提供安服一线综合值守、安服二线专家、安全产品交付和安全解决方案，提升安全运营和服务能力。

（林卓松）

城乡规划

【概况】 2022年，仙游县国土空间总体规划统筹发展和安全、开发和保护，科学布局生产空间、生态空间、生活空间，构建“高效集约、宜居适度，开放协同、繁荣有序”的国土空间开发保护格局。构建全县统一的“二级三类”（县、乡镇；总体规划、详细规划和相关专项规划）国土空间规划体系，统筹划定落实耕地和永久基本农田保护红线、生态保护红线、城镇开发边界，加快融合发展。启动16个乡镇的国土空间总体规划编制，完成61个村庄规划编制。

【国土空间规划编制】 2022年，仙游县自然资源局（简称县自然资源局）按照自上而下、上下联动、压茬推进的原则，推进新一轮国土空间规划编制工作。整体谋划新时代国土空间开发保护格局，综合考虑人口分布、经济布局、国土利用、生态环境保护等因素，科学布局生产空间、生活空间、生态空间，构建全县统一的“二级三类”国土空间规划体系。落实耕地和永久基本农田保护“第一优先序”，结合第三次国土资源调查成果，将1.66万公顷现状耕地纳入保护目标，1.58万公顷长期稳定耕种的耕地划入永久基本农田；坚守生态屏障，划定生态保护红线面积421.59平方千米；划定城镇开发边界65.41平方千米，其中净新增面积建设用地8.91平方千米。

【中心城区规划设计提升】 2022年，县自然资源局完成仙游县中心城区概念性城市设计方案公开征集及深化工作，挖掘仙游区位叠加优势，突出特色亮点，科学规划布局学校、医院、养老设施等公共服务配套设施。研究做实做优做旺中心城区的近期、中期、长期规划，引导仙游特色发展。文化上深度挖掘文化特色，开展重点片区城市设计，构建鲤北文府画坊、城东创新艺坊、玉田未来城坊、城西旅居趣坊等文化“四坊”。

【乡镇国土空间规划编制】 2022年，仙游县启动除鲤城街道和鲤南镇外其余16个乡镇的国土空间总体规划编制工作，具体安排乡镇域国土空间保护开发，为乡镇开展详细规划和相关专项规划提供编制依据。

【村庄规划编制】 2022年，县自然资源局落实《福建省村庄规划编制指南试行（2019）》和多规合一要求，开展新一轮村庄规划编制工作。全年完成61个村庄规划编制，其中省级乡村振兴试点村20个，市级和县级乡村振兴试点村41个。

（陈洪淑）

自然资源管理

【概况】 2022年，县自然资源局以“保资源、促发展、利民生”为目标，提升自然资源服务水平。发挥要素保障，保障项目用地，获批238.22公顷、完成土地招拍挂出让44.46公顷。严守耕地保护红线，完成补充耕地64公顷，加大违法用地查处力度，保障粮食安全“生命线”。节约集约利用土地，提升自然资源环境的“承载力”，助力优化营商环境，开展不动产抵押登记全程网办。网上办理不动产登记业务2379笔。

【建设用地报批】 2022年，县自然资源局拓展服务途径，提升服务水平，到基层一线指导、讲解新土地管理法中对农转用报批及土地征收新要求，协助业主做好用地报批材料的收集、整理，加强与县直有关部门之间及上级自然资源主管部门的沟通协调，做到材料齐全一批、上报一批、跟踪一批，保障项目建设用地需求。全年获批农用地转用和土地征收57个批次，其中城市用地24个批次，独立批次6个，农村个人建房农转用27个批次，总面积238.22公顷，其中耕地111.98公顷。

【经营性土地出让】 2022年，县自然资源局制作土地出让招商专题片，介绍拟出让土地的地理位置、周边配套、规划条件等。招引开发商考察、洽谈拟出让地块。条件成熟的地块，应用各类媒介平台全方位推介。全年出让6幅经营性土地，涉及面积15.34公顷，出让总金额6.14亿元，溢价率19.68%。工业挂牌土地出让6宗，总面积29.12公顷，出让金总额8314万元。

【耕地保护】 2022年，县自然资源局加强耕地保护和节约集约用地，做到责任有落实、运作有制度、资金有保障，推进耕地保护与经济社会发展、生态文明建设进程，推动补充耕地工作，储备土地增减挂钩指标。市政府下达仙游县2022年补充耕地任务33.33公顷，完成64公顷。

【不动产登记】 2022年，县不动产登记中心聚焦营商环境建设，推进难点、堵点、痛点问题解决，打造不动产登记互联网+登记新模式，提升不动产登记便民利企服务水平和能力。全年办理不动产登记业务3.23万笔，其中办理不动产权证1.21万本、不动产登记证明1.18万本，办理查、解封业务2098笔。开具各类查询证明10.32万笔，配合相关部门查询不动产档案5430宗。上传电子证照2.30万宗（不动产权证1.13万宗、不动产登记证明1.17万宗、房屋所有权证22宗）；受理“12345”网上信访、咨询件236宗，及时办结，办结反馈率100%。实行一事联办服务，水、电、气、有线电视、公积金等一窗受理，全年办理1281件；实施小微企业不动产登记费减免措施，免收99宗；实现不动产抵押登记全程网办，与6家银行签订抵押全程网办合作协议，网上办理不动产登记业务2379笔。“不动产抵押登记全程网办”的办理时限再次压缩，企业办理时限为1个工作日，个人办理时限为2个工作日；推行“交房（地）即交证”服务，全年完成731宗。实行“带押过户”，办理“带押过户”登记15宗，促进二手房交易市场发展。

【土地纠纷化解】 2022年，仙游县落实经济发展战略，坚持点、线、面统筹，法、情、理兼顾的办信思路，做到有访必接、有案必查、查必到位，涉“地”信访问题逐年下降。全年受理801宗，办结801宗。其中，受理“12345”网上信访件757宗，均办结；受理省信访信息系统44宗，均办结。

【土地征迁】 2022年，县自然资源局围绕中心、服务大局，督促各乡镇（街道）规范做好征地拆迁各项工作，突破“临门一脚”项目的扫尾工作，推进出让土地征迁净地。印发《仙游县人民政府关于进一步坚持依法实施征地拆迁工作的通知》，举办依法征地拆迁工作培训班，规范征地拆迁工作，维护好、实现好被征收人的合法权益，保障建设用地征收工作和项目建设实施。全年完成征地121.18公顷，完成房屋拆迁12.78万平方米；办理失地农民养老保障7511户，总人口2.68万人。

【用地规划出具】 2022年，县自然资源局出具工业地块规划条件8幅：xg挂-2022-8、xg挂-2022-6、xg挂-2022-9、福建省智胜矿业有限公司扩建用地、xg挂-2022-10、重新下达仙游县xg挂-2022-9、辉特物流有限公司扩建用地、xg挂-2022-11。出具经营性地块规划条件2幅：ps-2022-6地块、ps-2022-7地块。

【用地审查与规划许可】 2022年，县自然资源局核发用地预审与选址意见书27宗；核发用地规划许可证29宗；核发建设工程规划许可证74宗；核发规划条件核实意见书42宗。其中，市政工程用地预审与选址意见书12宗、用地规划许可证8宗、建设工程规划许可证9宗。补办个人建房房屋审批情况说明30多件，指导乡镇办理农村个人建房规划许可2100余户。

【矿产资源管理】 2022年，仙游县开展矿山生态恢复治理及打击非法采矿行为，推进部门之间无缝链接，监管责任再强化，良好态势再重构，矿政秩序再重塑。全年组织矿山巡查、排查215次，发放限期整改通知书5份，开展联合安全生产检查2次。

【地质灾害治理】 2022年，仙游县有地质灾害隐患点22处，点多、面广、线长，防范任务重。县政府主要领导、分管领导多次召开地质灾害隐患点消除工作专题推进会、加温会，层层分解任务，逐级落实责任。向省自然资源厅争取地灾治理专项资金。4月上旬，举行群测群防业务培训；6月中旬，开展地质灾害转移演练。全年完成2处地质灾害隐患点消除。

（陈洪淑）

城乡建设

【概况】　2022年，仙游县建成区面积34.10平方千米。其中，市政道路274.70千米，人均城市道路面积15.86平方米；城区绿地面积1361.96公顷，建成区绿地率39.94%，人均公园绿地14.97平方米；供水管道435.18千米，生活污水处理率96.03%，生活垃圾无害化处理率100%，人居生活环境提升。

【市政道路建设】　2022年，仙游县完成市政府下达新改扩建市政道路10千米任务，实现“两通”（即二环全面贯通、一环二环互联互通）目标，实施仙源路、法庭路（学府路北侧）、东一环北段（清源路至北三环）、龙泉街改造项目等城市道路建设，新改扩建道路10.80千米，构建城区快速通道，推动城市路网骨架的内通外延。打通党校北街和玉田大道“断头路”，加快推进公园路、育英路等“断头路”建设，完善城区路网，缓解城区南北交通压力。新建城镇公共停车泊位610个，其中龙仙路170个，钟山镇集镇区240个，度尾海峡艺雕城200个。

【园林绿化】　2022年，仙游县建成区绿化覆盖面积1551.55公顷，绿化覆盖率45.5%；绿地面积1361.95公顷，绿地率39.94%；公园绿地面积483.53公顷；防护绿地75公顷；附属绿地639公顷；区域绿地164.42公顷；人均公园绿地面积14.97平方米。

【城镇污水处理】　2022年，仙游县城区完成存量污水管网深度排查检测257.76千米，其中县住建局检测132.23千米、鲤城管委会检测57.44千米、仙港工业园管委会检测53.49千米、县水务集团检测14.60千米，超额完成市政府下达2022年度仙游县城镇污水管网建设15千米任务。4月，采用无人机航拍和徒步摸排相结合的方式，组织人员排查木兰溪城区段两岸16.50千米的入河排水口，登记造册167个，其中63个细微渗水口经溪岸修复工程完成整改销号，每周专人巡查剩余104个入河排水口（4个入河支流口、15个入河排水渠口、85个入河排水口）。

2022年，仙游县城区污水管网建设包含鲤城街道、鲤南镇35个村（社区）。确定木兰溪沿线鲤城街道木兰、玉井和鲤南镇柳坑、玉田社区作为试点村，以试点先行带动城区雨污分流。其中，鲤城街道完成东门、仙糖、木兰、万福4个社区，玉井、北宝峰、蜚山3个社区施工中，其余洪桥、南桥、十字、金井等10个社区完成施工图设计，线下图审和办理前期手续；鲤南镇柳坑、玉田社区施工中，平原、圣泉、下楼3个村（社区）送财政预算审核；其他13个村（社区）完成施工图设计。结合9个老旧小区项目（涉及18个小区）改造，建设污水主干管5千米、收集管12.70千米。至年底，改造完成。

2022年8月，鲤城街道龙泉街改造项目竣工通车　（唐伟供图）

【城市品质提升】　2022年，仙游县策划申报城市品质提升项目130个，总投资242.41亿元，年计划投资58.82亿元，开工项目130个，开工率100%；完成投资60.14亿元，占市级下达任务（55亿元）的109.3%，综合排名全市第一位。完成大蜚山、客山等2个公园改造提升，完成幸福大桥东侧、龙泉小区、北宝峰、来洋安置房东侧、来洋安置房西侧等5个口袋公园建设，完成城区迎宾主干道道路绿化提升，完成中心农贸市场人行天桥、龙泉小区2处垂直绿化建设，新增公园绿地12公顷。组织开展榕樾府、闽鼎江山府、中骏世界城、碧桂园天城二期、枫城新都三期、瑞狮银行、财富里、海岸名都等18个夜景项目建设备案，提高亮化水平。

【住房安全保障】 2022年，仙游县开展2轮房屋结构安全隐患排查整治“回头看”，排查6634栋经营性自建房。10月，对6967栋经营性自建房开展“回头看”，发现前期工作存在遗漏的138栋，整改到位，录入省房屋安全信息管理系统，关联自然灾害普查系统信息。发现经营性自建房一般安全隐患房屋9栋，采取封房1栋（赖店镇）、加固8栋（大济镇1栋、园庄镇3栋、盖尾镇4栋）。发现一般安全隐患的钢结构房屋6栋，完成整治6栋（拆除1栋、加固4栋、封房1栋）。完成50年以上一般安全隐患房屋专项整治442栋（拆除47栋、加固356栋、封房39栋），超序时完成上级下达年度任务（154栋）。存在一般安全隐患的老旧宿舍楼、住宅楼和酒店、学校、医院、商场、文体场馆等人员密集场所，采取“房屋保险+设备监测+人工巡查+预警处置”方式，实现隐患房屋全天候监测和提前预警处置。开展危房清零行动，加固的重大安全隐患房屋“回头看”排查31栋，50年以上一般安全隐患老旧房屋“回头看”排查310栋，排查1.10万栋自建房。乡镇（街道）组织实施辖区经营性自建房挂牌公示和定期巡检。

【棚户区改造】 2022年，仙游县推进棚改建设项目9个、5431套，建筑面积81.92万平方米，总投资30亿元，年计划投资11.68亿元，完成年度投资5.02亿元。续建9个项目，建设安置房3532套，面积57.36万平方米，总投资21.71亿元，年计划投资7.43亿元，完成年度投资7.52亿元。9个新建项目动工，鲤南新区圣泉102号安置配套施工，85号地安置区、金凤小区2个项目装饰装修，41号地安置房、华洋新苑安置小区2个项目主体施工，海亭花园B区桩基施工，蜚山安置区二期、17号地南侧安置区、海亭花园A区3个项目土方平整施工。

【安置房建设】 2022年，仙游县计划建设安置房97幢138.39万平方米。其中，新建安置房工程54幢80.67万平方米，铺头安置房配套施工，鲤南新区圣泉102号安置房配套施工，85号地安置区、金凤小区2个项目装饰装修，41号地安置房、华洋新苑安置小区2个项目主体施工，海亭花园B区桩基施工，蜚山安置区二期、17号地南侧安置区、海亭花园A区3个项目土方平整施工；续建安置房9个项目，43幢57.72万平方米，其中龙号二期安置区建成，乌头新村安置小区配套施工，坝垅度下安置区，19号地安置区，石鼓山公园安置小区1号楼，石鼓山公园安置小区3、4、6、7号楼4个项目装饰装修，土寨双桥安置区、万福61号地块安置区、下楼村二期安置房3个项目主体施工。

【廉租房、公共租赁房管理】 2022年，仙游县有鲤城龙泉、玉井和鲤南圣泉、仙安、中兴、53号地6个保障房小区，租廉租住房、公共租赁房1212套。县住建局制定《全县廉租房公租房配租房保障资格排查整治方案》，成立核查工作小组，逐户核查入住资格，建立完善动态管理机制，清退不符合条件人员。开发公开管理软件系统，1212套廉租房、公租房房源情况、承租人情况、租赁合同期限、年度审核情况等信息向社会公开，公布举报电话，接受社会各界监督，确保保障性住房配租工作公开透明。依托建行“悦生活”建设租金缴费

2022年5月15日至10月14日，仙游县对城内社区东风老旧小区开展改造。图为施工现场
（朱彬颖供图）

平台，承租人通过扫描二维码、微信公众号、手机银行等支付渠道，实现租金线上收取，实现无现金化缴费，堵住现金收取租金存在的管理漏洞。

【老旧小区改造】 2022年，仙游县实施《老旧小区改造计划（2019—2022年）》，按片区划分28个老旧小区改造项目，涉及67个小区、1.70万户，总投资2.55亿元，争取上级各项补助资金2.08亿元。实施洪桥社区龙宫、宫边，十字社区田岭底、五星，城内社区东风、鲤声，南桥社区文贤、燕池、迎薰9个老旧小区改造项目，涉及18个小区、1656户，改造完成。仙游县老旧小区改造项目在莆田市各县区排名第一位，获省级单项工作评价绩效优异，获省级正向激励奖励金300万元。

【农房整治】 至2022年底，仙游县各乡镇（街道）将1025栋农房整治名单落实到户，完成整治1250栋（市政府下达仙游县农房整治任务1025栋），完工率122%。县住建局委托编制《仙游县农房建筑立面图集》，县政府出台《关于印发仙游县农房建筑立面图集的通知》，落实按图集建房审批制度，加强风貌管控。建设1栋农村示范房，选址社硎乡仙头村122号，建筑面积119平方米，建设完成。

【历史、传统风貌建筑挂牌保护】 2022年，县住建局普查50年以上建筑1559处，历史环境要素247处，评审认定历史建筑265处，传统风貌建筑515处。其中，公布历史建筑250处，传统风貌建筑402处，被列入预备目录127处，完成公布历史建筑、传统风貌建筑挂牌保护。对环境整治、建筑修缮加固较好的游洋镇五星村古寨下1890土楼群、度尾镇砺山村郭氏祠堂、榜头镇上昆社区陈氏宗祠、南溪村南峰陈氏民居、南溪村洋埔陈氏祖厝和赖店镇留仙村后代陈氏中厝6栋建筑，申报以奖代补，奖励补助150万元。

【中国传统村落申报】 2022年，县住建局指导乡镇申报中国传统村落。推荐游洋镇兴山村、龙山村、天马村申报第六批中国传统村落，通过住建部评审、公示。游洋镇兴山村投资1050万元，利用辖区历史文化资源，开展乡村旅游，推动土楼、传统村落、古街连片保护利用示范工作。投资1390万元，完成兴山会客厅修缮及重建、红色智慧党建教室建设、古民居修缮改造工程（古街、山头土楼广场建设）二期项目建设、兴山村党群服务中心（古街游客服务中心）建设、古街仿古民宿园（官家集体厝）外立面改造和人居环境整治项目建设。

【房地产业发展】 2022年，仙游县有房地产开发资质企业90家（不包括莆田企业在仙游开发建设的安特、正鼎双玺房地产公司），其中二级企业19家、三级企业25家（含暂定6家）、四级企业46家（含暂定15家）。全年新取得土地的房地产开发项目6个，在建项目39个，完成土地开发面积11.07万平方米。施工总建筑面积412.80万平方米，比上年减少20.8%，其中续建379.96万平方米，减少16.55%；新开工滨海名都、盛世书香家园、仕锦嘉苑、枫城新都三期西区、沂舟苑等8个项目，新开工建筑面积32.84万平方米，减少50.18%。办理商品房预售许可证30份（不含安商房），预售总建筑面积34.03万平方米，减少23.32%。其中，住宅27.90万平方米、1765套，商业2.44万平方米，办公300平方米，车位面积3.65万平方米。商品住房销售3029套、面积36.81万平方米，销售均价6904元/平方米，下降3.02%。推进骏耀财富广场、天辉悦府、碧桂园天城、永鸿文化城C地块等房地产项目持续建设，全年房地产竣工面积85万平方米、增长21.4%；完成商品房销售面积72.24万平方米，增长3.01%，增速居全市第二位。

关注房地产市场交易价格动态，落实“稳地价、稳房价、稳预期”调控目标，分类调整商品住房预（销）售价格网签报备方案。9月25日起，设定未售商品住宅“一房一价”网签价格下限价位，合理管控未售商品住宅销售下限。关注各房地产企业发展问题，通过调研走访，查找企业发展或项目建设存在问题，收集企业诉求29条并建立问题清单，协调各相关责任单位介入。推进解决贵峰路、党校路北段市政道路施工以及沂舟苑项目征迁问题9条，跟踪其余未化解问题。出台合理顺延商品房交付时间、临时放宽预售资金监管2项助企纾困政策，协助永鸿、缔源、万福等企业提前释放重点监管资金2000万元，减轻企业资金压力。加强辖区内项目建设动态巡查，创新预售资金监管模式，通过利用可售不动产抵押登记担保方式，解决3个项目因资金回笼缓慢造成建设资金紧缺问题，预支1.03亿元资金。

定期梳理全县31个在建在售房地产项目，形成风险项目清单，实行动态管理。坚持县处级领导挂钩和“一盘一策”模式，分门别类、分类施策，推进万星城市广场5—6号、凯天尚品一期、中央御景二期等3个延期项目竣工交付；2月，木兰溪国际广场二期复工续建；协调国有企业介入完成万晨伯爵山扫尾工程及仙游院子小区供配电工程建设；推动正鼎澜天项目启动破产预重整程序同步开展债权申报工作；通过现场踏勘、测算及研究破产政策，明确采取破产重整方式处置化解书香门第、中央名苑等烂尾项目。联系逾期购房业主，宣传政府介入处置推进决心，反馈处置进展，安抚稳定购房业主情绪，房地产风险项目总体稳定，未发生大规模越级上访问题。推动1个房地产项目申请专项借款，使用专项借款80%，形成工程量80%。梳理涉及房地产领域临时用电、商品房办证遗留问题，推进中央御景二期、丹郡一期及三期、仙游院子、富力院士廷等小区供配电工程建设；联合县不动产登记中心、税务局、法院等部门，通过纪要形式确定人参果房地产项目办证遗留问题处置方案。

【工程招标管理】 2022年，仙游县开展年度工程标后管理“双随机”检查工作，抽调检查组成员，查看在建工程项目招投标文件、评标过程记录、人员到岗情况等资料，检查是否按规定履行项目建设程序，规范建筑市场秩序。运用福建省公共资源电子监督平台大数据统计，开展两轮“双随机、一公开”集中抽查工作，随机抽取10个项目，发现问题并处理完成。强化招投标工作监管，查处串通投标行为。处理1个涉嫌投标人相互串通投标的工程项目，涉及2家企业，处罚金额12.62万元。

【质量安全监管】 2022年，县住建局开展“工程质量三年提升”活动，实施工程项目责任单位和责任人员质量安全动态考核制度，对工程质量安全管理不力的责任单位、责任人实施记分。依托“福建省工程项目建设监管系统”，开展建筑施工企业信用综合评价，对施工现场的质量安全文明施工行为评价记分。评价项目226次，项目经理总扣分1947.49分，总监理工程师总扣分1567.40分，施工企业总扣分1947.49分，监理单位总扣分1567.40分。采取“双随机”检查方式，事前制定检查事项清单，检查人员在监督人员库中随机抽取，系统中生成整改通知书和违规记分告知单。

【建筑企业服务】 2022年，仙游县有建筑施工总承包企业192家，其中一级资质4家，二级资质10家，三级资质178家；建筑工程施工总承包企业150家，市政公用工程施工总承包企业154家，水利施工总承包企业64家，公路施工总承包企业27家。监理企业26家，商品混凝土企业4家。全年辖区施工企业完成建筑施工产值145.02亿元。规范投标、履约等保证金收取额度退还时间，推行银行保函制度，减轻企业负担。开展创建“无欠薪项目部”活动，推进房建、市政在建工程“无欠薪项目部”全覆盖。

【城建行政执法】 2022年，县住建局推行政务公开，规范干部依法行政行为。设立固定公开栏和举报电话，注重“三公”［因公出国（境）费用、公务接待费、公务用车购置和运行维护费］消费、“三重一大”（重大事项决策、重要干部任免、重要项目安排、大额资金使用）事项公开，做到事前、事中、事后公开，通过仙游县建设网，局党务、政务公开栏等载体公开政务事项。办理行政处罚案件8宗，处罚金额277.33万元。规范行政权力运行，推进机关依法行政工作。完善《仙游县住建局行政权力清单》、县住建局行政处罚自由裁量权修订和相关制度、权力运行流程图等，并汇编成册。

（谢　晖）

城市管理

【概况】 2022年，仙游县城市管理局（简称县城管局）落实民生实事，促进城市品质提升，聚焦生活垃圾分类、物业行业管理、市政设施改造提升、燃气安全监管等工作，深化“强基础、转作风、树形象”专项行动，推进城市管理工作高质量发展。2022年，仙游城市综合管理考评排名全市第二位。

【城市智慧管理】 2022年，县城管局依托数字城管平台，实现案件“采集、派件、整改、反馈”全流程线上线下高效运营管理。数字城管中心受理各类城市管理案件14.26万件，日均390件，处置率99.99%，案件量比上年下降17.66%，城市管理数字化治理成效显现；按期结案率从99.93%上升至99.99%，案件办理情况5个月“零超时”，提高案件处置效率。县城管局在部分重点路段配置具备远程喊话功能的视频监控8个，加入智能分析算法，对违法违规行为的智能识别、智能抓拍、智能预警，打

2022年5月13日，仙游县物业行业协会召开第二届会员大会暨换届选举大会 （彭丽程供图）

造全天候、全自动的“执法人员”，提高城市管理工作效率。

【物业企业管理】 2022年，仙游县加强物业行业智慧监管平台建设，搭建小区建筑、业主基本信息、物业小区党建基本信息、信用综合评价公示模块等内容，实现政府监管信息直观查询、物业企业及业主查询、问题反映更加便利等功能。开展公共收益“点题整治”行动，联合县发改局等5个部门排查物业小区公共收益收支公开及分配情况，委托有资质的第三方审计机构对全县物业小区公共收益问题开展专业审计。发挥物业行业协会作用，采取“行业专家+协会成员+小区负责人+相关部门”形式，开展全覆盖安全隐患排查，解决存在安全隐患问题。5月13日，仙游县物业协会召开第二届会员大会暨换届选举大会。

2022年，仙游县在全市率先实行“1+3”公共收益公示公开模式（在每季度公示收益收支情况基础上，增加“法律法规宣传、业主意见建议、部门企业回音”3项内容），深化“点题整治”物业企业侵占小区业主公共收益问题，并在《莆田晚报》、仙游电视台等媒体宣传报道，该项示范做法在全县物业服务小区推广。

【市政设施维护】 2022年，仙游县开展城市市政设施运行和排水安全大检查，重点推进雨水管网清淤疏浚、积水点改造、雨水窨井盖隐患整治、道路修复、路灯桥梁维修等工作。投资172万元，完成县属1130盏路灯节能改造和智能控制系统建设。通过统筹建设需求、统一路面修复、现场“旁站”监管等举措，规范道路挖掘修复行为，受理道路挖掘申请事项35件，合并10段道路不同挖掘计划。

【燃气管理】 2022年，仙游县开展各类燃气安全隐患排查整治工作，排查整治燃气场站、供应站问题201个；摸排餐饮等重点用气场所1961家，排查整治隐患问题402个；督促餐饮等重点用气单位安装燃气泄漏报警器安装率100%和管道燃气用户自动切断阀装置234家；督促管道燃气公司完成165个管网、阀门井的排查整治。推进燃气设施建设和提标改造，新建乡镇供应站11个，提标改造13个；完成2家瓶装液化气储配站储罐更换等设施提标改造；新建燃气管道10千米，补燃气管道标识867个、安全警示牌61处；完成10个10年以上老旧小区的管道燃气设施更新改造和钢塑转换专项排查整治工作。加强瓶装液化气市场秩序整治，取缔非法经营储存点23处，暂扣钢瓶663瓶；公安机关刑事拘留5人，行政拘留1人；行政处罚4起，处罚金额3.14万元；受理“黑气”举报奖励1次，发放奖励金3000元。

【供水】 2022年，仙游县自来水有限公司运行的城区第一水厂、城区第二水厂主要承担仙游城区20余万人口生产、生活用水的供给任务。设计日供水规模17万立方米，日供水能力9万立方米；实际日供水量8万立方米。城区供水管网总长度393千米，用水户数11.94万户，其中非居民用户3.31万户，居民户8.63万户。城区第二水厂建设总规模13万立方米每日，一期建设5万立方米每日，二期建设8万立方米每日。至年底，城区第二水厂（二期）扩建工程完成配电房混凝土结构部分，完成脱水车间及平衡池主体施工，完成V形滤池垫层叠沉池主体，完成配电间、脱水车间和平衡池的瓦屋面、内外墙装修，完成总工程量的60%；设备部分配合土建预埋件施工，完成总工程量的6%、85万元。

【供电】 2022年，仙游城区内有110千伏城中变电站1座，含2台主变，总容量12.60万千伏安。

2022 年 6 月底，仙游县建成全市首创的生活垃圾分类指挥平台并投入使用
（彭丽程供图）

10 千伏馈线 39 条、线路长度 202 千米。配电变压器 868 台，供电总容量 48.54 万千伏安。辖区有居民用户 5.96 万户、低压非居民用户 1.37 万户、高压专变用户 350 户。全年城区增容改造 110 千伏城中变电站（10 万千伏安增加为 12.60 万千伏安），新建改造 10 千伏配变 77 台、容量 3.05 兆伏安，新建改造 10 千伏线路 39.30 千米，0.40 千伏线路长度 33 千米。

【城区卫生保洁管理】 2022 年，仙游县建立“每日常巡查、每月四考核、月底一考评”工作机制，深化城区“1+N”保洁管理；开展生活垃圾分类，巩固鲤城街道省级生活垃圾分类示范片区创建成果，推进城区生活垃圾分类省级试点县创建工作。全年完成 20 座垃圾分类屋建设任务；制定垃圾分类屋分布图和分类收运路线；摸底划分生活垃圾分类片区基础数据表，统计垃圾分类覆盖率；完成垃圾分类屋监控平台建设并投入使用；加强垃圾焚烧发电厂及配套的飞灰固化物填埋场运行监管工作。

【城市管理行政执法】 2022 年，仙游县在城区师范路设置便民服务摊点 102 个、临时流动摊便民点 25 个，免费为摊点设置摊位遮阳棚设施，在仙安好景汇设置爱心服务临时摊点 42 个，统一规范；在百货美食街实行“一卡一证”规范管理。建立皇庭美域、香港财富、城区中心农贸市场等店招广告示范点。严格渣土准运审批管理，加大路面执法巡查力度，遏制渣土运输车辆超载、不按规定路线行驶和污染路面现象。县城管局根据新修订《中华人民共和国行政处罚法》有关规定，制定城市管理领域免罚清单，对于性质较轻微的违法违规行为，第一次签订教育承诺书，第二次再发现的对其执行行政处罚，实现首违不罚、轻违不罚。实现“数字城管+视频监控+‘门前三包’+环卫执法”联动管理，立案查处 164 起环境卫生违规行为，罚款 7 万元。查处城区内占道摆摊设点、道路“滴撒漏”、随意倾倒建筑及生活垃圾等违法违规行为，处罚 666 起，罚款 166.13 万元。

【生活垃圾分类指挥平台建设】 2022 年 6 月底，仙游县建成全市首创的生活垃圾分类指挥平台并投入使用。安装分类屋监控探头和公共区域移动监控探头。专人坐席指挥、规范问题处理流程、落实前端分类监督，加强前端分类准确率，实现源头减量。

【管道燃气监控调度中心建设】 2022 年，仙游县新建管道燃气监控调度中心，实现管网 24 小时全程监控；新增能自动报警的管道压力检测点 11 个，扩大监测范围，实现从管网报险到派工及完工全闭环管理；更新压力管道系统和地理信息系统，提升管网远程监测能力。

【美食街“一卡一证”管理】 2022 年，仙游县在百货夜市美食街首创“一卡一证”的示范点，在每个食品摊贩餐车前挂有统一制作的“食品摊贩信息登记公示卡”以及摊主的从业人员健康证。至 12 月底，办理“一证一卡”56 家。

（林娴静、林鸿高、杨凌毅）

农村改革

【农村集体产权改革】 2022年，仙游县完成农村集体产权改革。完成清产核资工作，建立集体资产年度清查、定期报告制度，清查核实集体资金资产资源和经济合同，建立台账，反映增减变动情况。至年底，清查资产总额29.53亿元，其中经营性资产4.22亿元。确认集体经济组织成员108.98万人，统一备案管理。全县322个村（社区）完成股份合作制改革，赋统一社会信用代码，挂牌运营，向股份经济合作社成员颁发股权证书。

【股权质押贷款试点】 2022年，仙游县开展股权质押贷款试点。至年底，发放10笔个人股权质押贷款，贷款金额120万元；发放2笔集体经济组织贴息贷款，贷款金额200万元。仙游县农村土地承包经营权完成确权登记颁证工作，全县325个村（社区）确权数据库成果汇交农业农村部，除16个村（社区）因无地按规定程序批准不确权外，确权成果入库乡镇（街道）18个，入库308个村（社区），确权农户14.02万户，面积2.45万公顷，并发放承包经营权证。完成确权档案整理，予以数字化。推进确权数据成果应用，为土地流转、抵押担保、惠农政策落实等提供信息技术支撑。

【高素质农民培育】 2022年，仙游县组织开展高素质农民培训项目（省级资金）培训12期，参加培训人员1140人；组织开展高素质农民培训项目（中央资金）培训13期，参加培训人员615人。推动富民乡村产业发展，强化工作责任并宣传发动，组织开展农村创新创业带头人培育工作，择优创新创业活跃、联农带农紧密、业主突出的农村创业人员纳入培育范围，壮大引领乡村产业发展力量。完成培育125人，完成率104.17%，超额完成上级下达任务。

【乡村振兴工作座谈会】 2022年9月13日，仙游县召开乡村振兴工作座谈会。座谈会就乡村振兴工作中遇到的难题和下一步工作方向、思路举措进行交流讨论，凝聚各方意见，助力全县乡村振兴。中国人民大学教授温铁军带队到仙游开展乡村振兴调研并应邀参会。

乡村治理

【基层组织建设】 2022年，仙游县325个村（社区）实现主干“一肩挑”，探索建立新晋村级主干传帮带工作机制，邀请省市县专家教授，并择优选派政治素质高、工作经验丰富、综合能力强的“老乡镇”“老支书”担任帮带导师，“一对一”帮带新一届“一肩挑”人员，进一步加强村级班子和“带头人”队伍建设，让基层党组织的领导力、协调力、动员力、管控力真正到位。创新出台《党员“初心使命”100分制指数管理的实施方案》，量化并推行“守初心”“担使命”6项27条标准，建立结果运行机制，激励各级党员干部履职尽责、担当作为，相关做法在新华社内参等中央主流媒体上刊登。创新与浙江瑞安党校、省内晋江党校的“校校共建”模式，分5批次选派县、镇、村干部参与“外挂”“上挂”“下挂”锻炼，提升干部的眼界格局、能力本领。年内，2个镇、29个村入选“省级乡村治理示范村镇”。

【村级阳光工程】 2022年，仙游县创新实施支持鼓励在外乡贤回乡投资总部经济反哺乡村振兴等工作机制，以及乡村振兴“五回一新”政策、壮大村级集体经济《十条政策措施》，通过激活主体、激活要素、激活市场，有序推动资源变资产、资金变股金、农民变股民，推动村财增收、村民致富，探索推行“五个一点”[上级资金整合一点、政府投一点、企业让（捐）一点、成本降一点、群众筹一点] 投资模式，破解“投什么、谁来投及财政投入不足”等问题。探索成立以镇为单位、村居为股东的镇级乡村振兴投资公司，推进农村小规模工程规范管理，防止微腐败，增加村财收入。年内，为5个试点镇（园庄镇、榜头镇、书峰乡、度尾镇、西苑乡）的97个村增加村财收入500余万元（其中，最多的西苑乡前溪村28.94万元），经验做法在省委《八闽快讯》专刊394期交流。

【乡风文明培育】 2022年，仙游县开展“我为群众办实事”新时代文明实践志愿服务活动401场次，参与活动志愿者7856人，受益群众6.28万人次。结合文化“三下乡”在石苍乡石苍村开展移风易俗、乡风文明、新冠疫情防范等宣传，鲤声剧团表演《夫妻造林》《扫黄打非净家园》文明小戏等丰富的文艺节目，为群众展示文艺演出。各行政村均建成红白理事会，制定理事会章程、办事程序等，发扬移风易俗、节俭办事的新风尚。

【农村文化】 2022年，仙游县利用农村文化大院、电子书屋、学校道德课堂等载体，通过理论宣讲、知识讲座、评议交流等形式，开展文明礼仪、公民思想道德规范等宣传教育活动。积极挖掘村庄文化内涵，新建村庄有声图书馆6处，绘制文化墙400平方米，将村规民约、法律法规、村民移风易俗文明公约、红白理事会章程等上墙，提升村文化内涵。

2022年11月16日，莆田钟米农业发展有限公司在钟山镇（原鸣和小学）举行揭牌仪式
（李冰供图）

【法治乡村和平安乡村建设】 2022年，仙游县实施“党建引领、夯基惠民”工程，成立正科级的基层治理指挥中心，优化县基层治理指挥调度平台运行管理，创新推行“县镇村警民”五级联动的“共建共治”工作模式和县镇警三级干部驻村破解基层治理难题制度，县四套班子成员带头每个月住镇2次、乡镇干部和包村民警每周住村2次、县直部门干部每周住村1次，帮助基层攻坚化解矛盾纠纷，并增设“户长”作为末梢支撑，全市首创基层治理激励评价机制，激发群众主动参与乡村振兴、基层治理的积极性，解决“政府在干、群众在看”问题。

乡村产业

【特色农业】 2022年，仙游县立足区位优势、资源禀赋，拓展“一心两翼八园”的产业发展空间，推进农村一、二、三产业融合，打造“一镇一业”“一村一品一主播”产业振兴新格局。按照“一村一品”要求，立足现有资源现状和产业基础，推进农业供给侧结构性改革，加快农业种养殖业结构调整，推动农业向绿色化、优质化、特色化、品牌化发展。推进“三品一标”农产品质量安全认证，做优“仙游甜柿”品牌，延伸加工链；深耕牛樟芝、嘉宝果产业，开发新产品，形成独特产品，占领全国市场份额。

【生态农业】 2022年，仙游县在园庄镇、钟山镇分别建设“仙游县园庄传统手工面文化园”“仙游县钟山大米生产基地”，创建“钟米”“瑞朝尊”2个农产品品牌，取得食品生产经营许可证，投入生产。助力消费扶贫，全年实现销售额160.56万元，其中宁夏扶贫产品125.31万元。打造农产品知名品牌，全县有福建名牌农产品2个（金溪茶叶、仙溪果业）、福建区域公用品牌2个（度尾文旦柚、金沙薏米）、“三品一标”农产品123个、国家地理标志农产品5个（度尾文旦柚、金沙薏米、书峰枇杷、仙游郑宅茶和仙游甜柿），全国名特优新农产品名录 2 个（度尾文旦柚、金沙薏米）。

【现代旅游业】 2022 年，仙游县坚持以文塑旅、以旅彰文，围绕打造海西夏都、山海旅游中转站、周边城市群“后花园”的目标，发挥旅游带动联动作用，推动“一产接二连三”（第一产业接第二产业连第三产业）、旅游业“接二连三带一”（接第二产业连第三产业带第一产业）。全县有中国美丽休闲乡村 1 个（石苍乡济川村）、全国休闲农业与乡村旅游示范点 1 个（游洋镇龙山村生态旅游山庄）、福建省美丽休闲乡村 6 个、省级休闲农业示范点 5 个。创建省级乡村旅游特色村镇，创建金牌旅游村 2 家、三星级休闲集镇 1 家、四星级休闲集镇 2 家。

乡村建设

【农村公路】 2022 年，仙游县推行“路长制”和“乡村道专管员制度”，建立覆盖到县、乡镇、村的路长组织体系和管理制度，提升农村公路服务品质。完成新改建农村公路硬化 15.63 千米，完成年度计划的 104.2%。

【农村物流设施】 2022 年，仙游县鼓励产销对接，拓展网络销售渠道，助力农特产品创新销售。发挥京东（仙游）数字经济产业园、度尾艺雕智慧产业园等各大园区和文旦柚、枇杷、甜柿、橘柚等特色农产品优势，结合抖音、京东、淘宝、快手等直播基地，建立电商生态产业集群。全年农产品网络零售额 1.36 亿元。建成海丰物流园区，完成招商入住率 90%。完成 60 个村级邮政村级物流代办点（电商服务站点）及 10 个乡镇级物流快递中转站建设和车辆设施设备采购工作。

【农村水利设施】 2022 年，仙游县实施农村饮水安全巩固提升工程，推进一批水源工程、标准化水厂和管网新改扩建项目建设，加快城乡供水一体化试点建设，提升农村饮用水保障水平。至年底，仙游县城区第一水厂迁建工程完工；仙游县第二水厂工程（二期）配电房完成混凝土结构部分，完成脱水车间及平衡池主体施工，V 形滤池、叠沉池桩基施工完成；经济开发区水厂工程完工；仙游度尾水厂进行场地平整，土方开挖 13 万立方米；仙游菜溪水厂建设工程完成施工图设计；赖店镇赖店、土山、罗峰、岐山等 11 个村的“一户一表”管网改造工程完工，E 片区 5 个村完成工程量的 88%。

【农村能源供给】 2022 年，仙游县推进农村油气供给体系和电网建设，调整优化能源结构，建立多种形式互为补充、协同联动的能源安全储备制度。做好天然气供需平衡调度，鲤南气化站设置储气罐 1 个，容量 6000 标准立方米，配合 LNG（液化天然气）槽车，在上游管输、LNG 停供状态下，实现供气 1.50 天。推动天然气管网互联互通，实现通气居民用户约 22.80 万户，公福用户 338 户，工业用户 34 家（以上均为全县数据），管线覆盖范围延伸至榜头镇、赖店镇等 7 个乡镇。

【农村污水治理】 2022 年，仙游县开展“五水共治”，实施“四治”工程，创新推行“县级主导、镇街主责、村居主体、群众参与、规范运维”的农村污水治理模式，推进污水管网建设。完成木兰溪流域 1 个试点镇、30 个试点村的污水管网建设，以试点先行带动整体铺开，推进农村生活污水提升治理。补齐农村污水处理设施建设、收集、处理、运行、管理等方面的短板，改善农村人居环境。

【农村环境整治】 2022 年，仙游县深化农村人居环境整治提升五年行动，围绕“六清二改”（清垃圾、清塘沟、清废弃物、清乱堆乱放、清乱搭乱建、清残垣断壁，改美庭院、改好习惯）村庄清洁行动，整治“六乱”（院内外破乱围墙、乱涂乱画、杂乱舍棚、凌乱线绳、乱搭乱挂、乱窜家禽），推动“清脏”向“治乱”转变。完成农村生活垃圾治理资金投入 7655.22 万元，完成年度计划投资的 174.64%，农村生活垃圾治理乡镇（街道）覆盖率及农村生活垃圾治理常态化机制建立村（居）覆盖率 100%。

【老区建设】 2022 年，仙游县下拨 2022 年市级革命遗址保护利用专项资金 84 万元，中央财政衔接推进老区乡村振兴补助 6 个老区村、资金 60 万元，省级革命遗址保护利用 2 个项目、资金 100 万元，项目完工。8 月 1 日起，提高“五老”人员遗偶生活补助标准，享受革命“五老”人员，每人每月增加 150 元，调整后为 2230 元 /（月 • 人）。核发革命“五老”人员和遗偶生活定补 158.93 万元，医疗救助 3.02 万元，春节、重阳节慰问金 8.46 万元。落实“阳光 1+1”（社会组织 + 老区村）的牵手计划。有 44 家社会组织与 44 个老区村牵手结对，投入帮扶老区村社会资金 94.75 万元，受益人数 2.41 万人。

【“五个美丽”行动】 2022年，仙游县实施乡村振兴“五个美丽”建设专项行动，以“小工程”有“大发展”为理念，因地制宜开展“五个美丽”创建工作，围绕美丽乡村庭院、美丽乡村微景观、美丽小公园（小广场）、美丽田园、美丽乡村休闲旅游点5个方面，打造一批有地域性特色、可借鉴的乡村“五美”新典范，发挥带头引领示范作用，以点带面，从线到片，形成具有仙游特色的乡村新风尚。完成867个美丽乡村庭院、309处美丽乡村微景观、53处美丽乡村小公园、17片美丽田园、7个美丽休闲乡村、1户美丽森林人家、2个美丽民族特色村寨建设。仙游县“五个美丽”建设宣传视频被省农业农村厅作为优秀作品展播。

【数字乡村建设】 2022年，仙游联通公司实施有线光纤承载网改造提升工程，改造提升旧PON（无线光网络）宽带网络，推进新一代10GPON（无线光网络）光纤网络建设，提升宽带上网速度达到100兆，提升通信服务能力，改善“硬条件”，使电信普遍服务试点与扶贫工作相结合，增加农村地区投入，加快推进宽带网络对贫困村的覆盖。县电信公司完成建设120个5G基站；县移动公司完成建设204个5G基站。开展模拟电视向数字电视的改造，实现数字电信信号100%全覆盖，完成57个空白村进行未联网村广电光纤网络和广播工程建设。加强新冠疫情防控，县广电网络公司投入2550万元，完成全县325个行政村（社区）IP广播的线路建设。

【再生资源回收网络体系建设】 2022年，仙游县建设再生资源回收网络体系，成立仙游县利宏工贸、利兴工贸、利隆工贸、利欣工贸、利嘉工贸有限公司5家再生资源回收公司；枫亭镇设立1个再生资源回收加工基地，鲤城街道、鲤南镇、赖店镇、郊尾镇、榜头镇、枫亭镇6个乡镇设立15个再生资源回收收购点。

脱贫攻坚成果巩固与拓展

【防返贫监测】 2022年，仙游县组织乡村干部走访排查脱贫户和农户35.86万户次，会同行业主管部门开展专项筛查累计核实预警信息88条，受理农户“一键报贫”申报83户，未发现符合纳入监测对象条件的农户。

【资金保障】 2022年，仙游县下拨年度脱贫户发展产业补助资金420万元，解决1744户脱贫户发展产业资金短缺问题。下达脱贫对象产业发展奖补资金176.20万元。为515名脱贫户落实公益性岗位，生态护林员聘用脱贫对象13人。扶贫小额存量贷款519户2191.60万元，执行贴息资金拨付程序，发放四季度财政贴息资金105.46万元。

【住房和饮水安全保障】 2022年，仙游县摸排20个造福工程集中安置区基础配套设施情况，下达钟山镇造福工程集中安置区、菜溪乡园宅旧村复垦安置区等9个安置区后续扶持补助资金408万元。开展脱贫户住房通过排查评定，不存在C、D级危房。对8户因住房困难问题需要新建（翻建）的脱贫户，县扶贫促进会每户给予2万元的补助，补助16万元。对存在住房透风漏雨等问题经修缮验收合格的10户脱贫户下拨市、县财政补助资金18.74万元。排查脱贫人口饮水安全情况，下达2022年度脱贫对象用水补助资金51.65万元，所有脱贫户和38个脱贫村实现饮水安全有保障。

【医疗保障】 2022年，仙游县建档立卡多层次医疗保障体系落实待遇4.50万人次，医疗总费用4745.50万元，报销4480.64万元，报销率94.42%。组建家庭医生服务团队229个，脱贫户实现全覆盖。县扶贫促进会对脱贫户医疗支出在各级医疗报销后自费超过5000元的186户重点对象，予以补助34万元。

【教育保障】 2022年，仙游县落实教育帮扶政策，健全脱贫家庭学生控辍保学工作机制，全县脱贫家庭义务教育阶段适龄儿童无一人失学辍学。落实脱贫家庭学生教育补助149.95万元，受助学生2562人次；下达2022年4批“雨露计划”补助资金139.80万元，补助对象481人；中国人保财险仙游支公司根据“防返贫险”（县扶贫促进会出资投保）条款，对投保脱贫户家庭在校的104名学生理赔17.38万元。

【人才保障】 2022年，仙游县探索校地共建。依托高端智库，为乡村振兴提供“统筹谋划”“链接动员”“伴随支持”，服务乡村振兴和区域发展。协调福州大学、福建师范大学、福建农林大学等省内9所大学挂钩联系11个乡镇，建立大学生实习实践创新创业基地，统筹村庄规划、文旅发展、乡村产业等工作。实施“三支一扶”、社区服务生等基层服务项目，新增省、市级“三支一扶”46人，社区服务生9人。

（杨毓鑫）

生态环境保护

综 述

【木兰溪流域综合治理】 2022年，仙游县从生活污水收集处理、畜禽养殖污染防治、鳗鱼场尾水深度治理、推进农业面源污染治理等方面强化治理，促进和保障木兰溪流域水质有效提升。木兰溪主干流4个国省控断面达标率100%。

【环保宣传】 2022年，仙游县围绕全县生态环境保护中心工作，加强生态文明宣传，将生态文明宣传摆在重要工作日程，坚持面向企业、学校、社区、农村及社会各界开展环境保护和生态文明建设宣传教育。组织开展环保设施向公众开放活动。完成鲤城街道、鲤南镇的开放活动，组织参观6批次130余人；仙游生态环境局组织的“全过程参观，沉浸式体验——仙游县城区污水处理厂向公众开放”案例被评为福建省2022年环保设施和城市污水垃圾处理设施向公众开放优秀案例。组织开展普法宣传活动，组织执法人员前往企业开展“宪法宣传进企业”宣传活动；以“宪法宣传周”为契机，携手南桥社区开展座谈会，深化党建共建，发挥基层党组织的主体作用；邀请县公安局、法院等相关部门共同参加生态环境损害相关法律法规交流研讨会议。策划完成“6·5”世界环境日宣传工作。发送环保公益短信12.50万条。

【环保信访处理】 2022年，仙游生态环境局处理群众来访、来信、“12345”“12369”等投诉，处理各类环境纠纷投诉件1404件，处理率100%。

【污水处理厂提标改造】 2022年，仙游县完成经济开发区污水处理厂（一期）、第二污水处理厂（二期）提标改造工程建设并投入运行；仙游经济开发区污水处理厂由一级B标准提升至一级A标准，第二污水处理厂日处理规模由2万吨提升至4万吨。

【污水收集处理】 2022年，仙游县加强县城区污水处理厂、第二污水处理厂、经济开发区污水处理厂、枫亭镇集镇污水处理站日常管理及配套主干管运行维护管理，确保污水设施运行正常，出水水质稳定达标排放。推进农村污水管网建设，制定《仙游县农村生活污水提

2022年6月5日，仙游生态环境局在鲤城南桥社区举行“6·5”世界环境日环保宣传、咨询活动 （仙游生态环境局供图）

升治理攻坚实施方案》，16 个乡镇 51 个试点村动工建设 39 个试点村。完成投资额 1.60 亿元，完成主管 93.93 千米、接户管 237.25 千米、接户数 1.20 万户。

环境质量

【大气环境质量】 2022 年，仙游县环境空气质量有效监测天数 363 天，达标天数 362 天（其中一级和二级天数分别为 253 天和 109 天），超标天数为 1 天，环境空气质量达标率 99.7%，环境空气质量指数 2.28，6 项污染物指标均达到国家二级标准。其中，细颗粒物（$PM_{2.5}$）浓度 16 微克 / 立方米，可吸入颗粒物（PM_{10}）浓度 36 微克 / 立方米，臭氧浓度 119 微克 / 立方米。

【水环境质量】 2022 年，仙游县重点流域木兰溪国控断面园头桥水质为Ⅲ类，国控断面蒋隔水库水质为Ⅱ类，省控断面西台桥和石马桥水质为Ⅲ类，仙游县境内木兰溪干流 4 个国、省控考核断面水质均达到年度水质目标要求。全县 8 个省控小流域考核断面达标率 87.5%，未出现劣Ⅴ类水质。12 个乡镇级以上集中式饮用水水源地水质全部达到Ⅲ类以上，水质优良比例 100%。1 个海洋国控监控点位水质均值为Ⅱ类，达年度考核目标要求。

【声环境质量】 2022 年，仙游县编制《仙游县中心城区声环境功能区划分和城市声环境常规监测点位布设技术实施方案》，完成中心城区声环境功能区的划分和城市声环境常规监测点位的布设。2022 年度仙游县声环境质量达标。

【土壤环境质量】 2022 年，仙游县 2 个污染地块得到有效管控，污染地块安全利用率 100%。推进建设用地用途变更为住宅、公共管理与公共服务用地土壤污染状况调查工作，开展 21 个建设用地用途变更为“两公一住”（“两公”即公共管理与公共服务，“一住”即住宅）地块土壤环境调查。

污染防治

【大气污染防治】 2022 年，仙游县加大轻微污染天气管控力度。在“清新仙游”群发布管控，调度督导各部门管控响应落实，确保空气环境质量达标。

为强化颗粒物管控，提高监管水平，降低环境空气中的颗粒物浓度，对全县 58 台在用锅炉进行全面排查，其中 13 台被列入提升整治任务范畴。掌握燃生物质锅炉的颗粒物产生、治理、排放现状。

从推动涉强化挥发性有机物（VOCs）企业使用低挥发性有机物原辅材料、设置独立封闭的喷漆房、安装废气治理设施、完善危废管理制度等方面指导企业开展强化挥发性有机物（VOCs）治理提升工作。2022 年，开展涉挥发性有机物企业排查帮扶指导 44 家。

执行《莆田市机动车排放检验机构记分制管理办法（试行）》，投入 1 套机动车黑烟抓拍设备，实现“天地车人”一体化监管模式。

【水污染防治】 2022 年，仙游县加快推进农村污水管网建设。农村污水管网建设涉及 16 个乡镇 290 个村，明确由水利部门牵头负责全县农村生活污水管网千米，入户管 196.44 千米，接户数 1.06 万户，其中 32 个省委、省政府为民办实事的农村污水提升治理试点村全部开工建设，建设主管网 41.16 千米，入户管 107.29 千米，接户数 5874 户。

2022 年，各乡镇完成与养殖场业主签订责任书，41 家鳗鱼养殖场与专业治理机构签订合同（2 家拟停养关闭、2 家与附近的鳗鱼

2022 年 1 月 21 日，仙游生态环境局工作人员到仙游第二污水处理厂开展安全生产工作检查
（仙游生态环境局供图）

场共用治理设备），合同签订率100%。至2022年底，18家鳗鱼养殖场开展地平等治理工程施工，23家办理用地审批等手续，2家对尾水沉淀池及尾水排放管道整改。完成木兰溪沿线重点乡镇“污水零直排区”10个示范村创建。

仙游生态环境局成立畜禽养殖污染整治专班，加强对规模化畜禽养殖场的执法检查，至2022年底，木兰溪流域34家规模化畜禽养殖场全覆盖检查，发现13家存在违法排污问题，责令其立行立改到位，并依法立案处罚，其中2家各1人移送公安机关行政拘留。

督促各乡镇（街道）加强常态化巡查，推进木兰溪流域沿线入河排污口问题整改，对发现反弹或新出现入河排污口采取措施整治，巩固排查整治成效。全年发现反弹或新出现入河排污口75个，整改到位73个。

定期开展水质监测。每季度对10个乡镇级饮用水水源、5个“万人千吨”集中式饮用水水源开展一次水质监测，每半年对44个千人以上农村集中供水饮用水水源地开展一次水质监测，完成全年监测任务。推进农村集中式饮用水水源保护。重点推进开展仙游县千人以下农村饮用水水源地保护范围划定工作。至2022年底，完成188个千人以下水源地划定工作。加强水源地排查整治。对县级及以上集中式饮用水水源地、15个乡镇级和39个农村饮用水水源地全面开展环境排查工作，发现1个乡镇级、4个农村饮用水水源地问题，5个问题均按时按要求完成整改。

2022年11月19日，莆田市环境集团公司海上环卫队对仙游县枫亭镇海滨村海堤等开展常态化保洁（仙游生态环境局供图）

【土壤污染防治】 2022年，仙游县强化土壤环境监管。动态更新土壤污染重点监管单位名录，强化监管和执法检查。督促企业落实主体责任，按照相关技术规范启动新一轮土壤污染隐患排查工作。配合市局持续开展9家涉镉等重点行业企业排查整治，从源头上防控土壤环境风险。开展4家涉重金属及化工企业地下水防渗排查的前期准备工作，加强化工园区及涉重金属企业的监管。推进建设用地用途变更为住宅、公共管理与公共服务用地土壤污染状况调查工作，推进污染地块安全利用，2块污染地块得到有效管控，组织完成2块（仙游县红星化工原料有限公司、福建仙游南泰制革厂有限公司）土壤污染状况调查报告评审工作。配合农业农村部门推进耕地安全利用。

【海洋污染防治】 2022年，仙游县开展海洋生态环境保护。海漂垃圾涉及枫亭镇沿海5个村居，海岸线8.08千米，仙游县委托莆田市环境集团公司负责组建海上环卫队伍，负责近岸海域、岸滩海漂垃圾日常收集和打捞工作，推进海漂垃圾治理常态化、专业化、规范化。枫亭镇完成船舶靠岸点和岸上垃圾集中堆放点的选址工作，海漂垃圾上岸后放置岸上垃圾集中堆放点，枫亭镇环卫负责及时清运进行无害化处置，基本构建起完整的海漂垃圾收集、打捞、运输、处理体系。至2022年底，清理海漂垃圾66.13吨。

【危险废物管理】 2022年，仙游县开展危险废物产废企业的年度网上申报审核工作。推进医疗机构产生的危险废物信息化监管工作，指导二级以上医疗机构及各乡镇卫生院年度网上申报审核工作。做好医疗废物、医疗污水收运处置全过程监管，确保不发生生态环境风险。全年规范处置涉疫医疗废物553.44吨。

环境督察与监管

【中央生态环保督察反馈整改】 2022年，仙游县统筹推进环保督察问题整改。第二轮中央生态环保督察反馈问题涉及仙游县的问题4个（思想认识、能源消耗和油品质量管控、水产养殖管理、近岸海域污染防治），细化为9项具体整改任务，整改到位，需长期坚持、持续深化。交办60件信访件完成交账销号，经巡查1件存在反弹，整改到位；第二轮省生态环保督察交办信访举报件20件（重复1件），其中带星号的重点信访件3件，非星号的信访件17件。经核实，20件信访举报件中属实11件（重复1件），不属实9件。属实11件（重复1件），办结3件，办结中8件（重复1件）。

【《八闽快讯》通报问题整改】 2022年，《八闽快讯》两期通报涉及仙游县1个问题（莆田市园头桥国控断面水质仍不稳定），县河长办、水利局、住建局、农业农村局、城市管理局、自然资源局、仙游生态环境局、相关乡镇（街道）、管委会等开展综合整治工作，园头桥水质Ⅲ类，达年度考核目标要求。

【环境监管】 2022年，仙游县健全环境监测机制。强化对建设项目环境监管，加快推进生态环境监管综合能力建设。抽取并完成检查双随机检查企业155家；推进监测吹哨机制，仙游环境监测站高质量完成辖区15个饮用水水源地日常监测和上级要求医疗定点、观察点及饮用水水源监测；开展重点污染源监督、测管联动监测，涉及第三方监测企业调查摸底并监督检查。构建“纵到底、横到边、全覆盖、无死角”的网格管理机制，网格员巡查任务数量2.13万个，上报环保事件数量4158件。

（陈咏仪）

节能减排

【环评审批许可】 2022年，仙游生态环境局按照“三线一单”（生态保护红线、环境质量底线、资源利用上线和生态环境准入清单）确定的环境分区管控要求，严把环保准入关口，杜绝不符合产业政策、高耗能、高污染、不符合整体规划项目环评审批。办理建设项目环境影响报告表审批39件。

【机构节能】 2022年，仙游县加强环评中介机构管理，开展环评文件编制日常监管，每月对环评文件编制质量进行考核评分。对39份环评文件涉及22家环评机构开展质量考核，对2家环评机构和2名工程师进行失信记分，落实环评信用管理制度。

【污染物减排】 2022年，仙游生态环境局推进全县主要污染物减排工作，县挥发性有机物减排量246.01吨，氮氧化物减排量213.59吨，化学需氧量减排量989.18吨，氨氮减排量94.85吨。

（陈咏仪）

水土保持

【概况】 2022年，仙游县水土流失率7.39%，水土流失面积减少4257公顷，比上年下降23.73%，实现水土流失面积和强度“双下降”。启动《仙游县2024—2030年水土保持工作规划》的编制工作。

【水土流失治理】 2022年，仙游县完成水土流失治理面积1757.26公顷，占市下达目标任务数的175.7%。实施国家水土保持重点工程枫慈溪园庄段小流域水土流失综合治理项目，投入资金667.37万元（争取国家资金400万元），治理水土流失面积1251.26公顷，建设安全生态水系4.38千米；实施中央以奖代补项目游洋镇天马村荻芦溪水土流失综合治理工程，投入资金251.90万元（争取国家资金100万元），治理水土流失面积339公顷，建设安全生态水系2.26千米；实施游洋镇龙山村、龙华镇金溪村2个水土保持生态村项目，投入资金133.79万元（争取上级资金100万元），治理水土流失面积167公顷。

【水土保持监管】 2022年，仙游县加强和规范生产建设项目的中、后期监管，对存在“未批先建”等违法违规行为的生产建设项目发现、认定、查处，提高生产建设项目水土保持监管效率和信息化监管水平。全年全县审批项目水土保持方案报告书（表）51个，收取水土保持补偿费118.53万元，现场走访、复核、检查项目81次，发出水土保持调查通知书4份，水土保持现场监督检查通知书15份，水土保持方案办理通知单15份，下达整改通知书7份，水土保持设施自主验收报备15个。

（陈丹生）

应急管理

综 述

【应急指挥体系建设】 2022年，仙游县应急管理局（简称县应急局）优化专业、半专业救援队伍布局和资源配置，统筹整合军地及多部门、企业、社会救援组织的救援力量，强化县消防救援队伍力量建设，推动组建福建省森林消防总队莆田驻防分队专业队伍落户郊尾镇，辐射莆田市，弥补莆田市在森林防灭火专业救援领域的空白。组建县森林消防大队（半专职），成员214人，大队下设7个中队，每个中队30人，除驻点7个乡镇外，其余11乡镇也相应组建乡镇应急扑火队伍。推动落实防汛抢险队伍351支；收纳组建仙游纵横应急救援服务中心、仙游蓝豹救援中心和仙游蓝天救援防灾减灾中心3支社会应急救援力量。初步形成消防救援队伍为主力，以军队应急专业力量为突击、以专业救援队伍为协同、以社会力量为辅助的应急救援队伍体系。

【救援协调】 2022年，仙游县发挥好县安委会、减灾委和防汛抗旱、森林防灭火指挥部“两委两部”统筹协调作用，巩固“1个安委会+28个专项整治指挥部”安全生产责任体系，健全信息联通、会商研判、通报督办等工作机制，召开季度事故防范、会商调度等会议，分析研判形势，指导加强安全防范。采取县领导带队查、县安办综合查、行业部门专项查、重要节点驻守查等方式，直插企业现场，动态化开展指导服务，压实各方安全责任。

【安全教育培训】 2022年，仙游县开展第21个“安全生产月”和“安全生产专题行”主题系列活动，开展安全生产、应急救援、防灾减灾等宣传，印发各种宣传材料1000余份，发放《安全生产法》《福建省安全生产条例》300余册、安全标识口罩等宣传品4000余份。开展《中华人民共和国安全生产法》专题宣传，组织6万余人次参与安全生产法知识竞答，提升全县人民群众法治素养，增强安全意识，消除安全隐患。强化安全宣传“五进”（进企业、进农村、进社会、进学校、进家庭）活动，组织开展“进门入户送安全”476人次，“安全志愿者在行动”80场次，防火、用电、用气等安全教育应急演练活动254场，参与5.66万人次，推动全民

2022年7月20日，县城市管理局、应急管理局、鲤南派出所、县消防救援大队联合在仙游县液化石油气公司开展安全培训及应急演练活动。图为消防员展示器材使用（唐伟供图）

安全教育走深走实。发布8期禁火令，处理引发森林火警的责任人；制作森林防火抖音视频3批次、警示教育片2部。元旦、清明、国庆、冬至等时段，将查处森林火警案例在媒体上滚动播发，采取设卡把守、无人机空中喊话、立体巡护等措施。

【灾害救助物资保障】 2022年，县应急管理局结合仙游县灾害特点和救灾物资储备库存情况，向县发改局提交2022年救灾物资储备需求，购置折叠桌、防潮垫、电暖气等救灾储备物资2161件，总价28.49万元；为防范应对低温寒潮天气，向县发改局申请调拨救灾物资552件，发放到有关乡镇。

【执法监察】 2022年，仙游县将安全生产大检查、“百日大会战”和专项整治三年行动巩固提升作为防范化解风险的“主抓手”，深化道路交通、消防、危化品、工贸、房屋结构、建筑施工、城镇燃气、学校等重点行业领域专项治理。全县各级部门排查整改一般隐患8223项，督办整治重大隐患3家，责令暂时停产整顿73家，关闭取缔17家。

【安全责任落实】 2022年，仙游县贯彻落实安全生产十五条硬措施，在全市96条重点任务清单的基础上，细化并落实全县98条工作举措，制定党政领导干部安全生产“职责清单”，落实18个乡镇（街道）党委（党工委）副书记分管安全生产工作。配合7批次省安办驻守督导、每月市安办指导检查，省、市、县安办三级联动，推动完成所有交办隐患问题整改；对11个平原乡镇、7个山区乡镇开展年度安全生产和消防工作责任制差异化考核；2个专题、12个专项整治牵头部门共同推进，完成专项整治三年行动巩固提升任务33项。

【行政审批优化】 2022年，仙游县推行“一窗受理、集成服务”的服务模式，优化营商环境及“最多跑一次”行政审批改革，优化政务服务环境。县应急局联合县市场监管局推行《烟花爆竹经营（零售）许可证“一事联办”》和《（零售、贸易经营）危险化学品经营许可证核发“一事联办”》，优化环境推进办优化环境典型做法获莆田市推广；涉及行政审批的事项15项，全部压减清理申报材料和各类无谓证明、精简行政许可事项申报材料，精简流程，审批时限比莆田市承诺的县区承办时限少1天，在莆田市政府外网公布。全年办理烟花爆竹零售许可证121家、危化品（无储存）经营许可证17家、应急预案备案25家。

（郑林香）

2022年8月，县应急管理局牵头组织开展为期2个月的气体焊接切割行业安全生产专项整治。图为检查人员查看设备 （彭丽程供图）

安全生产监督管理

【概况】 2022年，仙游县发生生产安全事故3起，比上年减少2起；死亡4人，与上年持平。没有发生较大以上生产安全事故，全县安全生产形势总体平稳。

【道路交通安全】 2022年，仙游县查处各类交通违法15.50万起，综合治理道路安全隐患点307处。开展“护盔打伞”行动，处罚不按规定使用安全头盔2.60万起，发动社会力量群防群治劝导纠正3.80万余起，收缴遮阳伞3.90万把，头盔佩戴率城区90%以上、农村80%，提升幅度均在25个百分点以上。

【消防安全】 2022年，仙游县组织检查单位1353家，发现火灾隐患658处，督促整改695处，下发责令改正通知书369份，下发行政处罚决定书17份，罚款18.20

万元，责令“三停”（停产、停业、停办）9家，临时查封2家，挂牌督办重大火灾隐患4家，区域性重大火灾隐患2个。县“三合一”（生产、生活、仓储为一体）整治办开展随机督察34次，检查场所376家，发现“三合一”场所133家，向所属乡镇（街道）发出督办函34份。出台《仙游县乡镇（街道）消防应急专职队管理机制》，18个乡镇（街道）完成消防应急专职队伍组建，投入使用。

【危险化学品和烟花爆竹安全】 2022年，仙游县审批烟花爆竹零售店121家，摸排治理使用氧气、乙炔切割生产经营单位67家，取缔违法使用醇基燃料8处。48家危化品生产经营企业、7家烟花爆竹批发企业全部接入莆田市“全市一张图”系统，8家化工（含危化）企业进入全国危化品使用登记平台、1家重大危险源接入全国危化品风险管控平台，实现双预防数字化管控机制，实行智能化监管。

【工贸和非煤矿山安全】 2022年，仙游县推进双预防机制建设。全覆盖检查在生产非煤矿山企业3家，督促工贸企业创建及复审安标化86家，开展鞋业企业安全排查整治113家，采取行政处罚18家，罚款97万余元，警示约谈工贸企业9家。组织重点工贸企业主要负责人、安全员业务培训1100余人、电工作业培训116人、电气焊工作业培训82人。

【房屋结构和建筑施工安全】 2022年，仙游县开展房屋结构安全隐患排查整治“回头看”专项行动，排查1.10万栋自建房，发现存在一般安全隐患的经营性自建房9栋，封房1栋、加固8栋，完成整治6栋存在一般安全隐患的钢结构房屋，排查50年以上存在一般安全隐患老旧房屋310栋。排查全县77个在建项目，检查塔式起重机70台，施工升降机84台。

【燃气安全】 2022年，仙游县排查整治储配站、供应站、加气站等场所安全隐患问题169个，重点排查城区、乡镇餐饮等用气企业1961家，对230余家城区夜市烧烤、大排档开展用气隐患排查整治。组织开展执法检查行动23次，取缔非法经营、储存点23处，司法机关追究刑事责任5人，行政拘留1人。完善燃气设施设备，新建乡镇供应站11个。完成管道燃气临时监控调度中心建设，新增管道压力智能监测点11个。

2022年1月26日，仙游县危险化学品事故综合应急演练在中石油仙游东湖加油站举行 （唐伟供图）

【特种设备安全】 2022年，仙游县开展电梯、大型游乐设施、压力管道、起重机械、锅炉等各类专项检查行动，出动监察人员2948人次，检查特种设备使用单位423家次、特种设备812台次，整改一般安全隐患35处，使用登记率99.9%、定期检验率99.8%、问题整改闭环率100%。完成检验气瓶4.70万只，报废处理检验不合格及超使用年限气瓶2.20万只。

【学校安全】 2022年，仙游县开展学校安全隐患排查，整治一般安全隐患293处。开展校舍安全专项排查行动，排查校舍1200余栋，发现并整改到位一般安全隐患的校舍7栋，拆除重建2栋，封存停用2栋，加强36家持证照校外培训机构安全管理。

【安全宣传教育】 2022年，仙游县组织开展“安全生产月”“防灾减灾日”等系列活动，开展安全宣传“五进”活动，制作并滚动播放《林区用火需报批 酿成火灾后悔迟》《保护森林资源 严防森林火灾》等教育警示片；完成枫亭塔斗山、鲤南石鼓山公园等2个安全应急保障提升工程建设。

2022年7月24日，县应急管理局、县消防救援大队、鲤南派出所、鲤南卫生院、古道公益（仙游站）等联合在县城木兰溪公园开展公共领域应急救援演练。图为救援人员演示使用救生圈　　（唐伟供图）

2022年10月15日，仙游县举行枫亭塔斗山安全文化公园、鲤南石鼓山安全文化公园开园仪式。图为枫亭塔斗山安全文化公园一角（彭丽程供图）

设置安全生产“打非治违”举报奖励制度，多批次曝光安全生产领域违法典型案例。

（叶凌道）

应急救援

【概况】　2022年，仙游县立足于防控重大安全风险，推进应急预案体系建设，建立健全应急协调联动机制，创新推动社会应急力量发展，强化应急救援队伍保障能力，提升应急救援的水平。

【应急指挥】　2022年，仙游县构建“两委两部”（县安委会、减灾委和防汛抗旱、森林防灭火指挥部）指挥协调机构，建立覆盖安全生产、防灾减灾、森林防灭火、防汛抗旱等重要灾害领域的高效领导和专业救援指挥机构，推动从单项应急管理向综合应急管理转变。

【应急值守】　2022年，仙游县强化值班值守工作，执行24小时值班和领导带班制度，实行“3个1”（1名带班领导＋1名24小时值班人员＋1名在编干部）值班模式，保障应急处置高质高效。完善应急值守机制，修订完善《应急值守工作制度》《突发信息报送规范》《应急值班信息分流处置流程图》《突发事件应急处置流程图》4项制度流程和规范。处理各类政务值守、应急处置电话2378人次，处置应对179起火警、15起突发公共事件。

【应急保供】　2022年，仙游县防汛物资仓库依托县供销集团、消防救援大队代储编织袋4万条、防汛专用沙袋3万条、救生衣500件、救生圈100个、橡皮艇及动力2套、专业激流救生衣12套。县救灾物资储备库储有折叠床、折叠桌、棉被、防潮垫、睡袋、取暖器、家庭应急包、草席、帐篷、棉衣等救灾物资9036件。

【应急演练】　2022年，仙游县完成第一次自然灾害综合风险普查调查。建强县森林消防队伍，投入4.82万元用于配齐基层扑火物资装备，福建省森林消防总队莆田市驻防分队指导，开展灭火技能培训，推行森林防灭火“1—2—3”实战工作法。举行防汛防火、交通运输、危化品等多类型、跨领域全县性应急综合演练。启动防暴雨Ⅳ级应急响应6次、Ⅲ级应急响应2次，防范“5月10—14日”“6月5—16日”2轮持续性强降雨。

【应急队伍建设】　2022年，仙游县优化专业、半专业救援队伍布局和资源配置，统筹整合军地及多部门、基层、社会救援组织的救援力量，强化县消防救援队伍力量建设。创建乡镇（街道）消防应急救援队。规范引导社会应急力量发展，收纳组建仙游纵横应急救援服务中心和仙游蓝天救援防灾减灾中心 2 支社会应急救援力量，组织石苍老山驴友被困和西苑凤山游客被困两场救援行动。形成以国家综合性消防救援队伍为主力、基层组织（单位）应急救援队伍和社会应急力量为辅助、军队应急救援力量为突击队的应急救援队伍体系。

（刘怀宇）

危险化学品安全监督管理

【概况】 2022 年，仙游县有危险化学品生产企业 4 家、交通运输企业 1 家、经营企业 97 家，其中危化品经营企业加油站 36 家、油漆店及气体店 8 家、纯贸易企业 53 家，烟花爆竹批发企业 7 家。危化品生产企业均在仙游经济开发区管委会南片区，安排就业 660 人，全年税收 7300 余万元；危化品经营企业主要分布在鲤城街道等平原乡镇（街道）；烟花爆竹批发企业分布在榜头、枫亭、鲤南、园庄、钟山等乡镇，烟花爆竹零售经营店主要分布在 6 个（鲤城街道、鲤南、榜头、大济、龙华、赖店镇）全禁止燃放乡镇之外的平原乡镇。

【危化品行政审批】 2022 年，仙游县应急管理部门负责审批“（零售、贸易经营）危化品经营许可、变更、延续”“烟花爆竹经营（零售）许可证”，“第三类易制毒危化品经营备案”“危险化学品重大危险源备案”“第三类易制毒化学品经营备案”“剧毒化学品、重大危险源储存单位备案”。全年核批“危化品（零售、无储存贸易）经营许可证”27 家、“烟花爆竹经营（零售）许可证”121 家，办理《危化品生产安全事故应急预案》8 家。

【危险化学品生产监管】 2022 年，仙游县唯一一家重大危险源企业（福建滨海化工有限公司）的 67 项重点管控指标分别链接国家应急部重大危险源监测预警系统、福建省应急厅危应急综合管理风险管控系统，3 家危化品生产企业（莆田钰诚化学有限公司、仙游信力胶业有限公司、福建中裕新材料技术有限公司）、7 家烟花爆竹批发企业和 44 家危化品经营企业（加油站、油漆和气体实体店）链接莆田市“全域数字化，全市一张图”系统。开展危化品和烟花爆竹安全防范和专项整治三年行动、安全生产大排查大整治，以“一防三提升”（防范重大安全风险，提升本质安全、提升人员技能素质水平、提升信息化智能化管控水平）为着力点，落实企业主体责任，分级分类管控安全。强化重大危险源企业安全风险管控，全市率先完成“双预防机制数字化建设”验收，应急部门采取线上日巡查、线下专家指导服务与部门督查相结合，落实企业“安全包保责任”，从源头上强化安全管控；对危化品经营企业、烟花爆竹企业，紧盯薄弱环节，重点排查重点整治，督促企业录入莆田市“全域数字化，全市一张图”系统，企业基本情况、安全管理情况、安全教育培训、应急处置 4 个方面在“莆田市一张图”线上跟踪排查治理隐患，线下县、乡镇（街道）2 级安全检查有机融合，消除安全隐患，做到闭环管理。

【危险化学品运输监管】 2022 年，仙游县有危险品货物运输企业 1 家（莆田钰昌物流有限公司），是为莆田钰诚化学有限公司销售运输不饱和聚酯树脂等服务配套而设立的三类物流公司，拥有运输车辆 17 辆，其中重型半挂牵引车 7 辆、重型罐式半挂车 8 辆、重型集装箱半挂车 2 辆。该公司营运车辆全部纳入动态监控管理，并安装卫星定位，联入监控平台，做到“车辆运营、全程监控、实时记录”。

（王玉叶）

防汛抗旱

【概况】 2022 年，仙游县遭受 2 轮持续性强降雨等影响，县防指启动各类应急响应 6 次，其中III级以上响应 2 次，撤离渔船 60 艘次，干部下沉到基层 2458 人次，转移群众 1062 人次，无人员伤亡事故，全年安全度汛。

【防汛应急救援体系建设】 2022 年，仙游县推动基层防汛能力标准化建设，各乡镇（街道）统筹应急能力建设需求，整合辖区中青年干部、基层警务人员、专职消防员、民兵、预备役人员等组建应急队伍，承担防汛防台风期间辖区突发灾情险情先期处置、抢险救援工作。按照乡镇（街道）不少于 15 人、村（社区）不少于 5 人的标准分别组建应急队伍。各乡镇（街道）、有关部门落实抢险力量和群防队伍 351 支、

6593人，县防指成员单位建立6支防汛防台风应急抢险专家组。

【防汛抗旱应急抢险演练】 2022年6月30日，仙游县举行防汛综合演练。以模拟发生暴雨洪水引发山洪灾害和溪流水位暴涨，堤防损毁、城区内涝为背景，分3个演练场，设置舟艇水上抢险、堤防应急抢险、城区内涝应急抢修3个演练科目。演练突出实战，所有演练科目采取实景、实演、实传的方式。参演单位10余家，通过整合各单位资源优势，强化新技术、新装备、新战法的应用，达到实战练兵的效果。各乡镇（街道）、县防指成员单位相应开展防汛演练32场。

【防汛抗台风】 2022年，仙游县防指防范“5月10—14日”“6月5—16日”2轮持续性强降雨。组织8次会商调度，滚动研判，具体部署值班值守、预警应对、排查除险、人员转移等防御工作。成立气象、水利、自然资源等6个专班，进行水库、地灾点等重点部位指挥调度。县防指6次启动应急响应，其中Ⅲ级以上响应2次，根据水库蓄水量情况，组织金钟、蒋隔、双溪口、古洋4个水库泄洪。组织409户814人受威胁群众应转尽转，保障人员生命财产安全。

【应急供水】 2022年，县水利局在汛前和汛中派出小组排查各个水库、山塘，组织2支应急抢险队伍，储备防汛抗旱抢险救灾四大类物资价值近100万元；完成114座小型水库汛期调度运用计划和应急抢险预案审查工作；开展防汛堤防应急抢险演练；掌握辖区雨情、水情、风情、工情等监测信息，发布山洪灾害预警信息22条。

（郑林香）

消防救援

【概况】 2022年，仙游县消防救援大队总人数90人，下辖城关、枫亭、榜头3个消防救援站，有各类灭火、救援、专勤、保障消防车13辆，消防救援指挥车和执法行政车4辆，冲锋舟1艘，橡皮艇1艘，各类器材装备5988件（套）。全年接警出动1462起，出动车辆2042辆次，出动警力1.21万人次，抢救被困人员88人，疏散被困人员159人，未发生较大以上火灾事故。完成党的二十大、重大节假日等消防安保工作。

2022年6月30日，仙游县举行防汛综合演练。图为专业救援队开展舟艇水上抢险演练 （彭丽程供图）

【火灾隐患整治】 2022年，仙游县推动《福建省消防安全责任制实施办法》，建立消防安全权力清单和责任清单，落实各行业监管部门监管职责。落实《消防安全“五清”行动专项实施方案》，开展“三年行动”“今冬明春”“百日攻坚行动”“电动自行车消防安全”“鞋服专项整治”“沿街经营性场所三合一整治”“高层建筑”“老旧住宅电气火灾隐患”等专项治理行动。督导完成乡镇对省、市挂牌鲤城街道东大街、鲤城街道一中街重大火灾隐患区域的整改。

加强突出问题和薄弱环节专项治理，采取“四不两直”（不发通知、不打招呼、不听汇报、不用陪同接待、直奔基层、直插现场）“双随机、一公开”等方式，强化事中、事后消防安全监管，消除监管漏洞和盲区。全年办理开业检查项目10个，火灾事故调查30起，行政处罚20起，按法定期限和程序办结，无执法行政诉讼和行政复议案件。畅通信访渠道，接受群众举报投诉和政府“12345”平台转办件144件。

重要节假日和重大活动期间，县委、县政府主要领导带队检查消防安全工作4次，部门联合执法27次，检查各类单位84家，发现隐患172处，整改隐患172处，整改率100%。结合“多项专项行动”和日常监管，抓隐患排查治理，摸排沿街经营性场所1.07万家，发现隐患 5989 条，整改隐患 1922 条，查封 50 家，安全评估合格 206 家；摸排居住出租屋 1.07 万家，发现存在隐患的户数 2390 家，发现隐患 2975 条，整改隐患的户数 325 家，整改隐患 485 条；下发督办函 34 份，排查出的隐患实行台账管理，落实整改责任人、时限和措施。

【消防安全宣传】 2022 年，仙游县开展消防安全宣传“七进”“消防 119”、挂钩社区宣传等活动，张贴标语 6000 条，发放宣传单 3 万余份。牵头组织对乡镇（街道）、村（社区）负责人、公安派出所民警、综治“网格员”、社会单位消防安全责任管理人、消防控制室值班人员、微型消防站负责人以及社会单位员工、群众开展教育培训 50 余次，受训 3000 余人次，承办全市沿街经营性场所“三合一”整治现场会并拍摄沿街经营性场所“三合一”整治示范片，开展“抓消防安全、保高质量发展”暨 2022 年仙游县“119”消防宣传月活动。推动“全民消防”平台注册 10.20 万人。

【消防救援演练】 2022 年，仙游县开展消防安全应急救援疏散演练 400 余次。加强实践演练，对辖区重点单位开展灭火救援实践演练 152 次，修订各类预案 158 份，拉动微型消防站建设 198 次，开展中队级战评 130 次。

【基层消防站点建设】 2022 年，仙游县财政拨付消防经费 910.65 万元，到位 784.65 万元，提请县财政追加 350 万元，用于购置 2900 余件套易损耗、抗洪抢险、个人防护等器材装备，满足灭火救援任务需求。推进城关消防站暨大队公寓房项目建设，执勤楼、综合馆及训练塔主体完工，附属配套设施建设。推进完善榜头站营区训练设施不足、大队无烟热真火训练设施缺陷，完成榜头消防站训练塔工程设计及预算编制工作。完成组建 18 个乡镇（街道）消防应急救援队伍，探索队伍在灭火救援、消防安全监督检查、消防安全知识培训等日常工作的新模式。推广乡镇微型消防站建设，利用原有的乡镇巡逻车，在车上配置灭火器、水带、泵储，粉刷消防安全标识、升级消防栓扳手，改造成简易微型消防站的消防车辆。落实新建市政消火栓 161 个、维修消火栓 65 个、建设天然水源取水口 17 个。

（傅厚山）

2022 年 11 月 8 日，县消防救援大队组织人员走进县实验幼儿园，开展“11·9”消防日专题宣教活动。图为消防人员与学生互动 （唐伟供图）

森林防火

【概况】 2022 年，仙游县森林覆盖率 71.43%，林地面积 13.31 万公顷。推进森林防火体系建设，加强森林违规用火整治。发布禁火令 6 次，新建生物防火林带 27 千米。

【森林防火体系建设】 2022 年，仙游县按照“信息速报、火情速商、指挥速动、火情速灭”的要求，推动森林火灾应急处置能力建设，打造仙游县域森林火灾扑救 1 小时快速反应圈。按照“一线快速投入、二线快速增援、三线快速到位”的要求，着眼独立完成本行政区域内森林火灾扑救任务的目标。在遇有 4 级以上高森林火险气象天气和禁火期间，18 个乡镇（街道）每日在乡镇政府驻地最少集结 1 个森林火灾应急处置 5 人机动小组，一旦发生森林火情，快速机动，就近扑救；二线队伍，即乡镇（街道）森林消防队伍立即收拢人员，确保 30 分钟内能够集结到位并出动；县森林消防大队立即进入戒备状态，随时准备出动增援。与国网仙游供电公司加强合作，资源共享，国网仙游供电公司所属 110 个高空探头，一旦感应到林区监控区域内有温度异常、烟点、火点立即发出警报，并通报仙游县应急指挥中心，指挥中心立即指令相关乡镇干部、护林员前往处置。实行森林防火网格化管理工作，加强对全县 215 名护林员业务培训和监督管理，利用手机定位跟踪检查督导护林员护林巡查，提升护林员出勤率，发挥护林巡查作用。新建生物防火林带27千米，提高森林自身的抗火能力。

【森林违规用火整治】 2022年，仙游县在高森林火险期间发布禁火令6次，禁火令期间护林员全天候上山巡查，乡镇（街道）、村（社区）干部在158个重要进山路口设卡检查，对所有进山入林的人员进行扫“防火码”登记，强化源头管控。开展普查工作，摸清森林火灾风险隐患底数，提高防灾减灾能力。在林区、风景名胜区、森林公园、国有林场、林区高压输电线路两侧、林中林边寺庙等重点部位、重要区域进行全方位、拉网式的风险隐患排查，排查森林火灾风险隐患45条，完成整改。

【森林防火宣传】 2022年，仙游县开展森林防火宣传月、宣传周活动，利用各种宣传工具开展森林防火宣传活动，发放宣传单2.80万张、宣传围裙3500条、宣传手袋5600个，张贴标语2200条、横幅1200条，派出宣传车1600次，发送宣传微信49.80万条，短信6万条。

（郑林香、刘鸿儒）

2022年11月11—12日，仙游县森防办组织全县森林消防中队开展森林防灭火培训及演练活动。图为消防专业救援人员演示灭火 （陈溢供图）

防震减灾

【概况】 仙游县地处福建东南沿海地震带上（长乐—诏安、南日岛—沙县断裂带交叉贯穿境内），存在发生破坏性地震地质构造背景。2022年，仙游县围绕地震监测预报、灾害预防等体系建设，开展防震减灾各项工作。建成5个防灾减灾科普示范学校、8个国家地震安全示范社区、20个防震减震科普宣传基地。安装完成534处地震预警终端建设。

【地震监测预报】 2022年，仙游县地震办（简称县地震办）运用“互联网＋监管”等形式，配合上级部门加强对7个地震监测台网和6个地震宏观异常观测点、仙游县地震烈度速报与地震预警信息发布系统运用示范等科技项目的运行管理，落实地震前兆异常、上报与处理。7月22日、8月9日，协同省、市地震部门到榜头圆通岩地震烈度速报台、GNSS（全球导航卫星系统）观测台、东屏中学国家强震台、金钟水库地震监测台网等地开展调研检查，地震监测设施和观测环境保护良好，运转正常。配合省地震局在济川温泉设立地震监测点，定期提供温泉水样本，为地震监测提供科学依据；防震减灾工作纳入网格化综治平安管理，在全市起示范带头作用。471名乡镇（街道）网格员纳入地震群测群防网络，组织网格员开展地震监测预防专题培训、模拟演练等活动，引导网格员熟练掌握地震宏观异常情况上报、震情（灾情）速报等相关操作程序，推动地震部门熟悉事件处理程序。

【抗震设防】 2022年，仙游县加强建设工程抗震设防的事中、事后监管和中国地震动参数区划图监督检查，推进“互联网＋监管”工作，组织开展7次监管检查；推进地震易发区房屋设施加固工程，召开专题会议，部署相关工作，编制年度计划清单并填报2022年度加固工程计划任务清单，按时序推进加固工程相关工作。至年底，排查项目19.81万个，涉及建筑物19.90万栋，建筑面积4050万平方米。推进房屋设施抗震设防信息采集和动态更新工作，完成对上年度竣工的加固工程和新建、改建、扩建工程抗震设防信息数据更新400余项；优化营商环境，开展区域性地震安全性评价宣传引导，指导工业园区开展区域性地震安全性评价。加强对重大工程项目的地震安全性评价监管，会同市地震局加强对福建省木兰抽水蓄能电站工程开展地震安全性评价的监督指导；配合省、市地震局完成县内深地震反射勘探项目，牵头组织有关部门，召开地震灾害普查深地震反射勘探工作协调会，到项目一线，做好协调和宣传引导工作，完成涉及龙华、大济、园庄3个乡镇11千米的深地震反射勘探项目。

【防灾减灾演练】 2022年9月22日，市、县地震部门到大济镇乌石村开展地震群测群防、防震减灾网格管理业务培训及模拟演练活动。仙游县“综治+”社会治理中心的社区开展“防震减灾+”网格治理中心试点创建，依托鲤城南桥、木兰2个社区优势平台，率先开展试点创建，推进大济镇乌石村等其他社区开展试点创建工作，提升仙游县群测群防能力。

【防灾减灾宣传】 2022年，仙游县在“5·12”全国防灾减灾日、“7·28”唐山地震纪念日等科普活动时段，通过开通微信公众号、购买信息服务、群发短信等方式拓宽宣传渠道。应用微信、手机端等新媒体，联合仙游移动公司，在微信公众号上开展防震减灾知识有奖问答，吸引上千人参与；制作防震减灾宣传彩信，宣传推广省地震局制作的减隔震技术短视频，发送彩信2.50万条；联合县网格中心开展防震减灾网格宣传活动，向群众发放《防震减灾科普手册》等；在村（社区）的公共广告屏、电子屏播放防震减灾公益宣传片和宣传标语，提高公众防震避险和自救互救能力；在仙游一中、仙游华侨中学等5个防震减灾科普示范学校，木兰社区、乌石村等8个国家地震安全示范社区，洪桥社区防震减灾科普馆等20个防震减灾科普宣传基地开展防震减灾科普宣传活动；乡镇（街道）开展形式多样的防震减灾科普宣传活动，通过悬挂宣传标语，张贴宣传挂图、发放宣传册、宣传品、设点咨询、开展应急逃生疏散演练等方式，推动防震减灾科普知识进机关、进企业、进农村、进社区、进学校、进家庭。

【应急避难所管理】 2022年，仙游县健全地震应急预案体系推进重点时段、重点地区、重大活动专项预案的编制。加强全县25处地震应急避难场所的管理维护（包括应急供水、供电、水质检测等），定期开展演练；加强地震预警信息发布终端建设维护管理，安装完成534处地震预警终端建设，联合乡镇（街道）、行业主管部门（责任单位）督促未完成用户主动对接运营商业务人员完成签约安装。督促安装的用户缴费，维护管理好设备，确保设备正常运转。

（黄海清）

2022年8月25日，县地震办配合省、市地震局开展仙游县内深地震反射勘探项目。图为召开野外施工现场会 （县地震办供图）

2022年9月22日，莆田市地震系统贯彻落实健全完善地方防震减灾救灾体制机制意见暨防震减灾网格管理工作推进会在大济镇乌石村“综治+”社会治理中心举行 （县地震办供图）

科学技术

综 述

【科技惠企金融服务】 2022年，仙游县科学技术局（简称县科技局）组织歌士玮、通用电梯2家企业申报“科技贷”贴息，申请补助资金61.20万元，其中歌士玮33万元、通用电梯28.20万元。

【科技特派员工作】 2022年，仙游县选认省、市级科技特派员各45人。其中，博士19人，硕士17人，博士占比42.22%；省、市科技特派员第一、二、三产业分布情况为35∶5∶5，实现第一、二、三产业服务全覆盖。选认县级科技特派员191人，县级科技特派员服务实现全县325个行政村（社区）全覆盖。科技特派员采取合作攻关、现场指导、技术培训、交流讲座、技术服务等方式，指导帮助产业发展，协助企业申报各类科研项目。省科技特派员在社硎乡田利村引进羊肚菌种植，发展特色产业促增收，事迹于3月13日在莆田广播电视台报道。省级科技特派员许伟东被省科技厅评为“最美科技特派员”，林章武作为省优秀科技特派员被通报表扬。新认定3家市级科技特派示范基地（意达、台创园、仙溪果业）。拨付2022年市级科技特派员工作经费33万元。

【科技宣传】 2022年，仙游县通过宣传、发动、指导相结合的方法到各企业宣传研发投入优惠政策，指导规上企业做好年度R&D（研究与开发）填报工作。跟踪、了解、监测统计数据进度情况，指导企业做到应统尽统，避免漏统。通过组织开展科技活动周、“三下乡”活动等形式，组织科普展板、宣传栏展示，现场免费发放科普小册子300份，为群众开展科技咨询答疑等。开展“走进科技 你我同行”主题活动，7月19日、8月19日，县科技局科技特派员干部分别走进康辉食品有限公司、川阳农业有限公司等，以农业科技咨询、示范和培训为主线，针对相关群体开展实用技术培训，宣传农业新技术，提高农产品产值。

2022年8月19日，县科技局科技特派员到川阳农业有限公司宣传农业新技术

（县科技局供图）

科研与创新

【概况】 至2022年底，仙游县拥有国家级高新技术企业50家（东亚机械、赛隆等）、国家星创天地1家（意达）、省级科技“小巨人”企业29家（中裕新材料、新万鑫

等）、省级众创空间 4 家［海峡艺雕城双创基地、天映创客空间、天纵梦想空间、京东（仙游）数字经济产业园众创空间］、省级星创天地 3 家（大老古星创天地、大自然科技星创天地、金溪茶业星创天地）、省级重点实验室 1 家（海安）、省级科技孵化器 1 家（京东）。

【科技合作】 2022 年，仙游县引导企业与国内高校合作开展自主创新，特别是在鞋业纺织产业、机械制造、电子信息产业和现代农业等领域与高校深度融合，组建产学研战略联盟，申报高科技项目。组织申报与中国科学院合作项目 6 家（抽水蓄能、赛隆等），其中立项 3 家，获得补助资金 215 万元。

【科技创新平台建设】 2022 年，仙游县新增省科技“小巨人”企业 5 家（中钨合金、罗屿岛、大东方古典、鲁艺家居、赛隆）。新增省级星创天地 2 家（福建大自然科技有限公司的“大自然星创天地”、福建金溪茶业有限公司的“金溪茶业星创天地”）。新增国家级高新技术企业 26 家（正捷兴商务、瑞光达信息等）。新增入库科技型中小企业 29 家（新东方机械、大东方古典等）。

【科技创新主体强化】 2022 年，仙游县强化科技创新主体，引导企业设立研发机构，建立科研团队，开展科技创新活动，促进高质量发展。组织企业申报 2022 年度省科技计划项目 14 家（中裕、新万鑫、清风生态等），其中立项 6 项（百齐信息、大老古、南丰生化等），获得补助资金 270 万元；组织申报市级科技计划项目 2 项（意达、万辉水产），其中立项 1 项（意达），

仙游县国家级高新企业一览表

表 17

序号	企业名称
1	一鼎（福建）生态园林建设有限公司
2	莆田市众恒信息科技有限公司
3	福建省狼威智能科技有限公司
4	给力机械（福建）集团有限公司
5	福建省海安橡胶有限公司
6	福建中裕新材料技术有限公司
7	新万鑫（福建）精密薄板有限公司
8	福建鑫瑞新材料科技有限公司
9	福建大老古食品有限公司
10	福建省新东方机械有限公司
11	莆田市坚强缝制设备有限公司
12	莆田华昇光电有限公司
13	福建省建诚工程咨询有限公司
14	福建罗屿岛食品有限公司
15	福建大通电力工程有限公司
16	福建益明纺织有限公司
17	福建鼎力电气设备有限公司
18	中宏盛熠能源科技有限公司
19	福建米园电子科技有限公司
20	福建省康辉食品有限公司
21	福建省大东方古典家具有限公司
22	仙游县新兴纸业有限公司
23	仙游县鑫恒机械有限公司
24	福建东亚机械有限公司
25	福建正捷兴商务服务有限公司
26	福建瑞光达信息科技有限公司
27	中钨合金科技（莆田）有限公司
28	莆田市协诚鞋业有限公司
29	福建省鲁艺家居有限公司
30	中建万众建设有限公司
31	莆田市磐正信息技术有限公司
32	莆田市同丰机动车安全检测有限公司
33	福建仙兴汽车配件有限公司
34	福建铕乾新能源科技有限公司
35	福建歌士玮集团有限公司
36	仙游品尚房产信息有限公司
37	福建省智胜矿业有限公司
38	仙游县网鸿信息技术服务有限公司
39	莆田市哲沅电子信息技术有限公司
40	福建省意达科技股份有限公司
41	福建赛隆科技有限公司
42	通用（福建）电梯有限公司
43	莆田市聚今信息技术有限公司
44	福建天海亿联盟能源科技有限公司
45	莆田市龙翔鞋业有限公司
46	莆田市协众户外用品有限公司
47	福建省仙游县南丰生化有限公司
48	福建仙游华兴印务有限公司
49	莆田众盈玻璃制品有限公司
50	莆田正宇生态农业科技发展有限公司

获得补助资金 10 万元。

【科技成果转化】 2022 年，仙游县以企业为创新主体，以产业化为目标，支持企业联合高校、科研院所和上下游企业开展核心技术攻关，突破产业发展瓶颈，加快推动重大科技成果产业化，全县有 8 个企业与高校、科研院所合作开展核心技术攻关，并立项省科技项目。其中，福建省意达科技股份有限公司与广西壮族自治区农业科学院蔬菜研究所合作，促进项目“高辣度辣椒新品种选育及示范推广”；福建大老古食品有限公司与福建农林大学合作，促进项目“传统蛋制品全产业链生产技术标准化研究及示范”；仙游县嘉丰农业有限公司与福建农林大学合作，促进项目“橘柚 2 种重要病害绿色防控技术的应用示范推广”；仙游县清风生态农庄有限公司与福建省微生物研究所合作，促进项目“环保酵素规范化生产参数及在水稻种植中的应用与示范”；福建省仙游县南丰生化有限公司与华南理工大学合作，促进项目“猪胆中生化药物提取及其高质利用的新工艺与应用”；福建仙游抽水蓄能有限公司与中国科学院城市环境研究所合作，促进项目“双碳”背景下抽水蓄能电站机组噪声监测与故障诊断技术研究；福建赛隆科技有限公司与厦门稀土材料研究所合作，促进项目“可示踪 PET 功能母粒的研发与产业化应用”；莆田市佰合生物科技有限公司与中国科学院重庆绿色智能技术研究院，西南大学合作，促进项目“抗灰霉病的东方百合（索邦）种球繁育生产关键技术研究及示范”。全年登记技术合同 20 项，成交额 1803 万元，兑现技术合同认定优惠政策，激发企业创新活力。

【科技奖补资金】 2022 年，仙游县加大研发费用分段补助项目宣传力度，组织 52 家企业申报研发费用分段补助项目，申请补助资金 2063.61 万元。收到 2022 年度省级科技计划项目结转经费 227 万元，其中区域发展项目 2 个，星火项目 1 个。收到 2021 年度福建省科技企业孵化器平台认定及新增孵化用房补助项目经费 170 万元，其中科技创新平台认定资助 1 个；孵化用房补助 2 个。收到 2021 年度科技“小巨人”企业研发投入加计扣除奖励专项资金 259 万元，其中福建中裕新材料技术有限公司 105 万元，海安橡胶集团股份公司 126 万元，福建省意达科技股份有限公司 28 万元。收到 2020 年度企业研发经费投入分段补助清算资金 611.38 万元（省、市承担部分），全县获补助企业 37 家。收到 2021 年度仙游县选认福建省级科技特派员 29 人，服务单位 22 家，拨付工作经费 58 万元。选认市级科技特派员 42 人，服务单位 28 家，拨付工作经费 42 万元。

（刘燕全）

气象测报

【概况】 2022 年，仙游县气象局（简称县气象局）做好气象防灾减灾和各项气象服务，深化气象事业改革，推进气象事业高质量发展。1 月 1 日，仙游国家基本气象站新址搬迁，气象探测环境评分为 96.80 分。

【气象预报预警】 2022 年，仙游县加强气象灾害监测预警和预报服务，筑牢防灾减灾第一道防线。汛期期间，派员进驻仙游县防汛抗旱指挥部协助工作，打好防灾减灾第一道防线的战役。强化“1262”［提前 12 小时预报强降水（大于 50 毫米）落区精细到县，提前 6 小时、提前 2 小时预报强降水（大于 50 毫米）落区精细到乡镇］精细化城乡气象灾害预警联动机制，助力地方政府开展精准决策。完成自 4 月 1 日开始的汛期气象预报预警服务，在 6 月上旬开始的持续性降水过程，业务人员入驻仙游县防汛抗旱指挥部值班，制作提前 12 小

2022 年 11 月，仙游县在赖店、西苑、游洋等地开展人工增雨作业。图为在赖店古洋水库开展人工增雨作业 （李冰供图）

2022 年 1 月 1 日，仙游国家基本气象站新址搬迁，观测数据上传省气象局和中国气象局。图为工作人员开展业务切换工作　（唐伟供图）

时、6 小时、2 小时发布精细到乡镇的强降水预警。地面观测质量业务可用性维持在 100%、数据到报率 100%、数据可用率 100%、气象观测质量综合指数维持较高水平。农业气象观测质量稳定，观测基数 1804，错情率为零。

【气象为农服务】　2022 年，仙游县落实气象为农服务维持经费 15.12 万元，气象台站建设运行保障经费申报列入县政府财政预算。开展县域内 43 个区域自动气象站社会化维护。开发和利用空中云水资源，组织开展人工增雨作业，发挥人工影响天气防灾减灾、趋利避害的作用。全年开展烟炉增雨作业 4 次，燃烧增雨焰条 4 根，均安全作业。协助市气象局做好仙游台湾农民创业园甜柿的农业气象服务、樱花花期预报服务。

【自动气象站优化】　2022 年，仙游县优化地面自动气象站点布局，重点在气象灾害频发地区赖店、大济、龙华升级改造 3 套自动气象站，全市第一套智能化自动气象站在菜溪乡建成投入使用。联合县农业农村局选址龙华金溪茶叶园区建设一套农田小气候站。为游洋镇、石苍乡济川村申报 2022 年“清新福建·气候福地”第二批气候康养福地提供气候数据。

（吴丽琼　郑建伟）

水文监测

【概况】　2022 年，仙游县水文局（简称县水文局）开展水文监测和水文资料的收集、整理和汇总工作。为国家防总及省、市、县防汛抗旱指挥部提供水文情报、预报的工作。辖区内有 3 个水文站（仙游、溪口、枫亭）；1 个水位站（榜头）；41 个雨量站。

【防汛测报预报】　2022 年，仙游县受锋面雨及台风的影响，木兰溪支流和干流均出现小规模的洪水。木兰溪干流仙游水文站 5 月 13 日 20 时 00 分出现 45.72 米的年最高洪峰水位，相应流量 358 立方米 / 秒，全年木兰溪仙游水文站的径流总量 4.36 亿立方米，比上年增长 28.5%，向县各级防汛部门报送重要水雨情快报、洪水消息等 40 余条。

【水文测报服务】　2022 年，仙游县加快推进木兰溪流域水安全、水生态、水经济建设，发挥木兰溪综合效益，打造防洪减灾体系、防洪排涝防潮综合体系，提升木兰溪全流域排涝能力。县水文局加增资金投入开发洪水数值模型预报系统，利用气象数据进行木兰溪洪水预报估报，将洪水预见期从不足 20 小时提前到 2 至 3 天，提高洪水预见期，强化对小流域洪水监测预警，拓展水文服务防汛测报预警的范围，为仙游县防灾减灾提供水文信息支撑。

（林雅南）

教育

综述

【教育经费投入】 2022年，仙游县落实义务教育阶段保障机制，按不低于省定各类教育生均经费标准拨款，向寄宿制学校和小规模学校倾斜，向学前和高中、中职延伸。全年一般公共财政教育支出每生学前1.18万元、小学1.09万元、初中1.82万元、高中1.50万元、中职1.62万元，计18.71亿元。分别拨付学前、高中、中职公用经费435.15万元、1153.67万元、634.50万元。发放补助资金6831.15万元，用于乡村教师补贴、班主任补助、教师节假日补助及课后服务补助。

【教育重点项目建设】 2022年，仙游县续建鲤中实验幼儿园分园等6个项目，新增学位1590个。争取2022年专项债券资金3600万元，新建榜头第三中心幼儿园等3所幼儿园，新增学位810个。2个项目竣工投用；3个项目主体竣工，附属配套设施招投标；1个项目装修扫尾；3个项目开展基础施工。续建枫亭海滨小学、城西中心小学综合楼，建筑面积5700平方米，总投资1350万元。2022年校安长效机制项目中央补助资金1306万元，用于新建园庄霞山小学等3个项目，新增学位2700个。新建福建师范大学仙游附属学校宿舍楼食堂、二道小学综合楼项目，建筑面积8540平方米，总投资2425万元。2个项目工程完工，5个项目主体建设。争取2022年专项债券资金500万元，建设仙游职专教学楼1幢，建筑面积3000平方米，总投资809万元，完成项目立项，开展土地及林地报批等前期工作。投入600余万元，为各相关中小学、幼儿园添置更新班班通多媒体设备、计算机、数字（智慧）校园设备、教学仪器设备及图书等。

【“双减”工作】 2022年，仙游县加强中小学生作业、睡眠、手机、读物、体质管理，执行建立和完善制度、成立作业管理专班等作业管理的“8个要求”，提高作业管理水平，减轻学生作业负担。深化校外培训机构治理，规范校外培训行为，减轻学生校外培训负担，批准通过38家校外培训机构（学科类18所，非学科类20所），主要遍及8个乡镇（街道）。推行课后服务“5+2”（每周5天、每天至少开展课后服务2小时）模式，实现“两个全覆盖”（义务教育学校100%覆盖，有需求的学生100%覆盖）。

【城乡共建帮扶】 2022年，仙游县与福建师范大学附属中学合作共建福建师大仙游附属学校，鼓楼

福建师范大学仙游附属学校 （县教育局供图）

区钱塘小学教育集团与金溪小学开展对口帮扶，帮助建设智慧教室、远程授课等。遴选仙游一中、龙华中学等10所学校与福州、厦门、泉州等省内名校结对帮扶，加强跨市校际合作，学习借鉴先进教学理念和管理经验。

【青少年学生校外活动】 2022年，仙游县推进学校资源与社区资源的共享开放，建立青少年校外教育工作联席会议制度，推进青少年校外教育工作。青少年学生校外活动中心对外开放，有班级25个，教师26人，学生530人。活动中心坚持纯公益、全免费的原则，开设舞蹈、书法、莆仙戏曲等20余个活动项目，满足中小学生的多样化兴趣需求。全年接待省内外学生1000余人次。

教育管理

【教育督导】 2022年，仙游县组织开展18个乡镇（街道）2022年度教育工作督导评估。接受市对县“两项督导”（对当地主要党政领导抓教育和对当地政府教育工作进行督察评估）评估认定，做好迎接“省对市教育督导”评估工作。组织开展省级义务教育质量监测和体质监测工作，推进监测结果应用和整改提升。组织171名专兼职责任督学开展春秋季开学督导、幼儿园办学行为、“双减”“五项管理”（学生、师资、教育教学、财务、实验室和资产管理）等专项督导。组织开展义务教育“控辍保学”排查，督促各相关乡镇（街道）做好核查和劝返动员工作。

【教育资助】 2022年，仙游县落实国家教育资助政策，发放补助1243万元，受助学生2.26万人次。对59名2022年市外就读建档立卡家庭子女予以兜底补助5.16万元。落实发放2022年高校贫困生就学补助227万元，受助学生454人；开展2022年各类“圆梦大学”助学活动，196名高中困难毕业生获得资助，资助金额105.50万元。

【生源地助学贷款】 2022年，仙游县开展大学生生源地信用助学活动，聘任暑期大学生志愿者6人，协助县学生资助管理中心开展政策宣传、业务咨询和贷款办理等。与国开行、邮储银行、农商银行3家金融机构联合办理生源地信用助学贷款，全年办理3537人次，发放款额3534.32万元。

【平安文明学校创建】 2022年，仙游县强化学校“三防”（人防、物防、技防）建设，配备校园专职保安员118人，县保安公司选派专职保安员142人。各校（园）实现安保器械配备，校园公共视频监控实现全覆盖，对全县一键式报警装置进行可视化升级改造。开展“平安校园”创建和学校安全标准化建设提升工作。392所学校、幼儿园通过“平安校园”验收。常态化开展平安文明校园创建，被评为省级平安校园10所、市级一类平安校园40所、市级二类平安校园7所、市级三类平安校园16所、县级平安校园391所，被评为莆田市第二届文明校园32所、第二届县级文明校园60所，组织86所学校申报第三届县级文明校园。开展新一届文明志愿服务活动、保护母亲河环保行动、植树造林志愿服务活动、“美化校园周边环境，争做环保小卫士”志愿服务活动。

【学校德育教育】 2022年，仙游县坚持德育为先，开展社会主义核心价值观宣传教育，提高中小学德育工作水平。利用“七一”建党节等节日，开展“我的中国梦”主题教育实践活动。推进中小学研学旅行，创建具有地方特色的校园文化，开展参观互学活动。组织开展各类教育读书活动，县教育系统关工委被福建省教育系统关心下一代工作委员会评为“‘新时代好少年·强国有我’主题教育读书活动先进集体”。县教育局被评为莆田市第二届校园读书月优秀县区组织奖。发挥295名法治副校长的作用，开展700余场法治宣传教育活动。组织开展爱国主义读书教育活动，县教育局获评为第29届全国爱国主义读书教育活动组织优秀奖。组织开展各类教育新闻宣传活动，县教育局被中国教育报编辑部评为教育新闻宣传先进单位。

【学校艺术教育】 2022年，仙游县组织开展中小学美育基地学校创建工作，申报经典诵读基地学校21所，书法教育、绘画美术等各种基地学校50所。

【心理健康教育】 2022年，仙游县未成年人校外心理健康辅导站开放电话热线咨询以及QQ在线咨询，建立线上线下相结合的心理访谈服务机制。开展“心爱疫线 同心同行 守护健康”心理健康“三进”（进校园、进社区、进家庭）活动，到东屏中学和坝下中心小学溪尾校区送教送咨询，服务师生235人。开展心理援助工作，推送心理援助热线，推送调适专题广播16条，推送心理调适微课转发2032次。抽调44名专（兼）职心理健康教师对35个集中隔离医学观察点3747名学生开展线上定点心理支援。创建心理健康教育特色学校2所（华侨中学、现代中学）。有专兼职或专任心理健康教师186人，具有心理健康教师资格证教师96人，具有心理健康咨询师证教师55人。

【校园劳动教育】 2022年，仙游县建立健全校园劳动制度和劳动周制度，确保各学校劳动实践教育的目标、内容时间、师资、经费、场地等落实到位。各学校均开设劳动必修课，每周1节课，学生每周参加课外劳动时间，一、二年级不少于2小时，其他年级不少于3小时，将劳动素养纳入学生综合素质评价体系。开展"赓续红色血脉 激荡劳动精神"主题宣传，深化学生对新时代劳动教育的认识，赓续红色血脉，弘扬劳模精神、劳动精神和工匠精神，培育学生劳动意识和劳动习惯。遴选福建省香山康研农业科技有限公司等3家劳动教育实践基地申报莆田市中小学生劳动教育实践基地，书峰研学基地等4家申报莆田市中小学生研学实践教育基地营地。

【校园安全管理】 2022年，仙游县下达《2022年仙游县学校综治安全目标管理责任书》，研究制定《2022年仙游县学校安全工作要点》等安全指导性文件9份，组织召开全县学校安全工作会议12次，围绕扫黑除恶、新冠疫情防控、反暴恐、校园安保、校园欺凌防治、反邪教、禁毒、消防、校园安全管理及校园周边综合治理等相关工作进行周密部署。推进学校公共安全"网格+校园治安"网格化管理模式，所有学校的重点部位视频探头连入县公安局公共视频共享平台，开展学校安全隐患大排查大整改整治，各学校对照《仙游县学校安全风险源辨识及分级管控清单制度》罗列清单，发现学校一般安全隐患293处，均对标制定整改方案并整改到位。年内，摸排思想、心理、学习、行为等方面偏离常态的学生947人，均予以重点关注、帮扶。

教师队伍建设

【概况】 2022学年，仙游县公办中小学（含幼儿园）教职工编制8895人，其中中学3531人，小学4473人，幼儿园891人。配齐小学体育、艺术、科学、外语，初中体育与健康、艺术6科教师，完善教师学科结构。招考招聘新教师345人，65%充实到乡村学校、薄弱学校，县域内中小学教师交流324人。引进教育高层次人才5人。

【师德师风教育】 2022年，仙游县加强新时代师德师风建设，组织开展以师德师风建设为主题的学习教育活动，学习《中华人民共和国教育法》《中华人民共和国教师法》等法律法规，改进师德师风，提高教师的政治理论水平和道德素养。强化教师师德师风考核，将考核结果作为教师评优、晋升职称和提拔重用的重要依据。对违规违纪教职工予以党纪处分10人、政纪处分10人。

【教师职称评聘】 2022年，仙游县教师职称评聘向乡村学校倾斜，对在农村学校任教累计满25年及以上且仍在农村学校任教的、已取得高、中级教师职务任职资格尚未聘任的教师，可直接聘任，不占核准岗位数。根据县核准岗位总量和结构比例控制标准，制定《仙游县教育系统第三轮教师岗位聘任实施意见》。组织推荐、评审2021学年正高级教师职称2人、中学高级职称4人、小学高级职称6人、中级教师职称400人、初级教师职称368人。

【教师进修学校标准化建设省级评估】 2022年，仙游县教师进修学校巩固和拓展省级示范性教师进修学校达标创建成果，推进省级标准化学校创建工作，对照省级评估标准抓整改、促提升。2月，被省教育厅确认为"福建省示范性县级教师进修学校"。

【青年教师专业提升三年行动】 2022年，仙游县制定实施《青年教师三年成长计划方案》，通过三年培训提升，组织开展新教师青蓝结对、课堂教学全面视导、试用期教学汇报、学期教学展示和三年教龄以上青年教师"教坛新秀"评选等活动，促进近三五年新入职教师实现从入门到合格再到成熟的周期性成长成才。

【教师资格认定】 2022年，仙游县公布教师资格认定流程，严格教师资格认定审批程序，把好教师资格入口关。指导申报人网上注册、申请，按期予以审核认定。开展春季、秋季2次教师资格认定，认定教师资格证1145本，其中春季认定896本，秋季认定249本。加强教师资格证书管理，落实教师资格定期注册制度，注册 1.70 万条。

【名优教师培养】 2022 年，仙游县制定实施“十四五”期间 2 批次《千人骨干教师培养计划方案》，每两年遴选、培训培育、考核认定一批骨干教师、学科带头人，每批次 1000 人，其中学科带头人 200 人、骨干教师 800 人，培育、壮大县域良师军团和扩大骨干教师在全县学校分布的覆盖面。制定实施《名优教师“1+X”引领带动计划方案》，持续推进“三名工程”（名校、名校长、名教育）建设和加强各级名师工作室培育与建设，3 种类型名优教师组建教科研团队，通过提炼教学主张和开展教学研磨、送教送培、巡回讲学等方式，发挥示范引领辐射作用，带动团队成员共同成长。组织遴选仙游县第二批“三名工程”培育对象，其中名学校 5 所，名校长 5 人，名教师 50 人。推进县名师工作室建设，遴选名教师 40 人，建设县第一届名师工作室。仙游一中老师撰写的《学科核心素养在课堂中落地的实践探索：学科阅读 + 学科思考 + 学科表达》获市基础教育教学成果奖一等奖。

基础教育

【概况】 2022 年，仙游县有幼儿园 157 所（县直幼儿园 16 所、儿童活动中心 1 所、乡镇独立中心园 23 所、持证民办幼儿园 117 所），在园专任教师 2321 人（公办 1012 人、民办 1309 人），学前三年在园幼儿 29983 人（公办园 18750 人、民办园 11233 人）。小学 195 所（中心小学 18 所、县直小学 11 所、莆院附属实小 1 所、基层完全小学 165 所，含民办小学 3 所）；专任教师 4528 人（公办 4299 人、民办 229 人）；在校生 80305 人（公办学校 76649 人、民办学校 3656 人）。初级中学 30 所（民办中学 1 所），九年一贯制学校 9 所（民办学校 1 所），专任教师 2781 人（公办 2135 人、民办 646 人）；初中在校生 37464 人（公办学校 25876 人、民办学校 11588 人）。特殊教育学校 1 所，教师 31 人、学生 96 人。完全中学 15 所（民办学校 4 所；省一级达标校 2 所、二级达标校 7 所、三级达标校 6 所），专任教师 1612 人（公办 1183 人、民办 429 人），在校生 23345 人（公办学校 16635 人、民办学校 6710 人）。

【学前教育】 2022 年，仙游县创建市级示范园 4 所、县级示范园 3 所。组建 4 个学前教育“总园＋”集团，发挥优质学前教育资源的辐射引领作用，带动薄弱幼儿园的发展。15 所乡村学前教育办学点被确认为莆田市“乡村学前教育办学点”，完成 25% 乡村学前教育办学点的创建和评估。对 126 所持证民办幼儿园进行年检、定级评估。普惠性幼儿园覆盖面和公办园在园幼儿占比扩大，学前三年幼儿入园率 99.1%，学前教育普惠率 91.89%，公办幼儿园在园幼儿占 62.54%。

【义务教育】 2022 年，仙游县以高效课堂为抓手，以教学常规管理为重点，推进义务教育优质均衡发展和城乡一体化发展。创建“莆田市首批义务教育教改基地校”3 所（中学 1 所、小学 3 所）。25 所学校创建市“乡村温馨校园”通过县级评估。

【普通高中教育】 2022 年，仙游县扩大高中优质教育资源供给，仙游二中一级达标校创建活动接受市级评估组现场考察指导。仙游一中举行 120 周年校庆。选拔培育“五大学科”（数学、物理、化学、生物和信息学）拔尖创新人才、优化“五育并举”（德育、智育、体育、美育、劳动教育全面发展）课程体系。获得全国中学生学科奥林匹克竞赛省一等奖以上 7 人，其中 2022 届学生陈照烨获得全国奥林匹克数学竞赛（决赛）金牌，并被清华大学录取。仙游一中林天宇获得 2022 年全国奥林匹克数学竞赛（决赛）银牌。

【高考招生考试】 2022 年，仙游县高考考生 7983 人，600 分以上 125 人，本科特殊类上线 1033 人，上线率 12.94%，本科上线 3747 人，上线率 46.94%，295 名考生被“双一流”（世界一流大学、一流学科）大学录取，2 名考生被清华大学录取。

【特殊教育】 2022 年，仙游县落实省第二期特殊教育提升计划，摸清适龄残疾儿童少年底数，做好未入学适龄残疾儿童组织入学工作，落实“一人一案”。投资 480 万元，建设学生实训综合楼。加强特殊教育资源中心（资源教室）建设，组织开展资源教师专项培训，促进融合教育。依托县特殊教育资源中心，建立培智教研基地，引领县特殊教育教研，指导普通教育学校的随班就读工作。全县 6—14 周岁“三类残疾”儿童少年入学率 99.3%。

【民办幼儿园管理】 2022 年，仙

2022 年仙游县中小学校基本情况统计表

表 18

序号	学校	在校学生数（人）	班级数（个）	校园面积（平方米）	校舍面积（平方米）	体育运动场馆面积（平方米）	教学仪器设备值（万元）	寄宿生数（人）	寄宿生数（人）
1	初级中学	17720	413	693330.52	226075.70	120896.60	2536.08	4051	4051
2	九年一贯制	2488	68	154333	57205.12	24867.30	391.67	1252	1252
3	中心小学	27859	613	327916	187944.86	107443	4391.456	—	—
4	县直小学	13969	314	235371.46	146688.07	64191.51	1663.60	—	—
5	莆院附小	1818	36	10667	12340	4100	386	—	—
6	基层完全小学	35946	1244	994031.99	379487.55	205966.30	6008.33	—	—
7	民办小学	2000	53	37668.66	15184.20	12248	345.48	—	—
8	民办高中	15775	336	363798.80	235653	75116.50	5010	3550	3550
9	一级达标高中校	8314	177	227277.86	128641.26	55485.19	2100	1740	1740
10	二级达标高中校	16471	338	469728.75	264463.71	136497.10	4560.02	4776	4776
11	三级达标高中校	16830	364	439957.80	252057	101245.50	4189.20	4322	4322
12	特殊教育学校	96	10	—	206.04	264.59	45.63	0.26	—

2022 年仙游县幼儿园基本情况统计表

表 19

序号	学校	在校学生数（人）	班级数（个）	校园面积（平方米）	校舍面积（平方米）	体育运动场馆面积（平方米）	教学仪器设备值（万元）
1	县直幼儿园	6038	195	89214.82	77643.31	39486.70	612.16
2	县儿童活动中心	323	10	3000	3280	2000	—
3	乡镇独立中心园	6394	197	108794.01	76425.42	36106.84	857.98
4	持证民办幼儿园	11233	610	222716.41	183942.50	95388.62	2923.08

游推行同一审批服务事项“无差别受理、同标准办理”，没有民办幼儿园申请办证，暂停校外培训机构审批。建立健全民办幼儿园治理长效管理机制，支持和规范民办教育发展，加强无证民办幼儿园整治取缔工作，实行民办幼儿园准入制度和年度审核制度。每学年春季和秋季，要求各乡镇（街道）对辖区内的无证民办幼儿园进行整治取缔，杜绝存在无证办园现象。至年底，全县没有无证民办幼儿园。

【民办教育补贴】 2022 年，仙游县落实普惠性幼儿园生均公用经费制度，拨付上年度普惠性幼儿园生均公用经费 176.07 万元。按义务教育阶段每学年每生小学 750 元、中学 950 元的生均公用经费拨付给民办学校。

【初中升学考试】 2022 年，仙游县中考八年级考生 1.28 万人，九年级考生 1.29 万人，上莆一线考生 105 人，留在县内就读 64 人，其中在仙游一中就读 57 人；仙游一中录取控制线为 725 分，居全市一级达标校第 3 位（莆田一中 748 分，莆田二中 728 分），与莆田一中线相差 23 分（上年相差 45 分），分数差不断缩小；总分平均分 530.72 分，居全市县区排名第二位（上年第三位）；超低分（232 分以下）625 人，比上年有所降低。

【义务教育管理标准化建设】 2022 年，仙游县申报创建福建省“义务教育管理标准化学校”21 所，通过评估验收 16 所（小学 12 所、中学 4 所），178 所义务教育阶段中小学通过省级“义务教育管理标准化学校”评估验收。

【教育科研】 2021—2022 学年，仙游县组织开展中学市级教育教学开放活动，组织听评课228节、邀请名家名师讲座12场；中学学科中心组教学研讨活动暨送教下乡活动送教56节、讲座11场；指导开展中学“同课异构”“复习课研讨”等片区教学观摩课229节；中学学科中心组教学研讨活动暨送教下乡活动送教85节、讲座20场。组织开展县级小学语文、数学学科优质课评比，47名教师参加。开展小学学科教研活动25节，讲座8场。开展幼儿园送培送教2次，送教活动6个、讲座3场。开展片区教研活动6次、教学观摩4次，结对帮扶2次。组织开展幼儿园开放日活动4场，园本教研观摩活动2场。

【教育质量监测】 2022年，仙游县作为福建省义务教育质量监测样本县，组织开展春季省级中小学体育与健康教育质量监测，抽取实验小学、枫亭中学等4所学校五年、七年等师生参加监测。组织开展秋季省级中小学体育与健康教育质量监测，抽取实验小学、城东中学、仙游一中等学校六年级、八年级及省示范性高中高二年级学生及相关学校校长、教师等参加监测。

职业教育及成人教育

【概况】 2022年，仙游县有职业中专2所（其中国家级、市级重点职校各1所），专任教师218人，在校生4365人。加大招生宣传力度，扩大办学规模，中职学校招生1917人，比上年增加542人，增长39.4%。

【校校合作】 2022年，仙游县加强职业教育职普融通、产教融合、科教融汇，推进仙游职业教育整合扩容提升工程建设。推进仙游职业中专学校与南平闽北职业技术学院等7所高等院校联合开办幼师、工艺美术等6个专业，华侨职业中专学校与湄洲湾职业技术学院联办建筑施工专业“3+2”五年制大专班，形成多元化办学机制，解决社会对职业教育学历提升的需求。

【校企合作】 2022年，仙游县中等职业学校“校企合作”有新突破，通过联合办学、“订单式”“现代学徒制”人才培养模式，培养职业人才300余人。仙游职业中专学校与华峰华锦集团、福建省红木电商协会、福建省海峡工艺美术有限公司、福建省鲁艺家具有限公司、莆田市凯茂科技有限公司、新时代汽车服务有限公司6家企业分别在电子技术应用、电子商务、工艺美术、数控技术应用、计算机应用、汽车运用与维修专业等方面开展校企合作，共建“冠名班”“订单班”。仙游华侨职业中专学校与晔晨集团（福建）有限公司和仁顺建设工程有限公司进行校企合作，共建“冠名班”。通过校企联合办学，保证和鼓励就读学生和合作企业“招得来、留得住、用得上、上规模”。

【职业技能培训】 2022年，仙游县加快城乡一体化建设，举办劳动力转移、产业工人和新型职业农民培训等，职业培训人次达到全日制在校生规模的1.20倍以上。开展旅游讲解员、电商、新型企业学徒制及专项技能鉴定等培训1629人次。

【职业教育园区筹建】 2022年，仙游县选址清源西路北侧31.13公顷地块建设仙游县职业教育整合扩容提升工程新建职业学校项目和仙游开放大学项目。一期工程建设仙游开放大学和新建职业学校先期工程，规划占地21.60公顷，建设校舍面积14万平方米，规划投资6亿元，容纳中职学位4000个。二期新建职业学校提升工程规划占地6.80公顷，建设校舍面积6万平方米，规划投资3.90亿元。

【仙游开放大学创办】 2022年，福建广播电视大学仙游工作站转型更名为仙游开放大学，是仙游县唯一的公办成人高等学校，主要服务区域全民终身学习，开展社区教育、社会培训、老年教育等。结合新建职业学校工程，建成投用后统筹使用。仙游开放大学被福建开放大学评为2019—2022学年度全省办学体系先进集体。

（张元顺）

文化

综述

【文化市场监管】 2022年，仙游县文化市场综合执法大队（简称县文化执法大队）检查经营单位225家次，出动执法人员527人次，开展“双随机”（含跨部门“双随机”）检查4次，开展联合行动7次，立案查处娱乐场所无证经营的、超时经营的5起，立案查处网吧接纳未成年人进入营业场所的4起。制定专项实施方案，结合“我为群众办实事”实践活动，2次联合公安等部门开展“静夜守护”大检查；与市场管理、公安部门联合开展每周一次的“静夜守护”检查行动。6月15日，会同县公安局召开全县娱乐场所约谈会，要求各娱乐场所加强隔音措施自查自改，遵守营业时间，在场所显著位置公布酒驾举报方式，在门口设置防酒驾宣传板等。检查经营单位39家次，受理举报1件，要求巩固噪声防治措施1处。

县文化执法大队针对车站、商贸广场等人员密集区位的出版物市场经营单位、游商地摊开展检查；加大对网络书店的监督力度，查处制售传播非法出版物等行为；开展打击有害出版物及信息专项检查，清查印制、销售盗版教辅读物等违法行为；整治学校周边无证经营出版物经营场所、流动书摊点，开展专项检查12次。4月，县文化执法大队开展网络专项检查，发现1家网店涉嫌未经许可擅自从事出版经营活动，涉嫌提供虚假信息注册营业执照，依法关停。全年向公安部门移送经营非法出版物的线索1条，协助开展非法出版物鉴定7批次。

【文化市场未成年人保护宣传】 2022年，县文化执法大队开展未成年人禁入宣传活动，统一在娱乐场所、网吧醒目位置悬挂“未成年人禁止入内及举报电话”标识70余处，结合不定时突击检查和“双随机”抽查，查处娱乐场所、网吧接纳未成年人进入营业场所的违法行为。

5月，联合县教育局、新华书店开展绿书签优惠购书活动，印发绿书签1万张；在鲤城街道新时代文明实践所、鲤南大坂小学、度尾云居小学等开展绿书签专题宣传活动。6月，在县图书馆设立“扫黄打非”工作站，设置“护苗行动阅读站”、未成年人及家庭教育普法专柜，摆放未成年人保护系列法律法规；暑假期间，开展“文化进万家”“童心向党”“好书推荐”“未成年人保护知识”“学一学，我们一起向非法出版物说不”等宣传活动。版权宣传周期间，在重点路段及校园周边路口，设置12个专题宣传灯箱，号召共同预防非法出版物对未成年人的侵蚀。

【“扫黄打非”宣传】 2022年，县文化执法大队开展法律法规宣传进乡村、进社区、进企业。1月，赴石苍乡开展“三下乡”宣传活动，演出“扫黄打非”小戏，展销优秀正版青少年图书；到校园周边网吧、书店，到度尾镇云居村、鲤中步行街等村（社区）及人员密集场所，分发购物袋、团扇、笔记本等宣传品。11月底，在枫亭镇塔斗山建成莆田市首个“扫黄打非”主题公园，宣传内容涵盖“扫黄打非”基础知识及文化市场法律法规常识，寓教于景，推进“扫黄打非”进基层。

【文化市场安全生产】 2022年1月14日，仙游县召开文旅市场安全生产工作会议，部署安全生产工作，组织安全生产法律法规培训。6月，开展安全生产月宣传活动，指导开展消防演练。重要节假日期间，开展文化市场安全生产大检查，强化风险隐患排查整治工作。检查文化市场经营单位 148 家次，排查整改一般安全隐患 25 处，夯实安全生产三年专项行动。

【文化产业】 2022 年，仙游县推进文旅经济产业开工项目 8 个，完成年度投资额的 111.66%。从事原材料种植、香料交易、香制品加工、销售等香文化产业的企业 800 多家，从业人员 2 万人，年产值 60 亿元。中国香博园，是仙游县延伸工艺美术产业链的项目，也是全国功能性最齐全的香文化园区，面积 1.20 万平方米，打造成中国首个天然香集聚市场。仙游县有娱乐场所 31 家，比上年增长 3.33%，直接从业人员 580 人；互联网上网服务营业场所（网吧）12 家，下降 29.41%，直接从业人员 43 人；非公有制艺术表演团体 13 家，下降 7.14%，直接从业人员 320 人；规模以上文化企业 1 家，直接从业人员 35 人。文化市场经营单位资产 9216.98 万元，比上年增长 3.03%，营业收入 7971.90 万元，下降 18.06%。有莆仙戏专业表演团体 1 家（仙游县鲤声剧团），从业人数 65 人，年演出场次 95 场，观众人次 3.75 万人，年收入 98.30 万元。民营表演团体 7 家，从业人员 130 人，年演出场次 1760 场，观众 34.30 万人，年收入 936 万元。

文化活动

【概况】 2022 年，仙游县注重在公共文化领域开展文化活动，投入资金 75 万元，推进博物管理、文物保护、非遗保护、图书管理、电影放映和文化设施建设，组织开展 11 场次文体活动。县电影公司推进农村公益电影放映工程，放映农村公益电影 3504 场，观众 21 余万人次。鲤声艺术中心开展文化惠民演出活动，送戏下乡惠民演出 95 场次，观众 3.75 万人次。县图书馆举办线上线下读者活动 12 次，线上好书推荐 64 次，线上展览 6 次，线上讲座 4 次；利用微信公众号服务平台为读者推荐图书，并举办线上活动 5 次，470 余名读者朋友们参与活动。县博物馆开展展览 13 场次，参观人数 12 万余人次；开展线上线下社教活动 6 次，参加人数 2200 余人次；自主设计宣传海报 3 期，举办线上文物鉴赏 30 余期，推送微信公众号信息 60 余篇。县文化馆组织莆仙民间歌谣、莆仙戏、鼓吹乐、对唱、莆仙戏小品等文艺节目参加仙游县 2022 年文化科技卫生“三下乡”文艺演出活动、“莆台一家亲”新春联谊活动，组织非遗代表性项目十音八乐在郊尾镇古店村开展“虎年迎春，福寿安康”演奏活动，在鲤声艺术传承保护中心举办主题《同仰兰溪月 共话戏曲情》暨迎中秋·莆仙戏非遗主题茶话会。12 月 10—11 日，仙游鲤声剧团举办以“弦歌传大道 七秩正青春”为主题的鲤声剧团七十周年艺术展演活动，观众 50 余万人次。

【奋进新征程“三下乡”文艺演出活动】 2022 年 1 月 23 日，仙游县 2022 年文化科技卫生“三下乡”集中服务活动在石苍乡举行。活动由县委宣传部、政法委、文明办、县综治工作协会、县总工会等 30 余家相关单位联合举办。设置咨询台、宣传展板，以政策咨询、挂图展示、材料发放、健康医疗义诊、法律咨询等形式，开展党史知识、农业科技知识、法律法规、国防安全、移风易俗、毒品预防等主题宣传教育活动。仙游县文化馆组织莆仙民间歌谣《夫妻造林》、莆仙戏小品《扫黄打非净家园》、鼓吹乐《古韵迎新》等文艺节目。发放春联 1000 余副，宣传册 5000 余份。组织开展关爱农村留守儿童、维护妇女儿童合法权益、农村妇女“两癌”免费检查等宣传活动，慰问困难企业职工和困难群众，送上慰问物资和暖心的新春祝福，并捐赠石苍乡现金、物品价值 30 万元，提升石苍乡新时代文明实践所、站建

2022 年 1 月 22 日，仙游县文化科技卫生“三下乡”集中服务活动在石苍乡举行。图为表演现场 （刘燕钦供图）

设，整合村文化服务中心，兴建群众文化广场，建设儿童之家，开展青少年校外活动、科技推广、科普培训、普法教育、健康宣传等阵地项目建设和各项文化惠民活动。

【“莆台一家亲　共庆欢乐年”新春联谊活动】 2022年1月31日，市委书记付朝阳到仙游县台湾农民创业园，开展“莆台一家亲”新春联谊活动，与在莆台胞共迎新春。台湾农产品展牌示区上，牛樟芝、台湾甜柿、柚、沃柑、柿叶茶等特色产品琳琅满目。付朝阳与台胞们欢聚此地观看“莆台一家亲”新春文艺演出。仙游县文化馆组织民歌《神仙游》、莆仙戏《千年妈祖爱》《蟠桃会》、对唱《夫妻造林》等参加新春文艺演出。

【“虎年彩虎蛋·香粽传安康”迎端午系列活动】 2022年6月2日，仙游县文化馆以仙溪文化讲坛为载体，开展“虎年彩虎蛋·香粽传安康”系列主题活动。通过举办技艺培训、体验活动、参观灰蛋制作技艺、现场包粽子、彩虎蛋、编蛋兜等多项非遗特色活动，让群众体验非遗项目了解仙游“五日节”文化。仙游灰蛋制作技艺传承人为孩子们介绍大老古企业文化，灰蛋制作技艺，并带领孩子们参观厂房、灰蛋制作工序，领略传统文化的精髓。邀请老师讲解贴虎蛋，小朋友们观看、动手实践。

【“同仰兰溪月共话戏曲情”暨迎中秋·莆仙戏非遗主题茶话会】 2022年9月9日，仙游县文化馆在鲤声艺术传承保护中心举办主题“同仰兰溪月　共话戏曲情”暨迎中秋·莆仙戏非遗主题茶话会，莆仙戏老、中、青三代表演艺术家100余人齐聚一堂，研讨传统和创新的结合，传承莆仙戏鲤声艺术之魅力。老一辈艺术家们向新生代鲤声表演者讲述非遗项目——莆仙戏的历史渊源。现场老艺人的口口相授、言传身教，坚定新生代表演者传承莆仙戏精华和精品剧目的信念。

【“闹元宵”活动】 2022年2月15日，仙游县博物馆举办“制花灯、猜灯谜、闹元宵”，20对亲子家庭40人参加活动。县博物馆工作人员为小朋友介绍仙游本地欢庆元宵佳节的相关民俗活动，引导小朋友热爱传统文化，并指导制作花灯的细节和技巧；鼓励小朋友开动脑筋猜灯谜，灯谜的谜底多是与传统文化相关的知识；当天还观看“和合共生——海上丝绸之路的印记图片展”。2月14—16日，仙游县图书馆举办“猜灯谜、闹元宵”活动。活动采用现场猜谜的方式进行，3天吸引60余名读者参与猜谜。该次活动展现广大读者的风采，增强图书馆与读者的交流互动。

【“行舟万仞——蒸汽船制作”活动】 2022年5月14日，仙游县博物馆在仙游文庙举办“行舟万仞——蒸汽船制作”活动，20余名中小学生参加。在志愿者老师的指导下，同学们自己动手制作蒸汽船。该活动普及科学文化知识，激发学生的探索欲望，提高对世界的认知。

【“文物话中秋——馆藏文物品鉴”活动】 2022年9月10日，仙游县博物馆携手福建省黄羲博物馆和仙作梦民俗博物馆在仙游文庙明伦堂举办“文物话中秋——馆藏文物品鉴”活动。50余名社会各界人士一起观赏品鉴黄羲博物馆馆藏国画、仙作梦民俗博物馆馆藏铜镜等文物。与会者围绕仙游文化的根脉渊源，从文物价值、书法价值、历史价值、民俗信仰等方面进行交流。挖掘馆藏文物中秋文化元素，为观众解读馆藏文物的文化魅力，让观众领略文物的文化传承之美，让文物活起来。仙游县博物馆举办20余期线上“文物说福”活动，在县博物馆微信公众号进行文物展示，挖掘馆藏文物的福文化元素，展示中华传统福文化的深厚内涵。

【图书置换活动】 2022年7月2日，仙游县图书馆举办图书置换活动。活动采用“以书换书”的模式进行，读者携带自己的图书到图书馆，在规则允许的范围内与馆内的新书参与置换。活动持续两周，吸引100余名读者参与。该次活动旨在提倡低碳环保阅读方式，为孩子们提供一种新的交流方式，让孩子们参与阅读新体验，分享读书的喜悦和乐趣，调动民间图书，增强馆内藏书的广度。

【未成年人保护法专题知识讲座】 2022年8月6日，仙游县图书馆举办未成年人保护法专题知识讲座，通过邀请专业普法人员到馆，通过讲座的方式，解读未成年人保护法。县图书馆邀请未成年读者及家长朋友30余人一起聆听讲座，通过现场教学及互动方式，让未成年读者及其家长认识到法律的重要性，引导社会、校园与家庭共同关心、重视保护未成年人身心健康、保障未成年人的合法权益，增强未成年人的法治意识。

【群众文艺活动】 2022年，每逢周末，退休教师、退休艺术工作者、民间艺术爱好者在鲤中步行街激情广场举行“爱国大家唱”歌咏活动40余场次，参与群众6000余人次。10余支民间“十音八乐”乐器演奏队在兰溪公园、鲤中步行街等公共场所举行演奏会110余场次，观众1万余人。

【戏曲下乡演出】 2022年，仙游鲤声剧团开展文化下乡演出活动，分别在莆田、泉港、福清、仙游等地演出莆仙戏《春草闯堂》《借新娘》《林龙江》《四郎探母》等十几个剧目，公益性演出50场，送戏下乡45场，受惠观众3.75万人次。

【和合共生——海上丝绸之路的印记图片展】 2022年4月27日至5月18日，仙游县博物馆举办“和合共生——海上丝绸之路的印记图片展”走进鲤南第二中心小学、第三华侨中学、中国移动仙游分公司、鲤城南桥社区、鲤城城内社区巡展。本展览受众1万余人次。仙游县博物馆挖掘仙游海丝文化底蕴，遴选馆藏文物和全县不可移动文物制成此次图片展，传播海丝文化、讲好中国故事。

【丹青盛宴——仙游闽侯两地馆藏国画联展】 2022年5月18日至6月17日，仙游县博物馆与福建省黄羲博物馆、闽侯县博物馆联合举办“丹青盛宴——仙游闽侯两地馆藏国画联展”。遴选李霞、李耕、黄羲、张英4名近现代古典人物画大师作品30余件，让仙游国画走进福州闽侯，两地共同感受仙游国画魅力，扩大仙游国画影响力。该次活动参观人数3万余人次。

【声声慢 心弦动——福建古代音乐文物展】 2022年5月15日至9月15日，仙游县博物馆与省博物院等省内50余家博物馆在福建博物院联合举办“声声慢 心弦动——福建古代音乐文物展”。该次活动参观人数20万余人次。此次展出的音乐文物包含大量乐器实物和许多形象资料，显现地方特色。

【摩崖有情 可与晤言——仙游摩崖石刻图片展】 2022年9月10—25日，仙游县博物馆在仙游文庙组织举办“摩崖有情 可与晤言——仙游摩崖石刻”展览。县博物馆精选仙游境内摩崖石刻129处展览，宣传文化遗产保护传承和利用的意义。该次活动参观5万余人次。

2022年6月3日，群众在木兰溪南桥段（五帝庙）虎啸潭举行龙舟祭江仪式 （游心华供图）

【端午祭江仪式】 2022年6月3日，仙游县在仙游木兰溪南桥段（五帝庙）虎啸潭举办龙舟祭江仪式，纪念爱国诗人屈原、民族英雄戚继光（抗击倭寇牺牲）。

【“线上看莆田，线上闹元宵”活动】 2022年1月，仙游县配合莆田市政府推广“线上看莆田，线上闹元宵”活动。推介枫亭元宵游灯、榜头板凳龙游灯等元宵特色活动，打响仙游元宵活动品牌。

文艺创作

【戏剧创作】 2022年，仙游县莆仙戏艺术保护传承中心与莆田市艺术研究所合作创作剧本《采访》；与莆田市信访局、莆仙戏德龙剧团合作创排剧本《回心转意》。莆仙戏艺术保护传承中心排演莆仙戏小戏《全民防控不放松》以及宣传扫黄打非的莆仙现代小戏《扫黄打非净家园》，利用电视传媒、网络、微信平台宣传。县文化馆编排小戏《月光光照池塘》。鲤声剧团排演的莆仙戏《借新娘》参加福建省第二十八届戏剧会演，获得优秀剧目奖，郑怀兴获得剧本荣誉奖，欧阳明获得导演荣誉奖，林太崇、吴永德获得音乐设计一等奖，穆丽华获得服装设计一等奖，吴大禹获得舞美设计二等奖，张顺、陈伟获得表演一等奖，邱陈越获得表演二等奖，吴荃颖、郑必雄获得表演三等奖。

2022年7月1日，李耕国画艺术研究院兴山村写生基地揭牌。图为画家在现场创作 （林群供图）

2022年，莆仙戏经典剧目《叶李娘》被文化和旅游部列为2021年度中国戏曲音像工程，4月底，鲤声剧团重启该剧目排练；11月16日，完成该剧目音像录制工作。剧本《大红花》获莆田市2022年度莆仙戏现代小戏剧本征集第一名；县文旅局选送6个视频参加2022年“文化进万家——视频直播家乡年”活动。

【国画创作】 2022年1月，仙游李耕国画艺术研究院编辑出版《仙游李耕国画艺术研究院通讯》第三期院刊；2月，孙仁英在仙游文庙举办“迎新春孙仁英古典人物画作品展”；3月，孙仁英绘就《千里江山仙景图》，与宋王希孟《千里江山图》之“四叠双瀑”遥相呼应，扬仙游九鲤盛景；6月，陈文龙创作“全民禁毒”国画作品长卷参加莆田市“妈祖爱 禁毒情”书画展；7月1日，仙游李耕国画艺术研究院联合游洋镇党委、政府在游洋镇兴山村举行该院写生基地揭牌仪式暨现场写生活动；7月23日，开展“喜迎二十大——庆‘八一’李耕国画艺术进军营”活动；11月12日，鲤南镇主办、仙游李耕国画艺术研究院承办“学习贯彻党的二十大，庆祝建镇二十年”成就展活动。陈文龙创作中国画《美丽海岛》作品义拍，拍得1万元捐献给鲤城商会发展基金会；11月26日，仙游李耕国画艺术研究院与仙游一中联合举行120周年校庆校友名家书画联谊活动；12月15日，陈文龙在枫亭镇红十字志愿服务队成立揭牌仪式上创作《亨利杜南》人物画。

【书法创作】 2022年5月20日，县书协、美协等多家单位联合开展“喜迎二十大 笔墨颂清廉”书画创作活动；春节前夕，组织书画志愿者开展义写春联送福字下乡活动，到部分镇、村举办义写春联活动10余场次，向群众赠送春联2000余副。5月30日，县书协文艺志愿者们进企业送文化”，与华为公司的书法爱好者们现场交流互动、挥毫泼墨，现场创作书法作品20余幅。8月3日，县书法家协会、县美术家协会、李耕国画艺术研究院联合组织书画名家前往中国人民解放军驻仙游部队，开展新时代文明实践活动——“翰墨香 鱼水情 强军梦”拥军慰问活动，现场创作书法作品20余幅。

【摄影创作】 2022年5月25日，仙游县举办“魅力书峰摄影作品典藏”活动，围绕书峰二十四景向全社会征集书峰乡相关摄影作品30幅；7月27日，县委宣传部、县文联、度尾镇联合开展“与你‘柚’约”文旦柚摄影比赛，向全社会征集度尾文旦柚相关摄影作品，评出获奖作品50幅。9月6日，市文联、县委宣传部、县文联联合举行天马村摄影基地授牌仪式。10月，县文联与钟山镇政府联合举办2022年莆田市“庆丰收、迎盛会”摄影展，展出摄影作品80幅。12月9日，仙游县“新征程新使命，新担当新作为”摄影大赛启动征稿，征集摄影作品106幅。10月23日，县摄影家协会携手爱心帮帮团开展“献礼二十大，筑梦木兰溪”环保活动，拍摄作品近百幅。

【木雕艺术创作】 2022年11月11日，莆田市第四届“海峡艺雕杯”工艺品雕刻工职业技能竞赛在仙游海峡艺雕城开赛，来自全省58名选手参赛，赛事设立个人一等奖1人、二等奖3人、三等奖5人；其中，仙游县43名选手参赛，获一等奖1人、二等奖2人、三等奖4人。12月24日，中国·海峡第一届“鲁艺杯”古典家具创新设计大赛闭幕，大赛征集参赛作品192件，评出图像类、实物类作品特等奖各1人、金奖各3人、银奖各5人、铜奖各8人、优秀奖各13人，人气奖各10人。其中，仙游县参赛作品42件，获特等奖1人、金奖3人、银奖5人、铜奖8人、优秀奖15人，人气奖3人。12月28日，仙游县参展企业在第十八届深圳文博会“中国工艺美术文化创意大赛”评选中获四金一银，其中福建省三福古典家具有限公司的《嵌珐琅雕龙纹展腿式平条桌》《金砖组合形素面腰形茶桌》、福建省大东方古典家具有限公司《万里江山图》、福中福硬木古典家具有限公司《海南黄花梨明月洞式架子床》4件作品获金奖，福建省三福古典家具有限公司的《回纹山水屏风》1件作品获银奖。3月，林胜创作的《持莲观音》、王益宾创作的《黄杨木雕自在罗汉》《毛竹根雕罗汉讲经》、张建华创作的《妈祖》；4月，方兆文创作的《探手罗汉》、林锐群创作的《檀香木一苇渡江》；7月，王新明创作的《竹根雕达摩与童子》；9月，陈麟创作的《紫檀夔龙纹条桌》、李元高创作的《万字福寿多宝盒》、杨雄生创作的《阳椅对椅》、俞峥创作的《百纳古琴绿精灵》、郑建远创作的《檀香木如意观音》、郑志镇创作的《释迦摩尼佛》、林志权创作的《松鹤图禅椅》等作品先后被中国工艺美术馆收藏。收集整理6件“仙作”作品参加福建省“喜迎二十大”非遗主题展，入选1件。

【竹雕艺术创作】 2022年，仙游竹木雕刻工艺研究所开创性将莆仙传统木雕工艺中的精细圆雕、透雕及浮雕技法综合运用于仿古竹雕的创作之中，发明化学防霉防蛀及仿古涂料秘方，挖掘、传承和发扬传统工艺。仙游竹木雕刻工艺研究所先后在福建省世贸海上丝绸之路博物馆、福州三坊七巷艺术馆、莆田市群众艺术馆、仙游县文庙、游洋镇天马村等地举办竹木雕刻展览，展出《春晓》《打渔归家》《叶上达摩》《狮笠驼僧》《躬》等优秀竹雕作品。仙游竹木人家艺术创作基地入选2022年度“福建省新时代特色文艺示范基地”。

【香薰艺术创作】 2022年，仙游传统香制作主要通过备料、清洗、炮制、研磨、过筛、合香、制香、晾晒、窖藏9道工序制作而成。年内，“仙游传统香制作技艺（枫髓香制作技艺）”入选福建省第七批非物质文化遗产名录；6月，中国香博园设立“国家香检中心仙游业务中心”；9月，福建省天然香文化协会被福建省民政厅授予“4A”级社会组织称号；11月，中国香博园联合国内40余名香文化领域的专家、学者、企业家、工艺大师相聚在仙游，举行“中国首届香文化产业峰会”，共谋香产业高质量发展。仙游县收集整理5件传统香制作作品参加“香·乡愁”——福建香制作技艺专题展。

文联活动

【概况】 2022年，仙游县文学艺术界联合会（简称县文联）下设作家协会、书法协会、摄影家协会、美术家协会、音乐舞蹈家协会、李耕画院、竹木雕刻工艺研究所等文艺家协会和挂靠社团，有会员1300余人。县文联紧扣“做人的工作”和“推进文艺创作”核心任务，以人民为中心的工作导向，引领全县文艺工作者围绕中心、服务大局。

【文艺活动】 2022年，县文联组织“喜迎二十大 建功新时代”“礼赞新时代 奋进新征程”等重大主题活动，组织文艺工作者进入游洋、枫亭、度尾、西苑等乡镇开展系列主题采风活动，发动各协会开展文艺创作和文艺展览展演活动，引导文艺工作者围绕“喜迎党的二十大”主题创作出一批有正气、接地气、冒“仙”气的文艺精品。年初，在仙游文庙举办孙仁英古典人物画作品展、“李耕国画艺术研究院书画展”“和合共生——海上丝绸之路的印记图片展”。5月20日，县书协、县美协等多家单位联合开展“喜迎二十大 笔墨颂清廉”书画创作活动；5月25日，举办“魅力书峰摄影作品典藏”活动，围绕书峰二十四景向全社会征集书峰乡相关摄影作品；7月27日，县委宣传部、县文联、度尾镇联合开展“与你‘柚’约”文旦柚摄影比赛，向全社会征集度尾文旦柚相关摄影作品，评出获奖作品50幅。9月6日，市文联、县委宣传部、县文联联合主办“喜迎二十大 欢乐常相逢”莆田市文艺轻骑兵走进游洋镇天马村开展新时代文艺惠民活动暨天马村摄影基地授牌仪式。10月，县文联与钟山镇政府联合举办2022年莆田市“庆丰收、迎盛会”摄影展。国庆期间，仙游、德化两地作协联合采风庆国庆，收集了解乡村振兴、红色文化旅游等创作素材。11月22日，仙游县竹木雕刻研究所在游洋镇天马山举办“仙游竹木人家艺术作品展”。11月28日，市民政局、市文联主办，县文联承办的莆田市“喜庆二十大 银发心向党”居家社区养老服务成果会演在仙游妇联舞台举办。12月9日，仙游县“新征程新使命 新担当新作为”摄影大赛启动征稿。

【文艺志愿服务】 2022年，县文联开展文艺志愿服务活动，优化文化服务范围，组织下属各协会开展文化志愿活动20余场次。“义写春联”“文化下基层”等形式。春节前夕，组织书画志愿者开展义写春

2022 年 6 月，省总工会开展“喜迎二十大 建功新福建”全省职工摄影作品征集活动，仙游县有 3 名职工的 3 幅作品入选。图为一等奖获得者郑金相选送的《古樟树下信合情》（郑金相供图）

联送福字下乡活动，到部分镇、村举办义写春联活动 10 余场次，向群众赠送春联 2000 余副。5 月 18 日，县美协举办“5·18”国际博物馆日免费鉴定书画活动；5 月 30 日，县书协文艺志愿者们进企业送文化”，与华为公司的书法爱好者们现场交流互动、挥毫泼墨；7 月 27 日，县人武部、县委宣传部联合举办“翰墨飘香·庆‘八一’”李耕国画艺术进军营活动；8 月 3 日，李耕国画艺术研究院、县书法家协会、县美术家协会联合组织书画名家前往中国人民解放军驻仙游部队，开展新时代文明实践活动“翰墨香 鱼水情 强军梦”拥军慰问活动；8 月 11 日，县作家协会组织会员到菜溪乡开展乡村振兴采风笔会，在菜溪新航程研学基地举行青少年文学创作基地揭牌；9 月 30 日，县人武部、县美术家协会等单位联合举办“同心庆国庆 喜迎二十大 ”军民共建书画主题活动。10 月 23 日，县摄影家协会携手爱心帮帮团开展“献礼二十大 筑梦木兰溪”环保活动。

【文艺成果】 2022 年，县书法家协会文艺成果获得国家级荣誉 4 项、省市级荣誉 4 项；县美术家协会获得国家级荣誉 3 项、省市级荣誉 6 项；李耕画院获得省市级荣誉 2 项；县作家协会获得省、市级荣誉 5 项；县摄影家协会获得国家级荣誉 1 项、省市级荣誉 2 项；仙游县竹木雕刻研究所获得省市级荣誉 1 项。

（李 洁）

2022 年仙游县文联文艺成果一览表

表 20

协会名称	国家级荣誉	省市级荣誉
县书法家协会	方庆奖作品《笃崇庆尚土楼门联》入围 2022“中国书法·年展”全国篆书、隶书、篆刻作品展，是福建省唯一入展的	黄勇升作品《行书中堂朱放诗一首》、蔡秋斌作品《文心雕龙》选抄在福建省首届书法临帖作品展评选中获优秀奖
		方庆奖作品《自撰联》、陈春恩作品《章草之源流》入选福建省首届书法临帖作品展
	方庆奖作品《南朝阴铿蜀道难》入展“青川木牍杯”首届全国隶书书法大赛	陈宗贵的作品《中医文化篆刻》在全省中医药文化书法作品赛中获一等奖，赖建明作品《习近平总书记论中医药》获二等奖，林伟鸿作品《自撰中医文化联》获三等奖
	黄勇升作品《行书中堂张弼题画诗二首》入展全国第五届青年书法篆刻展	方庆奖作品《土楼福文化门联》、王其金《游九鲤湖日记节录》、黄勇升《行书中堂欧阳修诗一首》入展福建省“福文化”主题书法作品展，方庆奖作品《土楼福文化门联》获优秀提名
	陈春恩作品《章草考·绪论》入展全国第五届草书作品展，全国共 247 件作品入展，福建 8 人入展	温步汉作品《别储邕之剡中》、蔡秋斌作品《庄子》摘抄入展福建省第八届书坛新人新作展
县美术家协会	吴孔庭作品入选“守正与创新——第十四届海峡论坛·两岸中国画艺术论坛”	陈丽香、叶新喜作品入选福建省画院、福建师范大学美术学院主办的——品读“艺履同心”师生作品展
		吴梅兰作品《牧归图》获福建省第九届工笔画展优秀奖，在“喜迎党的二十大——福建省第九届工笔画大展”中获奖

续表 20

协会名称	国家级荣誉	省市级荣誉
县美术家协会	黄福金、叶新喜的作品入围中国梦•2022艺术草原——中国画、油画作品展览	余展业、刘燕飞作品入选福建省第九届工笔画展
		叶新喜、杨剑青、陈丽香作品入选《艺履同心》林宜耕师生作品巡回展
	仙游县美协会员陈春恩加入中国美术家协会	傅振文作品参展《山风花语——中国画名家作品展》
		陈丽香、林志强、李金杜加入省美术家协会
李耕画院	—	李清达国画作品《精正大医图》落户福建中医院大学
		李清达作品入选“澡雪精神——庆祝第24届冬奥会中国画24家学术邀请展”
县作家协会	—	李雪梅作品《革命者：以追光者的名义》获福建省委宣传部电影管理处、福建省作家协会等单位联合举办的“我与红色电影”主题征文活动最佳作品奖
		李雪梅报告文学《幸福木兰溪》获得由中共福建省委宣传部、福建省文学艺术界联合会主办的“福在八闽”全国征文比赛三等奖
		王清铭诗歌《久久凝视一张照片》、王启祥散文《一朵盛开的红牡丹》入选省文联、省作协、宁德市文联联合编辑的《留在村庄的名字一一献给时代楷模孙丽美》主题作品集
		岳蕾香作品《人间烟火又一秋》获第六届《莆田作家》“后海渔村”杯文学奖二等奖
		王清铭出版散文《乡路引我回家》，王启祥出版长篇小说《梦后的春天》，李雪梅、张金湘、林素琴、王清铭等作协会员的多篇文章登载在省市级文学刊物上
县摄影家协会	张颖拍摄的西苑乡前溪村的梯田露营图片选登《中国国家地理杂志（8月）》中国十大露营胜地	郑金相摄影作品《古樟树下信合情》获省总工会举办的“喜迎二十大建功新福建”全省职工摄影作品征集活动一等奖，张艺典摄影作品《白云深处有人家》和张成哲摄影作品《女红之美献给党》获优秀奖
		张力、张颖等人的摄影作品《今夜，我们一起来点亮仙游！》获得2020—2021年度莆田新闻奖（新媒体部分）一等奖
仙游县竹木雕刻研究所	—	仙游竹木人家艺术创作基地入选“福建省新时代特色文艺示范基地”，获得省财政补助建设资金20万元

电 影

【概况】 2022年，仙游县有8家电影院，其中1家国有企业，7家民营企业。全年放映3.90万场次，观影33.41万人次。上半年，仙游县电影公司改制为国有企业单位。7月22日，仙游县电影发行放映公司更名为仙游县中锐电影放映有限公司，举行挂牌仪式。

【电影服务社会】 2022年1月，仙游县电影公司配合县教育局在全县教育系统开展“红色系列电影观看”活动，各中小学、职中、幼儿园全体教职工参加红色电影观看活动。7月，县电影公司开展以“福影耀八闽，喜迎二十大”为主题的观影活动，配合宣传党的中心工作，迎接党的二十大召开。全年鲤中电影院放映电影4397场次，观众5万人次。

【公益电影放映】 2022年，仙游县落实省委宣传部、省财政厅关于下达2022年农村公益电影放映场次的要求，每个村每月放映一场电影，组织放映农村公益电影3504场次，观众20万人次。

【影剧院服务】 2022年，县电影公司以鲤中电影院为主阵地，利用影院外大LED屏、一楼售票厅、五楼休息厅的LED屏，电影映前广告及鲤中电影院微信公众号等宣传阵地，宣传“党史上的今天”“这就是莆田”以及防电信诈骗、综治平安、安全生产月等活动，宣传弘扬和践行社会主义核心价值观。

文化遗产及保护

【文物征集】 2022年，仙游县组织开展的文物征集活动。县博物馆通过发布公告形式向社会公开征集文物，征集各类文物及资料17件套藏品，其中字画1件套，文房四宝13件套，砖瓦1件套，瓷器1件套，标本1件套。其中，14件套为征集购买，3件套为接受社会热心人士捐赠。

【藏品管理】 2022年，县博物馆建立健全完整的藏品总账及分类账，科学分类，重点保护；实施账物分离，设立专职保管员。全年完成4次日常养护工作，加强书法、绘画的养护。遵守藏品管理规章制度，做好藏品及馆内人员出入库报批及登记备案手续。争取仙游县博物馆可移动文物预防性保护项目专项资金470万元，用于新馆库房的藏品保护、管理、利用。

【文物保护】 2022年，仙游县文管办组织开展文物安全巡查，排查发现问题，督促管理单位和所在乡镇（街道）政府按要求整改到位。年初，组织召开全县乡镇（街道）文化站长参加的文物工作会议，传达上级有关文物工作精神，布置加强文物安全工作。推进省级文物保护单位陈谠墓、瑞云祠、云庄云山书院等工程修缮，促进东石土楼等4处省级文物保护单位消防提升工程初步验收，促进省级文物保护单位云庄云山书院安防工程完工等；编制并上报全国重点文物保护单位龙华双塔和天中万寿塔的防雷方案，上报全国重点文物保护单位无尘塔的防雷工程计划书和龙华双塔及天中万寿塔的安防计划书，编制上报4处省级文物保护单位的安防、消防方案等；配合县风貌办开展50年以上文化遗产建筑普查、甄别等工作，完成野外普查；申请省专项经费补助95万元；编制县级文物保护单位——北宝峰游氏祠堂和民国旧县衙的修缮方案，推进修缮启动工作；修缮省级文物保护单位剑山杨泗宫、县保单位柳坑陈可大祠等3处文物保护单位。

【非物质文化遗产保护】 2022年1月，仙游县报送仙游青瓷传统烧制技艺、莆田干咩羊肉制作技艺、郑宅茶传统制作技艺3项项目入选福建省人民政府公布第七批省级非物质文化遗产代表性项目名录，传统香制作技艺（仙游枫髓香制作技艺）、古琴制作技艺（仙游）2项入选扩展项目名录。5月，报送的非遗小吃商家6家入选莆田市第三批非遗小吃商家名单，入选小吃品种有6类，并被授予第三批市级非遗小吃商家荣誉牌匾。6月，组织开展第四批县级非物质文化遗产代表性项目代表性传承人认定工作，40人被授予认定证书。12月，新增第七批市级非物质文化遗产代表性项目传承人19人，新增第三批市级非物质文化遗产传承基地（传习所）3个。组织举办第二期非物质文化遗产法律法规培训班。

【文化遗产宣传活动】 2022年1月1日，仙游县非物质文化遗产保护中心承办仙游县首届“能匠之光 瑞溪之约”非遗文创精品展，以闻香品茶、挂画插花等形式“见人见物见生活”的传承保护活动，非遗在创造性转化、创新性发展中得以活态传承。3月，在盖尾镇新窑村市级非物质文化遗产项目代表性传承项目“传统土陶制作技艺”基地开展“匠心·薪传”——2022

2022年6月19日，仙游县非遗文化“激发非遗活力，创造美好生活”宣传周活动在榜头镇开展。图为瓷器展示 （彭丽程供图）

2022年1月1日，仙游县在赖店镇古玩城举行首届“能匠之光 瑞溪之约”非遗文创精品展。图为手工艺品展示 （彭丽程供图）

年度仙游县非遗项目现场体验系列活动。6月19日，2022年仙游县文化和自然遗产“激发非遗活力，创造美好生活”宣传周活动在榜头开展。8月，组织县非遗项目、非遗小吃到福州市鼓楼区参展“福聚鼓楼 梦圆仙游——2022年仙游县文化旅游宣传推介会”。9月，组织非遗项目参与“庆丰收·迎盛会”莆田市2022年中国农民丰收节特色产品展览，非遗小吃进驻莆仙吃货街；在书峰乡四黄村开展“迎盛会·庆国庆‘童心印染美好生活’”——2022年度第三期“匠心·薪传”仙游县非遗项目现场体验活动系列之书峰青黛印染。

（郑新光）

融媒体

【概况】 2022年，县融媒体中心拍摄、采写省、市、县领导以及各部门等时政类新闻500多条。在《人民日报》发布文章48篇、新华社35篇、“学习强国”学习平台45篇；在央视、央广播出12条、省电视台播出173条、市电视台播出422条，阅读量超“10万”人次的新媒体作品共计386件，平台总阅读量超2.20亿人次。8月，参加2020—2021年度莆田新闻奖作品系列评选，4件作品获得一等奖，1件作品获得二等奖，10件作品获得三等奖。作品《“瓷”中有真意》获2021年度福建省文艺奖三等奖。电视新闻完成《仙游新闻》播出147期1349条，《百姓监督》播出49期230条新闻，《仙游今报》全年刊发148期，采写有关社会经济发展、教育、文化、卫生、体育事业、城乡建设、公检法等各类稿件4000余篇。“仙游新闻网”全年发布新闻近4000条，内容涵盖国际、国内新闻。

【融媒矩阵】 2022年，县融媒体中心新媒体平台粉丝量上升，阅读量提升，影响力扩大。其中，“仙游广播电视台”微信公众号有用户22.40万户，全年发布文章2544条，总阅读量3205万人次。在2022年全国广电县级媒体微信号百强榜上，仙游广播电视台位列第四。至2022年底，“仙游广播电视台”抖音号有粉丝172.20万人，全年创作263件抖音作品，总阅读量5750.30万人次，点赞量50.30万人次。“仙游今报”微信公众号有用户8.90万人，全年共发布文章1295条，总阅读量552万人次，“仙游今报”华人头条全年发布条数117篇，总阅读量近200万人次。“今日仙游”抖音号有粉丝16.10万人，全年创作951件抖音作品，总阅读量1.31亿人次，点赞量77.40万人次。县融媒体中心向“学习强国”学习平台、新华社、人民日报客户端等国家级媒体平台推送仙游本地亮点工作典型做法等好素材好新闻，累计百余篇。

【电视栏目】 2022年，县融媒体中心做好《百姓监督》栏目的宣传报道。与仙游城管局、司法局和医保局联合，在《百姓监督》栏目中开设“美丽进行时”“法治仙游”“医保惠民生”等专栏，扩大栏目的品牌影响力。继续做好《遇见仙游》和《寻味仙游》栏目，选取仙游独具特色的文化、旅游、美食题材，摄制37个旅游和美食短视频，并选送在新华社、“学习强国”学习平台、抖音、微信和电视台等各种平台推出，推介仙游的文旅和美食名片。

【“媒体+商务”模式推动】 2022年，仙游县融媒文化传播有限公司全方位推动“媒体+商务”模式，打通线上与线下，连通内容与市场，实现社会效益和经济效益。开通微信公众号“仙游融媒文化”、视频号“仙游融媒”、抖音号“仙游融媒”“仙工开物”，形成融媒矩阵，扩大宣传影响力。争取上级资金支持，获得《仙游县2022年度福建省文化产业发展专项资金（竞争性分配部分）》70万元，用于“仙作”公共品牌宣传推介；获得《仙游县省重点文化产业园区奖励资金(2022年度）》50万元，用于开展2020年度“仙作”品牌宣传和“仙作”文化业务培训。拍摄《仙工开物》宣传片30集，在“学习强国”学习平台、新华社等平台累计播出16条。

（陈凡幼）

广播电视

【概况】 2022年，莆田市广播电视中心仙游记者站（简称仙游记者站）为莆田市广播电视中心派出机构，对外加挂仙游广播电视台牌子，保留仙游电视台和仙游广播电台呼号。仙游记者站开展仙游县区域的政治、经济、社会等方面的广播电视新闻的采、编、播的宣传工作。作品《“瓷”中有真意》获2021年度福建省文艺奖三等奖。8月，参加2020—2021年度莆田新闻奖作品系列评选，有2件作品获得一等奖，1件作品获得二等奖，6件作品获得三等奖。连续六年被省广播影视集团评为全省融媒体新闻协作先进单位。“仙游广播电视台”微信公众号获福建微信影响力2022年度县域榜第六名和全国县级媒体微信号百强榜。

【频道开播】 2022年1月1日，仙游记者站综合电视频道和综合广播频道开播。综合电视频道每天播出时间从12时开始到22时30分，总长10小时30分，有《仙游新闻》《百姓监督》《新闻连连看》等自制节目，有莆仙戏、连续剧、《秋生讲古》、《有味有醋》、中央省市新闻联播等转播节目；综合广播每天从17时开始到21时结束，开设《听见好时光》《新闻连连看》《仙游新闻》《戏曲大舞台》等节目。仙游广播电视台选送新闻在市台播出422条，在省台播出173条，上央视、央广播出12条。

【宣传报道】 2022年，仙游广播电视台围绕县委、县政府中心工作，聚焦全县经济工作、“三农”工作、国家生态文明建设示范县创建等重点，在“仙游新闻”节目中专门开辟“俯下身子抓产业 一心一意谋发展——推动‘1299’工作落实落细”专栏。加强“1299”宣传报道工作，报道仙游县以“1299”为工作抓手，结合发展实际和主攻方向，统筹协调推进九大类产业发展，突破9项重点工作的创新举措及工作成效。围绕仙游县“三农”工作9项重点工作，结合文旅观光，做好乡村振兴报道。聚焦食品安全工作，开辟“创建食品安全城市 共享健康幸福家园”电视专栏，做好食品安全宣传报道工作，普及食品安全知识。

【新媒体宣传】 2022年，据福建日报·新福建客户端和清博指数联合发布县域新媒体影响力排行榜，“仙游广播电视台”微信公众号1月居全省第二位，2—5月居全省前五位。2022年，仙游广播电视台拍摄制作《仙游县公安局简介》《三仙胜境 福地仙游》《百年芳华道传承 巾帼言志展风采》《双拥模范县》等宣传汇报片；围绕县委、县政府中心工作，聚焦强产兴城，拍摄《徒步巡河查污寻源》等工作督促汇报片。策划拍摄制作《留仙过年，游仙地，享福运》《留在仙游足正确，莆仙赞句来喊好！》《共同守护仙游 提倡就地过年》等短视频。《仙游：草山云瀑，美轮美奂》在“学习强国”福建学习平台刊播。进行50场次的视频直（转）播。

【品牌栏目】 2022年，仙游广播电视台围绕新闻宣传中心任务，做好《百姓监督》栏目的宣传报道，发挥媒体舆论的监督作用。与县城管局、司法局和医保局联办，在《百姓监督》栏目中开设《美丽进行时》《法治仙游》《医保惠民生》等专栏，扩大栏目的品牌影响力。做好《遇见仙游》和《寻味仙游》栏目，选取仙游独具特色的文化、旅游、美食题材，摄制组发扬“工匠精神”，摄制37个旅游和美食短视频，选送在新华社、“学习强国”学习平台、抖音、微信和电视等平台推出，推介仙游的文旅和美食名片。拍摄《仙工开物》系列短视频8个，展现仙作工艺之美；承接摄制各类企事业单位9个专题，86个专题宣传短视频。

（郑全洪）

广电网络

【概况】 2022年，福建广电网络集团仙游分公司（简称仙游广电网络分公司）开展数字化、IP化和网络化升级改造，提升有线电视网络的承载能力、内容支撑能力和信息化服务水平。全县公共场所安装高清摄像头，配合应急广播，通过各级播控平台实现对特定场所和区域的信息发布、预警提醒、应急管理以及广播内容播放，服务乡村治理和应急管理。实施有线电视网络业务平台和支撑系统升级迭代，依据全国一网统一标准、规划，建设完成广电5G网络业务运营支撑系统和网络运维支撑系统，构建安全有效的智慧中台，推进数据中台与业务中台高效迭代结合，支撑应用、产品高速迭代和价值链有效重构。统筹各类营销渠道协同发展，拓宽电子渠道（电视营业厅、掌上营业厅、网上营业厅），优化实体渠道（营业厅、社会代理），提升服务效率。

【应急广播建设】 2022年，仙游县131个行政村的应急广播建设列为2022年度县委、县政府为民办实事项目。仙游广电网络分公司按照建设规划标准做好分配网络线路规划设计、立项审批，督促施工。6月，完成全县325个行政村应急广播全覆盖。仙游广电网络分公司协助县委宣传部、县公安局等单位，做好党的二十大精神宣传、道路安全宣传、食安创城宣传、公安防诈宣传、森林防火宣传以及部分歌唱仙游音频播放，发挥公共应急广播终端定时、定点、到户、特定方言等独特优势，宣传引导和政策措施解读。

【视频监控系统建设】 2022年3月，县委、县政府同意仙游县数字仙游信息中心提交的《仙游县新冠肺炎疫情防控应急视频指挥系统建设方案》，确定仙游广电网络分公司为项目供应商。项目包括全县18个乡镇（街道）及325个村（社区）、县教育局及所属106所学校的高清视频会议系统，建设工期20天，并提供五年设备免费维保服务。推进仙游县“数字乡村”视频监控建设，“数字乡村”视频监控建设采取“政府搭台，企业唱戏”方式，通过市场化运作，深化“雪亮工程”建设，补齐乡村治理的短板弱项，提升乡村治理智能化水平。

（张志宏）

新闻报道

【概况】 2022年，仙游县委报道组（简称县委报道组）发表新闻报道2100余篇（中央媒体80余篇，《福建日报》全媒体390余篇，《湄洲日报》1200余篇，各级报刊好稿30余篇）。

【党的二十大精神宣传报道】 2022年，县委报道组在与各级党报全媒体联动，与中国新闻社、《农民日报》、《中国县域经济报》、《中国水利报》等国家级行业报联动，先后刊发《有声有力，振奋人心！仙游各地干部群众热议党的二十大工作报告》《提升群众“幸福指数”》《在深学细悟中激发奋进力量》《打造两岸融合发展的美好未来》等10余篇报道。与挂钩仙游的省委统战部、在仙游成立教学点的省委党校（行政学院）、福建日报驻莆记者站、市委通联站、市林业局、市水利局等部门互动，先后在各级媒体刊发《莆田仙游：“绿叶子”变“金票子”》等10余篇报道。带动县直部门、乡镇通讯员，发表20余篇全县学习宣传贯彻党的二十大精神的报道，采写《林益群：新时代的“她”力量》等30余篇乡村十年蝶变，从脱贫到致富的历程，其中《云里人家新画卷》《奏响乡村振兴“三部曲”》等报道获《湄洲日报》季度好稿。

【“1299”工作宣传报道】 2022年，县委报道组发动省、市党报记者一起发力，依托福建日报莆田观察、湄洲日报仙游观察等传统媒体深度报道、精品生产优势，先后刊登《锻造“铁班底” 建功新时代》近60篇报道。以省、市媒体联合采访为契机，反映仙游奋力拼搏冲刺首季“开门红”和年终岁末收官。策划落实“三提”（提质、提速、提效）行动、构建“三仙圣境”发展格局等12个选题，先后在各级党报全媒体刊发《奏响“春之旅”最强音——仙游县立足优势促文旅产业高质量发展》等10余篇深度报道；为“加快融合发展、打造美丽仙游”提供根本政治保障的报道，在人民日报客户端刊登《福建仙游：党建引领，助推强产兴城“双轮”驱动发展》，在《中国县域经济报》刊登《发挥“红色效应”仙游强产兴城》、在福建日报刊发《仙游：“党建+”激发红色效应》。

【县两会宣传报道】 2022年，县委报道组贯彻落实好党的二十大精神，与县党代会“加快融合发展，打造美丽仙游”部署统筹起来，以“五大融合发展”根本路径为聚焦点，以“一心两翼八园”产业发展空间布局为切入点，先后在各级媒体刊发《加快融合发展 打造美丽仙游》等50余篇报道。采写融合发展的典型案例，电视新闻稿《美丽仙游：聚力融合交上新答卷》，观察栏目策划《凝心聚力展作为——看仙游县在新起点上加快建设融合发展示范区》等10余篇报道。聚焦高质量发展，打造更具竞争力的现代产业体系，先后刊发《奋楫笃行拓新局——仙游县强化产业支撑推动经济高质量发展》等10余篇报道。

【乡村振兴宣传报道】 2022年，县委报道组注重报道把握粮食生产主动权，推动绿色农业产业发展壮大，拓展脱贫攻坚成果长效机制，提升农业科技和装备支撑水平；反映仙游宜居宜业，推进美丽乡村建设，推动城乡基本公共服务一体化，深化农业农村重点领域改革；抓好农业农村安全生产，坚决守住耕地保护红线等“三农”大事。开设“春绿兰溪”栏目，刊发《田园画卷春意浓——仙游县乘势而上推动乡村振兴开新局》等10余篇系列报道；关注“三农”热点，刊发《为枇杷穿上“御寒衣”》等10余篇报道；发挥普惠金融服务渠道作用，刊发《“小红本”引来“金融活水”》等10余篇报道。报道木兰溪流域治理、乡村社会治理、污水管网建设等题材的文章30余篇。

【新媒体矩阵传播】 2022年，县委报道组做好“仙游报道”微信矩阵，形成协同高效的全媒体体系。发挥报道组传统优势，坚持守正创新、强化融合传播；紧扣主题主线，开设专栏专题，聚焦中心工作，挖掘特色优势，打破媒介壁垒，增强传播效果；创新宣传方式，强化数字赋能，实现“新福建”客户端、腾讯企鹅号、“今日头条”互动传播，做好报纸等传统内容产品，制作短视频、抖音、视频号等新媒体产品，发布县域新闻2100余条。

（郑志忠）

报刊出版

【概况】 2022年，仙游今报社新闻报道紧贴受众需求，创新优化报道理念、内容、方法、手段，综合运用传统媒体和新媒体，报道重大活动和重要内容。策划刊发《“专精特新”激活行业新动能——我县实施梯度培育引领企业高质量发展》等；推出《仙度线屏山至惠格岭段改造工程竣工》等近百篇新闻报道。《仙游今报》新媒体矩阵包括《仙游今报》报纸、仙游今报微信公众号、仙游今报微博、仙游今报抖音号、今日头条、腾讯企鹅号、华人头条、澎湃号等，形成新媒体传播矩阵，打造具有创新创意、形式多样、内容为主、特色鲜明的融媒体传播体系。全年出刊报纸148期，发行量超1.40万份。10余部作品被国家级媒体采纳采用，“学习强国”学习平台采用26篇、人民网采用18篇。

【媒体运营】 2022年，《仙游今报》每周出版3期（周一、周三，周五），各8版；年度发行量1.40万份，出版140期。《仙游今报》发行以市、县为主，坚持“走出去”的原则，采用赠阅形式发行，赠阅对象包括海外重要商会、同乡会、华侨，在外有影响力的仙游籍乡亲、专家、学者，驻外商会，市县各套班子领导，全县机关科局、乡镇（街道）、中小学、协会以及省市县各级人大代表、政协委员，县处级离退休干部，村（社区）干部等。仙游今报社顺应媒体融合发展趋势，整合资源，优化人才结构，激发人才活力，打造立体传播格局，形成以传统报纸媒体为核心，以新媒体为主攻方向，兼具报纸、微信公众号、微信视频号、抖音号、新浪微博、今日头条号、华人头条号、澎湃号等媒体宣传矩阵。

【政策解读专栏】 2022年，仙游今报社立足实际，融合创新传播方式，坚持正确舆论导向，做好习近平新时代中国特色社会主义思想宣传阐释，在全面建成小康社会、全面推进乡村振兴等重大主题报道中，围绕县委、县政府工作中心，发挥党报传统优势，策划推出一系列政策解读，开设“不负春光谋发展”“俯下身子抓产业 一心一意谋发展”“提高效率 提升效能 提增效益”“学习宣传贯彻党的二十大精神”“喜迎二十大”等20余个专题专栏，报纸、微信公众号、微博、抖音、今日头条、腾讯企鹅号、华人头条、澎湃号实现内容资源“无障碍”流动传播。

【民生监督报道】 2022年，仙游今报社解读县委、县政府重大决策部署、重要文件精神以及医疗、教育、就业等与百姓工作生活相关的各类信息。围绕木兰溪综合治理、推动“1299”工作落细落实、重大项目集中开工、安置房建设、稳价保供等主题，推出一批新闻报道。依托《街坊》《城视》等民生版面，开设“市场监督”“品质，让城市更美”等专栏，采写关于食品药品安全、城乡环境等问题的监督报道。通过结合重大主题报道、时间节点以及挖掘典型故事等，开设“文明县城 人人创建”等专栏，讲述仙游故事，开展社会主义核心价值观主题宣传。针对谣言开展辟谣，提供各种民生类服务信息和警示性、实用性信息。

【特色文化报道】 2022年，仙游今报社加大重大主题策划报道力度，挖掘本地特色文化。启动“仙工开物”“绿美乡村涌朝气”等40余篇系列报道，从生态地理、人文历史、非遗民俗、产业发展等方面报道，多项报道获得“学习强国”学习平台重点推送。

（郑 丽）

档案管理

【概况】 2022年，仙游县档案局（简称县档案局）开展档案执法、编研、宣传、安全保密和解密划控工作，提供优质档案利用服务。县委办公室对外加挂县档案局牌子。12月底，《仙游县档案志》出版发行。

【档案执法检查】 2022年6月、11月，县档案局根据省、市档案局有关文件精神及本单位“双随机、一公开”工作实施方案，分别对随机抽取的20个县直单位的档案工作情况进行档案执法和档案安全保密检查，未发现档案违法行为。

【《仙游县档案志》出版发行】 2022年，县档案局总结仙游县档案事业发展经验和成就，组织人员编纂《仙游县档案志》。《仙游县档案志》采用章、节、目结构，分9章21节，记录仙游档案的形成和发展，保存仙游档案事业发展的历史资料。全书约18万字，于12月底出版。

【档案宣传】 2022年6月，县档案局在鲤城洪桥社区、兰溪广场、实验小学、实验小学分校开展以“喜迎二十大·档案颂辉煌·美丽新仙游”为主题的“6·9”国际档案日系列宣传活动，从档案视角突出展现新时代党和国家事业的新变化新面貌新气象。加强红色档案保管、利用，结合“党建+红色档案”品牌创建工作，印制“仙游真美丽 档案颂辉煌”“红色档案忆仙游 百年回望守初心”“档案法”等宣传册，进社区、进广场、进基层、进校园，向洪桥社区干部、群众，实验小学、实验小学分校学生分发500余份。

【档案利用服务】 2022年，县档案局免费为社会各界提供利用档案3502卷（册）次、1809人次；资料接收21册，提供利用1236卷次、813人次，为维护公民合法权益和提高机关工作效率提供有效档案证明。做好县档案馆政府信息公开查阅中心的建设工作，按时完成政府信息公开的季度报表工作。全年接收44个单位1834份文件。梳理、更新、公布行政项目服务事项，并对服务事项的材料、环节、时限进行最大优化，办理5件。做好“12345”便民服务事项的受理工作，完成办理件1件，做到交办件按期办结率100%，办理满意率100%。

【档案安全和保密】 2022年，县档案局制定库房日常安全管理制度，落实每日库房安全台账，责任到人，做好各项安全记录，保障库房安全。加强网络安全管理，制定信息安全审查制度，全体干部职工签订安全保密协议，提高网络安全防范意识。

【档案解密划控】 2022年，县档案局根据《国家档案馆档案开放办法》，对馆藏期满档案进行解密划控工作，完成20万条档案解密划控。

【档案监督指导】 2022年，县档案局督促指导各基层档案室做好年度的文件材料立卷归档工作。指导县农业农村局做好农村土地承包经营权确权登记颁证及精准扶贫档案数字化工作，督促各乡镇（街道）做好“一户一档”扶贫档案的归档和数字化工作。督促各基层档案室做好电子目录的报送工作，指导做好室藏档案的数字化工作。抓好重点建设项目档案专项验收工作，配合县交通运输局做好省重点建设项目“木兰大道仙游盖尾石马至榜头昆仑段工程高速连接线标段（琼峰大桥）工程”“莆永高速公路仙游城区互通A、F路段匝道拓宽工程”档案阶段性验收工作；指导垃圾焚烧发电厂公路拓宽改造工程、仙游县乡道Y035线卓林至仙西半林公路工程2个县重点建设项目参建各方做好档案工作，项目工程档案通过档案专项验收。

【乡村记忆档案示范村】 2022年，县档案局多次到游洋镇龙山村开展调研工作，指导龙山村规范整理档案室、建设龙山村乡村记忆档案展示馆，游洋镇《龙山村志（初稿）》完成。

（蒲惠萍）

地方志

【概况】 2022年，县委党史方志办推进志鉴编纂、史志文化宣传等工作。指导4本村志修编，其中2本出版；5本乡镇志处于修编阶段；5本地情书修编完毕并出版。

【志鉴编纂】 2022年，县委党史方志办指导县直有关单位、部门和乡镇、村修编志书或地情资料书。1月，游洋镇《桥光村志》出版发行；

6月，九鲤湖九仙文化促进会主编《九仙传奇》出版发行；7月，九鲤湖管委会主编《鲤湖记》出版发行；8月，游洋镇《五星村志》出版发行；10月，盖尾镇石马寺启动《石马寺志》修编工作；11月，《九鲤湖志》出版发行；12月，《西苑乡志》《仙游华侨志》《游洋镇志》完成初稿，仙游郑纪文化研究会主编《一代名臣郑纪》完成稿件评审。指导推进《鲤城志》《鲤南镇志》《度尾镇志》、盖尾镇《芹林村志》、石苍乡《济川村志》修编工作。1月，《仙游年鉴（2021）》出版发行。

【网室建设】 2022年，县委党史方志办抓好“志、鉴、库、网、刊、会”的建设。加强“仙游党史方志网”建设，提升网站质量，每月搜集党史方志资料，更新网站栏目内容；新设立栏目“党史上的今天”“仙游革命遗址”，记录仙游大量的革命史实、展示仙游革命遗址分布情况。做好图书资料征集、购置、交换、收藏与整理工作，推进方志资料室建设。

（陈淑梅）

社科研究

【概况】 2022年，仙游县社会科学界联合会（简称县社科联）挂靠县委宣传部管理，所属社会团体有县诚信促进会、姓氏文化研究会、魏昇文化研究会、榜头镇诚信促进会、飞钱陈可大文化研究会、张氏文化研究会。围绕党建工作、文旅融合发展、乡村振兴等重点工作，做好调查研究，开展理论研究和学术交流活动，开展社会科学知识普及和咨询工作。

【理论研讨】 2022年，县社科联与县委组织部、县发改局联合开展“喜迎二十大 奋进新征程”主题征文活动，与县直机关党工委、团县委、县社科联联合开展“学习宣传贯彻党的二十大精神”征文活动，引领社科理论界人员立足仙游实际，围绕征文活动的主题，开展调查研究，形成研究论文，为县委决策提供对策建议，推动学习成果转化。

【社会科学普及】 2022年12月23日，县社科联联合全县25家单位，开展以“学习贯彻党的二十大精神 砥砺奋进新征程”为主题的仙游县2022年社会科学普及宣传周活动。举办“新时代新福建成就图片展”“福见仙游”书法作品展，开展党的二十大精神、国防教育知识、社科普及条例等社科知识有奖竞答、宣传咨询，通过分发宣传资料等形式，向群众宣传党的二十大精神，普及与干部群众工作、生活密切相关的社会科学知识。组织开展社会科学普及有奖竞答活动，发动广大干部群众参加“深入学习贯彻党的二十大精神”网上有奖竞答活动，参与3万余人次；10月11日，由县委宣传部、县社科联指导，莆田市琴筝研究会承办的“喜迎二十大·奋进新征程”文化公益行活动在城东中心小学举行，助推中华优秀传统文化琴筝乐理社科知识的宣传普及；开展2022年度“仙游文明祠堂”评选活动，出版《仙游县文明祠堂风采》画册，开展面向各祠堂征集姓氏祠堂楹联活动。

【社会科学基地建设】 2022年，县社科联加强园庄霞山社会科学普及基地建设，下拨经费8000元，补充基地图书室社会科学普及读物；5月14日，在县博物馆社会科学普及基地组织开展“和合共生 海上丝绸之路的印记图片展”“仙游县博物馆馆藏文物图片展”，普及文物知识；8—10月，县博物馆社会科学普及基地组织开展喜迎二十大之“摩崖有情 可与晤言”仙游摩崖石刻图片展；7月，县级社会科学普及基地中共仙游上宫支部旧址创建为“李耕国画艺术研究院”兴山写生基地。

【社会科学学会活动】 2022年1月，莆田市书法研究会仙游理事会举行“2021年年会暨兰水书法讲坛进南桥社区活动”；2月，莆田市书法研究会仙游理事会组织开展“扎根传统，书贺新春”书法临帖作品微信展3期；6月，县诚信促进会配合县农业农村局、榜头镇政府在榜头镇光埔村举行“讲诚信树新风 助力乡村振兴”宣传启动仪式；7—9月，县诚信促进会携手县工艺美术中心、市场监督管理局、税务局、金融办联合开展仙游县工艺美术行业放心消费单位评定工作，评定出339家放心消费单位；12月，仙游书法研究会联合莆田磐正文化传媒有限公司，邀请诗人与书法家，开展寻访民间文化古迹活动，发掘“一村一品”特色文化产品，创作《乡村随笔》短视频，助力乡村振兴。

（陈凤金）

卫生健康

综 述

【医疗卫生机构】 2022年底，仙游县有医疗卫生机构422个。其中，县直医疗卫生机构6家，乡镇卫生院17家，社区卫生服务中心1家；社区卫生服务站9个，村卫生所306个（其中，医保定点村卫生所295个）；民营医院14家（其中二级民营医院9家），门诊部13个、诊所54个、医务室2个。有住院床位4568张，每千人口拥有床位数5.03张，每万人拥有精神科床位8.65张（超额完成6.11张目标）。医护人员4538人，其中执业（助理）医师1819人，每千人口拥有执业（助理）医师2人；注册护士2719人，每千人口拥有注册护士2.99人；每万人拥有全科医师3.50人。医疗卫生机构总产值5.96亿元，比上年增长28.07%；纳税1049.11万元，减少42.3%；用电695.64万千瓦时，增长8.02%。

【卫生项目建设】 2022年，仙游县总医院迁建项目完成部分室内外装修，部分水电、消防、人防等设备安装，完成部分智能化、医疗气体、净化等系统精装工作，完成部分附属、亮化工程等工作，完成投资5亿元，支付工程款4.09亿元。度尾、龙华镇卫生院完成可行性研究报告批复及林业报批，赖店镇卫生院选址未定；完成市生命健康产业发展暨招商工作专项领导小组下达的指导性任务。拟转规医药企业2家，限上企业2家，专精特新企业1家，签约项目2个（林下闽药生产示范基地、厦门眼科医院），谋划项目2个（福建省实验动物科研中心、万达鑫）。

【医疗人才队伍建设】 2022年，仙游县落实人才招聘工作，招聘引进一批医疗卫生专技人才。通过2022年春季事业单位公开招聘补充医疗卫生人才32人，引进硕士研究生7人（含编外2人），招收2022年乡镇卫生院高职高专层次定向培养医学人才14人。开展柔性引才工作，推进名医“师带徒”工作室，5个名医工作室在仙游县总院及仙游县妇幼保健院会诊指导手术55次，查房19次，门诊坐诊80次；仙游县总医院与省立医院建立对口支援关系，省立医院博士研究生陈海宇继续挂职仙游县总院副院长，开设博士专家门诊，每月省立医院博士专家团队门诊坐诊，科室涉及胸外科、妇产科、心血管外科、儿外科、骨科等。开展人才培育工作，提升医疗卫生专技人才能力，仙游县总医院、仙游县妇幼保健院等单位选派医生到省立、莆田附属医院等上级医院进修学习新项目、新技术，提升仙游县医疗技术水平。支持鼓励医务人员在职学历再教育，仙游县卫健系统203名人员进行学历提升备案，培养创新型人才，支持在职人员进行创新发明，成功申报市级医学科研项目2个。

【民办医院建设】 2022年，仙游县推进民营医院健康发展，形成多元办医格局。新增民营医院床位364张，新办京福口腔医院、盛诺血液透析中心2家医疗机构。

【医疗卫生体制改革】 2022年，仙游县总医院与福建省肿瘤医院签约，成为福建省肿瘤专科医联体成员单位，县中医院与福建省人民医院签约建立肛肠专科联盟。4月，县总医院入选国家卫健委“千县工程”名单。建立“结余留用、超支不补”的激励机制，将结余的医保基金纳入医共体的医务性收入，促进优质医疗资源向基层流动，合理配置医疗资源。执行区域点数法总额预算和按病种分值付费（DIP），建立医院DIP年度考核机制，按照DIP支付病历进行绩效分配。仙游县探索县域紧密型医共体改革，落实落细总医院改革任务。3月7日，《中国改革报》刊发仙游县《资源下沉 服务提升——紧密型县域医共体改革的仙游探索》。

公共卫生体系建设

【公共卫生应急项目】 2022年，仙游县健全完善卫生应急管理体系，提升仙游县公共卫生应急处置能力。配齐配足配强县级卫生应急队伍，有传染病防控处置队伍、突发中毒应急队伍、紧急医学救援队伍、核和辐射应急队伍、心理干预救援队伍5支129人，明确队伍管理、队伍调派、队伍投送、现场指挥、队伍撤收、物资和经费保障等内容。仙游县疾控中心规范建设核酸检测PCR（聚合酶链式反应）、理化检验、微生物检验等实验室，配备仪器设备A类70台、B类18台，能开展的检测项目121项。仙游县总医院、县妇幼保健院等县级医疗机构有计划地储备基本的卫生应急物资，建立物资储备清单并进行动态补充，开展卫生应急救援工作。开展卫生应急宣传活动，采取线上线下相结合的方式开展宣传教育活动10场次，宣传普及应对自然灾害和事故灾难的自救互救和卫生防疫知识。新冠疫情期间，组织各医疗卫生机构开展新冠疫情防控方案、新冠病毒标本采集和检测技术、疫源地消毒消杀技术等新冠疫情防控知识和技能培训演练活动15场次，参与2600人次。

【健康档案管理】 2022年，仙游县居民电子健康档案建档人数77.24万人，建档率85.06%，居民规范化电子健康档案覆盖率84.84%，档案中有动态记录的档案60.35万份，健康档案使用率78.14%，居民电子健康档案开放60余万份，全县整体建档率与动态使用率均达标。

【医疗新技术项目】 2022年，仙游县新增7项新技术、新项目，分别是中医穴位注射、中药芳香药枕、子宫三瓣式缝合术、DAA人路辅助CCS治疗股骨颈骨折、乳腺肿瘤微创旋切手术、经皮肾镜气压弹道碎石术，AV型斜视矫正术。

【胸痛救治单元建设与重点专科建设】 2022年，仙游县推进急诊科胸痛中心有效运作，完善胸痛管理制度、加强质量分析，多次改进门诊、急诊设施，对心电图机、床旁肌钙蛋白检测等进行设备升级。上传胸痛病例291例。4个重点专科呼吸内科、骨科、普外科、儿科发展新技术、新项目，购买设备，加强人才培养。呼吸内科引进2支全新便携式纤维支气管镜，报备申请电子支气管镜；引进3台高流量呼吸湿化仪，2台无创呼吸机，血气分析仪；引进可视喉镜，加强急危重症病人的抢救能力。儿科购买新生儿辐射抢救治疗台，骨龄软件运行，提升儿童生长发育性疾病的诊治水平。骨科增设1个病区，改善患者就医体验。引进椎间孔镜设备，发展脊柱微创手术。

【乡村卫生服务管理一体化】 2022年，仙游县坚持以农村卫生改革为突破口，深化医药卫生体制改革，健全农村医疗卫生服务体系，基本形成集健康教育、预防、保健、康复、基本医疗等服务于一体的综合服务体系。投入资金5.50亿元发展基础设施建设，改新建面积9.18万平方米，新增床位2101张。推进度尾、赖店、龙华卫生院迁建项目前期工作，提升改造15个乡镇卫生院，投入9903万元添置、更新医疗设备；投入资金2324.27万元，完成162个村卫生所标准化建设，规划设置一体化村卫生所295个，实现纳入医保定点的村卫生所全覆盖。

2022年9月17—18日，仙游县2022年基本公共卫生服务项目培训班在西苑教育培训基地举办 （郑丽供图）

疾病预防控制

【传染病防控】 2022年，仙游县报告法定甲、乙类传染病发病3084例，比上年下降8.84%，无甲类传染病。重点加强麻疹、AFP（脊髓灰质炎）、不明原因肺炎、流感、人禽流感等传染病监测工作，落实各项防控措施。未发生脊髓灰质炎野病毒病例；麻疹发病率降至1/10万以下；乙脑发病率≤0.3/10万；流脑发病率≤2/10万；不发生白喉病例；百日咳发病率≤5/10万，传染病发病率都控制在国家规定标准内。

【免疫规划与疫苗接种】 2022年，仙游县强化免疫规划工作，一类疫苗常规接种率均95%以上，传染病发病率继续保持在较低发病水平。至2022年底，仙游县0—6岁儿童建档数6.71万人，卡介苗接种率99.85%，乙肝接种率99.15%，脊灰疫苗接种率95.65%，百白破疫苗接种率97.54%，麻腮风疫苗接种率98.25%，流脑疫苗接种率91.86%，乙脑疫苗接种率97.94%，甲肝疫苗接种率97.27%，白破疫苗接种率90.11%。脊灰疫苗和麻腮风疫苗接种率95%，其他国家免疫规划疫苗接种率90%。10月22日，启动适龄女性HPV疫苗免费接种项目，惠及全县8000余名女性。

【慢性病防治与卫生监测】 2022年，仙游县严重精神障碍在册患者5490人，管理率96.55%，规范管理率93.56%，面访率73.3%，体检率36.53%，服药率81.79%，规律服药率76.08%，精神分裂症服药率81.93%，精神分裂症规律服药率76.11%。仙游县青少年近视率监测工作调查学生总数2346人，近视率54.9%，其中高中近视率91.5%，初中近视率76.05%，小学近视率40.15%，幼儿园近视率15.47%。落实生活饮用水监测任务，加强对城区生活饮用水水质的监测，完成上半年每季度采样1次的水质检测任务，完成国家农村饮用水监测任务要求丰水期、枯水期各监测1次。

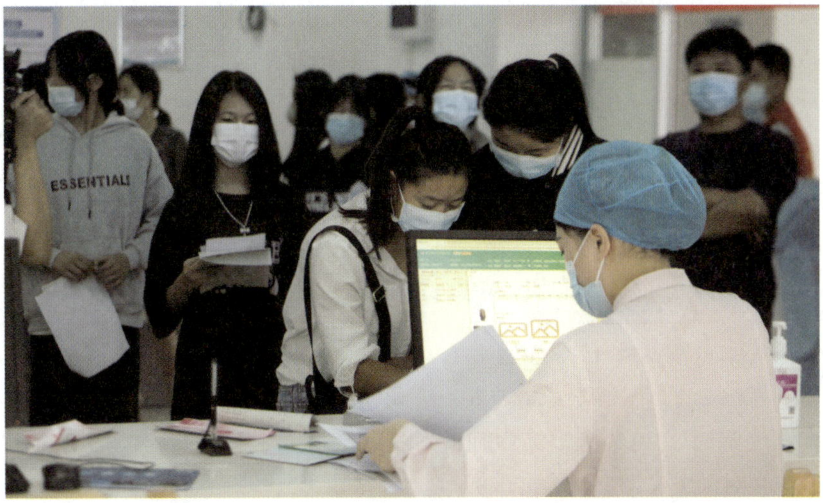

2022年10月22日，仙游县全面启动适龄女性HPV疫苗免费接种项目，惠及全县8200余名适龄女性。图为适龄女性在县妇幼保健院预防接种门诊登记接种 （唐伟供图）

【职业病防治宣传】 2022年，仙游县围绕“一切为了劳动者健康”主题组织相关企业开展形式多样的职业病防治法宣传周活动，对企业劳动者进行职业病防治法律法规宣传教育，提高职业病危害防护意识。发动企业组织劳动者观看2022年全国《职业病防治法》宣传周活动线上启动仪式，提高劳动者自身的职业健康保护意识；线下走进企业举办专题讲座宣传解读《中华人民共和国职业病防治法》，宣传职业病防护措施，线上依托职业健康微信群发布职业病防治法宣传手册、宣传片，宣传职业病防治知识及职业病危害预防控制等法律法规和措施；宣传周期间，各企业借助宣传栏、宣传展板向劳动者宣传职业病防治法及职业病防治知识。

【生物安全实验室建设】 2022年，仙游县疾控中心建设1个生物安全二级实验室，主要用于开展新冠病毒核酸检测工作，正常运转。中心实验室新添置实时荧光定量PCR仪，荧光定量PCR扩增仪，全自动碘元素分析仪，多重病原体核酸检测系统等实验设备，用于提升实验室能力建设，开展121项检测项目。组织参与上级有关部门的实验室能力验证和比对活动，参加省疾控中心组织的水中氟化物测定和全省碘缺乏病实验室质量控制考核，考核合格，并取得相应资质证书。

妇幼保健

【妇幼健康管理】 2022年，仙游县贯彻落实母婴安全制度和《妇女儿童行动计划实施方案2021—2025年）》，以《中国妇女发展纲要（2021—2030年）》《中国儿童发展纲要（2021—2030年）》目标要求为契机，以落实国家基本公共卫生妇女、儿童保健服务和全面实施妇幼公共卫生服务项目为重点，推进全县妇幼卫生健康工作发展。全年孕产妇系统管理率90.55%，孕产妇死亡率0/10

万；高危管理率100%；产后访视率93.67%；儿童系统管理率93.55%，新生儿死亡率1.33‰、婴儿死亡率2.5‰，5岁以下儿童死亡率3.67‰。2022年，仙游县妇幼保健院在莆田市妇幼保健机构绩效考核中排名全市第一位。

【妇女常见病筛查】 2022年，仙游县妇女宫颈癌筛查2.56万人，乳腺癌筛查2.40万人，其中仙游县城乡居民医保妇女免费宫颈癌和乳腺癌筛查任务数各1万人，完成宫颈癌筛查10023人、乳腺癌筛查10063人。

【优生优育】 2022年，仙游县各助产机构接生5283人。对7496名育龄妇女增补叶酸预防神经管缺陷；对2629名15—20周孕妇免费进行血清学筛查；对3813对夫妇免费进行地中海贫血筛查；对2829对育龄夫妇免费进行孕前优生检查；对5264名新生儿免费进行先天性心脏病筛查，免费筛查率99.64%；对5256名新生儿进行先天性遗传代谢性疾病筛查，免费筛查率99.49%。孕产妇艾滋病、乙肝、梅毒检测5959人，其中孕产妇乙肝表面抗原检测阳性率10.4%。

【儿童早期发展项目】 2022年，仙游县加强婴幼儿早期发展，推广促进婴幼儿早期发展的技术和方法，促进儿童早期发展服务供给，普及儿童早期发展知识、方法和技能。仙游县作为项目试点县，以婴幼儿营养喂养和照护为重点，增强婴幼儿养育人养育照护认知和技能掌握，促进婴幼儿早期发展，提高人口素质。18个乡镇（街道）卫生院（社区卫生服务中心）28名儿童保健人员参加基层儿童保健人员婴幼儿营养喂养咨询指导能力提升培训班，推进乡级技术骨干师资业务能力提升。逐级推广村级业务培训，对325所行政村（社区）卫生所的434名村医完成营养喂养知识和技能业务培训，提高基层儿童保健人员婴幼儿营养喂养咨询指导能力。仙游县把儿童营养喂养纳入0—6岁儿童基本公共卫生服务内容，乡、村儿保人员利用图片、模型、卡册等指导工具传授营养喂养技能，提升养育人健康素养，为儿童早期发展项目顺利实施奠定基础。

中医药事业

【中医药事业发展】 2022年，仙游县有101家医疗机构设有中医科室，其中县级医院2家、社区卫生服务中心和乡镇卫生院17家、民营医院8家、诊所及门诊部22家、社区卫生服务站8家、村卫生所44家。有中医、中西医类执业（助理）医师298人，中医全科医生32人。鲤南镇卫生院被列为市级精品中医馆建设项目。全年中医总诊疗1.63万人次。

【县中医院诊疗】 2022年，仙游县中医院与县医院、县皮肤病防治院及18家基层医疗卫生机构纳入县总医院一体化管理。诊疗科目包括内科、医学检验科、医学影像科、中医科（内科、外科、儿科、针灸科、推拿科、骨伤科、康复医学科、急诊科）专业，核准床位数80床。

【中医药人才培养】 2022年，仙游县有中医、中西医类别执业（助理）医师、中药师338人，中医全科医生36人。其中，高级职称44人，中级职称41人，中药师29人。每家基层卫生院中医馆至少配备1名中医或全科医生。通过中医特色的“师承带徒”方式，培养本地中医学科骨干，形成中医人才梯队。2022年第二批基层老中医药专家“师承带徒”工作，仙游县有4名老师带9名继承人，均为县总医院和县中医院医生。

爱国卫生运动

【环境卫生整治】 2022年，仙游县推进爱国卫生运动常态化开展。每月25日到月底，开展一次以环境卫生综合治理为主要内容的爱国卫生运动。开展新春、端午节等专项爱国卫生运动，推动人居环境整治。出台《仙游县2023年城乡除“四害”工作方案》，组织开展以灭蚊、灭鼠为主的城乡除“四害”统一施药行动。结合4月爱国卫生月活动，以国家卫生县创建工作、建市40周年系列宣传活动和“爱卫新征程 健康中国行”专项活动为契机，与莆田市联合开展第35个爱国卫生月活动暨仙游县创建国家卫生县启动仪式，推进国家卫生县创建，推动钟山镇、菜溪乡创建国家卫生乡镇。开展登革热等传染病防控知识宣传。

【健康知识与技能普及】 2022年，仙游县利用线上和线下的宣传阵地进行健康科普宣传，宣传内容涉及健康素养基本知识和技能、新冠疫情防控、控烟、慢病防治、垃圾分类知识等。各医疗卫生单位制作各类横幅200余条、展板95块，海报220余张；县卫健局微信公众号“健康幸福仙游”和政务网页发布

2022年9月11日，“健康仙游——福医校友行”中秋节省级医师团的义诊暨学术交流活动在县妇幼保健院举行。图为医师为老人开展眼部检查（唐伟供图）

健康科普类信息688条；县卫健局和县计生协会联合推广“健康知识进万家”小程序用户人数16.90万人。围绕“世界家庭医生日”“全国爱眼日”“母乳喂养周”“预防出生缺陷日”“世界艾滋病日”等卫生健康纪念日，组织医疗团队和志愿者到社区、农村、机关、校园、企业等开展科普宣传和义诊活动。全年举办健康知识讲座40余场，开展活动150余次，发放各类宣传资料及宣传品8万余份，服务覆盖人数10万余人。

【义诊活动】 2022年，县卫健局、县计生协会、县妇幼保健院等先后在园庄镇、鲤中步行街、鲤城洪桥社区、龙华镇、县总医院门诊、菜溪乡、枫亭镇、榜头镇、鲤城龙泉社区、道德中学开展专家义诊、卫生健康宣传活动13次。

卫生监督

【卫生行政执法】 2022年，仙游县立案查处案件17起，包括医疗卫生案件8起，其中查处无证行医的6起，罚款52万元，未依法执业1起，罚款1万元，当场处罚1起；传染病防治案件7起，罚款9.20万元；放射卫生案件2起，罚款6000元。强化传染病防治监督，检查相关单位773家次，出动卫生监督人员687人次，下发卫生监督意见书21份，责令停业整顿16家；强化医疗卫生监督，打击无证行医，开展医疗市场依法执业和美容市场整治工作。出动执法人员2212人次、车辆538辆次，检查医疗机构557家次。18个乡镇（街道）卫生院（社区卫生服务中心）按要求聘任卫生监督协管员开展协管工作，对辖区内的相关医疗机构开展巡查，实行日常监督全覆盖。

【公共卫生监督】 2022年，仙游县开展集中式供水单位、二次供水单位的专项整治，检查涉及民生安全的各类供水单位105家次、集中式餐饮具消毒单位12家次，进行餐饮具集中消毒单位卫生监督；组织卫生监督员对10家学校教学和生活环境卫生、传染病和常见病防控等情况进行监督检查，抽查、检测学校教室采光照明、人均面积等情况；对游泳场所、住宿场、沐浴及美容美发所等人员密集的直管公共场所373家（另关闭17家）进行监督检查和量化评级工作，审、办、换公共场所卫生许可证147家，监督检查373户次，监督覆盖率100%。

【职业健康监督】 2022年，仙游县强化职业健康工作，对粉尘、化学毒物、噪声危害因素浓度超标的非煤矿山、化工、建材和制鞋等20家（包括非煤矿山3家、化工3家、建材9家及制鞋业5家，其中1家建材公司停产）重点行业企业开展职业病危害专项治理工作，对企业负责人、职业卫生管理人员及劳动者进行职业病防治法律法规宣传教育。

【卫生普法培训宣传】 2022年，仙游县制定《2022年法治宣传教育工作要点的通知》《仙游县卫生健康局2022年普法责任清单的通知》，明确普法工作任务。通过网络平台学习《基本医疗卫生与健康促进法》《突发公共卫生事件应急条例》《中华人民共和国职业病防治法》等相关法规并定期开展新冠疫情防控工作人员培训，组织干部开展法律知识考试。4月，组织多家企业在线上观看2022年全国《中华人民共和国职业病防治法》宣传周活动线上启动仪式，围绕“一切为了劳动者健康”开展线上线下职业病防治宣传；5月，开展“踔厉奋发促健康 同心筑梦建新功”主题宣传服务活动和“喜迎党的二十大”宣传服务活动，邀请法律顾问结合《中华人民共和国民法典》等法律法规提供免费咨询和普法宣讲；12月宪法宣传周期间，线上宣传宪法知识，线下举办“学习宣传贯彻党的二十大精神，推动全面贯彻实施宪法”法治宣传活动，发放宪法、民法典、法律援助手册等宣传资料和法律知识读本。

【卫生健康系统安全生产检查】 2022年，仙游县落实安全生产工作部署，研究制定《仙游县卫健系统2022年安全生产工作要点》《2022年全县卫生健康系统安全生产大检查工作方案的通知》《2022年仙游县卫生健康系统危险化学品安全专项整治行动工作方案的通知》《关于开展全县卫健系统“五一假期”节前安全生产大检查的通知》等文件9份，召开安全生产专题部署会、推进会6次，开展医疗卫生机构安全生产和消防安全风险隐患大排查大整治，推进安全生产专项整治三年行动。县卫健局机关组建5个督查小组，在重要节点到各医疗卫生机构重点检查安全生产主体责任落实、消防安全、危险化学品管理、应急培训演练、隐患问题整改等情况，配合县应急局、城管局等部门开展有限空间作业、燃气使用安全联合督导检查，全年督查发现安全隐患103个，落实整改到位。

医政管理

【医保村村通】 2022年，仙游县有295个卫生所开通村所医保报销功能，其中有65个建档立卡贫困村。实现家门口即可享受就医购药、医保报销、慢病服务等好政策。

【乡村医生技能培训】 2022年，仙游县有551名乡村医生参加网络培训，合格率99%。聘请县总院临床主任、副主任医师为教师。乡村医生培训规范化、教材新颖、教学多样化，内容贴近临床易接受，提高乡村医生的基本医疗、预防、保健服务能力。组织乡村医生22人在福建卫生职业技术学院参加福建省乡村医生执业能力提升培训班，开展执业助理医师（含乡村全科执业助理医师）理论和临床实践技能专项培训，推动在岗乡村医生向执业（助理）医师转化，补齐乡村医生执业资格占比偏低的短板。

【“优质服务基层行”活动】 2022年，仙游县有6家乡镇卫生院（社区卫生服务中心）通过省级考核“推荐标准”，服务人口8万以上乡镇（街道）卫生院（社区卫生服务中心）均达到“推荐标准”，提前完成省级制定指标；有7家通过市级考核标准。鲤南镇卫生院上榜国家卫生健康委办公厅、国家中医药局管理局综合司联合发文通报表扬2022年“优质服务基层行”活动中表现突出、服务优质的机构。

【无偿献血】 2022年，仙游县重视无偿献血工作，将其作为精神文明建设的重要内容，做好血液保障工作。强化宣传发动力度，提前部署，把目标任务层层分解到具体的医疗机构，全年献血2396人。

【医德医风建设】 2022年，仙游县开展创建无“红包”医院活动。县总医院拒收“红包”7人次，退还金额3400元；县妇幼保健院未发现收受“红包”和赠送“红包”现象。

重点医疗机构

【仙游县总医院】 2022年，仙游县总医院作为仙游县唯一一家三级综合医院，是一个人、财、物集中统一管理的紧密型医共体，下辖仙游县医院、仙游县中医医院、仙游县皮肤病防治院及18家乡镇卫生院。年内，仙游县总医院入选国家卫健委“千县工程”名单；患者满意度在全省位居中游，比上年上升7个名次；市科技计划项目立项2个（儿科和骨科），骨科获得国家知识产权局授权发明专利1项。

【仙游县妇幼保健院】 2022年，仙游县妇幼保健院是一所集预防保健、临床医疗、科研教学于一体的非营利性二级甲等医疗机构。2022年度医院在莆田市妇幼机构绩效考核中，居全市第一位；医院员工满意度排名全市第二位。孕产妇系统管理率90.6%；7岁以下儿童健康管理率95.5%；辖区内婴儿死亡率下降至2‰；辖区内5岁以下儿童死亡率下降至3.3‰；辖区内孕产妇死亡率为4.1/10万。

【仙游县疾病预防控制中心】 2022年，仙游县疾病预防控制中心，集疾病预防与控制、突发公共卫生事件应急处置、疫情及健康相关因素信息管理等7项职能。年内，仙游县疾病预防控制局挂牌成立。疾病预防控制体系完善；国家免疫规划疫苗以乡镇（街道）为单位接种率均保持在95%以上；加强结核防治、地方病与慢性病防治、严重精神障碍患者救治等工作。

（吴冀闽）

全民健身

【城乡健身场地设施建设】 2022年，仙游县建成县、乡、村三级公共体育健身设施网络。相应规模的全民健身中心，公园、绿地、广场、健身步道等公共体育健身设施逐步增加。人均体育设施面积2平方米，人均体育健身场地面积2.51平方米，县级公共体育设施满足“三个一”（建有体育中心1个、县体育健身中心1个、县文体广场1个，以及8条共75千米的步行道）要求。行政村农民体育健身工程覆盖率100%，“15分钟健身圈”在城区覆盖率98%，完成仙游县全民健身中心（改造）工程，总投资1200万元，总建面积3860平方米。制定《仙游县体育中心部分场馆委托第三方服务运营方案》。

【公共体育场所免费开放】 2022年，仙游县公共体育设施免费开放率100%，每万人拥有“三大球”（足球、篮球、排球）场地8个，每万人足球场地0.14块。建成笼式篮球场1个、笼式足球场1个、多功能运动场2个、室外健身路径12个、室外乒乓球桌6个。

【体育社团活动】 2022年，仙游县建立的县级单项社会体育协会有田径、篮球、排球、乒乓球、羽毛球、足球、武术、太极拳等25个，各类社会体育机构140个，每万人体育社会组织1.41个，形成县、乡镇（街道）、村（社区）三级体育组织网络，引领专业爱好者开展各项体育健身活动，推动全民健身活动普及，举办莆田市全民健身运动会篮球、足球、羽毛球、门球、围棋、太极拳、交际舞等15个项目比赛。

【运动强身倡导】 2022年，仙游县建立县、乡镇（街道）、村（社区）三级健身知识科普网络，通过《仙游今报》、县广播电视台、网络等载体，开展健康知识宣传活动。建立县、乡镇（街道）、村（社区）居民体质监测站，每年不定期进行全县居民体质测试。推广室内健身操和学校跑操，增强免疫力。

青少年体育

【体育教育质量监测】 2022年，仙游县各学校制定《国家学生体质健康标准》测试实施方案，对学生体质健康进行测试，上报数据，测试率和上报率均100%。学校保存学生体质健康测试数据，填好体质健康标准测试卡，记入学生成绩报告单和学生档案，通知学生及家长。组织专家对学生体质健康测试数据进行分析，找准工作短板，指导学校体育工作。取得学生体质健康测试优秀学校51所，占21.3%；良好学校161所，占67.4%；合格学校27所，占11.3%；无不合格学校；加分学校31所，占13%。

【阳光体育运动】 2022年，仙游县各学校制订阳光体育运动方案，将学校体育活动纳入教学计划，落实每天不少于1小时的体育活动时间，组织“大课间”体育活动教学，推进学校体育、艺术“2+1”（掌握两项体育运动技能和一项艺术特长）项目活动方案的实施，学校保证25—30分钟的大课间体育活动时间，每天坚持做好广播操、自编操、特色活动和队列。当天没有体育课的班级，下午安排1课时的课外体育活动，并纳入教学计划，列入课程表，遵照执行。2022年秋季，部分学校开展体育课后服务，把社会优秀体育教师资源引进学校，开展跆拳道、篮球、足球、武术、乒乓球等体育项目，推动学校体育项目发展。各学校创设、组建田径队、篮球、排球、踢毽、短绳、长绳等体育兴趣活动小组，让每位学生都能参加1—2项运动，培养学生体育运动的兴趣，增强学生体质。

【体育教学提升】 2022年，仙游县开展以构建学习共同体教学模式的研究活动，探索生本课堂教学，落实学科素养根本任务。龙华中心小学举行小学体育教学研讨活动。

组织部分县、市学科带头人、骨干教师开展送教下乡活动，以优质资源带动全县体育薄弱校教学质量提高。选派现代中学老师送教西苑学校，协助市名师工作室在山立学校开展体育送教帮扶活动。

2022学年，选派优秀教师参加2022年福建省义务教育阶段体育教师教学技能展示活动暨第四届福建省义务教育阶段体育教师教学技能大赛，小学组获三等奖1人、初中组获二、三等奖各1人。组织教师参加2022年莆田市体育教师教学技能比赛，县教育局获团体一等奖，高、中、初职称教师获奖15人次。在市教学公开周活动中，3人分别被评为市教学公开周初、高中组优质课。开展体育教师的教研教学技能竞赛和参加省市各项教学技能、论文竞赛。

【体育特色学校】 2022年，仙游实小、城西中心小学、金石中学、仙游一中、华侨中学被评为省体育特色学校。第二实验小学、金石中学、蜚山幼儿园、鲤南中心第三幼儿园评为全国校园足球特色学校，14所学校评为省级校园足球学校。16所学校评为市、县级田径、武术、游泳训练基地。倡导学校开展“一校一品”“一校多品”体育特色项目活动。把体育特色活动融入校园文化，结合学生的兴趣爱好，举办各项特色体育活动。面向全体学生开展普及教育。训练体育特长的学生，把优秀体育人才输送到省、市、县体育运动学校。

【学生体育竞赛】 2022年，仙游县举办中小学生田径运动会和篮球、足球、游泳、围棋、象棋赛等县级体育赛事，学校开展“奔跑吧·少年”儿童青少年运动会。学校每学期至少开展1次田径运动会和趣味运动会。学校组织学生参加莆田市中小学生体育联赛暨第三十五届学校运动会竞赛、莆田市第六届运动会、莆田市幼儿体质健康足球嘉年华活动等赛事。12月，仙游县第三中学获得莆田市运动会初中组团体第一名，仙游县第三中学获得莆田市中小学生篮球赛女篮二等奖。5月，仙游县实验小学获得莆田市中小学生足球联赛二等奖。仙游一中获得2021年福建省示范性高中射击比赛二等奖、2022年福建省示范性高中攀岩比赛三等奖、2022年莆田市中小学生田径联赛（高中组）二等奖、2022年莆田市中小学生篮球联赛（高中组）二等奖、2022年莆田市中小学生游泳联赛（初中组）第一名、2022年莆田市中小学生游泳联赛（高中组）第二名、2022年莆田市中小学生足球联赛（高中组）三等奖。9月，谢建辉等10名体育教师被评为莆田市优秀体育教师。

【青少年校外活动中心】 2022年，仙游县青少年校外活动中心占地0.60公顷，主体建筑占地0.40公顷，投资500万元。总建筑面积1800平方米，主体建筑3层。开设青少年校外体育活动项目有篮球、羽毛球、乒乓球、足球、游泳和多功能球场项目，配备6个项目场所及设施，中小学生凭学生证个人或团体开放登记进入中心开展各项活动。开展体育比赛和体育文化培训6个，年活动2万人次。配有5名专职管理人员，其中3名具备国家一级社会体育指导资格。周一至周五课余时间每天免费开放4小时以上，周末、法定节假日和寒暑假每天免费开放8小时以上。

竞技体育

【概况】 2022年，仙游县组织参加第十七届省运会。完成组队和运动员注册。设立16个集训项目组，获得金牌5枚、银牌8枚、铜牌12枚。全年仙游籍运动员获世界级比赛冠军7人次、季军2人次；国家级比赛亚军3人次、季军1人次。张雅玲在美国伯明翰第十一届世界运动会上获得南拳南刀全能冠军。

【体育后备人才培养】 2022年，仙游县体校通过国家级体育后备人才培养基地复评初审。贯彻《关于深化体教融合促进青少年健康发展的意见》《关于全面加强和改进新时代体校体育工作的意见》等文件精神，推动县体校体教一体化建设，配备文化教师，开展福体职院大专教学点。制定《仙游县“田径振兴”行动计划》，推动体教融合，完成学校28个青少年俱乐部组建工作。以县体育运动学校、省、（市、县）体育传统项目学校、训练基地和各体育俱乐部、协会等为依托，发现并培养青少年体育人才，鼓励各中小学创建专项运动队，开展课外体育训练。鼓励体育、教育和社会团体联合办训练，县文旅局、教育局在具有体育特色中小学校中创建田径、篮球、排球、足球、游泳、乒乓球、击剑、跆拳道、武术、羽毛球等项目体育后备人才训练基地，加强对训练基地教练员培训，县体育运动学校抽调教练每月下基地开展业务指导，构建小学、初中、高中层层衔接的系统训练网络体系，形成一批体育训练基地，覆盖仙游一中、二中、侨中、道德一中、第四道德中学、实小、大济中心小学、赖店中心小学、盖尾中心小学、坝下中心小学、郊尾中心小学、枫亭中心小学等学校。

【参加市少年儿童锦标赛】 2022年9—11月，仙游县选派323名运动员参加2022年莆田市少年儿童锦标赛，比赛设游泳、田径、乒乓球、跆拳道、武术套路、皮划赛艇、男子篮球、女子篮球等比赛项目。其中，游泳获第一名8人次、第二名11人次、第三名16人次；田径获第一名16人次、第二名5人次、第三名8人次；乒乓球获第一名2人次、第二名1人次、第三名1人次；跆拳道获第一名1人次、第二名5人次、第三名5人次；武术套路获第一名 30人次、第二名18人次、第三名15人次；皮划赛艇获第一名9人次、第二名13人次、第三名1人次；获女子篮球甲组比赛第一名；获女子篮球乙组比赛第一名；获男子篮球甲组比赛第三名。

【参加省第十七届运动会】 2022年11月，仙游县选派117名运动员参加2022年福建省第十七届运

2022年仙游籍运动员参加全国以上比赛成绩统计表

表21

项目	姓名	性别	比赛名称	级别	参加小项	名次	时间	地点	教练员
武术套路	张雅玲	女	2022年第十一届武术套路世界运动会	国际级	女子南拳南刀全能	第1名	2022年7月	美国	宋少华
龙舟	陈天路	男	2022年首届世界龙舟联赛（福州站）	国际级	专业组男子12人龙舟200米	第1名	2022年6月	福州	张国兵
龙舟	王晓东	男	2022年首届世界龙舟联赛（福州站）	国际级	专业组男子12人龙舟200米	第1名	2022年6月	福州	张国兵
龙舟	陈天路	男	2022年首届世界龙舟联赛（福州站）	国际级	专业组男子奥运龙舟200米	第1名	2022年6月	福州	张国兵
龙舟	王晓东	男	2022年首届世界龙舟联赛（福州站）	国际级	专业组男子奥运龙舟200米	第1名	2022年6月	福州	张国兵
龙舟	陈天路	男	2022年首届世界龙舟联赛（福州站）	国际级	专业组男子12人龙舟500米	第1名	2022年6月	福州	张国兵
龙舟	王晓东	男	2022年首届世界龙舟联赛（福州站）	国际级	专业组男子12人龙舟500米	第1名	2022年6月	福州	张国兵
龙舟	陈天路	男	2022年首届世界龙舟联赛（福州站）	国际级	专业组男子奥运龙舟500米	第3名	2022年6月	福州	张国兵
龙舟	王晓东	男	2022年首届世界龙舟联赛（福州站）	国际级	专业组男子奥运龙舟500米	第3名	2022年6月	福州	张国兵
激流回旋	吴依珊	女	2022年全国皮划艇激流回旋冬季冠军赛	国家级	女子单人划艇	第2名	2022年12月	南安	毛丽华
激流回旋	吴依珊	女	2023年全国皮划艇激流回旋锦标赛	国家级	女子单人划艇团体	第2名	2022年11月	贵州	毛丽华
击剑	余仁斌	男	2022年全国击剑锦标赛暨全国青年击剑锦标赛	国家级	男子重剑个人	第2名	2022年1月	无锡	温秀姐
射击	黄晴晴	女	2022年全国青少年射击锦标赛（飞碟项目）	国家级	女子双向个人	第3名	2022年7月	山西临汾	谢炳森

2022 年 7 月 10 日，仙游县运动员吴依珊、林佳宜与队友黄嘉琦团结协作，以团体总分 56 分的成绩斩获第十七届省运会皮划艇激流回旋项目甲组女子皮划艇团体金牌。图为吴依珊比赛 （唐伟供图）

动会游泳、乒乓球、排球、男子篮球、女子篮球、皮划赛艇、跆拳道、武术套路、武术散打、田径、射击、拳击、击剑、摔跤、射箭等项目比赛。其中，皮划赛艇获第一名 2 人次；跆拳道获第三名 1 人次；武术套路获第一名 2 人次、第二名 3 人次、第三名 3 人次；武术散打获第二名 1 人次、第三名 1 人次；田径获第一名 4 人次、第二名 4 人次、第三名 1 人次；射击获第一名 2 人次、第三名 2 人次；拳击获第三名 4 人次；击剑获第二名 4 人次、第三名 3 次；摔跤获第三名 1 人次；射箭获第三名 1 人次。

体育产业

【体育旅游项目】 2022 年，仙游县完成刺刀峡谷溯溪攀岩基地前期工作、仙水洋皮划艇运动休闲基地建设、仙水洋申报国家级体育产业示范优选项目的申报材料、木兰溪金威生态公园皮划艇基地建设的前期工作。制定《仙游县友谊学校和仙游县体育学校体教融合实施方案》《中小学校配备体育教练的实施意见》。在中小学建立体育俱乐部 12 个。

【体育制造业发展】 2022 年，仙游县体育产业增加值 40 亿元，占地区生产总值比重的 7% 左右（其中体育制造业 34 亿元，体育服务业 2 亿元，体育休闲业 4 亿元）。1—7 月，完成体育产业增加值 18 亿元。推动社会力量“三旧”（旧城镇、旧厂房、旧村庄）改造，建设竞冠体育小镇和奕世泽里体小镇 2 个。新增体育小镇 1 个，场馆 3 个。

【体育健身服务】 2022 年，仙游县举办社会体育指导员技能培训班提高各项体育技能指导员能力，指导社会体育健身活动。2022 年底，有国家级社会体育指导员 1 人，一级社会体育指导员 1 人，二级社会体育指导员 14 人，三级社会体育指导员 149 人。每万人拥有社会体育指导员 2.24 人，具有 5 人以上社会体育指导员的社区占 95%，每年开展全民健身志愿服务活动 2 次以上。

【体育彩票销售】 2022 年，仙游县有体育彩票销售网点 95 个，其中传统电脑型彩票销售店 75 个。体育彩票总销量 9566.74 万元，其中传统电脑型彩票销量 8367.84 万元，即开型彩票销量 1198.90 万元。

（陈 洁、张元顺、张国兵）

人口家庭

【人口监测】 2022年，仙游县总人口117.68万人。总户数34.16万户。婚姻总数7562对，初婚2498对，初婚率33.03%。出生9500人，出生率8.06‰；出生总性别比108（女=100）。死亡6207人，死亡率5.27‰。

【家庭发展】 2022年，仙游县贯彻实施国家调整的生育政策及配套支持措施，促进人口长期均衡发展。至2022年底，仙游县有35.74万户，总人口121.19万人，已婚育妇数20.35万人，全年总出生6458人，其中一孩2916人，二孩2483人，三孩918人，四孩及以上141人。初婚人数为3311对，初婚率为2.74‰，出生性别比为113.98%，出生率为5.34‰，死亡率为3.66‰，自增率为1.67‰。推进3岁以下婴幼儿照护服务发展，年新增普惠托育6家，共有普惠性托位495个。推进母婴设施建设，提升母婴设施服务管理水平。加强计划生育特殊家庭扶助关怀，解决生活保障、养老照料、精神慰藉等问题。

【婚姻登记】 2022年，仙游县婚姻登记中心按照《中华人民共和国民法典》《婚姻登记管理条例》规定程序，依法开展婚姻登记工作。全年办理国内居民婚姻登记4840对，离婚登记1483对，补领结婚证1059对，补领离婚证167对；涉外婚姻登记12对，离婚登记1对，登记合格率100%。

【生育关怀】 2022年底，仙游县生育证登记2354对，其中一孩证登记1373对，二孩证登记796对，三孩证登记181对，其他登记4对。

仙游县兑现2022年度各项奖励扶助政策。农村部分计划生育奖扶8730人，奖扶金额1408.80万元；城镇部分计划生育奖扶1959人，奖扶金额306.44万元；农村贡献奖励928人，奖励55.68万元；特别扶助69人，扶助金额90.08万元。计划生育家庭享受“新农合”缴费补助2.76万人。计划生育家庭享受“新农保”缴费补助2.93万人。全县42户（69人）计划生育失独家庭建立信息档案，落实联系人责任。针对失独家庭实际需求，坚持关怀关爱，落实个性化的扶助关怀措施。

【托育服务】 2022年，仙游县实施幼儿托育民生工程，采取“四举措”（优化服务环境、简化办事流程、严格监督指导、确保工作质量），助推幼儿托育民生实事早落实、见成效。新建5家省级普惠托育机构、1家市级普惠托育机构完成建设并通过验收，新增普惠托位495个。至年底，全县有托育机构10家，在托婴幼儿265人，其中在普惠托育婴幼儿140人。

【流动人口服务管理】 2022年，仙游县加强出租房屋安全隐患的排查整治和改进流动人口管理。至年底，全县登记有效流动人口10.87万人，新采集登记流动人口11.39万人，注销流动人口10.80万人；出租房屋登记在册2.47万户，全年访查出租房屋3.10万户次，新备案出租房屋441户；查处不按规定申报承租人信息的违规出租房案件71起71人，罚款1.42万元。

【殡葬管理服务】 2022年，县民政局推进农村公益性骨灰楼堂建设。推动11个农村公益性骨灰楼堂建设；推进墓地生态整治工作，拆除35座“活人墓”，深埋20座，迁移63座，摧毁墓地雏形19座，生态整治109个；免除群众基本殡葬服务费。年内，为4988名普通群众减免基本殡葬服务费358.86万元，为1567名困难死亡群众免除基本殡葬服务费153.83万元。

（吴冀闽、林雅冰）

居民收支

【概况】 2022年，仙游县居民人均可支配收入29440元，比上年增长6.8%。城乡居民人均可支配收入比值1.79，比上年缩小0.04。居民人均生活消费支出20922元，比上年增长6.5%。

【城镇居民收入支出】 2022年，仙游县城镇居民人均可支配收入40098元，比上年增长5.9%。城镇居民人均生活消费支出25518元，增长5.7%。

【农村居民收入支出】 2022年，仙游县农村居民人均可支配收入22418元，比上年增长8.6%；农村居民人均生活消费支出18105元，增长15.7%。

【市场物价】 2022年，仙游县居民消费价格指数（CPI）比上年上涨1%。交通通信类价格上涨幅度最大，上涨5.2%，影响CPI上涨0.64个百分点。其中，汽油价格上涨21.3%，影响CPI上涨0.6个百分点；柴油价格上涨23.2%，影响CPI上涨0.07个百分点。其他七大类商品和服务价格呈“五升二降”态势。其中，居住类、教育文化娱乐类、食品烟酒类、其他用品及服务类、生活用品及服务类价格分别上涨1.2%、0.9%、0.7%、0.6%、0.6%；衣着类、医疗保健类价格分别下降2.9%、2%。猪肉价格下降10.3%，影响CPI下降0.26个百分点；鲜果价格上涨11.2%，影响CPI上涨0.17个百分点。

劳动就业

【就业政策扶持】 2022年，仙游县出台《关于印发稳岗位提技能保就业二十一条措施的通知》《关于做好2022年稳岗稳工促“开门红”有关工作的通知》《关于开展促进高校毕业生就业创业“十大专项”行动细化方案的通知》等扶持政策，通过打好“降、缓、返、补”政策组合拳，确保阶段性降低社保费率、失业保险稳岗返还、企业吸纳就业补贴、社保补贴等援企稳岗政策落地见效，做好保企业稳就业惠民生工作。

【高校毕业生就业】 2022年，仙游县事业单位工作人员新征集422人（含新增教师招聘岗位289人）；稳定扩大国有企业招聘规模，仙游县九仙溪水电开发有限公司、仙游县城市建设投资有限公司、仙游供销合作社3家企业提供岗位25个；新增省、市级“三支一扶”46人；扩大就业见习规模，支持企事业单位、社会组织等设立见习岗位，给予就业见习补贴，新增见习人员351人；对毕业年度和离校2年内未就业高校毕业生实现灵活就业的，给予社会保险补贴，为183名灵活就业人员发放社会保险补贴80.70万元；加强仙游县大学生创业中心吸纳创业实体、创业项目等创业实体帮扶；推荐2个创业项目参评大中专毕业生创业项目资助；落实好创业担保贷款等优惠政策，为6名自主创业高校毕业生发放创业担保贷款60万元。

【重点群体就业】 2022年，仙游县坚持就业服务“不打烊”，加强企业用工信息收集。举办各类线上线下服务企业用工专场招聘会5场，发布用工岗位8783个，线上浏览量358.36万人次，求职人员投递简历3045人次。汇总更新县内重点缺工企业用工需求信息，动员各乡镇（街道）、村（社区）引导县内富余劳动力就近就地就业。发布企业用工招聘岗位1.80万个。

2022年9月2日，县人社局举行一场面向全县重点人群的大型招聘会，提供906个工作岗位。图为招聘会现场

（林群供图）

对于无法输送到企业就业的贫困劳动力，开发卫生保洁员、保安员等社会服务类公益性就业岗位，对超过法定退休年龄、有劳动能力和意愿的银发脱贫人口，以劳务服务形式吸纳就业，按县最低工资标准（1810元／月）给予用人单位发放岗位补贴。为505名在公益性岗位就业的精准扶贫劳动力发放补贴资金519.27万元，发放银发脱贫劳务服务补贴115.13万元。

【职业技能培训】 2022年，仙游县结合特色产业发展和企业用工需求等实际情况，将技能培训作为扩大和稳定就业的根本性措施。企业岗位技能提升补贴152人次、9.70万元；企业简易岗前培训补贴94人次、1.88万元；企业以工代训6950人次、347.50万元。举办莆田市第四届“海峡艺雕杯”工艺品雕刻工职业技能竞赛，通过竞赛评选市技术能手1人，技师2人，高级工33人。

【劳动权益保障】 2022年，仙游县创新建立劳动纠纷多元化解联动处置机制，开设劳动纠纷投诉举报绿色通道，设立“0594-8260306”劳动纠纷维权热线，利用“12345”平台，做到防范在先、发现在早、处置在小，实现劳动纠纷“一站式”化解。创新农民工工资支付办法，组建仙游县工程建设领域农民工工资委托支付受托中心，代发县内工程建设领域在建项目农民工工资。代发农民工工资8.99万人次、5.04亿元。劳动监察受理投诉欠薪案件1986件，为3777名员工协调补发被拖欠工资2424.83万元。劳动人事争议仲裁受理案件552件，结案486件，结案率88.04%。工伤认定受理案件480件，结案378件。调动各方力量共同参与，促进各方主体紧密协作，发挥各方主体功能作用，培育省级劳动关系和谐企业1家。

（林志猛、林倪颖）

社会保险

【概况】 2022年，县人社局深化社会保险制度改革，实施全民参保计划，提升社保待遇水平。完善社会保险基金管理风险内控制度，健全基金监督体系，加强社会保险基金监督，开展社保基金提升年行动，筑牢社保基金安全的“防火墙”。加强日常巡查、案件调查、专项检查、督办案件调查等手段，依法行政，坚决查处用人单位的违法行为，督促用人单位按时足额支付农民工工资。

【养老保险】 2022年，仙游县机关事业单位养老保险参保人数2.43万人，发放基本金养老金5.27亿元；城镇职工在职养老保险参保人数9.72万人，发放养老金3.49亿元；城乡居民养老保险参保人数74.67万人，符合领取条件的60周岁以上参保人员18.15万人，发放养老金3.47亿元，基本养老保险参保率98%。机关事业单位养老保险养老金待遇月人均增加177.63元，企业职工养老保险养老金待遇月人均增加112.04元，城乡居民基础养老金标准由每人每月145元提高到155元。

【工伤保险】 2022年，仙游县工伤保险参保单位9856家，参保人数9.23万人，享受待遇510人次，发放待遇2720.43万元。

【失业保险】 2022年，仙游县失业保险参保单位3817家，参保人数4.53万人，享受待遇5897人次，发放失业金743.65万元。

【生育保险】 2022年，仙游县做好每月生育津贴核定工作，把生育津贴发放可能存在缴费基数异常、参保缴费为20人以内的小规模企业、生育津贴总额3万元以上的参保单位被列入生育津贴疑点名单并开展排查稽核工作，开展生育疑点数据稽核129人次。全年仙游县参加生育保险总人数2.33万人，支付生育津贴480人次，支出医保基金843.89万元（不含手工报销）。

【大病保险】 2022年，仙游县基本医疗保险参保人员住院、特殊门诊大病报销2.07万人次，住院、特殊门诊大病报销总金额1.91亿元。

【社保服务】 2022年，仙游县为满足群众“就近办”“多点可办”的需求，在原有认证方式不变的情况下，推出线上认证、服务大厅认证、上门认证等多种养老保险待遇领取资格认证渠道和方式。依托仙游农商行营业网点覆盖率高、服务态度好等特点，率先授权和委托仙游农商行提供认证便民服务，在1个“党建+”邻里中心、18个便民服务中心、34个农商行营业网点下沉退休待遇领取认证业务，使养老金资格认证工作更加人性化、信息化、便捷化。

【社保基金监管】 2022年，仙游县在全市率先增设“事前稽核”，构建事前预防体系，在业务审批前、基金支出前先经稽核股室按照比例核查。风险防范关口的前移，实现早发现、早介入、早处置，增强风险防控的前瞻性和预见性。增设“事前稽核”后，养老金违规领取事件发生率降低75%。县人社局、检察院联合印发《仙游县建立涉刑退休人员养老保险待遇处置联合工作机制的意见》，县检察院每季度将判决生效的服刑人员名单（男性年满50周岁、女性年满45周岁）共享至县人社局，把风险挡在待遇核发之前，确保基金运行安全。

（林志猛、林倪颖、蒋志霞）

医疗保障

【概况】 2022年1月14日，市医保稽核技术中心仙游分中心挂牌成立，市医保稽核中心筹备组和仙游医保系统全体人员参加揭牌仪式。仙游医保综合办公室成立，统筹承担全县医保系统办公室职能。形成仙游医保工作领导小组牵头组织领导县医保分局、医保分中心、稽核技术分中心的格局。2022年，仙游县参加基本医疗保险人数100.87万人（其中，参加职工基本医疗保险5.64万人、参保城乡居民基本医疗保险95.23万人）。城乡居民基本医疗保险参保个人缴费标准为每人320元/年。全年仙游县医保基金支出总额8.61亿元。

【医保征缴】 2022年1月12日，仙游县召开2022年度城乡居民医保征缴工作加温会。1月21日起，联合县税务局和县效能办实地督查2022年度城乡居民医保征缴工作进展情况，每周将征缴数据向全县18个乡、镇发布效能通报。与县教育局对接，向全县所有中小学及托幼机构发出通知，部署各中小学、幼儿园统计学生参保情况，对未缴费的学生由班主任督促尽快缴费。全体干部分组包片挂钩督导征缴工作，分为6组，每组对接3个乡镇。

【医保扶贫】 2022年，仙游医保分局将市医保局提取的上月脱贫人口和农村居民中医疗高支出人员的医疗费用监测数据，反馈至县民政、乡村振兴部门，发挥部门协同作用，跟进落实救助措施。

【医保电子凭证】 2022年，仙游县提高电子医保凭证使用结算率，向未配备电子凭证的村卫生所发放电子医保凭证扫描墩207台。

【医疗救助信息管理】 2022年，仙游医保分局接收医保免缴对象名单，进行录入、变更。做好与县民政、残联、卫健等相关部门的对接工作。建立医疗救助台账，根据相关部门每月变动名单健全医疗救助对象参保台账。根据县残联、民政、乡村振兴等部门每月上报的医疗救助对象名单，录入医保系统。

【医保经办管理服务】 2022年，仙游医保分局构建全市统一的医保经办管理服务体系，实现市、县（区）、乡镇（街道）、村（社区）全覆盖。所有乡镇（街道）便民服务中心明示医保服务岗位，配备1—2名医保服务专兼职工作人员。至年底，18个乡镇（街道）配备25名医保服务专兼职工作人员、331名村（社区）医保协理员，负责基本医保政策宣传解答和部分医保业务的办理。18个乡镇（街道）医保经办窗口配备36台台式计算机、18台激光打印一体机、18台扫描仪、18套版式办公软件、流式办公软件和信息安全软件、36个多功能读卡器、36个密码键盘等医保专用设备。

【医保支付方式改革】 2022年，仙游医保分局做好DIP（按病种分值付费）支付方式政策宣传，对DIP支付方式的核心要义进行分析讲解。做好DIP业务培训，通过参加国家、省、市、县培训，往厦门学习、自行集中培训、个别业务小范围探讨、个人自学、遇到问题第一时间答疑等多种方式进行政策、业务培训学习，夯实业务知识基础。做好DIP服务协议签订，30家执行DIP支付方式的定点医疗机构完成DIP服务协议签订。组织DIP支付方式示范医院建设，做好日常DIP改革工作落实。统筹新冠疫情防控和医保业务工作，落实15项医保业务编码贯标工作，确保国家医保信息系统落地上线运行。跟踪督促医院改造HIS（医院信息系统）系统接口，按月督促定点医疗机构上传医保结算清单。

【医保基金监管】 2022年，仙游医保分局开展省医保局疑点数据核查工作。省医保局下发的筛查规则及筛查数据涉及辖区46家定点医药机构，结合非公立眼科定点医疗机构专项检查、血液透析专项检查和村卫生所专项检查工作，在定点医药机构自查比对的基础上，仙游医保分局组织仙游稽核分中心通过线上核查和现场核查等多种方式，核查疑点数据13.13万条，确认违规1.83万条，涉及医疗机构自查违规金额12.55万元，定点医疗机构全部退回；疑点数据核查违规金额71.58万元，行政立案1起。开展省交叉检查结果核查工作，仙游的莆田滨海医院和仙游德安医院被选为省交叉检查医疗机构，省交叉检查组移交相关检查情况，仙游医保分局指派稽核分中心对检查结果予以核实，核实违规金额17.87万元。开展2021年度第二轮现场稽核工作，完成41家定点医疗机构日常稽核全覆盖检查工作，涉及违规金额约17.99万元按程序追回。开展定点医疗机构中药饮片销售加价行为专项稽核检查，开展现场核查23家，收回23家医疗机构自查自纠材料，涉及违规金额9.55万元按程序追回。6月，仙游医保分局在夜间组织稽查稽核人员对9家定点医疗机构开展住院情况检查，发现1家定点医疗机构存在病人挂床现象，完成行政处罚。

（蒋志霞）

住房保障

【概况】 2022年，仙游县保障性住房建设2442套，其中廉租租赁房666套，公共租赁房534套，廉租配售713套，经济适用房392套，限价商品房125套，提供县人武部的“双拥”保障房12套。全县公积金缴存单位1095个，归集人数3.56万人，归集总额6.10亿元，职工公积金提取4286次，提取总额4.82亿元。全年审批发放公积金贷款882笔，合计34725.94万元。至年底，公积金余额20.64亿元，公积金贷款余额18.52亿元。

【公租房建设】 至2022年底，仙游县建有鲤城龙泉、玉井和鲤南圣泉、仙安、中兴、51—53号地6个保障性住房小区、2442套。其中，龙泉保障房小区524套（用于配售367套、配租157套）、玉井保障房小区281套（用于配售110套、配租171套）、仙安保障房小区374套（用于配租374套）、中兴保障房小区642套（用于配售192套、配租450套）、51号地保障房小区236套（用于配售236套）、圣泉嘉苑小区385套（用于配售325套、配租60套）。

【人才安居保障】 至2022年底，仙游县尚未建设专门人才住房（人才公寓）。从鲤北龙泉保障住房小区中提供4套住房，作为县人才周转房使用。对符合公租房申请条件的机关事业单位和国有企业招考的大中专毕业生，优先给予配租。仙游县保障性住房用于配租1196套（已配租1116套、未配租80套），至6月1日，通过资格审核轮候家庭283户，房源供给紧张。保障性住房保障性质不可变更且房源指标不可减少。

【公有住房管理】 2022年，仙游县建立健全公有住房退出机制。制定《全县廉租房公租房配租房保障资格排除整治方案》，成立核查工作小组，逐户核查入住资格，建立完善动态管理机制，及时清退不符合条件人员。3月起，使用福建省公租住房信息管理系统，将所有1212套廉租房、公租房房源情况、承租人情况、租赁合同期限、年度审核情况等信息录入系统，由省住建厅直接监督；公布举报电话，确保保障性住房配租工作公开透明。依托建行“悦生活”建设租金缴费平台，承租人通过扫描二维码、微信公众号、手机银行等支付渠道，实现租金线上收取。

【住房补贴发放】 2022年，仙游县开展城镇住房保障家庭租赁补贴工作，缓解中低收入家庭、新就业无房职工、外来务工（进城务工）等人群的过渡性居住问题，对符合仙游县现行公租住房准入条件且未享受实物配租或在规定轮候期内个人或家庭依申请予以发放住房租赁补贴。全年全县发放租赁补贴46户，发放金额12.43万元。至2022年底，全县累计发放租赁补贴149户，发放金额363万元。

【住房公积金管理】 2022年，莆田市住房公积金管理中心仙游管理部（简称仙游住房公积金管理部）深化大数据应用赋能，推进与不动产数据信息在住房公积金贷款子系统的应用，让房产数据在线自动比对查询，推行住房公积金贷款线上预审。符合住房公积金个人贷款条件的职工在线上提交个人基本情况、住房套数等相关信息办理住房公积金贷款预审，无须前往服务大厅现场申请。经办人员线上审核、审批并返回审批意见。贷款申请成功后，借款人即可把贷款材料送交办事窗口进行签约，实现“一次签约即审批办结”。

仙游住房公积金管理部开展“惠民公积金、服务暖人心”服务提升三年行动，推出公积金租房、离职提取等6项高频业务操作指导视频；主要领导及分管领导定期不定期开展“领导进窗口、服务零距离”活动，以办事群众、经办人员和审批人员3种身份全流程体验公积金业务办理过程，发现线上线下公积金服务存在的办事不便、效率不高等问题，倡导公积金业务网上办、优化营商环境。获得莆田市政务服务中心“流动红旗窗口”“服务之星”。

（陈赛芬、王国平）

社会救助

【最低生活保障】 2022年，仙游县农村低保对象9193户2.01万人，城市低保164户253人，低保边缘户1663户4959人，发放农村低保金1.21亿元，发放城市低保金214万元。规范低保资金使用管理，落实低保户银行存折账户，实行统一造册，依托福建省扶贫资金监管系统每月20日前代发。提高低保特困标准，城乡低保标准从660元/月（城市是754元/月）提高到820元/月；农村低保人均月补助水平从451元提高到544元，人均提标93元。

【特困人员供养】 2022年，仙游县特困人员救助供养对象2193户2215人，发放特困金4775万元。对有集中供养意愿的特困人员，提供集中供养服务，确保100%入住；对生活自理能力发生变化的特困人员，调整生活自理能力类别和照料护理标准。

【临时救助】 2022年，仙游县实施临时（受灾人员）救助2.86万人次，发放救助金1353.57万元。按照户籍人口每人每年不少于10元的标准筹集临时救助资金，并建立乡镇（街道）临时救助备用金制度，用足用好“一事一议”工作机制。

【医疗救助】 2022年，仙游县住院、特殊门诊医疗救助金额4533.81万元，城乡居民医疗救助资助个人参保缴费1905.06万元。县医保部门根据残联、民政、乡村振兴等部门每月上报的医疗救助对象名单，建立健全医疗救助对象参保台账。推进疾病应急救助工作，加强医疗机构监管，强化医疗机构责任落实。按照规定申请疾病应急救助基金，防止骗取、套取、挪用、违规申请使用救助基金。

【慈善救助】 2022年，仙游县慈善总会救助困难群众290人次，救助金额146.20万元，其中救助大病医疗困难157户（人）次，救助金额124.20万元。坚持“突出重点、注重效果、量力而行、善款善用”原则，与县医保中心、县新农合医保中心和乡镇（街道）、村（社区）联动配合，召开理事会议研究，制定《仙游县困难家庭大病医疗救助实施方案》，优先救助大病医疗患者群众和社会的弱势群体。春节期间，县慈善总会开展县、乡镇（街道）、村（社区）慰问救助活动，慰问困难群众131户，慰问金额14.90万元。配合县政府，实施救助社会性突发事件的特殊困难户，救助金额7.10万元。

（林雅冰、严宗伙、蒋志霞、吴冀闽）

社会福利

【妇女儿童福利】 2022年，仙游县开展关爱留守妇女服务专项活动4场次，活动内容包括禁毒宣传、女性心理健康、反家庭暴力、就业培训等，受益妇女500余人次。2022年，仙游县有社会散居孤儿22人、事实无人抚养儿童657人，共679人。其中，21名事实无人抚养儿童由莆田SOS儿童村集中养育并发放基本生活费，发放基本生活费对象658人，发放金额823.68万元。推进留守儿童网格化管理，委托网格员按季度开展日常探访巡查，将农村留守儿童登记造册，滚动管理，按季度更新，精确普查农村留守（困境）儿童3835人。引进专业社工力量，完成榜头镇紫泽社区和龙华镇红旗村创建农村留守

2022年12月19日，县总工会、民政局、教育局等单位联合主办第二届“桂花香”关爱留守儿童公益活动，帮助全县223名留守儿童实现“微心愿”。图为启动仪式现场

（彭丽程供图）

2022 年 11 月，仙游县留守儿童关爱协会成立大会暨第一次会员大会召开，该协会是全市第一个、全省第二个以关爱农村留守儿童为主要服务对象的爱心协会。图为会议现场（苏剑春供图）

儿童和困境儿童关爱保护示范点建设。实施推动“福蕾行动”计划，开展关爱服务活动 249 场次，受益儿童 4800 余人次。做好收养登记工作，办理国内儿童收养登记 5 件。成立全市第一个、全省第二个关爱留守儿童社会组织——仙游县留守儿童关爱协会，以关爱农村留守儿童为主要服务对象。

【老年人福利】 2022 年，仙游县推出城乡医养一体化居家养老专业化服务试点项目，在全市乃至全省率先购买移动医疗车，并在 18 个乡镇（街道）巡回下乡，分期分批派送价值 559 元的“七类人员”（特困人员供养、低保对象、建档立卡的贫困人口、重点优抚对象、计划生育特殊家庭成员、重度残疾人中的老年人以及 80 岁以上的老年人）免费体检卡 1 万余张，开展政府购买“七类人员”老年人居家养老服务及医疗驻点服务。为 65 名百岁及以上老年人发放重阳节慰问金 9.75 万元。

【残疾人福利】 2022 年，仙游县按月动态调整残疾人“两项补贴”对象。符合享受重度残疾人护理补贴 1.63 万人，发放护理补贴资金 1983.60 万元，其中一级护理 3509 人，发放资金 522.85 万元；二级护理 1.11 万人，发放资金 1303.60 万元；三、四级精神或智力残疾 1649 人，发放资金 157.15 万元。符合残疾人生活补贴 1.66 万人，发放生活补贴资金 1925.26 万元；60 周岁以上重度残疾 5473 人，发放资金 630.20 万元；低保边缘户重度残疾 2135 人，发放资金 263.63 万元；低保残疾 5009 人，发放资金 546.55 万元；其他重度残疾人 3949 人，发放资金 435.19 万元。

【福利机构安全管理】 2022 年，仙游县部署两会、冬残奥、“五一”、国庆等重要时间节点民政领域安全防范工作。以政府购买的形式聘请第三方对养老机构消防安全开展专业化隐患排查和整治；与各下属单位、民办养老机构签订安全承诺书、安全管理目标责任书；根据《全国养老服务质量大检查指南》，加强执法检查工作，县民政局主要领导每季度 1 次、分管领导带队每月 1 次对养老机构、下属单位进行安全工作检查，提高各单位的安全防范意识；做好安全生产风险隐患排查整改工作，确保养老安全稳定，形成台账每月上报县安监局、消防大队；传达贯彻省市县防范重特大安全事故会议和相关安全生产工作会议精神，部署开展隐患排查整治，抓好民政领域的消防和安全生产工作；开展养老机构工作人员健康检测，排查养老机构入驻人员名单，报送县卫健局比对。6 月 23 日，会同县消防大队、赖店镇应急管理中心在仙游颐养公寓开展全县养老

2022 年 10 月，仙游惠民中西医结合医院移动医疗车投入使用（林丽美供图）

机构消防安全培训暨灭火疏散综合演练活动；做好持续高温天气期间的安全防范工作，指导各养老机构完善夏季安全防范措施。加强养老机构食品安全监管。

【走访慰问】 2022年，仙游县开展“两节”送温暖走访慰问活动，走访特困群众、困境儿童、革命“五老”人员及遗偶等466人次，发放慰问金39.20万元。

（林雅冰）

基层治理

【社区治理】 2022年，仙游县推进“党建+”社区邻里中心建设。按照党建引领主线，完善社区幼有所育、老有所养、病有所医、食有所安、居有所乐、事有所办的标准，以鲤城街道的南桥社区和洪桥社区为样板试点，打造一批环境优美、布局合理、功能完善、服务有序的新型社区邻里中心。组织实施高校毕业生服务社区计划，招募派遣10名高校毕业生到城市社区服务，同时做好在岗人员的教育管理和期满人员的政策落实等工作。推进2022年“三社联动”（社区、社工、社会组织）试点项目建设，在鲤城街道洪桥社区开展相关活动。

【村社组织建设】 2022年，仙游县组织修订完善村规民约和居民公约，把社会主义核心价值观和“爱国爱乡、崇文崇教、敢拼敢赢、至善至美”的仙游精神融入新修订的居民公约，体现依法制定、法律精神、时代特色、内容多样化；依法完成因故缺额的村（居）委会成员补选工作，按照相关法律要求，补选31名因故缺额的村（居）委会成员；县民政局配合县委组织部举办全县村（居）委会主任培训班。9月19—23日，举办2022年度村（社区）党组织书记、村（居）委会主任“党建引领 夯基惠民”视频专题培训班。

【社会组织管理】 2022年，仙游县强化社团和民办非企业单位登记规范管理，落实审批程序和审批时限，把好登记关口，符合登记条件的及时办理登记。办理社会团体15家，民办非企业单位18家，注销社会团体11家，民办非企业单位9家，基金会1家，撤销僵尸社会团体4家，民办非企业单位4家，下发责令整改通知书60份，活动异常告知书50份；开展行业协会、商会乱收费专项清理整治“回头看”工作，抓好涉企违规收费工作。聚力公益志愿服务，社会组织参与乡村振兴建设，投入资金855.93万元；参与新冠疫情防控，投入资金103.66万元，志愿服务5000余次；鼓励社会组织面向高校毕业生开发就业岗位92个，见习岗位4个。

【社工队伍建设】 2022年，仙游县通过政府购买服务方式与社工机构签约，完成18个乡镇（街道）社工站及1个社会工作服务指导中心建设。配备62名驻站社工，围绕社会救助、养老服务、留守儿童关爱保护等民政重点工作开展专业服务，推动社工专业化服务全覆盖。动员267人报考社会工作者职业水平考试，组织考生参加线上免费考前培训，增强社工专业人才储备。落实社工人才职业津贴及一次性奖励政策，给予在社区从事社会工作的4名助理社会工作师每人每月150元、1名社会工作师每月200元职业津贴，发放一次性8400元奖励（初级奖励11人、中级奖励2人）。

【区划地名管理】 2022年，县民政局完成完善国家地名信息库中地名条的信息4747条，新增7条。全年新增群众地址1957条，楼盘地址9538条；制作二维码门牌（大、中、小）2893块，梯位牌232块，户室牌1.58万块，楼幢牌98块；完成全县18个乡镇（街道）村牌及街路牌巡查工作，补设街路牌及村牌40块。推进边界联检工作，联合上级民政部门及毗邻县、区对县内4个界桩进行抽查，界线走向明确，无争议，界桩完好、醒目，界点清楚。

（林雅冰）

老龄事务

【概况】 2022年，仙游县建成2个区域性养老服务中心、24个长者食堂等养老服务设施，发放城乡低保金、特困金、临时困难救助等1.84亿元。仙游县有百岁老人87人。其中，最高寿者为赖店尾镇歧山村陈珍哥104岁。仙游县有1家医养结合机构颐康养老院。一级综合医院——颐康医院审批内设9个科室，医生6人，护士15人，床位20张。

【养老服务】 2022年，仙游县推出城乡医养一体化居家养老专业化服务试点项目，在全市乃至全省率先购买移动医疗车，并在全县18个乡镇（街道）巡回下乡，分期分批派送价值559元的免费体检卡1万余张。推进养老服务设施建设，建成2个区域性养老服务中心2个、24个长者食堂、4个农村幸福院，完成444户特殊困难老年人居家适老化改造，推进65个农村幸福院质量提升，新增养老床位469张。防范养老诈骗，在285家养老服务机构及服务场所开展宣传。提升养老从业人员素质，开展养老从业人员护理技能、消防安全等培训，覆盖785人次。

【敬老月活动】 2022年敬老月，仙游县老龄办（简称县老龄办）到各乡镇（街道）、社区（村）开展走访慰问、敬老文化宣传教育活动、老年维权优待活动、“老有所为”先进典型宣传活动、老年文化体育活动。安排专项资金用于发放4391人90周岁以上老年人和百岁老人高龄生活补助金。牵头卫生部门对全县65周岁以上的老年人组织免费健康体检。老年节期间，协调指导部分镇村老龄办，做好市、县主要领导上门慰问百岁老人和特困老人筹备工作。莆田电视台和《仙游今报》分别报道仙游县委书记、县长慰问百岁老人的活动。

【老年人意外伤害保险】 2022年，县老龄办推动各乡镇（街道）老龄办开展80周岁以上老人摸底调查工作。投入42.63万元为辖区2.13万名80周岁及以上老年人统一购买意外伤害保险。

【失能贫困老年人管理】 2022年，县老龄办落实全国健康扶贫动态管理系统里的大数据分析内容，逐一核实大数据名单，完成失能贫困老年人大数据评估管理工作。

【基层老年人协会建设】 2022年，仙游县推进基层老年人协会规范化建设，发挥协会正能量作用，将平安宣传工作与业务宣传相结合、相促进。发挥职能优势，增强全社会应对人口老龄化意识，弘扬敬老爱老传统美德，发展老龄事业，提高老年人的福祉。

（许　超）

残疾人事务

【概况】 2022年，按照全国第二次残疾人抽样调查结果比例测算，仙游县残疾人总数6.50万人，占总人口的6.25%。各类残疾人数占残疾人总数的比重分别为视力残疾10465人，占16.1%；听力残疾18025人，占27.73%；言语残疾793人，占1.22%；肢体残疾14670人，占22.57%；智力残疾5616人，占8.64%；精神残疾4790人，占7.37%；多重残疾10641人，占16.37%。至年底，有3.29万人办理第三代残疾人证。9月，县政府出台《仙游县“十四五”残疾人保障和发展规划》，提出“十四五”期间残疾人社会保障、就业创业、残疾预防与康复、教育、基本公共服务5个方面任务，设定13项主要指标，谋划安排56个重点项目，在残疾人社会保障、就业创业、基本公共服务等方面做探索。

【残疾人康复】 2022年，仙游县残疾人联合会（简称县残联）落实各项残疾人康复救助政策，完成残疾人康复服务1.15万人，完成辅助器具适配服务401人，发放辅具补贴资金71.36万元，为10名精神残疾人提供住院医疗补助，发放补助资金0.84万元，为738名0—17岁残疾儿童提供康复救助服务。利用“爱耳日”“助残日”等，开展“关爱听力健康，聆听精彩未来”等主题活动，加强残疾预防和残疾人康复宣传教育工作。

【残疾人教育】 2022年，县残联配合教育部门完善以普通学校随班就读为主体、特殊教育学校为骨干、送教服务为补充的多种形式的残疾儿童少年义务教育体系，推进城乡残疾儿童少年义务教育均衡发展；协助教育、卫生部门做好11

2022年12月23日，仙游县召开残疾人联合会第七次代表大会

（县残联供图）

名参加高考、25名参加中考的残疾考生体检、录取工作；协助县关工委做好2022年残疾学生和残疾人子女助学工作，资助学生34人，每名学生2000元。

【残疾人就业】 2022年，县残联发放2022年农村残疾人就业创业补贴，为100名残疾人发放43万元；为212名残疾人提供实用技术培训，确保有培训需求残疾人都能掌握一门职业技能或实用技术；为51名残疾人办理自主就业创业社会保险补贴20.65万元，扶持集中安置残疾人企业1家，带动36名残疾人就业，发放补助资金16.64万元（其中就业岗位补贴5.65万元、超比例安排残疾人就业奖励补贴10.99万元）；推荐4名肢体残疾人参加全省2期“云客服”培训，推荐2名视力障碍残疾人参加全省第一期盲人初级按摩培训；推动爱心助残驿站在鲤城街道南桥社区挂牌成立；组织19名残疾人参加市职业技能竞赛，获得团体二等奖。

【残疾人社会保障】 2022年，县残联协助县民政局为符合条件的重度残疾人发放护理补贴1.63万人，发放护理补贴资金1983.59万元。为符合条件的残疾人发放困难残疾人生活补贴1.66万人，发放生活补贴资金1925.26万元；为“一户多残”残疾人户发放补贴，全年发放补贴资金747.91万元，受惠残疾人家庭3106户6477人；为3.27万人投保意外伤害险，保费65.38万元；落实残疾人医疗救助和参加城乡居民养老保险制度。

【残联组织建设】 2022年，县残联制定《仙游县残疾人联合会关于乡级残疾人联合会换届工作的指导意见》。做好全县村（社区）残协换届工作，全县325个村（社区）残协，村（社区）“两委”担任320个，非“两委”担任5个；18个乡镇（街道）残联完成换届。12月23日，召开仙游县残疾人联合会第七次代表大会，大会主席团通过民主选举，蒋庆和当选仙游县残联第七届主席团主席；陈春泉当选执行理事会理事长；王乐善、陈开桐2人当选执行理事会副理事长；黄莉、王天平2人分别当选执行理事会挂职（兼职）副理事长；郑成中、黄智扬、林海清3人当选执行理事会理事。仙游县残联第七届主席会议决定聘请县委书记吴文恩，县委副书记、代县长陈志挺为仙游县残联第七届主席团名誉主席。

【残疾人帮扶】 2022年，仙游县将全县1万余名重度残疾人纳入监测范围，关注其中的贫困边缘户残疾人、“一户多残”残疾人、缺乏家庭劳动力残疾人等。每月组织开展一次重度残疾人情况专项筛查，分析核实本系统通过部门数据比对及服务热线、信访等途径获得的预警信息，未发现存在返贫风险的残疾人。在莆田市首创以政府购买服务的方式为重度残疾人提供居家托养照料服务，为328名符合条件的残疾人提供居家托养服务，补贴金额65.60万元。

【残疾人文化体育】 2022年10月14日，县残联在仙游鑫鼎影院举办“喜迎二十大，永远跟党走，奋进新时代”残疾人文化活动，61户生活能自理的重度残疾人或脱贫户、低保户、五保户的轻度残疾人家庭参加知识竞赛和爱党爱国歌曲大联唱。8月23日，联合县文旅局、财政局出台《残疾人体育奖励办法（试行）》明确对符合条件残疾人运动员设置名次奖和创纪录奖（参赛奖）2种奖励，最高奖励60万元。

【残疾人权益保障】 2022年，县残联领导接访日受理信访数3件，全部办结；莆田市“12345”政务服务平台转办件36件，回复并解决29件，及时回复率100%，满意率100%。加强残疾人无障碍环境建设，推动区域无障碍环境良性发展。在园庄镇开展“整镇推进”残疾人家庭无障碍改造工作，全镇118户残疾人家庭参与改造，补贴金额47.67万元；为其他乡镇（街道）34户残疾人家庭提供无障碍改造补助，补贴金额17.64万元。为4名残疾人提供C5驾证补贴，补贴金额1.20万元。为8名残疾人提供机动车燃油补贴，补贴金额2080元。配合县住建局做好城区无障碍环境督导工作。

【残疾人工作创新】 2022年，仙游县落实市级“智慧监督”平台工作。4月，全县“一户多残”申请人员身份信息、职能部门发放明细、银行机构领用记录等数据共享至市数据库。

开展肢体类别重度残疾评定服务，为132位残疾人提供上门服务评残服务并提供科学细致的康复指导，解决群众因出行不便而造成的办证难问题。申请人在医院《残疾人证》办理窗口书面承诺办理后，可直接到县工行办理领取第三代残疾人证，办理完成后次月集中将申请人的姓名、性别、残疾类别和等级等内容在福建省残疾人在线——仙游县残疾人联合会网页进行公示并接受监督；结合日常工作、残疾人基本状况调查等进行审验核查，对发现残疾状况有明显变化、与残疾人证内容不符的，县级残联可要求持证残疾人重新进行残疾评定，及时调整。改变过去因公示5个工作日无异议后才能办理，由承诺件提升为即办件，实现残疾人证办理"一次办好、最多跑一趟"，享受各项惠残助残政策。9月26日，"仙游县残联打通服务残疾人群众的'最后一公里'"经验入选莆田市审改办发布的莆田市深化"放管服"改革典型经验做法。全年县医院残疾人证办理窗口办理残疾人证业务4805人，其中新办2676人、残疾类别等级变更192人、挂失补办467人、换领148人、迁移25人和注销1297人。实施"跨省通办"制度，为39名残疾人办理"跨省通办"有关业务，破解外地在仙游打工或仙游籍在外地打工残疾人异地办事"多地跑""往返跑"的突出难题。

（颜　立）

红十字会

【概况】　2022年，仙游县红十字会（简称县红会）开展"三救"（应急救援、应急救护、人道救助）、"三献"（无偿献血、造血干细胞捐献、器官遗体捐献）和志愿服务等工作，发挥红十字会组织在党和政府人道工作领域的助手作用。年内，新成立4个基层红十字会（仙游县总医院红十字会、仙游义工协会红十字会、仙游博爱医院红十字会、枫亭镇红十字会），发展会员97人。至年底，有基层组织12个、会员227人。1月，莆田市港区政协委员联谊会、福建赛隆科技有限公司等10家爱心企业和林万强、林一文被中国红十字会总会授予"中国红十字奉献奖章"。

【为民办实事项目】　2022年，仙游县救护员知识培训和自动体外除颤仪（AED）配置被列为省委、省政府和市委、市政府为民办实事项目。县红会通过招投标方式采购8台自动体外除颤仪（AED），安装至1个电影院、3个商业综合体和4个学校。6月，与县委组织部、文明办、县教育局联合下发《关于开展救护员培训》文件，组织机关企事业单位干部职工、教师队伍和镇村干部、网格员开展救护员培训，全年完成培训获证2000人，完成率100%。推进应急救护知识培训"六进"（进社区、进企业、进机关、进学校、进农村、进军营）活动，开展应急救护普及培训18场，培训人数1000余人，发放应急救护手册和"家庭急救"等宣传学习材料1000余份，提升干部群众自救互救能力。

【应急救护知识大赛】　2022年11月2日，县红会遴选县实验小学5名教师组成的代表队参加莆田市第五届红十字应急救护大赛，获得团体一等奖，队员戴雪红获得个人综合一等奖，另外4名队员分别获得个人单项奖。仙游县代表队代表莆田市参加省第七届红十字应急救护大赛。

【"三献"工作】　2022年，县红会组织开展"三献"工作，推进人道事业发展。做好无偿献血工作，把无偿献血与文明创建相结合，组织献血车到各个乡镇（街道）和部分学校、机关单位、企业上门服务，全年完成献血1255人次。6月21日，成立莆田市红十字生命教育宣传暨生命接力志愿服务队仙游支队；12月15日，在湄洲湾职业技术学校举行"生命之约，大爱传递"福建省2022年人体器官捐献宣传季暨莆田市仙游县枫亭镇红十字志愿服务队成立揭牌仪式，宣传推广器官遗体捐献工作。2月3日，赖店镇山尾村1名村民捐献的肝、肾挽救3名危重症患者的生命，捐献的眼角膜让2名双目失明患者重见光明。

【公益活动】　2022年，县红会

2022年5月8日，仙游县总医院红十字会在莆田市2022年"红十字博爱周"启动仪式上授牌　（郑丽供图）

2022年6月21日，莆田市红十字生命教育宣传暨生命接力志愿服务队仙游支队举行成立揭牌仪式。图为志愿者宣誓　（刘燕钦供图）

与县委文明办、县总工会、教育局、卫健局联合发文，倡议各文明单位、企业工会、学校、医疗机构以及各基层红十字会及志愿服务队参与募捐活动。开展2022年“99公益日”腾讯公益募捐活动，仙游县募捐总额逾31万元，募捐金额位居全市第一位、全省第十位，被省红十字会授予“2022年度福建省红十字会‘99公益日’优秀组织单位”称号，县委文明办、县教育局、枫亭镇志愿服务队被省红十字会授予“2022年度福建省红十字会‘99公益日’（优秀）爱心单位”称号。

1月10日，县红会与县总工会、县邮政分公司在园庄镇中心小学联合开展仙游县首届“桂花香”关爱留守儿童公益活动。现场为60名留守儿童发放由爱心企业和爱心人士所捐赠的价值3万元的慰问礼包，为爱心企业和爱心人士代表颁发荣誉证书和牌匾。

【走访慰问】　2022年，县红会利用募集的“爱过年”项目款和省红十字会下拨的慰问箱，慰问器官遗体捐献者家属、造血干细胞捐献者和精准扶贫户、困难户等贫困弱势群体，帮助他们温暖过年。活动期间，慰问群众121户，发放慰问金21.80万元，慰问箱12个。

【人道主义救助】　2022年，县红会通过下发文件、微信群转发等方式宣传省红十字会福万通少儿大病医疗救助政策、全国红基会小天使基金救助政策和市红会的烧伤医疗救助政策，让符合救助条件的患者能够及时得到救助，减轻患者家庭经济负担。全年获得省红会福万通救助1人、救助资金1.50万元；申请白血病救助4人，获得救助金15万元；申请先天性心脏病救助1人，获得救助金3万元。

（连景鸿）

水库移民事务

【概况】　2022年，福建省移民管理机构核定仙游县大中型水库移民1.02万人，其中资金直补到人6480人，按照每人每年600元发放直补资金388.80万元。仙游县水利水电工程移民发展中心（简称县移民发展中心）实行大中型水库移民资金直补对象动态管理，组织库区所在乡镇（街道）、移民村开展入户核查，通过部门公共信息平台数据比对等方式，对2022年度移民直补对象死亡、被国家机关或事业单位录用、服刑、长期出国出境等情况逐一审核，上报核减33人，对1名刑满释放移民上报恢复资金直补移民资格。

【移民后期扶持】　2022年，仙游县投入移民资金1023.94万元，实施人居环境整治和生产开发配套等项目10个。主要开展河道清淤及治理2.20千米，移民古大厝立面改造4000平方米，屋顶修缮1500平方米，环境整治及绿化景观4000平方米，硬化水泥路面5873平方米，安装下水道暗管780米，建设护坡400米，破除并硬化水泥道路430米，铺设水泥排水暗管860米，硬化水泥生产道路4.59千米，新建廉政文化广场3067.40平方米，架设独立杆太阳能路灯85盏。申报下年度大中型水库移民后期扶持项目任务12个，其中仙游县监测评估项目1个、移民村社会治理能力项目1个、基础设施和基本公共服务设施项目4个、移民村人居环境整治项目4个、农业基础设施建设项目2个，项目通过省移民发展中心政策符合性审核。12月，完成项目实施方案编制和审查批复工作。

项目开工16个，项目完工18个，项目验收18个。解决城乡供水一体化1个村、完成景观绿化2处、硬化水泥道路8.83千米、架设高清探头65个及相关配套设施，建设拦水坝2座、引水渠道3千米、砼排水沟980米、混凝土排水管道3.10千米、雨水井104座、停车场750平方米，电力配网及光纤入户改造39户，架设智慧灯杆4杆，配置管理系统1套、服务器1台、电脑1台、显示屏2块，建设移民文化活动广场1处，河道清淤2.20千米，河道底及河道壁浆砌半硬化1.70千米，建设步行道1.70千米。全年完成投资1727.30万元，其中拨付移民资金1617.70万元。

【库区和移民安置区平安建设】 2022年，仙游县开展水库移民信访突出问题治理年行动，把治理水库移民突出问题与深化“我为群众办实事”实践活动相结合，排查水库移民信访突出问题1件，做好案情研究、协调处理、督办落实、疏导解释等工作，实行动态管理，推进积案化解。完善库区共建共治机制，将“平安库区”创建与县政法、信访、公安等部门工作有机衔接、强化联动共治，提升库区社会治理水平。重点时段强化库区稳定动态预警、研判和处置，实行摸排情况“零报告”和24小时值班制度，协调政法、公安、信访、网信等部门，做好应急预案，确保库区和移民安置区安定、稳定。

（陈莉莉）

民族宗教事务

【概况】 2022年，仙游县有37个少数民族，7个少数民族行政村，45个少数民族自然村，少数民族人口2.22万人，各民族融合和睦。登记宗教团体5个（县佛教协会、县道教协会、县天主教爱国会、县基督教三自爱国会、县基督教协会）；登记民间信仰团体1个（县三一教协会）。登记宗教活动场所316处，其中佛教213处，道教21处，天主教4处，基督教78处。民间信仰“三一教”（儒、道、释三教融归于一）试点登记场所258处，其中省级民间信仰联系点7处，市级民间信仰联系点29处，县级民间信仰联系点222处。9月，在宗教工作服务平台更新完善教职人员信息，佛教教职人员581人，道教45人，天主教2人，基督教38人。

【民族村建设】 2022年，仙游县收到少数民族补助资金138.43万元，用于3个项目建设。其中，中央少数民族资金60万元用于度尾镇砺山村虎头坪果树种植及配套工程。省级少数民族资金24万元，10万元用于度尾镇砺山村虎头坪果树种植及配套工程，14万元用于盖尾镇新窑村非物质文化遗产修缮工程。市级少数民族资金44.43万元，34.43万元用于度尾镇砺山村培英至昭灵宫道路硬化，10万元用于盖尾镇新窑村非物质文化遗产修缮工程。县级少数民族配套资金10万元用于盖尾镇新窑村非物质文化遗产修缮工程。

【民族事务管理】 2022年5月19日，仙游县民族宗教事务局（简称县民宗局）在度尾镇砺山村举办以“铸牢中华民族共同体意识，同心共迎二十大”为主题的铸牢中华民族共同体意识主题现场会，总结推广砺山村创建福建省民族团结进步先进集体成功经验，邀请社会各界人士40余人参加，分发宣传单200余份。创建“沧溪民族小学”“度尾镇砺山村”“榜头第二道德中学”为“莆田市青少年石榴籽教育实践基地”。度尾镇砺山村申报为莆田市人大常委会“港澳台侨民宗”联系点。协助做好困难群众的帮扶工作，协助省政协民宗委开展“爱心圆梦”少数民族困难家庭大学生助学活动，受助学生9人、助学金3万元。

【宗教事务管理】 2022年，县民宗局与文旅、教育、公安等部门联合开展宗教出版物专项检查，收缴非法出版物500余册。全县316处宗教活动场所，其中296处完成管理组织设立，道教、天主教、基督教完成宗教活动场所管理组织设立。5月27日，组织各宗教团体、乡镇（街道）统战干部学习《宗教活动场所财务管理办法》。11月，指定17处基督教聚会点为临时活动地点，引导乡镇（街道）根据《宗教临时活动地点审批管理办法》规范管理。全年县民宗局建立宗教活动场所安全隐患自查台账307册，其中排查存在安全隐患场所116处，各类安全隐患263个，均整改到位。

【宗教活动场所安全培训】 2022年6月，县民宗局会同县应急管理局开展宗教界“安全生产月”系列活动，组织宗教界人士观看学习《生命重于泰山——学习习近平总书记关于安全生产重要论述》电视专题片。组织宗教活动场所安全防范培训7场，参与488人次，开展宗教活动场所安全生产专题学习活动5场，参与369人次。与县消防大队联合分别在鲤城土寨基督教堂、现代教育培训中心召开2场宗教领域以“遵守安全生产法当好第一责任人”为主题的安全生产月培训和演练，200余人参加。在各宗教活动场所悬挂横幅、LED屏循环播放安全生产标语，向宗教人士和信教群众发放安全生产、消防等宣传材料。

【宗教政策宣传】 2022年5月，

县民宗局倡议统战系统干部、各宗教团体、“三一教”协会团体成员和仙游极乐寺、仙游龙华寺等场所相关人员召开学习宣传会议，学习全国、全省宗教工作会议精神，习近平总书记关于宗教工作重要论述、《互联网宗教信息服务管理办法》等。全年印发宗教类出版物、相关法律法规宣传单3500份。

【“推进宗教中国化”主题月活动】 2022年6月，县民宗局开展“推进宗教中国化”主题月活动，组织宗教界人士开展座谈，交流“推进宗教中国化”心得体会，龙华寺、枫亭会元寺、极乐寺、鲤南孝慈寺开展4场以佛教与社会主义社会相适应为主题的巡回讲经活动。

（郑碧媛）

精神文明建设

【概况】 2022年，中共仙游县委精神文明建设指导委员会办公室（简称县委文明办）推进文明县城常态化创建工作，提升市民文明素养和县城文明程度。指导省级、国家级文明单位（村镇、社区、校园）开展2022年度文明创建过程性材料上传工作。

【新时代文明实践中心建设】 2022年6月30日，县委文明办授予福建仰古轩文化发展有限公司“仙游县新时代文明实践中心家风家训实践基地”牌子；9月9日，授予仙游县黄氏大祠堂“仙游县新时代文明实践中心孝文化实践基地”牌子。1月21日，县委文明办联合县烟草局在仙游县新时代文明实践中心开展仙游县2022年“弘扬‘福’文化，义务写春联”新时代文明实践活动，推动“福”文化活动常态化、制度化。正月初一到初七，县委文明办在仙游文庙开展“迎新春，孙仁英古典人物画作品展”。4月23日，县委文明办联合县爱卫办、团县委、县卫健局、城管局、教育局在仙游方圆荟广场举行“文明健康 绿色环保”仙游县第34个爱国卫生月宣传新时代文明实践活动。6月24日，在仙游县新时代文明实践中心广场举行“喜迎二十大 奋进新征程 文明新实践”——莆田学院与仙游县新时代文明实践中心“校地共建”文明实践活动，200余人参加。开展“校地共建”基地挂牌仪式及共建工作座谈，县公安局、司法局、县妇幼保健医院、移动公司等单位现场开展《中华人民共和国民法典》宣传、全民禁毒、反诈防骗、应急救护知识宣传等各类志愿服务活动。6月29日，仙游县召开深化拓展新时代文明实践建设工作推进暨业务培训会。7月11日，组织召开迎接福建省新时代文明实践中心建设年中评估工作部署会，深化全县新时代文明实践所（站）规范化建设。8月，鲤城街道木兰社区、鲤城街道东门社区、鲤南镇象林村、菜溪乡溪边村等开展“我们的节日文化”活动，争取上级经费补助3万元。9月26日，组织全县省级、市级、县级文明单位与鲤城街道富洋村新时代文明实践站、鲤南镇大坂社区新时代文明实践站、赖店镇张埔村新时代文明实践站等18个新时代文明实践站结对共建活动。

【文明县城创建】 2022年，仙游县常态化开展文明县城创建。4月22日、8月17日，分别召开常态化创建省级文明县城工作推进会，根据新修订的考评标准印发实地考察点责任清单，通报创城存在问题，部署常态化创建省级文明县城工作，备战文明县城2022年度测评工作。联合相关部门单位对公益广告、农贸市场、主要交通路口、公园、车站、大型超市、新时代文明实践所（站）等实地考察点的文明创建进行督查，印发《2022年文明县城创建督查通报》29期，督促整改落实。5月，联合县城管局、交警大队等对紫檀南街沿街店面人

2022年1月21日，县委文明办开展仙游县2022年“弘扬‘福’文化，义务写春联”新时代文明实践活动

（县委文明办供图）

2022年6月24日，“喜迎二十大 奋进新征程 文明新实践”——莆田学院与仙游县新时代文明实践中心“校地共建”文明实践活动在县新时代文明实践中心广场举行（唐伟供图）

行道杂物进行专项清理整治，清除大小石块约90块、违规广告牌2个、乱堆废弃木椅子12把、废弃木框15个；城区各商户落实“门前三包”责任制，对主次干道流动摊点、占道经营、店外经营、私搭乱建、乱堆乱放等现象进行清理整治，确保沿街店面干净整洁；对城区内机动车、非机动车乱停乱放等不文明现象进行专项整治，对八二五大街、解放路、池头圆圈、金石中学门口等路段展开巡查，对随意停靠的电动车、摩托车进行整治。

【省级文明创建活动】 2022年2月，县委文明办指导省级、国家级文明单位（村镇、社区、校园）开展2022年度文明创建过程性材料上传工作。

【市级文明创建活动】 2022年2月，县委文明办完成2021—2023年度市级文明村镇、文明单位、文明校园申报参评工作，申报参评市级文明村镇126个、文明单位104个、文明社区14个、文明校园55个。12月，完成指导新一届市级文明单位、文明村镇、文明社区、文明校园等届中初评网上材料申报工作。

【县级文明创建活动】 2022年第一季度，组织完成仙游县（2021—2023年度）第十六届县级文明村镇、文明单位（社区）和第三届文明校园申报工作，申报县级文明单位17个、文明社区23个、文明村98个、文明校园86个。

【文明祠堂申报】 2022年7月1日，县委文明办、县社科联、县姓氏文化研究会联合举行“欢庆七一节 喜迎二十大”暨《仙游县文明祠堂风采》画册颁发仪式。《仙游县文明祠堂风采》画册汇集仙游县85座各姓氏祠堂精华，代表全县1000余座姓氏祠堂优秀传统文化与新时代文化融合的方向。11月16—20日，对申报参评的25座祠堂开展2022年度县级文明祠堂、县级先进祠堂综合评估，评选出“榜头碧溪郭氏祖祠”等11座祠堂为2022年度“仙游县文明祠堂”，“盖尾琼峰李氏琼生祖祠”等10座祠堂为2022年度“仙游县先进祠堂”，并颁发证书和牌匾。

【乡村学校共建】 2022年，县委文明办组织共建乡村学校少年宫。牵头联合县环保局、枫亭镇中心卫生院、龙华镇卫生院、仙港工业园管委会、工艺产业园管委会、九仙溪公司与度尾锦溪中学、龙华金山小学、盖尾东井宫小学、枫亭麟山小学开展结对帮扶共建乡村学校。

【未成年人心理健康送教】 2022年1月6日，县委文明办牵头组织县未成年人校外心理健康辅导站在仙游县蜚山第一小学开展以“学习动力”为主题的送教活动。

2022年8月17日，仙游县召开全县常态化创建省级文明县城工作推进会（县委文明办供图）

【“新时代好少年”评选】 2022年5月9日，县委文明办推荐2名学生参评为2022年莆田市“新时代好少年”。5月20日，县委文明办、县教育局、团县委、县妇联、县关工委联合召开“新时代好少年”推荐评选活动，评选10名学生为2022年仙游县“新时代好少年”。6月14日，县委文明办、县教育局、团县委、县妇联、县关工委联合在仙游县新时代文明实践中心举办的仙游县2022年“新时代好少年”先进事迹发布会，10名“好少年”现场接受表彰。

【庆“六一”系列活动】 2022年6月1日，仙游县第二实验小学举办“喜迎二十大 争做好队员”主题文艺汇演，喜迎“六一”国际儿童节；度尾镇中心幼儿园开展以“少年儿童心向党，百米画卷筑成长”为主题的绘画活动；盖尾第一中心小学举办庆“六一”红领巾“跳蚤市场”活动；木兰幼儿园组织开展庆“六一”系列活动，兰溪幼儿园举行“水悦童年 快乐六一”活动；仙游县特殊教育学校举行庆“六一”游园活动。

【“复兴少年宫”建设系列活动】 2022年6月15日，仙游县组织召开“复兴少年宫”建设指导培训会议，全县20个乡村学校少年宫项目校长参加会议。7月29日，莆田市“复兴少年宫”观摩交流推进会在仙游县召开，举行仙游县“复兴少年宫”校外研学基地揭牌仪式，并现场观摩仙游县好家风文化生活馆、木兰社区新时代文明实践站“复兴少年宫”、鲤南中心小学“复兴少年宫”。9月26日，组织全县省级、市级、县级文明单位与枫亭开发区中心小学“复兴少年宫”、枫亭中心小学“复兴少年宫”、龙华中心小学“复兴少年宫”等20个“复兴少年宫”结对共建活动。

【“香樟杯”青少年书信大赛】 2022年，仙游县开展第三届仙游“香樟杯”青少年书信大赛活动。县委文明办联合县邮政局、教育局、县团委等单位开展第三届仙游“香樟杯”青少年书信大赛活动，仙游县第二华侨中学等5个单位获得第三届仙游“香樟杯”青少年书信大赛活动优秀组织者奖，20名教师获得优秀指导奖，100名学生分别获得县书信比赛一、二、三等奖。

【专访慰问】 2022年，县委文明办开展慰问道德模范和身边好人活动。春节期间，走访慰问福建省首届孝老爱亲类道德模范谢文良、福建省第六届道德模范吴美连以及生活困难的志愿者。4月26日，走访慰问“中国好人”林玉镇。

【“身边好人”系列评选】 2022年，县委文明办组织各级文明单位、文明校园、文明村镇、文明社区开展身边好人推荐评选活动。5月，推荐环卫工人林新辉参选2022年第二季度“福建好人榜”评议活动。10月，西苑乡李仙英当选2022年第三季度“福建好人榜”好人。推荐仙游县爱心帮帮团公益事业联合会理事何娜、仙游义工协会副会长程红起获评2022年度福建省第六批五星级志愿者。12月，推荐仙游义工协会党支部书记、会长肖雄耀上榜2022年度全国学雷锋志愿服务“四个100”（100个最美志愿者、100个最佳志愿服务组织、100个最佳志愿服务项目、100个最美志愿服务社区）先进典型之“最美志愿者”候选对象名单。

【志愿服务活动】 2022年，仙游县开展“我为群众办实事”新时代文明实践志愿服务活动401场次，参与活动志愿者7856人，受益群众6.28万人次。

元旦、春节期间，以“佳节尚文明 志愿关爱行”为主题开展各类志愿服务活动285场次，参与志愿者5516人次，服务时长1.30万小时。“3·5”学雷锋日，开展“弘扬雷锋精神 深化文明实践”主题活动112场次，参与志愿者1669人次，服务时长3661小时。5月24日，联合团县委在湄洲湾职业技术学院东软现代产业学院举行“青春护仙、抗疫有我”流调志愿者证书颁发仪式，为东软学院参与流调志愿者颁发证书。7月23日，牵头组织鲤南镇垃圾分类办、仙游义工协会志愿者在鲤南镇境内开展“垃圾分一分 仙游美十分”生活垃圾分类宣传文明实践活动。

【移风易俗专项整治】 2022年，春节期间，县委文明办在“仙游文明网”推送“弘扬家庭美德过和谐年”倡议。委托仙游县移动公司推送倡议短信10万条。清明节期间，倡导文明祭祀，培育文明新风，引导未成年人缅怀先烈，传承红色基因，弘扬英烈精神；组织开展“2022清明祭英烈”网络祭奠活动。11月，在“文明仙游”微信公众号设计制作“节俭用餐不浪费”“红白喜事不奢办”等“八不行为”规范系列推文。结合科技、文化、卫生“三下乡”活动在石苍乡石苍村开展移风易俗、乡风文明等宣传，鲤声剧团表演《夫妻造林》《扫黄打非净家园》文明小戏等文艺节目。

（岳文杰）

鲤城街道

【概况】　鲤城街道北倚大蜚山，南临木兰溪，东与榜头镇接壤，西接大济镇、书峰乡，辖区面积38平方千米。2022年，辖16个社区、1个村，户籍人口10.01万人，常住人口17.35万人。

【经济发展】　2022年，鲤城街道打造“现代服务业中心”，推进产业升级。属地型税收首次突破24亿元，占全县税收的61.8%；规模以上工业总产值、限上批零业、限上住餐业等指标增速比上年上升10%，第三产业指标综合排名居全县第一，限上批零业指标增幅居全县第二，规模以上其他营利性服务业指标增速居全县第二。境内有中国香博园、锦福滨江电商集群等一批产业平台，入驻物泊、瑞诚、青拓等16家全市百强纳税企业；工美生活家入驻开业，举办首届全国香博会；方圆荟、中骏世界城等城市综合体商圈规模扩大；“下转上”企业新增入库18家，数量居全县第一；全县首个乡镇级商会——鲤城街道商会成立。

【项目建设】　2022年，鲤城街道推动征迁清零攻坚工作。“三大片区”（鲤城东片区、西片区、美食城片区）涉及征地377.93公顷，涉及拆迁2508户90万平方米，签约2467户，签约率98.4%；拆除84.30万平方米，拆除率93.7%。来洋安置区、蜚山安置区交房回迁，龙号安置区、育英花园安置区竣工验收，85号地安置区、61号地安置区、蜚山二期安置区开工建设。启动鲤城街道东门片区改造项目（一期），探索征地拆迁新模式，涉及454户，丈量426户，完成率93%。

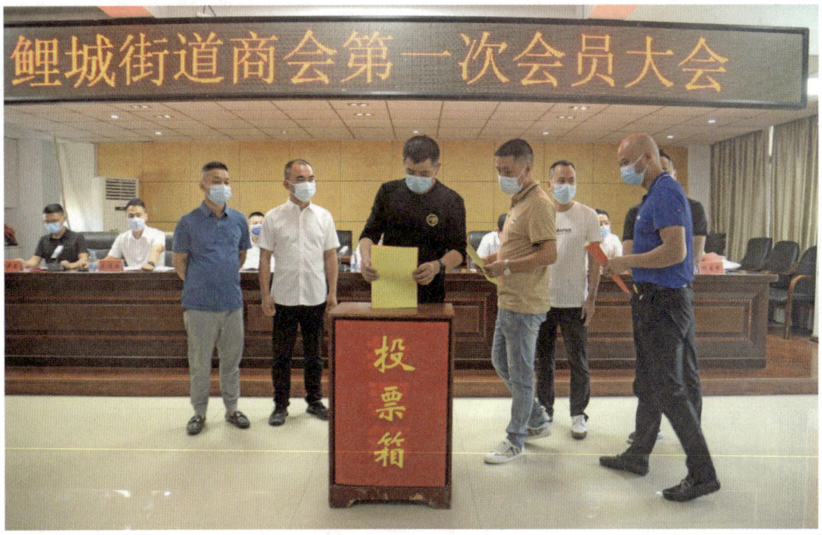

2022年11月12日，鲤城街道商会第一次会员大会召开。图为投票选举现场　（唐伟供图）

【社会事业】　2022年，鲤城街道推进民生保障工作。鲤中实验幼儿园分园、城西中心小学等5所学校综合楼完成建设；仙糖社区打造以“绿色仙糖、甜蜜邻里”为主题的绿色社区，绿色社区建设排名全省第一；全长710米的龙泉街建成通车；宫边、鲤声、东风等9个老旧小区改造竣工；打造颐康养老品牌，洪桥、木兰、南桥、东门等日间照料机构接续入驻。加大违法占用、破坏耕地等行为查处力度，完成耕地流出整改9.50公顷，推动2公顷果地退果还耕，城市禁建区“两违”零增长。

【平安建设】　2022年，鲤城街道

开展打击治理电信网络新型违法犯罪工作，遏制电诈警情高发增长态势。对涉诈人员逐个分析研判，制订“一人一策”。采用“线上+线下”联动多种方式，提高群众的防范意识和防骗识骗能力，电诈案件发生率下降13.2%。形成“大巡防”工作格局，“三率”（群众安全感满意率、扫黑除恶好评率、群众对政法机关和政法队伍执法工作满意率）测评综合排名居全县前三位，扫黑除恶好评率居全市第一，群众安全感率、矛盾纠纷解决率均居全市第14；涉及群众切身利益的“两抢一盗”（抢劫、抢夺、盗窃）比上年下降49%，破案率提高99%，353起矛盾纠纷调处化解。开展“一周一条街”消防安全专项整治行动，完成52条街道沿街店面整治，消防应急演练比武获得全县第一名；道路交通安全年度考评居全县第一位，排查338条安全隐患整治到位。

【基层组织建设】 2022年，鲤城街道坚持党建引领，巩固提升基层治理成效。推进“党建引领 夯基惠民”工程，完善基层网格长、单元长、户长的治理体系，将17个社区（村）划分为443个网格、7278个单元，完成网格长、单元长选聘工作，对应成立289个网格党支部，基层党组织覆盖面持续扩大。开展换届“回头看”，组建17个考察组，到各社区（村）排查软弱涣散党组织1个，存在问题5个，针对问题提出整改措施，提升基层组织战斗力。

【木兰溪流域综合治理】 2022年，鲤城街道推进木兰溪流域系统治理。开展九龙岩溪清淤工作，聚焦个别小区排污管道爆裂、损坏等问题，予以解决、整治，九龙岩溪水质稳定Ⅲ类。排查城区入河排污口，发现问题排污口10个，整治7个，剩余3个被列为污水管网建设项目。东门、仙糖、木兰、北宝峰、万福等污水管网建设试点社区竣工，玉井社区污水管网建设收尾，完成全域污水管网设计工作。100座垃圾分类屋（亭）、3座可回收物回收站点完成建设并投入使用。

【网格“睦邻客厅”建设】 2022年，鲤城街道探索建设一批网格“睦邻客厅”，落实“三三三”举措，构建“三级”［街道、村（社区）、网格］管理体系、强化“三大”服务功能（再生造血功能、议事处事功能、互动共享功能）、实现“三零”（新冠疫情防控零风险、矛盾纠纷零上交、惠民服务零距离）治理目标，实现线上线下双轨并行，逐步破解无址议事、无章管事、无处找人的问题。加大宣传力度，在“美丽鲤城”微信公众号发布信息1205条。

（林君业）

鲤南镇

【概况】 鲤南镇是仙游中心城区之一，位于木兰溪南岸，东连赖店镇、盖尾镇，西靠龙华镇、大济镇，南接赖店镇，北承鲤城街道，镇域面积42.88平方千米。2022年，辖玉塔、温泉、横塘、东山、下楼、涵井、象运、象林、象坂、瑞园10个行政村和仙安、柳坑、大坂、西埔、玉田、圣泉、霞苑、平原8个社区，常住人口9.80万人，户籍人口6.50万人。

【经济发展】 2022年，鲤南镇完成固定资产投资52.02亿元，规模以上工业产值75.02亿元，限上商贸业产值11.37亿元，其他营利性规上服务业产值9015万元。全镇有27家规上企业、19家限上商贸业、6家规上其他营利性服务业，完成“小升规”5家，“下转上”11家，每年新增产值5.50亿元。对接意向投资企业7家，其中洽谈4家、落地3家。福建巨石新能源投产，大明轻工二期项目动工建设，龙新宴会中心开业，维也纳酒店入驻运营，跨境电商数字产业园签约。

【项目建设】 2022年，鲤南镇完成征地28公顷、拆迁8.60万平方米。玉田片区117号、119号地块完成净地。石鼓山二期、华洋新苑、金凤小区、海亭花园等9个安置区动工建设。玉田大道、院孝路、官田路、来洋路、学东街5条道路完成征迁扫尾。温南路、永鸿路、141号地块完成签约。福建师范大学附属学校地块完成征迁。

【社会事业】 2022年，鲤南镇聚焦群众急难愁盼，推进“我为群众办实事”实践活动常态化、长效化。石鼓山公园慢行系统竣工投用。保持“两违”整治高压态势，组织执法23次，拆除违建面积8000余平方米。落实耕地保护制度，推进耕地“进出平衡”核查处置整改，完成非粮化168宗30.80公顷、非农化81宗6.54公顷整改任务。推进安置回迁工作，回迁300余户，收缴差价款7000余万元。

【平安建设】 2022年，鲤南镇优化层级、拓展网格、细化单元，全镇划分为270个网格、3481个单元。

2022年，鲤南镇象林村致力于打造休闲农业，完善机耕路、灌溉水利设施等，做好特色乡村旅游文章，推动农业产业与乡村旅游融合发展。图为村中彩绘路　　（摄于2022年6月 唐伟供图）

常态化开展扫黑除恶、禁毒工作，打击电信网络诈骗犯罪，开展信访积案化解攻坚，办结信访件64件，化解交办件7件。开展打击治理电信网络新型违法犯罪工作，结合防诈防骗常态化宣传及“三率”进村入户宣传工作，发放宣传品8000份，发送短信5000条。开展平安宣传月活动和“三率”进村入户活动，发放宣传品1万余份、宣传单2万余份。开展安全生产专项整治三年行动，组织开展执法检查指导服务87次，排查整治安全隐患276项，均整改到位。开展道路交通安全工作，投入110余万元修复信号灯、完善标识标线，投入100余万元整治35个交叉路口交通隐患，投入150余万元安装波形防撞护栏，投入200余万元安装160盏路灯，投入30余万元新建红绿灯1处。统筹推进“房屋结构安全专项治理三年行动”，排查上报安全隐患房屋84栋，拆除42户存在重大隐患房屋。

【基层组织建设】 2022年，鲤南镇有基层党组织46个，其中基层党委1个、党总支1个、党支部44个，党员2323人，其中农村党员2055人。开展末端党组织体系融合建设，成立实体小区党支部2个，兼合式小区党支部33个，建立网格党小组256个，党员联系户783户，建设网格议事厅220个，单元议事角577个。

【木兰溪流域综合治理】 2022年，鲤南镇加快推进农村污水管网建设，柳坑、玉田社区2个试点村加快建设，温泉沿溪片区、玉塔沿溪片区开工建设，平原、下楼、圣泉等9个村（社区）完成施工图设计、预算审核。开展“六清”（河上清污、河岸清乱、河面清洁、河中清障、河底清淤、河水清净）行动，清理木兰溪流域河道垃圾680余立方米。清理河道“四乱”（乱占、乱采、乱堆、乱建）6处1.10万平方米，关闭畜禽养殖场7家，面积670平方米，排查和整治“小散乱污”6家，整改26个木兰溪流域反弹排污口，修复下学溪污水干管170米，建设4个柴桥头溪流域沉淀池，象运鳗鱼养殖场尾水监控设备完成安装，尾水整治提升签订施工协议。木兰溪流域水质不断巩固提升，全年稳定在Ⅲ类，苦溪、龙华溪水质提升至Ⅱ类，柴桥头溪水质总磷指标下降。

【圣泉社区“党建+邻里”中心建成投用】 2022年，鲤南镇依托圣泉工业园区集聚优势，打造圣泉社区“党建+邻里”中心，为社区居民、企业职工构建开放、集约、共享的

鲤南镇圣泉社区“党建+邻里”“综治+治理”中心
（摄于2022年6月 林健勇供图）

“一刻钟”服务圈。圣泉社区“党建+邻里”中心总建筑面积900平方米，总投资30万元，覆盖20余家企业、3000余人，以社区党群服务中心为基础，结合社区配套功能，创新“三挂一”（辖区内的规上企业每个都有镇、管委会、社区人员挂钩）帮扶企业机制，打造“服务企业发展、服务职工家庭、服务社区居民”的村企共建新模式，提供就业服务、民政社保、生活缴费等咨询服务。集合永辉到家、社区卫生所医生微信、包片民警微信等各类周边资源，建立掌上二维码功能牌，实现即时服务。圣泉社区“党建+邻里”中心作为夯实园区党建基础的“红色阵地”，多次举办面向企业职工的红色教育宣传和党的二十大精神进企业等活动。

【象林村休闲农业打造】 2022年，鲤南镇象林村致力于打造休闲农业，完善机耕路、灌溉水利设施等，做好特色乡村旅游文章，推动农业产业与乡村旅游融合发展。打造茶园、荔枝园、杨梅采摘区、文旦柚基地、桃花园、樱花基地等，提供成片的休闲农园体验区。投资300余万元，对村中的小溪进行清淤整治，修筑堤坝，安装路灯，完善岸边护坡、河道护栏、景观绿化、指示牌、道路硬化等，增强休闲农业基础设施配置，打造象林村休闲农业发展高地。以“吃在农家、住在农家、玩在田野”为主要内容，为游客提供观光休闲、儿童游乐、农家乐、住宿等服务。开发农事体验、科普教育、亲子研学等项目，游客们可以亲身体验采茶、炒茶、品茶，年接待游客1万余人。辖区祥林山庄被评为国家AA级旅游景区、省级森林人家、省级休闲农业示范。10月，象林村获评全省乡村振兴治理示范村。

【“食安创城”工作推进】 2022年，鲤南镇落实食品安全属地管理责任，推进创建国家食品安全示范城市工作，多次召开工作会议部署。通过宣传栏、宣传手册、村村通广播等多种形式，开展食品安全相关知识宣传，发放食品知识宣传单1000余份。落实包保责任，164名镇村干部包保辖区2592家食品个体户、企业及食品小摊贩的食品安全。开展专项整治，把日常巡查与餐饮专项整治相结合，多方联动形成监管合力，强化监督管理。开展中小型餐馆环境大整治、食品安全风险隐患排查整治行动，开展随机抽查，重点检查食品经营单位信息公示、公益广告张贴以及餐厨环境卫生情况，强化餐饮业监管，推动创建工作落地见效。

（王官昕）

赖店镇

【概况】 赖店镇地处仙游县中南部，东及东南与仙游县盖尾镇、郊尾镇毗邻，南与仙游县园庄镇相接，西南及西分别与泉州市洛江区罗溪镇、仙游县龙华镇接壤，西北及北与仙游县鲤南镇相连，镇域面积85.50平方千米，其中耕地面积1436.87公顷，山地面积4915.47公顷。境内有东溪、古洋2个水库，3.50万伏变电站1座。2022年，辖19个行政村（社区），户籍人口7.01万人，常住人口4.80万人。

【经济发展】 2022年，赖店镇完成规模以上企业工业产值39.70亿元，比上年增长17.7%；完成固定资产投资3.82亿元，增长60%；完成财政收入2277.90万元。7家限上商贸业完成限上销售额5.46亿元，零售额0.58亿元，其中1家服务业完成营业收入突破9000万元。

【产业建设】 2022年，赖店镇以产业集群为重点，推进实施“技改提升”和“腾笼换鸟”计划。新协胜鞋业扩产项目签约落地，龙麒鞋业项目投产达产，东方之珠项目建设封顶。发挥意达科技龙头带动作用，促进辖区33家专业合作社融合发展，扩大产业规模效益。结合区位优势，探索发展高新科技产业，罗屿岛、意达、南丰生化获评国家级高新技术企业；加强“专精特新”企业培育，围绕重点产业链关键环节做好技术攻关，南丰生化被评为省级“专精特新”企业。以乡村旅游为引擎、精品示范为标杆，落实“一村一品”培育产业计划，打造文旦柚、槟榔芋、菊花、马铃薯、蚕豆、九楼茶等规模种植产业基地，规范生猪、水产规模养殖场11个，形成集观光采摘、亲子体验于一体的农旅产业园。

【项目建设】 2022年，赖店镇实施一批涵盖空间打造、污水处理、垃圾收集、居民休闲等10个大项、24个子项的集镇环境整治提升项目，完善集镇建设，丰富公共空间配置。该项目在全省评比中获第四名。做足乡村振兴试点示范及“机关+农村”结对共建文章，投入36万元，完成罗峰村“党建+乡村振兴”广场提升改造工程和玉墩村党群服务中心提升改造工程建设。申请县级对口帮扶资金40万元，推

赖店镇全貌 （摄于2022年6月 彭丽程供图）

进前埔村路灯建设工程和留仙村后代坝垅边溪岸修复工程建设。玉墩村5个自然村建设多功能休闲广场，配备完善文化体育设施。启动镇国土空间总体规划编制工作，完成玉墩、留仙、林田3个村的村庄规划编制。申报省级水库移民后扶示范区，推进玉墩村苦溪河滩地整治项目、道路景观提升工程等项目落地建设，优化空间资源配置，打造特色移民村文化的亮丽名片。开展历史建筑和传统风貌保护工作，发放51处历史建筑和53处传统风貌建筑标识牌；完成农村建设品质提升126户农房整治任务。

【平安建设】 2022年，赖店镇开展公共安全领域突出问题大排查、大整治、大化解攻坚行动，落实信访工作，排查处置社会矛盾纠纷258件，整改安全隐患62项，一批事关群众利益、影响社会稳定的矛盾问题和安全问题得到解决。开展“好人好事”“平安家庭”等身边好人评选活动，培育树立文明家庭和先进典型。常态化开展扫黑除恶斗争。在全市“三率”调查中，安全感率、扫黑除恶斗争成效好评率、执法工作满意率居全市前列。贯彻落实“党建引领、夯基惠民”工程，细化网格单元，延伸末端组织体系，健全服务体系，实现“一竿子插到底”的治理格局，摸排上报“八大事项”1155件，均办结。

【社会事业】 2022年，赖店镇投入教育资金99.80万元，完善华侨中学校外围墙建设、学生宿舍楼等办学条件和教育设施；开展“奖教奖学”活动，表彰69名优秀教师及优秀教育工作者，发放奖教奖学资金50万元。落实各项惠民政策，完成城乡居民基本医疗保险缴费5.18万人次。加强城乡低保兜底规范化工作，将基本生活陷入困境的家庭和个人纳入临时救助范围，发放农村低保金747万元、城市低保金9万元，发放特困金397万元。落实残疾人“两项补贴”政策，开展关心关爱儿童福利保障工作，推进留仙村“党建+长者食堂”农村幸福院建设。加强脱贫不稳定户、边缘易致贫户和突发严重困难户动态监测和帮扶，统筹整合财政涉农资金，下拨扶贫资金92万元扶持产业发展，76人次获得补助，建设基础项目4个；落实教育补助2批次，发放资助金22.15万元，补助贫困学生55人，守住防止发生规模性返贫底线。发放中央和省级财政衔接乡村振兴补助资金28.70万元，用于产业收益项目，为81户产业脱贫户办理农业产业保险。开展“深化移风易俗 弘扬文明新风尚”活动。开展文明创建活动，赖店村获“省级文明村”称号。加强宣传舆论阵地建设，深化拓展新时代文明实践所（站）建设。推进殡葬改革移风易俗工作，开展墓地生态整治行动，生态整治墓地32座。

【基层组织建设】 2022年，赖店镇贯彻落实“党建引领、夯基惠民”工程。抓实党员队伍建设，严把党员发展关、教育关，全年培训入党积极分子57人，发展预备党员16人，预备党员转正39人。激发党建阵地活力，建设瑞江花园小区党支部，完成小区支部活动中心、睦邻客厅场所布置、制度上墙，构建共建共治共享新格局。打造党建特色品牌，创建玉墩村“三强三聚”（强组织、聚党心；强机制，聚合力；强产业、聚动能）党建品牌，完成投资21万元对村级党群服务中心进行改造提升。推行“支部+基地+农户”的产业模式，以菊花、荷花、油菜花“三花基地”为优势农业主线，建设高标农田34.67公顷，开发水田6.13公顷。

【柴桥头溪小流域综合治理】 2022年，赖店镇加强集镇环境整治，实施一批涵盖污水处理、垃圾收集等集镇环境整治提升项目。推进全镇19个村（社区）落实农村生活垃圾干湿分类机制，完成分类屋建设46个。围绕“水质提升、岸绿景美”的工作目标，开展专项行动，排查整治柴桥头溪流域各类问题排污口39个。

【留仙村“三强三促”党建品牌打造】 2022年，赖店镇留仙村实施“党建引领 夯基惠民”工程，打造“三强三促”（强组织促提升、强阵地促和谐、强机制促治理）党建品牌。将基层治理与基层党建有机融合，织密“党支部—党小组—党员联系户”的末端组织体系，成立1个网格党支部、7个网格党小组、96个单元党员联系户，推动基层党建触角向网格、单元等治理末梢延伸。投入资金50余万元，完善“党建+”“综治+”双中心建设。通过设立“党员政宣队”，制定“议事六单”（产业发展意向单、新冠疫情防控告知单、矛盾纠纷跟踪单、基础设施问需单、生态环保责任单、土地整治评议单），依托4个网格议事厅、24个单元议事角，畅通“支部、党员、群众”的两极双向联系渠道。健全激励评价机制，发动留仙村6位企业家捐赠资金8万元，设立留仙村网格化管理奖励基金，对24名居住单元长每人每月予以100元的经费补助。开展优秀户长、单元长、网格长评选活动，

赖店镇留仙村“党建+邻里”中心　（摄于2022年12月 赖店镇供图）

调动网格长、单元长的工作积极性。推行“支部+警务”的联动模式，成立由党员警长、村支委担任双队长的“宏胜义警队”1支7人，探索民警、村“两委”干部联合驻点办公模式，延伸基层治理触角。

（詹铭杰）

盖尾镇

【概况】 盖尾镇地处仙游县东南部，位于木兰溪中游，东与城厢区华亭镇、常太镇接壤，南与仙游县郊尾镇毗邻，西邻仙游县赖店镇、鲤南镇，北接仙游县榜头镇。镇域面积69.76平方千米，其中陆地面积61.16平方千米，水域面积8.60平方千米。2022年，辖南宝峰1个社区，瑞沟、琼峰、莲井、仙华、盖尾、前连、湖坂、芹林、盖南、新窑、仙潭、仙溪、昌山、杉尾、石马、义店、东井宫、聚仙、后山、星庄、岭头、后井、东许、斜尾24个行政村（其中新窑村为少数民族行政村）户籍人口10.60万人，常住人口5.70万人。

【经济发展】 2022年，盖尾镇完成规上工业产值45亿元，完成固定资产投资2.50亿元，限上批发零售额2000万元，实现财政收入2360万元。

【项目建设】 2022年，盖尾镇推进木兰大道三期盖尾段、瑞峰工业园区小微企业园、国城三元等项目建设，完成征地89.78公顷、土地丈量评估64.33公顷。福硅半导体项目拟入驻25.13公顷地块标准化厂房、紫京新能源电池回收项目一期动工建设；斜尾小微企业园对接项目3个；新万鑫冷轧高磁感取向硅钢项目调试设备，接入天然气管道；苏油能源有限公司投资6000余万元，完成园区建筑主体架构建设和外墙装修。完成斜尾小微企业园基础设施规划建设，完成仙游县第二污水处理厂二期工程生化处理池、综合池施工；东许村旧村复垦暨新村建设完成安置区土方平整，炉营安置房主体竣工，琼道安置区、莲井安置区、昌杉安置区、前连安置区、南宝峰社区5个安置区完成前期工作。盖尾镇敬老院运营。推进书香家园房地产项目建设。

【乡村振兴】 2022年，盖尾镇落实五年过渡期内工作要求，保留脱

2022年4月，仙游县推动木兰大道三期盖尾段项目建设。图为施工现场　（唐伟供图）

贫攻坚期内的开发式帮扶等政策，推进省、县乡村振兴试点示范建设。前连村古民居消防设施建设、乡村振兴大道文化配套工程竣工，柏油路（田园游览道）完成沥青浇灌，路灯改造工程、土地平整2个项目施工。湖坂村完成妈祖路口至史宗强门口道路硬化及路灯建设。莲井村垅底沟坝下段污水治理硬化工程施工。

【社会事业】　2022年，盖尾镇实施教育强镇战略，筹集教育基金5462.90万元。抓好公共卫生服务工作，开展全民爱国卫生运动，投入20万元开展除“四害”活动；推进村级卫生所规范化建设，25个村（社区）开通农村医保报销系统；做好脱贫户的健康保健、医疗咨询、大病补助等服务工作，开展无偿献血活动，宣传全面三孩政策，做好生育登记、生育服务证办证工作。发放低保资金1051.69万元、特困资金442.36万元，发放残疾补助资金321.23万元、临时救助金75.85万元；实施全民参保计划，做好城乡居民养老保险参保扩面工作。完成乘风水库大坝、来狮水库大坝安全鉴定；瑞沟溪河道整治工程（一期）完成建设工程勘察设计；城乡供水一体化完成审计与评估工作。推进农村“四好农村路”公路建设，新辟公路18.30千米、拓宽改造2.80千米、硬化26千米，濑榜线昌山段安保工程完工，三郊路暨宝石路中央护栏及盆栽竣工。完成征兵工作，完成优抚对象优待证申领，发放抚恤补助金381.19万元。推进村庄规划编制。

【平安建设】　2022年，盖尾镇开展矛盾纠纷大排查，开展化重治积工作，化解率100%；推进“平安盖尾”建设，巩固扫黑除恶斗争、禁毒工作成果，打击电信诈骗犯罪，开展安全生产专项整治行动，打击食品非法添加行为、“三无”（无生产日期、无质量合格证、无生产厂家）食品及购买渠道、学校食堂、小卖部食品安全、地沟油等专项整治，防范和遏制较大及以上安全事故发生。拆除违规粘贴的大小贴纸广告300余处，违规拉挂的横幅广告60余处，清理影响村容村貌广告牌40余处。落实粮食安全责任制，推动“非粮化”“非农化”土地整治，完成撂荒地治理，推进补充耕地项目，完成测量、选址工作。强化殡葬执法力度，整治违规行为。开展“两违”动态巡查281次，下发停建通知书116份，发现制止“两违”建设52宗，拆除违法建设11宗，面积2961平方米，整改上级下发卫片、天地网、部卫片、上海督察图斑等，责令斜尾沙场整改到位。

【基层组织建设】　2022年，盖尾镇实施“党建引领、夯基惠民”工程。按照行政村、自然村、路、网体系，25个村（社区）划分为211个网格、2656个单元，有网格长198人、单元长2481人、户长2.98万人，末端党组织201个，党员联系户967户，组建志愿者队伍35支，志愿者937人。按照“村党支部—网格党小组—党员联系户”框架，建设网格末端党组织体系运行。

【木兰溪流域综合治理】　2022年，盖尾镇推进农村污水试点乡镇建设，加快19个村农村污水管网建设。试点仙华村第六片区、新窑村竣工；其余17个村完成财审之前各项手续，其中6个村完成招投标，5个村挂标，6个村财审定稿。完善施工方案，优化污水管道铺设。湖坂村、仙潭村2个微型污水处理站运转。实施河长制，抓好河道整治工作，整治占用河道种植800余平方米，清理河道垃圾15吨，河道清淤150立方米，组织木兰溪沿岸村（社区）清除木兰溪水葫芦0.80公顷。

【盖尾镇廉洁文化广场建设】　2022年，盖尾镇推动建成盖尾镇廉洁文化广场。廉洁文化广场选址盖尾第二中心小学校门前；设计突出“廉”字主题，融合乡村振兴项目，集休闲与教育功能于一体；收集整理具有盖尾特色的廉政小故事和廉政名言警句等内容，展示传承连氏家训、讲述廉政故事、弘扬伟大建党精神3个模块18种红色革命精神。建设资金来源于前连村、盖尾村、仙华村3个村的民间资金。盖尾镇定期组织党员干部参观见学，以点带面，扩大廉政教育的影响力。

（张　超）

郊尾镇

【概况】　郊尾镇地处仙游县南部，东与城厢区灵川镇、华亭镇相邻，南与仙游县枫亭镇接壤，西与仙游县园庄镇为界，北与仙游县盖尾镇毗邻，镇域面积58.81平方千米。2022年，辖20个行政村（西山、后面、宝坑、伍狮、古店、湖宅、梅塘、东湖、三埔、埕边、后沈、长岭、长安、沙溪、阳谷、染厝、后溪、阮庄、塘边、新和），1个社区（郊尾社区）。户籍人口8.65万人，常住人口6.80万人。

【经济发展】　2022年，郊尾镇完成规模以上工业总产值65亿元，比上年增长15.5%；全社会固定资产投资5亿元，与上年同期持平；商贸限上销售额2.10亿元，增长2%。

【重点项目建设】　2022年，郊尾镇推进重点项目建设，省、市、县重点项目开工22个、竣工18个，完成征地33.33公顷、拆迁1650平方米。旺威新材料科技产业园一期项目动工建设，后沈工业园排洪渠工程完成，郊尾新城开发项目完成征地13.33公顷，郊尾智慧能源（非油品）微集群小微企业园完成规划设计，辉特电商物流总部基地二期项目规划调整协议出让。瑞博新材料、胜龙工业等项目实现投产。福建省储备粮管理有限公司仙游储备库搬迁重建项目落地郊尾工业园，动工建设。推进乡村道路建设，埕边、长岭、古店、宝坑等村2000余米乡村道路实现通车。突出开放招商，策划项目12个，总投资20亿元。

【产业建设】　2022年，郊尾镇市场主体新增1984户，总量突破9000户；新增“个转企”233家、“下转上”7家（瑞博新能源、新富昌体育用品、豪茂工贸、摩恩耐火材料、胜龙工业、供销集团再生资源、美味鲜餐饮）。全年27家规模以上工业企业完成产值61.59亿元，序时完成率居全县第二位，产值超亿元企业9家。新增市级“专精特新”中小企业1家（鼎力电气），鞋服纺织产业（规模以上）13家、高端装备6家、电子信息2家、工艺美术3家，盘活闲置厂房2万平方米。落实惠企政策，缓缴税款145户2700万元、减免“六税二费”（资源税、城市维护建设税、房产税、城镇土地使用税、印花税、耕地占用税；教育费附加、地方教育附加）850余户1200余万元、纾困贷150万元；新增“白名单”企业8家。现代农业提质增效，发放1.09万户743.60公顷耕地地力补贴95.50万元，水稻保险投保面积447.67公顷，复耕复垦3公顷，耕地流出整改54公顷，补助资金93.60万元，建设高标准农田44.67公顷。配合开展“我在阮庄村有亩田”“我在伍狮村有亩田”认领活动，助推抛荒土地复耕复种，盘活农村土地资源。

【城乡建设】　2022年，郊尾镇国土布局和空间总体规划编制形成初步成果，后溪、伍狮2个乡村振兴试点村完成村庄规划编制。5个城建项目完成投资1.34亿元。集镇区面积4.67平方千米，城镇化率52.4%。Y128湖溪线、后沈过山至东湖后邦等乡村道路建成通车。建设民房398户4.06万平方米。提高城市精细化管理水平，依托仙游县顺安卫生管理有限公司，整体打包环卫保洁、清运，划定和管理集镇区停车泊位。完成便民小吃街

2022年8月20日，县政府办党支部全体党员到阮庄村开展“我在阮庄村有亩田”认领活动。图为党员劳作　　（郊尾镇供图）

50个摊位整体搬迁，湖宅村创建“绿盈乡村”。实施房屋安全隐患百日攻坚专项行动“回头看”和农村在建房屋安全清查整治巡查工作。

【社会事业】 2022年，郊尾镇推进教育强镇建设。郊尾第二中心幼儿园建成并投用，新增学位270个。提升基础教育质量，中高考成绩优异，中考141名考生被省一级达标高中校录取，1名郊尾籍学生被北京大学录取，38名郊尾籍学生被“双一流”大学录取。21个村级卫生所开通医保终端服务。完成42处历史建筑普查和申报保护。完善城镇就业机制，城镇登记失业率控制在5%以内。城乡居民基本医疗保险参保率96%、城乡居民养老保险参保率98%以上。城乡低保标准实现一体化，低保边缘户完成登记235户838人。完善医疗救助、抚恤补助、灾害救济、慈善资助等救助体系。发放低保补助892万元、特困金200万元、临时救助77.80万元。18个农村幸福院规范运行，镇级敬老院实行“公建民营”，新建长者食堂2家。安置房报建14户基底面积1400平方米。新建充电站1个、充电桩1个。实施路长制，“四好农村路”加快建设，完成农村公路养护提升工程23千米、农村公路硬化工程4.50千米、改造染厝危桥1座。完善防灾减灾及应急救援体系，完成灾后危房改造1户。超额完成年度征兵工作。开展市级文明乡镇创建工作，加强乡村移风易俗文明建设。

【平安建设】 2022年，郊尾镇开展“安全生活专项整治三年行动”，建成沿街经营性场所消防安全示范街。推进“八五”普法工作。推进“平安郊尾”建设，巩固扫黑除恶专项斗争成果，打击电信诈骗违法行为。

【基层组织建设】 2022年，郊尾镇辖1个党总支、57个党支部，其中社区党总支1个、社区党支部4个、农村党支部20个、镇直单位党支部5个，非公有制企业党支部26个，流动党员党支部1个，社会组织党支部1个，党员2894人。有村（社区）“两委”干部149人，其中支委89人、村委88人、交叉任职28人。抓好党员管理教育，落实好党员学习常态化、制度化，突出“理论学习+研讨交流+现场教学”，依托郊尾镇廉洁文化长廊、阮庄村“五好党建”公园、长岭村战斗旧址等学习教育阵地，开展党员党性教育3场次。强化干部队伍建设，健全村干部考核机制，用好村级组织换届“回头看”考核结果运用，调整村主干1人，选派1名优秀干部到后进村挂任第一书记。深化“练兵比武”，开展“镇村”集训，召开各类专题业务培训会18场，开展党组织书记讲堂活动2场次，拉练观摩会2场次。强化党组织带领、支部书记带动、党员模范带头，探索打造伍狮村“党建+”乡村振兴、阮庄村“党建+”基层治理模式。

【沧溪小流域综合治理】 2022年，郊尾镇落实“河长制”，推进沧溪流域郊尾段系统治理。完成沙溪、阳谷2个试点村农村污水整治，新建主干管1.10千米、接户管17.20千米。落实林长制，完成植树造林31.27公顷、森林抚育136.13公顷、封山育林117.33公顷。强化农村人居环境整治和重要交通沿线环境综合整治，规范管理23座公厕。

【阮庄村数字乡村应急指挥调度中心建成投用】 2022年9月，郊尾镇阮庄村“5G+”数字乡村应急指挥调度中心建成投用。阮庄村作为郊尾镇唯一的“5G+”数字乡村应急指挥调度中心，开辟“互联网＋大数据＋党建”的新模式，在智慧党建、乡村治理、智慧农业、便民服务、应急指挥等方面发挥作用，提升全村基层党建工作信息化水平，推动基层党建工作进步。村干部通过“可视化平台”智能防控平台，巡查重要区域、路口人员、车辆流动和人

2022年，仙游县开展流域综合治理后的沧溪流域郊尾段

（摄于2022年6月 陈慧贞供图）

员聚集等情况。发挥平台综合分析统计能力，提升乡村治理智能化水平，为基层党建治理、科学决策提供数据，推动形成基层党建引领乡村治理新体系。

（黄益红）

枫亭镇

【概况】 枫亭镇位于东南沿海中部，距县城27千米。东连城厢区东海镇，南接泉州市泉港区界山镇，北靠仙游县郊尾镇，西与仙游县园庄镇接壤，东南面临湄洲湾海岸线5千米，海湾曲线16.50千米。全境东西长15千米，南北宽7千米，是莆田、泉州两市的交会处。2022年，辖兰友、学士、霞桥、霞街、铺头5个社区，锦湖、秀峰、耕丰、辉煌、麟山、上浒、荷珠、海安、海滨、和平、斗北、建国、东宅、山头、下社、溪南、溪北、九社、沧溪19个行政村，户籍人口12.13万人，常住人口8.97万人。

【经济建设】 2022年，枫亭镇（含仙游经济开发区核心区）实现规模以上工业产值284亿元（其中镇本级40.50亿元），比上年增长29.09%；固定资产投资92亿元（其中镇本级8亿元），增长35.29%；限上商贸业销售额63亿元，增长110.7%；财政总收入4.82亿元，增长2.55%。

仙游经济开发区（省级开发区）核心位于枫亭镇，园区工业企业109家，其中规模以上企业54家，规上企业实现产值320亿元，完成固定资产投资100亿元，实现工业税收6亿元，新增规模以上工业企业9家，年产值超亿元的企业40家，创税1000万元以上的企业10家。全年新增规模以上服务业企业1家、限额以上商贸企业9家。限额以上电商企业1家，完成交易额超44.19亿元。平台经济加快发展，累计交易额突破70亿元。

【项目征迁】 2022年12月，高铁片区后肖安置房项目开工建设。1个月完成高铁片区剩余6.80万平方米征迁任务净地交地，为全县“兴城市”七大片区第一个完成净地交地的片区。1个月完成枫秀西路遗留占地面积4108.77平方米、建筑面积8017.28平方米的拆迁任务净地交付，于10月实现通车。2个月完成五里岭片区征地4.93公顷、拆迁1893.03平方米的征迁任务。1个星期完成智胜矿业遗留的0.53公顷征迁任务，解决3C产业园二期涉及的839.06平方米历史遗留征迁问题。解决沂舟苑0.44公顷、华峰物流供应链（后井山地块）6.87公顷等遗留征迁问题。

【乡村振兴】 2022年，枫亭镇推进乡村振兴建设。完成耕地流出图斑整改130宗（含异地平衡）、43.04公顷，完成率146%；非农化117宗（其中合法47宗）、10.06公顷，完成率100%。推进撂荒地整治复垦8.14公顷，推广早稻506.67公顷。九社好佳园、溪北利众等17家农业龙头产业加入省“一品一码”监管平台，提升农产品监管质量。投资5000万元改造福建省仙游福粮粮食加工项目厂房。落实各项惠农政策，完成水稻保险工作及耕地地力保护补贴发放工作，享受耕地地力保护补贴9364户，总面积780.88公顷，参加水稻保险的总面积537.67公顷；推广测土配方化肥技术0.26公顷，测土配方施肥技术覆盖率90%；下社村创建“五新”（新技术、新品种、新肥料、新农药、新机具）升级示范片13.33公顷；创建美丽乡村庭院46户，美丽乡村微景观21处，美丽乡村小公园（小广场）3个，美丽田园1块，创建培育一批乡村建设典型示范。

【平安建设】 2022年，枫亭镇推进“平安枫亭”创建，开展“安全隐患大排查大整治和专项整治三年行动”。强化对登记在册的严重精神障碍患者服务管理。打击电信诈骗，劝返滞留境外九国涉诈重点人员45人。调处排查各类矛盾纠纷73起，调处率100%。“12345”政务服务平台受理群众诉求件2297件，网评满意率99.2%。推进“八五”普法工作。

【社会事业】 2022年，枫亭镇推进辖区义务教育发展。筹集资金1200万元为中小学购买自动测温仪设备、完善校园周边交通安全标志，完成海安、斗北、山头、东宅4所小学操场塑化改造，完成枫江中学提升改造和枫亭中心幼儿园校路拓宽，完成秀峰小学校门改造和海安小学厕所改造，推动解决溪北小学、枫亭中学校舍工程历史遗留问题等；投入近800万元，开展奖教奖学活动。举办“喜迎二十大”篮球赛、书画展、“书香枫亭 全民阅读”等活动，开展全民健身、职工运动会等活动。采取措施防止全镇267户803人建档立卡贫困户返贫。发放66户造福工程补助款332.63万元，创设9个公益性岗位。城市低保、农村低保、居民基础养老金按标准发放到位，完善医疗救助、抚恤补助、灾害救济、慈善资助等救助体系，社会救助573人次60.65万元。推进养老服务工作，建设8家农村幸福院。全镇出生人口767人，人口出生率6.27‰，兑现奖励率100%，其中农村奖励扶持185人，城镇奖励87人，贡献奖励41人。强化“两违”整治和集镇区整治，开展墓地生态整治，完成“大棚房”专项整治。

【基层组织建设】 2022年，枫亭镇党委下设79个党（总）支部，党员3773人。围绕“党建引领、夯基惠民”工程，打造“福”党建品牌，探索“八福三结合”（即“福”目标、“福”网格、“福”阵地、“福”平台、“福”队伍、“福”机制、“福”保障、“福”体系，与人居环境相结合，与盘活闲置资源相结合，与群众性活动相结合）工作抓手，健全完善镇、村、网格、单元、户“五级联动”的党建引领基层治理体系，通过共评共治共享，引领推动基层治理触角向网格、单元、家庭等治理末梢延伸，构建基层治理新格局；创新开设“生态超市”，建立积分量化体系，让村民由“旁观者”变为“参与者”，兑换积分“兑”出乡风文明新风尚；探索“山海协作”计划，引导“靠海村”帮扶“靠山村”，以海安村和溪南村为试点，实施以带党建、带产业、带项目、带治理等为内容的“强村带弱村”发展模式。深化“放管服”改革，实施政务公开，加强村（社区）便民服务代办点建设。

【枫亭镇人大会议】 2022年5月29日，枫亭镇召开第十八届人民代表大会第二次会议，应到会代表121人，出席代表111人。会议补选陈镇贤为枫亭镇人民代表大会主席。12月15日，枫亭镇召开第十八届人民代表大会第三次会议，应到会代表120人，出席代表98人。大会听取、审议并通过政府工作报告及人大主席团工作报告；书面审议《枫亭镇2022年财政预算执行情况和2023年财政预算草案的报告》。

【枫慈溪流域综合治理】 2022年，枫亭镇实施环境污染纠纷处理、环境安全隐患排查及环保专项行动，开展入海排放口排查整治工作，关闭拆除畜禽养殖场28家。完成2个农村污水管网试点村建设，其中兰友新建18.96千米、学士新建28.59千米。推行河长制，落实巡河制度，镇级河长巡河150次，发现解决问题50个。推行林长制，完成造林绿化76.73公顷，森林抚育141.13公顷，封山育林52.80公顷，除治互花米草33.93公顷，超额完成全年指标。

（王宇帆）

2022年，枫亭镇开展枫慈溪流域综合治理。图为枫慈溪枫亭上玲坝
（摄于2022年9月 薛燕辉供图）

园庄镇

【概况】 园庄镇地处仙游县南部。东与仙游县枫亭镇相邻，南与泉州市泉港区涂岭镇接壤，西与泉州市洛江区罗溪镇毗邻，北与仙游县赖店镇相连。镇域面积82.08平方千米，其中耕地1046.67公顷，林地5600公顷。2022年，辖16个行政村和1个社区，户籍人口6.08万人，常住人口1.84万人。6月4日，园庄镇奖教奖学联合会成立。

【经济发展】 2022年，园庄镇完成财政总收入2436万元，比上年增长8%；完成固定资产投资2.11亿元，增长107%；财政总收入、固定资产投资等指标超序时完成，增幅高于同期。60%以上的青壮年外出经商务工，主要经营早餐早点、面包面点，全国各地分散7000余家园庄人经营的早餐早点和面食包点店铺，园庄镇被评为“中国面点师之乡”。农林业集约发展，主要种植林茶果蔬等农林产品，拓展建设万亩无公害蔬菜基地和千亩名贵中药材基地，特产九条茶、枫林郑宅茶、园庄瑞祥、园庄手工线面、园庄手工豆皮享誉省内外，特色美食“猪蹄、荌蓉、线面”。央视CCTV-7《乡土》栏目专门采访报道饮食名肴“童子汤焖猪蹄”。

【项目建设】 2022年，园庄镇搜集招商信息6条，其中意向签约1条，引进晋江建友食品有限公司在塔兜村投资面点小微产业园项目，该项目计划投资1亿元。调整、制定项目建设中长期发展规划，确定在建项目、筹建项目、计划项目60个，逐个明确项目负责人、建设进度。策划实施省、市级乡村振兴示范村项目11个，完成8个项目建设，3个项目在建。农村污水治理提升工程完成可研和初设、立项，对接政策性银行贷款；枫慈溪水土流失综合治理项目年底完成；年底完成“一事一议”系列项目。探索成立小额工程管理服务公司，实施辖区项目公司代建，增加村集体收入。代建旧村复垦工程11个，总造价近1000万元，增加村集体收入60万元；代建其他工程24个，总造价近700万元，增加17个村（社区）集体收入50万元。

【乡村振兴】 2022年，园庄镇推进国土空间利用，组织编制园庄镇国土空间规划，完成村庄规划编制10个。遏制“两违”、耕地“非粮化”“非农化”现象，整治违法乱占耕地56宗、乱占林地11宗，组织“非粮化”问题整改182宗36.87公顷，组织实施土地开发、旧村复垦22.17公顷。组织开展“还路于民”行动，改造霞山、云峰、高峰等绿化带，复还人行道。完善基础设施建设，完成六户村南坑底等路面硬化10处。大埔村、枫林村、义路村探索实施“整村亮化”工程。东石村、塔兜村、霞山村、义路村被评为“莆田市中级版绿盈乡村”，义路村被评为“福建省森林村庄”。开展“五个美丽”创建活动，完成美丽乡村庭院创建36户，乡村微景观创建12处，美丽小公园创建2处，美丽田园创建1处，获评省级最美庭院5户，市级最美庭院6户。塔兜村、云峰村被评为“省级乡村治理示范村”。

【产业建设】 2022年，园庄镇推进“一镇一品”建设。县供销社与义路村联手打造的手工线面产业基地完工投产，通过SC（食品生产许可证）认证；面点小微产业园完成地块控规编制和成片开发方案论证及土地征迁签约，组织土地报批。小微产业园建成后形成集培训、研学、直播、生产、营销及冷链物流于一体的完整面点产业链，打响“中国面点师之乡”品牌效应。巩固脱贫攻坚成果同乡村振兴衔接，推进现代农业提速增效，完成上年度高标准农田项目建设，推广“合作社+公司+基地+农户”经营模式，发展中草药材、九条茶、郑宅茶、名贵苗圃等农特产品。枫林村“郑宅茶传统制作技艺”被评为“第七批福建省非物质文化遗产”，引进武夷山专业团队合作运营，推进园庄茶叶产业跨越发展。扶贫项目高峰村清峰阁豆皮厂投产，实现园庄豆皮产业化、标准化生产；闽南语系4个村推进中草药合作社推广种植中药材麦冬、郁金面积20余公顷。

【平安建设】 2022年，园庄镇强化社会治安综合整治，推进扫黑除恶斗争，开展整治电信诈骗工作，加大劝返工作力度。加强平安守护，组建镇党政领导带队的夜间巡逻队，开展分路线分片区集中巡逻。落实安全生产责任制，开展安全生产大检查、大整治活动，完成经营性自建房排查107栋；开展安全生产检查75次，排查整治消防安全、烟花爆竹、危化品、城镇燃气、森林防火、防汛等安全隐患603处。完成土楼村尾厝桥、大埔村梧洋尾桥2座危桥改造。开展交通安全大检查，组织300人次查纠各类道路交通违法行为2352起，完成6处道路安全隐患整改、100处村庄路

2022年6月4日，园庄镇奖教奖学联合会成立，召开第一次会员大会。图为颁发永久名誉会员证书 （唐伟供图）

口拐弯处交通安全隐患设置凹凸镜、减速枕、爆闪灯。

【社会事业】 2022年，园庄镇成立奖教奖学联合会，筹措爱心款1300余笔、总金额435.90万元。组织召开2022年度奖教奖学表彰大会暨喜迎第38个教师节庆祝大会，发放奖教奖学金50.92万元，奖励师生368人。中高考勇创佳绩，2名园庄学子考录清华、北大，园庄中学被县教育局评为“2022年教育教学进步学校”。投资300余万元在9个村拓宽村道、修建农用步道、整村亮化、农田引水灌溉等。推进郊园路道路亮化、园庄社区人行道拓宽、云峰村后埔头车流分流线、大埔宿舍改造提升等一系列民生工程建设。提升镇卫生院医疗服务能力，强化妇幼健康服务保障，组织开展“母亲健康1+1”公益募捐活动，筹集募捐款4.39万元，塔兜村妇联被评为“全省达标村妇联”。完善公共服务体系，登记失业人员再就业70人，再就业率90%以上，推荐公益性岗位9人。城乡社保参保率90%以上，年度城乡医保申报缴费率93%以上，企业退休认证率100%，城乡居民养老保险冒领追回工作完成率100%。全年发放特困供养711人次、129.40万元，农村低保1.48万人次、693.10万元，残疾人补助金202.10万元。推进殡葬设施建设，霞山村骨灰堂完成主体建设，洋尾村骨灰堂、镇级公益性骨灰堂项目动工，年底完工。落实林长制，造林更新面积107.60公顷，完成抚育面积49.67公顷，封山育林51.33公顷，森林覆盖率71.5%。开展松材线虫病防控工作，采伐松林改造林木，保护生态环境安全。完成年度征兵工作任务，成立园庄镇归国华侨联合会。

【基层组织建设】 2022年，园庄镇推进“党建引领、夯基惠民”工程建设。创新基层治理机制，开通“一码通”服务热线，方便群众办事。建立微信管理平台，村专管员统一管理网格、单元微信群，网格单元微信群实施双重管理，辅助网格单元长工作，提升网格效能，赋能基层治理，做法亮点被市、县相关媒体报道。

【枫慈溪小流域综合治理】 2022年，园庄镇推进枫慈溪综合整治项目建设。落实河长制，园庄社区、义路村开展农村污水整治试点工程，改造提升园庄污水处理厂，组织开展打捞水葫芦专项行动，恢复水域面积2.30万平方米。推广垃圾分类干湿分离，推动生活垃圾分类常态化，集中转运生活垃圾近4000吨。结合美丽乡村建设、“四好农村路”建设，全域开展人居环境整治和全民卫生大扫除，推进泗洋村整村人居环境整治试点工作。

【“味在园庄”集体商标申报】 2022年，园庄镇通过微信公众号向社会发布公开征集集体商标公告，设立商标入选作品1枚，奖金5000元；入围作品2枚，奖金2500元。征集到27种商标样式，召开商标评选会，邀请部分协会、面点从业人员参与评选，最终选定“味在园庄”作为集体商标申报。与县市场监管局对接，明确注册主体为仙游县面食包点协会，于6月提交注册申请，完成初审、公告等。依托“味在园庄”集体商标，促进产业转型升级，形成面点产业集聚发展。通过“协会+经营者”的模式，统一商标管理、统一门店标准、统一规范经营，培育一批面点产业旗舰店、形象店、授权店。

【园庄镇奖教奖学联合会成立】 2022年6月4日，园庄镇奖教奖学联合会成立，并召开第一次会员大会，筹措爱心款1300余笔、总金额435.90万元。园庄镇尊师重教氛围浓厚，平均每12户群众中就有1户为奖教奖学联合会捐款。9月，园庄镇奖教奖学联合会举行2022年度奖教奖学表彰大会暨喜迎第38个教师节庆祝大会，发放奖教奖学金50.92万元，奖励优秀教师、学生368人。

（李 旭）

榜头镇

【概况】 榜头镇地处仙游县城东北方向，东连城厢区常太镇，西靠仙游县书峰乡，南接仙游县鲤南镇，北承仙游县钟山镇，西南接壤鲤城街道，东南毗邻仙游县盖尾镇，西北交界仙游县社硎乡，镇域面积138平方千米。2022年，辖16个社区和23个行政村，户籍人口16.80万人，常住人口12.50万人。

【经济发展】 2022年，榜头镇实现地区工业总产值185亿元，比上年增长19.35%；社会消费品零售额41.30亿元，增长21.47%；农业总产值5.15亿元，增长0.98%；居民人均可支配收入2.10万元，增长5%；全社会固定资产投资5.75亿元，属地型税收收入4924万元。榜头镇连续7年蝉联“全国千强镇”（2016—2022年）。是“世界中式古典家具之都”及“中国古典工艺家具之都”的核心生产销售区。连续9年上榜“中国淘宝镇”（2014—2022年），坝下、龙腾、南溪、泉山、溪尾、仙水、紫洋、紫泽、后堡、象塘、渡顶11个村（社区）入选“中国淘宝村”。

【重点项目建设】 2022年，榜头镇推进重点项目建设。榜头镇集镇区改造提升工程完成示范段建设，榜头沉香微集群小微企业园完成选址、红线测绘、土方测算、地块控制性详细规划等工作，推进榜头第三中心幼儿园新建项目、榜头镇仙水溪溪滨公园、榜头古街整治提升等项目建设；加快打通象洋大桥、清源东路延伸段（望明路—仙水路）、甬莞高速榜头互通连接线等道路建设；规划建设艺都佳苑（艺都安置区）、赤荷佳苑（赤荷安置区）等项目，续建上昆山坪、昆仑下溪、昆仑桥头3个安置区，并投入使用。完成仙水溪旅游项目帐篷营地、仙水溪莲墘大桥至坝下大桥溪段旅游开发项目建设。南溪温泉开发项目招商。

【乡村振兴】 2022年，榜头镇巩固拓展脱贫攻坚成果同乡村振兴有效衔接工作，光埔村通过“党建+乡村振兴”模式，完成整修新村部、创建油茶橘柚产业基地、振兴线面产业等工作，创建市级示范村；后坂村入选省级乡村振兴示范村，完成进士文化园、公共设施配套、人居环境整治试点创建，打造“风雅后坂”品牌；云庄村入选县级木兰大道乡村振兴示范村。

【社会事业】 2022年，榜头镇完善就业、医疗、养老等社保体系，发放农村低保金1385.42万元，特困供养金487.95万元，临时救助资金161.30万元。发放中央财政衔接资金33万元、省级财政衔接资金9万元，争取项目资金补助145万元，“雨露计划”补助53人15.30万元，高校补助62人31万元，43名贫困对象安排公益性岗位。深化“放管服”改革，推进榜头镇行政服务中心“一站式”服务，创新推行中心办事指南二维码、留言监督线上平台，可办理60项审批服务事项并连接福建办事大厅官网。镇行政服务中心总办件量1.06万件，其中即办件5823件，承诺件4801件，即办件办结率100%，承诺件平均提前办结率100%。完成年度征兵工作任务。办理退役军人优待证。

【平安建设】 2022年，榜头镇完善矛盾纠纷调解机制，排查调处各类矛盾纠纷案件491件，成功调处481件，调解成功率98%。对滞留境外九国的窝点人员逐一劝返。建立“网格+三率宣传”机制，入户走访4.43万户，走访覆盖率100%。排查消除各类安全隐患，防范和遏制重特大事故发生，开展大清查大整治行动，排查辖区生产性企业145家；开展2022年“安全生产专项整治三年行动”“工贸行业安全生产专项整治”“百日清零行动”等活动；通过线路改造提升行动，开展榜头旧街212家店铺用电安全整治工作；开展微型消防站建设工作，完成16个社区、5个村、10家鞋服企业及榜头汽车站微型消防站建设。

【基层组织建设】 2022年，榜头镇推进“党建引领 夯基惠民”工程，全镇划分网格373个，单元格6033个，建立网格党支部52个、网格党小组202个，单元党小组

榜头镇全貌　（摄于2022年5月 林群供图）

110个、单元党员联系户1200人，建立网格议事厅、单元议事角，党建服务网络延伸到最末端。开展党风廉政建设和反腐败斗争，党纪立案23人，处分19人，其中给予留党察看两年处分1人，留党察看一年处分2人，党内严重警告处分6人，党内警告处分10人。开展干部能力作风“四比六促”（比党性、比作风、比业绩、比贡献；促产业发展、促项目接续、促城乡建设、促企业做强、促环境整治、促精准扶贫）活动，纠治“四风”。

【木兰溪流域综合治理】 2022年，榜头镇推进24个村（社区）污水管网收集工程建设。后南溪村、下昆社区试点段污水管网完工并投入运行，其余22个村（社区）完成施工图设计、地勘，加快推进官渡陂沿线14个村（社区）污水管网建设；对官陂渠、杜陂渠、紫泽支渠、梅宅渠等溪东口干支流清淤21.70千米、3.80万立方米；完成灵山社区、下明社区等5个氧化塘的建设并投入使用；新建污水收集管网22.80千米、收集户数3250户、接户率由16.9%提升到49.5%；对紫泽支渠和紫泽梅宅支渠末端进行微生态滤床处理，对龙腾渠采用“生态浮床+微曝气”处理，消除劣V类水质。开展畜禽养殖执法885宗，拆除禽舍面积2.60万平方米，畜禽数量8950羽。关闭反弹石材加工厂2家。建设佛珠加工集中区隔音降噪工程，邀请中电设计院开展新型佛珠加工设备研发，优化提升佛珠加工行业。开展佛珠、仿古加工行业常态化巡查整治，关闭反弹佛珠加工作坊16家，提升整改仿古家具厂17家，整改锯木厂4家。推进河长制工作，创建莆田市示范河道，依托视频监控系统建设“电子河长”，建设河长制公园。开展市容环境综合整治，加强农贸市场管理、餐厨垃圾管理、燃气安全管理、户外广告管理，拆除各类广告230余处。

【“艺都仙作 云上榜头”服务平台运营】 2022年，榜头镇加快发展数字经济，促进数字经济和实体经济深度融合，以数字技术为依托，搭建“艺都仙作 云上榜头”小程序。以“提升乡村产业经营能力”为核心目标，号召各个村（社区）动员辖区企业入驻，合力盘活红木、餐饮、酒店、农产品经营体，助力“产业+文旅”快速融合，打造榜头镇“红木+文旅”地方特色供应链，提升乡村经营能力，构建榜头特色产业的数字化生态体系。将线下客商资源整合为线上客户资产，加快实现榜头镇网络化、信息化和数字化，促进共享经济、云上销售、智慧化农旅融合等新业态叠加。8月28日上线，平台访问量13.70万次，用户数1.72万人，商家入驻127家。

【“仙作名镇·艺都榜头”文旅招商推介活动】 2022年11月20日，榜头镇在仙游抖音电商直播基地召开学习贯彻党的二十大精神活动暨“仙作名镇·艺都榜头”文旅招商推介会。活动展示征集评选的形象LOGO“榜”、形象IP“仙木匠”、旅游口号“游魅力榜头、品仙作神韵”，并通过短视频直播活动、榜头知名企业展示、供需双方企业对接交流签约、青年艺术家作品展、文旅招商推介等环节，展现榜头的旅游景点、文化底蕴和榜头镇工艺美术动态，提振工艺美术企业发展信心，让产业与文旅融合，为榜头镇乡村振兴赋能。邀请供应链双方深度对接交流，打通各产业供需不畅痛点，助力企业发展，增强优势产业发展新动能，帮助企业达成合作协议。

（刘 娴）

钟山镇

【概况】 钟山镇地处仙游县东北部，东及东南与城厢区常太镇交界，南及西南与仙游县榜头镇接壤，西及西北分别与仙游县菜溪乡、石苍乡毗邻，北及东北与仙游县游洋镇相接，镇域面积128.70平方千米。其中，耕地面积1600公顷、山地面积1.35万公顷、林地面积0.92万公顷、森林面积1.03万公顷，森林覆盖率73.76%，素有“山区小平原”之称。2022年，辖16个行政村，户籍人口3.35万人，常住人口0.80万人。

【经济发展】 2022年，钟山镇实现农业总产值9.80亿元，比上年增长7.69%；完成财政收入545万元，增长8.3%；完成固定资产投资2.40亿元；农民人均纯收入2.10万元，增长7.7%。全年谋划实施重点项目4个、重点招商项目1个、乡村振兴引进企业3家，完成“下转上”商贸服务业1家。

【乡村振兴】 2022年，钟山镇盘活乡村闲置资源，流转耕地666.67公顷，复耕复种撂荒地236.84公顷，建设升级标准化生产基地240公顷，新带动农业生产规模333.33公顷，新带动农户600户。依托优质生态资源，突出发展绿色经济产业、文旅经济产业，打造仙游北部

2022年8月9日，仙游农商银行与钟山镇人民政府、县供销社签署钟山大米生产基地项目合作框架协议，与钟山镇人民政府签署推进乡村振兴战略合作协议
（唐伟供图）

生态旅游综合示范区。

【特色产业】 2022年，钟山镇打造以村级党组织为核心、企业（合作社）为载体、钟山农户为基础、其他要素为补充的联合体，推出“企业＋农户”等联结模式，成立仙游县钟山农产品行业协会。鸣和村建立钟山大米加工基地，取得大米SC（食品生产许可证）认证；对接永辉、沃尔玛等超市，打造钟山五彩米等精装高端大米；对接线上直播平台，迈出大米进超市、线上线下等多渠道推广销售新征程，打通二产薄弱环节，实现一、二、三产业融合发展。5家企业9个农产品获得“三品一标”认证，“仙游甜柿”获得国家地理标志集体商标，开发钟山白粿等一批钟山特色农产品。8月9日，仙游农商银行与钟山镇人民政府、县供销合作社联合社签署钟山大米生产基地项目合作框架协议，与钟山镇人民政府签署推进乡村振兴战略合作协议。

【平安建设】 2022年，钟山镇打击治理养老诈骗，坚持“打、防、管、控、宣”原则，构建防范打击治理体系。创新开展防诈宣传，按照网格化管理体系，镇村干部、党员“敲门”入户，向居民讲解电信诈骗的常见手段，发放传单1.50万余份，引导树立安全防范思维模式。健全安全生产隐患问题整改清单化管理制度，逐一登记、整改、销号排查的隐患问题，强化闭环管理。强化社会面平安建设，开展日常巡逻与重点再巡防，推进“公安专业巡防＋村居联勤联防＋单元群防群治”的“三级联动”防控工作；调动村老协会、村组干部、网格长、单元长、党员志愿者等群众力量，开展全覆盖无死角日常巡逻工作，扩大巡逻范围，增加巡逻密度。

【社会事业】 2022年，钟山镇开展奖教奖学助学活动，发放助学奖学金12.50万元，表彰奖励22名教师，奖励资助20名学子；爱心帮教易辍学生，完善辍学生管理制度，建立“易辍学生”档案，组织干部包干入户，跟踪管理；开展扶困助学活动，扶持家庭经济困难学生接受义务教育，关爱留守儿童，补助建档立卡学生47人。创建“示范化”便民服务中心，规范便民服务中心大厅功能建设，制定工作制度，实行“一站式服务”。巩固脱贫攻坚兜底保障成果，落实低保低边动态管理，每月一次小排查，每季度一次大排查，排查对象1475人，确定低保人数266人，特困人数24人，低保边缘48人。全年发放临时救助资金22.20万元，解决662人困难群众基本生活。深化城乡居民基本养老、医疗、失业、工

2022年10月，钟山镇南兴村优质稻米基地推出“钟山五彩米”
（郑丽供图）

伤等保险制度，推进社保人群全覆盖。完成钟山敬老院“公建民营”改革。投资45万元，实施钟山镇集镇区水质改善提升工程，提标改造集镇供水站，新建一体化钢混净水池1座，安装过滤、消毒等设备，完善供水站场地相关配套设施，提升集镇区群众生活用水质量。评选出“好媳妇”“好婆婆”7人，4800余户家庭被评为“文明家庭”和“星级文明户”；超额完成征兵任务，完成民兵整组任务，通过市军分区现场点验，到点率100%；推进“八五”普法工作。

【基层组织建设】 2022年，钟山镇推进“党建引领、夯基惠民”工程。启动网格细化升级管理，全域16个+村级网格细分76个中网格、541小单元，76名镇干部“化整为零”，由网格长、单元长将工作落到“最小治理单元”和“最后责任主体”。试点创新南兴特色乡村治理工作机制，得到省委副书记罗东川调研后肯定，并在福建省“三农”工作会议上介绍推广经验。钟山村、临水村获评省级乡村治理示范村。

【延寿溪小流域综合治理】 2022年，钟山镇打造“党建+生态建设+现代旅游”工作模式，开展“支部绑定生态河湖创建”活动，以基层党员先锋队为主力，开展清河行动，出动482人次，清理河道5.60千米，清理河漂垃圾62吨，恢复水域面积1.88万平方米，辖区流域实现“水清、岸绿、河畅、景美、人和”景象。南兴、朗桥、卓泉、湖亭4个村实施污水项目建设，基本完成全村污水收集处理设施建设；把钟山、新莲2个村纳入农村生活污水提升治理试点村项目，12月完工；其余10个村规划实施农村生活污水提升治理项目，完成初步设计及可研编制，完成编制成果论证。全镇有污水处理设施10座，其中镇级污水处理厂1座，村级污水处理站9座。落实林长制工作，完成松林改造36.40公顷，完成率109%，其他森林抚育600公顷及封山育林353.33公顷，义务植树完成率105.4%，尽责率101.5%。

【复耕复种】 2022年，钟山镇完成复耕复种撂荒地236.84公顷，超额完成上级下达任务。成立撂荒地复垦工作领导小组，建立省对市的186.83公顷、市对县的33.80公顷撂荒地台账，分析地块撂荒原因，落实复垦主体，制定复垦方案。建立钟山镇撂荒地复垦作战图，每月跟踪监测和调研指导撂荒地利用情况，推进复耕复种工作。宣传耕地流转补助和规模种粮补助政策，引导村级经济合作组织、种粮大户集中流转开展复垦复耕，撂荒地复垦复种0.67公顷以上的主体每公顷补助9000元，验收复垦复种的30家主体的撂荒地的面积、产量，筛选复垦好、产量高的撂荒地，推荐申报省级撂荒地复垦复种示范片补助。

（林丹丹）

游洋镇

【概况】 游洋镇地处仙游县东北部，东连涵江区庄边镇、城厢区常太镇，南靠仙游县钟山镇，西邻仙游县石苍乡，北接福州市永泰县梧桐镇。镇域面积177.70平方千米，耕地面积1533.33公顷，山地1.58万公顷，其中毛竹林近4666.67公顷，系福建省九大毛竹丰产林培育基地之一，森林覆盖率81.85%。2022年，辖17个行政村，户籍人口3.50万人，常住人口1万余人。

【经济发展】 2022年，游洋镇实现农林牧渔业总产值4.60亿元，完成固定资产投资3亿元，“属地型”税收收入391万元，农民人均纯收入20359元。完成莆田市贵顺电子商务有限公司和莆田市洪润建设工程有限公司引税回乡签约，成为全县第一个完成“下转上”年度任务的乡镇。

【项目建设】 2022年，游洋镇实施项目43个，总投资3500万元，比上年增加1000万元。上宫支部培训中心、红色智慧党建教室先后投入使用，有300家单位、7000人前往参观学习。推进投资1亿元的纵三线游洋沽山—梧椿段建设，完成征地20公顷、拆迁1600平方米、墓地迁移112座；投资900万元的县道X201五星段晋级改造项目竣工通车，五星村C098（五星村部至拱桥亭）公路和Y014沽五线道路改建、湄渝高速五星段三改工程竣工，推进五星村内县道、乡道、村道建设，打通前往福州市际交通的“最后一公里”；完成沽山村青梅道路提升和里洋村电站至后溪林水库防汛公路硬化，完成乡道、村道扩宽硬化工程6千米；游洋村路灯亮化、龙山村各自然村路灯建设、石里村石级厝至小学路灯亮化投入使用。投资1350万元的鲁头汪洋新村整村搬迁项目完成主体封顶。投资950万元的粗溪流域梧椿至游洋段整治工程完工。完成桥光村、霞峰村、河星村、天马村安全饮水工程建设。

【产业发展】 2022年，游洋镇依托兴山村为龙头，打造兴山—天马—金石—河星—龙山乡村振兴示范带，实施跨村联建，推动兴山与天马旅游的“山水融合”，兴山吴妈文化与龙山中草药的“文化产业融合”，各村产业与河星直播基地的“网红经济产业融合”。兴山村被中组部确定为“全国第三批红色美丽村庄试点建设村”，获评省级金牌旅游村、省级美丽休闲乡村和国家AA级旅游景区，兴山传统村落被列入“省2022年重点改善提升历史文化街区名镇名村传统村落名单”和“2022年省委、省政府为民办实事工作清单”，完成兴山村村容村貌整治和乡愁记忆馆建设；推进兴山村立体循环生态农业示范区建设。莆田市委书记付朝阳到天马村调研指导文旅经济和乡村振兴工作，莆田短视频创作基地和摄影基地落地天马村，引进莆田市大道旅游发展有限公司，对石门峡谷、天马山、天马古厝进行整治提升和微景观改造。河星村北部山区农副产品直播基地完成建设。龙山村国家林下经济示范基地投资1500万元种植中药材66.67公顷，完成2000余种中药材标本制作，成为全省最大中药材标本基地，获评市级科普教育基地。甜柿喜获丰收的新闻报道在央视《央视新闻》播出；橘柚种植的“病害绿色防控技术的应用推广”被列为省科技计划星火项目，中国科学院3名院士专家现场视察指导，橘柚迎来大丰收，游洋镇成为国内单个果场单体面积最大的橘柚生产基地。军旅教育基地获评县民兵训练基地、县退役军人创业示范基地。种植油料作物53.33公顷。无疆蔬菜基地发展壮大。

【乡村振兴】 2022年，游洋镇获评福建省乡村治理示范乡镇和福建省“清新福建·气候福地”气候康养福地；龙山村、兴山村、天马村入选第六批中国传统村落名录。2022年，游洋镇镇本级和村级向上争取专项资金4642.70万元，其中争取中央、省级财政资金和“机关+农村”共建专项等各类补助资金380万元，实施项目11个；乡村振兴专项资金396.20万元，实施9个项目。台湾乡建乡创点项目落地游洋镇，启动游洋镇旅游规划和兴山村环境整治设计提升陪伴式服务。策划“仙游县省级乡村振兴试点农村农产品产业园建设工程”专项债，包含29个项目，全县第一个完成入库并上报省发展改革委审查。坚持分类整治，采取“疏堵结合”，完成卫片图斑核查整改6处，核实整改天地网8处，完成农村乱占耕地建房问题排查1个，拆除违建6起4550平方米，完成耕地“进出平衡”整治19.30公顷；全年审批房屋3批次，新建房屋26户、旧房翻建54户（审批新建和翻建数量为山区乡镇最多），完成3处0.66公顷设施农用地审批上报；完成县级土地开发4.92公顷，全县第一个通过验收并成功入库；完成废弃矿山生态修复治理3.80公顷。完成五星等3个村和桥光—龙山村166.67公顷高标准农田建设；复耕复垦土地164.68公顷。开展墓地生态整治112处。完成金石村、河星村、双峰村、龙山村国土空间规划。完成纵三线和联二线双峰路口绿化提升。游洋镇代表仙游县接受全省农村建设品质提升验收。龙山村、金石村、石里村获评省级乡村治理示范村。

2022年，游洋镇对石门峡谷、天马古厝等进行整治提升和微景观改造。图为石门峡谷（摄于2022年7月 张力供图）

【社会事业】 2022年，游洋镇发放奖教奖学助学金42万元，奖励37名优秀教师、108名优秀学子，资助57名贫困学生。19名游洋籍学子考入双一流大学；34名游洋籍学子考取博士、硕士研究生；游洋中心小学被评为“2022年秋季小学教育教学常规先进单位”和“优秀少先队大队”。完成游洋中心小学多媒体教室、游洋中心幼儿园道路扩宽改造和游洋中学滑坡修复挡墙工程建设。开展第二届“桂花香”关爱贫困留守儿童公益活动。完成游洋中心小学“职工之家”建设。建成兴山村莆阳文化驿站，筹备成立仙游县吴妈文化促进会。在天马村举办市摄影家协会摄影作品展，在兴山村举行李耕国画艺术研究院写生基地揭牌活动。新增5处仙游县历史建筑、18处仙游县传统风貌建筑。发放脱贫户的产业发展等各类补助资金40.12万元。全年新纳入农村低保22户37人，特困7户7人，其中新增集中供养4人；新增低保边缘户29户55人；发放低保补助348.65万元、特困补助227.08万元、临时救助905人次33.52万元、残疾人补助181.36万元。发放退役军人补助142.04万元。新农保参保1.88万人，医保参保2.76万人。游洋镇卫生院为65岁及以上老人免费体检2624人。

【平安建设】　2022年，游洋镇排查整治安全隐患30处，开展沿街店面用火、用电、用气安全检查，景区和非景区安全检查；完成石山村道路、桥光村太平亭水库防汛道路水毁和龙溪村临水临崖等12处道路安全隐患整改；完成五星村与永泰县的市际交通劝导站和霞峰村与城厢区的县际劝导站建设以及集镇区道路违法监控抓拍系统建设；完成龙潭、浮腰、后溪林水库修缮和霞峰水库、鲁头水库除险加固，完成7座山塘安全排查整治；配备无人机定期开展森林防火、水库运行等重点部位安全检查，修订完善《防汛防台风预案》和《地质灾害点转移应急预案》。排查各类矛盾纠纷38件，办理信访件15件；收到“12345”诉求件341件，办结率100%。上半年群众安全感率排名全市第四位、全县第一位。推进“平安游洋”建设，巩固扫黑除恶专项斗争成果，打击电信诈骗犯罪。

【基层组织建设】　2022年，游洋镇实施“党建引领　夯基惠民”工程，完成兴山村和河星村党群服务中心建设，推行兴山村、天马村、河星村特色党建工作模式，上宫中心村跨村联建党建项目获全县第二位。中共仙游上宫支部旧址获评“省委党校现场教学点”“省爱国主义教育基地”和“市廉洁文化示范基地”。完成镇妇联、侨联、残联换届。成立里洋村“侨胞之家”。

【粗溪、萩芦溪流域综合治理】　2022年，游洋镇推广“县级主导、镇街主责、村居主体、群众参与、规范运维”的农村污水治理模式，推进游洋村、天马村农村污水治理提升试点村建设，新建主干管8.11千米、接户管13.84千米，完成全镇农村生活污水提升治理项目可行性研究报告和初步设计以及6个村污水管网施工图设计。桥光村、龙山村PPP（政府与社会资本合作）项目完工。开展人居环境整治，清理农村生活垃圾2700余吨。依法拆除非法畜禽养殖场90场，拆除面积9100平方米，恢复土地功能6.67公顷。落实“双河长制”，开展巡河3200次。完成7个村14个“千人以下”农村饮用水水源地划定。推进天马村萩芦溪水土流失综合治理和龙山村水土保持生态村项目。落实林长制，完成义务植树6.92万株、造林面积68公顷、封山育林280公顷，完成松材线虫病防治12.07公顷。梧椿村获评省级森林村庄。兴山村、天马村、金石村、游洋村、梧椿村完成中级版“绿盈乡村”创建。

【莆田市文艺轻骑兵文艺会演天马村首站活动】　2022年9月6日，“喜迎二十大　欢乐常相逢”——莆田市文艺轻骑兵文艺会演活动首站在游洋镇天马村举行。莆田市文联副主席张煌，仙游县委常委、宣传部部长林宗储以及相关市级文艺家协会代表，游洋镇、天马村干部，以及群众300余人参加。文艺汇演包含歌曲、舞蹈、书法表演

2022年9月6日，“喜迎二十大　欢乐常相逢”——莆田市文艺轻骑兵文艺会演活动首站在游洋镇天马村天马古厝举行　　（朱彬颖供图）

等，展现中国共产党百年来的风雨历程和取得的成就，彰显新农村新面貌。演出采取“线下+线上联合会演”模式，“看莆田”等视频号及众多网络直播对活动进行全程线上直播。

（郑鹏镍）

龙华镇

【概况】 龙华镇位于仙游县西南部，东与仙游县鲤南镇接壤，南与泉州市毗连，西南与南安市交界，西与永春县相连，北隔木兰溪与仙游县大济镇相望。镇域面积65平方千米，其中耕地1666.67公顷，山地3266.67公顷。2022年，辖1个社区和15个行政村，户籍人口6.79万人，常住人口3.39万人。

【经济发展】 2022年，龙华镇实现规模以上工业总产值18.20亿元，比上年增长21.33%；完成固定资产投资3亿元，增长233%；农民人均可支配收入2.20万元，增长10%；财政总收入2054.70万元，增长8%。全年新增规模以上工业企业2家，入选市、县级“白名单企业”2家。

【项目建设】 2022年，龙华镇推进36个基础设施项目建设，总投资4905万元。禅意文化旅游项目完成龙华寺景区禅堂、东西观堂、静修院等主体工程建设。推进城乡供水一体化项目建设，完成2期涉及10个村，总工程量130.10千米。加强农村道路建设，新建改建农村公路14千米；加强农田水利设施建设修复，新建跌水堰2座，修复原水毁堰1座，加固修复护坡2处，加固修复灌溉渠1处；改造危桥1座；策划生成专项债项目包3个，子项目17个，融资9600万元。

【产业发展】 2022年，龙华镇新增茶叶绿色生产基地100公顷，新增薏米种植面积53.33公顷；金溪茶业有限公司推进农业产业化省级示范联合体项目建设，促进带动2家合作社、7家家庭农场收益增值。金溪茶业有限公司青茶获评“福建省第三批无公害农产品”，金沙薏米获评“福建十大农产品区域公用品牌”，金溪村获评“全国乡村特色产业超亿元村”。金溪茶厂新建标准化厂房5000平方米，引进标准化茶叶精加工生产线；金沙食品有限公司增加薏米熟化系列生产线3条，实现茶叶、薏米制品的经营效益和产品附加值提升。推进金溪小微企业孵化园和绿色食品小微企业园项目建设。

【乡村振兴】 2022年，龙华镇完善总体和专项规划，打造“一村一品”“一村一韵”。规划整合旅游资源，推进茶旅研学、龙华镇禅意文化旅游等5个旅游项目建设。龙华寺禅堂和东西观堂投入使用，韦陀殿堂完成主体，动工建设宝幢山休闲步道2000米；宝幢山、爱和村“后院·家”、红旗坝头联络站遗址、东岐茶山等一批特色乡村旅游景点成为摄影旅游、自驾游、乡村游等主要目的地。龙华镇获评“省级乡村治理示范镇”。金溪村获评全国“一村一品”示范村；金溪村、龙西林村获评“省级乡村治理示范村”；龙华镇上榜全国“淘宝镇”；金建村、金溪村、金沙村、林内村、红旗村5个村上榜全国“淘宝村”。

【平安建设】 2022年，龙华镇开展社会治理、矛盾纠纷调解、公共安全隐患排查、扫黑除恶、网格化创新治理等专项行动。初信初访件数59件，一次性办结率100%，满意率100%；县第2批次治重化积交办化解7件，化解率100%。全年检查各类企业、场所625家次，发现安全隐患167条，整改率100%。新增农村道路斑马线、减速带、标识牌113处，新建护栏

2022年，金溪村获评“全国乡村特色产业超亿元村”。图为金溪茶园
（摄于2022年7月 张力供图）

1000米，新装太阳能智慧路灯676盏，修复损毁路灯360处。

【社会事业】 2022年，龙华镇城乡居民社会养老保险参保3.72万人，缴费率95%；办理农村低保1230人次、特困人员35人次，发放低保金1600万元；办理重病重残救助、急难救助、助学救助等救助金460人次80万元；办理残疾人“两项补贴”1800人次120万元；办理各类定补对象优抚金380人次320万元；办理义务兵优待金150万元；免费为白内障患者提供复明手术163人次；完成村（社区）“三留”（留守老人、留守儿童、留守妇女）服务站建设，办理事实无人抚养儿童办理补助手续27人次；录入退伍军人信息并办理优待证；开展慰问各类老复员军人、残疾军人等活动，发放慰问资金；新建居家养老服务照料中心2家。跟踪脱贫人口和监测对象稳收增收、饮水安全巩固情况，建立防止返贫动态监测帮扶机制。完成上级下达的粮食安全目标任务，实现补充耕地4.78公顷，其中县级土地开发2.92公顷、旧村复垦1.87公顷。拆除“两违”19宗4690.71平方米，整治整改耕地“非粮化”“非农化”185宗29.88公顷。完成桉树改造4.20公顷，完成松材线病虫害治理119.13公顷。团结村、金溪村入选省级“绿盈村庄”。

【基层组织建设】 2022年，龙华镇推进“党建引领 夯基惠民”工程，主动融入“全市一张图，全域数字化”建设。全镇划分为147个网格、1371个单元，形成“镇—村—网格—单元”四级管理模式，激活基层治理末梢。拓展村级服务阵地功能，新建党群服务中心2个，配备“综治+”服务中心、人才驿站、儿童活动中心、长者之家、同心茶室等功能。

【龙华溪小流域综合治理】 2022年，龙华镇落实“双河湖长制”和“林长制”，开展河段乱点乱堆、非法占用河道岸线、河道垃圾和水葫芦清理等专项行动，排查整治河道“四乱”现象8处，封堵排污口93个；拆除反弹复建（养）畜禽养殖场23个；完成建设农村污水主干管7.30千米、入户管11千米、接户900余户。

【省委统战部对接帮扶龙华镇乡村振兴工作】 2022年7月，省委统战部对接帮扶龙华镇乡村振兴工作，省委常委、统战部部长王永礼通过引资引智、项目对接等，落实落细各项帮扶举措，涉及项目15个、总投资1454万元。提升拓展“一轴四片区”布局，其中金溪同心街区发展示范轴，重点推进环境提升工程建设、省级集镇环境整治样板等项目，提升街区整体形象和沿街店铺的商业价值。新型城镇生活区推进污水管网建设、城乡供水一体化工程建设，实现污水处理全覆盖。美丽集镇中心区委托省规划设计院开展集镇规划，加快建设灯塔宝幢山步游道等项目。道口经济开发区组织华祥苑、春伦等知名茶企开展合作共建，推动盼盼集团与金沙薏米产业合作。康养体验度假区对接洽谈闽台乡建乡创陪护式服务项目。委托台湾邓海团队优化“一轴四片区”格局，打造“产镇互融、城乡互促、人居互进”的乡村振兴龙华样板。

（张建仙）

大济镇

【概况】 大济镇地处仙游县城西部、木兰溪上游，位于仙游县“西乡平原”，东接仙游县鲤城街道，南及西南与仙游县龙华镇毗邻，西与永春县交界，西北与仙游县度尾镇相连，北及东北分别与仙游县社硎乡、书峰乡接壤，木兰溪贯穿大济镇境内，有大济溪、松坂溪、红哗溪3条支流。镇域面积87.50平方千米。2022年，辖23个行政村（社区），户籍人口9.62万人，常住人口5.30万人。

【经济发展】 2022年，大济镇粮食播种面积1386公顷，比上年增加9.87公顷；粮食产量8200吨，增加57吨；生猪存栏9517头，出栏1.29万头，猪肉产量1075吨。完成工业总产值41.50亿元，增长14.1%。完成限上销售额5.80亿元；在库项目7个，完成固定资产投资10.10亿元，增长127.8%，位居全县乡镇（街道）第三名。

【产业建设】 2022年，大济镇以产业融合推动乡村振兴，以产业高质量发展带动社会高质量发展。开展农业招商引资，增光蛋鸡养殖项目与大济镇签订《山林地承包合同》，山林地报批手续完成，进场施工建设。工艺美术小微产业园完成功能定位及功能区划分设计，推进前期工作。推进文旅产业发展，建设尾坂农产品、文创展销中心，布置红色元素展馆，10月起对外开放，吸引众多游客参观；改造提升对乌石天鹅湖景区，铺设登山步游道同步提升景区环境，常态化开展环境整治。

【项目建设】 2022年，大济镇加快推进项目建设。木兰大道大济段完成前期工作，启动征迁工作；木兰溪防洪景观工程完成北岸D5、D6标段建设，南岸D2、D3段施工；大老古增资扩产技改项目主体建筑完工，开展内外部装修；铭天下创业园行政楼投入使用，完成仓储楼验收，厂房主体内部装修；龙威工艺小区完成行政大楼建设，厂房施工；小微产业园办理用地报批手续，同步推进征迁工作。推进耕地补充项目建设，耕地补充项目任务5.67公顷，其中县级土地开发项目任务2.34公顷，旧村复垦项目任务3.33公顷，名列全县前茅。县级土地开发32.93公顷，按照水田标准施工7公顷，立项批复13.75公顷，完成方案论证8.72公顷，开展方案编制3.46公顷；实施旧村复垦项目任务3.33公顷，完成测量5.48公顷，立项批复3.4公顷，其中汾阳村0.85公顷，东井村0.69公顷，坑北村1.60公顷，后林村0.26公顷。

【乡村振兴】 2022年，大济镇找准乡村振兴支点，谋划乡村振兴发展，以木兰溪为轴，建设大济镇“宜居宜业”乡村振兴示范带。打造北岸宜业示范带，围绕建设小微产业园，带动周边村（社区）发展，打造“产业集聚、用地集约、绿色低碳”的新型产业模式。巩固大济镇工艺美术产业发展，改进红木加工“小作坊”模式，助力铭天下、荣川木业技改提升，保障业主安全生产；提升打造龙坂双桂岩、乌石天鹅湖、溪口叶顒故居等景点，发展乡村旅游业；扶持大老古、文旦柚等农副产业发展，整合资源，助力农业经济发展。推进南岸宜居示范带建设，提升改造溪古片区，扶持教育、产业等发展，配套道路、雨污处理、路灯、休闲广场等基础设施，发挥示范效应，带动其他村（社区）、片区项目落地投产，形成连片振兴。开展房前屋后、公共空间、庭院环境和村容村貌整治，加快裸房整治、村道等项目提升建设，优化乡村品质。

【社会事业】 2022年，大济镇推进教育提升项目建设。尾坂小学、龙坂小学附属幼儿园进场施工，大济中学围墙完成招投标，三会中学危改完成加固；成立镇级、村级奖教奖学教育基金会1个、6个。拓展农村新型农民养老保险参保、续保渠道，城乡居民医疗保险参保率超过98%。统筹推进助残、救孤、济困等福利事业发展，完善社会保障体制。享受城市低保5户9人，发放城市低保金6.45万元；享受农村低保957户1985人，发放农村低保金966.38万元；特困户284户284人，发放特困人员供养金480.73万元。以各村（社区）休闲广场、党建服务中心为载体，宣讲党的二十大精神，定期开展法治宣传、文艺晚会、趣味运动会等活动。投资360万元完成8个村级“一事一议”项目。抓好集镇区改造提升项目，选址大济镇垅溪村建设大济镇农贸市场，完成场地测绘工作及新建市场平面图设计，临时过渡市场建成并投入。组织人员开展巡查，发现“两违”问题立即处理。强化宣传力度，畅通“12345”等监督举报渠道，开展“两违”执法，多举措杜绝新增“两违”。做好疏堵结合，引导村民依法审批、规范建房，按照“少批、多批次”原则，完善建房审批流程。落实批后监管与“四到场”（建筑放样到场、基槽验线到场、施工过程到场、竣工验收到场）制度，做好后续跟踪，杜绝批后违法。

【平安建设】 2022年，大济镇加强和创新社会治理，提升平安创建水平。推广试点村蒲山村特色共建机制，创新星级评选、建立奖惩机制、盘活闲置场所、加强监督培训等措施。通过多样化宣传、线上线下结合、开展巡逻等方式，创建“平安大济”。多渠道加强宣传，打击治理电信诈骗，通报涉诈重点人员回国40人，按照“一人一策”

2022年8月5日，大济镇乌石村“福农驿站”开始营业（陈国孟供图）

采取精准科学劝返、提供资金保障等措施，开展劝返工作。

【基层组织建设】 2022年，大济镇推进“党建引领 夯基惠民”工程，村（社区）完成网格图绘制、数据落图、信息采集、摸排管理。建强末端党组织，创新基层治理方式，发挥网格化优势，联动革命遗址、民营企业，形成示范带动效应。以点带面，先试先行，试点村蒲山创新工作机制，首创全县在外乡亲微信群、星级家庭、星级党员评定模式，以及党员挂钩户长制等，推动星级党员、星级家庭争创，提升治理效能。创新“村级党组织书记交流座谈月例会”机制，营造互学互促互帮、共同提升的工作氛围。铭天下非公党建“青春e家”翻新投用，引领青年电商创业新发展。

【大济溪、松坂溪、红哗溪小流域综合治理】 2022年，大济镇实施全域水流域治理提升工程。松坂溪安全生态水系工程进场施工，山洪沟防洪治理工程办理前期手续，与县水利局对接，大济溪、红哗溪治理提升项目分步骤开展可研、立项、初设等。推进污水管网建设，汾阳、尾坂、垅溪等村试点片区建设按时序推进，其余村（社区）开展排污口排查、设计等前期工作。加强畜禽养殖整治，散养畜禽养殖监管整治形成常态机制，定期开展散养畜禽养殖整治，拆除295户、面积1.74万平方米，削减生猪655头、鸡鸭3120羽。加强排污口整治，摸排入河排污口305个，采取差异化针对性整改措施，整改到位。加强水产养殖整治，3家鳗鱼养殖场，采取尾水沉淀和循环利用处理方式，完成养殖场尾水改造并安装在线监控设备。

【尾坂五座厝红色文化教育基地建设】 2022年，大济镇策划推进尾坂村五座厝革命遗址修缮项目，总投资1000余万元，占地面积600平方米，景观规划设计面积1858.68平方米，一、二期建设。10月，一期项目竣工并对外开放，建成大济革命人物介绍室、战斗遗址展示厅、3D放映室、红军生活展示室等，接待超过4000人次游客参观学习；二期项目借力校地共建，由华侨大学美术学院师生团队规划设计，细化尾坂五座厝革命遗址形象大门、接待服务中心、亭廊、景观绿化等设计内容。

【大济电商直播基地】 2022年，大济镇投资10万元，一期改建大济原文化站为大济电商直播基地，占地面积约200平方米，二层招引入驻10余家电商企业，一层为大济农特产品线下体验中心。整合大济线面、溪口下肖米粉、文旦柚、皮蛋等产品资源，培育4家农特产品深加工小微企业，以大济农特产品线下体验中心为载体，推进品牌化、特色化、产业化。二期投资300万元新建3层人才公寓，建筑总面积1076.20平方米，占地面积344.80平方米，为共建的专业团队人才提供科研基地及住宿、办公、学习等场所。

（林 杭）

度尾镇

【概况】 度尾镇位于仙游县西部，俗称“西乡”，东与仙游县社硎乡、大济镇毗邻，西与永春县湖洋镇交界，南与仙游县大济镇相邻，北与仙游县西苑乡接壤。镇域面积112.72平方千米，其中耕地2400公顷、山地6666.67公顷，森林覆盖率62.75%。2022年，辖3个社区、16个行政村，户籍人口9.21万人，常住人口4.84万人。

【经济发展】 2022年，度尾镇完成社会固定资产投资3亿元，比上年增长39%；规模以上工业企业产值31亿元，增长22.5%；限上商贸销售额7.17亿元，增长49.9%；限上零售额5.30亿元，增长31.4%；营利性服务业0.48亿元，增长118%；农业生产总值10.20亿元，增长4.08%。

【项目建设】 2022年，度尾镇提速推进项目建设，木兰大道仙游段大济溪口至度尾石牌兜段道路工程动工建设。度尾花卉创意农业园种植小叶紫檀、百合花、蔷薇等花卉20公顷，奇楠沉香种植基地完成种植20公顷，中药材种植基地完成种植33.33公顷。木兰溪防洪工程仙度段［度尾堤段右岸D3（2）标段］、木兰溪支流中岳溪河道整治工程、莆田市城乡供水一体化工程仙游度尾水厂扩建工程、度尾镇高标准农田建设、埔尾移民试点村项目施工。推进度峰糖厂产权转移，度尾·大济木制工艺品微集群小微产业园、度尾文旦柚智慧产业园、洋坂章德路立面改造提升工程等前期加快推进。砺山寨反“清剿”斗争革命历史展示馆县级爱国主义教育基地建设完成。对接招商线索6条，达成意向项目2个（总投资2亿元），落地项目2个。策划生成

2022 年 9 月，度尾文旦柚园内果农采摘文旦柚（唐伟供图）

专项债项目包 3 个、子项目 14 个，纳入县专项债项目 1 个，获批资金 1000 万元。

【产业发展】 2022 年，度尾镇创建国家农业产业融合示范园和省级商务特色小镇，促进三产深度融合发展。第一产业提效做优，落实粮食安全责任制，完成上级下达的粮食工作目标任务。湘溪村获 2022 年全国乡村特色产业超亿元村，仙游县度尾新兴果业专业合作社被评为2022年福建省休闲农业示范点、2022 年度国家级生态农场。举办 2022 年仙游县农民丰收节暨度尾镇第六届文旦柚文化旅游节，签订大宗文旦柚订购 9 家；在高铁车厢、动车站和高速公路服务区设立专区宣传文旦柚品牌，迅速提升知名度；通过福建广电融媒体中心、东南网、抖音等开展公益直播助农活动 4 场；授权文旦柚协会制定并规范行业标准，统一采摘时间和销售标准，文旦柚销售期缩短 1 个月，产值提高 21.6%。第二产业提质做强，招商对接全国 500 强企业——万洋集团整体开发招商运营度峰糖厂，招商福建省闽中有机食品有限公司打造以果蔬深加工为主的食品健康产业园。完成“下转上”4 家，入选市、县级“白名单”企业 7 家、19 家。第三产业提速做大，完成大帽山生态风景区项目规划初步设计，打造集生态旅游、健康养生、朝圣、观光等于一体的生态风景区。

【社会事业】 2022 年，度尾镇协助县教育局撤并度尾职业中学改建度尾第二中心小学，秋季招收学生 416 人。全年发放奖教助学金 33.10 万元。为农村适龄妇女开展“两癌”免费筛查 2750 人。推进度尾镇中心卫生院整体搬迁项目建设。加强城乡社会救助体系建设，全镇低收入人口保障率 2.41%，居全县第三位，其中享受城乡居民最低生活保障 906 户、2010 人，临时救助困难群众 372 人次、45.11 万元。推进城乡居民医保征缴，完成 6.80 万人，完成率 94.48%。人民水库完成修缮，划定全镇 18 个“千人以下”农村饮用水水源地保护区范围。巩固拓展脱贫攻坚成果，跟踪脱贫人口和监测对象稳收增收、“两不愁三保障”及饮水安全巩固情况。圣山村获评第二批省级乡村治理示范村、2022 年度省级“一村一品”示范村，度峰社区和圣山村发展壮大村集体经济典型案例入选 2022 年全省农村集体产权制度改革典型案例。

【平安建设】 2022 年，度尾镇率先在全县先行先试，组建度尾镇综合行政执法队，构建特色综合行政执法体系，制定综合执法七步流程，承接县级 8 个职能部门下放的 116 项行政执法职权。“一村一警”

2022 年 7 月 1 日，度尾镇度峰社区砺山寨红色教育展览馆开馆。图为青年党员参观展览（唐伟供图）

全覆盖，延伸农村警务神经末梢，打通基层治理“最后一公里”。化解信访老户4人，依法打击3人，矛盾化解率比上年上升45%，初信初访下降30%，群众满意率98%。打击电信网络诈骗，劝返41人、核减2人。新建警务室4个。常态化抓好严重精神障碍患者、吸毒人员、社区矫正人员和刑满释放人员等重点人群服务管理工作。新增斑马线、减速带、标识牌16处，设置减速枕83处，整改路灯隐患10处，改造危桥1座。

【基层组织建设】 2022年，度尾镇推进全面从严治党主体责任检查反馈问题整改。全县“党建引领、夯基惠民”现场会在潭边社区召开，县级示范点度峰社区创新工作法，在全县考评居第一位。落实中央八项规定精神及其实施细则，纠正“四风”。办理人大代表建议21件，办结率100%。落实政务公开和政府信息公开。“12345”政务服务平台群众诉求及时查阅率、回复率均100%，满意率85.3%。网上办事大厅服务事项100%实现“最多跑一趟”。

【木兰溪流域综合治理】 2022年，度尾镇实施“双河湖长制”，木兰溪流域系统治理持续推进。推进农村生活污水提升治理工程建设，云水村、云居村、洋坂村施工建设，屏山村、霞溪村年底动工，帽山村年底完成招投标，加快推进度峰社区、下洲社区、剑山村、埔尾村的前期工作。推进鳗鱼养殖场尾水深度治理，签约委托第三方公司深度治理尾水达标排放，建成鳗鱼养殖场尾水在线监测智慧监管平台，28场养鳗鱼场安装尾水在线监测设备并纳管。加强畜禽养殖、“两违”、企业排污等整治，集中执法拆除畜禽养殖场25场、关闭13场，拆除“两违”20宗、6206平方米，耕地“非粮化”“非农化”整改271宗、58.80万平方米，完成旧村复垦1.31公顷、土地整治2.93公顷，断电查封石材厂3家。推行“林长制”，办理林木采伐证99.52公顷，完成桉树改造10.80公顷。

【度峰社区大数据智慧管理平台新建】 2022年，度尾镇度峰社区实施“党建引领、夯基惠民”工程，依托“大数据智慧管理平台”，打造智慧社区。将社区划分为5个片区、55个网格、755个单元，构建“户长提事、单元（党小组）议事、网格（支部）办事、群众评事、总支奖事”的“五事”工作法，成立5个便民服务站，提供养老保险办理、医保办理、低保申请、邻里纠纷调解等多项功能。全年开展线下实体服务工作258人次，“12345”投诉件比上年下降60%，实现需求在网格发现、资源在网格整合、问题在网格解决，以基层治理新气象彰显党建引领新成效。

（陈 泽）

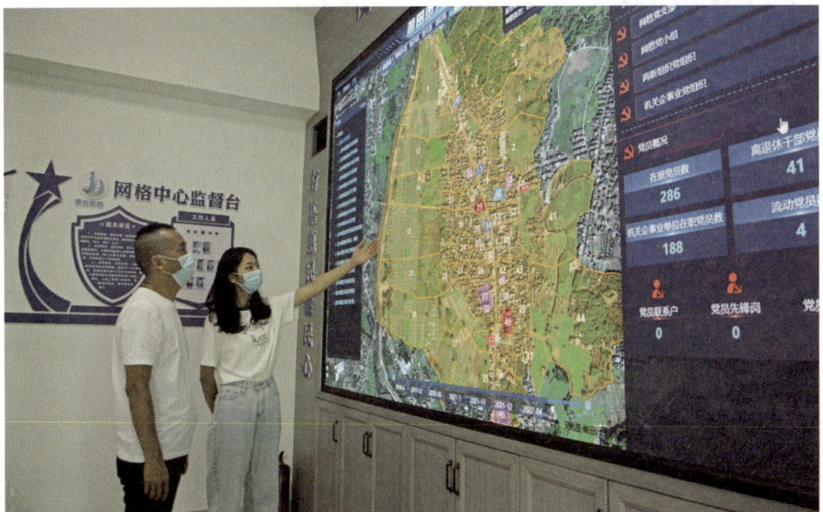

度尾镇度峰社区大数据智慧管理平台 （摄于2022年7月 唐伟供图）

石苍乡

【概况】 石苍乡地处仙游县北部山区，东与仙游县游洋镇接壤，西与仙游县菜溪乡、西苑乡毗邻，南接仙游县钟山镇，北连福州市永泰县。乡域总面积141.87平方千米，其中耕地518.60公顷，有林地1.17万公顷。2022年，辖济川、石苍、五湖、石阳、隔壁、潭头、田坑、高阳、霞湖、老山10个行政村（其中9个革命基点村、1个少数民族村），户籍人口1.79万人，常住人口2633人。汉族人口占总人口的98.8%，少数民族有隔壁村新田自然村畲族。

【经济发展】 2022年，石苍乡完成农业总产值1.98亿元，完成年度目标任务；完成社会固定资产投资2.10亿元；农林牧渔业总产值0.94亿元，比上年增长8%。

【特色产业】 2022年，石苍乡发挥农业科技优势，与福建农林大学合作在五湖村试验水稻新品种。发展绿色无公害的竹笋、油茶、林下经济等特色农业；发挥山林优势，利用丰富的森林资源，改造低产果园，建立优质笋生产基地，打造石苍竹笋、茶油等绿色无公害食品品牌，提高农产品附加值。发挥产业规模优势，优化潭头村百亩金线莲基地生产品质，依托潭头金线莲基地、石苍冬笋、高阳油茶等合作社，加强农业产业化建设，建设优质笋基地 333.33 公顷，油茶基地 666.67 公顷，人工促进天然林更新 143.33 公顷，工程造林 66.67 公顷，推动山林地资源优势转化为经济优势。

【乡村振兴】 2022 年，石苍乡推进巩固拓展脱贫攻坚成果同乡村振兴有效衔接。改善农村人居环境，打造“美丽石苍”。利用专项债资金支持，精心组织策划项目 14 个，完善基础设施、提升人居环境、培育康养旅游产业、打造历史文化名乡。以“共谋、共建、共评、共管”为理念，打造具有地方民居风格和村民生活方式的新时代农村社区；加快实施乡村振兴战略规划，推进潭头等乡村振兴示范村建设，争取更多的村庄纳入新一批乡村振兴示范村名单，以点带面，分批推进其余村乡村振兴建设。潭头、石阳、高阳 3 个村被评上省级乡村治理示范村。2022 年，济川村获评中国美丽休闲乡村。

【平安建设】 2022 年，石苍乡开展反电信诈骗工作，通过发放宣传单、开展敲门行动、转发微信公众号投票、宣传栏、横幅等形式扩大宣传普及范围，核减滞留境外九国人员 7 人。发放平安宣传单 2700 余份、宣传手册 1600 余份，张贴宣传海报 200 余张。

【社会事业】 2022 年，石苍乡开展奖教奖学活动。17 名石苍籍学子考入双一流大学，1 名考入北京大学；15 名石苍籍学子考取博士、硕士研究生。加强卫健日常服务管理工作；发动 16 名干部群众献血。石苍民间文化丰富多彩，山歌、民歌、民谣等文化资源丰富，口技、民乐艺人各展艺姿，十音八乐活跃乡村。开展“我为群众办实事”实践活动，聚焦完成民生实事 11 件，解决群众急难愁盼问题。统筹推进公益慈善和扶老、助残、救孤、优抚等事业发展，保障困难群众基本生活。新增低保户 13 户 36 人，新增五保 1 人；新增办理残疾证 24 人，其中重度残疾 11 人；新增困境儿童 3 人。发放低保、救助、定补等资金 350.92 万元，发放生态林补偿金 149.21 万元。开展农村在建房屋安全清查整治工作，做到分门别类处置、全面从严监管。对照上海督察局例行督查整改要求，加大“两违”巡查排查力度，强化宣传引导，打击各类违法行为。开展移风易俗，抓好殡改工作，火化率 100%。

【基层组织建设】 2022 年，石苍乡推进“党建引领 夯基惠民”工程。加强换届后村班子建设，开展“老带新”“师带徒”等活动，推行党支部“达标”指数管理、党员“初心使命”指数管理，推动党支部建设更加标准规范，提高党员素质。开展作风能力建设行动，选派青年人才到乡村振兴、信访、项目建设等部门“练兵”，开展 3 期“导师帮带学”活动，坚持每周开展“干部领读领学”讲坛，引导党员干部履职尽责、担当作为。坚持“走出去”参观研学，组织乡村干部前往木兰溪治理展示馆召开“喜迎二十大 奋进新征程”主题党日活动，赴荔城区西天尾镇后黄社区现场观摩学习“党建引领 夯基惠民”治理经验，增强党组织号召力、凝聚力。管好用好驻村第一书记，开展“机关 + 农村”结对共建活动 12 次，其中在“我在乡间有亩田”活动中认领 2 公顷。做好党员教育管理，加强流动党员管理，抓好党员教育培训全覆盖，严把党员入口关，全年新发展党员 8 人。

【粗溪小流域综合治理】 2022 年，石苍乡推进生态保护工作，加强金钟水库饮用水水源地保护，典型做法“聚焦饮用水水源地保护，看石苍的加减乘除法”在莆田河长制微信公众号发布推广。开展水环境整治，境内养殖户全部拆除关闭，改善农村生产生活环境，流域水质稳定在Ⅱ类以上，保护好莆田市“第二水缸”。开展农村生活垃圾处理、村容村貌提升、畜禽整治、水质提升等行动，推进环境整治常态化、长效化。

【省委高阳旧址红色教育基地建设】 2022 年，石苍乡开展中共福建省委高阳旧址的修缮保护工作。投资 110 万元修缮和加固省委高阳旧址（温氏宗祠）主体结构；投资 20 万元修缮省委旧址（温氏宗祠）内部上厅两间为革命历史陈列室，配齐多媒体播放设备等；投资 25 万元整治旧址周边环境，修建主题宣誓广场，修建革命历史专栏亭，修复当年的红军井。归纳提炼红色文化，形成“重走红军路 + 重温入

中共福建省委旧址（高阳驻地旧址） （石苍乡供图）

党誓词+参观省委旧址+专题党课+观看党史故事视频”相融合的红色教育模式，为党员干部开展党性教育提供全新的载体。“七一”建党节活动期间，邀请高阳村革命“五老”人员为党员干部宣讲革命史，观看高阳村党员群众自编自导的红歌舞蹈演出。

（蔡伟军）

书峰乡

【概况】 书峰乡位于仙游县城西北部，东邻榜头镇，西与大济镇毗邻，南与鲤城街道交界，北与社硎乡接壤。乡域面积 38.07 平方千米，土地总面积 3761.27 公顷，其中耕地 387 公顷，林果地面积 2383.40 公顷。2022 年，辖 6 个行政村和 1 个农场，户籍人口 1.59 万人，常住人口 3334 人。

【经济建设】 2022 年，书峰乡实现农业总产值 2.16 亿元，比上年增长 3%；财政总收入 1600 万元，增长 47.8%；属地型税收任务完成 750 万元；全社会固定资产投资完成 1.21 亿元。

书峰乡打造以三产旅游、研学为动力，二产深加工产品丰富三产内容，三产、二产共同助推一产转型升级的三产融合模式。明确“郊野书峰”旅游发展定位，聚焦深度挖掘书峰山、林、水、溪、湖、田等自然资源，立足休闲锦峰、风情鲤岭、生态书峰、经典四黄、传奇百松、名贵兰石的“一村一特色”，融入仙游北部山区旅游大规划，制定书峰乡旅游详细规划。策划以绿源名贵植物园为主要内容的兰石整村运营项目，完善“一村一品”全域旅游格局，推出“书峰二十四景”一日、二日旅游精品路线。延伸枇杷、青黛特色产品加工链条，依托“三产”旅游、研学项目资源，拓宽销路，带动二产深加工发展。定位二、三产作为辅助一产的功能，从人流量和经济收益上提振农户发展信心，推动一产业态转型升级，实现书峰乡从“点上出彩”到“面上开花”的融合发展。

落实耕地保护制度，遏制耕地“非农化”，防止“非粮化”，夯实粮食安全根基，引导农民流转土地 9.73 公顷，实现 46.38 公顷撂荒地复耕复种。2022 年，3.91 公顷土地开发项目竣工验收，旧村复垦 0.87 公顷涉及 2 个村，完成认证和请示。

【特色产业】 2022 年，书峰乡完善农产品原产地可追溯制度和质量标识制度，工商注册在产 10 家主体纳入福建省农产品质量安全追溯监管信息平台管理，健全“一品

2022 年 4 月 19 日，莆田市第三届枇杷文化节暨线上直播带货活动在书峰乡拉开帷幕。图为主播在直播带货枇杷 （彭丽程供图）

一码”质量追溯机制。书峰枇杷获评福建省农产品气候品质认证优质农产品。创建莆田市农业产业强镇，强化产业品牌意识，提高书峰枇杷、青黛特色产业附加值。丰富活动载体，启动书峰枇杷预售（助售）仪式、枇杷树成片认养、捐赠枇杷慰问市县一线工作人员、联合市县部门等发出助农倡议令等，拓宽优质枇杷的销售渠道，果农增加近千万元收入。打通乡村两级物流，加强与供应链公司“果之道”合作，实现果农降低快递运费5%左右，日均订单增至2000余盒，日均收入比上年增长6.25%。引进乾圣太禾堂（莆田）医药科技有限公司、福建省艾林生物科技有限公司等枇杷深加工企业，联合开发枇杷润茶、酥饼、月饼、枣糕、果冻、棒棒糖、冻干、果酱和肉脯等系列枇杷产品，丰富枇杷伴手礼种类，唱响书峰枇杷区域品牌。莆田润芝昌食品有限公司获莆田市第一张枇杷叶茶、枇杷花茶食品生产许可证。全年枇杷产值1.20亿元，比上年增长17.65%。申报青黛国家地理标志，打造建青黛产业链，采取“建龙头、扩基地、真扶持”的思路，采取以“地道药材、规模化种植、标准化管理、品牌化经营、产业链融通”为核心内容的发展模式。对接福建农科院，规范打蓝制蓝流程，提升青黛有效成分含量，根据农科院标准结合实际制定“乡土版”规范流程。对接省中医院和相关企业，提升青黛肥皂、沐浴露、洗发露等产品。发挥四黄新村“晒蓝”景观提升工程带动效益，提升青黛文旅产业整体水平。吸引乡贤回归，建设青黛生态产业园，研究青黛种植、初加工等技艺，为青黛高质量种植、加工提供标杆和参考。利用锦峰村闲置的小学旧址建设青黛印染创意园，结合创意园建设青黛博物馆，邀请中国纺织科学研究院高级工程师黄荣华入驻站台。

【项目建设】 2022年，书峰乡推进县级重点项目建设。青黛生态产业园项目完成木栈道、青黛体验馆等修建。名贵植物园种植项目规划种苗基地6.67公顷，引进享趣旅游运营团队。打造“产业强镇”项目包，推进市委“党建引领，夯基惠民”工程。配合推进莆田书峰（大蜚）220千伏输变电工程，建设书峰（大蜚）220千伏变电站，书峰段46处相关基桩完成位置勘测和征迁合约签订。推进省级乡村振兴项目和“一事一议”临水临崖安全隐患整改项目建设，完成兰石村双溪口小流域局部提升、数字乡村建设、村道护栏、四黄村晒蓝提升工程、四黄新村小区配套、综合文体中心装修、下新山塘砌坡工程、锦峰村郑田至大蜚垅道路硬化工程、主干道至后坑路灯、鲤岭村法治宣传广场等建设。引进莆田市三苗文化有限公司，投资8000万元，规范化青黛生产标准、精细化挖掘青黛周边产品、专业化运营青黛产业；与福建省艾禾生物科技有限公司达成合作意向，投资2000万元，盘活书峰村邻里中心，打造枇杷全产业链产品展示馆。引进第三产业扶持智云威客（福建）科技有限公司和仙游弹好工科技有限公司2家企业，激发企业创新活力，推动乡域经济发展。

2022年，书峰乡争取中央、省级、市级财政衔接推进乡村振兴补助资金和“机关+农村”共建专项等各类补助资金215万元，实施兰石村双溪口小流域续建工程局部提升工程、四黄村法制公园、四黄新村挡土墙、四黄村部至云峰岩路灯、书峰村枇杷现代产业园电动单轨运输机项目、书峰枇杷水果罐头加工厂、鲤岭村“党建+邻里中心”7个项目。争取乡村振兴专项资金190万元，实施兰石村数字乡村、村容村貌提升和省级休闲乡村提升3个项目。

【乡村振兴】 2022年，书峰乡主动融入北部山区旅游示范带，打造“郊野书峰”，突出特色产业优势，一产接二连三，致力于打造名

书峰乡乡村美景 （摄于2022年7月 张力供图）

品、名牌、名企、名产地，积聚乡村振兴发展新势能。围绕“郊野书峰”发展定位，谋划“12345”（坚持党建引领，以枇杷、青黛两大特色升级，三产融合发展，四项行动提升为重点方向，孵化以福果、福礼、福技、福忆、福地为主题的“五福”乡村振兴品牌）乡村振兴总体工作思路。5月，书峰乡作为乡镇代表在全市乡村振兴业务视频培训会上作经验交流；8月，“12345”创新工作思路作为正面典型，登上《中国组织人事》报刊；9月，书峰村枇杷现代产业园作为“红色+绿色”基地正面典型，登上《红土地》期刊。突出书峰、四黄和兰石村示范带头作用，探索“脱贫户+股经社”发展模式，实现“销售+分红”两份收益。书峰村股份经济合作社在全县农村工作会议上作经验交流。建立健全产业发展顾问制度，通过乡贤林顺权教授与莆田学院环境及生物工程学院开展深度合作，聘请3位省级科技特派员“一对一”指导3个村，推动枇杷品种改良，推广枇杷套种青黛技术，优化青黛加工工艺，建立科技融合创新基地。依托仙游县非物质文化遗产第五代枇杷膏传承人林黎怀、仙游建青黛传承人林文喜、青黛扎染技艺非遗传承人黄碧红等本土人才优势，加大枇杷青黛农技员、非遗传承人、能工巧匠、农村电商人才等农村实用人才培育力度。通过设立闽江学院实践教育基地，开展村镇规划、城乡规划综合实践、旅游规划与开发等课程实践，以及支教、劳动教育、大学生创新创业项目等，强化校地人才培养、教学实习、乡村实践方面研讨交流，实现校地合作和产学研用融合，培养具有乡村特色的名师名匠人才库，助力乡村振兴。书峰村、四黄村、兰石村获“福建省乡村治理示范村”称号。

【社会事业】 2022年，书峰乡慈善联合会召开奖教奖医奖学助学大会，奖励8名优秀教师、4名先进教育工作者、5名优秀医务工作者、5名优秀学生，资助6名贫困学生，发放慈善金2.25万元、教育奖励金6000元。推进“四好农村路”建设，加强公路养护、清障工作，完成农村公路55千米。全年新纳入农村低保12户22人、特困4户4人，其中新增集中供养1人；发放低保补助168.57万元，特困补助99.98万元，临时救助726人次24.95万元，残疾人补助70.25万元。缴纳城乡居民医疗保险1.12万人，2677人享受医保优惠政策；代缴居民养老保险376人7.52万元。为366名60周岁以上老人办理免费公交卡；乡卫生院免费为1204名65岁以上老人体检；为困难妇女购买“康馨保”66人；为特殊人群发放近1000份爱心物资、临时救助补贴等。享受抚恤补助待遇的优抚对象75人，每月发放补助5.28万元。按照“网格划分、单元管理、党员挂钩”的方式，定期开展191户692名脱贫户返贫监测和帮扶，确保返贫人员“零增长”。做好春季、秋季学期“雨露计划”补助工作，19人享受“雨露计划”补助款5.70万元。完成年度征兵工作任务。完成第十五届妇女联合会、第八届残疾人联合会换届选举工作。盘活6个村红色革命资源、历史文化遗址、祠堂里的家风乡愁等，建成新时代精神文明实践所1个、实践站6个，优化乡风文明实践机制。设立6个志愿服务站点，结合平安“三率”、下乡义诊等工作常态化开展农村志愿服务活动。强化农村基础设施建设，深化农村思想道德实践活动，发放宣传画300幅、宣传单4000余份。开展辖区1处县级文物保护点和5处不可移动文物保护点的安全摸排和整治工作，新增市级全民健身场所1处。核实天地网6处整改任务，拆除违建7宗1720平方米，审批新建房屋12户、旧房翻建38户。划定“千人以下”农村饮用水水源地保护范围，保障群众饮水安全。

【平安建设】 2022年，书峰乡加强安全生产责任和应急物资保障体系建设，加强监管执法力度，创建国家食品安全示范城市工作。全年组织开展安全生产检查68次，发现消防安全隐患、烟花爆竹隐患、房屋安全隐患等48处，督促整改到位（其中设置店铺防火门10个），清理1处烟花爆竹经营点。兰石村设置森林消防站和执勤点，购置风机、水枪、灭火弹、油锯、防护服等设备，强化消防保障；鲤岭消防中队加强备勤、培训、演练等，在禁火令期间随时待命，提升消防力量。辖区6个行政村安装23个交通违法电子监控，联合书峰派出所开展道路交通安全专项整治行动，查处违法行为8起，维护交通安全秩序。完善网格管理服务体系，加强涉毒人员管理帮扶。推动乡村联动、全民参与平安建设工作，实现专职巡防与平安志愿者联防结合。开展防汛、防火、消防应急演练16次、常识视频学习32次，发放宣传资料2000余份。开展防范新型电信网络诈骗犯罪整治行动，劝返重点人员回国7人，工作进度居全县第一位。创新调解模式，成立包村领导牵头的初信初访专班，发挥人民调解和司法调解两支队伍力量，注重源头防范，主动靠前化解。

【基层组织建设】 2022 年，书峰乡推进“党建引领，夯基惠民”工程。划分网格管理，划分 28 个网格、218 个单元，建立网格微信群、单元微信群，不定期推送防疫信息；组建 6 支网格巡逻队伍，定期开展防疫宣传。坚持网格化服务管理与基层党建融合，健全基层治理协调处置机制，推进 65 名干部职工集体下沉挂钩联系 218 名单元长，表彰 32 名优秀单元长，增强基层治理实效。

【赤石溪、红霞溪小流域综合治理】 2022 年，书峰乡投资 10 万元，建设双溪口小流域续建工程局部提升工程。推进第二轮中央生态环境保护督察迎检工作，指导兰石鳗鱼场实施尾水深度治理工程，规范设置排污口并安装尾水在线监控，改造后的尾水总磷浓度稳定达到地表水Ⅲ类水质标准。完成全乡 30 个排污口登记工作，建立健全入河排污口排查整治长效管理机制。书峰村创建“污水零直排区”试点村。巩固畜禽养殖综合整治成果，依法开展 9 次联合执法，拆除畜禽舍面积 1690 平方米。推进“省级美丽乡村示范村”建设，开展垃圾分类试点工作，完善垃圾分类设施，实现生活垃圾治理常态化机制全覆盖。拓展“三清一改”（清垃圾、清塘沟、清畜禽粪污；改变影响农村居民环境的不良习惯）清洁村庄行动，投入 120 万元用于人居环境日常保洁清运，清理农村生活垃圾 1360 余吨，清理畜禽养殖粪污等农业生产废弃物 300 吨，清理村内沟渠 65 千米。投资 4782 万元建设污水管网，试点村书峰村完成主管建设 4175 米（其中 3P 新建污水管网 838 米，存量管网修复 680 米，新建主管 2657 米），入户管 4818 米，完成接户 468 户 658 人，污水处理厂日处理量 68 吨以上，出水处理达标；四黄村建设主管总长 1.38 千米，入户管 1.83 千米，建设 2 个 20 吨一体化处理池，服务群众 96 户 218 人。推进书峰赤石溪等重点小流域生态水系工程和污染治理工程建设，推进水质稳定达到或优于Ⅲ类，开展国土绿化行动，提升生态环境质量。落实“双河长制”，推进重点河流环境应急处置河道“一河一策一图”编制，开展巡河 300 余次，整治河道长度 0.70 千米。

【莆田市第三届云端枇杷文化节暨线上直播带货活动】 2022 年 4 月 19 日，莆田市第三届云端枇杷文化节暨线上直播带货活动在仙游县书峰乡开幕。活动由莆田市商务局、莆田市农业农村局、仙游县人民政府共同主办，仙游县商务局、仙游县农业农村局、书峰乡人民政府承办，抖六集团、抖音直播平台、福建丝路国际会展有限公司策划执行。现场开展书峰枇杷销售订货签约仪式、书峰枇杷产业推介、书峰枇杷新品包装发布，果之道、抖六集团等销售平台介绍，网红直播助力书峰农特产品展销等环节。

【书峰村枇杷现代产业园建设】 2022 年，书峰枇杷现代产业园项目规划总面积 250 公顷，其中枇杷核心产业区 10 公顷，枇杷产业辐射区 40 公顷，产业带动区 200 公顷。配套轨道运输机等先进农业设备，引进 5G 智能监控、温控大棚、智慧管理中心等配套基础设施，实现枇杷的科学种植、智慧管理。书峰村股份经济合作社通过流转、盘活原村集体出租的荒废山地，聘请枇杷专家开展枇杷品种培优、种植管理优化和生产规律研究，从生产环节提高书峰枇杷品质，发展“枇杷现代科学种植”技术。完成土地平整，水肥一体化灌溉设施、山地单轨运输机建设，以及莆华白、莆佳枇杷的种植工作。温室大棚以及智慧管理中心项目开展规划设计。

（杨育静）

社硎乡

【概况】 社硎乡位于仙游县西北部山区，东与菜溪乡、榜头镇毗邻，南与书峰乡、大济镇接壤，西邻西苑乡。乡域面积 77 平方千米，其中耕地 505.80 公顷，林地 6629 公顷，森林覆盖率 82.7%。2022 年，辖 14 个行政村，其中革命老区村 8 个，户籍人口 1.37 万人，常住人口 2000 余人。

【经济发展】 2022 年，社硎乡一产农林牧渔业完成产值 1.20 亿元，比上年增长 9%；二产规模以上工业完成产值 4000 万元，增长 26%；完成固定资产投资 2 亿元，增长 167%；完成属地型税收 1520 万元，增长 17%，其中总部经济 978 万元。

策划补充耕地项目包，涉及土地 11.98 公顷，新增耕地指标 10.33 公顷，其中修园、社硎、湖洋等村县级土地开发项目完成建设。推进“菜篮子”工程，完成复耕任务，实行“群众自耕、大户扩耕、合作社连片耕、村集体兜底耕”4 种模式，完成复耕 196.66

公顷。完成旧村复垦项目土地测量工作，完成白砌村、塘西村、湖洋村、卓林村、修园村、仙头村、沈楼村、半岭村8个村《村庄规划方案》编制工作。落实耕地非粮化排查整改工作，整改任务2.44公顷，通过省级审核7.01公顷，整改率287.45%，超额完成任务4.57公顷。

社硎乡白洋新村　（摄于2022年10月 林群供图）

【特色产业】 2022年，社硎乡推行“支部+合作社+基地+农户”运营模式，整合流转土地100余公顷，实施农特产品培育计划，打造金线莲、白及中药材、猕猴桃、羊肚菌、大果油茶生产基地各1个，农家乐3个、采摘园1个，橘柚种植基地2个，推进“触网”拓销战略，与县供销社对接，搭建社硎乡田利供销合作社线上商城，线下“村级供销社”实体店，销售农副产品，打造特色伴手礼，扩展服务功能，打响“品质仙货·社乡有礼”山居社硎生态品牌。

【社会事业】 2022年，社硎乡奖教奖学基金会表彰优秀教师10人、资助困难学生3人。完成乡卫生院新医技楼标准化建设和发热门诊改造提升，建立居民电子健康档案7032人，重点人群家庭医生签约1670人，保障辖区内居家老人、儿童、慢性病患者健康水平。开展一线巡诊活动，定期送医送药下村，全年巡诊1800余人次。推进6个大类20件“为民办实事”项目建设，总投资1800万元，涉及新增农村饮水4处，新硬化、扩宽、美化道路12千米，净化池11个、铺设污水管网7.50千米，修建路灯150盏，建设活动广场或露营基地等2处，补齐民生短板弱项。依托新时代文明实践建立1所14站，招募105名青年志愿服务者，开展志愿服务活动700小时以上。完善社会保障体系，发放临时救助资金19万元、孤儿及事实无人抚养儿童生活补助6.24万元、社会定补资金1.40万元、低保金157.42万元、特困金52.11万元。办理优待证，发放优抚对象抚恤和生活补助金65.70万元，退役士兵自主就业地方经济补助金、重点优抚对象门诊医疗补助金0.47万元，春节前夕慰问困难优抚对象0.75万元。

【平安建设】 2022年，社硎乡优化信访渠道，建立领导带班接访制度，专人负责“12345”平台转办件、监督投诉电话。打击治理电信诈骗、养老诈骗，劝返涉诈重点人员3人，帮教归正人员3人。开展安全事故演练6次，查处3起行政案件、2起刑事案件、交通违法行为638起，批评教育413人。排查房屋3112栋、经营性房屋9栋、地质灾害点4处、高陡边坡34处、水库7座、山塘5座、水电站5座、乡级河道2条，开展县道、乡道巡查，发现一般安全隐患点180个，整改到位。常态化做好防汛备汛、森林防火应急值班备勤，补强应急队伍力量。组建党员先锋队15支，组建森林防火中队1支，定期更新储备应急物资。

【基层组织建设】 2022年，社硎乡实施“党建引领、夯基惠民”工程，划分49个网格、146个单元，成立15个党支部、66个网格党小组，设立94个党员先锋岗。建立“党建引领、夯基惠民”示范村2个，制定《社硎乡基层治理共建共享激励评价工作方案（试行）》，激发基层自治力量。

【大济溪、仙水溪小流域综合治理】 2022年，社硎乡实施农村生活污水治理提升工程，募集资金600余万元，提标改造集镇区污水处理站，完成社硎、塘西第一批试点村建设，新建主干管7.19千米、接户管4.63千米，接户数510户。启动历史遗留污水管网维护检测工作。落实水污染防治行动和小流域及农村水环境整治计划，控制水流域环境禁养区畜禽养殖，拆除关闭“反弹复建”畜禽养殖场28家，推进4家规模化养殖场异味发酵床改造。完成植树造林 122.73 公顷（均为松林改造），森林抚育 233.33 公顷，封山育林 56.67 公顷。

【仙游木兰抽水蓄能项目建设】 仙游木兰抽水蓄能电站项目是仙游县第二个抽水蓄能项目，被列为国家抽水蓄能中长期发展规划“十四五”重点实施项目。该项目位于社硎乡和菜溪乡交界处，工程总投资 90.50 亿元，主要涉及社硎乡 6 个行政村，占地总面积 366.28 公顷，其中永久占地 275.52 公顷，临时占地 90.76 公顷，搬迁安置人口 75 人，房屋面积 5000 余平方米，生产安置人口 287 人。2022 年，社硎乡成立专班专门负责对接服务项目前期工作，配合上级部门做好水电水利规划设计总院、省能源石化集团、省水利水电勘测设计研究院等专家团队到仙游现场查勘木兰抽水蓄能电站服务保障工作，协助上级部门完成木兰抽水蓄能电站项目钻探和通过预可行性、可行性研究报告评审，抽蓄上下库连接线先行段年底动工。与县交通局对接，组织熟悉村情、乡情的沿线村干部参与仙菜线提标改造和仙游高速北互通及接线项目论证会，配合开展征地红线确立和项目预可行性研究、可行性研究和施工设计。

【塘西村乡村旅游打造】 2022 年，社硎乡塘西村重点打造“生态+”旅游。利用塘西山区原始生态风貌、歧坪自然风光优势，以罗木坑溪流、柳溪底生态谷为两翼，以“乡愁”为主线，推进古村落修复保护。整合资金 200 万元，推进村道扩宽和塘西村小流域整治环保工程建设，建设生态湿地公园、环溪边亲水步游道。成立村集体合作社，收储房屋、农田、菜园、林地，发展预约饮食服务，主打土鸡土鸭、绿色蔬菜等山居小菜。结合夏季旺盛露营需求，搭建共享厨房，提升游客体验，发展景村相融，休闲养生、户外健身、乡村自驾游为主要功能的塘西乡村休闲旅游板块。夏秋旅游旺季日均接待游客近千人。

（林 源）

菜溪乡

【概况】 菜溪乡地处仙游县中北部，东及东南与石苍乡、钟山镇接壤，南连榜头镇，西南与社硎乡交界，西北与西苑乡相接，东北毗邻石苍乡，甬莞高速互通、省道联二线贯穿境内，森林覆盖率 87%，乡域面积 76.21 平方千米。境内有国家 AAAA 级旅游景区——菜溪岩风景名胜区，有国家一级保护植物天然红豆杉，优质油茶园 1066.67 公顷。2022 年，辖 8 个行政村，户籍人口 1.17 万人，常住人口 2983 人。

【经济发展】 2022 年，菜溪乡实现农林牧渔业生产总值 2.34 亿元，比上年增长 5%；“属地型”税收完成 254 万元；完成固定资产投资 1.44 亿元，实现商贸服务业下转上入库 1 家。引进中储粮谷物乐园生态农业示范基地项目，中储粮集团福建分公司投资 1 亿元，打造中储粮第一个室外教育农园基地，选址在菜溪乡溪边村，占地面积 66.67 公顷。引进竹香康旅文化产业园项目，总投资 1 亿元，选址菜溪乡北象山村，占地面积 66.67 公顷，打造集竹工艺制品生产、文创、香文化康养、文旅于一体的文化产业园。引进菜溪新航程研学实践基地项目，福建新航程研学旅行有限公司投资 5000 万元，项目分 3 期建设。

【特色产业】 2022 年，菜溪乡推进特色现代农业项目，总投资 4000 万元，建设四大现代农业基地。油茶种植基地引进仙北农业有限公司油茶深加工项目，企业注册资金 1000 万元，新造油茶 200 公顷、低改 333.33 公顷，新增种植 33.33 公顷油茶。水果采摘基地位于溪边村和北象山村，种植草莓、西瓜和圣女果采摘园，种植 8 公顷优质水果基地。花卉观赏基地为联二线沿线连片种植油菜花 13.33 公顷，打造菜溪观光农业走廊。名贵中药材种植基地选址菜溪园宅村，面积 3.33 公顷，投资 190 万元，主要种植金线莲、铁皮石斛等中药材。

【社会事业】 2022 年，菜溪乡加大教育投入，投资 1000 万元建设菜溪中心幼儿园，11 月底动工建设。建成新时代文明实践所 1 处、新时代文明实践站 8 处，依托新时代文明实践所（站）等宣传阵地，开展志愿活动、宣讲活动 40 余场，推进移风易俗，营造新时代文明乡风。落实低保政策，抓好特困人员供养，加强残疾人康复和服务工作，维护残疾人、未成年人等弱势群体的合法权益，关爱空巢老人和留守儿童，加快推进象星村“长者之家”及敬老院更新改造工程。新增低保对象 15 户 34 人，发放农村低保资金 159.12 万元、特困供养资金 33.08 万元，落实救济临时困难家庭 246 户 602 人，发放救济（助）金 27.06 万元，帮扶在册事实无人抚养儿童 6

人。投资5000万元，以菜溪、石峰、溪边村3个乡村振兴试点村为中心，实施道路拓宽、硬化提升、饮水安全、村容村貌提升、骨灰堂建设等乡村振兴工程。

【平安建设】 2022年，菜溪乡常态化开展扫黑除恶斗争。利用多种方式宣传，向群众发放宣传资料4000余份，公开举报电话，畅通信息获取渠道，引导动员群众主动参与扫黑除恶斗争。开展安全生产排查整治，加强对危爆物品、消防、食品药品、老旧房、商超、交通运输、景区和非景区等领域安全排查，消除各类安全隐患；通过设立咨询台、悬挂横幅、校园宣传、分发安全宣传手册等方式，加强对安全生产宣传，发送宣传材料1500余份。做好电信网络诈骗打击防范、属地管控和预警防范等工作，强化落实6个重点人员劝返，做好动态管理，落实责任制，5人回国，剩余1人动员回国。创新搭建"初心互联室"，菜溪派出所借助微信平台建立便民群3个，群成员1000余人，解答群众难题；日常推送户籍常识、业务办理流程等，依托平台宣传平安建设相关内容。推进网格化社会治理信息化建设，利用莆田市大数据调度指挥平台，健全完善信息收集、录入、处置、反馈闭环机制。

【基层组织建设】 2022年，菜溪乡推动建设象星村党群服务中心，与供销社共同搭建农产品采购平台，提升便民服务水平和质量。依托古廊桥独特优势，创新推出"廊桥夜谈"，建立"廊桥议事"制度，激发起群众参与乡村治理的积极性，拓展公众参与乡村治理的途径，成为群众参与纠纷评理、村务商议、

菜溪乡星村党建+服务中心 （摄于2022年6月 唐伟供图）

政策宣讲、民情交流的别样"民意窗口"。划分42个网格、163个单元，配置单元长130人，强化和提升基层治理能力和水平，压紧压实"五级五长"责任。

【粗溪小流域综合治理】 2022年，菜溪乡开展人居环境整治，统筹基础设施、公共服务项目建设和新村建设。投入资金1500余万元，完成建设园宅新村道路硬化工程、溪边村中厝高速桥下环境整治工程、粗溪流域象山段河道整治工程、象星村和溪边村试点村农村污水治理工程、集镇区及联二线景观风貌亮化美化工程等建设，提升粗溪流域水质。

【象星村"五兴"党群服务中心建成投用】 2022年，菜溪乡实施"党建引领 夯基惠民"工程，建成象星村"五兴"党群服务中心并投用。党群服务中心重点围绕组织引领"兴"动力，设立党员服务先锋岗，发挥党员先锋模范作用；围绕薪火传承"兴"人才，设立"山林权"纠纷调解室，以导师"帮带学"经验交流活动为契机，定期邀请辖区矛盾纠纷调处"专家"开展业务交流培训；围绕资源整合"兴"产业，依托本地特色油茶产业，打造莆田市首家油茶博物馆，展示和传承菜溪油茶历史文化，定期开展油茶实用技术培训；围绕党群联心"兴"服务，中心内设快递代收、银行自助、通信费代缴等多项便民服务，提升便民服务水平和质量；围绕夯实基础"兴"民生，建设移风易俗体验馆，倡导"丧事简办、红事新办"，开设名医健康驿站，邀请菜溪籍名医定期回乡坐诊，提高群众生命质量。

（岳 靓）

西苑乡

【概况】 西苑乡地处仙游县西北部山区，是木兰溪的发源地。东北毗邻仙游县石苍乡、象溪乡，东南承接仙游县社硎乡，南接壤仙游县度尾镇，西南靠近德化县龙门滩镇，西北毗邻德化县水口镇、南埕镇，北接永春县嵩口镇。乡域面积334.30平方千米，其中耕地面积

1471.70公顷，林地面积2.79万公顷。2022年，辖16个行政村，其中13个革命老区基点行政村，户籍人口2.39万人，常住人口3412人。

【经济发展】 2022年，西苑乡完成固定资产投资2.30亿元，比上年增长10%。福建仙游县抽水蓄能有限公司年产值11.78亿元，下降13.7%。规上服务业福建省胜北物流有限公司年产值4.73亿元，完成总部经济纳税2590万元。

【项目建设】 2022年，西苑乡实施项目36个，总投资3000多万元。投资400万元，完成前溪村乡村振兴项目建设；投资200万元，完成凤山村乡村振兴项目建设；投资370万元，完成半岭村溪岸及桥梁改造工程建设；投资1300万元，完成西苑村、凤山村污水管网建设；投资115万元，完成岭峰村农村供水保障工程建设；投资130万元，完成仙西村智慧源头环境监测项目建设。完成258.82公顷撂荒地复垦工作；投资249.20万元，实施前洋、凤山、仙山、广桥、前县、半岭6个村旧村复垦项目4.15公顷；投资312万元，完成仙山、半岭、广桥、凤山、前县、柳园6个村土地开发8公顷；投资50万元，完成前洋村引水灌溉工程建设；投资30万元，完成仙东村泗洲坝溪岸修复工程建设。启动凤顶村联二线征迁遗留8户群众安置工作，完成选址，开展土地指标报批。总投资5亿元的仙游山乡村旅游配套项目完成可研和立项；总投资36亿元的木兰溪源“两山”转化实验区建设项目完成立项。

【特色产业】 2022年，西苑乡发展特色农业。推进西埨村七星洋莲花园二期工程建设，莲花园种植规模近百亩。投资42万元，完成步游道项目建设；推进游客中心及周边民宿改造项目建设，打造集莲花种植、莲蓬采摘、莲子销售于一体的“莲产业”。发展水稻、苦笋、果蔬、油茶、高山野生红茶、金线莲等特色农林产业，培育“仙苑有礼”农产品伴手礼品牌。做优做特农产品，加大农文旅融合力度，带动民宿、餐饮等产业发展。

【乡村振兴】 2022年，西苑乡启动国土空间规划设计，完成凤山、凤顶、前溪3个村联片规划编制。发放乡村振兴产业补助57户、14万元。以凤顶、前溪、柳园村古村落、古建筑、古民居为依托，加强乡村振兴规划，实施乡村风貌提升工程。开展“五个美丽”创建活动，建设美丽乡村庭院50个、美丽乡村微景观16个、美丽乡村小公园3个、美丽田园1个、美丽乡村休闲旅游点4个；投资147万元，完成凤顶、西苑、前溪、仙山等5个村路灯建设；投资400万元，完成前溪村房前屋后环境提升、乡土艺术馆和登山步游道工程等项目建设；投资200万元，完成凤山红豆杉休闲广场、石狮、石蛇景点步游道、村道等项目建设；投资79万元，建设柳园村文化广场及3条步游道。投资294万元，完成凤山、凤顶、东湖、前县4个村道路硬化及护栏等建设，联二线凤顶至德化龙门滩公路被列为县重点项目。凤山村、仙西村获评第二批省级“乡村治理示范村”，前溪村获2022年福建省“美丽休闲乡村”。

【平安建设】 2022年，西苑乡推动“平安西苑”创建活动。排查整治各类安全隐患42处，完成前县村、岭峰村、广桥村、西埨村多段临水临崖护栏修建、顶东湖村道路基塌方修复、仙西村半林自然村水尾桥重建、仙东泗洲坝溪岸修复工程（二期）、半岭村排洪渠建设及景观工程建设。抓好安全生产、森林防火、自然灾害防治工作。打击电信网络新型违法犯罪，加强信

2022年，西苑乡前溪村获福建省“美丽休闲乡村”。图为乡村一角
（摄于2022年6月 唐伟供图）

访工作。

【社会事业】　2022年，西苑乡成立奖教奖学联合会，筹集资金50余万元。举办首届奖教奖学颁奖仪式，发放金秋助学金、奖教费17.25万元。凤山学校获评仙游县2021—2022学年度教学先进学校。完成《西苑乡志》初稿编写工作。保障脱贫户生活水平，免费为38名贫困户办理人保教育、生活保险并理赔8.08万元，“雨露计划”补助9人、2.40万元。发放临时救助金22.90万元，“两癌”医疗救助2人、1万元；保障全乡低保户172户371人、特困户47户47人，孤儿2户2人、事实无人抚养儿童6户11人生活。推进关爱老年人、留守儿童志愿服务行动，建设前洋村、凤顶村长者食堂，改善仙东小学“爱心食堂”和“儿童之家”。完成岭峰村整村饮水安全保障工程建设。开展“两违”整治工作，完成违法图斑整改任务；完成47宗3.99公顷耕地进出平衡问题整改，超额完成面积15.58公顷。

【基层组织建设】　2022年，西苑乡实施“党建引领、夯基惠民”工程，全乡划分49个网格194个单元，设立38个党小组党员联系户66户，推动“六化”（网格划分精细化、基层治理自治化、平台调度精准化、实现全域数字化、基层执法一体化、为民服务多元化）基层社会治理模式，提升基层治理水平。

【“康养福地”品牌打造】　2022年，西苑乡推进全域旅游发展。推动仙水洋、仙人山、刺刀峡谷、九座寺、十八股头、前溪梯田、石谷解、柳园特色村寨、西墘村七星洋莲花园等旅游景点串点成线，形成刺刀峡谷探险游、仙水洋周边游、源头朝圣游3条精品旅游路线。围绕“食、住、行、游、购、娱”要素，开展文旅康养产业上下游精准招商。文旅田园综合示范小镇、凤顶武禅休闲村落、凤山营地、前溪特色民宿等文旅项目实现签约。完成前溪村石谷解登山步道修缮及亮化工程建设。凤山露营地营业，获评省级“帐篷露营地”；鬼崆里营地进入“莆田景点种草榜”前列。前溪村入选《中国国家地理》杂志发布“中国十大露营地”推荐名录。协助抓好仙水洋评星升级工作，邀请省电视台宣传推介刺刀峡谷。《生态西苑　康养福地》在中央电视台国防军事频道栏目播出。

【木兰溪源头保护】　2022年，西苑乡深化木兰溪源头保护项目，实施山水林田湖综合治理。推行“双河长制”，落实河段长每周巡河、河道专管员每日巡河保洁制度，整治入河排污口11处，关闭拆除畜禽养殖场24个，面积2500平方米。前溪村创建中级版“绿盈乡村”；常态化推进农村“厕所革命”，重点治理农村生活污水，加强22座农村公厕日常管护，完成凤山村、西苑村农村生活污水管网建设及西苑集镇区污水处理站改造提升工程。新增造林面积71.13公顷，森林覆盖率居全县第一位。投资130万元，建设木兰溪“智慧源头”，建设集调查评估、监测预警、反馈调控、工程管理等功能于一体的木兰溪源智能生态管理系统，结合“党建引领、夯基惠民”行动，形成智能化管河、信息化管人、流程化管事“三管齐下”的治理模式。西苑乡木兰溪源头入选福建省“第一批河湖文化遗产”名录，柳园村甜槠群获评“福建省最美古树群”。

（戴振峰）

人物录

吴京宾

吴京宾，汉族，1974年2月出生，大专文化，中共党员，鲤南镇平原社区人。仙游县公安局指挥情报中心主任、四级高级警长，一级警督。2004年3月和2007年5月，先后被评为“全省优秀人民警察”和“全国优秀人民警察”；2008年5月，被省公安厅评为首届全省十佳法制员；2009年12月，被授予全省公安机关队伍正规化建设先进个人称号；2010年6月，被省劳教委和省公安厅评为全省劳教工作先进个人；2011年1月和2013年9月，分别被仙游县政府记三等功一次；2013年5月，被授予莆田首届“五四奖章”；2016年12月，被评为“全市最美警察”；2018年12月，被省公安厅记二等功一次；2018年8月，作为新时代莆田“新人、新事、新风”“爱岗敬业”专题代表；2019年1月，补选为莆田市第七届人大代表；2021年6月，被市委、市政府记个人三等功一次；2021年8月，被市委、市政府评为莆田政法英模；2022年5月，被评为“全国优秀人民警察”。

1995年9月，吴京宾参加工作。从警27年，吴京宾视公安事业如生命，年均加班1200余小时，仅在结婚时请休假一次，是新时代公安民警的楷模。担任法制大队长期间，他结合各阶段执法规范化建设重点和遇到的难题，探索破解之法。2015年，在全市率先设立法制员的基础上，又在全省率先实行专职法制员派驻制，采取法制员“一员多所”包片制，在不增加法制民警人数的基础上，走专业化、精细化道路，做精、做细、做强法制队伍，得到市公安局的肯定和推广。2016年，他在全市率先实行民警执法积分工作制，先后2次进行修改完善，科学、合理设置分值，解决办案“质”和“量”的平衡问题，得到民警的好评和县公安局党委的肯定，在全市推广。2017年，他针对伤害案件取证不及时、查结率低、信访量大等问题，在全省率先实行伤害案件单列管理和滚动考评机制，通过数据共享、案件倒查、民警问责、积分排名、所队长表态等方式，从源头上树牢取证意识，倒逼所队领导和民警提高化解和办结效率。同年，现行轻伤害案件查结率85%、行政伤害案件查结率79%、伤害类信访件办结率95%，均居全市第一位。他负责法制员绩效考评、市公安局交叉考评及县公安局移送起诉案件考评等，是全市唯一一位参与考评案件的大队长。2016—2018年，他考评案件1780起，指出问题1.20万个并督促整改到位，省公安厅对县公安局个案质量考评成绩居全市前列。他参与制定《仙游县公安局派驻法制员工作规定（试行）》《仙游县公安局执法积分累计制度实施细则（试行）》等19个制度，对违反规定的责任人敢于较真碰硬，做到以制度管人。2016—2018年，县公安局法制大队先后对责任民警打招呼221次、谈话55人次、告诫19人次、通报批评16人次、取消年度评先评优资格4人次。

2019年3月，他调任指挥情报中心主任。2019

年9月，负责主管县公安局效能办，定期组织专人巡查效能建设，效能问责17人。他时刻关注社会民生，注重涉警舆情，对接“12345”投诉平台，第一时间接收、处理、反馈各类投诉件，针对疑难杂症主动召开工作协调会，促进工作落到实处。2019年来，县公安局接收“12345”投诉件8597起，全部办结，办结率100%，网评满意率99.61%，连续三年居全县第一位。他立足县情及地域特点，适时调整卡点位置，常态化开展布控堵截应急演练，下发通报，帮助总结提高，县公安局在全市公安系统布控堵截和值班备勤应急测试中名列前茅。2019年，他创新推出信访月滚动考评机制，压实所队长信访责任，推动信访攻坚到位。同年，县公安局初信初访和积案化解均达90%以上，县公安局信访工作被省信访联席办评为先进集体。攻坚化解信访突出问题，公安部交办件120件、初信初访件109件，省公安厅交办件142件、省信访联席会议交办件64件，均全部办结，办结量居全市公安系统第一位。2020年，县公安局获全市公安系统综合考评第一位、县政府绩效考评一等，获得市级一类平安单位。2020年12月，县公安局扁平化巡防机制考评居全市第一位。他将县公安局党委提出的工作成效和社会治安举措纳入跟踪督办范畴，促进各项决策部署落地生效，推出《服务窗口百分制量化考评办法》，规范政务窗口，优化流程，提升质效，实现窗口服务零投诉。他围绕“最多投一次”的工作要求，制定“接诉即办”工作机制，通过压实首办责任、缩短办理时限、滚动月考评、预警周通报等措施，实现“三升三降”的工作目标。2021年5月，县公安局提前半年退出全国百名信访重点单位。县公安局指挥情报中心的保密、档案等综合工作位居全市第一。2021年7月，他主动担任县公安局考评办主任，修订完善绩效考评办法，制定下发《全县公安机关岗位目标绩效考评办法（暂行）》，强化结果应用，推进绩效考评在县公安局落地生效，树立“民警用实绩说话、实绩为民警说话”的鲜明导向，多项工作居全市前列。县公安局指挥情报中心差异化考评持续位居县公安局前列。他以服务实战为导向，为全局信息通讯、会务管理、档案保密等工作提供坚强的后勤保障，先后完成720余场会务保障；撰写120余份工作报告、40余份工作总结、30余期工作简报。他所带领的队伍未发生违法违纪行为，所带领的民警中1人被评为全省优秀人民警察，1人被评为先进个人、模范代表。“哪里有困难，哪里就有他的身影”，是全局民警对他的公认好评。

林云志

林云志，汉族，1974年9月出生，榜头镇梧店村人，中共党员，教授级高级工程师。现任中国中铁电气化局集团有限公司总工程师、中国轨道交通协会专家和学术委员会委员、中国施工企业管理协会科技专家、中国工程建设标准化协会铁道分会理事、中国科技产业化促进会标准化工作委员会专家委员、中国建筑业协会建筑供应链与劳务管理分会专家委员会委员、铁路电气化技术联合研究中心副主任、铁路科技标准规划专家、清华大学能源互联网创新研究院研究员、清华大学轨道交通柔性供电研究中心副主任、中铁电气化资深技术专家、福州大学兼职教授。

1996年7月，林云志毕业于福州大学电力系统及其自动化专业，获得学士学位；2000年7月，毕业于清华大学电气工程专业，获得硕士学位；2018年，清华大学面向全球特招100名创新领军工程博士，林云志成为清华大学在读博士，获得清华大学电机工程与应用电子技术专业博士学位。林云志获得发明专利授权15项、实用新型专利授权9项、软件著作权6项，公开发表中英文论文18篇［其中SCI（科学引文索引）论文2篇，EI（工程索引）刊物论文3篇］，出版学术专著5部。主持开展省部级科研项目6项，主要获得中国铁道学会铁道科技奖三等奖1项；中国铁路工程总公司科学技术奖特等奖2项，二等奖3项；中国中铁实用技术成果特等奖1项；福建省科技进步一等奖。2014年4月，林云志被北京市总工会评为首都劳动奖章；2015年4月，被中共中央、国务院评为全国劳动模范；2015年，获得北京榜样奖章；先后获得北京市劳动模范、北京市轨道交通建设优秀技术骨干、中国中铁劳动模范、中国中铁科技创新优秀人才、中国中铁开路先锋卓越人物、中国中铁“十三五”十大科技创新标兵等荣誉称号；被评为北京市国资委优秀共产党员、中国铁路工程总公司优秀共产党员、中国铁路工程集团有限公司“优秀共产党员标兵”。2019年10月，获得中共中央、国务院、中央军委联合颁发的“庆祝中华人民共和国成立70周年”纪念章。

林云志本科所学专业是电网继保，进入清华大学攻读高电压硕士、清华大学电机工程与应用电子技术博士。林云志带领团队研发国内唯一的地铁专用检测车，它可以对限界、接触网、轨道等参数进行动态测量。“之前都是人工做静态测试，2008 年开始研发的测试车可以实现动态测试，如果说前者相当于用血压计量血压，后者就相当于背了个仪器在身上动态监测。”林云志经常将地铁检测车功能介绍给各方业主单位。检测车用雷达等传感器实现连续自动检测，可以精确到毫米。林云志团队研发的大功率有轨电车充电机也实现产业化，并运用于多个城市的轨道交通。运用这种充电机，有轨电车进站后 25 秒内就能充满电。林云志围绕轨道交通设备大系统进行研发，多项科研成果相辅相成，贯穿于轨道交通全生命建设周期的始终，形成“集成—施工—联调”的全过程体系。

林云志看好电力电子这个领域的前景。他和团队在做柔性牵引供电系统研究。林云志主持的重大科研项目《有轨电车超级电容成套充电系统研究及应用》，是针对世界首条采用全超级电容储能的现代有轨电车系统站台充电设备需求进行研发。2017 年，该项目成果获中国铁路工程总公司科学技术特等奖，先后在广州海珠线和武汉 T1 和 T2 线得到应用推广，为地铁领域节能减排做出突出贡献。

2014 年，林云志创新工作室成立，该工作室由北京市总工会挂牌成立。他的团队成员遍布公司各个项目，47 人先后成长为公司技术标兵、拔尖人才。各类技术创新成果不断涌现，完成国家级工法 2 项、省部级工法 1 项，获批国家发明和实用新型专利 16 项，取得省部级及以上 QC 质量控制成果 33 项。

孙仁英

孙仁英，1933 年 4 月出生，鲤城洪桥社区人，中共党员，高级美术师。中国美术家协会会员，福建省文史研究馆资深馆员，仙游李耕国画研究所原所长、仙游李耕国画研究院名誉院长。2009 年 7 月，被中国文联授予“从事新中国文艺工作 60 周年”称号；2010 年 5 月，被福建省文联授予“从事福建文艺工作 60 年”称号。出版《孙仁英中国古典人物画》《当代艺术名家画册（孙仁英）》《中国美术家协会美术家会员图册（孙仁英）》《孙仁英画集》等 7 部画册（集）。

孙仁英自幼喜书法、好丹青。青年时，坚持刻苦研学各流派画理，画艺日益长进。1954 年起，作品经常参加省、市展览和赛事，频获嘉奖，并在各级刊物上刊发，在美术界崭露头角。1956 年 5 月，加入中国共产党。1960 年，被选调进福建省仙游李耕国画研究所，成为李耕大师入室弟子、研究员，受党组织委派兼任李耕先生日常创作、生活的助手，开始专注学习研究李耕画艺。此后，美术理论和创作水平不断提高，作品经常参加全国大型展览与赛事并在各级刊物上刊发。1962 年 1 月 27 日，中国美术家协会福建分会成立，李耕被推选为副主席，孙仁英被推选为常务理事。著名国画大师刘海粟为孙仁英题赠“一笔传精神”赞辞。

1984 年 7 月，孙仁英作为仙游纪念碑的擘画人，在设计理念上立足艺术、历史、传统的角度，提议形成纪念碑的古典碑型设计，以细琢的花岗岩方块石建造，不仅质朴大方，而且坚实耐用，更能凸显庄严肃穆之气，体现革命先烈高耸云霄的英雄气概和崇高品质，弘扬他们的崇高精神和功勋。1990 年，孙仁英应省政协和厦门市残疾人福利基金会之邀，在厦门举办大型画展。时任全国人大常委会副委员长的叶飞亲临现场剪彩，并题写“孙仁英古典人物画展”横幅。展后，该作品全部捐献给厦门市残疾人福利基金会。福建美术出版社出版《孙仁英中国古典人物画》画册，中国美术家协会理事、福建省美术家协会主席，中国著名国画家李硕卿为之写序，并对作品逐一作了高度的评价。1994 年 6 月，福建有线电视综艺台、东南电视台组织对孙仁英、吴乃珧、潘主兰 3 位福建省著名书画家进行专访，并拍成专题片，在中央电视台《新闻联播》等节目中播放，《人民日报》等作专门报道。1995 年，国画作品《女娲补天》，参加“祖国万岁‘俊隆杯’”九五华人书画艺术作品展，获特邀名人金奖。1996 年 8 月 28 日至 9 月 3 日，应全国政协、中央文史馆、省政协、省美协之邀，在北京民族文化宫举办大型画展，展出作品 100 余幅，作品又在全国巡回展览。2001 年 5 月，国画作品《展望神州》，入选文化部中国群众文化学会等主办的第一届“爱我中华”中国画油画大展。2001 年 8 月，孙仁英应邀为北京人民大会堂创作古典人物画《竹林七贤》（2.64 米），被国家永久性收藏。

2005 年 3 月，《橘颂》《夸父逐日》《颜真卿》等 16 幅古典人物画作品，应征入选由文化部主办出版的“当代中华文化名家专题邮票”，被国家博物馆、中国美术馆、中国邮票博物馆等有关部门收藏。2005 年 12 月，国画作品《铸剑图》，入选由人民日报社、中国美术家协会、中共中央文献研究室、中国国民党革命委员会中央委员会等单位联合举办的“纪念中国人民抗日战争胜利 60 周年大型书画展”，获得优秀奖，作品入编《纪念中国人民抗日战争胜利60周年大型书画展》大型画册，该作品被制作为中国邮政明信片装帧图像出版。2019年9月，为礼赞中华人民共和国成立70周年，孙仁英向家乡县人民政府捐赠130幅体现个人艺术演绎体系风格作品，为传承弘扬李耕画派国画艺术留下体系性艺术成果。系庆祝中华人民共和国成立70周年全国仅有系统性捐赠个人作品的画家。2021年7月1日，在仙游县庆祝中国共产党成立100周年表彰大会上，鉴于孙仁英在党65年和在艺术领域的突出贡献，县委主要领导亲自为他颁发中共中央制作的“光荣在党50年”纪念章。2022年1月，故宫博物院经考证认定，通过中央电视台国际频道播报：宋代王希孟名画《千里江山图》画卷深处“四叠双瀑”系北宋疆域中已是旅游胜地的仙游九鲤湖独特景观。3月，孙仁英绘就《千里江山仙景图》，与王希孟《千里江山图》之“四叠双瀑”遥相呼应，扬仙游九鲤胜景。

张 煌

张煌，1965年9月出生，榜头镇上垅社区人。莆田市文联副主席（专职），市文联社会组织行业党委书记，市政协文史委副主任，中国书法家协会会员，福建省文联委员，福建省书法家协会常务理事，莆田市书法家协会主席，莆田市政协委员，莆田市人大书画院副院长，莆田市政协书画院副院长等。

1993年6月，加入福建省书法家协会。1995年11月，在中国书协主办的“屈原杯”全国书法大赛中入展并获优秀奖。1998年9月，书法作品在中国审计署、中国文联联合主办的全国审计系统首届职工书画展入选优秀作品。2001年2月，当选莆田市书法家协会秘书长。2004年5月，获莆田市人民政府举办的“首届百花文艺奖”三等奖。2005年7月，书法作品在中国书法家协会主办的第五届中国书坛新人作品展入展；8月，书法作品在第二届欧阳询全国书法大赛中获银奖；10月，书法作品入选西泠印社首届国际艺术节书法大展——西泠印社首届中国书法大展。2006年10月，书法作品入选西泠印社首届扇面书法展。11月，书法作品入展由中国书法家协会中国书法杂志社主办的梁披云杯全国书法大展；12月，书法作品入展由中国文联、中国书法家协会主办的第二届中国书法兰亭奖安美杯书法展。2007年7月，书法作品入展由中国书法家协会、中国审计署联合举办的全国审计系统书法绘画摄影作品展，入展由中国书协等主办的纪念傅山400周年诞辰书法艺术展；8月，加入中国书法家协会会员。2008年8月，书法作品参加由中国书法家协会主办的中国千名书法名家精品走进奥运场馆；10月，书法作品获全国第十四届“群星奖”比赛福建省选拔赛铜奖；12月，当选为福建省书法家协会第四届常务理事。2009年5月，当选莆田市书法家协会副主席；9月，书法作品入展中国书法家协会主办的全国第六届楹联书法作品展；9月，书法作品入展由《中国书法》杂志社、河南省书法家协会等主办的“建文杯”全国书法作品大展并获优秀奖；12月，书法作品在福建省书协等主办的海西交通安全杯书法大赛获三等奖。2010年3月，书法作品入选由中国书法家协会主办的全国第三届扇面展，补记个人三等功。8月，莆田市电视台拍摄书法艺术专题片——《莆田人——张煌有度》。2011年6月，书法作品入展第三届福建省书法篆刻展，被市委授予“优秀共产党员”称号。2013年2月，举办“艺往情深”——张煌书法艺术展，书法作品在首届莆田书画艺术节书画展作品评选获二等奖；8月，书法作品入展中国书法家协会主办的首届“大爱妈祖——中华妈祖文化书法篆刻大展”；11月，加入市政协委员。2014年7月，书法作品入展“八闽丹青奖”首届福建省书法双年展。2015年4月，书法作品参加“海丝路·妈祖情”东南亚泰国、马来西亚、印度尼西亚三国文化交流书画作品巡回展；6月，书法作品参加大爱妈祖——第二届中华百位书法名家特邀作品展；8—10月，柯云瀚、祁永信、张煌3人书法联展在莆田、湄洲、晋江、厦门四地举行。2016年7月，任湄洲岛党工委委员、宣传部部长；10月，书法作品获福建省书协等主办的第五届“海峡杯”全国书画作品展获优秀奖。2017年3月，任莆田市政协书画院副院长；10月，任莆田市人大书画院副院长。2019年2月，任莆田市文联副主席。2020年5月，当选莆田市书法家协会主席。2022年6月，当选福建省文联委员。

郑振华

郑振华，男，汉族，1984年8月出生，鲤南镇圣泉社区人，中国作家协会会员，笔名柳三笑。2001年7月，毕业于仙游华侨中学；2005年7月，毕业于东北农业大学工商管理专业；同年，应聘入伍在武警湖南省消防总队任职；2010年，调任武警重庆市消防总队铜梁大队铜梁中队任职政治指导员（正连职），历任武警重庆市消防总队办公室副主任（正营职）、武警重庆市渝中区消防支队政治部副主任（副团职），现任重庆市渝中区消防救援支队队伍督察处处长（副处级）。2008 年、2010 年，分别立个人三等功 1 次；2012 年，获评重庆市消防总队优秀共产党员。2018 年 10 月，加入重庆市作家协会；2022 年 10 月，加入中国作家协会。

工作之余，郑振华热爱写作。2015 年，郑振华先后在天涯文学、火星小说、爱奇艺等网站利用业余时间创作，作品内容涵盖历史、武侠、奇幻、现实、爱国等主题，融入丰富的知识点和想象力，具有鲜明的个人风格。2017 年 6 月，出版《炼妖师》系列 1—4 册。2018 年 6 月，出版《金吾卫》系列 1—3 册；8 月，出版《山海宴》等简体图书 8 册。2020 年，出版《金吾卫》泰文版图书 4 册。在网络上发表作品 10 余部，创作 500 余万字，观看人数超千万次。其中，2015 年 12 月，《炼妖师》系列（网络小说原名《诡戏录》）售出影视游戏版权，由央视影视部和鹿鸣影业购买；2017 年 3 月，《金吾卫》系列售出影视游戏版权，由爱奇艺购买并制作之中；2021 年 11 月，《候鸟消防员》小说被芒果 TV 购买影视版权并改编电视剧之中；2022 年 3 月，《寻找李顺章》小说被爱奇艺购买影视版权并改编网剧、院线电影之中；2022 年 6 月，《守护解放碑》被国内知名团队购买影视版权并改编电视剧之中。2021 年，《山海宴》《造物者》《金吾卫》等作品被采购漫画版权，改编漫画于 2022 年在快看、爱奇艺等平台上线。2018 年，《山海宴》获评金鲛奖十大 IP 作品奖。2018 年，郑振华获评重庆新浪颁发的年度红人大奖。2021 年，《候鸟消防员》在中国作协、甘肃作家协会联合举办的首届中国红色题材网络作品评选中获评优秀奖。

李玉琴

李玉琴，女，1967 年 8 月出生，中共党员，仙游县鲤城街道坝垅社区人，中国戏剧家协会会员、国家二级演员、莆田市非物质文化遗产传承人。2002 年 4 月至 2021 年 8 月，任仙游鲤声剧团副团长。2002 年 1 月，获福建省第四届中青年演员比赛铜奖；2003 年 6 月，被共青团中央授予“全国乡村青年文化名人”称号；2004 年 10 月，莆仙戏《妈祖》参加中国第六届妈祖文化旅游节演出；2007 年 3 月，被仙游县妇联授予“三八红旗手”称号；2009 年 12 月，获福建省第二十四届戏剧会演表演奖；2011 年 11 月，莆仙戏《白兔记》参加法国第五届巴黎中国戏曲节获最佳传统剧目奖；2012 年 12 月，获福建省第二十五届戏剧会演表演二等奖；2013 年 11 月，莆仙戏《目连救母》参加第六届法国巴黎中国戏曲节获最佳传统剧目奖；2016 年 1 月，获福建省第二十六届戏剧会演表演三等奖。

1979 年 9 月，李玉琴考入仙游县戏曲艺术学校，师承朱石凤先生，专攻闺门旦。主演剧目有《春草闯堂》《百花亭》《戏巫记》《妈祖——林默娘》《千里送京娘》《白兔记》《目连》《连环计》等。曾多次到北京以及中国香港、中国台湾和法国巴黎等地进行重大文化交流演出并出演重要角色，受到各地戏剧专家和观众的好评。李玉琴在闺门旦中取得不俗的成绩，还是位多行当演员，武旦、老旦、花旦、泼旦及武生等行当都表演得活灵活现。

李玉琴带头做好非物质文化遗产莆仙戏传承工作，为仙游鲤声剧团培养的林贞、朱佳娜等优秀青年演员，成为单位骨干演员。林贞、朱佳娜等优秀青年演员多次获省、市比赛奖项。

李玉琴先后在莆田学院音乐系、仙游县教育局青少年课外活动中心、鲤南中心小学、度尾中心小学和戏迷班担任莆仙戏课程老师，深受学生与戏迷的热爱和敬重。2020 年，为鲤南中心小学排练的莆仙戏《九仙游仙游》小戏参加表演，鲤南中心小学获“第三批全国中小学中华优秀传统文化传承学校”（莆仙戏）；为莆田学院学生排练的莆仙戏《杨门女将》片段“探谷”，参加福建省大学生比赛获三等奖。

张雅玲

张雅玲，女，2000 年 3 月出生，榜头镇望厝村人。中国女子武术运动员。2006 年 9 月，就读于榜头中心小学。因出色的身体协调力和优异的体能被选送仙游体校武术一队。2008 年 9 月，张雅玲进入仙游县体育运动学校学习和训练。2011 年 9 月，被选拔为福建省体工队队员。

2014 年 7 月，张雅玲参加全国第十二届学生运动会武术套路比赛，获棍术、刀术两项冠军；2017 年 6 月，参加全国青少年武术套路锦标赛暨第九届亚洲青少年武术选拔赛，获得女子 A 组南拳、南刀、南棍三项冠军，并获得代表中国参加9月在韩国举行的亚青赛参赛资格；2018年12月，参加全国武术套路锦标赛南棍项目比赛，获第二名；2021年7月，参加全国第十四届运动会武术套路比赛，获女子南拳、南刀、南棍全能金牌；2021年11月，入选福建省第十四届全国运动会运动员、教练员和有功集体拟表彰奖励公示名单（个人记大功）；2021年11月，获“福建青年五四奖章”；2022年7月14日，在美国伯明翰举办的第11届世界运动会上，仙游籍武术运动员张雅玲代表中国队参加女子南拳、南刀比赛，夺得南拳、南刀全能冠军，在世界级比赛中展现福建武术套路体育运动的高竞技水平。

荣誉榜

2022年仙游县获得市级及以上表彰先进单位（集体）一览表

表22

单位名称	荣誉称号	授奖单位	授予时间
仙游县	第一届（2019—2021年度）福建省全民运动健身模范县（市、区）	省体育局	2022年1月
县司法局	全国普法工作先进单位	中央宣传部、司法部、全国普法办	2022年1月
鲤城街道	基层武装工作先进单位	省军区	2022年1月
仙游县鲤声剧团	莆仙戏《借新娘》获福建省第二十八届戏剧会演优秀剧目奖（一等奖）	省文化厅	2022年1月
县农业农村局	2021年“最美农安卫士”集体	省农业农村厅	2022年1月
县农业农村局	2021年度全省农业农村系统绩效评估优秀单位	省农业农村厅	2022年1月
县公安局	集体嘉奖	市委、市政府	2022年1月
县信访局	集体嘉奖	市委、市政府	2022年1月
福建东铭国际贸易有限公司	中国红十字博爱奖章	中国红十字会总会	2022年1月
县检察院	“仙游县卫健局征收社会抚养费非诉执行监督系列案”被评为全国“2021年度十大行政检察典型案例”	最高人民检察院	2022年2月
仙游一中	福建省首批示范性普通高中学校	省教育厅	2022年2月
仙游县	第三批省级主要农作物生产全程机械化示范县	省农业农村厅	2022年3月
游洋兴山村	全国第三批红色美丽村庄试点建设村	中央组织部	2022年3月
县市场监管局	2021年度全国市场主体活跃度抽样调查突出贡献单位	中国个体劳动者协会	2022年3月
仙游县龙虎山古典家具有限公司	福建省五一劳动奖状	省总工会	2022年4月
海安橡胶集团股份公司成型车间	福建省工人先锋号	省总工会	2022年4月
仙游农商银行榜头支行	福建省工人先锋号	省总工会	2022年4月
中国移动公司仙游分公司网络部	福建省工人先锋号	省总工会	2022年4月

续表 22

单位名称	荣誉称号	授奖单位	授予时间
仙游县皇冠古典家具有限公司	“华闽皇冠”被授予“福建老字号”	省商务厅	2022 年 4 月
县文旅局	文化和自然遗产保护利用专项奖励集体嘉奖	市政府	2022 年 5 月
县住建局	文化和自然遗产保护利用专项奖励集体嘉奖	市政府	2022 年 5 月
鲤城街道	文化和自然遗产保护利用专项奖励集体嘉奖	市政府	2022 年 5 月
县公安局治安大队	文化和自然遗产保护利用专项奖励集体嘉奖	市政府	2022 年 5 月
县博物馆	文化和自然遗产保护利用专项奖励集体嘉奖	市政府	2022 年 5 月
县文化馆	文化和自然遗产保护利用专项奖励集体嘉奖	市政府	2022 年 5 月
度尾镇文旅站	文化和自然遗产保护利用专项奖励集体嘉奖	市政府	2022 年 5 月
县检察院	第十届（2016—2021 年度）全国检察机关“文明接待室”	最高人民检察院	2022 年 5 月
县人大常委会党组	抗击新型冠状病毒疫情及时奖励集体	市委、市政府	2022 年 5 月
县政协党组	抗击新型冠状病毒疫情及时奖励集体	市委、市政府	2022 年 5 月
县公安局	抗击新型冠状病毒疫情及时奖励集体	市委、市政府	2022 年 5 月
县教育局	抗击新型冠状病毒疫情及时奖励集体	市委、市政府	2022 年 5 月
县疾控中心	抗击新型冠状病毒疫情及时奖励集体	市委、市政府	2022 年 5 月
县众益公交公司	抗击新型冠状病毒疫情及时奖励集体	市委、市政府	2022 年 5 月
吴闽东、林生家庭	第十三届福建省“五好”家庭	省妇联、省委文明办	2022 年 5 月
周瑞华、陈碧钦家庭	福建省最美家庭	省妇联、省委文明办	2022 年 5 月
黄萍萍、林壮霖家庭	福建省最美家庭	省妇联、省委文明办	2022 年 5 月
黄金星、张凤莺家庭	福建省最美家庭	省妇联、省委文明办	2022 年 5 月
县农业农村局	度尾文旦柚入选全国名特优新农产品名录	农业农村部 农产品质量安全中心	2022 年 5 月
莆田台创农业综合开发公司	福建省巾帼示范基地	省妇联	2022 年 5 月
县公安局	福建省平安建设先进集体	福建省平安建设领导小组、省人社厅	2022 年 6 月
福建晔晨水利水电建筑工程公司	2020—2021 年度全国“安康杯”竞赛活动优胜单位	中华全国总工会、 应急管理部、国家卫健委	2022 年 6 月
县农业农村局	2021 年度农业科技网络书屋应用竞赛活动二等奖	省农业农村厅	2022 年 6 月
仙游县	福建省双拥模范城（县）	福建省双拥领导小组	2022 年 7 月
福建莆田台创农业综合开发有限公司	全国巾帼现代农业科技示范基地	全国妇联办公厅	2022 年 7 月
鲤城街道退役军人服务站	省级百家红色退役军人服务站	省委退役军人事务工作领导小组办公室	2022 年 7 月
榜头镇退役军人服务站	省级百家红色退役军人服务站	省委退役军人事务工作领导小组办公室	2022 年 7 月
鲤城南桥退役军人服务站	全省服务保障体系“五有”先进单位	省委退役军人事务工作领导小组办公室	2022 年 7 月
县统计局	福建省第七次人口普查突出贡献集体	省统计局、 省第七次人口普查办	2022 年 7 月

续表 22

单位名称	荣誉称号	授奖单位	授予时间
龙华镇	福建省第七次人口普查突出贡献集体	省统计局、省第七次人口普查办	2022 年 7 月
枫亭镇统计站	福建省第七次人口普查突出贡献集体	省统计局、省第七次人口普查办	2022 年 7 月
仙游农商银行鲤城支行	一星级全国青年文明号	共青团中央	2022 年 8 月
县委报道组	2021 年度十佳报道组	福建日报社	2022 年 8 月
县林业局	全省造林绿化工作先进集体	省委、省政府	2022 年 8 月
西苑乡前溪村	入选《中国国家地理杂志》“中国十大露营地”	中国国家地理杂志社	2022 年 8 月
仙游县	首批省级数字乡村试点县（市、区）	省数字乡村发展统筹协调机制办公室	2022 年 8 月
中共仙游上宫支部旧址	福建省爱国主义教育基地	省委宣传部	2022 年 9 月
枫亭开发区中心小学	第二批省级“平安校园”	省教育厅	2022 年 9 月
坝下初级中学	第二批省级“平安校园”	省教育厅	2022 年 9 月
蜚山幼儿园	第二批省级“平安校园”	省教育厅	2022 年 9 月
锦溪初级中学	第二批省级“平安校园”	省教育厅	2022 年 9 月
鲤南中心小学	第二批省级“平安校园”	省教育厅	2022 年 9 月
第四道德中学	第二批省级“平安校园”	省教育厅	2022 年 9 月
第二实验小学	第二批省级“平安校园”	省教育厅	2022 年 9 月
龙华中心小学	第二批省级“平安校园”	省教育厅	2022 年 9 月
榜头中学	第二批省级“平安校园”	省教育厅	2022 年 9 月
盖尾昌山初级中学	第二批省级“平安校园”	省教育厅	2022 年 9 月
仙游二中	第二批省级“平安校园”	省教育厅	2022 年 9 月
仙游一中	第二批省级“平安校园”	省教育厅	2022 年 9 月
华文学校	第二批省级“平安校园”	省教育厅	2022 年 9 月
仙游县台创园管委会	全国台湾农民创业园发展建设第三方评价优秀等次	农业农村部办公厅、国务院台办秘书局	2022 年 9 月
西苑乡前溪村	福建省美丽休闲乡村	省农业农村厅	2022 年 9 月
石苍乡济川村	福建省美丽休闲乡村	省农业农村厅	2022 年 9 月
游洋兴山村	福建省美丽休闲乡村	省农业农村厅	2022 年 9 月
榜头镇望厝社区	全国示范性老年友好型社区	国家卫健委、全国老龄办	2022 年 9 月
仙游县交通事故人民调解委员会	2019—2021 年度全省人民调解先进集体	省司法厅	2022 年 10 月
中共仙游上宫支部旧址	福建省委党校现场教学点	省委党校	2022 年 10 月
游洋镇龙山村	第六批中国传统村落名录	住建部村镇建设司	2022 年 10 月
游洋镇天马村	第六批中国传统村落名录	住建部村镇建设司	2022 年 10 月
游洋镇兴山村	第六批中国传统村落名录	住建部村镇建设司	2022 年 10 月

续表 22

单位名称	荣誉称号	授奖单位	授予时间
县检察院	国家级“节约型机关”	国家机关事务管理局、中共中央直属机关事务管理局、国家发改委、财政部	2022 年 10 月
游洋镇	第二批省级乡村治理示范乡镇	省委农村工作领导小组办公室	2022 年 10 月
龙华镇	第二批省级乡村治理示范乡镇	省委农村工作领导小组办公室	2022 年 10 月
鲤南镇象林村	第二批省级乡村治理示范村	省委农村工作领导小组办公室	2022 年 10 月
西苑乡仙西村	第二批省级乡村治理示范村	省委农村工作领导小组办公室	2022 年 10 月
西苑乡凤山村	第二批省级乡村治理示范村	省委农村工作领导小组办公室	2022 年 10 月
园庄镇塔兜村	第二批省级乡村治理示范村	省委农村工作领导小组办公室	2022 年 10 月
园庄镇云峰村	第二批省级乡村治理示范村	省委农村工作领导小组办公室	2022 年 10 月
社硎乡塘西村	第二批省级乡村治理示范村	省委农村工作领导小组办公室	2022 年 10 月
社硎乡田利村	第二批省级乡村治理示范村	省委农村工作领导小组办公室	2022 年 10 月
钟山镇钟山村	第二批省级乡村治理示范村	省委农村工作领导小组办公室	2022 年 10 月
钟山钟临水村	第二批省级乡村治理示范村	省委农村工作领导小组办公室	2022 年 10 月
游洋镇金石村	第二批省级乡村治理示范村	省委农村工作领导小组办公室	2022 年 10 月
游洋镇石里村	第二批省级乡村治理示范村	省委农村工作领导小组办公室	2022 年 10 月
游洋镇龙山村	第二批省级乡村治理示范村	省委农村工作领导小组办公室	2022 年 10 月
石苍乡潭头村	第二批省级乡村治理示范村	省委农村工作领导小组办公室	2022 年 10 月
石苍乡高阳村	第二批省级乡村治理示范村	省委农村工作领导小组办公室	2022 年 10 月
石苍乡石阳村	第二批省级乡村治理示范村	省委农村工作领导小组办公室	2022 年 10 月
龙华镇金溪村	第二批省级乡村治理示范村	省委农村工作领导小组办公室	2022 年 10 月
龙华镇龙西林村	第二批省级乡村治理示范村	省委农村工作领导小组办公室	2022 年 10 月
榜头镇官舍村	第二批省级乡村治理示范村	省委农村工作领导小组办公室	2022 年 10 月
榜头镇后坂村	第二批省级乡村治理示范村	省委农村工作领导小组办公室	2022 年 10 月
菜溪乡溪边村	第二批省级乡村治理示范村	省委农村工作领导小组办公室	2022 年 10 月
大济镇尾坂村	第二批省级乡村治理示范村	省委农村工作领导小组办公室	2022 年 10 月
度尾镇圣山村	第二批省级乡村治理示范村	省委农村工作领导小组办公室	2022 年 10 月
枫亭镇东宅村	第二批省级乡村治理示范村	省委农村工作领导小组办公室	2022 年 10 月
枫亭镇建国村	第二批省级乡村治理示范村	省委农村工作领导小组办公室	2022 年 10 月
盖尾镇岭头村	第二批省级乡村治理示范村	省委农村工作领导小组办公室	2022 年 10 月
郊尾镇湖宅村	第二批省级乡村治理示范村	省委农村工作领导小组办公室	2022 年 10 月
郊尾镇新和村	第二批省级乡村治理示范村	省委农村工作领导小组办公室	2022 年 10 月
赖店镇留仙村	第二批省级乡村治理示范村	省委农村工作领导小组办公室	2022 年 10 月
书峰乡兰石村	第二批省级乡村治理示范村	省委农村工作领导小组办公室	2022 年 10 月
书峰乡四黄村	第二批省级乡村治理示范村	省委农村工作领导小组办公室	2022 年 10 月
县工艺办	仙作入编《中华人民共和国年鉴(2021 年度)》	新华通讯社	2022 年 11 月
龙华镇金溪村（乌龙茶）	第十二批全国“一村一品”示范村镇	农业农村部	2022 年 11 月

续表 22

单位名称	荣誉称号	授奖单位	授予时间
龙华镇金溪村	2022 年全国乡村特色产业超亿元村	农业农村部	2022 年 11 月
度尾镇湘溪村	2022 年全国乡村特色产业超亿元村	农业农村部	2022 年 11 月
木兰溪流域	第六批“绿水青山就是金山银山”实践创新基地	生态环境部	2022 年 11 月
游洋镇兴山村	2022 年福建省“金牌旅游村”“全域生态旅游小镇”	省文旅厅	2022 年 11 月
县融媒体中心	2022 年度全省优秀县级融媒体中心 30 强二等奖	省委宣传部	2022 年 11 月
园庄镇塔兜村妇联	全省达标村妇联	省妇联	2022 年 11 月
县公安局	福建省第二批节约型机关	省政府办公厅	2022 年 11 月
大济镇溪车村（下霄米粉）	2022 年度省级“一村一品”专业村	省农业农村厅	2022 年 11 月
度尾镇圣山村（沉香产业）	2022 年度省级“一村一品”专业村	省农业农村厅	2022 年 11 月
钟山镇梅洋村（草编工艺）	2022 年度省级“一村一品”专业村	省农业农村厅	2022 年 11 月
仙游县仙门水果产业化联合体	2022 年省级“一村一品”农业产业化联合体	省农业农村厅	2022 年 11 月
县检察院第一检察部、“社会抚养费非诉执行监督”专案组	2022 年度全省检察机关优秀办案团队	省检察院	2022 年 11 月
游洋镇	2022“清新福建·气候福地”气候康养福地	省气象学会、旅游协会	2022 年 12 月
石苍乡济川村	2022“清新福建·气候福地”气候康养福地	省气象学会、旅游协会	2022 年 12 月
园庄镇义路村	福建省森林村庄	省绿化委、省林业厅	2022 年 12 月
游洋镇梧椿村	福建省森林村庄	省绿化委、省林业局	2022 年 12 月
福建金溪茶业有限公司	2022 年度国家级生态农场	农业农村部农业生态与资源保护总站、中国农业生态环境保护协会	2022 年 12 月
福建省兴泰庄园农业开发有限公司	2022 年度国家级生态农场	农业农村部农业生态与资源保护总站、中国农业生态环境保护协会	2022 年 12 月
仙游县度尾新兴果业专业合作社	2022 年度国家级生态农场	农业农村部农业生态与资源保护总站、中国农业生态环境保护协会	2022 年 12 月
民盟仙游县工委会	2021 年度“创特色 增活力”先进基层组织	民盟福建省委	2022 年 12 月
民盟仙游县工委会	纪念福建民盟组织成立 75 周年先进集体	民盟福建省委	2022 年 12 月
县委办公室	全省党委办公厅（室）系统先进集体	省委办公厅、省人社厅	2022 年 12 月
县纪委监委	全省纪检监察系统先进集体	省纪委监委、省人社厅	2022 年 12 月
县公安局	福建省党的二十大信访安全保障工作成绩突出集体	省信访联席办、省委信访局、省政府信访局	2022 年 12 月

2022年仙游县获得市级及以上表彰先进个人一览表

表23

姓名	工作单位	荣誉称号	授奖单位	授予时间
陈建红	仙游县法院	全国普法工作先进个人	中央宣传部、司法部、全国普法办	2022年1月
黄加成	大济镇蒲山村	全国普法工作先进个人	中央宣传部、司法部、全国普法办	2022年1月
林丽霞	鲤城街道东门社区	全国妇联系统劳动模范	人社部、全国妇联	2022年1月
张春志	榜头镇	“懂农业 爱农村 爱农民”好书记	省委扶贫开发成果巩固与乡村振兴工作领导小组	2022年1月
张　顺	仙游县鲤声剧团	福建省第二十八届戏剧会演表演一等奖	省文化厅	2022年1月
陈　伟	仙游县鲤声剧团	福建省第二十八届戏剧会演表演一等奖	省文化厅	2022年1月
邱陈越	仙游县鲤声剧团	福建省第二十八届戏剧会演表演二等奖	省文化厅	2022年1月
吴荃颖	仙游县鲤声剧团	福建省第二十八届戏剧会演表演三等奖	省文化厅	2022年1月
郑必雄	仙游县鲤声剧团	福建省第二十八届戏剧会演表演三等奖	省文化厅	2022年1月
林太崇 吴永德	仙游县鲤声剧团	福建省第二十八届戏剧会演音乐（作曲）一等奖	省文化厅	2022年1月
穆丽华	仙游县鲤声剧团	福建省第二十八届戏剧会演服装设计一等奖	省文化厅	2022年1月
吴大禹	仙游县鲤声剧团	福建省第二十八届戏剧会演舞美设计二等奖	省文化厅	2022年1月
陈志挺	中共仙游县委	个人三等功	市委、市政府	2022年1月
阮俊杰	县信访局	个人三等功	市委、市政府	2022年1月
杨建洪	县公安局	个人三等功	市委、市政府	2022年1月
张金国	县委政法委	个人嘉奖	市委、市政府	2022年1月
李　敏	县公安局刑侦大队	个人嘉奖	市委、市政府	2022年1月
杨剑民	榜头派出所	个人嘉奖	市委、市政府	2022年1月
张雪静	县信访信息中心	个人嘉奖	市委、市政府	2022年1月
吴志民	鲤南镇综治办	个人嘉奖	市委、市政府	2022年1月
李鸿业	榜头镇	个人嘉奖	市委、市政府	2022年1月
林玲琳	盖尾镇	个人嘉奖	市委、市政府	2022年1月
陈义勇	园庄镇	个人嘉奖	市委、市政府	2022年1月
陈　伟	大济镇	个人嘉奖	市委、市政府	2022年1月
庄革富	县气象局	2021年度福建省重大气象服务先进个人	省气象局	2022年1月
林万强	仙游县	中国红十字奉献奖章	中国红十字会总会	2022年1月
林一文	仙游县	中国红十字奉献奖章	中国红十字会总会	2022年1月
郑武进	仙游县司法局	2022年岗位学雷锋标兵	省委宣传部	2022年3月
郑冬梅	仙游县西苑学校	2022年福建省“向上向善好青年”	团省委	2022年3月
郑武进	仙游县司法局	全国司法行政系统一级英雄模范	人社部、司法部	2022年4月
林玉珊	福建省三福古典家具有限公司	福建省五一劳动奖章	省总工会	2022年4月

续表 23

姓名	工作单位	荣誉称号	授奖单位	授予时间
孟凡娜	新万鑫（福建）精密薄板有限公司	福建省五一劳动奖章	省总工会	2022 年 4 月
王新明	榜头镇金品世家古典家具厂	福建省五一劳动奖章	省总工会	2022 年 4 月
林　新	县公安局	个人二等功	省公安厅	2022 年 4 月
吴京宾	县公安局	全国优秀人民警察	公安部	2022 年 5 月
陈铭洲	仙游县铭天下红木家具有限公司	福建青年五四奖章	团省委	2022 年 5 月
连庆光	县文管办	文化和自然遗产保护利用专项奖励个人嘉奖	市政府	2022 年 5 月
俞　辉	县文化馆	文化和自然遗产保护利用专项奖励个人嘉奖	市政府	2022 年 5 月
茅玉香	县博物馆	文化和自然遗产保护利用专项奖励个人嘉奖	市政府	2022 年 5 月
陈振其	县文化市场综合执法大队	文化和自然遗产保护利用专项奖励个人嘉奖	市政府	2022 年 5 月
张文清	县住建局风貌办	文化和自然遗产保护利用专项奖励个人嘉奖	市政府	2022 年 5 月
林　盾	县公安局治安管理大队	文化和自然遗产保护利用专项奖励个人嘉奖	市政府	2022 年 5 月
郭晗丹	县文旅局	文化和自然遗产保护利用专项奖励个人嘉奖	市政府	2022 年 5 月
连依娴	鲤城街道	文化和自然遗产保护利用专项奖励个人嘉奖	市政府	2022 年 5 月
林碧桃	枫亭文化站	文化和自然遗产保护利用专项奖励个人嘉奖	市政府	2022 年 5 月
黄　莉	度尾文化站	文化和自然遗产保护利用专项奖励个人嘉奖	市政府	2022 年 5 月
林雨青	仙游县运输事业发展中心	抗击新型冠状病毒疫情及时奖励个人	市委、市政府	2022 年 5 月
杨碧静	县委统战部	抗击新型冠状病毒疫情及时奖励个人	市委、市政府	2022 年 5 月
黄智光	县纪委监委	抗击新型冠状病毒疫情及时奖励个人	市委、市政府	2022 年 5 月
周俊成	县委组织部	抗击新型冠状病毒疫情及时奖励个人	市委、市政府	2022 年 5 月
颜　伟	县总医院	抗击新型冠状病毒疫情及时奖励个人	市委、市政府	2022 年 5 月
郑煊斐	县总医院	抗击新型冠状病毒疫情及时奖励个人	市委、市政府	2022 年 5 月
吴京宾	县公安局	全国优秀人民警察	公安部	2022 年 5 月
王晓东	盖尾镇	2022 年首届世界龙舟联赛（福州站）专业组男子 12 人龙舟 200 米决赛冠军	国际皮划艇联合会	2022 年 6 月
陈天路	郊尾镇	2022 年首届世界龙舟联赛（福州站）专业组男子 12 人龙舟 200 米决赛冠军	国际皮划艇联合会	2022 年 6 月

续表 23

姓名	工作单位	荣誉称号	授奖单位	授予时间
王晓东	盖尾镇	2022 年首届世界龙舟联赛（福州站）专业组男子奥运龙舟 200 米决赛冠军	国际皮划艇联合会	2022 年 6 月
陈天路	郊尾镇	2022 年首届世界龙舟联赛（福州站）专业组男子奥运龙舟 200 米决赛冠军	国际皮划艇联合会	2022 年 6 月
王晓东	盖尾镇	2022 年首届世界龙舟联赛（福州站）专业组男子 12 人龙舟 500 米决赛冠军	国际皮划艇联合会	2022 年 6 月
陈天路	郊尾镇	2022 年首届世界龙舟联赛（福州站）专业组男子 12 人龙舟 500 米决赛冠军	国际皮划艇联合会	2022 年 6 月
王晓东	盖尾镇	2022 年首届世界龙舟联赛（福州站）专业组男子奥运龙舟 500 米决赛季军	国际皮划艇联合会	2022 年 6 月
陈天路	郊尾镇	2022 年首届世界龙舟联赛（福州站）专业组男子奥运龙舟 500 米决赛季军	国际皮划艇联合会	2022 年 6 月
苏庆灿	厦门大学附属厦门眼科中心	福建省非公有制经济优秀建设者	省政府	2022 年 6 月
张维林	新万鑫（福建）精密薄板有限公司	福建省非公有制经济优秀建设者	省政府	2022 年 6 月
林一文	福建永福电力设计股份有限公司	福建省非公有制经济优秀建设者	省政府	2022 年 6 月
林　盾	县公安局	文化和自然遗产保护利用专项激励个人嘉奖	市政府	2022 年 6 月
肖雄耀	仙游义工协会	2022 年“美丽中国，我是行动者”提升公民生态文明意识行动计划先进典型	生态环境部、中央文明办	2022 年 6 月
林　生	县妇联	全省妇联系统先进工作者	省人社厅、妇联	2022 年 7 月
朱清强	枫亭镇一鼎（福建）生态园林建设公司	福建省爱国拥军模范	福建省双拥领导小组	2022 年 7 月
吴依珊 林佳宜 黄嘉琦	仙游县	第十七届省运动会皮划艇激流回旋项目甲组女子皮划艇团体金牌	第十七届省运会组委会	2022 年 7 月
郑武进	仙游县司法局	全国“人民满意的公务员”	党中央、国务院	2022 年 8 月
李　强	县林业局	全省造林绿化工作先进个人	省委、省政府	2022 年 8 月
陈国孟	县委报道组	作品获 2021 年度中国地市报年度优秀新闻作品评选“文字消息类二等奖”	中国地市报研究会	2022 年 8 月
郑志忠	县委报道组	福建日报 2021 年度优秀通讯员	福建日报社	2022 年 8 月
陈国孟	县委报道组	福建日报 2021 年度优秀通讯员	福建日报社	2022 年 8 月
陈丽洪	度尾镇	福建省第七次全国人口普查突出贡献个人	省统计局、省第七次全国人口普查领导小组办公室	2022 年 8 月
傅　力	榜头镇	福建省第七次全国人口普查突出贡献个人	省统计局、省第七次全国人口普查领导小组办公室	2022 年 8 月
陈萍萍	榜头镇	福建省第七次全国人口普查突出贡献个人	省统计局、省第七次全国人口普查领导小组办公室	2022 年 8 月
李清生	莆田学院附属实验小学	福建省特级教师	省教育厅	2022 年 9 月

续表 23

姓名	工作单位	荣誉称号	授奖单位	授予时间
陈炳泉	仙游一中	福建省特级教师	省教育厅	2022 年 9 月
黄　伟	鲤中实验幼儿园	福建省特级教师	省教育厅	2022 年 9 月
颜瑞煌	仙游县医疗纠纷人民调解委员会	2019—2021 年度全省人民调解先进个人	省司法厅	2022 年 10 月
吴建年	龙华貂峰村人民调解委员会	2019—2021 年度全省人民调解先进个人	省司法厅	2022 年 10 月
李仙英	西苑仙东村	2022 年第三季度“福建好人榜”见义勇为好人	省委文明办	2022 年 10 月
何　娜	仙游县爱心帮帮团公益事业联合会	福建省第六批五星级志愿者	省委文明办	2022 年 10 月
程红起	仙游义工协会	福建省第六批五星级志愿者	省委文明办	2022 年 10 月
王锦飞	县纪委监委	全省纪委监委系统嘉奖	省纪委监委、省人社厅	2022 年 12 月
陈新明	县纪委监委	全省纪委监委系统嘉奖	省纪委监委、省人社厅	2022 年 12 月
陈镇洲	度尾镇	党的二十大信访安全保障工作成绩突出个人	省信访联席办、省委信访局、省政府信访局	2022 年 12 月

2022 年仙游县评定高级职称人员一览表

表 24

姓名	性别	出生年月	籍贯	工作单位	技术职称名称
李志伟	女	1972 年 10 月	吉林蛟河	仙游县总医院	高级人力资源管理师
刘建椿	男	1977 年 9 月	仙游龙华	建省顺安建筑工程有限公司	建筑工程施工高级工程师
戴建洪	男	1987 年 6 月	仙游郊尾	建省顺安建筑工程有限公司	建筑工程施工高级工程师
陈国武	男	1981 年 8 月	仙游枫亭	仙游县水政监察大队	信息系统项目管理师
胡金藏	男	1987 年 1 月	仙游度尾	仙游县水利水电建设管理中心	水利水电工程高级工程师
黄建生	男	1983 年 10 月	仙游赖店	仙游县水利水电建设管理中心	工程建设管理高级工程师
余国珍	男	1975 年 12 月	仙游大济	仙游县发展和改革局	农业高级经济师
吴德飞	男	1965 年 9 月	仙游度尾	仙游县农技推广中心	农学农业技术推广研究员
陈勇红	男	1966 年 1 月	仙游园庄	仙游县农村环保能源工作站	农业资源环境农业技术推广研究员
林金阳	男	1963 年 10 月	仙游度尾	仙游县农村合作经济经营管理站	农村合作组织管理高级农艺师
丁玉华	男	1983 年 1 月	南平延平	仙游县畜牧站	高级兽医师
秦翠霞	女	1981 年 10 月	河北石家庄	福建省纵华建设有限公司	工程造价高级工程师
郑玉冰	男	1972 年 11 月	仙游郊尾	仙游县机关事业单位社会保险中心	保险高级经济师
陈雄熠	男	1985 年 8 月	仙游赖店	仙游县水利水电建设管理中心	水利水电工程高级工程师
陈洪志	男	1977 年 10 月	仙游游洋	仙游县工艺美术中心	高级人力资源管理师
郑明辉	男	1975 年 12 月	仙游大济	仙游县总医院	主任医师
郑煊斐	男	1976 年 9 月	仙游枫亭	仙游县总医院	主任医师
陈金寿	男	1976 年 12 月	仙游榜头	仙游县总医院	主任医师
郑志展	男	1976 年 7 月	仙游游洋	仙游县总医院	主任医师

续表 24

姓名	性别	出生年月	籍贯	工作单位	技术职称名称
黄秀洪	女	1971 年 10 月	仙游枫亭	仙游县总医院	主任护师
黄　羲	男	1975 年 12 月	仙游鲤城	仙游县总医院	副主任药师
倪超然	男	1985 年 3 月	仙游鲤城	仙游县总医院	副主任药师
林明灯	男	1971 年 10 月	仙游榜头	仙游县总医院	副主任药师
林志强	男	1975 年 5 月	仙游书峰	仙游鲤城社区卫生服务中心	副主任药师
陈朝雄	男	1983 年 9 月	仙游枫亭	仙游县总医院	副主任医师
杨建文	男	1981 年 2 月	仙游枫亭	仙游县总医院	副主任医师
郑庆明	男	1975 年 4 月	仙游盖尾	仙游县总医院	副主任医师
彭松峰	男	1978 年 11 月	仙游赖店	仙游县总医院	副主任医师
卓福田	男	1982 年 1 月	仙游盖尾	仙游县总医院	副主任医师
林天马	男	1977 年 9 月	仙游度尾	仙游县总医院	副主任医师
黄志华	男	1978 年 10 月	荔城黄石	仙游县总医院	副主任医师
李明梓	男	1985 年 2 月	仙游鲤南	仙游县总医院	副主任医师
游松林	男	1983 年 1 月	仙游鲤城	仙游县总医院	副主任医师
李桂连	女	1983 年 3 月	仙游游洋	仙游县总医院	副主任护师
林碧冬	女	1980 年 9 月	仙游榜头	仙游县总医院	副主任护师
吴素香	女	1981 年 12 月	仙游大济	仙游县总医院	副主任护师
陈雪芳	女	1982 年 8 月	仙游盖尾	仙游县总医院	副主任护师
张景霞	女	1982 年 7 月	仙游钟山	仙游县总医院	副主任护师
王秀恭	女	1979 年 9 月	仙游榜头	仙游县总医院	副主任护师
张　颖	女	1983 年 12 月	仙游鲤南	仙游县总医院	副主任护师
王婷玉	女	1982 年 10 月	仙游榜头	仙游县总医院	副主任护师
刘丽明	女	1978 年 6 月	仙游度尾	仙游县总医院	副主任护师
陈秀香	女	1982 年 11 月	仙游榜头	仙游县总医院	副主任护师
郭吓妹	女	1983 年 6 月	仙游西苑	仙游县总医院	副主任护师
林雪娇	女	1983 年 1 月	仙游鲤南	仙游县总医院	副主任护师
张　芬	女	1978 年 11 月	仙游盖尾	仙游县总医院	副主任护师
黄梅琴	女	1981 年 10 月	仙游榜头	仙游县总医院	副主任护师
林春丽	女	1976 年 12 月	仙游石苍	仙游县总医院	副主任护师
朱碧容	女	1978 年 1 月	仙游钟山	仙游县总医院	副主任护师
朱高英	女	1979 年 10 月	仙游枫亭	仙游县总医院	副主任护师
刘丽阳	女	1980 年 2 月	仙游游洋	仙游县榜头镇中心卫生院	副主任医师
郭碧仙	女	1978 年 7 月	仙游度尾	仙游县度尾镇中心卫生院	副主任护师
黄丽娥	女	1983 年 12 月	仙游郊尾	仙游县枫亭镇中心卫生院	副主任医师
卢奕芳	女	1980 年 11 月	仙游枫亭	仙游县枫亭镇中心卫生院	副主任医师
卢妹哥	女	1973 年 4 月	仙游赖店	仙游县赖店镇卫生院	副主任护师
陈　霖	女	1978 年 11 月	仙游鲤城	仙游县书峰乡卫生院	副主任医师

续表 24

姓名	性别	出生年月	籍贯	工作单位	技术职称名称
陈丽金	女	1976 年 12 月	仙游盖尾	仙游鲤城社区卫生服务中心	副主任医师
陈碧娥	女	1978 年 2 月	仙游榜头	仙游鲤城社区卫生服务中心	副主任医师
陈其容	女	1972 年 11 月	仙游鲤城	仙游鲤城社区卫生服务中心	副主任医师
颜剑玲	女	1977 年 6 月	仙游鲤城	仙游县妇幼保健院	主任医师
张福添	男	1974 年 2 月	仙游鲤南	仙游县妇幼保健院	主任医师
庄佩珊	女	1973 年 10 月	仙游大济	仙游县妇幼保健院	副主任医师
王碧琴	女	1976 年 9 月	仙游盖尾	仙游县妇幼保健院	副主任医师
林智勇	男	1974 年 1 月	仙游度尾	仙游县妇幼保健院	副主任医师
何雪林	女	1980 年 9 月	仙游榜头	仙游县妇幼保健院	副主任药师
马　雯	女	1983 年 10 月	湖北钟祥	仙游县妇幼保健院	副主任医师
郑秋梅	女	1980 年 9 月	仙游榜头	仙游县妇幼保健院	副主任护师
陈炯愔	女	1980 年 4 月	仙游鲤城	仙游县妇幼保健院	副主任护师
林素金	女	1976 年 12 月	仙游榜头	仙游县妇幼保健院	副主任医师
许丽娟	女	1982 年 7 月	仙游鲤城	仙游县妇幼保健院	副主任护师
段泽华	女	1983 年 12 月	龙岩新罗	仙游县妇幼保健院	副主任技师
胡清峰	男	1982 年 6 月	湖北钟祥	仙游县妇幼保健院	副主任技师
史亦萍	女	1981 年 10 月	仙游鲤城	仙游县妇幼保健院	副主任护师
林益民	男	1969 年 5 月	仙游石苍	仙游县疾病预防控制中心	主任医师
陈一炫	男	1984 年 4 月	仙游郊尾	仙游县疾病预防控制中心	副主任医师
吴　琦	男	1982 年 5 月	莆田荔城	莆田滨海医院	主任医师
陈华育	男	1985 年 3 月	泉州泉港	莆田滨海医院	副主任医师
冯昌宜	男	1977 年 3 月	宁德蕉城	莆田滨海医院	副主任医师
江婷婷	女	1984 年 12 月	江西上饶	仙游城东医院	副主任医师
王丽娟	女	1979 年 11 月	仙游鲤城	仙游鲤城社区卫生服务中心	副主任医师（基层）
兰国富	男	1968 年 1 月	仙游石苍	仙游县德安医院	副主任医师（基层）
阮剑鸿	男	1972 年 12 月	仙游郊尾	仙游县德安医院	副主任医师（基层）
黄美香	女	1978 年 6 月	仙游鲤城	仙游县德安医院	副主任药师（基层）
黄建辉	男	1970 年 5 月	仙游社硎	仙游县教师进修学校	高级教师
戴瑞文	男	1971 年 4 月	仙游榜头	仙游县教师进修学校	高级教师
陈　龙	女	1976 年 11 月	仙游鲤城	仙游县教师进修学校	高级教师
郭求真	男	1979 年 10 月	仙游度尾	仙游县教师进修学校	高级教师
黄开地	男	1971 年 8 月	仙游榜头	福建省仙游第一中学	高级教师
李焕新	男	1979 年 9 月	仙游榜头	福建省仙游第一中学	高级教师
茅赛梅	女	1978 年 10 月	仙游鲤城	福建省仙游第一中学	高级教师
陈丽媛	女	1973 年 3 月	仙游赖店	福建省仙游第一中学	高级教师
黄建高	男	1969 年 3 月	仙游鲤城	福建省仙游第一中学	高级教师
张碧兰	女	1975 年 4 月	仙游鲤城	福建省仙游第一中学	高级教师

续表 24

姓名	性别	出生年月	籍贯	工作单位	技术职称名称
黄志敏	女	1970 年 10 月	仙游鲤城	福建省仙游第一中学	高级教师
邹　伟	男	1979 年 4 月	仙游鲤城	福建省仙游第一中学	高级教师
林忠新	男	1972 年 12 月	仙游榜头	福建省仙游第一中学	高级教师
郭玉记	男	1970 年 6 月	仙游西苑	福建省仙游第一中学	高级教师
林雪花	女	1974 年 7 月	龙岩新罗	福建省仙游第一中学	高级教师
郑名烜	男	1980 年 1 月	仙游大济	福建省仙游第一中学	高级教师
林梅清	女	1970 年 11 月	仙游枫亭	福建省仙游第一中学	高级教师
林美金	女	1969 年 5 月	莆田荔城	福建省仙游第一中学	高级教师
杨　杰	男	1977 年 7 月	仙游鲤城	福建省仙游第一中学	高级教师
邱晨曦	男	1964 年 11 月	仙游度尾	福建省仙游第一中学	高级教师
陈炳忠	男	1973 年 2 月	仙游书峰	福建省仙游第一中学	高级教师
王丽丹	女	1982 年 1 月	仙游鲤城	福建省仙游第一中学	高级教师
叶雪梅	女	1971 年 1 月	仙游鲤城	福建省仙游第一中学	高级教师
陈建振	男	1972 年 9 月	仙游游洋	福建省仙游第一中学	高级教师
张美芹	女	1974 年 3 月	仙游鲤南	仙游第二中学	高级教师
吴碧芹	女	1976 年 8 月	仙游大济	仙游第二中学	高级教师
王美仙	女	1971 年 3 月	仙游大济	仙游第二中学	高级教师
黄腾达	男	1977 年 12 月	仙游书峰	仙游第二中学	高级教师
陈飞跃	男	1977 年 6 月	仙游盖尾	仙游第二中学	高级教师
林永富	男	1973 年 11 月	仙游枫亭	仙游第二中学	高级教师
郑飞雨	女	1975 年 5 月	仙游枫亭	仙游第二中学	高级教师
朱珍素	女	1975 年 2 月	仙游鲤南	仙游第二中学	高级教师
郑英新	男	1974 年 5 月	仙游鲤城	仙游第二中学	高级教师
岳建萍	女	1974 年 2 月	仙游大济	仙游第二中学	高级教师
黄燕化	男	1968 年 9 月	仙游鲤城	仙游第二中学	高级教师
刘金洪	男	1969 年 1 月	仙游度尾	仙游第二中学	高级教师
黄振汉	男	1969 年 8 月	仙游鲤南	仙游县华侨中学	高级教师
张开呈	男	1969 年 12 月	仙游鲤南	仙游县华侨中学	高级教师
杨福泰	男	1971 年 6 月	仙游郊尾	仙游县华侨中学	高级教师
陈志恩	男	1973 年 9 月	仙游榜头	仙游县华侨中学	高级教师
陈燕兰	女	1972 年 10 月	仙游盖尾	仙游县华侨中学	高级教师
徐庆添	男	1976 年 8 月	仙游龙华	仙游县盖尾中学	高级教师
陈启发	男	1969 年 3 月	仙游龙华	仙游县龙华中学	高级教师
陈汉阳	男	1972 年 9 月	仙游鲤城	仙游县龙华中学	高级教师
邱伟蓉	女	1971 年 11 月	仙游鲤南	仙游县龙华中学	高级教师
胡炳旭	男	1969 年 9 月	仙游游洋	仙游县第三中学	高级教师
邱雪娟	女	1970 年 4 月	仙游龙华	仙游县第三中学	高级教师

续表 24

姓名	性别	出生年月	籍贯	工作单位	技术职称名称
张红菊	女	1968 年 7 月	仙游大济	仙游县第一道德中学	高级教师
陈武红	女	1971 年 9 月	仙游榜头	仙游县第一道德中学	高级教师
张秀琴	女	1971 年 4 月	仙游鲤南	仙游县城东初级中学	高级教师
郭基伟	男	1974 年 11 月	仙游度尾	仙游县城东初级中学	高级教师
张　健	男	1974 年 2 月	仙游郊尾	仙游县第四道德中学	高级教师
郑丽娥	女	1975 年 3 月	仙游鲤城	仙游县第四道德中学	高级教师
李碧云	女	1970 年 12 月	仙游大济	仙游县度峰初级中学	高级教师
岳剑捷	男	1975 年 7 月	仙游菜溪	仙游第一中学永鸿分校	高级教师
吴开荣	男	1971 年 7 月	仙游郊尾	仙游第一中学永鸿分校	高级教师
张黎明	女	1976 年 8 月	仙游西苑	仙游第一中学永鸿分校	高级教师
庄丽清	女	1977 年 11 月	仙游鲤南	仙游第一中学永鸿分校	高级教师
陈风华	女	1977 年 1 月	仙游度尾	仙游第一中学永鸿分校	高级教师
邹元重	男	1979 年 6 月	仙游西苑	仙游第一中学永鸿分校	高级教师
林梅芳	女	1982 年 10 月	仙游榜头	仙游县私立第一中学	高级教师
王仙妹	女	1985 年 2 月	莆田涵江	仙游县私立第一中学	高级教师
曾　艳	女	1985 年 10 月	仙游鲤城	仙游县私立第一中学	高级教师
何培松	男	1983 年 10 月	仙游鲤城	仙游县私立第一中学	高级教师
谢永平	男	1986 年 7 月	仙游书峰	仙游金石中学	高级教师
陈冬梅	女	1984 年 10 月	仙游盖尾	仙游金石中学	高级教师
戴元守	男	1984 年 11 月	仙游西苑	仙游金石中学	高级教师
叶长勤	男	1983 年 8 月	江西万年	仙游金石中学	高级教师
吴碧琴	女	1987 年 1 月	仙游郊尾	仙游现代中学	高级教师
阮丽锋	女	1984 年 8 月	仙游郊尾	仙游现代中学	高级教师
阮淑青	女	1984 年 5 月	南平邵武	仙游现代中学	高级教师
黄丽贞	女	1985 年 11 月	仙游西苑	仙游现代中学	高级教师
苏伟锋	男	1986 年 2 月	仙游枫亭	仙游县华文学校	高级教师
董成永	男	1976 年 8 月	仙游钟山	仙游县华文学校	高级教师
林丽娟	女	1985 年 12 月	仙游龙华	仙游县华文学校	高级教师
范爱香	女	1987 年 1 月	仙游鲤城	仙游县华文学校	高级教师
岳剑平	男	1974 年 8 月	仙游菜溪	仙游县郊尾中学	高级教师
陈丽洪	女	1971 年 9 月	仙游郊尾	仙游县郊尾中学	高级教师
蔡桂霞	女	1970 年 2 月	仙游枫亭	仙游县郊尾中学	高级教师
刘明程	男	1966 年 1 月	仙游郊尾	仙游县郊尾中学	高级教师
郑晨华	男	1966 年 12 月	仙游枫亭	仙游县枫亭中学	高级教师
杨文富	男	1965 年 1 月	仙游枫亭	仙游县枫亭中学	高级教师
魏平清	男	1963 年 4 月	仙游园庄	仙游县枫亭中学	高级教师
叶建仁	男	1970 年 6 月	仙游园庄	仙游县园庄中学	高级教师

续表 24

姓名	性别	出生年月	籍贯	工作单位	技术职称名称
林国海	男	1970 年 11 月	仙游榜头	仙游县榜头中学	高级教师
谢金霖	男	1975 年 10 月	仙游书峰	仙游县榜头中学	高级教师
陈国华	男	1977 年 6 月	仙游榜头	仙游县榜头中学	高级教师
张丽群	女	1976 年 8 月	仙游鲤南	仙游县榜头中学	高级教师
陈丽红	女	1975 年 6 月	涵江庄边	仙游县榜头中学	高级教师
王素烟	女	1977 年 11 月	仙游榜头	仙游县榜头中学	高级教师
黄元武	男	1976 年 11 月	仙游大济	仙游县榜头中学	高级教师
郑丽娥	女	1968 年 7 月	仙游赖店	仙游县大济中学	高级教师
李光远	男	1970 年 1 月	仙游大济	仙游县大济中学	高级教师
林智雄	男	1970 年 11 月	仙游鲤城	仙游县大济中学	高级教师
黄金叶	男	1969 年 10 月	仙游大济	仙游县大济中学	高级教师
陈庆佑	男	1968 年 12 月	仙游大济	仙游县大济中学	高级教师
张国斌	男	1969 年 12 月	仙游鲤城	仙游县大济中学	高级教师
曾云英	女	1970 年 10 月	仙游大济	仙游县大济中学	高级教师
林慧琴	女	1971 年 10 月	仙游鲤城	仙游县大济中学	高级教师
黄爱清	女	1971 年 6 月	仙游鲤城	仙游县大济中学	高级教师
李玉榜	男	1971 年 6 月	仙游度尾	仙游县度尾中学	高级教师
陈瑞庆	男	1970 年 9 月	仙游度尾	仙游县度尾中学	高级教师
张美忠	男	1966 年 2 月	仙游度尾	仙游县度尾中学	高级教师
郭志媛	女	1970 年 4 月	仙游枫亭	仙游经济开发区第一中学	高级教师
陈叶青	男	1970 年 1 月	仙游郊尾	仙游经济开发区第一中学	高级教师
吴良庆	男	1974 年 9 月	仙游度尾	仙游经济开发区第一中学	高级教师
陈绍强	男	1972 年 2 月	仙游园庄	仙游经济开发区第一中学	高级教师
陈飞龙	男	1970 年 6 月	仙游度尾	仙游县第三华侨中学	高级教师
林福明	男	1970 年 9 月	仙游龙华	仙游县第三华侨中学	高级教师
邹金水	男	1971 年 1 月	仙游西苑	仙游县第三华侨中学	高级教师
傅爱全	男	1969 年 10 月	仙游赖店	仙游县第二华侨中学	高级教师
傅碧庆	男	1970 年 8 月	仙游赖店	仙游县第二华侨中学	高级教师
戴义贴	男	1970 年 7 月	仙游盖尾	仙游县石马初级中学	高级教师
程黎萍	女	1975 年 7 月	仙游鲤南	仙游县石马初级中学	高级教师
王丕呈	男	1966 年 3 月	仙游盖尾	仙游县昌山初级中学	高级教师
陈元金	男	1975 年 12 月	仙游鲤城	仙游县昌山初级中学	高级教师
王新雄	男	1973 年 12 月	仙游盖尾	仙游县昌山初级中学	高级教师
苏雅峰	男	1976 年 3 月	仙游郊尾	仙游县湖宅初级中学	高级教师
阮添顺	男	1974 年 8 月	仙游郊尾	仙游县沙溪初级中学	高级教师
蔡　静	女	1977 年 6 月	仙游枫亭	仙游县枫江初级中学	高级教师
黄新龙	男	1971 年 3 月	仙游龙华	仙游县锦溪初级中学	高级教师

续表 24

姓名	性别	出生年月	籍贯	工作单位	技术职称名称
黄丽华	女	月 1969 年 3	仙游榜头	仙游县坝下初级中学	高级教师
林瑞土	男	1972 年 11 月	仙游榜头	仙游县第二道德中学	高级教师
杨雪珍	女	1971 年 8 月	仙游榜头	仙游县第二道德中学	高级教师
岳瑞星	男	1967 年 8 月	仙游菜溪	仙游县承璜第二学校	高级教师
薛清标	男	1969 年 11 月	仙游菜溪	仙游县承璜第二学校	高级教师

2022 年仙游县退役军人立功受奖一览表

表 25

姓名	立功等级	籍贯
朱　铭	三等功	仙游县鲤城街道
周宝意	三等功	仙游县龙华镇

机构及领导干部名录

2022 年仙游县处级领导干部一览表

表 26

姓名	职务
吴文恩	仙游县委书记
陈志挺	仙游县委副书记，县政府县长、党组书记
沈国林	仙游县委副书记，兼任县委党校（县行政学校）校长
苏劭华	仙游县委常委，县人武部政委
陈　锋	仙游县委常委（正处长级），新疆昌吉州玛纳斯县委副书记、福建援疆指挥部莆田分指挥长
吴智群	仙游县委常委、县纪委书记、县监察委员会主任
陈剑波	仙游县委常委、组织部部长，兼任县直机关党工委书记、县委非公有制企业和社会组织工委书记、县总工会主席
杨碧静（女）	仙游县委常委、统战部部长，县政协党组副书记
林宗储	仙游县委常委、宣传部部长，县直机关宣传教育系统党委书记
郑秉忠	仙游县委常委、政法委书记，县直机关政法系统党委书记
张建庚	仙游县委常委，县政府副县长、党组副书记
张志东	仙游县委常委，县政府党组成员，兼任枫亭镇党委书记
黄一敏	仙游县人大常委会主任、党组书记、一级调研员
王新奖	仙游县人大常委会副主任、党组成员
张慧敏（女）	仙游县人大常委会副主任、党组成员
陈德建	仙游县人大常委会副主任、党组成员
林敬柏	仙游县人大常委会副主任
蔡国民	仙游县政府副县长、党组成员，县公安局党委书记、局长兼督察长、二级高级警长，县委政法委副书记
李振海	仙游县政府副县长、党组成员
林宇家	仙游县政府副县长、党组成员
蒋庆和	仙游县政府副县长、党组成员

续表 26

姓名	职务
赖宇贞（女）	仙游县政府副县长
林　宁	民盟福建省委会省直基层工作部二级调研员，县政府副县长（挂职）
林志良	仙游县政协主席、党组书记
王建煌（女）	仙游县政协副主席、三级调研员
林金涛	仙游县政协副主席、党组成员，县发展和改革局党组书记、局长
陈　伟	仙游县政协副主席，县科学技术局局长
练光灿（畲族）	仙游县政协副主席、党组成员，县委办主任、县直机关党群系统党委书记
董金勇	仙游县法院党组书记、院长、三级高级法官
陈宗协	仙游县检察院党组书记、检察长、三级高级检察官
黄庆舜	福建仙游经济开发区管委会副主任（主持管委会工作），县政府党组成员

2022 年仙游县县直单位正科级领导干部一览表

表 27

姓名	职务
黄志雄	仙游县政府办公室党组书记、主任，县直机关政府综合系统党委书记
郑国金	仙游县人大常委会委员、教育科学文化卫生工作委员会主任、四级调研员
林清明	仙游县人大常委会委员、四级调研员
李明清	仙游县人大常委会委员、监察和司法工作委员会主任、一级主任科员
连文峰	仙游县人大常委会委员、农业与农村工作委员会主任
郑日欣	仙游县人大常委会委员、环境与城乡建设工作委员会主任、一级主任科员
陈志忠	仙游县人大常委会委员、一级主任科员
谢建镇	仙游县人大常委会委员、一级主任科员
张志光	仙游县人大常委会委员、华侨工作委员会主任
张毅劼	仙游县人大常委会委员、社会建设工作委员会主任
林金润	仙游县人大常委会委员、财政经济工作委员会主任
林茂钎	仙游县人大常委会委员、党组成员、办公室主任
傅朝阳	仙游县人大常委会委员、人事代表工作室主任
杨金展	仙游县政协常委会委员、科教卫体和文化文史学习委员会主任、四级调研员
林元辉	仙游县政协经济和人口资源环境委员会主任、四级调研员
吴栋平	仙游县政协常委会委员、提案委员会主任、四级调研员
刘元良	仙游县政协常委会委员、办公室主任
陈忠明	仙游县政协常委会委员、四级调研员
黄建永	仙游县政协常委会委员、一级主任科员
姚世通	仙游县纪委副书记、县监察委员会副主任
黄智光	仙游县纪委副书记、县监察委员会副主任
郑建辉	仙游县纪委常委（正科长级）、县监察委员会委员，县委巡察工作领导小组办公室主任

续表 27

姓名	职务
朱琼仙（女）	仙游县委巡察组正科级巡察专员
陈志斌	仙游县委党史研究和地方志编纂办公室主任、一级主任科员
林清炼	仙游县委非公有制企业和社会组织工作委员会服务中心主任、组织部部务会成员
曾建勋	仙游县直机关党工委常务副书记、一级主任科员
温兆敏	仙游县委编办主任、一级主任科员
官金华	仙游县总工会党组书记、常务副主席（正科长级）、一级主任科员
陈丽君（女）	共青团仙游县委书记
马丽娜（女）	仙游县妇联党组书记、主席
张向党	仙游县工商联党组书记、常务副会长、一级主任科员，县委统战部副部长
陈曦月（女）	仙游县侨联党组书记、主席
陈预林	仙游县委党校常务副校长（正科长级）兼县行政学校常务副校长、四级调研员
曾朝霞（女）	仙游县档案局局长、档案馆馆长
李良秋	仙游县委政法委副书记（正科长级）、四级调研员
陈志强	仙游县公安局政委、党委副书记、四级高级警长
陈浪动	仙游县司法局党组副书记、局长、一级主任科员
严华鸣	仙游县民政局党组书记、局长、四级调研员
阮俊杰	仙游县退役军人事务局局长
陈春泉	仙游县残联执行理事会党组书记、理事长、二级主任科员
黄朝阳	仙游县委宣传部副部长、县社科联主席
林新春	仙游县文联主席
郑玉华	仙游县委文明办主任
胡建新	仙游县文化体育和旅游局党组书记、局长、一级主任科员
黄朝阳	仙游县教育局党组书记、局长
黄祥武	仙游县卫生健康局党组书记、局长
岳庆全	仙游县计划生育协会常务专职副会长
颜　伟	仙游县总医院党委书记、总院长，县纪委监委二级主任科员
陈洪伟	仙游县自然资源局党组副书记、局长
黄明华	仙游县审计局党组书记、局长、四级调研员
余丽钦（女）	仙游县政府信访局局长
蔡振锋	仙游县市场监督管理局党组书记、局长、一级主任科员兼县知识产权局局长
黄新辉	仙游县科技局党组副书记、县地震办主任、一级主任科员
郑小舵	仙游县人力资源和社会保障局党组书记、局长、一级主任科员
郭玉湖（回族）	仙游县住房和城乡建设局党组书记、局长（县人民防空办公室主任）
曾庆定	仙游县城市管理局局长
刘文鑫	仙游县统计局党组书记、局长
郑顺富	仙游县科协党组书记、主席、一级主任科员
吕清水	仙游县农业农村局党组书记、局长（县委农办主任）、一级主任科员、县直机关农办系统党委书记

续表 27

姓名	职务
邱金宇	仙游县林业局党组书记、局长
林庆凡	仙游县水利局党组书记、局长
郑元忠	仙游县金钟水利枢纽运行维护中心主任
魏志东	仙游县供销合作社联合社理事会主任
陈德春	仙游县工业和信息化局党组书记、局长，县直机关经贸系统党委书记
柯新建	仙游县交通运输局党组书记、局长
郑海福	仙游县应急管理局党委书记、局长
林爱新	仙游县商务局党组书记、局长、一级主任科员
陈瑞回	莆田市家具产品质量检验中心主任
林有记	仙游县财政局党组书记、局长，县直机关财税系统党委书记

2022 年仙游县乡镇（街道、管委会）党政正职一览表

表 28

姓名	职务
傅俊忠	仙游县鲤城街道党工委书记
陈祖淞	仙游县鲤城街道党工委副书记、办事处主任
郑志伟	仙游县鲤南镇党委书记
魏燕喜	仙游县鲤南镇党委副书记、镇长
刘建奇	仙游县盖尾镇党委书记
庄喜福	仙游县盖尾镇党委副书记、镇长
郭建华（回族）	仙游县郊尾镇党委书记
余雄杰	仙游县郊尾镇党委副书记、镇长
张志东	仙游县政府副县长、党组成员，兼任枫亭镇党委书记
黄龙锋	仙游县枫亭镇党委副书记、镇长
张春志	仙游县榜头镇党委书记
黄剑辉	仙游县榜头镇党委副书记、镇长
林永贵	仙游县赖店镇党委书记、一级主任科员
林艳青（女）	仙游县赖店镇党委副书记、镇长
曾振勇	仙游县园庄镇党委书记
陈映真	仙游县园庄镇党委副书记、镇长
孙世和	仙游县龙华镇党委书记
陈晗丹（女）	仙游县龙华镇党委副书记、镇长
林振滔	仙游县大济镇党委书记
郑国理	仙游县大济镇党委副书记、镇长
陈镇洲	仙游县度尾镇党委书记
庄龙炜	仙游县度尾镇党委副书记、镇长

续表 28

姓名	职务
谈振军	仙游县委常委，兼任钟山镇党委书记
陈相琼	仙游县钟山镇党委副书记、镇长
杨国石	仙游县游洋镇党委书记
蔡永杰	仙游县游洋镇党委副书记、镇长
郑艳花（女）	仙游县石苍乡党委书记
张燕华	仙游县石苍乡党委副书记、乡长
张　杰	仙游县书峰乡党委书记
李双忠	仙游县书峰乡党委副书记、乡长
林成合	仙游县社硎乡党委书记
林　琰	仙游县社硎乡党委副书记、乡长
蔡俊宾	仙游县菜溪乡党委书记
朱　辉	仙游县菜溪乡党委副书记、乡长
严志伟	仙游县西苑乡党委书记
郭晓敏（女，回族）	仙游县西苑乡党委副书记、乡长
严伯元	仙游县大蜚山省级森林公园管委会主任
吴子荣	仙游县仙港工业园开发区管委会主任
陈屹山	仙游县九鲤湖风景区管委会负责人
郑正荣	仙游县台湾农民创业园管委会主任
王志峰	仙游县工艺产业园党工委副书记、管委会主任
李钟胜	仙游县菜溪岩风景区管委会主任

统计资料

2022 年仙游县国民经济主要指标统计表

表 29

指标	1—12 月	增长（%）
一、地区生产总值（亿元）	626.99	6
二、农林牧渔业总产值（亿元）	46.77	7.30
三、规模以上工业增加值（亿元）	—	8.40
四、建筑业总产值（亿元）	145.02	19.10
五、固定资产投资（不含农户）（亿元）	301.68	11.90
#项目投资	261.15	15.50
房地产投资	40.53	-6.90
六、商品房销售面积（万平方米）	72.24	3
七、规模以上其他营利性服务业营业收入（亿元）	12.97	16.20
八、批发零售业销售额（亿元）	1095.76	16.60
住宿餐饮业营业额（亿元）	53.87	10.50
社会消费品零售额（亿元）	359.48	4.60
九、财政（亿元）	—	—
总收入	51.17	14
#地方财政收入	31.61	14.90
支出	65.31	19.20
十、金融机构（亿元）	—	—
本外币存款余额	576.18	18
本外币贷款余额	382.91	9.60
十一、全体居民人均可支配收入（元）	29440	6.80
城镇居民人均可支配收入（元）	40098	5.90
农村居民人均可支配收入（元）	22418	8.60
十二、居民消费价格指数（%）	101	1

注：1.地区生产总值、规模以上工业产值、增加值、农业总产值增幅按可比价格计算；2.地区生产总值为初步核算数；3.固定资产投资不含农户抽样数据。

2022 年仙游县地区生产总值统计表

表 30

指标	1—12 月		上年同期增幅（%）
	数值（万元）	增长（%）	
总计	6269860	6	6
第一产业	248976	6.40	5.40
第二产业	3182478	6.90	5.10

续表 30

指标	1—12 月		上年同期增幅（%）
	数值（万元）	增长（%）	
工业	2711605	5.80	4.90
建筑业	476177	13	6.70
第三产业	2838406	5.10	7
#农、林、牧、渔服务业	21480	7.20	0.50
开采辅助、设备修理等	5304	5.50	17.20
交通运输、仓储和邮政业	144809	—	5.70
批发和零售业	777417	6.60	15.40
住宿和餐饮业	104050	2.20	7.20
金融业	366004	6.10	5.30
房地产业	373705	3	1.60
营利性服务业	471371	1.90	6.60
非营利性服务业	574267	9.20	1.70

注：地区生产总值为初步核算数。三次产业按新的划分标准，第三产业增加值包括农、林、牧、渔服务业，工业的开采辅助活动，金属制品、机械和设备修理业。

2022 年仙游县规模以上工业经济效益指标统计表

表 31

指标	1—12 月	
	数值	增长（%）
一、企业单位数（个）	297	5
#亏损企业（个）	4	-50
二、营业务收入（亿元）	851.24	14.80
三、利润总额（亿元）	12.50	15.70
四、亏损企业亏损额（亿元）	0.52	91.80
五、税金总额（亿元）	1.87	-9.50
六、流动资产合计（亿元）	236.31	5
七、应收账款净额（亿元）	40.95	3.40
八、产成品存货（亿元）	35.48	-0.30

注：规模以上工业经济效益指标为上月止累计数。

2022 年仙游县建筑业企业生产情况统计表

表 32

指标	1—12 月	
	数值	增长（%）
一、企业个数（个）	143	11.70

续表 32

指标	1—12 月	
	数值	增长（%）
有工作量的企业个数	143	11.70
二、建筑业合同情况（亿元）	—	—
签订的合同额	218.96	-0.70
# 上年结转合同额	98.48	-6.90
本年新签合同额	120.48	5.0
三、承包工程完成产值（亿元）	—	—
1. 从建设单位承揽工程	145.02	19.20
（1）自行完成施工产值	145.02	19.20
（2）分包出去工程的产值	—	—
2. 除建设单位以外承揽工程	—	—
四、建筑业总产值（亿元）	145.02	19.10
# 装饰装修产值	8.81	961.40
# 在外省完成的产值	90.49	43.90
# 建筑工程产值	124.17	6.40
安装工程产值	0.62	12.70
其他产值	20.23	347.60
五、竣工产值（亿元）	68.92	26.20
六、房屋建筑施工面积（万平方米）	759.37	-2.60
# 本年新开工面积	195.05	-35.50
# 实行投标承包面积	—	—

注：建筑业企业生产情况统计范围是辖区内注册的具有建筑业资质的所有独立核算建筑业企业（不含劳务分包）。

2022 年仙游县固定资产投资分产业结构统计表

表 33

指标	1—12 月		上年同期增长（%）
	数值（亿元）	增长（%）	
第一产业	10.08	53.70	166.10
第二产业	163.24	3.20	32.20
# 工业	163.24	3.20	32.20
制造业	158.74	2.30	35.50
电力、热力、燃气及水的生产和供应业	4.49	47.40	-41.40
第三产业	128.36	22.40	-22.90
# 批发和零售业	0.83	197.10	-93.20
交通运输、仓储和邮政业	26.95	12.90	34.40
住宿和餐饮业	0.39	30.20	-15

续表 33

指标	1—12月		上年同期增长（%）
	数值（亿元）	增长（%）	
房地产业	40.53	-6.90	-36.40
租赁和商贸服务业	—	-100	-97.20
水利、环境和公共设施管理业	31.83	127.70	-43.10
居民服务和其他服务业	0.76	945.20	-90.30
教育	3.34	-0.30	-12.70
文化、体育和娱乐业	0.74	-30.40	-61.20
公共管理和社会组织	2.41	86.0	1242.10

注：固定资产投资不含农户抽样。

2022年仙游县房地产开发投资统计表

表 34

指标	1—12月		上年同期增长（%）
	数值	增长（%）	
1. 房地产企业月末数（个）	77	11.60	-12.70
2. 房地产开发投资完成额（亿元）	40.53	-6.90	-36.40
3. 商品房屋施工面积（万平方米）	549.66	-9.70	3
#住宅	337.78	-11.10	3.40
本年新开工面积	51.58	-12.20	-32.60
4. 商品房屋竣工面积（万平方米）	84.50	68.20	157.50
#住宅	47.20	25.80	165.80
5. 商品房屋竣工价值（亿元）	31.80	159	121.30
6. 商品房屋销售面积（万平方米）	72.24	3	-17.30
#住宅	54.83	-12.90	-11.10
7. 商品房屋销售额（亿元）	44.17	-8.40	-19.40
#住宅	36.77	-14.90	-14.50
8. 商品房屋待售面积（万平方米）	55.05	15.60	11.40
#住宅	20.40	24.40	-7.90

2022年仙游县财政收支统计表

表 35

指标	1—12月	
	数值（亿元）	增长（%）
财政总收入	51.17	14
#地方财政收入	31.61	14.90
#增值税（50%）	14.62	38.30

续表 35

指标	1—12 月	
	数值（亿元）	增长（%）
企业所得税（40%）	2.63	-15.20
个人所得税（40%）	0.42	-62.20
城市维护建设税	1.25	28.90
耕地占用税	0.12	50
契税	1.03	-39.40
财政支出	65.31	19.20
# 一般公共服务支出	3.79	10.50
公共安全支出	2.54	35.80
教育支出	18.90	25.30
科学技术支出	0.23	-14.80
社会保障和就业支出	11.74	17.80
医疗卫生与计划生育支出	4.98	6.20
节能环保支出	1.27	41.10
城乡社区事务	1.61	91.70

注：财政收支指标根据县财政局资料整理。

2022 年仙游县金融机构存贷款余额统计表

表 36

项目	12 月末余额（亿元）	上年同期增长（%）	12 月末比年初增减额（亿元）
金融机构本外币各项存款	576.18	18	87.87
# 人民币各项存款	573.49	17.90	87.25
（一）境内存款	572.29	18	87.21
1. 住户存款	459.30	18.70	72.30
2. 非金融企业存款	50.96	36.80	13.71
3. 机关团体存款	48.96	0.20	0.11
4. 财政性存款	3.07	54.90	1.09
5. 非金融企业存款	10.01	0.10	0.01
（二）境外存款	1.20	2.80	0.03
金融机构本外币各项贷款	382.91	9.60	33.68
# 人民币各项贷款	382.71	9.60	33.59
（一）境内贷款	382.65	9.60	33.60
1. 住户贷款	282.28	10.70	27.24
（1）短期贷款	70.58	11.80	7.46
# 消费贷款	16.83	2.60	0.43
经营贷款	53.76	15	7.03

续表 36

项目	12 月末余额（亿元）	上年同期增长（%）	12 月末比年初增减额（亿元）
（2）中长期贷款	211.69	10.30	19.78
# 消费贷款	126.72	4.70	5.67
经营贷款	84.98	19.90	14.11
2. 企（事）业单位贷款	100.37	6.80	6.37
（1）短期贷款	40.20	-10	-4.45
（2）中长期贷款	59.37	23.60	11.34
（3）融资租赁	0.24	308.80	0.18
（4）票据融资	—	—	—
（5）各项垫款	0.57	-55.10	-0.70
3. 非金融企业及机关团体贷款	—	—	—
（二）境外贷款	0.06	-13	-0.01

注：根据县人行资料整理。

2022 年仙游县及乡镇（街道）固定资产投资统计表

表 37

县及乡镇（街道）	1—12 月（万元）	增长（%）
仙游县	3016849	11.90
鲤城街道	266902	-18.10
枫亭镇（含枫亭工业园）	1004822	28.30
榜头镇（含工艺产业园）	75963	902.90
郊尾镇	41823	-13.70
度尾镇	26981	25.10
鲤南镇（含仙港工业园）	543199	94.80
赖店镇	38032	55.70
盖尾镇	20233	39.10
园庄镇	21346	107.20
大济镇	99168	125
龙华镇	28513	207.20
钟山镇	25527	3321.80
游洋镇	30019	7.10
西苑乡	22555	31.70
石苍乡	19943	18.30
社硎乡	13863	89.60
书峰乡	11141	148.90
菜溪乡	14366	8.90

注：固定资产投资不含农户抽样。

2022年仙游县及乡镇（街道）财政总收入统计表

表38

县及乡镇（街道）	1—12月（万元）	增长（%）
仙游县	511720	14
鲤城街道	245083	11.10
枫亭镇	62333	22.30
榜头镇	5172	-22.50
郊尾镇	22737	56.80
度尾镇	698	-65.40
鲤南镇	28266	-19.30
赖店镇	5101	-24
盖尾镇	3250	-29.50
园庄镇	720	-30.40
大济镇	823	-45.20
龙华镇	1810	-39.90
钟山镇	550	-54.30
游洋镇	420	-65.20
西苑乡	15361	0.50
石苍乡	212	-79.10
社硎乡	1520	17.70
书峰乡	2292	8.50
菜溪乡	254	-79.20

注：根据县财政局资料整理。

中央（国家级）媒体报道选录

聚合乡村力量，仙游县全面推进乡村振兴高质量发展

近年来，福建省莆田市仙游县紧紧围绕“产业兴旺、生态宜居、乡风文明、治理有效、生活富裕”的总体要求，精心培育产业，持续整治农村人居环境，逐步探索出一条乡村振兴的有效实现路径。

钟山镇地处仙游县东北部，素有“高山小平原”之称，其旅游资源得天独厚，年平均气温 18.4℃，森林覆盖率达 71.69%，是誉满八闽的旅游避暑胜地。近年来，钟山镇深入贯彻县第十四次党代会会议精神，树立钟山“小城市”理念，发挥资源禀赋等优势，以创建国家级乡村振兴示范镇为目标，先行先试、树立标杆，探索“景村融合”“文旅融合”，串联九鲤湖景区，着力打造鸟语花香的城市“后花园”。

度尾镇位于仙游县西部、木兰溪上游，是农业大镇、艺雕名镇，素有“中国文旦柚之乡”美誉。近年来，度尾镇以入选省级乡村振兴特色乡镇为契机，对标对表“乡村要振兴，因地制宜选择富民产业是关键”的要求，大力发展文旦柚、艺雕、花卉等特色产业。在发展艺雕产业时，度尾镇注重筑巢引凤，现已形成“一城一园两走廊”的产业发展格局，培育了一批带动能力强的龙头企业，推动艺雕产业高质量发展。同时，以各大电商直播基地落地艺雕城、艺雕产业园为契机，度尾镇充分依托平台优势、产业优势、人才优势，利用直播带货等新型营销方式，拓宽产品销售渠道，助力特色产业做大做强、做精做优。

度尾艺雕智慧产业园

凤山村

凤山村位于仙游县西北部山区，是革命老区基点村、第四批省级扶贫开发重点村、第三批市“幸福家园”试点村和“全国乡村旅游扶贫重点村”。近年来，凤山村充分利用现有资源和条件，积极发挥党建引领作用，从强化乡村振兴基层力量、优化乡村振兴阵地布局、夯实乡村振兴发展基础等“党建+”乡村振兴创新思路，全力抓好脱贫攻坚和乡村振兴各项工作。凤山村将产业发展作为当前重要工作抓点，以产业发展带动村民致富村财增收，大力发展旅游观光产业，推进美丽乡村建设，先后获得“福建省乡村振兴试点村”“福建省美丽休闲乡村”“福建省森林村庄”等荣誉称号。

朗桥村为莆田延寿溪上游水源的发源地之一，位于有“小武夷”之称的麦斜岩花岗岩地貌景区东侧，海拔 600 多米，空气负氧离子含量高，有着得天独厚的自然条件和优越的生态环境。近年来，朗桥村通过建设优质生态大米基地和欧中花卉培植基地，形成集种植、加工、观光于一体的一、二、三产业联动模式。通过引进连片种植优质稻米 1000 亩，创设稻田艺术、植物迷宫、四季花海、特色瓜果、蘑菇部落、环田步道，打造创意休闲田园，并利用钟山独特气候优势，夏季夜间温度低，植物生长快特点，侧重种植耐寒喜阴花卉，有 20 多个花卉品种，销往全国各地。

兰石村为仙游县书峰乡第一大行政村，是革命老区，也是省级美丽乡村和“清新福建”旅游特色村。

朗桥村

兰石村

兰石村党总支紧紧围绕乡党委政府提出的“名贵兰石”定位，充分调动整合现有资源，探索提出“三个兰石”（即红色兰石、文创兰石、美丽兰石）发展思路，大力发展村内乡村旅游及特色休闲农业产业，计划开发建设享趣自然艺术营地旅游项目，同时酝酿生成“兰石文创部落”“仙花锦簇民宿”等文创项目，谱写编导文化作品，打造红色景点，开发农特产品，不断壮大村内特色产业集群，实现“红色党建”与“绿色旅游”的产业结合。

2022年，仙游县将坚持走“旅游带动、城乡联动、仙台互动”乡村振兴之路，以“一园（台创园）、一院（乡村振兴研究院）、两业（特色现代农业、现代旅游业）、三板块（北部山区文旅板块、钟山镇有机农旅板块、凤山艺旅板块）为重点，做好“仙境、仙作、仙韵”三篇文章，打造海西夏都、山海旅游中转站周边城市群的“后花园”，推动一产“接二连三”、旅游业“接二连三带一”。

（新华网 责任编辑：宫碧莹）

福建仙游打造天然香集聚市场 延伸工艺美术产业链

5月30日，莆田市仙游县人民政府为延伸工艺美术产业链，与福建省香魁投资有限公司签约建设“香魁文化艺术生活馆”项目，共同促进仙游天然香文化产业发展，打造仙游天然香集聚市场。

据了解，该项目建筑面积近12000平方米，总投资2亿元以上，项目将建设集“检测、体验、培训、研学、香疗”于一体的综合性线上线下天然香文化艺术生活馆，选址在仙游境内，项目内将建设产品检测鉴定服务中心、香魁旗舰店、香产业品牌旗舰店销售中心、香文化博物馆、沉香茶酒空间、香道空间、电商直播

香魁文化艺术生活馆项目签约仪式（右为仙游县人民政府副县长蒋庆和，左为福建省天然香文化协会会长、福建省香魁投资有限公司董事长陈剑锋）

香魁文化艺术生活馆规划图

间等融合跨界区、电商直播选品中心、产业服务培训中心等。

据仙游县工艺美术中心负责人杨旭介绍，“香魁文化艺术生活馆”的搭建将有效整合仙游县现有的天然香文化企业，形成产业集聚效应，有利于培育壮大天然香产业；特别是香文化博物馆的建设，将为天然香文化产业增添文化品牌效应，对今后该县创建“中国天然香产业示范园”区域品牌具有重要的支撑作用。该项目预计2025年产值达20亿元以上。

仙游县工艺美术产业是莆田市一张文化名片，是该县特色的富民产业、支柱产业和文化创意产业。仙游县制香产业历史悠久，名贵木材加工产业聚集，原材料、边角料多，发展香产业独具优势。日前，仙游传统香制作技艺（枫髓香制作技艺）入选福建省第七批省级非物质文化遗产代表性项目名录。

（新华财经客户端 李伟鹏）

福建仙游：深入实施“党建引领、夯基惠民”工程 激活基层治理“神经末梢”

仙游县深入实施“党建引领、夯基惠民”工程，努力建设高水平的平安仙游、法治仙游，创造安定稳定的社会环境，迎接党的二十大胜利召开。

火红七月，实施“党建引领、夯基惠民”工程在仙游县“燃”起。

仙游县委书记吴文恩强调，让“党建引领、夯基惠民”工程迅速在基层推广开来，充分调动群众参与、群众自治的积极性，让广大群众参与管理、享受便捷、获取优质服务。

代县长陈志挺指出，把“单元长”落实到位，把社会力量发动起来，巧用“一张网”激活基层治理“神经末梢”，打通服务群众“最后一米”。

提速、扩面、增效，突出地域特色，努力打造社会治理“仙游模式”，该县力争在全市走前头、作表率。

组织重构 落实落细最小单元

“‘六福’临门！”最近，地处湄洲湾畔的枫亭镇传出新鲜事。

实施“党建引领、夯基惠民”工程，该镇打造“福”目标、“福”阵地、“福”网格、“福”队伍、“福”评价、“福”保障，“六福”传美谈。

该镇构建“党组织＋网格化＋群众”基层治理新格局，组建“驻村指挥长＋村指挥长＋网格长＋单元长＋户长”的群防群治工作力量。其中驻村指挥长，即“福掌舵”，由包村领导兼任，常驻村居办公。村指挥长，即“福站长”，由村居支部书记兼任，驻扎村部办公。网格长，即“福管家”，原则上由村“两委”干部兼任，并配备生产队长、网格员作为助手，驻扎在网格“党建＋”邻里中心办公。单元长，即“福服务”，优先从党员、“两代表一委员”、退伍军人、基干民兵、入党积极分子、有威望乡贤、志愿者等队伍中招聘，服务户长，上下沟通，做到上情下达、下情上报。户长，即“福使者”，带领全家遵守村规民约，成为家庭的幸福使者。

无独有偶，位于山区的大济镇蒲山村也创新形式，探索“345”党建引领治理机制，“3”是三网联通，

仙游县领导在大济镇乌石村调研夯基惠民工作

仙游县委政法委检查组一行探讨网格单元细分模式

把3个自然村大网格融合贯通为一个整体。“4”是四级穿透，把“村—网格—单元—户”穿透治理。“5”即是根据该村实际情况提出的五星融合工作理念，打造“星体系”、建设“星阵地”、推动“星服务”、实施“星管理”、展示“星风尚”，引导党员、群众共同参与社会基层治理。

以往，党组织只建到村（社区）这一级，导致许多工作无法落深落细落小。当前，该县建立城区街镇“社区‘大党委’—网格（小区）党支部—单元党小组”体系，把党支部建在网格上，把党小组建到单元里。农村乡镇建立“村党支部—网格党小组—单元党员联系户”体系，同步推进机关企事业单位和“两新”组织党组织进网格，推动各项工作落到最小治理单元和最后责任主体，实现党的组织和党的工作全覆盖。

睦邻党建 架起党群“连心桥”

在鲤城街道洪桥社区的“党建+”邻里中心里，“8251825”睦邻服务热线每天都能接到群众的咨询、求助。

一条热线架起党群干群“连心桥”。洪桥社区以社区党组织为核心，党员干部专人负责，网格长、单元长、党员志愿者层层响应，实行“垂直管理”模式，打造高效“睦邻”服务。

“社区老龄化程度高、民生需求多。”洪桥社区党委组织委员徐斌介绍，该社区以党建引领，精心打造“睦邻热线”，推动基层社区治理，做实做优“睦邻党建”工作品牌，营造和谐社区氛围，提升居民归属感、社区凝聚力，实现夯基惠民。

过去在自建房较多的街区，居民常常因一点小摩擦引发矛盾纠纷。如何让居民“话”有处说、“事”有人理、“难”有人帮？在“党建引领、夯基惠民”工程推进实施中，鲤城街道摸索出一套行之有效的办法。

开放式小区兰鑫花园，住户复杂加上缺乏管理，公共区域占道、小区脏乱差、车辆乱停放等问题凸显，居民之间“公说公有理、婆说婆有理”，一拌嘴吵架，就投诉到12345热线平台。对此，由南桥社区牵头，依托小区党支部和业主委员会联合成立小区自管会，设立邻里客厅，让邻里的烦心事在微客厅得到解决。

洪桥社区盘活用好小区公共空间资源，搭建集党员活动阵地、居民协商议事、问题收集解决、邻里纠纷化解、近邻信访评理、红色代办服务等于一体的“睦邻客厅”，把客厅建在小区里、建到居民家楼下。

每一个“睦邻客厅”还配备议事坊，摆放桌椅茶座，让小区居民参与评理、发表见解，像在自家客厅一样，解决家务事。

洪桥社区是仙游县探索建设小区“大支部”和“睦邻客厅”的一道缩影。以“共建”为依托、“共治”为保障、“共享”为导向，该县创新“一小区一支部、一支部一客厅”模式，用城市“大党建”激活小区“微治理”，补齐“一核多元融合共治”基层治理格局的最后一环。

创新模式 高效推进基层治理

上月，鲤南镇圣泉社区居民郑国珍从省外返乡，阅读了该镇《给社区群众的一封家书》后，扫描了“家书”下的二维码，登记了自己的基本信息。

圣泉社区共有512户人家，分成6个网格，25个单元。目前，每户居民都在网格、单元之中，户长业已进群，且都完成房屋编码和“家书”上墙。

该镇建立“1544”工作体系：“1”即建立一套“社区党组织—网格党小组—党员联系户”组织架构体系；“5”即“打造网格长、单元长、党员志愿队、单元巡逻队、退役军人志愿队等5支队伍”，“4”即“建立积分管理制度、评先选优制度、物质奖励制度、福利挂钩制度的4项机制”，形成“心中有底数、决策有依据、诉求有回应、治理有提升”的“四有”工作新局面。

抓牢党建引领这个核心，仙游县通过组织重构、资源重整、力量重合，达到基础更加牢固、责权更加一致、合力更加强大、社区更加和谐的治理目标。

连日来，一场“认领微心愿 圆梦践初心”志愿服务活动在榜头镇火热开展。该镇党员干部、青年志愿者来到村居点亮群众“微心愿”，帮助圆梦。

群众利益无小事，绝不因事“微”而轻视。榜头镇建立“点单式”志愿服务模式，依托各村居综合文化服务中心，设立“微心愿”征集点，收集群众需求。并通过上门走访、电话询问、微信群留言、张贴征集公告等方式扩大群众知晓率，重点组织低保户、困难家庭、留守儿童、孤寡老人、空巢老人等弱势群体就近“点出”愿望。

该县倡导在职党员干部、社会志愿者及爱心人士根据自身专业特长、能力水平及工作职责，通过帮办代办、爱心捐赠等方式，帮助群众纾困解难。把党建引领作为破解难题、开创新局的总抓手，将夯基惠民落实到最小单元格中，高效推进基层治理。

度尾镇度峰社区在全县率先组建“夕阳红”法治文艺宣传队，培养“法治带头人”7人、“法律明白人”139人，开展法治理论政策宣讲、科学普及、移风易俗、扫黑除恶、卫生环保、扶贫帮困等志愿服务累计180余次，服务群众9000余人次，凝聚起推动基层治理的强大合力。

一级带一级去干，一环扣一环去抓，仙游县把实施“党建引领、夯基惠民”工程作为有力抓手，全面提升基层治理体系和治理能力现代化水平，满足群众对美好生活的向往，促进经济社会稳定发展，以实际成效迎接党的二十大胜利召开。

（新华网客户端 记者黄凌燕 通讯员郑志忠 文/图）

打造四季“仙境”——仙游县积极创建国家全域旅游示范区

盛夏，木兰溪源头仙游县西苑乡，青山绿水相映，古树芳草互衬，生态环境宜人，成为夏日避暑胜地。在木兰溪支流九仙溪上游河段的仙水洋景区内，游客纷至沓来。

650米的河床由一整块岩石构成，特殊的地质构造，让仙水洋形成奇特的浅水广场，清水仅没脚踝。环顾四周，远处山峦叠嶂，山脚松柏掩映。置身其间，暑意全消，心旷神怡。

仙游县菜溪岩管委会干部张伟介绍，仙水洋旅游开发项目立足清新自然的山水生态优势，突出“仙文化”气质，打造集亲水娱乐、山地运动、山居度假为一体的家庭全景休闲度假景区。

仙游诸多地名都带“仙”字。漫漫历史长河，仙游先民筚路蓝缕、披荆斩棘，在这块“仙”气的土地上繁衍生息，“仙”字既是仙游的文化符号，也折射仙游人的心灵寄托。高质量发展文旅经济产业，仙游县写好“仙”字大文章，打造四季“仙境”。

地处钟山镇的九鲤湖，木兰溪五大支流之一的延寿溪源头，此处有神奇的解梦文化和神话传说。九鲤湖以湖、洞、瀑、石四奇著称，其中飞瀑最奇。早在唐代时即为旅游胜地，目前是国家4A级旅游景区。千年来，历代文人墨客游历此处，写下动人诗文。其中明代地理学家、旅行家和文学家徐霞客对九鲤湖赞叹不绝，留下3篇游记。

“千年古邑仙游，不仅是木兰溪源头所在地，也是福州都市圈和厦漳泉都市圈的交会点。”仙游县委书记吴文恩介绍，仙游春夏秋冬皆有奇景，山水林田、峰谷佛道，别有洞天。眼下，该县通过“四提升四打造”举措，一体营造仙境、仙水、仙谷、仙山的“四仙”圣境，擦亮“云上溪源、山居仙北”旅游新名片。

以中国祈梦文化发源地九鲤湖为代表，提升打造全国最具影响的传统祈梦文化“仙境”。这里云雾缭绕、宛若仙境，是实现“春天梦想”的“蓬莱胜地”。以“世界稀有浅水河床”著称的仙水洋为代表，提升打造全国最具特色的“仙水”体验基地。这里盛夏凉爽如秋，是避暑疗养的“夏日凉都”。以素有“南方小张家界”美称、全长16公里的刺刀峡谷为代表，提升打造全国最具活力的“仙谷”户外攀岩、探险基地。这里谷幽水静诗入画，是“与秋共舞”的“运动天堂”。以“闽中第一高峰”十八股头、菜溪岩为代表，提升打造全国最具浪漫的“仙山”婚庆打卡地。这里瑞雪雾凇，是南国冬韵的“心动乐园”。

仙游县人杰地灵，从这片土地上走出著名国画家李耕，其流派绘画艺术运用到工艺美术上，融入“仙作”古典家具，民居砖、石、木雕刻里，别具一格。除了国画之乡，仙游县还有中国古典工艺家具之都、中国民间文化艺术之乡、中国生态旅游大县等15个国家级称号。

得益于木兰溪综合治理，从盖尾至度尾，长达20多公里的木兰溪沿线红木产业带形成。坐落于木兰溪畔的三福古典家具有限公司，就是其中的龙头企业。

在三福博物馆，通过家具陈列，还原《韩熙载夜宴图》等历史场景，纵跨古今，沉浸式观看历代家具风貌。漫步三福工艺园观光走廊，仿若走进艺术的殿堂。游客们直观观赏红木家具制作的全流程，感受工匠的精湛工艺。与雕刻大师对话，近距离体验榫卯技艺的精髓。

“三福工艺园是福建首批观光工厂，是中国红木家具行业规模最大的，可展现全工艺流程和珍稀原材料储备，结合生态旅游服务的综合性产业园。”三福集团工艺园办公室主任陈琳说。

以文塑旅、以旅彰文，推动旅游业“接二连三带一”，加快融合发展。充分挖掘自然生态、乡村民俗、古民居风貌等特色资源，打造“仙居”民宿品牌。培育一批研学教育基地、非遗工坊、历史文化街区、乡村亲子农场等产品，并推动文旅康养产业融合发展。把山区乡镇建设成鸟语花香、“仙果”累累的美丽乡村。发展文化创意设计和生产，塑造“仙游质造、品质仙货”文创产品形象，仙游县加快步伐，创建国家全域旅游示范区。

踏遍千山万水，最忆仙游山水，走进仙游，沾仙气、接福气、添喜气。

（新华社客户端 记者黄凌燕 实习生林至含 陈燕萍）

“仙作”走向世界 创意引领升级

——福建仙游打造工艺美术千亿级产业集群

近年来，福建省仙游县持续深化工艺美术产业提档升级，推进跨界融合，延伸产业链条，凸显集群效应，倾力打造千亿级产业集群。

今年上半年

■ 工艺美术产业实现产值 305 亿元，同比增长 1.7%

■ 规上企业实现产值 187.9 亿元，同比增长 12.62%

在福建省仙游县工艺产业园泉山社区内，由福建仰古轩文化发展有限公司升级打造的好家风家文化生活馆今年夏天正式开馆。

在讲解员带领下，一件件工艺品，一条条家风家训，让人沉浸其间，感悟先贤优良家风。

仙游县工艺美术文化历史悠久，历代工匠传承创新，形成了洋塘雕花派、坝下雕刻派、木作营造派等风格各异的艺术门派。纷呈的流派将仙作艺术点缀得姹紫嫣红、绚丽多姿，夯实了“仙作”的根基，使之代代相传、繁衍生息，绽放长盛不衰的异彩。目前，全县共有工艺美术企业 2189 家，从业人员 20 多万人。

7 月 25 日，深圳国际家具展在深圳国际会展中心启幕，三福集团高举“仙作・中国行”旗帜亮相。福建省古典工艺家具协会秘书长陈麟河介绍，三福集团出品的家具用料考究、工艺精湛，备受各界人士的推崇和青睐，产品在国内外重大场合频频亮相，让中外嘉宾充分领略中国古典工艺文化的魅力。

近年来，仙游积极实施产品创新带动战略，提高核心技术能力，推动古典家具产业发展。仙游先后被评为“中国仙作红木家具产业基地”“中国古典家具收藏文化名城”“全国红木古典家具产业知名品牌创建示范区”“中国红木家具质量创新提升县”。

今年以来，仙游把工艺美术产业列入“1299”工作部署，全力做好成立产业联盟、创新商业模式、加快行业细分、推进资源共享、强化品牌保护“五大文章”，推进工艺美术产业融合创新发展，让“仙游制造”向“仙游创造”，“追随发展”向“引领发展”转变，提升家具文化特色和品牌价值，推动“仙作”走向世界。

仙游县工艺美术产业工作专班重点培育和扶持一批工艺美术骨干企业，涵盖产品研发创新、品牌营销、人才培养等方面，向“仙作”双品牌战略企业达到 100 家的目标冲刺，培育具有世界影响力的民族品牌，促进工艺美术产业高质量发展超越。

“仙作”家具专业化程度高，已形成一定规模的集群，出现了一批木雕和古典家具生产专业镇、专业村、专业街，“仙作”家具产业成为仙游县最具基础、最具特色、最具优势的富民产业。

今年以来，仙游深耕线上市场，实现工艺美术产业稳定发展。上半年，仙游抖音电商直播基地工艺美术商品累计零售额 15.81 亿元，同比增长 23.3%，销售额排名全国第五、木作制品全国第一，基地综合服务能力排名全国第一。

聚力破解成品库存多的问题，仙游建立红木家具共享交易中心，为入驻红木家具中小企业提供仓储展示、评估鉴定、资金贷款等服务，解决中小企业融资难、销售不畅等问题。

仙游引进福建胜北公司设立红木原材料交易中心，打造“国企 + 银行 + 企业”供应链共享营销模式和仓储质押控制融资模式，重点服务有融资需求的生产性企业。

为拓宽销售渠道，仙游引进广州格瑞集团投资 5 亿元建设艺术生活家产业生态链平台，创新“房地

产 + 家装”一体化定制模式，与房地产龙头企业深度合作拓展市场。

深耕线下市场、提升线上市场、推动融合发展，仙游全方位推进工艺美术产业多元化发展。今年仙游县工艺美术产业产值力争达到 610 亿元，同比增长 15.1%。

下一步，仙游将积极促进生产规范化、品质标准化、品牌价值化、产品层次化、销售多元化，推动产业跨界融合、全产业链发展，重点发展古典工艺家具产业，提升油画和工艺品两大优势行业，培育文化创意、电子商务等新兴产业，加快推动直播、个性化定制、家装一体化、体验式消费等多种新业态不断发展，全方位推进产业多元化发展，将工艺美术产业集群打造成为千亿级产业集群、全球工艺美术第一品牌。

（《中国县域经济报》记者 黄长秋 通讯员 郑志忠）

福建仙游：为全民健康保驾护航

仙游县深入贯彻落实党的二十大精神，建强基层医疗人才队伍，推动紧密型医共体建设，千方百计补齐短板，提升医疗卫生服务能力，守护人民群众健康。

党的二十大报告指出，人民健康是民族昌盛和国家强盛的重要标志。把保障人民健康放在优先发展的战略位置，完善人民健康促进政策。

仙游县在疫情防控、医药卫生体制改革、人才队伍建设、公共卫生体系建设等方面发力，努力为群众提供更高水平、更加满意的医疗卫生服务，以实干实绩推动党的二十大精神落地见效。

创建国家级卫生乡镇

11 月 8 日，仙游县卫健局干部来到钟山镇，现场指导创建国家级卫生乡镇迎评工作，对重点环节查缺补漏。

“党的二十大明确指出，深入开展爱国卫生运动，倡导文明健康生活方式，为我们的工作指明了方向。”仙游县爱卫办负责人庄美钦介绍，该县加强卫生村镇创建，推进农村改厕，加强农村“除四害”，常态化开展爱国卫生运动，把文明健康、绿色环保的生活方式融入百姓日常。

改善人居环境是创建国家级卫生乡镇的目标。该县把爱国卫生工作纳入各级党委政府重要议事日程和精神文明创建考评体系。实施卫生乡镇创建提质提标行动，建立政府、社会和群众等多方共建共管共享的卫生乡镇长效管理机制。力争到 2023 年，实现全县创建国家卫生乡镇达 2 个以上、省级卫生乡镇全覆盖的目标。

立冬时节，雨水淅沥。潮湿天气易滋生细菌传染疾病，仙游县掀起爱国卫生运动热潮，全面开展环境卫生整治。县爱卫办积极组织各乡镇（街道）、县直各单位以提升环境卫生质量、培养文明卫生习惯、强化病媒生物预防控制等为重点，持续加强环境卫生整治，做好秋冬季新冠肺炎疫情防控。

各单位开展环境卫生大扫除，疏通水沟、清除积水，清理农贸市场、城乡接合部、背街小巷、居民小区、

仙游县总医院迁建项目

省级专家到县医院开展专题讲座

单位庭院以及垃圾中转站、公共厕所等卫生死角和病媒生物滋生地，创造干净整洁的生产生活环境。

今年以来，全县出动专业防治人员2088人次，出动大型消杀器械1109台，发放灭蚊灭蟑药、灭鼠药。各乡镇（街道）将环境治理与专业消杀消毒相结合，对重点区域科学消杀，引导群众戴口罩、勤洗手、多通风，营造讲文明、讲卫生、防疾病的良好风尚，推动爱国卫生工作从环境卫生治理向社会健康管理转变。

加快紧密型医共体建设

连日来，备受关注的仙游县总医院迁建项目进入室内外装修，部分专业科室正紧锣密鼓地开展装修工作。

原来，仙游县总医院囿于老城区，发展空间受限，周边交通拥堵，难以满足群众医疗需求。为扩充优质医疗资源，新院区迁建，被列为全市健康惠民“十大工程”之一。与旧院区相比，新院区规模扩大4倍多，床位新增1000张，投用后将推动优质医疗资源向新建城区和基层延伸，进一步破解群众“看病难”问题。

为回应群众需求，加快补齐医疗卫生短板，仙游县持续加大投入，提升服务能力和服务水平，将党的二十大提出的“促进优质医疗资源扩容和区域均衡布局”“提高基层防病治病和健康管理能力”落到实处。

在市卫健委的指导下，仙游县总医院与鲤城分院、鲤南分院试点建设联合病房，设置床位20张，进一步落实公立医院改革，完善上下联动、双向转诊、急慢分治的分工协作机制，健全“小病在社区、大病进医院、康复回社区”医疗服务模式。

试点开展后，仙游县总医院肾内分泌科副主任医师张明谦每周五到鲤南分院专家门诊坐诊，消化内科副主任医师李宁每周一、周五上午到鲤城分院门诊坐诊，并参与联合病房的住院查房、会诊、学术讲座等，促进鲤南分院、鲤城分院的人才成长和技术储备，提升分院整体医疗水平。

仙游县是人口大县，为缓解患者血液透析难问题，县总医院在鲤南分院联合病房建设全市首家基层血透室，将开设血透单元30个，增强鲤南分院的整体医疗服务能力，并缓解仙游县总医院血透中心床位紧张的现状，切实减轻尿毒症患者的经济负担。此外，县里还推动县中医院门诊恢复运营，加大投入建设两家基层中医馆。明年，全县将建成17家基层中医馆，提升基层医疗服务能力。

建强基层医疗人才队伍

今年6月，仙游县总医院成功为一名94岁的高龄患者施行“小切口下胆囊切除+胆总管切开取石术+术中胆道镜+一期胆总管缝合术”，手术过程顺利，患者恢复良好，现已出院。

该院外一科主任徐明良介绍，此前，吴姓老人因胆石症症状反复，强烈要求手术治疗。但由于患者年龄较大，手术风险高，外一科邀请影像科、心血管内科、麻醉科、重症医学科等多学科专家会诊，对其病情进行缜密分析和全面评估。在医院专家共同努力下，手术全程不到40分钟。一天后，患者即转入普通病房并可下床走动，精神状态良好。出院前，这位老人的家人特地送来锦旗，表达对该院医护人员的感谢。

推动医共体发展，人才支撑是关键。仙游县总医院（含各分院）现有职工2300多人，正高级职称30多人，副高级职称200多人，高层次人才（“壶兰计划”）105人，博士2人。该院在大力引才育才的同时，配套出台了一系列激励措施，鼓励医师进修学习、报考研究生和参加住院医师规范化培训等，加强骨科、呼吸内科、普外和儿科等专科人才队伍建设。

“我们组织县总医院、县妇幼保健院与莆籍名医沟通联系，推进名医‘师带徒’工程。全县共有5个名医工作室，各项业务活动持续开展。”仙游县卫健局副局长阮美双介绍，仙游县总医院与省立医院建立对口支援关系，共建麻醉与围术期医学专科联盟。省立医院博士研究生陈海宇挂职仙游县总医院副院长，每月组织博士专家团队来仙游县门诊坐诊。

今年县里引进多名省级名医开展活动。6月10日，省院士专家工作中心组织15名专家来仙游县开展讲座、义诊、医疗指导等服务基层活动；7月23日，福建医科大学附属第一医院专家团队来到仙游县总医院开展义诊交流活动；9月11日，福建医科大学校友志愿服务分会组织省级专家，在仙游县妇幼保健院开展省级医师团大型义诊活动……

以人才引进为核心，以人才培养为重点，以学科建设和医学科研为载体，仙游县多措并举深化医药卫生体制改革和卫健事业发展。组织开展卫生健康中青年领军人才研修项目，鼓励支持医疗卫生人才赴国内（外）研修。实施卫生健康高层次人才“靶向”引培。发挥莆籍名医作用，引进卫生健康客座专家，健全名医“师带徒”工作室机制，带动本土高层次医学人才培养、重点学科建设和科研水平提升。实施基层卫生人才培养计划，实施“公开招聘一批”“定向培养一批”“培训提升一批”等项目，不断充实基层医疗卫生人才队伍，提升基层医疗卫生人才素质。

接下来，仙游县将进一步贯彻落实党的二十大精神，优化全县医疗卫生资源布局，奋力提升群众就医满意度和生活安全感，不断推动医疗卫生健康事业高质量发展。

（新华社客户端 记者黄凌燕 通讯员郑志忠）

2022 年仙游县主要文件目录

2022 年中共仙游县委主要文件一览表

表 39

发文时间	发文字号	文件名称
1 月 11 日	仙委〔2022〕2 号	中共仙游县委 仙游县人民政府关于开展 2022 年为民办实事工作的通知
3 月 3 日	仙委〔2022〕14 号	中共仙游县委印发《关于实施“提高效率、提升效能、提增效益”行动方案》的通知
6 月 15 日	仙委〔2022〕23 号	中共仙游县委印发《关于开展能力作风建设三年行动的实施方案》的通知
7 月 20 日	仙委发〔2022〕3 号	中共仙游县委关于印发《仙游县实施“党建引领、夯基惠民”工程提升基层社会治理现代化水平试点方案》的通知
8 月 5 日	仙委〔2022〕31 号	中共仙游县委关于印发《开展“创新创优创强”活动实施方案》的通知
9 月 30 日	仙委发〔2022〕4 号	中共仙游县委 仙游县人民政府印发《关于优化生育政策促进人口长期均衡发展的实施意见》的通知
10 月 28 日	仙委〔2022〕46 号	中共仙游县委 仙游县人民政府关于表彰县劳动模范的决定
11 月 9 日	仙委〔2022〕49 号	中共仙游县委关于认真学习宣传贯彻党的二十大精神的通知
12 月 8 日	仙委发〔2022〕5 号	中共仙游县委 仙游县人民政府关于印发《持续深化集体林权制度改革推进仙游林业高质量发展的实施方案》的通知
12 月 30 日	仙委〔2022〕73 号	中共仙游县委关于印发《仙游县县域共青团基层组织改革方案》的通知

2022 年仙游县人民政府主要文件一览表

表 40

发文时间	发文字号	文件名称
1 月 13 日	仙政文〔2022〕2 号	仙游县人民政府关于同意 2020 年莆田市（仙游县）5G 专项规划的批复
1 月 13 日	仙政文〔2022〕3 号	仙游县人民政府关于仙游县宝泉分区单元 19-B-02 地块控规的批复
2 月 9 日	仙政文〔2022〕6 号	仙游县人民政府关于同意仙游县枫亭镇斗北村沧溪北侧地块控制性详细规划的批复
1 月 27 日	仙政文〔2022〕8 号	仙游县人民政府关于同意仙游县郊尾镇郊尾中路南侧地块控制性详细规划的批复
2 月 17 日	仙政文〔2022〕10 号	仙游县人民政府关于同意仙游县经济开发区枫亭南片区控制性详细规划的批复
2 月 17 日	仙政文〔2022〕11 号	仙游县人民政府关于同意仙游县经济开发区枫亭北片区控制性详细规划的批复
2 月 18 日	仙政文〔2022〕12 号	仙游县人民政府关于仙游县枫亭镇高铁片区后肖地块修建性详细规划的批复
2 月 23 日	仙政文〔2022〕13 号	仙游县人民政府关于县人民政府领导工作分工调整的通知
3 月 4 日	仙政文〔2022〕15 号	仙游县人民政府关于鲤南镇片区 350322-30-A-53 地块控规的批复
3 月 12 日	仙政文〔2022〕16 号	仙游县人民政府关于枫亭镇五里岭片区 350322-62-C-40 等三个地块地块控规的批复

续表 40

发文时间	发文字号	文件名称
3 月 12 日	仙政文〔2022〕18 号	仙游县人民政府关于划定高污染燃料禁燃区的通告
3 月 30 日	仙政文〔2022〕19 号	仙游县人民政府关于仙游县水务投资集团有限公司不承担政府融资职能的批复
4 月 12 日	仙政文〔2022〕22 号	仙游县人民政府关于同意仙游县龙华镇卫生院地块控制性详细规划的批复
3 月 7 日	仙政文〔2022〕23 号	仙游县人民政府关于印发仙游县人民政府工作规则的通知
4 月 15 日	仙政文〔2022〕24 号	仙游县人民政府关于印发仙游县“十四五”食品安全专项规划的通知
4 月 25 日	仙政文〔2022〕25 号	仙游县人民政府转发莆田市人民政府关于印发莆田市电梯安全智慧监管平台推广运用方案的通知
5 月 5 日	仙政文〔2022〕29 号	仙游县人民政府关于同意蔡襄片区 350322-59-A-12（1）地块地块控规的批复
5 月 11 日	仙政文〔2022〕32 号	仙游县人民政府关于仙游县 2022 年度国有建设用地供应计划的批复
5 月 25 日	仙政文〔2022〕33 号	仙游县人民政府关于公布第四批传统风貌建筑名单的通知
5 月 25 日	仙政文〔2022〕34 号	仙游县人民政府关于公布第九批历史建筑名单的通知
5 月 25 日	仙政文〔2022〕36 号	仙游县人民政府关于印发仙游经济开发区管理委员会权责事项清单的通知
6 月 13 日	仙政文〔2022〕38 号	仙游县人民政府关于同意仙游县枫亭镇和平村北路东侧地块控制性详细规划的批复
7 月 1 日	仙政文〔2022〕44 号	仙游县人民政府关于同意仙游县玉田片区 28-A-42、28-A-43 等地块地块控规的批复
7 月 14 日	仙政文〔2022〕47 号	仙游县人民政府关于印发仙游县“十四五”民政事业发展专项规划的通知
7 月 19 日	仙政文〔2022〕48 号	仙游县人民政府关于印发《仙游县妇女发展纲要（2021—2030 年）》和《仙游县儿童发展纲要（2021—2030 年）》的通知
8 月 1 日	仙政文〔2022〕49 号	仙游县人民政府关于同意郊尾镇郊尾中路南侧地块控制性详细规划的批复
8 月 1 日	仙政文〔2022〕50 号	仙游县人民政府关于同意仙游县度尾镇中心卫生院地块控制性详细规划的批复
8 月 18 日	仙政文〔2022〕51 号	仙游县人民政府关于印发仙游县“十四五”人力资源和社会保障事业发展专项规划的通知
8 月 24 日	仙政文〔2022〕55 号	仙游县人民政府关于同意仙游县中心城区 350322-21-A-07（1）、22-C-34 地块地块控规的批复
8 月 26 日	仙政文〔2022〕56 号	仙游县人民政府关于同意仙游县瑞峰片区 350322-46-B-50 地块地块控规的批复
8 月 29 日	仙政文〔2022〕57 号	仙游县人民政府关于同意《枫亭滨海新城高铁片区控制性详细规划》的批复
8 月 29 日	仙政文〔2022〕58 号	仙游县人民政府关于同意《仙游县枫亭镇五里岭片区控制性详细规划修编论证报告》的批复
9 月 6 日	仙政文〔2022〕59 号	仙游县人民政府关于印发仙游县“十四五”残疾人保障和发展规划的通知
9 月 13 日	仙政文〔2022〕60 号	仙游县人民政府关于同意《菜溪乡石峰村、溪边村村庄规划（2022—2035）》的批复
9 月 13 日	仙政文〔2022〕62 号	仙游县人民政府关于防空警报试鸣的通告
10 月 8 日	仙政文〔2022〕65 号	仙游县人民政府等四部门关于举办 2022 年度“莆田工匠”技能大赛——莆田市第四届“海峡艺雕杯”工艺品雕刻工职业技能竞赛的通知
9 月 28 日	仙政文〔2022〕66 号	仙游县人民政府关于同意仙游县蔡襄片区 350322-60-B-14 地块地块控规的批复
9 月 26 日	仙政文〔2022〕67 号	仙游县人民政府关于同意仙游县鲤南分区单元 30-C-09、11 地块地块控规的批复
9 月 23 日	仙政文〔2022〕69 号	仙游县人民政府关于县人民政府领导成员工作分工调整的通知

续表 40

发文时间	发文字号	文件名称
9月28日	仙政文〔2022〕71号	仙游县人民政府关于同意仙游县赖店分区锦田村三郊路两侧地块控制性详细规划的批复
10月9日	仙政文〔2022〕72号	仙游县人民政府关于同意蔡襄片区350322-60-B-25（1）地块地块控规的批复
10月17日	仙政文〔2022〕75号	仙游县人民政府关于枫亭镇慈岳片区350322-61-A-65（1）地块地块控规的批复
10月31日	仙政文〔2022〕78号	仙游县人民政府关于同意仙游县石苍乡石苍村村庄规划（2022—2035）的批复
10月31日	仙政文〔2022〕79号	仙游县人民政府关于同意仙游县书峰乡四黄村、百松村、鲤岭村和锦峰村村庄规划（2022—2035）的批复
10月31日	仙政文〔2022〕80号	仙游县人民政府关于同意仙游县园庄镇高峰村、后蔡村和宫兜村村庄规划（2022—2035）的批复
10月31日	仙政文〔2022〕81号	仙游县人民政府关于同意仙游县园庄镇六户村、洋尾村村庄规划（2022—2035）的批复
10月31日	仙政文〔2022〕82号	仙游县人民政府关于同意仙游县社硎乡仙头村、沈楼村和修园村村庄规划（2022—2035）的批复
10月31日	仙政文〔2022〕83号	仙游县人民政府关于同意仙游县社硎乡厝洋村和半岭村村庄规划（2022—2035）的批复
10月31日	仙政文〔2022〕84号	仙游县人民政府关于同意仙游县园庄镇义路村和岭北村村庄规划（2022—2035）的批复
10月31日	仙政文〔2022〕85号	仙游县人民政府关于同意仙游县盖尾镇瑞沟、仙溪、义店村村庄规划（2022—2035）的批复
10月31日	仙政文〔2022〕86号	仙游县人民政府关于同意仙游经济开发区五里岭片区350322-62-C基本单元控制性详细规划（修编）的批复
11月1日	仙政文〔2022〕87号	仙游县人民政府关于公布仙游县乡镇（街道）行政执法主体的通知
11月17日	仙政文〔2022〕90号	仙游县人民政府关于同意350322-21-C-34地块地块控规的批复
11月18日	仙政文〔2022〕92号	仙游县人民政府关于印发仙游县“十四五”科技创新发展专项规划的通知
11月21日	仙政文〔2022〕93号	仙游县人民政府关于同意仙游县大济镇坑北村村庄规划（2021—2035）动态维护成果的批复
11月23日	仙政文〔2022〕96号	仙游县人民政府关于同意350322-32-B-26、32-D-27、28地块地块控规的批复
12月6日	仙政文〔2022〕99号	仙游县人民政府关于同意仙游榜头镇350322-12-A-01-13地块控制详细规划的批复
12月6日	仙政文〔2022〕100号	仙游县人民政府关于同意仙游盖尾镇斜尾村350322-49-A-01-07地块控制详细规划的批复
12月6日	仙政文〔2022〕101号	仙游县人民政府关于同意仙游园庄镇350322-63基本单元A-01-06地块控制详细规划的批复
12月20日	仙政文〔2022〕108号	仙游县人民政府关于同意仙游县赖店镇林田村村庄规划（2022—2035）的批复
12月20日	仙政文〔2022〕109号	仙游县人民政府关于同意仙游县游洋镇河星村村庄规划（2021—2035）的批复
12月23日	仙政文〔2022〕110号	仙游县人民政府关于函三书院发退出传统风貌建筑名录的通知
12月26日	仙政文〔2022〕113号	仙游县人民政府关于2022年法治政府建设情况及2023年工作思路的报告
12月30日	仙政文〔2022〕115号	仙游县人民政府关于同意仙游县榜头镇榜西分区单元（350322-13）13-E-32地块控制性详细规划的批复
12月20日	仙政文〔2022〕116号	仙游县人民政府关于同意仙游县中心城区北部片区宝泉分区单元350322-19-B-11（1）地块控制性详细规划的批复

2022 年中共仙游县委办公室主要文件一览表

表 41

发文时间	发文字号	文件名称
12 月 29 日	仙委办发〔2022〕3 号	中共仙游县委办公室　仙游县人民政府办公室关于印发《仙游县耕地保护“田长制”实施方案》的通知
2 月 28 日	仙委办〔2022〕5 号	中共仙游县委办公室　仙游县人民政府办公室关于进一步加强粮食安全保障措施的通知
3 月 17 日	仙委办〔2022〕7 号	中共仙游县委办公室　仙游县人民政府办公室关于印发《仙游县“1299”专项工作实施方案》的通知
3 月 15 日	仙委办〔2022〕10 号	中共仙游县委办公室　仙游县人民政府办公室关于做好 2022 年度仙游县粮食安全与巩固拓展脱贫攻坚成果的通知
12 月 3 日	仙委办〔2022〕29 号	中共仙游县委办公室　仙游县人民政府办公室关于开展 2022 年民生三个“十大工程”的通知

2022 年仙游县政府办公室主要文件一览表

表 42

发文时间	发文字号	文件名称
1 月 14 日	仙政办〔2022〕　1 号	仙游县人民政府办公室 2021 年政府信息公开工作年度报告
1 月 24 日	仙政办〔2022〕　2 号	仙游县人民政府办公室关于印发仙游县水利改革发展“十四五”规划的通知
2 月 14 日	仙政办〔2022〕　3 号	仙游县人民政府办公室关于印发仙游县“十四五”生态环境保护专项规划的通知
1 月 18 日	仙政办〔2022〕　4 号	仙游县人民政府 2021 年政府信息公开工作年度报告
5 月 10 日	仙政办〔2022〕　14 号	仙游县人民政府办公室关于印发 2022 年补充耕地工作实施方案的通知
8 月 1 日	仙政办〔2022〕　25 号	仙游县人民政府办公室关于印发仙游县农村饮水安全应急预案的
7 月 31 日	仙政办〔2022〕　26 号	仙游县人民政府办公室关于印发仙游县中心城区声环境功能区划分和城市声环境常规监测点位布设技术实施方案的通知
9 月 18 日	仙政办〔2022〕　29 号	仙游县人民政府办公室关于印发仙游县“十四五”应急管理专项规划的通知
10 月 19 日	仙政办〔2022〕　31 号	仙游县人民政府办公室关于印发 2022 年中国 · 海峡第一届“鲁艺杯”古典家具创新设计大赛方案的通知
11 月 8 日	仙政办〔2022〕　35 号	仙游县人民政府办公室关于印发仙游县“十四五”粮食规划和物资储备专项发展规划的通知
11 月 18 日	仙政办〔2022〕　38 号	仙游县人民政府办公室关于印发贯彻落实福建省加快推进政务服务标准化规范化便利化实施方案任务分工的通知
12 月 26 日	仙政办〔2022〕　42 号	仙游县人民政府办公室关于印发仙游县“十四五”生态文明建设专项规划的通知
12 月 26 日	仙政办〔2022〕　43 号	仙游县人民政府办公室关于印发仙游经济开发区鞋服标准化产业园项目招商与企业管理暂行办法的通知
12 月 29 日	仙政办〔2022〕　44 号	仙游县人民政府办公室关于印发仙游县更新建设样板工作实施方案的通知
12 月 31 日	仙政办〔2022〕　45 号	仙游县人民政府办公室关于印发仙游县“十四五”防震减灾专项规划的通知
12 月 31 日	仙政办〔2022〕　46 号	仙游县人民政府办公室关于印发仙游县“十四五”教育发展专项规划的通知

说 明

一、本索引采用主题词分析法，按主题词首字汉语拼音字母顺序排列。

二、栏目、分目标题用黑体字。“特载”“专文”“大事记”“人物 荣誉”“统计资料”“附录”文件夹内容不作索引。

三、索引主题词后的数字表示页码，数字后的 a、b、c 表示栏别左中右。

四、空一字起排的款目为上一主题的“附见”，并依据该款目在具体主题词下的实际位置标注 abc 栏。

五、涉及本县名称的主题词，不会引起歧义的，一般省去“仙游”和“仙游县”。

0—9

A

B

C

D

E

F

G

H

J

K

L

M

N

P

Q

R

S

T

W

X

Y

Z